全國高等院校古籍整理研究工作委員會直接資助項目「補續高僧傳校箋」（編號 1877）

教育部哲學社會科學重大攻關項目「漢文佛教史傳集成」（編號 11JZD014）

浙江師範大學出版基金資助項目

中國佛教典籍選刊

補續高僧傳校箋

上

〔明〕釋明河 撰

譚勤 校箋

中華書局

圖書在版編目(CIP)數據

補續高僧傳校箋/(明)釋明河撰;譚勤校箋. —北京:中華書局,2024.3
(中國佛教典籍選刊)
ISBN 978-7-101-16523-4

Ⅰ.補… Ⅱ.①釋…②譚… Ⅲ.僧侶-列傳-中國-古代 Ⅳ.B949.92

中國國家版本館 CIP 數據核字(2024)第 027012 號

責任編輯:徐真真
責任印製:管 斌

中國佛教典籍選刊
補續高僧傳校箋
(全二册)
〔明〕釋明河 撰
譚 勤 校箋
*
中華書局出版發行
(北京市豐臺區太平橋西里 38 號 100073)
http://www.zhbc.com.cn
E-mail:zhbc@zhbc.com.cn
三河市博文印刷有限公司印刷
*
850×1168 毫米 1/32 · 33⅛印張 · 5 插頁 · 540 千字
2024 年 3 月第 1 版 2024 年 3 月第 1 次印刷
印數:1-3000 册 定價:138.00 元

ISBN 978-7-101-16523-4

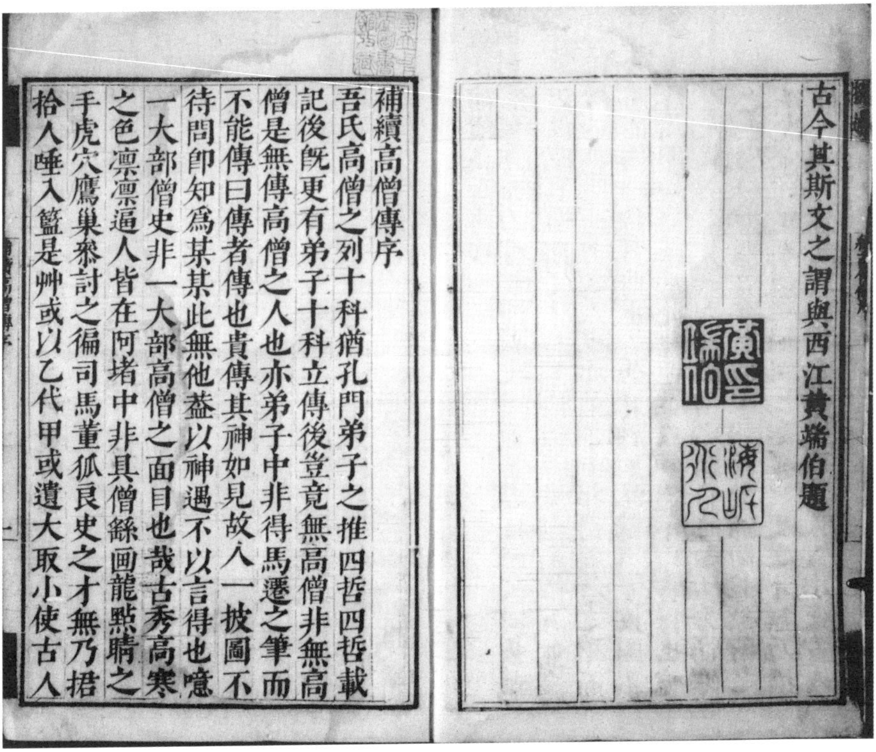

古今其斯文之謂與西江黃端伯題

補續高僧傳序

吾氏高僧之列十科猶孔門弟子之推四哲四哲載
記後旣更有弟子十科立傳後豈竟無高僧非無高
僧是無傳高僧之人也亦弟子中非得馬遷之筆而
不能傳曰傳者傳也貴傳其神如見故人一披圖不
待問卽知爲某某此無他葢以神遇不以言得也噫
一大部僧史非一大部高僧之面目也哉古秀高寒
之色凜凜逼人皆在阿堵中非具僧繇画龍點睛之
手虎穴鷹巢悉討之徧司馬董狐良史之才無乃掐
拾入唾入籃是艸或以乙代甲或遺大取小使古人

明毛晉刻《補續高僧傳》黄端伯序、讀徹序

（中國臺灣藏）

補續高僧傳卷第一

明吳郡華山寺沙門明河撰

譯經篇

宋天息灾法天施護三師傳

天息灾北天竺迦濕彌羅國人也太平興國中與烏塡曩國三藏施護至京師時梵德前後疊來各獻梵筴集置甚冨上方銳意翻傳思欲得西來華梵淹貫器業隆善者爲譯主詔於太平興國寺西建譯經傳法院以須之先是有梵德法天者中天竺國人妙解五明深入三藏初至蒲津與通梵學沙門法進譯無

明毛晋刻《補續高僧傳》卷一
（中國臺灣藏）

中國佛教典籍選刊編輯緣起

佛教是世界三大宗教之一，約自東漢明帝時開始傳入中國，但在當時並没有産生多大影響。到魏晉南北朝時期，佛教和玄學結合起來，有了廣泛而深入的傳播。隋唐時期，中國佛教走上了獨立發展的道路，形成了衆多的宗派，在社會、政治、文化等許多方面特别是哲學思想領域産生了深刻的影響。這時佛教已經中國化，完全具備了中國自己的特點。而且，隨着印度佛教的衰落，中國成了當時世界佛教的中心。宋以後，隨着理學的興起，佛教被宣布爲異端而逐漸走向衰微。但是，佛教的部分理論同時也被理學所吸收，構成了理學思想體系中的有機組成部分。直到近代，佛教的思想影響還在某些著名思想家的身上時有表現。總之，研究中國歷史和哲學史，特别是魏晉南北朝隋唐時期的哲學史，佛教是一項重要内容。佛學作爲一種宗教哲學，在人類的理論思維的歷史上留下了豐富的經驗教訓。因此，應當重視佛學的研究。

佛教典籍有其獨特的術語概念以及細密繁瑣的思辨邏輯，研讀時要克服一些特殊的困難，不少人視爲畏途。解放以後，由於國家出版社基本上没有開展佛教典籍的整理出版工作，因此，對於系統地開展佛學研究來説，急需解決基本資料缺乏的問題。目前對佛學有較深研究的專家、學者，不少人年事已高，如果不抓緊組織他們整理和注釋佛教典籍，將來再開展這項工作就會遇到更多困難，也不利於中青年研究工作者的成長。爲此，我們在廣泛徵求各方面意見的基礎上，初步擬訂了中國佛教典籍選刊的整理出版計劃。其中，有重要的佛教史籍，有中國佛教幾個主要宗派（天台宗、三論宗、唯識宗、華嚴宗、禪宗）的代表性著作，也有少數與中國佛學淵源關係較深的佛教譯籍。所有項目都要選擇較好的版本作爲底本，經過校勘和標點，整理出一個便於研讀的定本。對於其中的佛教哲學著作，還要在此基礎上，充分吸取現有研究成果，寫出深入淺出、簡明扼要的注釋來。

由於整理注釋中國佛教典籍困難較多，我們又缺乏經驗，因此，懇切希望能够得到各方面的大力支持和協助，使這項工作得以順利完成。

中華書局編輯部

一九八二年六月

目録

上册

補續高僧傳卷第二

補續高僧傳卷第三

補續高僧傳卷第四

補續高僧傳卷第五

補續高僧傳卷第六

補續高僧傳卷第七

補續高僧傳卷第八

補續高僧傳卷第九

補續高僧傳卷第十

補續高僧傳卷第十一

補續高僧傳卷第十二

補續高僧傳卷第十三

下册

補續高僧傳卷第十四

補續高僧傳卷第十五

補續高僧傳卷第十六

補續高僧傳卷第十七

補續高僧傳卷第十八

補續高僧傳卷第十九

補續高僧傳卷第二十三

補續高僧傳卷第二十四

補續高僧傳卷第二十五

補續高僧傳卷第二十六

前言

汰如法師明河（一五八八——一六四〇），俗姓陳，號汰如、高松道者，揚州通州（今江蘇南通）人。年十餘歲，以多病依東寺一天長老出家。年十九便行脚四方，遍參耆宿。遇華嚴宗一雨通潤法師，如魚得水，執弟子禮，形影不離。繼而説法於杭之皋亭、吴之花山、白門之長干寺，口吐玄言，舌粲蓮花，詞鋒俊利，道俗歸化者甚衆。因感於華嚴大鈔之妙義隱而未彰，故與蒼雪大師相約共宣大義。師首唱一期於華山，講畢有白鶴數十，盤旋飛舞，衆以爲瑞，師正色曰：「來鶴爲道家之事，何預佛法？」一座爲之斂容，足見其高致。未幾因病故去，遺書「高僧傳托道開」。道開不負所托，歷盡艱辛，終在毛晉幫助下梓行於世。

明河有感於宋高僧傳後嗣響乏人，宋元明僧史付之闕如，便慨然以此自任，「南走閩越，北陟燕臺」，奔走於齊魯燕趙等地，「屐齒嚙殘閩地雪，衲頭觸盡浙江雲」（釋通潤冬日喜汰如自閩浙再至，吴都法乘，明周永年編，新文豐出版公司一九八七年，第五九二頁），餐風嚙雪，踏破鐵鞋，凡有關僧史之殘碑斷碣，無不搜羅剔抉，拓之於本，筆之於書，三十年間，風雨不斷。集腋成裘，數易其稿。匯山林隱逸高僧成一編，聚唐宋元明祖師於一書，終成補續高僧傳，凡二十六卷，近三十萬言。是書仿贊寧宋高僧傳體例，將僧人行業分爲譯經篇（正傳十三人、附見三人）、義解篇（正傳一百零二人、附見十三人）、習禪篇（正傳二百四十三人、附見二十七人）、明律篇（正傳十人、附見二人）、護法篇（正傳十五人、附見六人）、感通篇（正傳三十四人、附見四人）、遺身篇（正傳十三人、附見四人）、讀誦篇（正傳六人）、興福篇（正傳十三人）、雜科篇（正傳九九人、附見十三人）等十科，總五百四十八人，附見七十二人。全書「補續」的是贊寧的宋高僧傳，「補前人之所未備，續前人之所未完」（毛晉語），增補了唐代的黿洋慧忠、五代的佛手岩行因、瑞龍幼璋、黃檗慧禪師及宋元明時期的許多高僧行誼，補前人所已闕，詳人所未詳。明河以董狐之才，運點睛之筆，使數代高僧之音容笑貌紛於筆下，昔日名德之嘉言懿行盈於耳畔，山林隱逸之風拂面而至，談禪論道之聲越嶺而來，使讀者如見其人，如聞其聲，「以寸管發揚六百年來之碩德耆英，其功於法門不淺」（道開語）。

傳末序論雖稍欠章法，亦未全備，然別具隻眼，見解不凡。或補叙法脉淵源，如卷七宋棲賢提禪師傳系曰：「百丈恒和尚五字三上堂：曰『喫茶』，曰『珍重』，曰『歇』。所謂百丈有三訣：喫茶、珍重、歇也。提師作略如此，真有乃父風，就中些子一滴不遺，由此可觀師弟子傳受源脉也。」或綴以見道之語，如卷三慧詢傳系曰：「月堂傳道，直欲追配古人，非徒塞責，每曰：『以語之相似而證其言，以資之善記而駕其説，皆非所以説法也。惟自悟心宗而宣演之，庶得祖師之傳。吾求悟門，切勿自畫，習台人大病處。』數語道盡，月堂知本矣。」或寓褒貶之意，如卷九真歇了禪師傳明河曰：「真歇拜竹庵，與照覺迎羅漢，但知弘道，不知爲我。古人道德忠厚之至，此風絶響矣。」讚真歇、照覺禪師之道德忠厚，忘我弘法；或含嘲諷之聲，如卷七南安巖傳系曰：「至人聚于心者靈，發于言者驗。寂音謂師偈語皆稱性之句，非智識所到之地。良然！良然！才涉思惟，便是鬼家活計。自尚滿身霧露，安能使物不迷耶？」譏流俗禪師「滿身霧露」，己尚昏昏，焉能使人昭昭？針砭狂禪時弊，入木三分。正如讀徹云：「已不知多少祖師盡被一囊收拾，天下多少老和尚盡被掂觔簸兩，一一秤過來。」故其「系」「論」讀來發人深省，益人神智。

補續高僧傳的材料來源除采用碑刻、塔銘而外，尚有佛祖統紀、禪林僧寶傳、林間録、石門文字禪、五燈會元、佛祖歷代通載、續傳燈録等佛典，還有如嘉靖惠安縣志、弘治徽州府志、萬曆湖廣總志等方志，搜羅不可謂不廣，匯集不可謂不勤，讓人不禁歎爲觀止。明河耗半生之力窮搜幽討，並托同學讀徹代爲搜集雲南、兩粤等地資料，參閲曹能始所藏圖書，其去取抉擇之間，頗費了一番功夫。然「録傳燈之難，難在具眼而印心；傳高僧之難，難在多聞而精擇。」（周永年語）故其書部分僧人歸科不當、編次不順、個别重要僧人缺載等（大藏經總目提要、文史藏，陳士强撰，上海古籍出版社二〇〇八年，第三三六頁）不足亦在情理之中。明河撰寫僧史極爲審慎，多聞闕疑，如卷二十四自永傳：「故予深以不能詳永爲恨，贅數言以待後賢續之。」不因言廢人，如爲被視爲佛教異端的孔清覺立傳，且曰：「白雲之道不淳，譏議歸之，宜矣。至詆與白蓮相混，特以無妻子爲異，則亦太甚。然其持守精謹，於患難生死之際，脱然無礙，去常人亦遠，予故取其行己而恨其爲言也。」（卷二十三白雲孔清覺傳）足見其胸襟。

補續高僧傳有明虞山毛晉刻本，版框高二十二點三釐米，寬十五點三釐米，四周雙邊，半頁十行二十字，版心上方方框内題「支那撰述」，中間題書名卷第，下題頁數。卷首依次爲黄端伯續高僧傳序、釋讀徹補續高僧傳序及明崇禎甲申周永年補續高僧傳序，卷末有馬弘道跋、毛晉跋、釋自扃跋。然流通較少，一般情況下難以窺其廬山面目，故利用多有不便。日本學者整理有卍續藏經本，標點斷句多有失誤，文字錯訛亦復不少。上海古籍出版社、新文豐出版公司也多次翻印，以敷學界所需，然其漏略之處尚未有人注意，於今人研讀補續高僧傳頗爲不利。此次整理箋校，以中國台灣「國家圖書館」藏明虞山毛晉刻補續高僧傳爲底本，儘量以明河所據原始材料進行參校，追源溯流，糾謬正誤，拾遺補缺，間或參以卍續藏經本，以他書佐證，力求臻於至善。書後附錢謙益所撰塔銘、像贊，以爲閲者知人論世之助。

此書之董理，得浙江大學張涌泉教授、馮國棟教授、張家成老師、杭州龍光寺月滿法師、台灣鄭志鈞先生、浙江師範大學葛永海教授、宋清秀教授、李義敏博士襄助頗多，初稿承業師西南科技大學蔣宗許教授、貴州師範大學鹿博副教授、西安外國語大學楊志飛副教授、樂山師範學院王斌副教授、責編徐真真女史多所指教，諟正疏漏不少，友生殷怡欣、劉一平、陳凱龍、王希千、王敏越、胡聞洛、凌佳琪、鄭楠、鮑俣昕、鄭宇彬、吴彦陶等不辭辛勞，校讀了部分文稿，人名索引的編製得到了友生王玥的鼎力相助，於此統致謝忱。限於學識，文中疏漏之處或在所難免，還請博雅君子不吝賜教。

譚勤識於浙江師範大學江南文化研究中心

二〇二二年四月八日初稿

二〇二三年五月十九日二稿

整理凡例

一、本書點校，以明毛晉刻補續高僧傳爲底本，間或以日本卍續藏經本參校。

二、底本的訛、衍、脱、倒改正時，一般都作校記。底本中的異體字、俗别字，大部分都統一爲現通行繁體字，但也視情況有小部分保留。一些常見的版刻誤字，如「大、太」「干、于」「戊、戍」「己、巳」「未、末」等，則徑改，不出校記。疑底本有誤者，若無證據亦不校改，出校説明。

三、本書因僅存一部明刻本，無法使用其他刻本進行對校，故只能采用他校法。是以整理之初便儘可能找到明河撰寫每一個僧傳時所采用之原始材料進行比勘，但文獻難徵，我們並不能確信所找到之材料是否爲明河當時所據之原始文本，因此我們對比勘出的異文主要進行了如下處理：

（一）異文可兩存者，於校記録出以備參考；

（二）傳文明言引述原文者，一一據今存原書核證，如涉及對話、詩文等語料，則錙銖必較，有異必録，不唯存當時情實之真，亦可窺語言遞變之迹，復可見明河整齊史傳之功；然古人引書，本不盡據原文，或節引、或意引，若異文無關宏旨或語意差別不大，則不出校記；

（三）若傳文未言引述，係明河據原始材料改寫，如與傳文差別甚小或無關，則不出校記；對原文進行節略者則不具引，酌采有關傳文入箋注，以收拾遺補闕之效；若與原文偏差較大，甚或有失實之處，有顯誤者則據改，不多引材料佐證以免繁瑣；不能判斷者則出異文校，以備讀者取捨。

四、本書原刻本大部分文本未有分段，少數有分段或有「系曰」「明河曰」等標志性字句。整理者據文意對段落作適當劃分，以便讀者。表明作者觀點看法的「系曰」「明河曰」則以不同字體表示，以示分別。

五、凡佛、菩薩、和尚、道人、禪師、居士等名號，均連同主名一併加專名綫，如迦葉佛、天冠菩薩、鰕子和尚、開道人、琰禪師、王居士；凡國名、地名、朝代、年號，均加專名綫，如中天竺、那爛陀寺、宋、太平興國；禪師籍貫、山名、寺名、謚號、諱名、法號，均分斷加專名綫，如廬山棲賢寶覺院澄提禪師。

六、凡經論書名，無論全稱或省稱，一律加書名綫。例如聖佛母經、如來莊嚴經、大中祥符法寶録。

七、本書除校勘外尚有簡注，主要對傳文史實略加辨析，誤者正之，晦者明之，闕者全之，略者詳之，以爲讀者知人論世之助。

八、校記、箋注分别以〔 〕、【 】標明序號，以示區别。

九、原書並無目録，今據正文編目，以備查檢。並附録人名索引，以便使用。

續高僧傳序

如來正法眼藏囑付羅漢僧，或從心地發明，或向耳根參會。妙觀察智，處處靈通。雖來路稍殊，然入門元一也。余嘗讀高僧傳，慨想久之。既面目之儼存，又神明之玄契。心之所會，手若傳之；眼之所照，足若赴之。明鏡在前，法見全露。先賢之啓我深乎？河公問道四方，研精三學。於是聚高僧於瀍窟，而爲之論，以其生平聲教所流，徧周沙界，自非身心並徹、手眼兼行者，惡能精博如是哉？扃公持全編來訪余白下，纔開寶藏，徧界光明，然後服河公之神鑑也。大圓鏡智，鑒破古今，其斯文之謂與？

西江黄端伯題

補續高僧傳序

吾氏高僧之列十科，猶孔門弟子之推四哲。四哲載記後，既更有弟子；十科立傳後，豈竟無高僧？非無高僧，是無傳高僧之人也，亦弟子中非得馬遷之筆而不能傳。曰：「傳者傳也。貴傳其神，如見故人，一披圖不待問即知爲某某。此無他，蓋以神遇，不以言得也。」噫！一大部僧史，非一大部高僧之面目也哉？古秀高寒之色，凛凛逼人，皆在阿堵中。非具僧繇畫龍點睛之手，虎穴鷹巢參討之徧，司馬、董狐良史之才，無乃捃拾人唾，入籃是艸，或以乙代甲，或遺大取小，使古人門庭施設、垂手殺活之機，皆莫能辯。宋贊寧〔一〕傳成後，張無盡、吕夏卿君子輩與寂音尊者從而議之，固不無遺憾焉。

吾友高松河公慨嘗向予昭代僧史之缺典，今捨吾黨其誰？於是鍵關東海上，三年以利其器，顧不惜踏破鐵鞋，走齊魯燕趙間。始斷烟殘碣，搜括迨徧。東南名山，所未果緣，約與吾分任之。憶甲寅春，於湖上送公爲八閩遊。吾亦將振策兩粤，取道臧牁，以還故山。雞足熊耳間，常見有肉身大士，如盤龍古亭勝國，至今猶自定中，爪生髮長。他則如念庵再光定堂，譬彼幽蘭多生空谷，雖芳香絶倫，賞識無人，未能悉舉。誓與畢命蒐羅，了此公案。於時也，殘雪載塗，饑烏無色，引領征人，孤思悵結，公其行矣。無何歸來，相見鐵山。先楞師喜，〔一〕有「屐齒嚙殘閩地雪，衲頭觸盡浙江雲」之句。已不知多少祖師盡被一囊收拾，天下多少老和尚盡被掂觔簸兩，一一秤過來。惜乎此後兩人皆墮講肆窠臼，無暇及此。若夫人之今古，采之得失，列之詮次，尚俟商確，可稱未全之書。嗚呼！公今死矣，其如人亡則難何？吾亦老之將至，裹糧抱杖，能無望路之歎？此書儗庋之高閣，公一生苦心，竟成烏有；將質之海内，則又多所未逮。三復不已，與其無也，寧存。遂與毛居士子晉相商而付諸梓。倘見罪於諸方，則吾實亦不得辭其責也矣。幽冥之下，負我良友不少，更復何言？所幸易簀之際，囑累道開，曲盡艱苦，今竟成書，將致告公於常寂光中。能讀父書，能成父志者，諸弟子中，又其唯道開乎？

後住中峰讀徹拜撰

【校記】

〔一〕贊寧　原作「寧贊」，據贊寧進高僧傳表乙正。

【箋注】

【一】先楞師喜　據錢謙益牧齋初學集卷六十九一雨法師塔銘，讀徹與明河之師名通潤，字一雨，姓鄭氏，蘇之西洞庭山人。後於鐵山疏楞嚴、楞伽二經而成楞嚴楞伽合轍一書，因名所居爲「二楞庵」，自稱「二楞主人」。故讀徹於文中稱「楞師」。

補續高僧傳序

補續高僧傳者，吾友汰如法師河公所撰述也。傳列宋元以逮明世諸高禪，而乃冠以大明，若止爲一朝僧史，則不從所紀載之人立號，而從編纂之家受名，亦循贊寧師之義例，不稱續而稱宋之意也。昔吾師紫柏老人，嘗以傳燈未續爲慧命一大負，此乃專爲習禪一門言也。若不惟遞衍五燈，而又具載十科，則其網羅銓次，更倍費辛勤矣。故吾嘗謂：「録傳燈之難，難在具眼而印心；傳高僧之難，難在多聞而精擇。且又須濟之以手筆也。」河公以半世勞勩，廣肆蒐獵，細加紬繹，人貌鬚眉，家傳譜系，觀其草本，無不親自繕録，幾經勘定，殊非尋常楮墨之役所能髣髴其苦心矣。公既與吾爲支、許遊，其高足弟子無門公，又與吾有皎然、左司之契。因出傳藁，俾相參討，且使題厥首簡。吾觀古之作史者，自崔彦鸞氏始取佛圖澄、鳩摩羅什諸公，各爲立傳。於是志録中有可分出，爲僧家董狐。然自梁皎、唐宣、宋寧三師撰述外，即甘露滅之僧寶傳，亦特止爲禪宗作，而於譯經以及唱導、雜科等，概未嘗一置喙也。故自宋以還，萬不可闕斯宏製。況明興，高皇帝乘金輪以御土宇，聖製集中凡爲釋氏宣言者，業與日星俱耀，而年垂三百，獨可無一成書以昭法乘乎？宜河公之奮然勒成是傳也。嘗憶禪師有問坡公何姓者，公曰：「姓秤，稱天下長老輕重。」請以是爲作傳者置一史職。又嘗憶裴相國見大安寺壁間畫高僧儀，因曰：「真儀可觀，高僧何在？」請以是爲讀傳者開一觀門。不識扃公肯以吾言舉似其師常寂光中否？

崇禎甲申仲春上澣，洗松道者周永年稽首和南纂。

【箋注】

【一】即甘露滅之僧寶傳　據宋惠洪冷齋夜話卷六稱甘露滅：「世尊以大方便曉諸衆生，令知根本，而妙意不可以言盡，故言『甘露滅』。滅者，寂滅；甘露，不死之藥。如寂滅之體而不死者也。」知「甘露滅」猶涅槃，得涅槃即滅除生死，如吴支謙譯佛説維摩詰經卷上佛國品所云：「始在佛樹力降魔，得甘露滅覺道成。」唐智顗説、湛然略維摩經略疏卷二：「見四諦理，名得甘露；正習俱盡，故名滅也。」故名「甘露滅」。惠洪曾以此名齋，有甘露滅齋銘并序：「政和四年春，余還自海外，過衡嶽，謁方廣譽禪師，館於靈源閣之下，因名其居曰『甘露滅』。道人法太請曉其説，余曰：『三祖北齊天平二年得法於少林，隱於皖山，終身不言姓氏老安。隋文帝開皇七年，括天下私度僧尼驗勘，安曰：「本無名。」遂遁於嵩山。二大老厭名迹之累，而精一其道蓋如此，余實慕之。』乃爲之銘曰：『吾聞甘露，食之長生。而寂滅法，乃有此名。寂滅而生，谷神不死。唯佛老君，其意如此。我本超放，憂患纏之。今知脱矣，鬚髪伽梨。安遁嵩少，璨逃潛霍。是故覺範，老于衡嶽。山失孤峻，玉忘無瑕。當令舌本，吐青蓮華。』」故後人以此代指惠洪。

大明高僧傳序〔一〕

往時，雪浪大師掀翻義學窠臼，位下龍象未易指屈。一雨潤師，其白眉也。汰如河公乃潤師高弟，倡明教乘，爲時所宗。昨歲飛錫白門，講經報恩禪院，聽法者萬衆。余時野服籃輿造山舍麈談，恨把臂晚。未幾歸吴門，余贈以詩，有「弟子〔二〕教成花作雨，維摩歸去舌無鋒」之句，不意遂成詩讖。僅數日，遽示疾辭世。聞者莫不泣洟思慕。

今年秋，其徒道開〔三〕持師所著高僧傳屬余爲序，且述河公之言曰：「此老僧三十年來，苦心編纂，爲傳衣正法眼藏，須付剞劂。必求吴橋司馬弁其簡端。」余惟燈録自大慧而後寥寥散見，莫可稽考。豈非禪乘一大闕陷事？河公枯笻所指，遊徧名山古刹，搜剔碑版，攀藤蘿，摹剥蝕，次第彙集。曹學憲能始復出鄴架所藏，傾篋佐之，閱三十春秋，成此一書。自趙宋至昭代四百餘載，不分宗派，凡真正佛子，略已該括。取例寂音之傳僧寶，系以論贊，洵法苑之勝事，亦龍宫之秘録也。余於禪觀之暇，時涉教乘。每歎逐塊者爭趨一千七百熱鬧處，輒姍教家饒舌，爲不及竹篦子一句。嗟乎！外一大事因緣，豈復有玄要？河公炳此慧燈，纘修果位，從前舌雛雨露，手捫日星，一片熱腸，三生了悟，總此一編嗣續，已盡禪教大旨。毫端放光，令人展卷如親見龍象蹴踏。一切俗漢鈍器，又何能贊一詞耶？道開扃公親受記莂，箕裘勿墜，較閲〔四〕是書，不啻三轉語報師恩。而余以蓮社氣誼匪一朝夕，爰告同人，因爲梓而行之。

時崇禎辛巳秋杪，思仁居士范景文書於白門之餐冰齋。

【校記】

〔一〕大明高僧傳序　此序底本未見，雖爲「大明高僧傳」之序，然實爲明河補續高僧傳而發，而與如惺所撰大明高僧傳了不相涉，因據明周永年編吴都法乘卷二十二范景文大明高僧傳序補入。

〔二〕弟子　原無「子」字，據卍續藏經本補續高僧傳補。

〔三〕道開　原作「道凱」，據卍續藏經本補續高僧傳改，下同。

〔四〕較閲　卍續藏經本補續高僧傳作「編輯」。

補續高僧傳卷第一

明吴郡華山寺沙門明河撰

譯經篇

宋　天息災　法天　施護三師傳

天息災，北天竺迦濕彌羅國人也。太平興國中，與烏填曩國三藏施護至京師。時梵德前後疊來，各獻梵筴，集置甚富。上方鋭意翻傳，思欲得西來華梵淹貫、器業隆善者爲譯主。詔於太平興國寺西建譯經傳法院〔一〕以須之。先是，有梵德法天者，中天竺國人。妙解五明，深入三藏。初至蒲津，與通梵學沙門法進譯無量經、七佛讚。守臣表上之。上覽之大悦，曰：「勝事成矣。」與天息災、施護同召見，問佛法大意，對揚稱旨。賜紫方袍，並居傳法院，賜師號天息災「明教大師」、法天「傳教大師」、施護「顯教大師」。令先以所將梵本各譯一經，詔梵學僧法進、常謹、清沼筆受、綴文，光禄卿楊説、兵部員外郎張洎潤文，殿直劉素監護，所須受用悉從官給。三師述譯經儀式上之，〔二〕且請譯文有與御名、廟諱同者，前代不避，若變文回護，恐妨經旨〔二〕。詔答：「佛經用字，宜從正文。廟諱御名，不須迴避。」未一月，新譯經成。天息灾上聖佛母經，法天上吉祥持世經，施護上如來莊嚴經，各一卷。詔兩街選義學沙門百人，詳定經義。時左街僧録神曜等言「譯場久廢，傳譯至艱」，三師即持梵文，先翻梵義，以華文證之，曜衆乃服。

上覽新經，示宰臣曰：「佛氏之教有裨政理，普利群生。達者自悟淵源，愚者妄生誣謗。朕於此道，微識其宗。凡爲君正心無私，即自利行；行一善以安天下，即利他行。如梁武捨身爲奴，此小乘偏見，非後代所宜法也。」車駕幸譯經院，賜坐慰勞，贈什物〔三〕，給童子〔四〕，悉出禁中所藏梵本，令其翻譯。復選梵學沙門爲筆受，義學沙門十人爲證義。自是每歲誕節必獻新經，皆召坐賜齋，以經付藏頒行。

適西國有進大乘祝藏經，詔法天詳定。天奏此經是于闐書體，非是梵文，況其中無請問人及聽法衆，前後六十五處文義不正。帝召天諭曰：「使邪僞得行，非所以崇佛教也。宜焚棄此本，以絶後惑。」下詔曰：「朕方隆教法，用福邦家，其内外諸郡童行並與剃度。」時新經陸續以進，上如次披覽，謂宰臣曰：「天息灾等妙得翻譯之體。」詔除天息灾朝散大夫、試光禄卿，法天、施護朝奉大夫、試鴻臚卿，法天改名法賢，並月給酥酪錢有差。上親製三藏聖教序以賜之，用冠新譯之首。中云：「法師天息灾等常持四忍，早悟三空〔五〕，翻貝葉之真詮，續人天之聖教。芳猷重啓，偶運當時〔六〕。潤五聲於文章，暢四始于風律。堂堂容止，穆穆輝華。曠劫而昏蟄〔七〕重明，玄門昭顯；軌範而宏光〔八〕妙法，淨界騰音。」及真宗即位，禮部侍郎陳恕以譯院久費供億爲言，上不聽，且製序文，〔二〕命置先帝序後，從法賢請也。

咸平三年八月，天息灾示寂，謚慧辯。敕有司具禮祭葬。次年法賢亡，謚玄覺，禮視慧辯。施護先逝。三師遭逢聖世，首隆譯場，續獅絃之響，發空谷之音，闡宣之功，無忝前哲矣。

【校記】

〔一〕譯經傳法院　宋志磐佛祖統紀卷四十四作「譯經院」。

〔二〕恐妨經旨　宋志磐佛祖統紀卷四十四作「慮妨經旨，今欲依國學九經，但闕點畫」。

〔三〕贈什物　原作「增什物」，然宋志磐佛祖統紀卷四十四作「賜卧具繒帛什物」，因據改。

〔四〕給童子　宋志磐佛祖統紀卷四十四作「度其院童子十人」。

〔五〕三空　宋太宗大宋新譯三藏聖教序作「三乘」。

〔六〕當時　宋太宗大宋新譯三藏聖教序作「昌時」，是。

〔七〕昏蟄　宋太宗大宋新譯三藏聖教序作「昏墊」。

〔八〕宏光　宋太宗大宋新譯三藏聖教序作「彌光」。

【箋注】

【一】三師述譯經儀式上之　據宋志磐佛祖統紀卷四十四：「天息灾述譯經儀式：於東堂面西粉布聖壇，開四門，各一梵僧主之，持祕密咒七日夜；又設木壇布聖賢名字輪，目曰大法曼拏羅，請聖賢阿伽沐浴，設香華燈水殽果之供，禮拜遶旋，祈請冥祐，以殄魔障。第一譯主，正坐面外，宣傳梵文；第二證義，坐其左，與譯主評量梵文；第三證文，坐其右，聽譯主高讀梵文，以驗差誤；第四書字，梵學僧審聽梵文，書成華字，猶是梵音；第六綴文，回綴文字，使成句義；第七參譯，參考兩土文字，使無誤；第八刊定，刊削冗長，定取句義；第九潤文，官於僧衆南向設位，參詳潤色。僧衆日日沐浴，三衣坐具，威儀整肅。」又同書卷四十三：「天息灾言：『譯文有與御名廟諱同者，前代不避。若變文回避，慮妨經旨。今欲依國學九經，但闕點畫。』」知均非「三師」語，實應爲天息灾言。

【二】上不聽，且製序文　宋志磐佛祖統紀卷四十五：「咸平元年，御製三藏聖教序，賜明教大師法賢等，令置先帝聖教序後。……二年，禮部侍郎陳恕言譯經院久費供億，乞罷之。上以先朝盛典，不許。」

法護　惟淨二師傳

法護，中天竺國人。景德改元，賫梵筴入京〔一〕，賜紫衣束帛，館於傳法院〔二〕。時天息災、法賢相繼遷逝，雖譯事不寢，而司南之人，僉議非法護不可。遂被詔補其處，仍敕光梵大師惟淨試光禄卿同預譯經，參政趙安仁等潤文，禮數有加。譯佛吉祥等經二百餘卷，併自太平興國以來所翻，合經律論共成四百十三卷，淨與秘書監楊億編次。又與安仁等編修大藏經録，凡二十一卷，賜名大中祥符法寶録。宸裁序文，置于録首。仁宗即位，淨與翰林學士夏竦進新譯經音義七十卷，淨又進大藏經目録二袠，賜名天聖釋教録，凡六千一百九十七卷。

南海駐輦國遣使進金葉梵經〔三〕，詔法護譯之，御製譯經頌爲賜。至和元年，敕銀青光禄大夫、試光禄卿三藏法護戒德高勝，可特賜六字師號，曰「普明慈覺傳梵大師」。是時，譯場久開，潤文官非位德並隆者，不得參預。如吕夷簡、宋綬，如富弼、文彦博、韓琦，皆以宰臣入選。弘闡之盛，古所未有。況梵本甚富，不容盡翻。夷簡、綬奉詔，續修法寶録。自祥符至景祐，已編成一百六十卷〔四〕矣。至是，淨上言：「西土進經，新舊萬軸。鴻臚之設，有費廩禄。欲乞停罷。」中丞孔道輔〔五〕亦以爲言。上出淨疏示之，諭以先朝盛典，不可輒廢。譯雖不停，自是勢亦少緩，不似如前之鋭也。至徽宗大觀中，【一】猶有譯經三藏金總持，即擊磬以覺嘉州定僧者，與譯語仁義、筆受宗正南游江浙，則其譯場冷淡可知矣。護終于嘉祐三年，淨未詳所終。【二】

【校記】

〔一〕賫梵筴入京　宋志磐佛祖統紀卷四十五作「進佛舍利、貝葉梵經」。

〔二〕傳法院　宋志磐佛祖統紀卷四十五作「譯經院」。

〔三〕梵經　宋志磐佛祖統紀卷四十六作「天竺梵經」。

〔四〕一百六十卷　宋志磐佛祖統紀卷四十六、明心泰編佛法金湯編卷十一呂夷簡作「一百六十一卷」。

〔五〕孔道輔　原作「孔輔道」，據宋釋文瑩湘山野録卷上乙正。

【箋注】

【一】至徽宗大觀中　據宋志磐佛祖統紀卷四十七：「（政和）三年，譯經三藏明因妙善普濟大師金總持同譯語仁義、筆受宗正南游江浙，至秀州車溪。」又宋宗鑑集釋門正統卷四：「政和三年，金總持三藏游錢塘。」知此事當在政和三年（一一一三），非大觀（一一〇七—一一一〇）年間。

【二】淨未詳所終　宋釋文瑩湘山野録卷上：「（惟淨）皇祐三年入滅。」

金　蘇陀室利傳附寶公　慧洪

蘇陀室利者，西域中印土那爛陀寺〔一〕僧也。內閑三藏，外徹五明。能誦雜華經，久慕此土清涼山萬菩薩住處〔二〕，年八十五，與弟子七人航海而來。七人三還三殞，唯佛陀室利一人隨之。凡六年，方達清涼。每至一臺頂，誦華嚴經十部。禪寂七日，不息不食。每入定，則見紫磨金城，玻璃紺殿，寶蓮香水，珠網交輝，無盡莊嚴，諸天童子遊戲其中。後於靈鷲寺化去。佛陀收舍利八合，熣爛如珠，持還西土。唐括讚其真曰：「似似是是〔三〕，蘇陀室利。西竺來遊，一百八歲。雪色連腮，碧光溢臂。內蘊真慈，外現可畏。在閔宗朝，連陰不霽。特詔登壇，咒龍落地。赭色伽梨，后妃親製。施內藏財，度僧起寺。人半疑信〔四〕，佛陀波利。借路重來，五峰遊禮。峨五佛冠，曼殊何異？圓滿月面，色非紅粹。真人蕭生，遥瞻拜跪。」羽士蕭真人技術、難問皆爲師伏，稽首爲謝，故云云。

寶公、慧洪者，皆慧性超絶。寶公，出磁州武氏。大定初，於滏陽造仰山寺。殿宇宏壯〔五〕，兩柱鏤金龍蟠之，觀者瞠駭。忽有題詩柱上者，曰：「人道班鳩拙，我道班鳩巧。

一根兩根柴，便是家緣了。」寶公見之大悟，即入西山結茆以居，終身不出。〔一〕慧洪，字子範，因閱楞嚴「一人發真歸元，十方虚空悉皆銷殞」，忽悟曰：「諸佛心印本無玄妙，今日始爲無事人矣。」遂造河朔汶禪師所，陳所見，汶可之。臨終有偈云：「六十春光有八年，浮雲收盡露青天。臨行踢倒須彌去，後夜山頭月更圓。」

【校記】

〔一〕中印土那爛陀寺　明釋鎮澄清涼山志卷九蘇陀室利傳作「中印度那蘭陀寺」。

〔二〕清涼山萬菩薩住處　明釋鎮澄清涼山志卷九蘇陀室利傳作「清涼文殊住處」。據東晉佛馱跋陀羅譯大方廣佛華嚴經卷二十九：「東北方有菩薩住處，名清涼山，過去諸菩薩常於中住；彼現有菩薩，名文殊師利，有一萬菩薩眷屬，常爲説法。」因文殊菩薩有一萬眷屬，故以「萬菩薩」稱「文殊」。

〔三〕似似是是　元釋念常佛祖歷代通載卷二十「似似是是」後有小字注「或云奇哉師子」，作「奇哉師子」文義更勝。

〔四〕人半疑信　元釋念常佛祖歷代通載卷二十「人半信疑」，是。

〔五〕宏壯　明鄒守愚、李濂纂修嘉靖河南通志卷三十五寶公作「華麗」。

【箋注】

【一】終身不出　明鄒守愚、李濂纂修嘉靖河南通志卷三十五寶公：「後徧歷諸山，住峡峪寶嚴寺。一夕大風震地，端坐而逝。」

吽哈囉悉利傳

吽哈囉悉利，本北印度末光闥國人，住雞足山。誦諸佛密語，有大神力，能祛疾病，伏猛虎，呼召風雨輒應。皇統，與其從父弟三磨耶悉利等七人來至境上，請游清涼山，禮文殊，朝命納之。既游清涼，又游靈巖，禮觀音像，旋繞必千匝而後已，匝必作禮，禮必盡敬，無間日。日受稻飯一杯，座有賓客，分與必徧，自食其餘，數粒必結齋。始至濟南，建文殊真容寺，留三磨耶主之。至棣，又建三學寺。大定五年四月，示寂於三學，年六十三。

元帝師癹思八傳

癹思八，元世祖尊以爲帝師者也，土波國人，族款氏，生時多瑞應。初，土波有國師禪達囉乞答〔一〕，具大威神，累葉相傳。其國王世師尊之，凡十七代而至薩師迦哇〔二〕，即師之伯父也。師從之受業，甫七歲，誦數十萬言，通貫大義。少長，學富五明，研幾三藏。年十五，謁世祖於潛邸，與語大悦。躬率太子以下從受戒法，尊禮殊異。戊午，師年二十。時道士倡言化胡，憲宗詔師詰之，不能對，邪説遂熄。世祖登極，尊爲國師，授玉印。任中原法主，統天下教門。

既而西歸，未期月復迎還。庚午，師年三十一〔三〕，命製蒙古新字，其字僅千餘，其母凡四十有一〔四〕。共〔五〕相關紐而成字者，則有韻關之法；其以二合三合四合而成字者，則有語韻之法，而大要則以諧聲爲宗也，皆師獨運摹畫而成。上覽悟大悦〔六〕，即頒行天下遵用，迄爲一代典章。升號曰「皇天之下一人之上開教宣文輔治大聖至德普覺真智佑國如意大寶法王西天佛子大元帝師」，更賜玉印，統領諸國釋教。旋又西歸。

至元十一年，復專使迎還。歲杪抵京，王公以下皆離城一舍，結香壇淨供，羅拜迎之。所經衢陌，皆結五綵，翼其兩傍，萬衆瞻禮，若一佛出世矣。復爲真金皇太子説器世界等彰所知論，詞嚴義偉，三藏沙羅巴譯而行之。未幾，又力辭西歸。上堅留之，不可。庚辰，師年四十二，以至元十七年十一月某日〔七〕示寂。上聞震悼，懷德無已。乃建大窣堵波于京師，奉藏真身舍利，莊飾〔八〕無儔。

至英宗，詔各路建帝師殿，立碑頌德。其文曰：「夫敏者怠於博學，貴者耻于下問，才高而位重，則矜己而驕物，此人之恒也。師以生知之明，爲天子師，可謂敏且貴矣。而乃博學無厭，下詢遺老。人有一法，不遠千里而求之。雖硜硜之諒，佼佼之庸，苟有可取，無遺焉。負絶世之材，材莫大焉；處帝師之位，位莫重焉。而乃孜孜〔九〕于道，循循誘物。惟恐德之不修，道之不弘，未嘗以多能自聖而有滿盈之色。曠若空谷，靜若深淵；遠若雲霞，重若丘山。豈非至德，其孰能與於此哉？其道之所被，德之所及，猶杲日麗乎天，明無不炤；陽和煦於物，氣無不浹。其高如天，不可階而升也；其大如海，不可航而涉也。以不言而民信，不勸而物從。所過者化，所存者神。匪天縱之將聖，孰能與于此哉？」

師侍者曰達益巴，執事師十有三年，出而從，入而侍。聽言論於左右，觀道德於前後。陶熏滋久，鬱成美器。凡大、小乘律論及秘密經籍，皆耳於口授，目於手示，得乎理之所歸、行之所趣。師西還，巴以久勞弗克侍，留於洮，洮人化之。武宗踐祚，巴道大弘。初，師在洮，曾居古佛寺。至是，出所賜大厥宇，將謀老於汶上，而上命屢下，錫金印駝紐，封號「弘法普濟三藏大師」。以延祐五年化於京師，賜祭葬，謚祐聖國師。

【校記】

〔一〕禪達囉乞答　元釋念常佛祖歷代通載卷二十一作「禪怛囉乞答」。

〔二〕薩師迦哇　元釋念常佛祖歷代通載卷二十一作「薩師加哇」。

〔三〕師年三十二　原作「師年三十一」，宋志磐佛祖統紀卷四十九作「師年三十二」，元熙仲集歷代釋氏資鑑卷十二作「師年三十二歲」，元釋念常佛祖歷代通載卷二十一作「師年三十二歲，時至元七年」，下文言「師年四十二，以至元十七年十一月某日示寂」，則至元七年，師應爲三十二歲，因據改。

〔四〕四十有一　原作「四十有二」，據宋志磐佛祖統紀卷四十九、元史卷二百二八思巴傳改。

〔五〕共　宋志磐佛祖統紀卷四十九、元史卷二百二八思巴傳作「其」，是。

〔六〕上覽悟大悅　元釋念常佛祖歷代通載卷二十一：「師獨運摹畫，作成稱旨」，疑「悟」爲衍文。

〔七〕某日　宋志磐佛祖統紀卷四十九、元釋念常佛祖歷代通載卷二十一、明幻輪編釋鑑稽古略續集卷一世祖作「二十二日」。

〔八〕莊飾　元釋念常佛祖歷代通載卷二十一作「輪奐金碧」。

〔九〕孜孜　原作「孜孜」，據元釋念常佛祖歷代通載卷二十二釋法洪敕建帝師殿碑改。

金剛上師傳

膽巴，此云微妙，西番突甘斯旦麻人。幼孤，依季父，聞經聲止啼。年十五六，精通顯密諸部。世祖居潛邸，聞西國有綽理哲瓦道德，遣使迎之。時綽瓦已殁，廓丹大王以師應命。既至，上問曰：「師之佛法，比叔何如？」對曰：「吾叔佛法如大海水，吾所得舌點而已。」上笑，顧左右曰：「種性不凡。」遂禮以爲師，王公以下皆秉戒。

師宿具靈心，咒語精密，凡有禱祈，感應之疾，如風馳雷卷，不可思議。時懷孟大旱，咒之立雨。嘗咒食投龍湫，頃之，奇花異果涌出波面，取以上進。樞密副使月的迷失鎮潮，其妻得奇疾，百方無效。師但咒數珠以加其身，不知病之去也。元貞間，海都犯西番界。成宗謀於師，咒之而捷〔一〕。又以咒水，起上於垂死。上北狩，師象輿在前。過雲州，語弟子曰：「此地有靈怪，上至，必有薄警。當以咒勝之。」後果風雨暴至。衆咸震懼，伏草中，獨行幄無少挫撓。

初，相哥受師戒，繼爲帝師，門人爲人豪横自肆〔二〕，師責而不悛，繇是銜之。逮登相位，懼師讜直，因譖之于上，師遂有潮陽之行。相哥既以罪誅，上患股，召師還京，建師子吼道場七日於内殿，而上愈〔三〕。言及相哥，師以宿業爲對。上以國用不足，欲徵税于僧。師奏曰：「昔成吉思皇帝有國之日，疆土未廣，尚免僧徵。今四海混同，萬邦入貢，豈因微利而棄成規？倘蠲其賦，則身安志專，庶可勤修報國。」上悦而止其事。〔一〕乙未，被詔住大護國仁王寺。癸卯夏示疾，上遣醫候視。師笑曰：「色身有限，藥豈能留？」但問左右〔四〕：「今何時？」曰：「日午矣。」即斂容，端坐而逝。上聞悲悼，賜沉檀衆香，結塔茶毗。火後開視，頂骨不壞，舍利不知其數，建塔仁王寺。西域秘密之教以大持金剛爲始祖，累傳至師，益顯著，故有金剛上師之稱焉。

【校記】

〔一〕成宗謀於師咒之而捷　元史卷二百二膽巴傳作：「成宗命禱於摩訶葛剌神，已而捷書果至。」

〔二〕門人爲人豪横自肆　元釋念常佛祖歷代通載卷二十二作「門人屢有言其爲人豪横自肆者」，是。

〔三〕建師子吼道場七日於内殿而上愈　元釋念常佛祖歷代通載卷二十二作：「召師於内殿建觀音獅子吼道場，七日而愈。」疑原文應作「建師子吼道場於内殿，七日而上愈」。

〔四〕但問左右　元釋念常佛祖歷代通載卷二十二作「五月十八日，師問左右」。

【箋注】

【一】上悦而止其事　據元釋念常佛祖歷代通載卷二十二：「甲午四月，成宗皇帝踐祚，遣使召師。師至，慶賀畢，奏曰：『昔成吉思皇帝有國之日，疆土未廣，尚不徵僧道税糧。今日四海混同，萬邦入貢，豈因微利而棄成規？倘蠲其賦，則身安志專，庶可勤修報國。』上曰：『師與丞相完澤商議。』奏曰：『此謀出於中書省官，自非聖裁，他議何益？』上良久曰：『明日月旦就大安閣釋迦舍利像前修設好事，師宜早至。』翌日師登内閣，次帝師坐，令必闍赤朗宣敕旨，顧問師曰：『今已免和上税糧，心歡喜否？』師起謝曰：『天下僧人咸沾聖澤。』」

佛智三藏傳

佛智三藏，出積寧氏。昆弟四人，師其季也。總丱之歲，依帝師發思巴薙染爲僧，通諸部灌頂之法。世祖受教於帝師，鋭意翻譯。師與參譯語，辭致明辯，允愜上意，詔賜「大辯廣智法師」。論者謂：「季葉以來，譯場久廢，能者蓋寡。豈意人物凋殘之際，乃見公乎？觀其所譯，可謂能者哉！」師之道大闡，河西之人尊之不敢名，至呼其族黨〔一〕皆曰「此積寧法師家」，其爲見重如此。

時僧司盛設，風紀寖弊，既不能干城〔二〕遺法，抗禦外侮，反爲諸僧勞擾，頽波所激，江南尤甚。朝廷欲選能者正之，僉以必得精識時務如師者始可，詔授師江浙等處釋教總統。既至，削去煩苛，務從寬大，僧衆安之。既而改授福建等處，方正之氣頗與同列乖忤。師歎曰：「天下何事，況教門乎？蓋吾人之庸自擾之耳。夫設官愈多，則事愈煩。十羊九牧，其誰能堪？」〔二〕遂建言罷之，議者稱其高。師既得請，隨謝事，遁迹壟坻，築室種樹，蓋將終焉。

未幾，以光禄大夫起。仁宗爲太子時，嘗就師問法，既踐大寶，眷遇益隆。館於慶壽寺，給廩餼，詔師所譯皆板行之。師幼而穎悟，諸國語言皆不學而能。既長，果能樹立。其爲學，誦言觀義，涉其涯，遂厲於深。且好賢愛能，尤能取諸人以爲善。談論之際，發其端，已得過半之思，故其所有皆以好問而致，是以名勝之流皆樂從之游。延祐元年十月示寂，年五十有六。其始疾也，詔賜中統鈔萬緡，俾佐醫藥，太尉瀋王往眎疾。既殁，又賜幣萬緡，以給葬事。遣使驛送其喪，歸葬故里云。

【校記】

〔一〕族黨　元釋念常佛祖歷代通載卷二十二作「子弟」。

〔二〕千城　原作「千城」，據元釋念常佛祖歷代通載卷二十二改。

【箋注】

【一】十羊九牧，其誰能堪　元釋念常佛祖歷代通載卷二十二作：「今諸僧之苦，蓋事煩而官多也，十羊九牧，其爲苛擾可勝言哉！」

必蘭納識理傳

必蘭納識理者，初名只刺瓦彌的理，北庭感木魯國〔一〕人。幼熟畏兀兒及西天書，長能貫通三藏及諸國語。大德六年，奉旨從帝師受戒於廣寒殿，代帝出家，更賜今名。皇慶中，命翻譯諸梵經典。延祐間，賜銀印，授光禄大夫。

是時，諸番朝貢，表牋文字無能識者，皆令必蘭納識理譯進。嘗有以金刻字爲表進者，帝遣視之，廷中愕眙，觀所以對。必蘭納識理隨取案上墨汁塗金葉，審其字，命左右執筆，口授表中語及使人名氏，與貢物之數，書而上之。明日，有司簡閱，一如所書〔二〕，衆無不服其博識，而竟莫測其何所從授，或者以爲神悟云。後厄于數。〔一〕

【校記】

〔一〕感木魯國　原作「感本魯國」，據元史卷二百二必蘭納識里傳改。

〔二〕有司簡閱一如所書　元史卷二百二必蘭納識里傳作：「有司閱其物色，與所賫重譯之書無少差者。」

【箋注】

〔一〕後厄于數　元史卷二百二必蘭納識里傳載其死因甚詳：「授開府儀同三司，仍賜三臺銀印，兼領功德使司事，厚其廩餼，俾得以養母焉。至治三年，改賜金印，特授沙津愛護持，且命爲諸國引進使。至順二年，又賜玉印，加號普覺圓明廣照弘辯三藏國師。三年，與安西王子月魯帖木兒等謀爲不軌，坐誅。其所譯經，漢字則有楞嚴經，西天字則有大乘莊嚴寶度經、乾陀般若經、大涅槃經、稱讚大乘功德經，西番字則有不思議禪觀經，通若干卷。」

法禎傳

法禎，字蒙隱，雪磵其號也。蔣氏，其先曹之定陶人，家世閥閱。宋靖康間，高、曾避金兵，徙淮西壽春，因家焉。父德勝，將兵取襄陽，有功，封濟陰侯。母魯夫人，嚴而賢。師生岐嶷，齠齔習詩賦聲律，日記數千言。然氣羸疾瘵，每病則瀕死，術者以爲非壽者相。父母捨之出家，事退庵無公大講師落髮。十七入講肆，通經論大旨，開官講於建鄴，聲華奪席。尋入京師，告單慶壽。太尉駙馬瀋王日請入府説法。延祐丙辰，被旨即慶壽開堂，移易州之興國。逾年，兩奉詔翻譯菩提行釋論二十七卷，西夏僧慧澄譯語，師筆受綴文，一言三詳，删治一出於師。所司供給，仍指授畫工，於大内寶雲殿繪高僧像八十八龕，師作八十八傳，金書其上。

初，皇慶之開舉場也，蒙古、色目習三場舉業，漸染朱熹之説，謂佛語爲誕妄。詔翰林虎承旨、妙三藏與師三人，以張天覺護法論譯爲國語，以化之。英宗即位，將以大藏經治銅爲板，而文多舛誤，徵選天下名僧六十員讎較。師與湛堂、西谷三人爲總督，重勘諸師所較，仍新爲目録，旌賞特加。泰定、至順之交，教門有大故，師必預議秉筆。後至元丙子，被兩宮詔旨，主南城大竹林。至正戊子，詔重譯菩提行頌文，陛見于大口行宫，上以漢語呼師號而面諭焉。是年，俗儒王溥、張琅陳言僧道之弊數十條，省部從其説。將行移文檄，師爲駁邪論以闢之，其議遂寢。又江西儒學官塗以義上數千言，其大旨欲盡毁天下寺觀，僧道歸俗，財産没官。師爲公牘，回省部折其邪説，乃止。

甲午，遷潭柘之龍泉。師開堂出世四十餘年，膺累朝眷顧，凡皇家大會演法，師爲巨擘，王公有識大人皆望塵加敬。名聲振寰宇，碑誌文言殆遍海内。性明敏，經書過目成誦。其於性相教義、禪學密乘，與夫孔老百氏、經子史籍，無不該覽。發爲文章，精緻雅健，要爲不蹈襲前人，蔚然自出機杼，成一家學。胸襟倜儻，無芥蔕，爰自涖事，雖賞罰公行，未嘗藏怒宿怨。性不猜貳，遇人一言之快，則傾倒肝腑。聞後進之善，欣欣然似出諸己；見不善，亦必苦口規訓。五讀華嚴大疏，兩閲大藏。年逾從心，而自强不息，禪誦益勤。

其主潭柘也，力起頹廢，叢林爲之一新。施己衣資鈔一萬三千五百餘貫，十方檀施鈔四千四百餘貫，因緣相資，故致有成。且爲之儲積年糧，安集雲水，一誠感格，五年中七現祥光。師不之恤，唯以傳佛心宗唱高和寡爲甚恨。師爲文不存稿，多散失而未刊。進士葛天麟撰師行，勒之石，未詳所終。

明　西天國師傳附桑渴巴辣

智光，字無隱，山東武定州王氏子也。父全，母董氏。幼而聰慧，閱讀輒不忘。十五辭父母出家，尋禮西天迦濕彌羅國板的達薩訶咱釋哩國師，傳天竺聲明記論之旨。洪武己酉，以道廣無涯，未易津測，繇是鋭志參訪，遊五臺，感文殊現相。太祖高皇帝聞其名，召至鍾山，命譯其師板的達四衆弟子菩薩戒，詞簡理明，衆所推服。丙辰，奉命訪補陀，於江南諸名山，蹤迹殆遍。甲子春，與其徒惠辯〔一〕等奉使西域，過獨木繩橋，至尼巴辣、梵天竺國，宣傳聖化。已而謁麻曷菩提上師，傳金剛鬘壇場四十二會禮，地涌寶塔，西國人敬之。師凡兩往西域，太宗文皇帝念其往返勞勤，復與論三藏之説，領會深奥，大悦之。

乙酉，擢僧録右闡教。明年，俾迎大寶法王。及還，敷對多所毗贊，賜圖書、輿服、法供，詔居西天寺，陞右善世。丁酉，召至北京，論義稱旨〔二〕，俾居崇國寺，賜國師冠。

仁宗昭皇帝嗣位，錫封號曰「圓融妙慧淨覺弘濟輔國光範衍教灌頂廣善大國師」，賜金印、冠服，復錫孔雀銷金傘蓋幡幢及銀鍍金攢鑪盆罐、供器、法樂、几案、坐床、輿馬，諸物悉備，誥曰云云。仍廣能仁寺居之。

宣宗章皇帝即位，出内帑，創北京暘臺山大覺寺，俾居之以佚其老。并敕禮官度僧百餘人爲其徒，恩德至厚，無以加矣。師乃出累朝所賜金帛，及衆信所施，倩工累石爲塔於寺側，期栖神於他日。

英宗皇帝即位之初，加封師號，賜玉印、寶冠、金織袈裟、禪衣、時服、棕輿、鞍馬、法器〔三〕之類，誥曰云云。前後遭遇列聖眷待之隆如此。

師性行純簡。朝廷凡命修建大齋，惟誠惟恪。每入對，惟以利濟萬有爲説。仁宗所賜儀仗，出入屏不用〔四〕。上知之，遣中貴人問故，對以：「平生但持經戒，非有汗馬之勞。寵錫所臨，謹受藏之足矣，用之豈不過耶？」上歎異之，故制詞極其褒重。

師於教義精達深奥〔五〕，所譯顯密經義，及所傳心經、八支了義、真寔名經、仁王護國經、大白傘蓋經，並行於世。弟子數千人，各隨其器〔六〕而引掖之，道望名世者數十人。壽齡既高，智益精敏。有求而問之者，即懇懇開説，不厭不怠。非養之有素，詎能然耶？宣德十年六月十三日示寂，戒其徒各勉精進。訃聞，上悼歎之，遣官賜祭。仍敕有司具葬儀，增廣其塔并創寺〔七〕，賜名西竺。茶毗，得舍利盈掬，瑩潔如珠。既葬，其徒桑渴巴辣進其遺像，上親製贊詞書之，曰：「託生東齊，習法西竺。立志堅剛，秉戒專篤。行熟毗尼，悟徹般若。澄明〔八〕自然，恬憺蕭洒。事我祖宗，越歷四朝。使車萬里，有勣有勞。攄瀝精虔，敷陳秘妙。玉音褒揚，日星垂曜。壽康圓寂，智炳幾先。雲消曠海，月皎中天。」

桑渴巴辣者，中天竺國人。師在西時，巴辣傾心服事，不去左右。師憐而挈之與東。太宗推師意，命爲番經厰教授。凡遇朝廷法事，師必與巴辣偕，或得掌壇，或輔弘宣。發揚秘乘，饒益弘多。而生性剛直，少巽讓，獨盡敬於師。自西抵東，始終無間。正統十一年，于定州上生寺坐脱，壽七十。

【校記】

〔一〕惠辯　明焦竑國朝獻徵録卷一百十八揚榮灌頂廣善西天佛子智光大國師事實作「惠便」。

〔二〕論義稱旨　明焦竑國朝獻徵録卷一百十八揚榮灌頂廣善西天佛子智光大國師事實作

「與論諸經稱旨，恩遇甚至」。

〔三〕法器　明焦竑國朝獻徵録卷一百十八揚榮灌頂廣善西天佛子智光大國師事實作「定器」。

〔四〕不用　明焦竑國朝獻徵録卷一百十八揚榮灌頂廣善西天佛子智光大國師事實作「不敢用」。

〔五〕師於教義精達深奧　明焦竑國朝獻徵録卷一百十八揚榮灌頂廣善西天佛子智光大國師事實作「師於經藏之藴旁達深探」。

〔六〕器　明焦竑國朝獻徵録卷一百十八揚榮灌頂廣善西天佛子智光大國師事實作「器宇」。

〔七〕寺　明焦竑國朝獻徵録卷一百十八揚榮灌頂廣善西天佛子智光大國師事實作「寺宇」。

〔八〕澄明　原作「證明」，據明焦竑國朝獻徵録卷一百十八揚榮灌頂廣善西天佛子智光大國師事實改。

具生吉祥大師傳附底哇答思

具生吉祥大師，梵名板的達撒哈咱失里，中天竺迦維羅國人，出刹帝利種。初研大、小乘藏，尋知語言非究竟法，棄而習定於雪山，十二年得奢摩他證。國初，振錫而東浮信度，踰高昌，所經諸國，王臣畏敬。凡四越寒暑，始達甘肅。入五臺，憩壽安禪林，恒山之人敬事之如古佛出世〔一〕。洪武七年，上聞之，詔住蔣山，皈依者風雨駢集。

師道德深厚，容止安詳，一見使人心化，不待接迦陵之音。雖檀施山積，曾不一顧，曰：「吾無庸是，悉爲悲、敬二田。」上嘉歎，賜以詩，有「笑談般若生紅蓮」之句。

偶得足患，艱于步趨。上敕醫治之，終莫能愈。忽一日奏還五臺，上疑其妄〔二〕，故許之。師白衆曰：「今日五臺之行，有能從我者乎？」弟子曰：「某從之。」師翹患足曰：「汝無這一足，安能從我？」至午，盥沐更衣危坐。弟子知其意，哀號請垂訓。師舉念珠示之，弟子拭涕，曰：「和尚教我念佛耶？」師擲念珠于地，長吁而化。荼毗，烟所及處皆成舍利，綴於松枝者若貫珠焉。建塔，藏於西林庵。有示衆語三卷并譯七支戒本〔三〕傳於世。

底哇答思，東印土人。八歲事師爲弟子，耐饑寒勞苦，師重之。隨師入中國，謁上奉天門，賜度牒，命隨方演教。師没，答思北游。宣德中，止北京慶壽寺。喜潭柘幽勝，就龍泉之右建庵以居，自是足迹不入城市。答思操履不凡，造詣廣大。化之日，所居之庵現五色光，火浴得舍利甚衆。平生異迹不能殫紀，亦偉沙門也。

大明續高僧傳卷第一終

【校記】

〔一〕恒山之人敬事之如古佛出世　明釋鎮澄清涼山志卷八具生吉祥傳作「恒山之民翕然從化」。

〔二〕上疑其妄　明釋鎮澄清涼山志卷八具生吉祥傳作「上疑其狂」。

〔三〕七支戒本　原作「八支戒本」，據豫章來復見心西天善世大禪師板的達公設利塔銘有序、明釋鎮澄清涼山志卷八具生吉祥傳改。

補續高僧傳卷第二

明吴郡華山寺沙門明河撰

義解篇

宋　四明知禮法師傳附尚賢

知禮，字約言，四明金氏子。父母禱佛而生，神宇清粹，不與衆倫，出家具戒，從寶雲習教觀，大有解入。與慈雲相結，義同手足。端拱元年，寶雲歸寂，遂繼席弘化，學衆雲委。咸平中，郡大旱，與慈明[一]同修光明懺祈雨，約：三日無應，當然一手供佛。懺未竟，雨已大浹。

是年遣門人如、什二子持十義書、觀心二百問詰錢塘昭師室。初是，光明玄有廣、略二本。景德前，錢塘恩師製發揮記專解略本，謂「十種三法，純談法性，不須更立觀心。廣書有之者，後人擅加耳。」師於是作扶宗記，大明廣書附法觀心之義，謂恩師之廢觀心，是謂「有教而無觀」。有梵天昭、孤山圓皆奉先門學，述辯訛以助略書。彼此詰難往返，綿歷七載。乃總結前後，爲書二卷，凡十章，因爲十義書，又設爲二百問以質之。時孤山居昭師座端，觀如、什論不已，遽白郡守，以來無公據發遣令還，不復致答，事乃已。祥符六年，建念佛施戒會，歲視爲嘗，且撰融心解，明一心三觀、顯四淨土之旨。

天禧改元，謂其徒曰：「半偈亡軀，一句投火。聖人之心，爲法如是。吾將捐身，以警懈怠。」乃與異聞結十同志，修法華懺，三載期滿，將焚身以供妙經。祕書楊大年以常住弘法爲請，并諸公交勸，力止之。乃復結十僧，修大悲懺法三載以酧素願。是年，述消復三用章、對孤山闡義鈔。四年，駙馬李遵勗奏師高行遺身，上嘉歎，賜號「法智」，且遣内侍至延慶寺，命修法華懺三日，爲國祈福。因撰觀音別行玄記、觀經疏妙宗鈔。天聖改元，天童凝禪師貽書論指要鈔，揀示達磨門下三人得道淺深爲不可，〔一二〕師爲改之。〔一三〕三年，大弘放生之業。五年，製光明文句記，以迫歸寂，不及終帙。六年元旦，建光明懺七日，爲順寂之期。至五日，結跏趺坐，召大衆説法，稱佛號奄然而逝。壽六十九，夏五十四。露龕二七日，顔貌如生，爪髮俱長。塔於南城崇法院之左。

師著述數十種，〔一三〕發明天台一家之旨，無剩義矣。誠爲前達之功臣，後學之模範。獨於起信大有悟入，故多所援據，後人扁其堂曰「起信」，示不忘也。

師門學甚夥，而尚賢爲之冠，嗣法智，主延慶，道化大行。嘗晨入懺堂，見一虎伏几前，賢直進，展尼師壇于虎背，拜之，寂無所覿。奇哉！則其人爲可知矣。

【校記】

〔一〕慈明　宋志磐佛祖統紀卷八十七祖法智尊者作「慈雲」。

【箋注】

〔一〕揀示達磨門下三人得道淺深爲不可　宋宗曉編四明尊者教行録卷四天童凝禪師上四明法師第一書：「恭覽十不二門指要鈔，義峰孤聳，非郄克之足能躋；教海汪洋，豈師曠之耳能盡者也？珍重珍重。中所援引達磨門下三人得法而有淺深，尼總持云：『斷煩惱，證菩提。』師云：『得吾皮。』道育云：『迷即煩惱，悟即菩提。』師云：『得吾肉。』慧可云：『本無煩惱，元是菩提。』師云：『得吾髓。』但爲傳聞，故無實證，未知斯語得自何人？大凡開物指迷，必須據文顯解，豈可以道聽途説將爲正解？禮云：『記憶之言，不足以爲人師。』此亦慮無稽之言以爲正説者也。寧可指鹿爲馬，事類趙高；使民戰栗，宛同宰我？今據祖堂及傳燈録，只云二祖禮三拜，依本位而立，未委彼宗復何爲解？」

〔二〕師爲改之　宋宗曉編四明尊者教行録卷四四明法師復天童凝禪師第一書：「蓋以知禮早歲爲解本宗十不二門，輒述指要鈔，編文紀事，聊資學衆之尋研；義淺詞荒，敢冀宗師之觀覽？其中所引達磨門下三人得法，淺深不同。尼總持云：『斷煩惱，證菩提。』師云：『得吾皮。』道育云：『迷即煩惱，悟即菩提。』師云：『得吾肉。』慧可云：『本無煩惱，元是菩提。』師云：『得吾髓。』來書云此語不契祖堂及傳燈録，謂是道聽途説，採乎鄙俚之談，而不知此出圭峰後集。裴相國休問禪法宗徒源流淺深，密禪師因爲答釋，廣叙諸宗直出傍傳、源同派别，首云：『達磨直出慧可，傍傳道育及尼總持。』乃示三人見解親疎，故有斯語。此之後集印本見存，南北相傳，流行不絶。曾逢點授，因是得聞。而況有唐圭峰禪師，帝王問道，相國親承，和會諸宗，集成禪藏，製禪源詮都序兩卷及兹後集，爲世所貴，何爲鄙俚之談，豈是道聽途説？此乃禪門自生矛盾，固非講士敢此譏呵。只如祖堂，亦是人師集録，誰是誰非，言何容易？夫法本無説，説必被機；機發在緣，緣有賓主。故諸聖人抑彼揚此，是一非諸。補處逸多，尚受折於維摩詰；上首尸利，甘負屈於庵提遮。豈補處訥言，上首暗理？蓋知緣不在己，是以功讓於他。以至正像法中，華竺宗主空有更破，性相互非。業禪者屢斥尋文，傳教者或譏暗證。皆爲進於初學，欲使深於本宗。智論立悉檀被機，禪經用四隨益物，設化之法，大體合然。但以假名引令入實，不得其意，寧免生疑？」

【三】著述數十種　據宋志磐佛祖統紀卷八知禮傳：「所著續遺記三卷、光明文句記六卷、妙宗鈔三卷、别行玄記四卷、指要鈔二卷、扶宗記二卷、十義書三卷、觀心二百問一卷、解謗書三卷，金光明三昧儀、大悲懺儀、修懺要旨各一卷，自餘如融心解、義例境觀、起信融會章、別理隨緣二十問、消伏三用章、光明玄當體章問答、釋日本源信問、釋楊文公三問、絳幃問答並載教行録中。」

慈雲懺主遵式傳

遵式，字知白，天台寧海葉氏子。母王氏，乞男於觀音，夢大士〔一〕與明珠，吞之而生。稍長，潛往東山，依義全師出家。受具戒〔二〕，研律學。繼入國清，普賢像前燼一指，誓弘教觀。雍熙元年，見寶雲，北面受業。未幾，智解秀出。智者諱日，然頂誓行四三昧。寶雲入寂，師乃返天台，以苦學致疾〔三〕，至于嘔血，感異夢而愈。既而頂高寸餘，手垂過膝，聲若洪鐘，時年二十八也。衆請居寶雲，講法華、維摩、金光明等經。

至道二年，結緇素專修淨業，作誓生西方記。咸平中，歸天台，主東掖，以徒屬之繁，即西隅益建精舍，率衆修念佛三昧。有白鶴廟，居民甚神之。師與神授戒，改祭爲齋。祥符四年，講止觀於景德寺。道經黄巖，有豕奔伏于前。推其來，乃逸於屠肆者，償其直而豢之。赤山寺瀕海而高，先是，山顛有異光，中現七層浮屠之形。周山四十里，皆漁人之簄梁。或以語師，師喜其有先兆，遂建塔焉。於是居人感化，不復爲漁。時東山結懺，會天大旱，師卓錫石縫，泉即激涌。七年，受杭昭慶請，大弘法化，從化者衆，自是居杭矣。

八年，蘇人以郡符迓師于開元建講，緇素畢集。不葷飲者傾市邑，屠酤不售，官監有失課之言。師辭其徒曰：「智者遺晉王書有言六根，其一謂以法集動衆妨官，爲人所忌。余今德薄，安可久留？」遂幡然復杭。

刺史薛顔始以靈山命師居之，即隋真觀所營天竺寺也。天禧三年，王欽若撫杭，與師道契。奏錫天竺舊名〔四〕，復其寺爲教。又奏請西湖爲放生池，因賜號「慈雲」。乾興元年，章懿太后以師熏修精進，遣使齎白金，命于山中爲國行懺，天台教文于是入藏矣。天聖四年〔五〕中秋月望之夕，桂子降于殿庭，師取其實播種林下，乃作桂子之詩。

九年，講淨名經，忽謂其徒曰：「昔在東掖講此經，夢荆溪授我卷〔六〕。及出室，視日已没。今吾殆終此講乎？」因與衆訣，作謝三緣詩，謂謝徒屬、絶賓友、焚筆硯也。隨徙東嶺之草堂。明道元年十月八日示疾，不用醫藥，惟説法勉衆而逝。壽六十九，臘五十。逝之夕，山中人見大星殞於靈鷲峰。越明年仲春四日，奉「遐榻」葬于寺東月桂峰下。〔一二〕

師始出家，郡校諸生慕師才俊，勉回業儒。爲詩答盧積，中有「真空是選場，大覺爲官位」之句，人多誦之。常行三昧，以九十日爲期。於行道四隅置鏊熾炭，遇困倦則漬手於鏊，十指惟存其三。崇寧三年，賜號「法寶大師」。紹興中又謚懺主禪慧云。

【校記】

〔一〕大士　宋釋契嵩鐔津文集卷十五杭州武林天竺寺故大法師慈雲式公行業曲記作「美女子」，宋志磐佛祖統紀卷十天竺遵式法師作「美女」。

〔二〕受具戒　宋志磐佛祖統紀卷十天竺遵式法師作「年二十，往禪林受具戒」。

〔三〕致疾　宋志磐佛祖統紀卷十天竺遵式法師作「感疾」。

〔四〕奏錫天竺舊名　宋志磐佛祖統紀卷十天竺遵式法師作「四年，公爲奏錫天竺舊名」。

〔五〕四年　宋志磐佛祖統紀卷十天竺遵式法師作「五年」。

〔六〕卷　宋志磐佛祖統紀卷十天竺遵式法師作「經卷」。

【箋注】

【一】奉「遐榻」葬于寺東月桂峰下　遵式自造棺槨，名「遐榻」，並撰銘述其事，見天竺別集卷下遐榻銘并序：「昔之人擇美櫝以造櫬，登瑕丘以標城，圖賢像於壽藏，宴良賓於長室。余生五十有九歲，知在不永。乃造棺以待之，目爲『遐榻』，蓋取諸若安寢乎永夜，非善祝於長齡也。復於早暮寄斯禪坐，庶觀無常，以助正道，情見乎辭。銘曰：貴賤兮歸於斯，賢愚兮混於斯。豪勢兮頹於斯，金玉兮棄於斯。驕奢兮徹於斯，恩愛兮訣於斯。慶昨朝兮榮會，吊今日兮窮離。咨夜壑兮云逝，奮晨風兮告遲。捐浮生焉若此，顧人事矣堪悲。

束一冠之皓髮，周萬計之載馳。吾年五十有九，方事此以待之。時過目以肅慮，亦悼俗以與辭。柏椁外愆孔子，千氍内愧牟尼。存道不雕不飾，免俗不陋不卑。寄禪坐於朝夕，俟啓手以安尸。」

長水法師傳

子璿，秀州人。自落髮，誦楞嚴經不輟，從洪敏法師，講至「動靜二相，了然不生」有省。謂敏曰：「敲空擊木，尚落筌蹄。舉目揚眉，已成擬議。去此二途，方契斯旨。」敏拊而證之。然欲探禪源，罔知攸往。聞瑯琊覺禪師道重當世，即趨其席。值上堂，遂問曰：「清淨本然，云何忽生山河大地？」覺憑陵答曰：「清淨本然，云何忽生山河大地？」師領悟，禮謝曰：「願侍巾瓶。」覺謂之曰：「汝宗不振久矣，宜厲志扶持，報佛恩德，勿以殊宗爲介也。」師如教。

後住長水，衆幾一千，弘賢首教，疏楞嚴經十卷，御史中丞王隨序而行之，紙爲之貴，賜號「楞嚴大師」。嘗示衆曰：「道非言象得，禪非擬議知。會意通宗，曾無别致。」由是二宗仰之。後跏趺示疾，以兩甕合之，葬於真如院。兀朮入寇發視，指爪繞身，復瘞而去。

從雅　少康傳

從雅，錢塘人，賜號「法寶」。始從海月學，通止觀，乃自謂曰：「言清行濁，賢聖所訶。」遂入南山天王院，誦法華經至五藏，金剛般若四藏，彌陀經十藏合五千四十八數爲一藏，禮舍利塔十遍合八萬四千拜爲一遍，禮釋迦三十萬拜，彌陀百萬拜，佛號五千萬聲。禮法華，一字三拜者三過。心期淨土，一生坐不背西。憲使無爲楊傑爲製安樂國讚三十章以美之，其一云：「淨土周沙界，何勞獨指西？但能從一入，處處是菩提。」師欲廣化世俗，遂於受業淨住寺圖九品三輩，刻其讚于石，觀者皆知感化。一日無病趺坐而逝，有天樂鳴空、異香入室之瑞。

少康，不知何許人。〔一〕姓周，賜號「廣道禪師」。行化至江陵，遇一僧曰：「汝緣在睦州。」言訖不見。遂至睦州，日乞食城中，得錢誘小兒誦阿彌陀佛，一聲與一錢，多念多與，未見乏少。後于山顛建道場念佛，響〔二〕聲聞數里。每念佛一聲，衆見佛從口出。坐逝之夕，有光燭烏龍山，山色爲變白。

【校記】

〔一〕佛響　原誤倒爲「響佛」。明李賢明一統志卷四十一少康：「即高峰山顛建道場集，齊聲念佛，康獨聲高，衆見佛從康口中出。」明王圻續文獻通考卷二百五十三少康：「即高峰山頂建道場，集齋念佛，康獨聲高，衆見佛從康口中出。」知其所念爲佛，因「康獨聲高」，故「響聲聞數里」。因據乙正。

【箋注】

【一】少康，不知何許人　少康參宋贊寧宋高僧傳卷二十五唐睦州烏龍山淨土道場少康傳：「釋少康，俗姓周，縉雲仙都山人也。母羅氏因夢游鼎湖峰，得玉女手捧青蓮，授曰：『此花吉祥，寄於汝所。後生貴子，切當保惜。』及生康之日，青光滿室，香似芙蕖。迨繃褓之年，眼碧脣朱，齒得佛之一相，恒端坐含笑。時鄉中善相人也，目之，『此子將相之才，不語，吾弗知也。』年甫七歲，抱入靈山寺中。佛生日禮聖容，母問康曰：『識否？』忽發言云：『釋迦牟尼佛。』聞皆怪之，蓋生來不言語也。由是父母捨其出家。年十有五，所誦之經已終五部。於越州嘉祥寺受戒，便就伊寺學毗尼。五夏之後，往上元龍興寺，聽華嚴經、瑜伽論。貞元初，至于洛京白馬寺殿，見物放光，遂探取爲何經法，乃善導行西方化導文也。康見歡喜，咒之曰：『我若與淨土有緣，惟此軸文斯光再現。』所誓纔終，果重閃爍，中有化佛菩薩無算。遂之長安善導影堂內乞願見善導。真像化爲佛身，謂康曰：『汝依吾施設，利樂衆生，同生安養。』康如有所證，南至江陵果願寺，遇一法師，謂康曰：『汝欲化人，徑往新定，緣在於彼。』言訖不見，止有香光望西而去。洎到睦郡，入城乞食，得錢誘掖小兒，能念阿彌陀佛一聲，即付一錢。後經月餘，孩孺螘慕，念佛多者即給錢。如是一年，凡男女見康，則云『阿彌陀佛』。遂於烏龍山建淨土道場，築壇三級，聚人午夜行道，唱讚二十四契，稱揚淨邦。每遇齋日雲集，所化三千許人。登座，令男女弟子望康面門，即高聲唱阿彌陀佛。佛從口出，連誦十聲，十佛若連珠狀，告曰：『汝見佛身，即得往生。』以貞元二十一年十月，示衆囑纍，止勸急修淨土。言畢跏趺，身放光明而逝。天色斗變，狂風四起，百鳥悲鳴，烏龍山也一時變白。今墳塔存于州東臺子巖，歲久唯餘方石。石傍之土，相傳療疾，州民凡嬰衆病，悉焚香取土，隨服多差。石之四隅若車轍焉。漢乾祐三年，天台山德韶禪師重建其塔，至今高敞，時號後善導焉。」

本如　子琳二公傳

本如，四明句章人。初依學法智，於千衆中有少俊聲。嘗請益經義〔一〕，法智曰：「爲我作知事三年，却向汝道。」暨事畢，復以爲請。法智厲聲一喝，復呼云：「本如。」師豁然有悟，爲頌曰：「處處逢歸路，頭頭復故鄉。本來成現事，何必待思量？」法智肯之，曰：「向來若爲汝説，豈有今日？」

祥符中〔二〕，慈雲遷靈山，向法智求可爲繼。法智曰：「當於衆中自擇之。」慈雲閲視至師，乃云：「斯人可也。」師至承天，大弘法道，歷三十年，衆嘗五六百人。〔二〕離言顯法，法智用掣電之機；繼闡求人，慈雲具擇法之眼。教未嘗不爲禪也，更有禪而爲教。如永明長水者，後如公，百年則有子琳。琳陞佛智裕公之堂，得言外之旨，故于講演惟提大意，揭綱宗，不沾泥于名相，使聞者怳然自得，皆知道之在己，不關文字，而又不外文字也。雖老禪宿德，無不趨下風，聆謦欬，皆服其辯，而厭其心。大慧杲公醉心焉，嘗謂師曰：「時人秖知老姪〔三〕有教，徑山却許老姪有禪。」杲於裕同嗣佛果，故稱師爲姪云，仍爲師題其真曰：「悟得旋陀羅尼三昧，于一切法得大自在。舌端之上海波翻，第一義諦無違背。」孝宗乾道元年春，召師問道。上曰：「朕欲讀經，以何爲要？」師曰：「金剛、圓覺最爲要道。」曰：「參禪如何？」師曰：「禪須自悟。」曰：「以何爲功？」師曰：「澄寂身心，久當自契。」上説。

一日，謂門人曰：「吾爲首座十八年，日課蓮經一部。夢問嘗見普賢，住持以來無復夢見。信知領徒損己，其言有徵。」又半載，書偈而化。

【校記】

〔一〕經義　宋志磐佛祖統紀卷十二法師本如作「經王義」。

〔二〕祥符中　宋志磐佛祖統紀卷十二法師本如作「祥符四年」。

〔三〕老姪　宋志磐佛祖統紀卷十一法師子琳作「老師」，下同。

【箋注】

【一】衆嘗五六百人　本傳叙本如事似尚未完，與宋志磐佛祖統紀卷十二法師本如所記相較，遺漏頗多，因録此以備參考：「法華、涅槃、光明、觀無量壽、觀音别行玄、止觀、金錍、觀心論等，皆講説六七過。嘗集百僧修法華長懺一年，瑞驗屢見。慶曆二年七月，駙馬李遵勗爲請於朝，賜神照法師、紫方袍，及賜智者教文四千五百卷，以資講説。嘗於寺西南隅見一虎睡，以杖擊之，曰：『此非汝睡處。』虎俛首而去。後於虎卧處結屋爲庵，歸間其中。先是，有五通神居於此，師每禪坐，必連牀舁行空中，師未嘗問。一日，五神請曰：『師既踞吾居，乞於北向山岡建祠塑像，已備泥在山矣。』師往視岡上，有新泥一垛，以之塑像，無所餘。師慕廬山之風，與丞相章郇公諸賢結白蓮社，六七年來遂成巨刹。乃以能仁山林三之一，指嶺爲界，以供樵薪。仁宗欽其道，遂賜名爲白蓮。皇祐三年五月十八日微疾，即升座説法，與衆訣别。其夕，法堂、藏閣、方丈棟梁皆折，鍾鼓擊之無聲，江上漁人見雲端有僧西向而去。詰旦，右脇安庠而逝。時天氣盛熱，異香非常。明年三月，塔全身於寺北。門人啓鑰，視尊容如生，爪髮俱長，有大蓮華産於塔前。壽七十，臘五十三。嗣法處咸等甚衆。師嘗於天台邑中爲衆施戒，方秉羯磨，忽有光明。自智者塔、國清寺、赤城山交射於法座之上。又因供千佛，飯一千貧人，置華於席下，佛座華應不萎而反萎，貧人座華應萎而反不萎，舉衆爲之歎異。嘗著仁王懺儀，撰行法經疏至十種境界而止，後咸法師續而全之。」

思悟　慧舟傳

思悟，錢塘人，侍慈雲〔一〕最久。深達觀道，嘗以咒水愈人疾〔二〕，求者如市。嘗課誦時，身及奉像俱出舍利。天聖三年，慈雲欲以智者教卷求入藏，文穆王公將聞之朝。悟曰：「此非嘗事也，小子將助之。」乃繪千手大悲像，課咒以誓曰：「事果遂，當焚軀爲報。」會公薨，悟咒〔三〕益精。明年得旨，師喜甚，積薪爲樓，白慈雲求火種。雲于鑪中舉紅炭與之，引手以承，了無難色，即入薪樓。火滅後，袈裟覆體，儼然如生。雲乃加香木，行咒願以焚之，隨燄而化，五色舍利無數。慈雲爲讚以刻石曰：「悟也吾徒，荷法捐軀。其燄赫赫，其樂愉愉。逮火將滅，儼如加趺。逮骨後碎，粲如圓珠。信古應有，今也則無。芳年三十，真哉丈夫！」

慧舟，丹丘人。棄家入道，勤行四三昧。天聖初，結同學十人行大悲行法者三年，結十四人行普賢行法者又三年。初入期，誓於像前曰：「倘此三昧有成，當焚軀以效供養。」

行法既周，回故里求證于神炤，炤欲全其重願，諭道俗輸香木，成大蘀。仲夏晦日，炤囑之曰：「法華尊施，爾克修之。梵網明晦，爾克遵之。惟繫心法界，身如火如。則一聚之燼，乃三昧之蘊。喜見精進，以奉淨明真供，唯子行焉。」舟奉教致謝，端坐薪塔，火光屬天，了無傾側。舍利晶耀，求者皆如其願，火後收餘骨瘞之。

【校記】

〔一〕慈雲　宋志磐佛祖統紀卷十一侍者思悟作「慈雲講」。

〔二〕嘗以咒水愈人疾　宋志磐佛祖統紀卷十一侍者思悟作「善持咒法，加水以愈人疾」。

〔三〕咒　宋志磐佛祖統紀卷十一侍者思悟作「誦咒」。

仁岳傳

仁岳，霅川姜氏子，自號潛夫。聞法智南湖之化，往依爲學。至水月橋，擲笠水中曰：「吾所學不成，不復過此橋。」法智器之，居以東廈。白晝焚膏，專事細繹〔一〕。鄉書至，悉投帳閣，未嘗啓視。因出境分衛，乘舟水行。偃卧舒足，豁然自得。若拓虛空，檣爲之折。每請益函丈，摭大隳，闢大鑰，衆望風畏之。嘗與十同志修請觀音三昧，因疾有間，宴坐靜室，恍如夢覺，自謂向之所學皆非，乃述三身壽量解以難妙宗，道既不合，遂還浙陽靈山，慈雲攝以法裔。四明乃加十三料簡以斥之。師復上十諫、雪謗，往復不已。

會昭慶有請，慈雲爲詩以送之。學徒從往者半，雲弗之止。既遷石壁，復徙靈芝。時法智已歸寂，師臨衆自詫曰：「只因難殺四明師，誰向靈芝敢開口？」有仁行人自永嘉請居淨社，一住十年，大弘法化。以年老還鄉，雪守請主祥符，觀察使劉崇廣爲奏命服，樞密使胡宿爲請「淨覺」之號。

晚年專修淨業，然三指供佛。持律至嚴，不以事易節。創隱淪堂休室以爲燕居。治平元年春，謂門人曰：「我翌日午刻當行。」至其時説偈，安坐而化，塔全身於何山之西。師著述甚富，〔一〕尤精於楞嚴，故注筆甚勤，有會解十卷，熏聞記五卷，文句三卷，又爲説題并懺儀等書。世師家者，可久、靈炤別具。

【校記】

〔一〕細繹　宋志磐佛祖統紀卷二十二淨覺仁岳法師作「紬繹」，是。

【箋注】

【一】師著述甚富　據宋志磐佛祖統紀卷二十二淨覺仁岳法師，其著述如下：「師於楞嚴用意尤至，會諸説爲會解十卷，熏聞記五卷，釋自造會解。楞嚴文句三卷。張五重玄義，則有楞嚴説題」，明修證深旨，則有楞嚴懺儀。復於咒章調節聲曲，以爲諷演之法。所著金剛般若疏二卷，發軫鈔五卷，釋自造金剛疏。彌陀經疏二卷，指歸記二卷，釋自造彌陀經疏。文心解二卷，釋不二門。雜録名義十二卷，義學雜編六卷，如意輪課法、涅槃禮讚文、羅漢禮讚文、南山禮讚文、施食須知、毗曇七賢七聖圖、起信梨邪生法圖各一卷，禪門樞要、淨名精英、大論樞，節大論文。苕溪講外集、窗案記、諸子雜言、史髓。」

惟已傳

惟已，字亞休，邛州蒲頓人，姓仇氏。自童時趨尚〔一〕高遠，無所嗜好，惟喜佛事，不敕之而自率。父母知其異根也，俾隷大邑靜林僧籍，事仁普爲師。落髮受具〔二〕，入成都講庠習經論，通曉奥義。七年而還舊居，其所止悉荒落不治，陳屋數間，腐椽破壁，欹斜罅漏，已恬然處其中，無厭色。

鄉人胡惟岳者，高世之士，與已遊處甚厚，以詩相往來。已嘗以詩見邑宰祕書丞勝喬〔三〕，喬來謁，見庭廡壞裂，殆不可坐起，倡邑人爲修之。已德業日遠〔四〕。已事外遇物感興，時亦作詩，其句度夷澹精粹。與人語和軟，未嘗輒迕人。出入縣中六十年，亦未嘗以愛惡置利害于其間。

素堅强少疾，狀貌修偉，慈恕温裕。人無少長，咸願見之，見必拜伏欣喜，丁寧留連爲誨諭，慰滿而後去。一日，戒弟子：「惡不宜爲，善不宜失。」語已，攝足趺坐而逝。摇挽莫動，嶷如塑刻。年八十六，治平元年十月也。

四衆以真身建蘇塗而扃藏之，使來者觀相起善焉。文與可弔之曰：「余往年嘗居郡幕，識師甚熟。後復來權州事，師則已化矣。歸日，枉道過邑，詣師塔下，旋繞瞻禮，悲悼歎息。雖〔五〕師之面目如生，而師之語言已不聞矣。」爲銘其塔。

【校記】

〔一〕趨尚　宋文同崇壽禪師塔銘作「趣尚」。

〔二〕落髮受具　宋文同崇壽禪師塔銘作「年十六遂落髮，二十受具戒」。

〔三〕勝喬　宋文同崇壽禪師塔銘作「滕喬」。

〔四〕德業日遠　宋文同崇壽禪師塔銘作：「師之德業自此愈遠聞，閭里之人皆欽嚮之。」

〔五〕雖　宋文同崇壽禪師塔銘作「雖然」。

元淨傳

元淨，字無象，杭州於潛徐氏子。生而左肩肉起，如袈裟條，八十一日乃没。十歲出家，十八就學於慈雲，不數年而齒高第。嗣謁明智，嘗於講次聞法感悟，〔一〕泣下如雨，代述十五年。杭守吕溱（一）請住大悲閣，奏賜紫衣、「辯才（二）」之號。嘉祐中，中翰沈遘撫杭，以上竺宜講宣，奉師居之，學徒大集。鑿山增室，幾至萬礎。

熙寧三年，杭守祖無擇坐獄於檇李，師以鑄鐘例被追辯。既而得釋，還山。又有利山門施資之厚者倚權以奪之，〔二〕衆亦隨散。逾年，其人以敗聞。朝廷復畀師，衆復集。趙清獻公與師爲方外友，爲之贊曰：「師去天竺，山空鬼哭。天竺師歸，道場重輝。」〔三〕未幾，謝居南山之龍井。其後間一出，應南屏與靈山祖場，俯就衆誠耳，皆坐席未暖而還。

元祐四年，東坡治杭。嘗問師曰：「北山如師道行者幾人？」師曰：「沙門多密行，非可盡識。」坡子迨生四歲不能行，請師落髮摩頂，數日即善步。〔四〕嘉興令陶象有子得魅疾，〔五〕師適至秀，象袖香虔請，因杖策隨至其家。兒病方劇，師趺坐，引而問曰：「汝居何地，而來至此？」答曰：「會稽之東，卞山之陽，是吾之宅，古木蒼蒼。」曰：「汝姓誰氏？」答曰：「吴王山上無人處，幾度臨風學舞腰。」曰：「汝柳姓乎？」乃囅然而笑。師良久，呵曰：「汝無始以來，迷己逐物，爲物所轉。溺于淫邪，流浪千劫。不自解脱，入魔趣中。横生災害，延及無辜。汝今當知，魔即非魔，魔即法界。我今爲汝宣説首楞嚴祕密神咒。汝當諦聽，痛自悔恨。訟既往過愆，返本來清淨〔三〕。」示訖，遂號泣，不復有云，自是兒帖然。凡人病患魔祟，師咒水灑之，無不立愈，是皆道德淳厚所致也。

將示寂，乃入方圓庵宴坐，謝賓客，止言語飲食。至七日，出偈告衆，即右脇吉祥卧，奄然而逝。時元祐六年九月晦日也，壽八十一，適符條没之數。塔于本山，東坡命子由爲之銘。

師講説不間晝夜，嘗曰：「鬼神威德不具者，晝不得至。夜中人靜，庶幾能聽。」焚指供佛，左三右二。有欲效之者，師止之，曰：「如我乃可。」修西方淨業，未嘗須臾廢。或禱大士求放光，光隨現。沙門熙仲對食，視師眉間有光，遽起攬之，得舍利數粒，後人常於師卧處得之。

有李生辯而無行，欲從師出家。東坡爲之請，未言其名，力拒不許，若先知然。秀州狂僧號回頭，以左道惑衆，宣言欲建大塔爲吴人植福，施者雲委。以師不可欺，憚於入杭。先遣使願以錢十萬供僧，師答曰：「承以建塔淨財欲飯僧，教有明文，不許互用。」狂人大慚而止。

【校記】

〔一〕呂溱　宋志磐佛祖統紀卷十一辯才元淨法師作「呂臻」。

〔二〕辯才　原作「辨才」，宋志磐佛祖統紀卷十一辯才元淨法師作「臻爲請錫紫衣、辯才之號」，宋蘇轍欒城後集卷二十四有龍井辯才法師塔碑，因據改。

〔三〕清淨　宋秦觀淮海後集卷六録龍井辯才事作「清淨覺性」。

【箋注】

【一】嘗於講次聞法感悟　蘇轍欒城後集卷二十四龍井辯才法師塔碑：「雲没，復事明智韶師，韶嘗講摩訶止觀，至方便五緣曰：『淨名所謂以一食施一切供養諸佛及衆賢聖，然後可食，此一方便也。』師聞之，悟曰：『今乃知色聲香味皆具第一義諦。』因淚下如雨。由此遇物，中無疑矣。」

【二】又有利山門施資之厚者倚權以奪之　蘇轍欒城後集卷二十四龍井辯才法師塔碑：「居十七年，有僧文捷者，利其富，倚權貴人以動轉運使，奪而有之，遷師於下天竺。師恬不爲忤，捷猶不厭，使者復爲逐師於潛。」

【三】師去天竺，山空鬼哭。天竺師歸，道場重輝　宋蘇軾聞辯才法師復歸上天竺以詩戲問即賦此事：「道人出山去，山色如死灰。白雲不解笑，青松有餘哀。忽聞道人歸，鳥語山容開。神光出寶髻，法雨洗浮埃。想見南北山，花發前後臺。寄聲問道人，借禪以爲詼：『何所聞而去，何所見而回？』道人笑不答，此意安在哉？昔年本不住，今者亦無來。此語竟非是，且食白楊梅。」

【四】坡子迨生四歲不能行，請師落髮摩頂，數日即善步　宋蘇軾贈上天竺辯才師即述此事：「南北一山門，上下兩天竺。中有老法師，瘦長如鸛鵠。不知修何行，碧眼照山谷。見之自清涼，洗盡煩惱毒。坐令一都會，男女禮白足。我有長頭兒，角頰峙犀玉。四歲不知行，抱負煩背腹。師來爲摩頂，起走趁奔鹿。乃知戒律中，妙用謝羈束。何必言法華，佯狂啖魚肉。」

【五】嘉興令陶彖有子得魅疾　宋秦觀淮海後集卷六録龍井辯才事叙此事始末甚詳：「熙寧九年，秀州嘉興縣令陶彖有子得疾甚異，形色語笑，非復平人。令患之，乃大出錢財，聘謁巫祝，厭勝百方，終莫能治。是歲，辯才法師元淨適以事至秀。法師，高僧也，隱於錢塘之天竺山，傳天台教，學者數百人。又特善咒水，疾病者飲其所咒水輒愈，吴人尊事之。令素聞其名，即馳詣師，具狀告曰：『兒始得疾時，見一女子自外來，相調笑久之，俱去。稍行至水濱，遺詩曰：「生爲木卯人，死作幽獨鬼。泉門長夜開，衾幃待君至。」自是屢來，且有言曰：「仲冬之月，二七之間，月盈之夕，車馬來迎。」今去妖期逼矣，未知所處，願賜哀憐。』師乃許諾，因杖策從至其家，除地爲壇，設觀音像於中央，取楊枝霑水灑而咒之，三遶壇而去。是夜兒寢安然，不復如他時矣。明日復來，結跏趺座，引兒問曰：……於是號泣，不復有云。是夜謂兒曰：『辯才之功，汝父之虔，無以加焉。吾將去矣。』後二日復來，曰：『久與子游，情不能遽捨，願一舉觴爲别。』因相對引滿，既罷，作詩一章，曰：『仲冬二七是良時，江下無緣與子期。今日臨岐一盃酒，共君千里遠相離。』遂去不復見。予聞其事久矣，元豐二年見辯才於龍井山，問之信然。」

繼忠　左伸傳

繼忠，字法臣，永嘉丘氏子。父母求嗣佛祠，同夢一僧授以好子〔一〕，云：「螺溪尊者，寄汝養之。」母娠即厭葷血，幼見佛像必致敬。八歲得度，即詣南湖依廣智學。勞苦得疾，乃行請觀音三昧，感大士放光，以水灌頂，其疾即愈。既而洞悟教觀，廣智深器之〔二〕，時令代講。雪竇顯禪師見而歎曰：「四明之道爲有傳矣。」永嘉士庶請居開元東閣，遷妙果慧安，退隱江心，嗣又出主西湖法明，學者驟集。有欲革大其居者，師曰：「施者方受其福，吾忍毁之乎？」每歲正月上八，於郡中授菩薩戒，行放生事，士庶嘗至數萬人。每誓於衆曰：「入吾道場而皈命三寶者，縱未得道，願生生世世不失人身，正見出家，求無上道。」

行法華、光明、彌陀、觀音三昧，日不虛過。誦咒救疾，神應莫測。每入市，坐者避席，行者避路，舉首加敬，稱爲「戒師」。元豐五年十月八日，沐浴更衣，坐脱。人見赤光炤徹空表，鳥雀悲鳴，三日不下。

左伸，臨海人。從東掖神炤授菩薩戒及大乘法要，深有契悟。神炤對衆摩頂與記，自是嚴奉戒律，遇事不易其節。刻西方三聖像，旦夜虔事。誦法華三千四百部，金剛經二萬過。紹聖二年秋，臥疾，命僧唱法華題〔三〕，增授〔四〕菩薩戒，尋夢三偉人立於江皋，召已登舟，瞥然西邁。師知往生有期，乃命僧誦阿彌陀經，未徹即云：「我已見佛光矣。」遂沐浴更衣，戒左右：「勿哭，勿逼吾前。」稱佛結印而化。

【校記】

〔一〕好子　宋志磐佛祖統紀卷十三扶宗繼忠法師、宋宗鑑集釋門正統卷六繼忠無「好」字。

〔二〕深器之　原作「深契之」，宋志磐佛祖統紀卷十三扶宗繼忠法師、清弘贊輯觀音慈林集卷三釋繼忠作「深器之」，宋宗鑑集釋門正統卷六繼忠作「器之」，蓋「深器之」方「時令代講」，於文意密合，因據改。

〔三〕題　宋志磐佛祖統紀卷十三左伸、卷二十九左伸作「首題」。

〔四〕授　宋志磐佛祖統紀卷十三左伸、卷二十九左伸作「受」。

從諫　希最二師傳

從諫，生處之松陽毛氏。幼見佛經，輒能自誦。父曰：「再來人也。」十九，試法華得度，謁辯才，夙夜聽習。復依南屏於金山，問辯如流，南屏歎曰：「吾道由子而行矣。」熙寧中，講於明慶，徒衆日蕃，乃遷淨住。元豐初，處人建壽聖，迎居之。越三年，辯才主南屏，自以年老致師首衆，遂舉以自代。元祐五年，上竺虛席，囑郡守蒲宗孟曰：「靈感勝迹，非從諫不可。」郡用其説，復爲奏賜「慈辯」之號。大觀二年，辭歸壽聖。門學車溪、普明等十人詣師省候，師曰：「諸子遠至，後會無期。老僧不如乘輿便行。」遂升座説法，書偈而逝。

希最，霅川施氏子。四歲出家，十五傳教觀於廣慈。同門畏愛，號爲「義虎」。治平中，始敷講於嘉禾隆平，繼徙居勝果。有空室，祟所棲，師咒土擲之，得片紙書：「今被法遺，法力没，當復來。」數日擊物颺火，變怪百出。師訶之曰：「不聞惱法師者，頭破作七分乎？」」乃爲廣説輪轉因緣，衆僧聲咒爲其破障。忽空中轟然，擲朱書云：「漢朝烈士沈光今知悔過謝罪。」且云蒙師法力，當往生它化天矣。自此遂絶。

師因淨覺背宗，上十諫書。法智作解謗，淨覺復作雪謗。時法智在疾，不復答。淨覺在靈芝對衆詫曰：「只因難殺四明師，誰向靈芝敢開口。」師不甘，乃作評謗以極辯之。其略有云：「近覩雪謗盛製，所謂救生法二身，雪增減二謗者也。然此書一往可觀，再言〔一〕有失。解謗雖已煥然，雪謗猶自冰執。今據吾祖之格言〔二〕，以評闍黎之謬解。」淨覺見之，曰：「四明之説，其遂行乎？」元祐庚午秋坐化。闍維，得舍利數百。

系曰：慈辯雖教人，每與禪衲遊。嘗問道於大通，通寄以書，發緘睹黑白二圓相，恍然有悟。答偈曰：「黑相白相，擔枷過狀。了不了兮，無風起浪。若問究竟事如何？洞庭山在太湖上。」慈辯眼光出涯涘矣。由是而知，得台宗之真者，不在言説間也。

【校記】

〔一〕言　宋志磐佛祖統紀卷十三法師希最作「研」。

〔二〕格言　原無「言」字，據宋志磐佛祖統紀卷十三法師希最補。

【箋注】

〔一〕不聞惱法師者，頭破作七分乎　語出姚秦鳩摩羅什譯妙法蓮華經卷七陀羅尼品：「（羅剎女等）即於佛前而説偈言：『若不順我咒，惱亂説法者，頭破作七分，如阿梨樹枝。如殺父母罪，亦如壓油殃。斗秤欺誑人，調達破僧罪。犯此法師者，當獲如是殃。』」

靈炤傳

靈炤，生蘭溪盧氏。幼失恃怙，向兄求出家，兄難之[一]曰：「使藤繫汝俱碎，可從汝意。」師忻然入林，取藤成束，置兄前，曰：「果容入道，用此繫我，俱碎無恨。」兄不能奪。遂入寶慧寺，誓去枕席。香燈禮誦，未期月，誦通法華、光明。具戒後，往依淨覺於吴興。一家户牖，無不通達。

初主吴山解空，繼遷景德。熙寧中，徙雲間超果。自元豐以來，於每歲春首結淨業社七日期，預者二萬人。念佛獲驗不可紀録。嘗夢三聖儀相，前跪作禮，曰：「靈炤一生誦大乘經，期生安養，爲果願否？」觀音指曰：「淨土不遠，有願即生。」又誦經，深夜忽夢普賢示身，遂造其像，誦經萬部，以嚴淨報。元豐五年冬臥疾，謂侍者曰：「吾安養之期已至。」遂面西[二]累足而化。闍維，異香襲人，舍利流迸。結塔院東南隅。

【校記】

〔一〕難之　宋志磐佛祖統紀卷二十二法師靈照作「取三藤示之」。

〔二〕面西　宋志磐佛祖統紀卷二十二法師靈照作「北首面西」。

介然　能師二公傳

介然，四明鄞人也。受業於福泉山之延壽，明智居南湖，從其學，悟教觀之旨〔一〕。元豐初，專志淨業，謂同行曰：「念佛三昧，往生要法也。」乃然三指〔二〕，建十六觀堂，中設西方三聖〔三〕，環以池蓮。功成，復然三指。於是修觀之士，有所依賴焉。

建炎四年，金虜犯明州。寺衆奔散，師獨不去。虜奄至，訶之曰：「不畏死邪？」師曰：「貧道一生願力建此觀堂，今老矣，不忍捨去以求生也。」虜酋義之，謂曰：「爲我歸北地作觀堂，似此規制。」遂逼師以行。後人悲思，乃以去日爲之忌，遥尊之曰「定慧尊者」。未詳所終。〔一〕

能師，嘉禾人。少學能仁，入懺室四十載，六時行道，雖病不廢，唯不食數日，其病自愈。行人之名遂聞江浙。年既老，讀文如初學，草庵戲之曰：「未忘筌耶？」師曰：「筌何所忘？」庵大慚。嘗暑曬衣，歎曰：「慷慨丈夫，反同臧獲。」於是散去餘長，惟留一弊絮袍。夏則束梁梠間，袒膊入林施蚊。一日逢二虎，以身就之，虎俛首而去。山神興供一方，嘗與交接，適香積有乏，知事來告，師力拒之。明旦施自至，皆曰：「昨夜行人巡門相報，始知山神荷師以往。」圓覺慈公有能仁之命，師與文首座然指以請。及其至，晝夜請

益，大有開發。未詳所終。〔三〕

【校記】

〔一〕悟教觀之旨　宋志磐佛祖統紀卷十五法師介然作「遂悟境觀之旨」。

〔二〕乃然三指　宋志磐佛祖統紀卷五十陳瓘南湖淨土院記作：「初，介然然手二指，誓必成此。」是。

〔三〕西方三聖　宋志磐佛祖統紀卷十五法師介然作「西方三聖殿」。

【箋注】

〔一〕未詳所終　宋志磐佛祖統紀卷十五法師介然作「立像陪位於觀室之隅」。

〔二〕未詳所終　宋宗鑑集釋門正統卷七能：「終于能仁。」

處咸　處謙二師傳

處咸，生天台王氏。七歲入國清，十四受具戒，力學無對。入天封三年，畢閱藏典。謁神炤，深契教旨，爲人恭默自遜。神炤託疾命代宣，衆一聆而心服。初住赤城崇善，李庭芝守台，夢神人曰：「公典天台，五祖臺下有龍頭九九和上，宜就見之。」諮詢莫喻。有識者謂李曰："天台五祖昔居赤城，今咸師住此，生于丙辰九月九日，其『龍頭九九』之謂乎？"李大愕，即命駕造訪。師爲談出世道，深有契會。以寺宇隘陋，謀遷之。李捐金，卜就東南地開址，獲銅磬於土中。繼主白蓮。師居山五十年，登門受道者以萬計。元祐元年正月，法鼓擊之不鳴〔一〕。師曰〔二〕："吾將行矣，期以晨鐘時〔三〕。"寂然而化。〔一〕

處謙，生永嘉潘氏，處胞三年。九歲出家，謁神炤，大明圓頓之旨。然三指供佛，祈妙悟。未幾，擢居第一座，炤以止觀一帙授之，曰："汝當建大法幢，恨吾不之見耳。"後屢主大刹，道化隆振，旨署"神悟"之號。丞相王安石與一時朝賢競爲歌詩，以贊其德。郡大旱，師至龍湫，爲龍語，〔三〕忽大風、黑雲從湫起，驟雨如注。師四十年中十坐道場，講唱無倦，登門受法者三千人〔四〕。熙寧乙卯四月，集衆諷普賢行法阿彌陀經，乃曰："吾得無生日用久矣，今以無生而生淨土。"遂寂。弟子塔其全身，楊無爲爲之銘。師與咸同出神炤，人稱"神炤之門，二處一身"云。

【校記】

〔一〕不鳴　宋志磐佛祖統紀卷十三法師處咸作"不鳴者七日"。

〔二〕師曰　宋志磐佛祖統紀卷十三法師處咸作"至七月，告衆曰"。

〔三〕吾將行矣期以晨鐘時　宋志磐佛祖統紀卷十三法師處咸作"二十三日，吾將行矣"。

〔四〕登門受法者三千人　宋志磐佛祖統紀卷十三法師處謙作：「登門三千人，稟法者三十人。」

【箋注】

【一】寂然而化　宋志磐佛祖統紀卷十三法師處咸：「遂唱衣盂飯衆爲別。戒侍者：『晨鐘鳴，當告我。』至時徐起，趺坐寂然而化。」

【二】爲龍語　宋志磐佛祖統紀卷十三法師處謙：「語曰：『汝受智者大師付囑，遇旱當施甘澤，何不憶邪？』」

慧辯　思義傳

慧辯，字訥翁，號海月，華亭傅氏子。生而穎異，父母令入普炤出家。初遊學天竺，扣明智之室，盡心於教觀。智將老，命代述八年，遂繼其席。適翰林沈時卿以威猛治杭，見者無不惶慄〔一〕失據。師與相對，從容如平生。沈異之，任以都僧正。時東坡倅杭，爲序以送之。

師容止端靖，不蓄長物。盜夜入其棲，脱衣與之，使從支徑去。講授二十五年，學者嘗及千人。晚年倦煩，以六事隨身，〔一〕歸隱草堂。將順寂，遺言須東坡至方闔龕。四日，東坡至，見其端坐如生，頂尚温。乃作三偈〔二〕以哭之，曰：「欲尋遺蹟强沾裳，本自無生可得忘〔三〕。今夜生公講堂月，滿庭依舊泠如霜。」「生死猶如臂屈伸，情鍾我輩一酸辛。〔三〕樂天不是蓬萊客，憑仗西方作主人。」「欲訪浮雲起滅因，〔三〕無緣却見夢中身。安心好住王文度，此理何須更問人。」

思義，字和甫，與海月同出明智之門，難兄弟也。智嘗開幃出十問，師答之，皆契旨。及智退居草堂，衆送入室。既散，師猶侍立。智曰：「爾適何見？」答曰：「見大衆拜而退。」智曰：「來，吾語汝。汝行當住此山，紹隆大教，後亦來居此室也。」未幾，丞相蘇頌帥杭，請居天竺。弘道二十三年，退閑草堂，皆如智記。熙寧四年，賜紫服，號「淨慧」。元祐三年二月十八日，別衆安坐而逝。大衆誦念久之，忽復語云：「侍觀音大士，行見一沙門，金色長身，垂臂謂我曰：『報緣未盡，過七日當遣迎。』」至二十五日，復跏趺而化。

【校記】

〔一〕惶慄　宋志磐佛祖統紀卷十一法師慧辯作「惶懼」。

〔二〕三偈　明顧清正德松江府志卷三十一慧辯作「三絶」，是。

〔三〕本自無生可得忘　蘇軾哭慧辯詩題爲吊天竺海月辯師三首，此句蘇軾詩集、宋志磐佛祖統紀卷十一法師慧辯、明顧清正德松江府志卷三十一慧辯作「本自無生可得亡」，語本晉張湛列子注：「本是無生，故曰不死。」應以「亡」爲是。

【箋注】

【一】以六事隨身　據宋志磐佛祖統紀卷十一法師慧辯，六事即衣、鉢、坐具、紙被、拂子、手鑪。

【二】情鍾我輩一酸辛　情鍾我輩，語出世説新語傷逝：「王戎喪兒萬子，山簡往省之，王悲不自勝。簡曰：『孩抱中物，何至於此？』王曰：『聖人忘情，最下不及情。情之所鍾，正在我輩。』」

【三】欲訪浮雲起滅因　典出姚秦鳩摩羅什譯維摩詰所説經：「諸仁者！如此身，明智者所不怙；是身如聚沫，不可撮摩；是身如泡，不得久立；是身如焰，從渴愛生；是身如芭蕉，中無有堅；是身如幻，從顛倒起；是身如夢，爲虚妄見；是身如影，從業緣現；是身如響，屬諸因緣；是身如浮雲，須臾變滅；是身如電，念念不住。」

淨梵　齊玉二師傳

淨梵，嘉禾人。姓笪，母龔氏，夢佛光滿室，遂有娠。及生，因名佛護。十歲出家。嘗念阿彌陀佛，或問：「年少何遽爾〔一〕？」師曰：「我欲往他方丈求掛搭去。」十八受具戒，即依超果湛公。復謁神悟，屢親講説，大契宿心〔二〕。

元祐初，主姑蘇大慈，講三大部十餘過，餘文稱是。稟師戒法者，幾滿城邑。嘗率二十七人修法華三昧，以二十八日爲期，如此三會。感普賢大士授戒羯磨，至稱「淨梵比丘」則洪聲震響，如撞巨鐘。師禪觀之處，衆嘗見金甲神跪於座前。有時一處行懺，見韋天按視懺堂。行人有遭其點察者，輒障起而退。

政和中，太守應公婢爲祟所嬈，歌笑不休，請師施戒，即刻神定。信女葛氏請爲亡夫施戒，即見夫旋繞師座，稱得解脱。嘗夜居西院，時酷暑，衆不安臥。師方披三衣坐水閣上，忽風雪飛集，涼氣逼人。旦謂衆曰：「夏行冬令。」衆皆嘆仰，知爲神龍翊衛變熱爲涼也。宣和初，郡守賈公敬師高行，補爲管内法主。

齊玉者，霅川人，尚書莫公支子也。早親釋學，日記數千言，屢參明師。一日赴僧次，遜辭之。或問其故，答曰：「誠不欲五千之利而喪一日之功。」居苕溪寶藏，每于歲終大興淨業之社。遷横山，立丈六像，率道俗修行〔三〕，中夜告衆曰：「我輩未念佛時，心隨塵境，作諸不善，犯一吉羅，尚受九百千歲地獄之苦。况犯篇聚重罪乎？今若念佛，則可一念能滅八十一劫〔四〕生死之罪。况又父母生我，令我出家，理當度脱以報重恩。今若破戒墜陷，則父母豈不失望？」大衆聞之，無不傾誠懺悔，舉身自撲，至損額失聲者。嘗中夜頂像行道，偶一僧失規，責之曰：「汝無知，乃畜生耳。」已而悔曰：「彼雖不肖，罵爲畜生，有玷三寶。」自是三年對佛悔過。歲大旱，井竭，師運密禱，夢水出西坡，旦掘之，清流涌出，因名夢泉。

二師同建炎元年遷化。

【校記】

〔一〕何遽爾　宋志磐佛祖統紀卷十四法主淨梵作「何爲念佛」。

〔二〕宿心　宋志磐佛祖統紀卷十四法主淨梵作「夙心」。

〔三〕修行　宋志磐佛祖統紀卷十四法師齊玉作「修淨行」。

〔四〕八十一劫　宋志磐佛祖統紀卷十四法師齊玉作「八十億劫」，是。

從義傳了睿附

從義，温之平陽人，姓葉氏。十七通經得度，學扶宗，深得教旨。出世屢遷鉅刹，晚主秀之壽聖，大闡宗風〔一〕。師雖以圓頓爲門，而于戒科猶事謹篤。六時三業之間，必使纖悉如法。憲使劉燾記師行業云：「端介〔二〕清白，不妄遊從。寤寐三觀，耽味著述。過午不食，非法不言。非右脇不卧，非濾水不飲。行步有嘗，坐立如植。未嘗求公卿之知，可謂賢也已矣。」秀有士族，請師禱疾，師命其徒了睿侍往。及歸，師正色責之曰：「汝爲純厚，吾故攜汝往，何爲俗舍左顧右盼？」睿謝過而已。〔一〕其處身律物，嚴慎如此。元祐六年春示寂，瘞舍利于錢唐寶藏，謚曰神智。師著作十餘種，數萬言，皆詮釋教義耳。

了睿，秀人，亦有道士。思溪王氏屈睿爲亡女咒食〔三〕。適河冰，船不可渡。乃遣人報，令設座於斛前，即船上遥爲咒願。事已，忽一女至船，禮足爲謝，云：「已得超往〔四〕。」因留物爲記〔五〕，忽不見。次日王君至船，見物驚曰：「此亡女入斂時所御〔六〕也。」

【校記】

〔一〕大闡宗風　宋志磐佛祖統紀卷二十二法師從義作「大振宗教」。

〔二〕端介　原作「端戒」，據宋志磐佛祖統紀卷二十二法師從義、宋宗鑑集釋門正統卷五從義改。

〔三〕思溪王氏屈睿爲亡女咒食　宋志磐佛祖統紀卷二十二法師了睿作：「思溪王氏有女卒，請施食。」

〔四〕已得超往　宋志磐佛祖統紀卷二十二法師了睿作「謝師戒法，已得超度」。

〔五〕因留物爲記　宋志磐佛祖統紀卷二十二法師了睿作「留鞋一雙」。

〔六〕所御　宋志磐佛祖統紀卷二十二法師了睿作「鞋」。

【箋注】

【一】睿謝過而已　宋志磐佛祖統紀卷二十二法師了睿：「師深謝過而已。智曰：『汝豈有所見邪？』師密白曰：『有一女祟，在病牀上，見師入即下走，人既擁門，乃從壁隙而出。不覺顧視如此。』智曰：『吾亦見之。』已而病者愈。」

圓明大師演公傳

無演，天彭張氏子。幼英烈，不甘處俗。十五棄家，事承天院寶梵大師昭符。符記之曰：「此子他日法中龍象也。」二十以誦經落髮，受首楞嚴於繼靜〔一〕。靜〔二〕歿，卒業于惟鳳文昭。受圓覺、肇論于省身，受華嚴法界觀、起信論于曉顔，受唯識、百法論于延慶，凡此諸師皆聲名藉藉，師必妙得其家風然後已。又從諸儒講學，於書無所不觀，於文無所不能。趙清獻公挽師登法席，於楞嚴了義指掌極談，聞者如飲醇酒，無不心醉。既於此經心融形釋，復出入内外篇籍，如風行電激〔三〕，所向如志。又嘗問道於禪師惟迪、惟勝。師嘿然心許曰：「此自在吾術内矣。」又作大悲觀音化相，宇以崇閣，極天下之竘工珍材，二十餘年乃成。人以爲莊嚴之冠，不知師之遊戲也。中年喜葛洪内篇，延異譎士〔四〕，將以丹石伏物，皆爲黄金。或取其金而畔去，師不悔不怒。他日遇之，視之〔五〕如初。此可以觀其德性也。

寶梵既殁，二親又耄期去世，乃〔六〕南遊庭，曰：「吾聞南方大士有若祖心，有若克文，有若善本，皆命世亞聖大人也，不可不行觀道焉。」元符三年三月，道出戎州，憩渝州覺林禪院，不疾而化。〔一〕僧臘三十有七。其法子奉師遺骨，藏於寶梵塔之西。有志不果，遽厄於數。惜哉！

【校記】

〔一〕繼靜　宋黄庭堅豫章黄先生文集第二十四圓明大師塔銘作「繼舒」。

〔二〕靜　宋黄庭堅豫章黄先生文集第二十四圓明大師塔銘作「舒」。

〔三〕電激　宋黄庭堅豫章黄先生文集第二十四圓明大師塔銘作「電擊」。

〔四〕異譎士　宋黄庭堅豫章黄先生文集第二十四圓明大師塔銘作「異人譎士」。

〔五〕視之　宋黄庭堅豫章黄先生文集第二十四圓明大師塔銘作「禮之」。

〔六〕乃　宋黄庭堅豫章黄先生文集第二十四圓明大師塔銘作「乃謀」。

【箋注】

【一】元符三年三月，道出戎州，憩渝州覺林禪院，不疾而化　宋黄庭堅豫章黄先生文集第二十四圓明大師塔銘與此記載略異：「元符三年五月，道出戎州，始識之。卓乎偉哉，其非凡器也。是歲四月甲辰，憩渝州覺林禪院，不疾而逝化。」

令觀

令觀，莆田黄氏子。十三出家廣化寺，十八受具。通〔一〕易、孟子、莊、老諸書。已而撥去，聽講大乘經論。他日讀楞嚴經，駭然大悟曰：「世徒傳當年圓覺之圭峰，何知不有今日楞嚴之我耶？」未幾，得寺之安養院折笷坏户〔二〕而居之。標尚質素，語終日不妥出〔三〕，身非有迫致，或竟歲未嘗倚閭。閱大藏經更數返，雖老益力。又天性慈甚，哀病者而急阨窮，咒食放生，無不爲者，貲不逮必解衣就質，無難色。事佛朝香〔四〕夕燈者五十年，不驅蚊，不搔餒蝨，不以匡衆爲己任。人或戲之曰：「憊乎？觀公奚事爾爲？」師曰：「吾非憊者，正恐坐此得憊耳。」其密意警人類如此。

忽一日示疾，語其徒曰：「有六上人當過我，亟具茗果。」衆疑師屬疾，語迷謬。既而人有賫像自遠至者，物色之，正六則傳金羅漢也。是夜沐浴，黎明更衣敷座，與衆别。勉以無負佛祖，語已抵掌就寂，實元祐八年三月也〔五〕。住壽九十一，僧臘七十三。居三日頂猶温，茶毗于寺之北岡，火行異香，收燼得舌根不壞。其徒塔之，夜有光炯然自茶毗所屬塔中，如往還狀。又三日，現金銀色舍利，環五里餘，尺草寸木悉發光曜，屭石相土無不得者，而不窮也，旁近居民至取以售用。奇矣，盛哉！則師生平功行存養之實，可知矣。

【校記】

〔一〕通　宋劉弇龍雲集卷三十二觀禪師碑作「略通」。

〔二〕坏户　宋劉弇龍雲集卷三十二觀禪師碑作「坯户」，義同。

〔三〕出　宋劉弇龍雲集卷三十二觀禪師碑作「出口」。

〔四〕事佛朝香　宋劉弇龍雲集卷三十二觀禪師碑作「佛事身朝讚」。

〔五〕實元祐八年三月也　原作「實元祐三年八月也」，宋劉弇龍雲集卷三十二觀禪師碑作「實元祐八年三月二十九日也」，因據改。

成覺　慧悟傳

成覺，代州張氏子。方學語，能誦金剛般若。父母異之，攜送善住院希公〔一〕爲童子。

希公道望赫然，賜號「慈懿大師」，移住清涼寺。慈懿以師親侍日久，心知爲法器。一日謂之曰：「古人謂出家爲大丈夫。所以爲大丈夫有四事：近知識〔二〕，聞正法〔三〕，思義理〔四〕，如説修行是也。後生可畏，無以吾老滯守一隅，爾其行乎？」由是徧訪師匠，依明教大師最久。故於惟識一宗，洞明底藴，後大弘其道。時人謂慈懿以知人有子，明教以傳法得人。

師嘗示學者曰：「學道人〔五〕持心有三要：曰大，曰專，曰遠。大則佛祖得處，我必得之〔六〕，不爲人天小利所牽；專則惟究一事，不爲名相所引；遠則以證爲期，死而後已。具此之心〔七〕，必能至道，務實去華。」其言大率如此。年八十而終。

慧悟者，生行唐李氏。其伯母日誦妙蓮華偈，洎終火化，舌根不壞。悟母嘗夢其伯母執蓮華一莖授之，遂有娠。師生，容面端整〔八〕，舌長覆鼻，音聲宏朗〔九〕。爲五臺真容院僧，戒慧精明〔一〇〕，時無有兩。元祐初，詔入内庭，宣闡稱旨，賜紫衣、僧正〔一一〕之職。師力辭獲免。崇寧改元，復被詔赴京，固以老病辭。至使者往返，乃行。次佛道店，謂使者曰：「既逢佛道，吾將歸矣。爲吾謝天子。」言訖，佗然〔一二〕而化。

【校記】

〔一〕希公　明釋鎮澄清涼山志卷八成覺大師傳作「和希大德」。

〔二〕近知識　明釋鎮澄清涼山志卷八成覺大師傳作「近善知識」。
〔三〕聞正法　原作「問正法」，明釋鎮澄清涼山志卷八成覺大師傳作「能聞正法」，因據改。
〔四〕思義理　明釋鎮澄清涼山志卷八成覺大師傳作「思惟義理」。
〔五〕學道人　明釋鎮澄清涼山志卷八成覺大師傳作「學者志於道」。
〔六〕得之　明釋鎮澄清涼山志卷八成覺大師傳作「當得」。
〔七〕之心　明釋鎮澄清涼山志卷八成覺大師傳作「三心」。
〔八〕容面端整　明釋鎮澄清涼山志卷八慧悟大師傳作「面貌端嚴」。
〔九〕宏朗　明釋鎮澄清涼山志卷八慧悟大師傳作「雄朗」。
〔一〇〕精明　明釋鎮澄清涼山志卷八慧悟大師傳作「嚴明」。
〔一一〕僧正　明釋鎮澄清涼山志卷八慧悟大師傳作「授僧正」。
〔一二〕仡然　明釋鎮澄清涼山志卷八慧悟大師傳作「屹然」。

晉水法師傳附誠法師　義天僧統

淨源，字伯長，楊氏子。生而敏慧，依東京報慈寺海達大師得度。奮志參尋，初受華嚴于五臺承遷，次見横海明覃，後謁長水璿法師，盡得華嚴奥旨。四方宿學推爲義龍，聲譽籍甚。開法泉之清涼、蘇之觀音、杭之祥符、湖之寶閣、秀之善住，屢坐大道場，闡揚圓頓極旨。左丞蒲公守杭，尊其道，以慧因院易禪爲教，請師居之，道風大振。師筆力遒勁，合華嚴證聖、正元二疏爲一，以便觀覽。製華嚴、楞嚴、圓覺三懺法，及作法華集義通要十四卷，又疏解仁王般若等經。

義天者，高麗國王第四子，辭榮出家，封祐世僧統。元祐初入中國，上表乞傳賢首教，歸朝弘揚。敕有司舉可授法者，以誠法師對。

誠法師者，住東京覺嚴寺，講華嚴經，歷席既久，學者依以揚聲。其爲人純至，少緣飾，高行遠識。近世講人莫有居其右者。上表舉師自代，曰：「臣雖刻意講學，識趣淺漏〔一〕。特以年運已往，妄爲學者所推。今異國名僧航海問道，宜得高識博聞者爲之師。竊見杭州慧因院僧淨源，精練教乘，旁通外學，舉以自代，實允公議。」上可其奏，遣朝奉郎楊傑〔二〕館伴至慧因受法，諸刹迎餞如行人禮。

初，華嚴疏鈔久已散墜，義天持至咨決，遂得復全。義天業就還國，留金書華嚴三譯本一百八十卷于慧因，〔一〕師乃建閣奉安之。時稱師爲「華嚴中興之祖」〔三〕，師之道遂大行海外矣。元祐三年冬示寂，茶毗，獲舍利無數。塔於院西北。壽七十有八。義天念法乳，遣侍僧壽介等過海致祭焉。

師先世泉之晉水人，故學者稱晉水法師。

【校記】

〔一〕淺漏　宋惠洪林間録卷上作「淺陋」，義同。

〔二〕楊傑　原作「楊億」，據曾旼宋杭州南山慧因教院晉水法師碑、宋志磐佛祖統紀卷十四高麗義天僧統、宋惠洪林間録卷上改。

〔三〕華嚴中興之祖　宋志磐佛祖統紀卷三十法師淨源、元釋念常佛祖歷代通載卷十九作「中興教主」。

【箋注】

〔一〕留金書華嚴三譯本一百八十卷于慧因　華嚴經有三譯，一爲東晉佛陀跋陀羅譯，六十卷三十四品；二爲唐實叉難陀譯，八十卷三十九品；三爲唐般若譯，四十卷。總一百八十卷。

有嚴傳

有嚴，台之臨海胡氏子。母將孕，號痛頓仆〔一〕。其兄沙門宗本曰：「是必有異，若生男，當出家。」母聞，合掌以許。既而痛止，果生男。六歲從師，十四受具戒，閱壽禪師心賦，若有所悟。即往東山謁神炤，於一心三觀之道、法華三昧之行莫不神解而躬行之。嘗讀止觀至「不思議境」，曰：「萬法惟一心，心外無一法。心法不可得，是名〔二〕妙三千。」初主無相、慧因，法真自赤城遷東掖，舉師以代。嘗謂：「去佛久遠，人迷自性。」凡宣演之際，必近指一心，使之易領，聞者皆能有入。

紹聖中，郡請主東掖。師曰：「智者年未五十，已散徒衆。吾老矣，可堪此耶？」卒不赴。隱居故山東峰，廬于樝木之傍，因自號樝庵。一鉢〔三〕，無長物，躬拾薪汲水，食唯三白。二十年中專事淨業，以安養爲故鄉，作懷淨土詩八章，辭情淒切，人多樂誦。母病目，師對觀音想日精摩尼手，〔一〕母即夢師擎日當前，覺而目明。師於三昧中多獲瑞應，不可枚舉。〔三〕建中靖國〔四〕元年，定中見天神告曰：「師淨業成矣。」又夢池中生大蓮華，天樂四列，乃作餞歸淨土之詩。越七日，趺坐而化。以陶器塔於庵北，有光在塔如月形，三夕乃没。

【校記】

〔一〕頓仆　原作「頓什」，據宋志磐佛祖統紀卷十三法師有嚴改。

〔二〕是名　宋志磐佛祖統紀卷十三法師有嚴作「故名」。

〔三〕一鉢　宋志磐佛祖統紀卷十三法師有嚴上有「畜」字。

〔四〕建中靖國　原作「建中淨國」，據宋志磐佛祖統紀卷十三法師有嚴改。

【箋注】

【一】師對觀音想日精摩尼手　唐伽梵達摩譯千手千眼觀世音菩薩廣大圓滿無礙大悲心陀羅尼經：「若爲一切處怖畏不安者，當於施無畏手；若爲眼闇無光明者，當於日精摩尼手。」

【二】不可枚舉　宋志磐佛祖統紀卷十三法師有嚴：「常時所修三昧多獲瑞應，施鬼神食、除病却祟、驅蛇去蟻、水旱禳禬，一爲課誦，如谷答響。」

智圓

智圓，字無外，錢塘徐氏子。學語即知孝悌，稍長，嘗析木濡水，就石書字，列花卉若綿蕝，戲爲講訓之狀。父母異之，令入空門受具戒。二十一，聞奉先清公傳天台三觀之道，負笈造焉。二年而清亡，遂往居西湖之孤山。杜門樂道，自號潛夫。與林處士逋爲鄰友。雅善病〔一〕，又號病夫。師嘗嘆荆溪殁後，微言墜地，曰：「吾何人也？」于是著十疏以通經，述諸鈔以釋疏，〔一〕翼贊弘宣，其功偉矣。

師雪骨冰心，傲然物外。視人間之世如纖塵過目，了不關懷。時王欽若撫錢唐，慈雲遣使邀師同往迓之。師笑語使人曰：「爲我致意慈雲：錢唐且駐却一僧。」聞者嘆服。於講道之外，以詩文自娱，有雜述五十卷〔二〕，題曰閑居編。以乾興元年二月十七日，自作祭文、挽詞，越二日示寂，年僅四十有七也。預戒門人曰：「吾殁後，無厚葬以罪我，無建塔以誣我，無謁有位求銘以虚美我。但用陶器二合而瘞〔三〕，立石志名字、年月而已。」及亡，門人如所戒，斂以陶器，斸所居巖以藏之，不屋而壇。後十五年，積雨山頹，門人開視陶器，肉身不壞，爪髮俱長，唇微開露，齒若珂玉。乃更襲新衣，屑衆香散其上，而重瘞之。崇寧三年，賜謚法慧大師。

補續高僧傳卷第二

【校記】

〔一〕雅善病　宋志磐佛祖統紀卷十法師智圓作「師早瘿瘵疾」。

〔二〕有雜述五十卷　明陳讓、夏時正纂修成化杭州府志卷四十五智圓作「雜著五十一卷」，宋志磐佛祖統紀卷十法師智圓「閑居編五十一卷雜著詩文」，是。

〔三〕但用陶器二合而瘞　宋志磐佛祖統紀卷十法師智圓作「宜以陶器二合而瘞之」。

【箋注】

【一】于是著十疏以通經，述諸鈔以釋疏　據宋志磐佛祖統紀卷十法師智圓：「其所撰述，文殊般若經疏、遺教經疏各二卷，般若心經疏、瑞應經疏、四十二章經注、不思議法門經疏、無量義經疏、普賢行法經疏、彌陀經疏各一卷，首楞嚴經疏十卷，世號『十本疏主』。又撰闡義鈔三卷、釋請觀音經疏。索隱記四卷、釋光明句。刊正記二卷、釋觀經疏。表微記一卷、釋光明玄。垂裕記十卷、釋淨名略疏。發源機要記二卷、釋涅槃玄。百非鈔一卷、釋涅槃疏金剛身品百非之義。三德指歸二十卷、釋涅槃疏。顯性録四卷、釋金錍。摭華鈔二卷、釋圭峰蘭盆疏。西資鈔一卷、釋自造彌陀疏。詒謀鈔一卷、釋自造心經疏。谷響鈔五卷、釋自造楞嚴疏。析重鈔一卷、釋自造文殊般若疏。大論云：析重令輕。正義一卷、釋十不二門。閑居編五十一卷，雜著詩文。皆假道適情，爲法行化之旁贊云。」

補續高僧傳卷第三

明吴郡華山寺沙門明河撰

義解篇

宋　中立傳

中立，鄞之陳氏子。母夢日輪入懷，遂有娠。夜不三浴，則啼號不止。九歲出家，受經一誦，永憶不忘。治平中，試經開封得度，依神智於南湖渡。神智開幃，設問答者二百人，無出師右。及神智謝事，乃俾師爲繼。

元祐初，高麗僧統問道中國。甫濟岸，遇師升堂，歎曰：「果有人焉。」遂以師禮見。師令門徒介然始作十六觀室，以延淨業之士。已而辭去，曰：「吾年六十當再來。」即退處東湖之隱學。數年，郡太守王公勉主寶雲，一新棟宇，於伽藍神腹得願文，云「後百年當有肉身菩薩重興此地」，聞者異之。後退隱白雲庵，日宣止觀，至不思議，歎曰：「吾道至此極矣。有不思議境，則有不思議心。」乃作不思議辯正，又作止觀裂網、指歸釋疑。文慧正師亡，郡請再主延慶，果符「六十再來」之言。

嘗升座説法，慈霔無盡。下座問侍者曰：「吾適道何語？」侍者答以所聞。師曰：「吾覺身心同太虚空，殊不知語之所出也。」政和五年四月示寂。師講三大部、淨名、光明數十過，誦法華踰萬部。與人除病却鬼，救灾旱，不能畢記其驗。於孔、老之書無不徧讀，其對儒士講説，則反質之曰：「此道在孔聖如何？在詩書如何？」儒士不知對。則援引委辯之，曰：「無乃若是乎？」聞者心服。師在永嘉，扶宗謂曰：「吾嘗見摩利支、韋馱於夢中求護法，他日幸於南湖懺堂置其位。」及師主席，乃立像，自師始。陳瑩中嘗贊師曰：「嚴奉木叉，堅持淨慮。以身爲舌，説百億事。」師謚號明智。

有朋傳

有朋，泉州南安蔣氏子。丱歲〔一〕試經，中選落髮，歷講肆，爲寶林宗已門學士，有聲。每疑禪宗直指之説〔二〕，故多與禪衲遊。一日謁開元琦禪師，足未及閫，心忽領悟。琦出逆問曰：「座主來此何爲？」答曰：「不敢貴耳賤目。」琦曰：「老老大大，何必如是？」答曰：「自是者不長。」琦曰：「朝看華嚴，夜讀般若即不問，如何是當今一句？」答曰：「日輪正當午。」琦曰：「閑言語，更道來。」答曰：「平生仗忠信，今日任風波。肰雖如是，秖如和尚恁麽道，有甚交涉？須要新戒草鞋穿。」琦曰：「這裏且放你過，忽遇達磨問着，如何道〔三〕？」朋便喝。琦曰：「這座主，今日見老僧，氣衝牛斗。」朋曰：「再犯不容。」琦拊掌大笑。

朋以利生非細事，諸方挽之皆不就。東林總禪師貽書云：「頓棄糟醨已云無味，方知日月别是一天。非惟碧眼胡人不虚徂東，抑亦吾家宗派〔四〕見其渺漫矣。」或又勸進云：「豈謂自高，未諧前請。雖獨善之風可尚，而接物之理未聞。」朋不從。以宣和六年跏趺而逝。

下有朋，金華人，此泉州人。化時亦不同，下乾道年，此宣和年。傳燈稱講師，恐相混，預筆於此。

【校記】

〔一〕丱歲　宋正受嘉泰普燈録卷六泉州尊勝有朋講師作「年二十」。

〔二〕禪宗直指之説　宋正受嘉泰普燈録卷六泉州尊勝有朋講師、宋普濟五燈會元卷十八尊勝有朋講師作「祖師直指之道」。

〔三〕如何道　宋普濟五燈會元卷十八尊勝有朋講師作「你作麽生道」。

〔四〕宗派　明陽思謙、黄鳳翔等纂修萬曆泉州府志卷二十四有朋作「祖派」。

宗坦傳

宗坦，襄陽黎城人。出家於延祥院，事道恭爲師。圓具後，遍遊講肆。通經論，爲時所稱，於圓覺、十六觀等經皆具疏釋。由是五十年，以圓頓作門，夜禪晝講，開發良多。晚年駐錫襄陽，專修淨土。時説淨土觀門，曉示里俗，聽者如雲。又於唐州青臺閉關習觀，日益勤至。三業四儀，未嘗暫忘。大都師之化人，人之從師化，皆視力行，非徒言説耳。政和四年四月二十七日，忽佛現夢中〔一〕，告曰：「淨土已成，餘緣秖有六日，無自怠。」次日不豫，猶唱警策。至五月初四日，聲鐘告衆曰：「勝緣在邇，惟憑時刻。幸〔二〕大衆念佛助往。」俄而雷鳴，白雲覆庵〔三〕，作兜羅綿狀，寂肰而逝。異香三日始歇。

【校記】

〔一〕忽佛現夢中　明吴道邇纂修萬曆襄陽府志卷四十二宗坦作「忽于夢中見阿彌陀佛」。

〔二〕幸　明吴道邇纂修萬曆襄陽府志卷四十二宗坦作「幸望」。

〔三〕白雲覆庵　明吴道邇纂修萬曆襄陽府志卷四十二宗坦作「白雲覆地，從西而來，三日方歇」。

道琛傳

道琛，温之樂清彭氏子，母夢紫氣縈身而生。年十八具戒，學教於息庵，微言妙旨，一聞便領，歸鄉弘法。適高宗幸永嘉，有旨以林靈素故居爲資福院，丞相呂頤浩以師應詔。凡前後三坐道場，化緣不衰。於禪定中見四明垂示，行法華懺，感普賢放光，自是慧辯益進。一日講至六羅漢義，學者請説，斥之曰：「小乘法相，説之何益？當爲説經王義。」聯翩三日，一語無重。以紹興二十三年示寂，説偈曰：「唯心淨土，本無迷悟。一念不生，即入初住。」謚曰圓辯。

師高德碩行，與雪竇大圓、育王諶二禪師爲道交，二老深敬之，實有以動之，不徒辯説而已。師居山匱糧，嘗以僧伽梨質米於市，夜見流光煜煜，送還，光乃已。苦無水，指工鑿之，泉隨鑿涌。樂清江岸每以頽倒爲患，咸謂鬼物所釁，師爲神授戒，後遂凝肰無恙。其將主南湖也，門人清順夢延慶諸祖來謁，侍者持位圖於傍，而缺第八。順指問之，對曰：「汝師將補其處。」及後居南湖，果第八世。噫！豈偶肰哉？

了朓傳智仙附

了朓，台臨海薛氏子，處胎十三月而生。十六具戒，從安國惠師學教觀，得要領。嘗夢坐盤石泛大海，望大士坐山上竹林間，師正立説百偈以讚，覺憶其半，自是頓發辯才。侍安國還白蓮，未幾去，謁明智。凡有所論，皆首肯之。因舉住廣嚴，師曰：「吾不當負所得。」卒爲安國嗣。居山二十四年，學者嘗五六百人。

紹興戊午，寧海建大會，有使者持牒來，曰：「兜率天請師説法。」師曰：「此間法會未終〔一〕。」使曰：「符不可緩，當先其次者。」即毁師名而去。辛酉五月，夢兩龍戲空中，一化爲神人，袖出書曰：「師七日當行。」師唯唯。既寤，集衆説法，且曰：「因念佛力，得歸極樂。吾徒勉之〔二〕。」即沐浴更衣，與衆同誦阿彌陀經，至「西方世界」而逝。衆聞天樂騰空，祥光四燭。葬東岡，錫號「智涌」。

師平生多異迹。郡祈雨於玉溪，衆苦路險，師呪龍使移之。是夜風雨大作，旦見潭在所指夷坦處。

與師同參安國，有曰智仙者，亦精心靜業。臨終，衆聞佛聲沸天，天樂〔三〕盈耳，可謂難兄弟也。

【校記】

〔一〕未終　宋志磐佛祖統紀十五法師了然作「未散」。

〔二〕吾徒勉之　宋志磐佛祖統紀十五法師了然作「凡在吾徒，宜當力學」。

〔三〕天樂　宋志磐佛祖統紀十五法師了然作「仙樂」。

如湛傳

如湛，生永嘉焦氏。幼年試經得度，力研教乘。往依車溪卿公，時衆已多，無所容，惟小室如斗，安之不以爲隘。劇暑，埋大甕，實以寒泉，與四友背甕環坐，以挹其爽。如此數載，衆戲目小室爲五瘟堂。後參慧覺，晝夜潛心，盡得教觀之妙。初主車溪壽聖，講餘，課法華一部、佛號二萬聲。有求爲知事者，以非器不見用，憾之，夜懷刃入室，則見官客滿座；次夜復入，則昏黑〔一〕失路；又往，才入室〔二〕，見十數人皆同師形，其人媿恐而遁。

平時少睡，夏月坐草莽中，口誦法華，袒身施蚊。門人謂師年高，宜息苦行。師曰：「蠉飛之類，安得〔三〕妙乘？所冀啖我血、聞我經，以此爲緣耳。」後人因表其處爲餧蚊臺。晚歲謝事，居閑一小庵，日薰淨業。紹興庚申，端坐念佛而逝。闍維，得五色舍利。

【校記】

〔一〕昏黑　宋志磐佛祖統紀卷十五法師如湛作「昏暗」。

〔二〕又往才入室　宋志磐佛祖統紀卷十五法師如湛作「又一夕往，得入室」。

〔三〕得　宋志磐佛祖統紀卷十五法師如湛作「值」。

法久　晞顏二師傳

法久，生餘姚邵氏。久遊教苑，後咨心要於徑山大慧禪師，嘗令師舉境觀之旨，每見稱賞。因謂之曰：「教苑人稀，宜勉力弘傳，以光祖道。」既而慈溪盧氏〔一〕以圓湛致請，學衆四集。紹興十三年，郡命居清修，泉清石潔，人境俱勝。嘗患後生單寮多弊，乃闢衆堂作連床鋪褥，如禪林之規，以身率先，衆莫敢怠。説法機辯有大慧之風，有不能領者，謂師談禪〔二〕。寺左曰「獅子巖」，創堂名曰「無畏」，日住其中，誦法華、楞嚴等七經，十九年不輟。無疾而化。師在徑山時，有王侍御女早喪，每附語令請高僧誦法華超薦。大慧命師往，方升座演經，侍御忽有感悟。是夜亡女夢於父曰：「承法師講經力，已得生處矣。」侍御因作一乘感應記。

嗣師法者曰晞顔，字聖徒，奉化人。教貫禪府，無不咨詢。三教百家，無不綜練。無畏亡，自撰塔銘文，以寄得法之意。師志氣剛正，廣衆畏服；且文藻高妙，後進愛慕，自是名播天下。不惑之前，所寓必居記室；知命之後，所至必踞座端。諸方屢舉出世，皆固辭不就。嘗步菜畦，見墾掘殺傷之多，遂不復茹蔬，惟買海苔三百六十片，日取一片供粥飯〔三〕。晚歲自省文字餘習無補於道，乃住桃源厲氏庵，專志念佛，一坐十年，精進不懈。謂友人張漢卿曰：「淨土之道，豈有一法可得？珍臺寶網、迦陵頻伽，此吾佛方便誘掖之法耳。但於修中不見一法，則寂光上品無證而證。」師隱居之日，有司以免丁追。識者誚之曰：「天下豈有讀萬卷書，爲高士行，猶欲以丁錢責之耶？」主司聞之，事遂已〔四〕。

【校記】

〔一〕盧氏　宋志磐佛祖統紀卷十五法師法久、宋宗鑑集釋門正統卷七法久作「羅氏」，是。

〔二〕謂師談禪　宋志磐佛祖統紀卷十五法師法久作「謂師談禪於教苑」。

〔三〕惟買海苔三百六十片日取一片供粥飯　兩「片」字原皆作「觔」，宋志磐佛祖統紀卷十六首座晞顔作：「唯買海苔三百六十片，日取其一以供粥飯。」校注云：「片，底本誤作『斤』，茲從咸淳本。」片、斤形近而誤，觔同斤，因據改。

〔四〕主司聞之事遂已　宋志磐佛祖統紀卷十六首座晞顔作「主司嘉其言，得不問」。

思炤　覺先傳

思炤，出錢塘楊氏〔一〕。幼聽法華經，有契入，刺血書之，專修念佛三昧。築小庵曰「德雲」，後連小門〔二〕，爲觀落日之所。每夕〔三〕過午，即起念佛，三十年如一日。於宣和元年，忽夢佛來迎。七日後，端坐屈指作印而化。師平生於誦禮一門最爲勤懇，淨土七經，一字一禮，華嚴、首楞嚴、金光明、無量壽、普賢行法、遺教、梵網、無量義等經皆肰。惟法華十過，總得二百七十卷。誦法華千部，無量壽佛經五藏，阿彌陀經十藏云。

覺先，四明陳氏子，號澄炤。七歲受經，一讀成誦。後住奉化之寶林。會奉旱，邑請講金光明，終卷而雨三日。因勉邑人建光明幢，誦經萬部，爲邑境之護。次住延慶，道大弘。久之，復歸寶林，築室曰「妙蓮」，亦誦萬部，持佛號〔四〕四十八藏，摘經疏名言以資觀行，目曰心要。紹興十六年正月，説法安坐而逝，塔於寢室之側。它日，有夜聞誦經聲，迹所自，出塔中。後月堂居南湖，謂師於延慶有傳持之功，而塔在草莽，乃令遷之祖壟。及開土，見拴索不朽，骨若青銅。

【校記】

〔一〕楊氏　宋志磐佛祖統紀卷十四法師思照作「陽氏」。

〔二〕小門　宋志磐佛祖統紀卷十四法師思照作「小閣」。
〔三〕每夕　宋志磐佛祖統紀卷十四法師思照作「每夜」。
〔四〕佛號　宋志磐佛祖統紀卷十五法師覺先作「淨土佛號」。

宗利傳若水附

宗利，會稽高氏子。七歲受業於天華，往靈芝謁大智律師，受戒法，夢智呼宗利名，口吐白珠令吞之〔一〕。又嘗於淨定中神遊淨土道場。晚還天華，建無量壽佛閣接待雲水。天旱，詣日鑄山帝舜祠祈雨，感龍現金色身，雨甘沾足。建炎末，入道味山，題所居曰「一相庵」。會稽道俗請師主繫念，至第三夜，繪像頂珠放光，大如箕。紹興十四年正月晦，告弟子曰：「佛來迎我也。」遂書頌曰：「吾年九十頭已白，世上應無百年客。一相道人歸去來，金臺坐斷乾坤窄。」擲筆而逝〔二〕。

若水者，三衢人。課密有神功。祖忌將臨，戒庖人備芽筍，庖以非時笑之。至日暮，師噀盂水後圃，夜聞爆烈聲，詰旦視之，筍戢戢布地矣。且能以咒水救疾，全活者夥。不知所終。

【校記】

〔一〕往靈芝……夢智呼宗利名口吐白珠令吞之　「夢」原措置於「往」前，據宋志磐佛祖統紀卷十四行人宗利：「七歲受業於天華。既具戒，往姑蘇依神悟。……懺畢，復往靈芝謁大智律師，增受戒法。夢大智在座呼宗利名，口吐白珠令吞之。」又佛祖統紀卷二十八宗利：「復謁大智律師增受戒法，忽夢律師吐白珠，令吞之。」因據乙正。

〔二〕擲筆而逝　宋志磐佛祖統紀卷十四行人宗利作「端坐即逝」。

與咸　圓智二師傳

與咸，字虛中，黄巖章氏〔一〕子。住上竺，持戒修身，時稱第一，肰以淨土爲歸。常曰〔二〕：「佛國在十萬億刹外，而提封不越方寸。若克循觀道，則往彼非遥也。」後遷赤城。嘗於法輪寺施戒，當請聖師。衆覩寶光下燭，有梵僧立空表。禪宴之餘，常諷空品，至「本性空寂」，則入定數日；至「生死無際」〔三〕，則大慟不已。其體法真切若此。一日，萬年一禪師來訪，見床上小册，記回買嘗住物，一錢不遺，嘆曰：「我於道無媿，行不及師。」郡太守入山，見池中紅蓮，問曰：「既是白蓮，因甚却開紅華？」師曰：「山中并喜君侯至，任是無情亦改容。」又指看經羅漢曰：「既是無學，如何看經？」師撫羅漢背云：「何不祇對？」其慧才辯妙又如此。隆興元年圓寂。荼毗，〔一〕獲五色舍利無筭。所著有菩薩戒疏注〔四〕。師精於易，因名以卦，別號澤山叟。

圓智，生林氏，亦黄巖人。傳天台教觀，居東山十有四年，兩刹千衆推爲前列。然篤於律科，每半月必行布薩，或曰：「圓頓之宗，何必如是？」師曰：「圓家事理，一念具足。豈撥事求理耶〔五〕？吾於嘗時，未嘗不以波羅提木叉爲師，扶律談常，正在今日〔六〕。」紹興間〔七〕，被旨主上竺。灾燼之餘，僅存大士殿。有裒金爲造門廊者，曆家言主星不利，師曰：「佛與天星同一造化，苟寶坊輪奐，吾亡何憾？」未幾，果微恙。夢仙人飲以天液，所患隨愈〔八〕。夏旱，詔師講經於明慶，席散而雨洽。嘗抵寺莊，聞用牲祭土地，曰：「何可違佛禁耶？」即爲神説戒，易以素饌。後示疾，書偈坐亡。好事者以夢徵師爲天台五百羅漢之一云，〔二〕其或然耶？

【校記】

〔一〕章氏　原作「張氏」，據宋志磐佛祖統紀卷十六法師與咸、宋宗鑑集釋門正統卷七與咸傳改。

〔二〕常曰　宋志磐佛祖統紀卷十六法師與咸作「信安王孟公問十六觀義，師曰」。

〔三〕生死無際　原作「死生無際」，據宋志磐佛祖統紀卷十六法師與咸、北涼曇無讖譯金光明經卷一空品乙正。

〔四〕菩薩戒疏注　原無「注」字，據宋志磐佛祖統紀卷十六法師與咸、宋宗鑑集釋門正統卷七與咸傳補。

〔五〕豈撥事求理耶　宋志磐佛祖統紀卷十六法師圓智上有「所謂圓頓者」。

〔六〕今日　宋志磐佛祖統紀卷十六法師圓智作「兹日」。

〔七〕紹興間　宋志磐佛祖統紀卷十六法師圓智作「紹興二十三年」。

〔八〕所患隨愈　宋志磐佛祖統紀卷十六法師圓智作「所患頓愈，神采加異於前」。

【箋注】

【一】茶毗　據宋志磐佛祖統紀卷十六法師與咸：「隆興元年五月，别衆端坐念佛而亡，瘞龕於寺之東岡。乾道三年夏，復從茶毗。」

【二】好事者以夢徵師爲天台五百羅漢之一云　宋志磐佛祖統紀卷十六法師圓智：「初是普覺日，住山之末年夢羅漢來自天台，踞坐主位，已而師至。住無相日，夢賓頭盧來謁，授山茶一器。人知師爲五百人中焉。」

智連傳

智連，字文秀，四明人。年十八受具戒，古貌修幹，有長松野鶴之態。後依智涌頓悟圓旨〔一〕。出世歷住五刹，皆兵燬之餘，化瓦礫爲金碧，出於顧指〔二〕。時圓辯重興延慶，未就而逝。師適訪宏智，同登千佛閣，智曰：「聞四明談空中有相，是否？」師曰：「然。」智以手指云：「太虚本無一物。」師指山川樓閣，曰：「此諸物象復是何物？」智大服其言，即薦於郡，領事十年，講無虚日，而衆宇畢成。

太師史真隱佚老於鄉，每過從問法要，真隱曰：「師於禪律亦貫通耶？」師曰：「冰泮雪消，固一水耳。」又問：「華嚴、般若，似太支離。」師曰：「支離，所以爲簡易也。」〔一二〕真隱肅肰服。郡帥〔三〕丞相沈公屈居僧職，以老病辭，公手札勸之曰：「師行業清修，力荷宗教。自宜表正一方，紀綱諸刹。幸勿固辭，自潔其志。」師即領命，諸方服其清整。

一日感疾，謂侍人曰：「一切無礙人，一道出生死。」〔三〕復撫掌大笑，曰：「我自幸生此，鐘鳴吾逝矣。」時隆興元年十二月十八日。火浴得舍利，葬焉。論者謂師亡日如知所歸，遂儗史彌遠爲師後身云。

【校記】

〔一〕後依智涌頓悟圓旨　原無「依」字，據宋樓鑰攻媿集卷一百十延慶覺雲講師塔銘「後從智涌頓悟圓宗」，宋志磐佛祖統紀卷十六法師智連：「初從圓照學於南湖，晚依白蓮智涌頓悟圓旨。」又宋宗鑑集釋門正統卷七智連傳：「年三十依智涌，頓悟圓宗。」知「頓悟圓宗」者乃智連，因據補「依」字。

〔二〕顧指　宋志磐佛祖統紀卷十六法師智連作「指顧」。

〔三〕郡帥　原作「郡師」，宋志磐佛祖統紀（宋咸淳本）卷十六法師智連作「郡帥」，宋樓鑰攻媿集卷一百十延慶覺雲講師塔銘云「丞相沈公來鎮」，知沈公應爲「郡帥」，乃一郡之長，因據改。

【箋注】

【一】支離，所以爲簡易也　語出西漢揚雄法言五百篇：「或問：『天地簡易，而聖人法之，何五經之支離？』曰：『支離，蓋其所以爲簡易也。已簡已易，焉支焉離？』」

【二】一切無礙人，一道出生死　語出東晉佛馱跋陀羅譯大方廣佛華嚴經卷五菩薩明難品：「爾時，賢首菩薩以偈答曰：『文殊法常爾，法王唯一法。一切無礙人，一道出生死。一切諸佛身，唯是一法身。一心一智慧，力無畏亦然。』」

道因傳附小因

道因，號草庵，四明薛氏，視法智座下粲法師爲叔祖。其孕也，母夢粲披幃而入，寤而生。明發而訃至，咸知其爲後身云。掌有圓相，掬之如環。足下奇文，雙魚宛尔〔一〕。十七具戒，坐夏南湖。有問以教義者，徐爲釋之，正與文合，識者知其宿習。明智居寶雲，往學焉。已而教庠禪室，無不足也〔二〕。因讀指要鈔，深有悟入。自謂存則人，亡則書，遂直嗣四明，治台者以是少之。〔一〕出世屢移講席，晚主延慶。以乾道三年，念佛説偈而化，葬全身於祖塔。

師道貌嚴毅，辭辯如瀉。有嬰其鋒者，謂「登龍門」。薛清卿澄者，師俗姪也，贊師有云：「於道最高，裂衣冠而罔恤；有疑不决，械囹圄以須爭。」師可想而見也。嘗居城南草庵，因以自號。

學師盡得其旨者，曰法因，以與師同名，時稱爲小因。主廣壽三十年，晝夜講演，未嘗一至〔三〕檀門。每施者至，輒〔四〕竦媿自嘆，曰：「比丘之法，丐食活命。我何人哉，坐奪勤苦之利？」却而還之，不得已，受其少分。所居弊漏，將新之，曰：「此軀尚無常，何事外物爲？」一日集講，侍者報，衆赴請未回。師曰：「虛空諸天正欲聞法，何必衆集？」即擊鼓升座。紹熙四年示疾，于定中有所見〔五〕，謂左右曰：「吾覩法華道場與平時所見異甚，吾將行矣。」稱佛端坐而化〔六〕，瘞於寺東。

【校記】

〔一〕宛尔　原作「宛示」，據宋志磐佛祖統紀卷二十二法師道因改。

〔二〕無不足也　宋志磐佛祖統紀卷二十二法師道因作「屢參禪室」。

〔三〕一至　宋志磐佛祖統紀卷二十二法師法因作「一日走」。

〔四〕輒　原作「轍」，據宋志磐佛祖統紀卷二十二法師法因改。

〔五〕于定中有所見　宋志磐佛祖統紀卷二十二法師法因作「於定中見淨土二菩薩」。

〔六〕稱佛端坐而化　宋志磐佛祖統紀卷二十二法師法因作「稱佛號，留偈端坐結印而化」。

【箋注】

【一】治台者以是少之　宋志磐佛祖統紀卷二十二法師道因：「論曰：『草庵初學於明智，一旦讀指要有省發，而又自謂文粲後身，故以瓣香奉四明。然四明者，羅睺羅也，未聞禀佛爲嗣。若草庵之所承，則將兄廣智而孫明智矣，豈北面師事之而反孫之，可乎？西土二十四祖，金口所宣，悉有先後。若謂北齊遠禀龍樹，此則立觀之始，非草庵所當上效。故鏡庵論之曰：「一家教觀，必資傳授，豈可紊亂使失其緒？」況當時已有高攀九祖、遠嗣四明之誚。舊圖系於明智，終非草庵之本心；新圖系之四明，未免有違於公論。今故置之雜傳，亦足以爲失緒者之戒云。』」

慧詢傳

慧詢，字謀道，號月堂。其先永嘉陳氏，寓居四明昌國之朐山。母夢異僧而娠〔一〕。八歲出家祖印院，初授法華，數遍即能成誦。嘗歸省，祖母諭之曰：「汝已去家，當學吾州忠佛子。」初謁南湖澄炤，以卓立稱。至東掖，有忌之者群譟之，師曰：「佛法大義，有疑即問。何必見嫉？」即往依圓辯，聞性惡即具之旨、名體不轉之妙，一家圓頓深有悟入。紹興末，出主法昌，遷淨名普和。常持鉢，海岸遇盜，師正色曰：「汝輩所欲者財耳。」盡與之，因諭以善惡業報。盜爲感動，歸物悔過而去。淨名無徒，每對海山，爲鬼神講維摩經，屢感神應。

乾道五年，遷主南湖，負笈之士自遠而至，幾莫能容。丞相魏杞與師爲道契，嘗問世間相常住之旨。師曰：「得非以四時代謝爲疑乎？」曰：「然。」師曰：「窮過去，極未來，雖有代謝，而此理常住。」淳熙六年冬，忽告衆示疾，慰問者群至，見門學則勉其進德，士官則囑其護法，聞者悚然〔二〕。趺坐泊然而化。衆以歷代窆全身，唯剃髮以酬師志。【一】逾月視其髮，舍利可掬。

師坐必端直，行不傍視。雖靜處密室，必披袈裟。講説不事著述，學者多於聽次筆記之。禪課有常，未嘗以事廢。制學者未二十夏不許出世，躁進之風爲之一戢。

系曰：月堂傳道，直欲追配古人，非徒塞責。每曰：「以語之相似而證其言，以資之善記而駕其説，皆非所以説法也。惟自悟心宗而宣演之，庶得祖師之傳。吾求悟門，切勿自畫，習台人大病處。」數語道盡，月堂知本矣。

【校記】

〔一〕母夢異僧而娠　宋志磐佛祖統紀卷十七法師慧詢作「母夢異僧至門求化，既而妊娠」。

〔二〕聞者悚然　宋志磐佛祖統紀卷十七法師慧詢作「聞其言者，悚然有感」。

【箋注】

【一】唯剃髮以酬師志　宋志磐佛祖統紀卷十七法師慧詢：「遺言分骨爲二：一祔親壟，一塔祖原。」

若訥傳

若訥，字希言，嘉興孫氏子。初依竹庵，次謁證悟於赤城，命首衆座下〔一〕。暨悟化，遂嗣師道，道大弘。乾道三年，孝宗幸上竺，展敬大士。師接候稱旨，〔二〕授右街僧録。因詔於山中建十六觀堂，仍倣其制，作堂於大内。即詔師領徒五十人，於四月八日入内觀堂，修金光〔三〕護國法。上問曰：「佛法固妙，安得如許經卷？」師曰：「有本者如是。」上肰之，進左街僧録。九年，召對選悳殿，問大士歷代靈迹及法華經旨。上曰：「最初得師發明此事，遂以圓覺悟得法門。譬如著棋，勝負既分，不但并去棋子，棋盤亦須一時并去。」師曰：「并去者亦不可得。」上曰：「宗、説俱通，其師之謂。」有詔令講圓覺，至「此虚妄心若無六塵〔三〕處，師曰：「心本無形，因塵有相。塵滅心滅，真心湛肰。」上手書其語以賜。又問金剛之義，答皆稱旨。〔三〕上曰：「朕日讀此經，今更命衆合誦三萬卷。」乃降劄云：「平昔以來，所食禽魚之類，傷害爲多。今仗般若爲除此過，庶使群生俱承解脱。」

時沂王尚幼，上召師入禁中，爲王説法摩頂，因以疾乞閑。上曰：「且賜地築室，更數年彼此作閑人，水邊石上，共説無生。」淳熙十一年，退處興福，特授兩街都僧録。時光宗在東宫，書「歸隱」之扁賜之，仍製贊以稱其德。及上退養重華宫，召注金剛經，肩輿登殿，止宿殿廬。注成以進，上披覽，益有省發。紹熙〔四〕二年十月旦，謂侍人曰：「吾宗通法華，宜以此終。」乃集衆修法華懺，取道具進兩宮，端坐而化。壽八十二，塔於正寢。賜宗教廣慈法師普炤之塔。

【校記】

〔一〕次謁證悟於赤城命首衆座下　宋志磐佛祖統紀卷十七法師若訥作：「乃往赤城謁證悟，卒就其業。證悟遷上竺，命師首衆。」

〔二〕金光　宋志磐佛祖統紀卷十七法師若訥作「金光明」。

〔三〕此虛妄心若無六塵　宋志磐佛祖統紀卷十七法師若訥、圓覺經作：「此虛妄心若無，六塵則不能有。」

〔四〕紹熙　原作「紹興」，據宋志磐佛祖統紀卷十七法師若訥、元覺岸編釋氏稽古略卷四改。

【箋注】

【一】師接候稱旨　宋志磐佛祖統紀卷十七法師若訥：「問光明懺法之旨，師答曰：『梵釋天帝、四大天王下臨土宇，護國護人，故佛爲説金光明三昧之道。後世祖師立爲懺法，以資諸天之威德，故帝王士庶皆可修持。』上説。」

【二】答皆稱旨　宋志磐佛祖統紀卷十七法師若訥：「又嘗問金剛之旨，師曰：『此乃六百卷般若中一分，興問斷疑，特喻金剛。故無著論云：此金剛波羅蜜，以如是名顯示勢力。絓是般若皆有是力。此既諸般若之釋疑，是故金剛二字，文雖出此，義實通諸般若作譬，故持説者福重功深。』」

擇卿　可觀　有朋三師傳

擇卿，天台人。天資聰敏，博學强記。受教於上竺慈辯。嘗曰：「四明旨意，吾已得之。惟起教觀，信之未及，朕不敢不信也。」初主車溪壽聖，未嘗屈節豪貴，徒衆三百，施者自至。年三十後，即廢卷禪坐。每遇講演，但令侍者日供講帙，辯説如流，聽者説服。慧解曇應領徒至車溪，值説無量義經，聞之，謂同行曰：「此師言有典刑，足堪問道。」即求依止。有不循規者悦衆以聞，詢其名，指言有朋、可觀，師置勿問〔一〕。

觀，字宜翁，華亭戚氏子。年十六具戒，聞車溪聲振江浙，負笈從之。一日，聞舉唱云「般若寂寥」，忽有悟入，如服一杯降氣湯，師聞而心服。玉慧覺有横山命，師偕行，讀指要，至「若不謂實，鐵床非苦，變易非遷」，歎曰：「語言文字皆糠粃耳。」建炎初，主嘉禾壽聖，遷當湖悳藏。居閲世堂，爲楞嚴補注。雪以祥符延，閲二載以疾返當湖南林，一室蕭肰，人不堪之，乃曰：「松風山月，此我無盡衣鉢也。」乾道七年，丞相魏杞出鎮姑蘇，請主北禪。入門適當九日，指座云：「胸中一寸灰已冷，頭上千莖雪未消。老步只宜平地去，不知何事又登高。」魏公擊節不已。次以皇子魏王命主延慶，時已八十九歲，行李寂寥，人所歎服。不二載，仍歸當湖。自題其像曰：「維摩詰不壞於身，而隨一相；老竹庵壞與不壞，初無欠長。到處江山風月，不是這個伎倆。」淳熙九年二月，無疾而逝。師五住當湖，皆退隱於竹庵，因以自號。大慧杲嘗過之，對語終日，歎之曰：「教海老龍也。」師見齋房安像，即誡之曰：「汝起居無禮，説無益語。少時焚香之敬，不補終日媟嫚之罪。」其謹慎微細如此。

朋，金華人，自號牧庵。一家教文，背誦幾半，盡得車溪之道。主僊潭，徙能仁，講道日盛。晚主延慶，於方丈扁一室曰「六經堂」，中設一几，而初無文字，士大夫怪其誕。衆至寺，欲屈之。師令侍者先語之曰：「諸賢欲何相見？若賓禮，則對坐商略；若請益，則侍立發問；若索難，則客〔二〕先伸三問。」咸曰：「乞從賓禮。」及對語，援引不已，乃知六經在胸中也。每臨講，不預觀文，嘗曰：「我七番講止觀，於正修中未嘗道著一字。」又曰：「大部中欲作一難，如片紙大亦不成。所謂文字性離，皆解脱也。」或問：「十境十乘，方成觀法。荆溪何云『不待觀境，方名修觀』？」師曰：「向伊道『攝事成理了』也。」又問：「圓頓教中爲立陰否？」師高聲一喝，云：「陰入重擔，嘗自現前，何更問立不立？」且御衆厲而簡，左右或欲師白堂整衆者，師曰：「吾所以不數數告衆者，是有意也。不見道：頻雷天失威。」乾道四年十二月，坐青玉軒，集衆念佛，端坐而逝。

禀法弟子甚衆，師自博〔三〕強記，不畜科策。嘗謂同學竹庵曰：「天下只一個半座主，老兄秖半個。」問：「何爲半個？」師曰：「不合多幾個紙策也。」在僊潭日，竹庵來訪。爲上講，師讀大科，竟即收帙曰：「宗師在座，不敢文文〔四〕。」其對尊宿之禮尚謙如此。

二師爲學時，車溪夜坐方丈，聞廊廡有天樂聲，遣人迹之，聲出師房。車溪附壁隙窺之，見二師於燈前相戲，舉手作無聲樂，車溪益奇之。故臨終以法道相寄。

觀塔在德藏西北隅，爲築城所夷。知縣謝良弼夢一紫衣老僧，謂曰：「我竹庵也，以塔累公。」謝尋訪，果得塔，因爲繕治，復立石表之。

【校記】

〔一〕師置勿問　宋志磐佛祖統紀卷十四法師擇卿作：「師曰：『此二人教門大才也。』弗之問。」

〔二〕客　宋志磐佛祖統紀卷十五法師有朋作「容」。

〔三〕自博　宋志磐佛祖統紀卷十五法師有朋作「自恃」。

〔四〕文文　宋志磐佛祖統紀卷十五法師有朋作「入文」。

惠定　子猷二法師傳

惠定法師，字寧道，姓王氏。世爲紹興山陰人，幼歲從錢清保安院子堯道人得度。出遊四方，從道隆、師會、景從〔一〕三師，授華嚴義，盡得其説。至超肰自得，出入古今，不妄隨，不苟異，三師蓋莫能屈也。衆請住戒珠省院，未幾棄去。時大慧杲説法阿育王山，師慨肰往造其居，所聞益廣，學者宗之。起住妙相，徙觀音，復還省院，皆蕭肰小刹，羹藜飯豆，人不堪其枯槁。肰著書不少輟，若金剛經解〔二〕、法界觀圖、會三歸一章、莊嶽論，皆盛行於世。以淳熙八年十二月二十四日焚香説偈示滅，年六十八，葬於錢清。

子猷法師，字修仲，晚自號笑雲老人。出陳氏，亦山陰人。七歲爲童子，十二祝髮受具。習華嚴經論於廣福院擇交，得其學。又遊錢唐，見惠因院〔三〕師會，博盡所疑。二師皆自以爲勿迨。遂還山陰，説法於城東妙相院，僅二十年，學者嘗百餘人。師厭其近城市，思居山林，乃捨衆遯於梅山。上方學者不肯散去，而院隘不能容。相與言於府，願延師還妙相。於是法席加盛於昔，所著書大行於世。院亦益葺，號爲壯刹。大慧杲過而異之，爲留偈壁間。肰師竟棄去，學者猶不捨，又説法者三。最後住姜山。閲三年，喟肰歎曰：「老矣，將安歸耶？」亟槖書歸梅市，結庵以老。淳熙十六年八月二十有六日，忽命舟遍別平日所往來者。明日晨起説法，遂坐逝，壽六十有九。又三日，火化，得舍利，五色粲肰。弟子即庵之西建塔，奉靈骨及舍利以葬。

師宏材博學，高行達識，卓肰出一世之表。雖華嚴其宗，而南之天台，北之慈恩，少林之心法，南山之律部，莫不窮探歷討，取其妙以佐吾説。至於百家之書，無所不讀。聞名儒賢士，雖在千里之遠，必往交焉。篤行義，勵風操，嚴取與，一得喪。接物簡而峻，不屈於富貴。有以供施及門者，苟禮不足，雖累百金，輒拒不取。於虖賢哉！

【校記】

〔一〕景從　陸游渭南文集卷四十定法師塔銘作「景崇」。

〔二〕金剛經解　陸游渭南文集卷四十定法師塔銘作「金剛般若經解」。

〔三〕惠因院　原作「會因院」，陸游渭南文集卷四十定法師塔銘作「惠因院」，清阮元兩浙金石志卷六有大宋杭州惠因院賢首教藏記：「是碑舊在杭州西湖慧因院，即今之高麗寺也。」又蘇軾論高麗進奉第二狀：「乃是欲將金塔二所舍入杭州惠因院等處。……貼黄：臣體問得惠因院亡僧淨源本是庯人，……今來若許惠因院收留金塔，乃是庯人奸猾，自圖厚利，爲國生事，深爲不可。」因據改。

慧寔傳

慧寔，號廣炤，真定某氏子。生而慈順，七八歲，母使炊食，見釜中有聚蟻，即輟炊。習舉子業，有聲於鄉黨。一日屬文，構思不得。因出行，散于野，偶遇異僧，以出世法啓之，遂大感悟，從師落髮。游教庠，習經論，晝夜無倦，講論節行，迥出流輩。燕趙宋衛間，法化大行。嘗語人曰：「學佛法人必須認真作去，苟不認真，即世間法且無成，況出生死乎？」或曰：「出生死必繇破執。認真，得無近執乎？」師曰：「認真正爲破執，子以近執不認真，縱情放逸，是執無時而破，生死無時而出。且器界、身心皆是我、法二執，直經衡緯，堅固交織。即使認真作去，二三十年苦工，猶恐擺脱不下，況不認真乎？如子所云，正是貪戀塵勞，如來説爲可憐憫者。」

神宗皇帝聞師高行，賜金襴衣，師曰：「無以易吾壞色伽黎。」朕聖命不可違也，頂受，終其身不御。元豐元年，居覺山，年七十八，自利利人之功，不以老自隳，爲之益力。後集講，據座而化。閱月顔貌如生，髭髮更長。身無長物，名有餘香，臨終又脱朕如此，誠爲教海老龍，不可多得也。

淨悟　了宣二師傳

淨悟，字機先，生樂清李氏。十九具戒，教庠禪窟，無不縱觀。志氣高卓，少有許與。每自誨曰：「折鐺煮飯，偃息中林。借虚空口，對萬象説，余亦何愧？至若所學不充，因人成事，執數行紙上語，聚百十雛道人。大厦廣居，食前方丈，吾弗爲也。」師始於飛泉興棟宇，中親講誨，晚年一專淨業。〔二〕及屬疾，大書示衆曰：「求醫問藥，撓吾化也。吾將默觀其變。」明旦危坐而蜕，時開禧丁卯九月也。闍維，耳與齒儼肰無壞，塔於寺西麓。北澗簡公爲之銘曰：「是爲豁庵，聰説、總持兩種不壞之藏。道德所重，雖隱而彰。吾知夫異代而同心者，墮泪於雁山之陽。」

了宣，四明人，修法華三昧，前後二十七期。過午不食，未嘗違日晷。與同修善榮爲心友，〔三〕每閲經有疑，必造榮室決之。一日默坐甚久，榮曰：「今日何爲？」師曰：「歸期已近，道義難忘，不覺如此。請君專心進道，當於淨土重會。」榮笑曰：「正欲見君作略。」師自此示疾，將終，請衆諷彌陀經，稱佛號，遽起，端坐書偈云：「性相情忘，一三無寄。息風不行，摩訶悉利。」即合掌瞑目而去，嘉泰元年也。後三年，榮亦趺坐脱去。人謂赴師之約云。

【箋注】

【一】中親講誨，晚年一專淨業　宋志磐佛祖統紀卷十八法師淨悟：「既而勉徇衆請，出主天台淨土。日勤講説，百廢具舉。晚歸飛泉故居，課佛爲業。」

【二】與同修善榮爲心友　宋志磐佛祖統紀卷十八行人善榮：「行人善榮，字行甫，四明小溪周氏。初從月堂學教觀，既通其旨，即入觀堂修長懺，閲藏經。金書法華、楞嚴、淨名、圓覺、光明五經以施諸方。彫造彌陀佛像，拈施衆會。素善水墨，畫大士像以與人，前後莫計。以音聲佛事轉授諸人，今城社經咒，皆用師節度也。臨終往生之相，見宣行人傳。弟子默容海印以高行爲鄉城所歸。」

善月　淨惠二師傳

善月，字光遠，定海方氏子。其母夢月而娠，出家因命名焉。十五具戒，參月堂，深得教義。堂歿，復依草庵。【一】所居古柏獨秀，因自號柏庭。太師史真隱請居月波，學士來奔，廩食不足。真隱曰：「師爲道延衆，欲食來取，予不嗇也。」嗣主南湖。師御衆有法，十三年不易節，緇素以是信之。師被詔旨，前後兩住上竺，又授左街僧録，人皆以坡仙「師去忽復來，鳥語山容開」之句爲之賀，〔一二〕師淡如不知也。

端平三年，得目眚，請老歸東庵。將入寂，顧左右曰：「人患無實德爲後世稱，若但崇虚譽，我則不暇。千載之下，謂吾爲柏庭叟，則吾枯骨爲無愧。幸勿爲請謚，以涴我素業。」言已累足而化。壽九十三，得夏七十八。師著甚富，〔一三〕大約發明一家之旨，殊爲有功於教門者。

淨惠，號月庵〔一〕者。亦見月堂，柏庭之同門也。庭以南湖移上竺，師次補其處。庭樂育人才之餘〔二〕，後生尚文辭，好異議，主者稍不厭衆心，必群起而譁逐之。師至，以沉毅御物，特成規嚴〔三〕，人望風不敢犯，俗爲之革〔四〕。居丈室未嘗扃，請益者雖入夜不距。行兩廡，聞讀誦聲，必忻肰就之。

嘉定元年〔五〕九月，集大衆諷觀經，趺坐榻上，奄肰就蜕。師平生不喜外書，每臨講，見疏記援引〔六〕，則止而不讀，謂其徒曰：「此外書也，宜自觀之。」每預公舉，或非其人，輒面斥諸山曰：「所謂講院者，以務傳持耳〔七〕，今此人能任此責乎？」卒不許。其嚴正如此。

【校記】

〔一〕月庵　宋志磐佛祖統紀卷十八法師淨惠作「悦庵」。

〔二〕庭樂育人才之餘　宋志磐佛祖統紀卷十八法師淨惠作「自柏庭樂育，人材之繁」。

〔三〕特成規嚴　宋志磐佛祖統紀卷十八法師淨惠作「持成規嚴」。

〔四〕俗爲之革　宋志磐佛祖統紀卷十八法師淨惠作「向之好譁者俗爲革」。

〔五〕元年　宋志磐佛祖統紀卷十八法師淨惠作「九年」。

〔六〕援引　宋志磐佛祖統紀卷十八法師淨惠作「援引儒典」。

〔七〕以務傳持耳　宋志磐佛祖統紀卷十八法師淨惠作「以欲傳講爾」。

【箋注】

【一】堂殁，復依草庵　宋志磐佛祖統紀卷十八法師善月：「十二，通春秋大義。母攜往正覺寺設供，循殿楹數匝，寺主道并謂其母曰：『吾夜夢白龍繞此柱，其徵此兒乎？』於是父母始令出家，命名善月，符先夢也。十五具戒，越三月而并師亡，乃往南湖依草庵。常以科目繁冗爲勞，草庵誨之曰：『白日看家書，有何難解？』師爲一省。來庵來繼，趨隅日勤，庵曰：『異時鼓吹吾宗者，其在子乎？』梓庵講道月波，往謁焉。聞世相常住之旨，益有省發。乃復歸南湖，見月堂，問如來不斷性惡之説，身心豁然，如却關鑰見府庫，以所悟白。堂更爲演其義，師拜領而退。堂示寂，師爲專使，往當湖請竹庵。越明年，命師分講。風儀清温，談辨雅正。竹庵讚之曰：『吾於首座可謂得人，但恨無繼之者。』」可知月堂殁後，其所師或爲竹庵，依草庵應在師月堂之前，明河所傳或不無小誤。

【二】人皆以坡仙「師去忽復來，鳥語山容開」之句爲之賀　語出蘇軾聞辯才法師復歸上天竺以詩戲問：「道人出山去，山色如死灰。白雲不解笑，青松有餘哀。復聞道人歸，鳥語山容開。神光出寶髻，法雨洗浮埃。想見南北山，花發前後臺。寄語問道人，借禪以爲詼：何所聞而去，何所見而回？道人笑不答，此意安在哉！昔年本不住，今者亦無來。此語竟非是，且食白楊梅。」

【三】師著甚富　宋志磐佛祖統紀卷十八法師善月：「師所著述，楞嚴玄覽、金剛會解、圓覺略説、楞伽通義、因革論、簡境十策、三部格言、金錍義解、宗教玄述、仁王疏記附鈔箋要，皆行於世。自餘雜製，名緒餘。」

宗印傳

宗印，字元實，鹽官人。竹庵之神足也，解悟有骨氣。凡諸祖格言，必誦滿千遍。入南湖修長懺，周氏延以庵居，以租量非法，勸革之，歲減五百斛。往謁象田圓悟演，演反質西來意。師答曰：「有屈無叫處。」演肯之。智者忌辰，夜炷香殿爐，悲泣失聲。演感其意，以厚禮送歸南湖。次首衆於資教，從空虛堂之延也。堂著宗極論，扶智涌事理各立一性之旨。師設九難，宗極爲之義負。

通守蘇玭領師之法，請居正覺。時颶風大作，拔木飄瓦，諸屋盡壞，僅存藏殿，師守死不去。玭召還，要師偕行，曰：「盍西還相與弘贊？」居東二十七年〔一〕，至是復還浙右〔二〕。講止觀於上竺，主者以得人爲忌，去隱雷峰毛氏庵，問道者沓至。歷遷德藏、圓通、超果、北禪，道德之譽既行，土木之績亦就。海空英辭靈山，舉以自代，詔可之。召對便殿，問佛法大旨，語簡理明。上大悦，錫號「慧行法師〔三〕」。後行化至松江，謂其徒曰：「吾化緣畢此。」即右脇安庠而寂，時嘉定六年十二月八日也。藏龕慈雲塔傍。

師三衣〔四〕準律，五辛剛制，道力純至，幽明俱感，且格邪拯滯，除瘵息癘，一有祈叩，無不得愈。常謂講者須備三法：肅威儀以臨大衆，提大綱以盡文義，具宗眼以示境觀。備此三者，始無媿宣説也。

【校記】

〔一〕二十七年　原作「二十四年」，據宋志磐佛祖統紀卷十六法師宗印、元釋念常佛祖歷代通載卷二十一改。

〔二〕浙右　宋志磐佛祖統紀卷十六法師宗印作「浙左」。

〔三〕慧行法師　原作「慧慶法師」，元釋念常佛祖歷代通載卷二十一作「惠行法師」，據宋志磐佛祖統紀卷十六法師宗印、元覺岸編釋氏稽古略卷四改。

〔四〕三衣　原作「之衣」，據宋志磐佛祖統紀卷十六法師宗印改。

金　華嚴寂大士傳

惠寂，姓王氏，西河人也。爲童子時，白其父，求出家，父以一子故難之。及長，於佛書無不讀，授華嚴法界觀於汾州天寧賨和尚。父殁，乃祝髮，居壽聖，時年已五十有一矣。崇寧改元，始以恩例得僧服。俄賜紫，遂主信公講席，學子日盈其門。避兵南來，居汝州之普炤，又遷南陽之鄂城。師以華嚴爲業，手抄全經，日誦四帙爲定課。既客居，徒衆解散，獨處土室中，而不廢講説。有問之者，云：「吾爲龍天説耳。」龕前有樹〔一〕，既枯而華，隨采隨生，人以爲道念堅實〔二〕之感。

正大丙戌九月五日夜，説世界成就品，明日以偈〔三〕示衆，告以寂滅之意，且曰：「何從而來，何從而去。」於是右脇而化，壽七十有九。會葬萬人，所得舍利及他靈異甚衆。起塔於普炤、華嚴、廣陽之大聖、舞陽之弘教。元遺山銘之云：「彼上人者，言外之傳。于華嚴海，爲大法船。一龕宴居，幽祇滿前。曾是枯株，秀穎鬱肰。靈塔相望，有光燭天。鈴音演法，普爲大千。」蓋寔録也。

【校記】

〔一〕有樹　元好問遺山集卷三十一華嚴寂大士墓銘作「叢竹」。

〔二〕堅實　元好問遺山集卷三十一華嚴寂大士墓銘作「堅固」。

〔三〕偈　原作「揭」，據元好問遺山集卷三十一華嚴寂大士墓銘改。

墳雲傳

法雲，住南陽之靈山。往在鄉里時，以〔一〕棄家爲佛子。遭歲饑，乃爲父母輓車，就食千里。母下世，廬墓旁三年，號哭無時。父歿亦肰，山之人謂之墳雲。元光二年冬夜中，有僧詣師，求講法界觀。天明且出門，見庵旁近雨雪皆成花，大如杯盌狀。居民聞之，老幼畢集，其在塼瓦上者皆持去，文士爲賦詩道其事。又山之東水泉不給，講學者患之。一日，寺西巖石間出一泉，甘美異甞，用之無竭。

師，臨汾〔二〕人，姓劉氏。七歲不茹葷，十一出家于洪洞。二十五具戒，受義學于廣化，學禪于韶山。〔二〕來南陽，主崇勝之觀音院。住靈山，起報恩寺。以正大三年，壽六十四，示疾而化。劉鄧州光父，師鄉曲也，知師爲詳，請元遺山銘其塔，云：「世之桑門以割愛爲本，至視其骨肉如路人，今師孝其親乃如此。然則學佛者亦何必皆棄人〔三〕而逃之，然後爲出家耶？予以劉爲〔四〕不妄許可者，乃爲之銘：『僧雲之來晉臨汾，六年居廬哭親墳。地泉觱沸天花紛，孝聲如香世普薰。何以表之今有文。』

補續高僧傳卷第三

【校記】

〔一〕以　元好問遺山集卷三十一墳雲墓銘作「已」。

〔二〕臨汾　原作「臨海」，據下文「僧雲之來晉臨汾」及元好問遺山集卷三十一墳雲墓銘「師臨汾人」改。

〔三〕棄人　元好問遺山集卷三十一墳雲墓銘作「棄父」。

〔四〕以劉爲　原作「爲劉」，據元好問遺山集卷三十一墳雲墓銘補正。

【箋注】

【一】受義學于廣化，學禪于韶山　元好問遺山集卷三十一墳雲墓銘作：「受義學于廣化僧慧，學禪于韶山義公。」

補續高僧傳卷第四

明吴郡華山寺沙門明河撰

解義篇

元　溥尚法師傳

溥尚，字希古，檇李人。母夢僧乘白馬入門而娠。七歲，母授以孝經，一過即成誦弗忘。好佛書〔一〕。十二歲，見紫巖山惠力海公，白父母願從受業，許之，祝髮爲沙彌。既長，聞景巖福公住崇德之常樂〔二〕，因往參焉，晝夜究華嚴觀。公悦其穎悟，曰：「異日樹教東南者，必尚也。」及侍公于杭之高麗，代公教授，衆心賓服，僉舉爲都講。天曆戊辰，領宣政院劄，住常樂。常樂自福公去，寺廢已久，師葺而新之。學徒不遠千里〔三〕而至，至無所容。

重紀至元四年，遷皋亭之崇先，益闡其祕。名聞于朝，有旨賜號「慈峰妙辯大師」。閲七年，退處禦溪别峰蘭若。至正十年，行省丞相尊其道，遣使延之高麗，特授御製金襴袈裟。及張士誠據姑蘇，累聘不應。疾亟，起索筆書偈曰：「七十三年住世，只爲佛祖出氣。今朝打個散場，驚得虛空落地。」擲筆而逝，二十二年秋九月也。茶毗，會者二萬餘人。舍利千餘顆，顱骨、舌本、牙齒、念珠不壞。焚地三夕有光射天，人以爲師淳行之符云。

師狀偉器宏，勇于進道，口轉佛名不輟〔四〕。客至劇談，抵暮無倦色。探深抉祕，非得于語言文字之淺漏〔五〕者。得師法傳持名世者，不下數十人。〔一〕學古海住崇先，滋澤翁住西湖妙心，二人最著。師晚年自號雜華道人，〔二〕宗華嚴，志不忘也。

【校記】

〔一〕好佛書　明貝瓊清江文集卷十一高麗宗主尚希古塔銘作「十歲，好佛書」。

〔二〕常樂　原作「嘗樂」，據明貝瓊清江文集卷十一高麗宗主尚希古塔銘改，下同。

〔三〕千里　明貝瓊清江文集卷十一高麗宗主尚希古塔銘作「數百里」。

〔四〕口轉佛名不輟　明貝瓊清江文集卷十一高麗宗主尚希古塔銘作「日轉彌陀千聲」。

〔五〕淺漏　明貝瓊清江文集卷十一高麗宗主尚希古塔銘作「淺陋」，意同。

【箋注】

【一】得師法傳持名世者，不下數十人　明貝瓊清江文集卷十一高麗宗主尚希古塔銘載其傳法弟子甚詳：「嗣其法者，曰學，字古海，住崇先；曰滋，字澤翁，住西湖之妙心；曰慰，字安谷，住秀之招提；曰燈，字無傳，住青鎮之蓮堂；曰謹，字節庵，住魏鎮之華嚴；曰明，字月江，住南山之法興；曰澤，字雲海，住西湖之精進；曰仁，字靜雲，住澉川之禪悦；曰相，字無見，住常樂縣；曰轍，字萬里，住范鎮之常樂；曰梓，字南山，住嘉禾之楞嚴。」

【二】師晚年自號雜華道人　雜華經爲華嚴經别稱，故其自號雜華道人。

善良傳

善良，字子直，號月溪，定海朱氏子。始祝髮淨居，習律湖心。游杭之大雄，師頑空覺公，言與覺合，俾守講席。嘗喟然歎曰：「教文浩瀚，要領難窺。如瘖獲吐，如瞽獲覩。捨我而誰？」于是鋭精述言，條焉不紊，示焉指掌，曰教觀撮要，學台者便之。

後游淨慈，訪禮禪師，示以叩辯，禪語雜出，瞬息聽瑩〔一〕，意師泥名相爲可惑。師乃徐曰：「三觀之旨，不外乎是。」禮謝曰：「其歸振爾宗。」集慶寺成，朝命選主席，主上竺者任可否。師預是選，講大涅槃經，聽者雲臻。師懸辯提機，整暢得理〔二〕。然卒師頑空，上竺不能强也。主禪惠、擇陽、報國、藥師、治平，户屨日接，别爲堂以處，篝燈星列。既又以輿論領延慶。至元二十六年，寺延燬，芟舍草葺，講論彌不輟。大德元年入寂，僧臘六十，年七十有九。

清容居士桷居邇南湖，游起信堂，見誦聲接几席。取其書讀之，茫不能解。泰寓曹先生謂之曰：「取子直約説讀之，〔一〕斯解矣。」後師來南湖，桷謁之，覩其容和以莊，其説坦以明，始悟曰：「曹先生語不虛矣。」

【校記】

〔一〕聽瑩　袁桷清容居士集卷三十一延慶良法師塔銘作「眩晃」，是。

〔二〕得理　袁桷清容居士集卷三十一延慶良法師塔銘作「理得」。

【箋注】

【一】取子直約説讀之　十門指要約説省稱。袁桷清容居士集卷三十一延慶良法師塔銘：「其爲書曰十門指要約説，三卷。」

定演傳

定演，三河王氏子〔一〕。具宿根，兒時，人〔二〕教之佛經，應聲成誦。爲崇國隆安和尚弟子，研精圓頓教旨。隆安付以傳明之任，總統清慧寂照大師志公，師兄也，贊師出世，授之麈尾，勗之曰：「正法不可以無傳，人天眷眷，望有所歸。」師唯唯而已。即入五臺，居上方寺，探藏海，尤注意於毗尼。淨水香光，人不得窺其室。及隆安順世，崇國席虛，一二衆懇補處，學徒大集。日以雜華爲講課，訓釋孜孜，曾無厭斁憚煩意。世祖聞而嘉之，賜號「佛性圓融崇教大師」。至元丁亥，别賜地大都，乃與門人協力興建，化塊礫爲寶坊，幻蒿萊爲金界。凡叢林所宜有，以次成之，故崇福有南、北寺焉。時昊天宿德雄辯大師授師遼道宗刺血金書戒本，徒萬餘衆咸稽首座下，秉受持犯之説。

師自涖席以來，顯受皇眷，所得賜予及淨檀施奉，凡至歲六月十九日盡出以飯僧，誦經設供，徹底一空而後已。祝曰：「願國家平安，衆生受福。某無與焉。」年七十四，無疾而化。上聞，特旨有司賻喪，舊制近郭禁火化，師即城西淨土院荼毗。或以爲言，上曰：「演非常人，近庯何傷？」獲舍利百餘顆，圓潔如珠，塔于魯郭之野。越二年，仁宗御宇，其大弟子請於朝曰：「先師入涅槃，遺骨舍利既奉以塔，以先師道行，承列聖寵遇甚厚，非著之文字，無以示永久。在廷之臣，孰宜爲之銘？惟陛下擇焉。」仁宗命翰林趙孟頫爲文，謂師戒行嚴潔，如淨琉璃。然其登大壇，臨廣衆，洪音下被，則「如大將誓」，衆無不惕然仰受。非道成德備，其孰能至于斯乎？

【校記】

〔一〕王氏子　原作「王子氏」，據元趙孟頫大元大崇國寺佛性圓明大師演公塔銘：「師名定演，俗姓王氏，世爲燕三河人。」知「子氏」當爲「氏子」之倒文，因據乙正。

〔二〕人　元趙孟頫大元大崇國寺佛性圓明大師演公塔銘作「祖母」。

【箋注】

〔一〕及隆安順世，崇國席虚　元趙孟頫大元大崇國寺佛性圓明大師演公塔銘所載與此稍有出入：「七歲入大崇國寺，事隆安和尚爲弟子，徧習五部大經，服勤左右，朝夕不懈。隆安亟稱之，於是遂使之研精抄疏，求第一義。及隆安順世，遺命必以師補其處。法兄總統清慧寂照大師亦退而讓之，師固辭。是夕，其徒有夢淨室中一燈煒然，旦爲師言，且勗師曰：『正法不可以無傳，人天眷眷，望有所歸。』師計不得已，遁去。三游五臺山，還居上方寺。博觀海藏，兼習毗尼三昧。屬崇國寺復虚席，衆泣而告之，師始從其請。」

栖巖益和尚傳

栖巖益和尚，鄭州劉氏子也。方在娠，其母夢適野而得金印。野有人曰：「亟以獻佛，無留也。」即望見塔廟甚盛，因懷印以往。既寤而師生，父母異之。甫齔，俾出依鎮陽天寧朏公。父母南歸，以幼復攜從焉。十五六，衣裓北征，學於燕中寶集寺，又學華嚴圓頓教于真定淨公，學唯識于大梁孝嚴温公，歲月逾滋，心義洞了。温每豎義，鳴鼓升堂，義鋒四起，師惟豎一指。當其所至，霧解冰銷，莫不捲舌低眉，以就聽位。

尋退修壁觀於明月山，大比丘全公輩謂：「今塵刹俱空，法無所住。燈昏夜永，孰測迷津？」乃共即山中，請師出世。師感受其言，出居許州大洪濟寺，開唯識宗旨。購疏、記三十餘部，凡一千三百餘卷。師以次敷宣義，聲振遠近，傾耳位下者恒千餘人。自河以南，願學者皆趍焉。其始至也，殘屋與僧各不四五。既而敝者新，無者有，莊嚴殊甚，如天宮殿〔一〕。信度檀田，出入衍溢，皆師德化所致。【一】

師戒律精嚴，終身壞衣粗食〔二〕，然四指以煉心。講唯識四十餘年，凡三十餘周。河洛之間設席以待者，遑遑如不及。上之王公貴人，下之樵兒牧叟，無不敬禮信向。四方欲究窮了義者，皆以師爲歸，亦孰知師所謂了義者，不徒在言説間也。賜號「佛性圓明普炤大師」。以延祐二年四月示寂，年七十有三，僧臘五十有五。全身塔於城南。【二】

【校記】

〔一〕莊嚴殊甚如天宮殿　元程鉅夫雪樓集卷二十一許州大洪濟寺益和尚塔銘作「莊嚴殊勝，

如梵天宫」。

〔三〕粗食　元程鉅夫雪樓集卷二十一許州大洪濟寺益和尚塔銘作「疏食」。

【箋注】

【一】皆師德化所致　元程鉅夫雪樓集卷二十一許州大洪濟寺益和尚塔銘：「居淨侣指千，悉得温飽。皆和尚之功及其徒闓與燦之力也。」

【二】全身塔於城南　元程鉅夫雪樓集卷二十一許州大洪濟寺益和尚塔銘：「塔于城南八里寺」。

善入

善入，傅姓，世居定海。大蓬因法師見而異之。淳祐十一年，從半山彬公受具戒。游諸方，辨解究詣。客東掖山，著教家四書，據會執約，不以文字溺泥，指畫勤懇，從者樂其易簡。初，佛光法師居上竺提其徒，悉使出門下。于時有善良者，與師相講習，各植立，不肯和附。師與良議曰：「吾師大蓬，兄能嗣之。願再拜以伺〔一〕。」良後嗣圓覺頑空，而師卒能昌大蓬。始典謁南明，後首教坐，主赭山東皋。世忠其説〔二〕，以角立爲大病，支離爲末流，泛不溢詞，約不厓絶，禪人士子咸傾仰之。興仆復侵，安衆靡懈。

至大中，詔宣政院愼採選，勿阿意貪倖。集議者曰：「南湖缺席，捨師孰能？」遂以昔日所傳授者深省密啓，空假破建，一性明靜，而互議交毁，訖忘於言。大蓬果有聞于世，崇本擔志〔三〕，師于是有成焉。大者如是，其見于修植，施于人事，不復著也。錫號「惠觀弘教法師」，而自號曰秋虚。延祐中示寂，爲僧六十三期，年七十有八。

師訥若不能言，聆其坐講，則汪洋罔極〔四〕，秉行潔清。癯容儼修，粹然古德，有足興起焉。

【校記】

〔一〕願再拜以伺　袁桷清容居士集卷三十一延慶入法師塔銘作「願再拜以嗣」。

〔二〕世忠其説　袁桷清容居士集卷三十一延慶入法師塔銘作「世宗其説」。

〔三〕擔志　袁桷清容居士集卷三十一延慶入法師塔銘作「誓志」。

〔四〕罔極　袁桷清容居士集卷三十一延慶入法師塔銘作「罔詰」。

秦州普覺法師傳

英辯，姓趙氏。七歲從師具戒，二十五依柏林潭公習教，爲慈恩宗主，所至以傳持爲務。師爲性真純，如美玉含璞，雖不加雕繪，而人自愛重之。至於悍卒武夫，亦能敬其人，謂無佛之世，足爲佛也。每得錢幣，悉以創佛祠，食守道之侶。故君子高其風，而從化者衆。年六十有八，以延祐元年六月終於景福寺。煥異景于易簀之夕，標奇迹於火葬之餘。塔於普覺寺之後。

京都崇恩福元講主傳

德謙，寧州定平楊氏子。幼從僧讀佛書，稍長，周游〔一〕秦洛汴汝，諮訪先德，學苾蒭之道，髮於是乎落矣。遂逾河而北，謁見諸大法師。〔二〕所聞凡六經四論一律，皆辭宏旨奥，窮三藏之藴。而諸老並以識法解義馳聲四遠，師皆親熏而炙之，躋其堂而嚌其胾。故年未逾立，已有盛名於時。後至京師，受華嚴圓頓之宗於萬安壇主揀公之門。揀以師博學多能，甚器重之。

初以詔居萬寧寺，遷大崇恩。〔三〕兩住大刹，前後一紀。道德簡于宸衷，流聲溢于海隅。未嘗以寵遇顯榮爲之志而改其素。嘗語人曰：「畦衣之士抗塵世表，苟不媿於朝聞夕死可矣，尚何慕於外哉？」自是屏絶〔二〕人事，括囊一室以樂其道。延祐四年正月終於隱所，世壽五十一，僧臘四十三。宰臣以聞，敕有司備儀衛，集京畿諸寺旛蓋鼓樂以送之。火後獲舍利，建塔於城南。

【校記】

〔一〕周游　原作「用游」，不辭，據元釋念常佛祖歷代通載卷二十二改。

〔二〕屏絶　元釋念常佛祖歷代通載卷二十二作「謝絶」。

【箋注】

【一】遂逾河而北，謁見諸大法師　元釋念常佛祖歷代通載卷二十二：「初受般若於邠州寧公，瑞應於原州忠公，又受幽贊於好畤仙公，圓覺於乾陵一公，後受唯識、倶舍等論於陝州頙公，首楞嚴、四分律疏於陽夏聞公。」

【二】初以詔居萬寧寺，遷大崇恩　據元釋念常佛祖歷代通載卷二十二：「萬寧，成宗所創；崇恩，武宗所創也。」故下文有「道德簡于宸衷」之語。

妙文講主傳

妙文，蔚州孫氏子。九歲爲僧，十有八畦服游學，跋涉雲朔燕趙之墟。具戒〔一〕，抵京師，依大德明公學圓頓之道，盡得其旨，陸沉于衆中積年。三十有二，以衆勸請之殷，乃始赤服升猊，就傳弘〔二〕之列。其涵養沖挹，無欲速成名，不躁進求達類如此。住持薊之雲泉，勤儉節用，老者懷其德，少者嚴其教，故衆睦而寺治。比再稔，廩有餘粟，歲荒以賑飢民，薊人稱焉。

世祖聞其道，召見之，顧謂侍臣曰：「福德僧也。」詔居寶集。時禪學寖微，教乘益盛。性、相二宗皆以大乘並驅海内，相學之流囿於名數，滯於殊途，蔽情執之見，惑圓頓之旨。師獨大弘方等，振起圓機〔三〕，使守株于文字者有以盪滌情塵，融通寂炤。是以龍象蹴踏，競附一乘之駕。年逾八十，倦於勤，以院事任諸弟子。退居逸老，一專念佛三昧。延祐六年坐脱，年八十三。告終之日，誡衆高唱佛名，遽起加趺結三昧印，泊然寂矣。

【校記】

〔一〕具戒　元釋念常佛祖歷代通載卷二十二作「二十一，預苾芻戒」。

〔二〕傳弘　元釋念常佛祖歷代通載卷二十二作「傳明」。

〔三〕圓機　元釋念常佛祖歷代通載卷二十二作「圓宗」。

慧印傳

慧印，關西張氏子。自幼信佛乘，出家後從河東普救月公學圓覺了義，又從河南白馬寺大慧國師學華嚴圓極之教，後學唯識論〔一〕于棲巖益公。二十二受大戒。有葛氏者設百僧會，師爲第一座。宣説〔二〕法已，作獅吼聲。既而又從秀公講四分律，從心崖和公學因明等論，又從大通驗公講華嚴疏。于二十年間游戲教海，無不叩之門，無不窮之理。出世獨爲棲巖燒香，蓋以唯識爲歸也。〔一〕後入太行山，修唯心識定〔三〕，七年得根塵虚靜。至治二年，英宗游臺，拉師與俱，至南頂，命師祈嘉瑞〔四〕。師即禪定，帝見白光如水，彌滿空際，大士御圓相現光中〔五〕，喜甚，〔二〕因命太子諸貴人從師受菩薩戒。敕賜司徒一品，師固辭乃止。〔三〕至元三年示寂，閲世六十有七。

【校記】

〔一〕唯識論　明釋鎮澄清涼山志卷八弘教大師傳作「唯識等論」。

〔二〕宜説　據明釋鎮澄清涼山志卷八弘教大師傳：「請印充第一座説法，遂知名於世」，疑「宜説」或爲「宣説」之誤。

〔三〕修唯心識定　明釋鎮澄清涼山志卷八弘教大師傳作「修一相三昧」。

〔四〕嘉瑞　明釋鎮澄清涼山志卷八弘教大師傳作「嘉應」。

〔五〕大士御圓相現光中　明釋鎮澄清涼山志卷八弘教大師傳作「大士影像，渺然現中」。

【箋注】

【一】出世獨爲栖巖燒香，蓋以唯識爲歸也　明釋鎮澄清涼山志卷八弘教大師傳：「二十四，以靈峰燦公之勸，嗣法於栖巖。」

【二】喜甚　明釋鎮澄清涼山志卷八弘教大師傳：「帝慶信無量，賜幣及玉文殊像、七寶念珠。」

【三】敕賜司徒一品，師固辭乃止　明釋鎮澄清涼山志卷八弘教大師傳：「文宗詔住承天寺，授司徒一品銀印，師固辭。上使再至，師辭，不起。」

晉安寺幻堂〔一〕法主傳附弟金

寶巖，字士威，幻堂其號也，成紀康氏子。少以邁往之氣不樂俗，與其弟金薙染從師〔二〕，求出世之道。每逢名德啓講，必往參聽。嘗謂：「學而不思，思而不學，君子所憂。雖通其説，而不通其宗，是學而不思也，豈稱達者哉？況文字之學，守株象迹，惑於多岐，焉能涉同歸之海，造圓頓之奥乎？聽其説，固辯矣；觀其所得，則未也。」於是既問而學之，以博其趣，而益致其思焉。是其所以造詣，蓋得之繫表，故其講説深有宗通理味。後嗣真覺國師，傳賢首宗教。以師承既高，見解益明。其方寸之地，湛如止水，瑩如明鏡。雖以天資之高，而德器之美，抑亦師友玉琢蘭薰而致。及真覺以詔居大白馬，師與金從焉。又從至臺山，真覺殁，詔以師繼其位。後以太后詔，居大普安寺。以至治二年七月圓寂，年五十有一，葬東封谷。金亦有高行，前居佑國，後遷普安，皆補師處也。事師猶父，始終無間然，難矣。

【校記】

〔一〕幻堂　原作「幼堂」，據元釋念常佛祖歷代通載卷二十二、明如惺大明高僧傳卷二釋寶嚴傳、明幻輪編釋鑑稽古略續集卷一幻堂講主改，下同。

〔二〕從師　元釋念常佛祖歷代通載卷二十二作「從佛」。

五臺普寧弘教大師傳

了性，號大林，姓武氏。少好學，聰睿之性殆天授之〔一〕，禮耆德安公爲師而落髮焉。既登具，歷諸講庠，探賾〔二〕經論，遇真覺國師〔三〕，啓悟初心，而周游南北幾萬里，窮覽幽勝〔四〕，所至必諮訪其人，詢至道之要。其所師而學者，如柏林潭公、關輔懷公、南陽茲公，皆以義學著稱。及歸，復見真覺於壟坻，愈見牆仞之高、堂室之奧。乃曰：「佛法司南，其在茲乎？」真覺歿，北游燕薊，晦迹魏闕之下，悠然如處江海之上，與世若相忘焉。然以懷璧之美，被褐而莫掩，名既喧於衆口，聲遂聞于九重。會萬寧初落，詔師居之。至大中，太后創寺臺山，曰「普寧」，以茲擅天下之勝，住持之寄非海内碩望莫能勝之，故以命師。師居十有餘年而歿。

師爲人剛毅，頗負氣節，不能俯仰隨世。雖居官寺，未嘗一至城府，造權貴之門。或謂師少和氣，師曰：「予以一介苾芻，天子不以人之微，處之大寺。惟竭誠匪懈，圖以報國而已，夫何求哉？必有臧倉毀鬲之言，蓋亦營營青蠅，止于棘樊耳。〔二〕顧予命之不遭，道之不行，納履而去之。何往而不得於道乎？」

時國家尊寵西僧，其徒甚盛，出入騎從，擬迹王公。其人赤毳峨冠，岸然而自居，諸名德輩莫不爲之致禮，或磬折而前，摳衣接足，丐其按頂，謂之攝受。師獨長揖而已，或謂師傲，師曰：「吾敢慢於人耶？吾聞君子愛人以禮，何可苟屈其節而巽于床，自取卑辱乎？且吾於道，何求于彼？彼以其勢自大而倨，吾苟爲之屈，非諂則佞也。焉有君子而爲佞諂之行哉？」識者壯師之氣，以謂如佛印元公之遇高麗王子，可謂識大體而得乎禮矣。歿時至治元年九月，塔舍利于竹林之墟。

【校記】

〔一〕天授之　元釋念常佛祖歷代通載卷二十二作「天啓之」。

〔二〕探賾　原作「探頤」，據元釋念常佛祖歷代通載卷二十二改。

〔三〕真覺國師　「國師」原作「圓師」，據元釋念常佛祖歷代通載卷二十二改。

〔四〕窮覽幽勝　元釋念常佛祖歷代通載卷二十二作「尋幽覽勝，以博其趣」。

【箋注】

【一】蓋亦營營青蠅，止于棘樊耳　語出詩經小雅青蠅：「營營青蠅，止于樊。豈弟君子，無信讒言。營營青蠅，止於棘。讒人罔極，交亂四國。營營青蠅，止於榛。讒人罔極，構我二人。」

弘濟法師傳附示瞽庵

弘濟，字同舟，一字天岸，餘姚姚氏子。投同里寶積寺舜田滿公出家。滿公，師之從父也。師駿發絶倫，或授法華經，輒能記憶。年十六，受度爲大僧，持四分律，頃步〔一〕之間，不敢違越繩尺。已而歎曰：「戒固不可緩，精教乘以資行解，其又可後乎？」於是往鄞依半山全公，讀天台之書，久之，悉通其説。嘗修法華、金光明、淨土期懺，聚精會神，存誠不貳〔二〕，髣髴於觀定中覩尊者，畀以犀角如意。自是談辯日增，河懸泉涌，而了無留礙。未幾，泰定改元，開法于萬壽圓覺寺。浙河左右傑偉之士奔走其室，惟恐後之。議者謂倡佛海之道以播芳猷，實自師始。

示瞽庵，脱白於一山元公。一山度四弟子，取法華〔三〕「開示悟入」爲名。師當第二，名顯示，號瞽庵。出台之寧海盧氏之子。古貌長身，寡言笑，清儉自持，一榻二十年，瀟然如在逆旅。習教觀，從師於萬壽，師見其天資〔四〕峻利，有一瀉千里〔五〕之勢。乃曰：「子盍從吾師游乎？他日大顯南嶽一宗，吾於子有望矣。」示遂事佛海。至正初，出世隆壽教寺，大唱台衡，爲海内名浮屠，寔師啓之也。

鹽官海岸崩，民朝夕惴惴，恐爲魚鱉。行省脱驩公憂之甚，請師親履其地，建水陸大會七晝夜。師冥心觀想，取海沙祝之，帥其徒徧擲其處，凡足迹所及，岸爲弗崩，人咸異之。天曆改元，陞主顯慈、集慶二寺，皆杭之名刹，師處之泊然。至正七年，師八十矣。錢塘諸名山以耆舊凋謝，唯師一人巋然，如魯靈光，又以大普福起之。師堅卧不應，門人進曰：「和尚自爲計固善矣，其如斯道何？」師强赴之。居亡何，竟拂衣旋故丘，開鏡清閣而深蟄焉。因覽諸家所註首楞嚴，繁簡失當，方將折衷其説，爲之疏解。俄疾作，召四衆至〔六〕，以唯心淨土惓惓爲勉。其中或未解師意，師厲聲曰：「死生難，死生難！」遽索觚書偈而寂。壽八十六，臘七十一。寂後七日，法屬以陶器奉蜕質，葬于里之峨眉山松花塢，師之所自卜也。

師梵貌魁碩，言吐清麗。諸書一過目，終身不忘。平生以流通教法爲第一義，苟有召者，未嘗不應，屢感天雨華之祥。然于佛乘、文事俱不偏廢，出處語默，則未始離乎止觀。所著書有四教儀紀正、天岸外集並行于世。示瞽庵，壽六十九而化，則入我明矣。

二師孜孜爲教，其弘闡開化，一本山家諸師之論，罔敢違越，可謂知尊者翼道之功，而號善繼善述者矣。

【校記】

〔一〕頃步　明宋濂芝園後集卷二普福法師天岸濟公塔銘作「蹞步」。

〔二〕存誠不貳　原作「存誠不二」，據明宋濂芝園後集卷二普福法師天岸濟公塔銘改。

〔三〕法華　明宋濂芝園後集卷七元故演福教寺住持瞽庵講師示公道行碑銘作「醍醐經」。

〔四〕天資　明宋濂芝園後集卷七元故演福教寺住持瞽庵講師示公道行碑銘作「天機」。

〔五〕一瀉千里　明宋濂芝園後集卷七元故演福教寺住持瞽庵講師示公道行碑銘作「一日千里」。

〔六〕召四衆至　原作「召至四衆」，據明宋濂芝園後集卷二普福法師天岸濟公塔銘乙正。

大用才法師傳

必才，字大用，台臨海屈氏子。父哲，明大經，爲科目之儒。母趙氏，嗜善崇佛惟謹。師生甫能言，輒記孝經一卷。七歲，善屬句，脱口而就，諧協有思致。祝髮受具戒，出游武林，謁湛堂澄公。公見其顔貌峻拔，出語皆中肯綮，即以法器期之。時潤玉岡爲第一座，師折節事之。雖流金之暑，折膠之寒，足不踰户限者十年。凡台家〔一〕部味之玄、教觀之要，一經指授，意釋心融，無不臻其閫奥。玉岡歎曰：「此子非靈山會上業已習之，烏能至此哉？」玉岡出主海鹽德勝，師分座焉。暨玉岡遷演福，宣政院請師繼其教席。當是時，湛堂聲稱喧播中外，衆意師必願與之子〔二〕。及升座，瓣香嗣玉岡，君子謂其知義。至正二年，遷杭之興福。未幾，陞主演福。丞相康里公屢至香幣〔三〕，咨決心要。寺久圮，師爲次第新之，建萬佛閣，其崇以尺計〔四〕一百三十有奇。

師之爲人凝重簡默，觀行精勵，孜孜修進〔五〕，無斯須懈怠。每夏終制解，同業者皆囊衣自便，師獨掩關謝客，益加磨淬，人不堪其清苦，而處之忻忻也。一日忽覺頭目岑然，即謂衆曰：「吾緣盡矣。」乃危坐西向，稱彌陀佛號，盡一晝夜。因告衆曰：「汝等勿謂修持無驗，吾淨土緣熟，三昧現前矣。」即索浴〔六〕更衣，爲書别相識〔七〕，合掌而逝。闍維，有五色光自龕中發，火餘舌如紅蓮〔八〕，齒如珂貝，舍利如菽者滿地，萬衆競取，一時俱盡，後至者穴地尺餘亦得之。塔于寺之南。閲世六十有八，坐五十六夏。具庵玘公謂師「以恢涵之量、邁遠之識，于空壞劫中建成住〔九〕之效，而或有可齊者。至于發性具之微，肆辨説之雄，燦真燈于既昏，膠慧命于將墜，此豈力〔一〇〕之所能爲哉？」斯言得之。

【校記】

〔一〕台家　明宋濂芝園後集卷七佛鑑圓照論師大用才公行業碑作「山家」。

〔二〕願與之子　明宋濂芝園後集卷七佛鑑圓照論師大用才公行業碑作「願爲之子」，是。

〔三〕至香幣　明宋濂芝園後集卷七佛鑑圓照論師大用才公行業碑作「致薌幣」。

〔四〕計　原作「許」，明宋濂芝園後集卷七佛鑑圓照論師大用才公行業碑作「計者」，因據改。

〔五〕修進　明宋濂芝園後集卷七佛鑑圓照論師大用才公行業碑作「修學」。

〔六〕索浴　明宋濂芝園後集卷七佛鑑圓照論師大用才公行業碑作「具浴」。

〔七〕爲書別相識　明宋濂芝園後集卷七佛鑑圓照論師大用才公行業碑作「據觚翰爲書，以別相知者」。

〔八〕有五色光自龕中發火餘舌如紅蓮　原重「火」字，據明宋濂芝園後集卷七佛鑑圓照論師大用才公行業碑：「五色神光自龕中發，火已，舌如紅蓮，齒牙如珂貝。」明如惺大明高僧傳卷一杭州演福寺沙門釋必才傳：「有五色光自龕中發，火餘不壞者二：舌根如紅蓮華，齒牙若珂貝。」知一「火」字爲衍文，因據删。

〔九〕成住　明宋濂芝園後集卷七佛鑑圓照論師大用才公行業碑作「住成」。

〔一〇〕力　明宋濂芝園後集卷七佛鑑圓照論師大用才公行業碑作「世力」。

善繼　我庵二師傳

善繼，字絶宗。母夢神授以白蓮而生。初習舉子業，番然曰：「此身虚幻，終從變滅。即因文字取穹爵，如石火電光，轉盼即空。誰有智者而耽此耶？」乃棄去。問法於湛堂澄公，得其旨。修法華懺，多獲感應。一時英俊執經輪下，無不虚往而寔歸。及還華徑，于池深木寒處修十六觀，一志安養。後刻期坐化，闍維，舍利纍然如砌。

本無，字我庵，台之黄巖人。從淨慈方山落髮，依寂照於中天竺，掌綱維。有舅氏，老教庠也，挽使更宗，師欣然就。見澄公於演福，力研教部。曰：「苟弘道利生，在彼猶在此。庸何傷？」寂照惜其去，作偈寄之云：「從教入禪今古有，從禪入教古今無。一心三觀門雖别，水滿千江月自孤。」

出世爲澄公嗣，仍爇一香報寂照，不以迹異而二其心。寂照示寂，時師在四明延慶，遺書囑其力弘大蘇宗趣，無他言也。師接書，爲設祭，拈香云：「妙喜五傳最光燄，寂照一代甘露門。等閑觸著肝腦裂，冰霜忽作陽春温。我思打失鼻孔日，患何氣息今猶存〔一〕？天風北來歲云暮，掣電討甚空中痕。」繼住集慶寺、無住、上天竺，剎竿相望，皆自澄公一燈分炤云。

【校記】

〔一〕患何氣息今猶存　明文琇增集續傳燈録卷四杭州上天竺我庵本無法師、明吴之鯨武林梵志卷十杭州上天竺我庵本無法師、明如惺大明高僧傳卷二四明延慶寺沙門釋本無傳、清聶先編集續指月録卷五杭州上竺我庵本無法師作「是何氣息今猶存」。

季蘅若法師傳

允若，字季蘅，自號浮休子〔一〕，族相里氏，越人也。代爲簪纓，師生有絶塵之趣。初爲童子，給侍雲門元上人。十五，圓具爲大僧。至虎林，謁恢大山于興福，自是習天台教。湛堂澄公主南天竺，師與焉。聲入心通，知解日至，湛堂甚器之。既出世淨聖矣，湛堂念之弗置，招之徠歸，請居第一座，攝衆千餘人。持規峻整，經其指示，多所悟入。泰定中，行宣政院請主興化。當是時，倡道杭之南、北兩山者，若天岸濟、我庵無、玉庭罕與師皆有重望，人稱爲「佛海會中四天王」。居亡何，退居雲門，視榮名利養恬不屑意，翺翔岩壑間〔二〕。時同斷江恩師、休耕逸師臨風笑咏〔三〕，不知夕陽之在樹，君子又目之爲「雲門三高」。

師前後凡四座道場，教雨所及，如甘露醍醐，飲者心泰。然終以雲門爲歸，築深居精舍，以法華觀慧三昧爲暮年淨行。會天下大亂，干戈紛擾。法師與之遇，脇以白刃，毅然不爲屈，辭色俱厲，因遇害，白乳溢出於地。壽八十，臘六十有五。兵退，闍維之，獲舍利如菽者無算，瘞于雲門山之麓。

師風度簡遠，暮年神氣完固。劉伯温稱其詩文古雅峻潔而有奇風，故一時名公卿咸傾倒焉。師素履之美，雖不獲考終命，而定業所制，在古賢聖或未免，〔一〕初無傷乎道德之崇高也。

【校記】

〔一〕浮休子　明宋濂鑾坡前集卷五天竺靈山教寺慈光圓照法師若公塔銘作「法師初號浮休老人」。

〔二〕視榮名利養恬不屑意翺翔岩壑間　明宋濂鑾坡前集卷五天竺靈山教寺慈光圓照法師若公塔銘作：「視榮名利養如白衣蒼狗變遷，一不以經意，翺翔千岩萬壑中。」

〔三〕笑咏　明宋濂鑾坡前集卷五天竺靈山教寺慈光圓照法師若公塔銘作「嘯咏」，是。

【箋注】

〔一〕師素履之美，雖不獲考終命，而定業所制，在古賢聖或未免　明宋濂鑾坡前集卷五天竺靈山教寺慈光圓照法師若公塔銘：「或者以師素履之美而不獲考終命，頗致疑焉。殊不知定業所感，千劫弗遷，雖以西域聖師深入神通三昧，或爲鴆毒所加，或罹刀劍之厄，卒未能免。」

善柔傳

善柔，董氏，德興之永興人。七歲，事永安廣行大師，默誦金剛、楞嚴諸經。二十入華嚴圓頓法門，領廣嚴傳戒大師戒法〔一〕。去滋味，絶華好，日課金光明經一部，禮佛百拜，深惟靜念，孤征獨詣，人莫能津測淺深〔二〕。憲宗聞其名，賜號「弘教通理大師」，命主清涼大會於臺山。釋教都總統寶集壇主秀公慕其德，聘攝華嚴講席于京師，又傳菩薩戒于佛子山及蔚羅、黄樓諸刹。自是門人加進，法道半天下矣。

師解悟深遠，勇於爲善，遑遑如不及。經之闕者，勒而補之；寺之廢者，撤而新之。

甃圮橋，完壞路，爲之不一而足。其于身也，蔬食飲水，敝衲容身而已。論者謂師：「淵然若虛，退然若藏〔三〕。蕭條靜深，無所願乎其外。至於誘引慈濟，則孳孳搰搰，如抱漏甕、沃焦釜，得其法者莫不飽滿慰喜，若涉萬里而還其家。」師之道，其可得而思耶？晚年住持奉聖州法雲蘭若，遂終焉。壽七十有二，僧臘三十有八，塔于寺之旁。

【校記】

〔一〕二十入華嚴圓頓法門領廣嚴傳戒大師戒法　元程鉅夫雪樓集卷二十一奉聖州法雲寺柔和尚塔銘作「二十悟華嚴奥旨，二十八受法廣嚴寺傳戒大師」。

〔二〕人莫能津測淺深　元程鉅夫雪樓集卷二十一奉聖州法雲寺柔和尚塔銘作「道益閎以肆」。

〔三〕淵然若虛退然若藏　元程鉅夫雪樓集卷二十一奉聖州法雲寺柔和尚塔銘作「淵然其若虛，退然其若藏」。

明　慧進傳

慧進，字棲巖，號止翁，山西霍州靈石人。姓宋氏，生于元至正乙未年，幼稚諳習佛語。甫九歲，遭兵失恃怙，編荆孝養祖父母。祖父母復没於草莽，志慕出家，禮邑之〔一〕大雲寺漸公，落髮執經。繇洪武新恩得度，入汴依古峰，究通華嚴宗旨，傍達唯識、百法諸論，意解心融，衆所欽服，遂得「法主」之稱。

太宗皇帝知之，遣中官馳驛，召至南京，備問楞嚴大義，應對稱旨。賜紫衣，命住天界寺，選俊秀僧徒從學，更命于靈谷率高僧篹修三藏法數。及隨駕之北京，居海印寺。被詔，領袖天下僧衆於文明門〔二〕外修普度大齋。越月，演説三聚淨戒，利益幽顯，其斛頂旛竿並放異光。賜璽書、金襴衣，陞左覺義，總督海内文學儒士高僧於海印經館較大藏經，因奏刊行藏教以輔治化，當述諸序，昭示遐遠。上從之，親製經序十三篇，佛菩薩贊跋十二篇。召至香殿賜坐，賜梵相釋迦、刻絲觀音、水晶數珠、七佛之偈，諭曰：「依是修行。」陞左闡教，而先後遭遇凡十七載。

洪熙改元，仁宗皇帝淘汰教職，唯師獨膺嘉獎〔三〕。敕曰：「佛氏以能仁爲教，化導愚類，以陰翊皇度，利安庶品。總教事者，必在得人，不以輕授。爾左闡教慧進，究明宗旨，嚴潔戒行，簡授兹任，修習彌勤。朕用爾嘉錫之，敕命爾其益懋精進，振乃宗風，以稱朕命。欽哉！」宣德紀元〔四〕，宣宗皇帝待以國老，賜毗盧冠、織金磨衲，詔於内翰同〔五〕多官并僧衆對寫金字華嚴、般若、寶積、涅盤四大部經，尚饍供饌飲。竣事，灌頂淨覺大國師奏請隆善開講楞嚴會解，聽受緇素萬餘指。

年彌高，德彌卲，耳目清明，顏貌奇古，性直而儉。道舊：榮國恭靖姚公、國師譯主光公、講經隱峰琮公、獨芳蓮公、月庭朗公。手度高弟：左闡教兼大興隆住山廣通、萬佛住山廣辯、雞鳴住山廣載、戒壇宗師廣嚴。學徒：左善世廣議、右覺義廣銘、承旨講經道深，餘不盡舉。而其世壽八十有二，僧臘七十有三。於正統元年閏六月示寂于慶壽丈室。訃聞，上遣禮部諭祭。荼毗于阜城，得〔六〕舍利靈骨，立塔於渾河之西，敕賜萬佛山之原以褒異焉。

【校記】

〔一〕之　原作「元」，據胡濙棲巖法主大師塔銘改。

〔二〕文明門　原作「大明門」，據胡濙棲巖法主大師塔銘改。

〔三〕唯師獨膺嘉獎　胡濙棲巖法主大師塔銘作「獨不黜之」。

〔四〕紀元　胡濙棲巖法主大師塔銘作「改元」。

〔五〕同　原作「因」，據胡濙棲巖法主大師塔銘改。

〔六〕得　原無，據胡濙棲巖法主大師塔銘補。

一如傳附能義

一如，字一庵。既老，别號退翁，上虞孫氏子也。年十三，辭父母，隸長慶爲僧。從具庵玘公於吴山寶奎寺，礪志所業，祁寒盛暑不少懈。一義之未徹，一疑之未釋，必究竟乃已。攻苦㲉淡，逾久逾篤，遂深造閫奥。

洪武十八年，出世住松江崇慶，進住蘇之北禪，緇素歸化者日衆。二十七年，南洲洽公掌僧録司，兼主大報恩寺，延師爲都講。時清理釋教，庶務叢脞，洽公酬應上下而講演不廢，蓋資於師爲多。二十八年，住杭州天竺靈山寺。三十一年，住上竺，益以振宗啓後爲己任，而從學者益衆。

永樂初，退處大報恩寺，以法華如來奥旨所寓，非學者所易入，乃集衆説爲之註。太子少師姚公爲序之，且稱如公兩浙一人。上嘗覽之，獎諭再三，加以厚賚。十二年，被召纂修大藏經，而師總其事，授僧録司右覺義〔一〕。既，陞右闡教。洪熙元年三月，示寂於京師海印寺，春秋七十有四，坐六十一夏。闍維，舌本不壞，塔而藏焉。

能義者，四明人。與如同時，道望亦相等埒，皆爲僧録司官。受知于皇上，楊東里序如塔云：「吾行四方所遇，其人器識論議偉然出乎衆人，而汲汲以修廢舉墜、光大師門爲任者亦不少矣，則豈獨昔之時爲然哉？而求夫淵然其存，泊然其行，望之如無能、即之而有味者，蓋在昔已不多得，亦何獨於今也？太宗皇帝臨御，四方之名高僧皆嘗入覲，而聖心所重者，獨四明之能義、會稽之一如。」噫！是豈偶然哉？又云二師恂恂温恭，言若不出口。如，深於法華。義，深於楞嚴。

【校記】

〔一〕授僧録司右覺義　楊士奇東里文集卷二十五僧録司右闡教一庵如法師塔銘作「初，授僧録司右覺義。」

大同師傳

大同，一雲其字，號別峰，越之上虞王氏子。世推簪纓之族，父友樵〔一〕，母陳氏，娠師已十月。父見龐眉僧振錫而行，問僧來自何所，曰：「崑崙山也。」竟排闥而入。父急追之，寂然無有也。暨出，聞房中兒啼聲，笑曰：「兒豈向來浮屠也？」幼極俊爽，覽諸載籍，輒會其玄奧。父授以辭章之訣，握筆翩翩，輒有可觀，遂以纘承家學屬之。母獨嘆曰：「是子般若種也，可俾其纏繞塵勞乎？」命捨家入會稽崇勝寺，從僧貴游，已而鬀落，受菩薩戒。會春谷講經景德，師復往依之，獲受五教儀、玄談二書。又謁懷古肇師，受四種法界觀。懷古、春谷，皆東山〔二〕大弟子，深於華嚴之學者也。師天分既高，又加精進之功，凡清涼一家疏章，悉攝其會通而領其樞要，義趣消融，智光發現，識者心服之。春谷陞主寶林華嚴教院，召師謂曰：「子學精且博矣，恐滯於心胸，以成粗執。曷從事思惟，修以劃滌之乎？」師即出錢塘，見佛智熙禪師於慧日峰下。舊所記憶者一切棄絶，唯存孤明耿耿自炤，如是者閱六暑寒。佛智嘉其有成，欲縻以上職，不聽而去。

俄上天目山，禮普應本禪師。普應見已，期之如佛智。師將久留，普應曰：「賢首之宗，日遠而日微矣。子之器量，足以張大之，毋久淹乎此也。」爲贊清涼像而遣之。師喜曰：「吾今始知萬法皆本一心，不識孰爲禪那而孰爲教乘，内外自此空矣。」亟還寶林，見春谷，且告之故。春谷曰：「可矣。」乃命之司賓，尋陞上座。當時相從者皆宏偉之龍象，師爲分講雜華玄門，會要統宗，必極其所言。宋故官徐天祐、王易簡聞之，相與崇奬莫置，聲光焕著，五尺童子皆能知其名。郡守范侯某憐春谷僧臘已高，風之使讓其席，師毅然不答。侯設伊蒲供延師，親與之語，師曰：「有是哉？所貴乎道者，在明師弟子之分，垂訓後人。苟乘其耄而攘其位，豈人之所爲乎？明公縱愛我厚，名義不可犯也。」侯不覺離席，把師臂曰：「别峰誠非常人也。」

元延祐初，始用薦者出世蕭山淨土寺。師自念圭峰以來，累葉相承，其間或絶或續，繫執法者之賢否。遂發弘誓，力持大法，晨講夕演，雖至於勞勩，弗敢少懈。天曆初，朝廷新設廣教都總管府，遴選名山主僧，一歸至公，陞師住景德。重紀至元中，行宣政院遷主嘉禾之東塔，師不赴。時宰臣領院事，乃改寶林。寶林，清涼肆業之地，人咸爲師榮。師固守謙退，遲回不上。州牧邑尹、山林友社交疏延請，亦不允。至第二疏，始投袂而起，倣終南山草堂故事，建高齋，闢幽舍，招徠俊乂。浙水東西莫不擔簦躡屩，爭集輪下。師竭忱開授，比景德爲尤勤，法席之盛，不減東山時。

至正初，順帝御宣文閣，近臣有以師之道行聞者，帝嘉之，特賜金襴伽黎衣。帝師大寶法王亦畀〔三〕以六字師號，隱然作鎮江南，宗門恒倚之爲重。狀元忠介公泰不華守越，病旱無以禳，僉謂非師不可。師爲爇香臂上以請，雨即澍。師蒞事一紀餘，以疾固辭，堅卧崇福庵中。而時事日棘，師因退處瞻博迦室，年垂及八十矣。

皇明御極，四海更化，設無遮大會於鍾山，名浮屠咸應詔集闕下，入見於武樓，獨免師拜跽之禮，命善世院護視之。次日復召，賜食禁中。及還，復有白金之賜。洪武二年冬十二月，得疾，久不瘳。口占辭衆語，端坐而蜕，寔三年春三月十日也。世壽八十一，僧臘六十五。越七日，遵治命，就城南竹山準法闍維，收餘燼瘗焉。其嗣法分布列刹者，則妙心大衍、皋亭善現、高麗若蘭、景德仁靜、姜山明善、延壽師顗、南塔國琛、福城大慧、景福性澄、妙相道偁、法雲道悦、小寶林日益、淨土梵翱也。

師神宇超邁，伏犀插腦，長身而玉立，美談吐。遇王公貴人輕重教門者，發論衮衮弗休。其挺己衛道，理或不直，雖斧鑕在前，不少挫其氣。中歲稍涉魔事，至中之以危法，師不顧，下帷卻掃，日味華嚴，其人一旦自斃。然其游心文翰，賓接賢公卿，燕饗賸遺，唯恐不盡其意。永康胡公長孺、吳興趙文敏公孟頫、巴西鄧文肅公文原、長沙歐陽文公玄、烏傷黄文獻公溍、武威余忠宣公闕咸樂與師交，函詩往來無虚歲。晚歲與安陽韓莊節公性、李著作孝光唱酬於水光山色間，尤極其情趣。

扶植他宗，無塵毛猜忌，聞其賢也，斂衽不暇。斷江恩師，少林學也，薦之主天衣。天岸濟師，台衡教也，挽之尸圓通。至於甄别人品，摩厲後進，三宗屢得其人。古林茂師之主保寧，馭下過嚴。楚僧無賴者數人，將愬之於公府。師偶遇於旅邸，設豐食食之，從容謂曰：「吾雖不識古林，聞其爲禪林名德。子等將不利之，君子以爲何如人？不如且已，否則恐罹大咎也。」衆沉吟良久，稽首列拜而去，事遂寢。

師性至孝，自恨蚤喪父。養母純至，及亡，春秋祭禮無闕，且請名臣書父母群行，樹碑於墓。生平無躁進意。高麗瀋王遣參軍洪瀹施大藏經於二浙，瀹自負通内外典，不復下人。入越見師，茫然如有失，力言於王，邀公游燕都，將振拔之。過吳，辭以疾而還。持律甚嚴，不敢違越。撫世酬物，終始如一，不以久近爲礙而散其誠。逮革代之後，囊無一錢，唯存書史五千卷，盡散其徒之能文者。著述頗多，未脱稿，輒爲人持去。其外集曰天柱稿，録師自製詩文；曰寶林編，類聚〔四〕古今人爲寺所作者也。

嗚呼！賢首之宗不振久矣，凛乎若九鼎一絲之懸。師獨能撑支震耀，使孤宗植立于十餘傳之後，凡五十年，非賢者其能致是乎？

【校記】

〔一〕友樵　原作「有樵」，據明宋濂芝園後集卷八佛心慈濟妙辯大師別峰同公塔銘、明焦竑國朝獻徵録卷一百十八宋濂佛心慈濟妙辯大師別峰大同公塔銘改。

〔二〕東山　原作「南山」，據明宋濂芝園後集卷八佛心慈濟妙辯大師別峰同公塔銘、明焦竑國朝獻徵録卷一百十八宋濂佛心慈濟妙辯大師別峰大同公塔銘改。

〔三〕畀　原作「俾」，據明焦竑國朝獻徵録卷一百十八宋濂佛心慈濟妙辯大師別峰大同公塔銘改。

〔四〕類聚　原作「額聚」，據明宋濂芝園後集卷八佛心慈濟妙辯大師別峰同公塔銘、明焦竑國朝獻徵録卷一百十八宋濂佛心慈濟妙辯大師別峰大同公塔銘改。

華嚴菩薩　松堂老人傳

正順，蔚州〔一〕高氏子。初爲臺山壽寧用公行童，圓具後結廬深樹間，屏絶諸緣，唯讀華嚴經，數滿千部。常入華嚴觀〔二〕，一夕入觀，聞空中聲曰：「和吞山水，少會風雲。」從是有契入，覺行住坐卧，了無一物爲障礙，無一念爲起滅。身心蕩然，與法界合。爲人演説，言如涌泉，皆契法界深義。因於嶺頭建大閣，閣下爲海水，出大蓮華，華上坐毗盧遮那佛滿月像。每對佛入觀，五七日方起〔三〕，故人以「華嚴菩薩」稱之而不敢名。

成宗聞師名，三召不起〔四〕，就授五路總攝之職，固辭不受。臨終，謂衆曰：「無盡刹海，不離當處。妄情未瞥，悟入無時。」門人法忍曰：「未審師今向甚麼處去？」師唤忍闍黎，忍喏。師云：「虚空剖出一莖骨。」言訖，恬然而化。【一】是日，靈几上有龍瑞，五彩飛光燭庭宇，移時乃歇。停三日，化火自焚，門人拾舍利，建塔藏之。

松堂，名文才，字仲華，隴西楊氏子。少孤，事母以孝聞。博學能文，作〔五〕慧燈集，釋賢首疏，又著懸談詳略五卷、肇論略疏三卷，【二】皆内據佛經，外援儒老，曲盡弘揚之妙〔六〕。嘗庵居松間，人稱「松堂老人」。一日出庵不歸，弟子迹而得之松間，師冥然擡目曰：「吾方安逸，汝何遽至？」弟子曰：「師坐已三日矣。」既而成宗特旨建大萬聖祐國寺于臺山，爲師闡道之所，演化數年。大德中示寂，茶毗，獲舍利百餘顆。聞於朝，詔沙門問之〔七〕，有法洪者對曰：「和氣之浹，蒸爲菌芝。精誠所至，其理或然。故萇弘死忠，其血成碧。況道與神會，頤養〔八〕之至者乎？夫朽敗之餘，標異於煙滅灰飛之際，豈非行業堅白、神氣凝結者歟？」」上嘉其論，敕爲塔藏本寺，封邽國公。

【校記】

〔一〕蔚州　明釋鎮澄清涼山志卷八華嚴菩薩傳、明袾宏輯録華嚴經感應略記作「尉州」。

〔二〕常入華嚴觀　明釋鎮澄清涼山志卷八華嚴菩薩傳作「常作華藏觀」。

〔三〕每對佛入觀五七日方起　明釋鎮澄清涼山志卷八華嚴菩薩傳作「每對佛禪觀，三五日方起」。

〔四〕成宗聞師名三召不起　明釋鎮澄清涼山志卷八華嚴菩薩傳作「大元皇太后三詔不赴」。

〔五〕作　明釋鎮澄清涼山志卷八真覺國師傳作「述」。

〔六〕弘揚之妙　明釋鎮澄清涼山志卷八真覺國師傳作「般若之旨」。

〔七〕聞於朝詔沙門問之　明釋鎮澄清涼山志卷八真覺國師傳作：「聞於仁宗，詔諸沙門問之曰：『舍利果何致？』」

〔八〕頤養　明釋鎮澄清涼山志卷八真覺國師傳作「浩養」，是。

【箋注】

【一】言訖，恬然而化　明釋鎮澄清涼山志卷八華嚴菩薩傳：「門人乞偈，師援筆書之：『歷劫本無去住，應用何思何慮。轉身踏破虛空，一切是非不顧。』言訖，恬然而逝。」

【二】肇論略疏三卷　肇論略疏未見。今存文才所撰疏爲肇論新疏三卷、肇論新疏游刃三卷。

士璋法師傳

士璋，字原璞，海寧王氏子。伏犀貫頂，目光外射〔一〕。自幼即決去葷羶弗御，即御，輒嘔逆不能勝。日取天竺典習讀之，識者曰：「此釋氏種也。」十九始除鬚髮，尋稟持犯之說於某師。時我庵法師自四明延慶遷主武林上天竺，令譽隆洽。師將擔簦趨之，感異夢，一二師以爲得法徵，心自喜。及見我庵，如舊相識〔二〕，凡天台大小部書，以次環授之。師志慮專一，饑則親釜鬵以事烹飪，一飽而止。寒暑晝夜，若不知也〔三〕。我庵之三吳，俾師遷丈室之西，以便飲食。逮還，見白煙一抹，起其寢所，則自爨猶故也。我庵陰鑑其勤，以遠大期之。我庵之門人曰天心瑩，素高亢，不服人，亦歆師之行，約共燈火，磨切詰難，極於毫絲。餘子皆望風而畏，稱爲「雙璧」。

元至正十三年，江南行宣政院命主州之棲真寺，棲真與南天竺演福鄰，古稱「教海」，而大用才公、絶宗繼公二大長者皆在焉。師猶以學之未足，時往叩其所未至。凡部味教觀之奧，偏圓本迹之微，疇昔有疑而未徹者，二老無不條分縷析以喻之。師彈指歎曰：

「佛法教藏，渺如煙海，固非獨善偏長所能究也。」移主旌德教寺，法化大行。洪武初，以集慶虚席，請師唱揚，接引如旌德時，有過無弗及焉。未幾示寂，師所著書多未脱稿，詩文有别録數卷。

補續高僧傳卷第四終

【校記】

〔一〕目光外射　明宋濂芝園後集卷二杭州集慶教寺原璞法師璋公圓塚碑銘作「目光炯炯射人」。

〔二〕及見我庵如舊相識　明宋濂芝園後集卷二杭州集慶教寺原璞法師璋公圓塚碑銘作「佛護一見，果刮目相視」。

〔三〕若不知也　明宋濂芝園後集卷二杭州集慶教寺原璞法師璋公圓塚碑銘作「若不知切身」。

【箋注】

【一】師將擔簦趨之，感異夢　明宋濂芝園後集卷二杭州集慶教寺原璞法師璋公圓塚碑銘：「忽夢游寶所，大乘菩薩教之胡跪作禮，口唱懺辭，覺而思之，乃普賢淨行品偈文也。」

補續高僧傳卷第五

明吴郡華山寺沙門明河撰

義解篇

明　古庭學法師傳

善學，自號古庭，生儒家馬氏。傳華嚴之教於寶覺法師簡公。凡清涼大疏鈔及圓覺、楞嚴、起信諸部，皆能融會甚深微妙之旨。遐邇嗜學之子歛衽遡瞻，不翅卿雲德星，以獲一見爲快，雖老師宿學亦推之爲人望。别傳教公、無言宣公前後主報恩之席，皆欲攝受師爲弟子。師笑曰：「吾得法於寶覺，忍背之乎？」力拒不聽，賦曹溪水四章以見志，尋還東林隱居。掌教者尊師之道，不容肥遯自逸，强主陽山之大慈。

師植心平易，不屑〔一〕沉溺專家，以殊户異軌爲高，理之所在，輒翻然從之。每升堂示衆曰：「吾宗法界還源，非徒事于空言。能於禪定而獲證入者，乃爲有得耳。」既而又曰：「吾早通法華，雖累入法華三昧。然長水璿問道於琅琊覺，又從靈光敏傳賢首教。

靈光，天台之人也，古人爲法乃爾。吾徒可專守一門乎？」君子美其至公無我，一掃近代互相矛盾之陋。

皇明龍興，師將大弘賢首之教，以續佛慧命〔二〕。雖當儉歲，躬分衛以食衆，士民踵集。方思有所建置，院僧以官賦違期，當徙虔州。有司知師專任講道，欲與辯析之。師曰：「吾爲主僧，法當坐，敢累他人耶？」遂毅然請行。或讓師爲迂，師曰：「宿業已定，不可逭也。」行抵池陽馬當山，示疾而化，洪武庚戌四月也，春秋六十有四。

師形貌尩瘠，退肰若不勝衣。戒檢精嚴，護持三業，唯恐有所染污。獨居屋漏，法衣不離體，三藏諸文未嘗釋手。雖盎無斗儲，處之裕如。謙恭自牧，豎子來見，亦無惰容。勤於誘掖，有不領解者，方便比喻，至于反覆數四，必俟其心悟始罷云。見諸著述者，咸有可觀：法華問答若干篇、法華隨品贊三十篇、辯正教門關鍵録若干卷及詩文並行于世。宋文憲公曰：「濂於諸宗之文頗嘗習讀，每病台衡、賢首二家不能相通，欲和會而融貫之，恨鮮有可言斯事者。不知世上乃復有師乎？于是發不及見之歎。」其爲賢者追慕如此。

【校記】

〔一〕不屑　明宋濂芝園後集卷七華嚴法師古庭學公塔銘作「不肯」。

〔二〕續佛慧命　原作「續物慧命」，據明宋濂芝園後集卷七華嚴法師古庭學公塔銘改。

東溟日法師傳附智明

慧日，號東溟，天台赤城人。軀幹修偉，眉長三寸，目光射人〔一〕。嘗從柏子庭和尚習教，解悟甚深。有戒行，人師法之。洪武初，以有道徵。上御奉天殿引見，時丞相、御史大夫暨百僚咸在，而僧伽魚貫而上。師年最高，白眉朱顏，其班前列。上親問勞之，顧衆而言曰：「邇來學佛者唯飽食優游，沉霾歲月，如金剛、楞伽諸經，皆攝心之要典，何不研窮其義？苟有不通，質諸白眉法師可也。」自後數召見，從容問道，字而不名。及建鍾山法會，請師敦説戒法，聞者開懌。既而辭歸杭，居上天竺。一志安養，冥心合道，不雜餘念〔二〕。

洪武十二年七月朔，夢青蓮花生方池中，華色敷腴，清芬襲人。既寤，召弟子妙修曰：「此生淨土之祥也，吾將行矣。」至四日，趺坐書頌，合爪而寂。閱世八十九，僧臘七十〔三〕。師居常面嚴冷，片言不妄發，對王公大臣未嘗出一軟媚語。至於誘進後學，温肽如春陽云。

智明，字月溪〔四〕，杭湯鎮楊氏子。從南山圓炤才法師受學，後於城東結庵，杜絕諸緣，一心蓮業。戒行孤潔，甚爲緇白皈從。年七十二，書偈而化。

【校記】

〔一〕眉長三寸目光射人　明宋濂芝園後集卷十上天竺慈光妙應普濟大師東溟日公碑銘作「眉長三寸餘，其白勝雪，目睛閃閃射人」。

〔二〕餘念　明宋濂芝園後集卷十上天竺慈光妙應普濟大師東溟日公碑銘作「一念」。

〔三〕七十　明宋濂芝園後集卷十上天竺慈光妙應普濟大師東溟日公碑銘作「七十有三」。

〔四〕字月溪　明陳讓、夏時正纂修成化杭州府志卷四十五、明嘉靖仁和縣志卷十均作「月溪其號也」，明徐象梅兩浙名賢録外録卷八智明作「號月溪」，則「字」或應爲「號」之訛。

能義傳

能義，字無言，别號損庵，四明象山高氏子。穎悟聰敏，年十三，出家智門寺，精行業。稍長，見復原報公於徑山，公默識之，授以楞嚴，講誦通貫。旋主藏于雪竇，恍然有得，作偈有「掃空文字五千卷，流出胸襟一蓋天」，復原深嘉許之。洪武中，住餘杭普寧，歸刹竿而皈四衆。久而退席，隱居徑山之蒙堂。

永樂丙戌，太宗皇帝命僧録司遴選精通楞嚴經旨者，以師應詔。師爲説以進，上覽之，心甚契合。乙未，纂修永樂大典，命師總釋典之綱，極承眷顧。既而靈谷定巖戒公延師爲上座，模範後學。定巖示寂，靈谷席虚。仁宗皇帝在青宫，擬師補其處，令入朝。上見師道容，喜甚，除僧録左覺義，賜錦衣一襲、貉裘、煖帽、靴襪并鈔二百錠，遣中官送回南京。於鍾山第一禪林舉唱宗乘，緇素悦服。未幾復入朝，陞左講經，寓慶壽寺。疾作，上聞，賜醫藥，中使相望于道。集衆説偈曰：「已住閻浮七十年，皇恩如海浩無邊。如今撒手西歸也，萬里無雲月正圓。」擲筆而逝。上覽偈，爲之感歎。賜諭祭，命工部作龕，茶毗于平則門外，上有五色雲現，拾骨得舍利數十顆，弟子請回鍾山。仁宗踐位，復遣祭，命以靈骨舍利歸徑山，建塔於寂炤祖龕之傍。

師梵貌清整，人見而意消。善韻語，應制和御韻送大寶法王，有云「有時論到無言處，心融神會堯眉開」，頗爲人傳誦云。

清天傳

一清天者，江右廬陵人也，别號潔祖，爲歐陽族。自幼穎悟，深厭塵俗，依多寶正宗忠公受業焉。宣德改元，右街雲海法師爲落髮。入大天界見弘慈普應禪師，命侍香，掌藏鑰，進第一座。正統初，得古刹廢址于都城西山之麓，慨然有興復之志。繇是罄鬻衣資，募衆緣，度工庀材，雖片瓦隻椽皆自手之。事聞于上，賜額「弘慶禪寺」。師爲開山第一代，即今黑塔是也。師拔萃超群，卓然如孤鶴〔一〕之在雞群。初主水月，次遷南通法至。既又開山弘慶，自此道風浩蕩，朝野知名。

丙寅，右街善世兩庵宗師薦師于春官，大宗伯胡公及諸鉅卿名公莫不推賞，遂有雙徑之行。覺山馮寧印施華嚴大經，并函繡幡。金臺諸檀如沈福誠、杜弘真輩皆欣然發心，鑄銕佛三軀及諸供具〔二〕，隨師而往，以明年丁卯入院，遠近欽仰，罔不嘉奬勸助師所履之事，大有逕庭。翰林張公益謂：「師根性堅利，志力勤篤。遂能因師之教，悟玄義于雜華；視師之行，絶三業于滿分。」蓋寔録也。

【校記】

〔一〕卓然如孤鶴　明宋奎光徑山志卷三一清天禪師作「卓卓然如野隺」。

〔二〕鑄銕佛三軀及諸供具　明宋奎光徑山志卷三一清天禪師作「鬻鐵鑄佛三軀、鐘磬、雲板、香罏、花瓶若干對」。

洪蓮傳

洪蓮，字獨芳，山西太原吴氏子。賦性嚴敏，孩提時已若成人。出家饒益寺，二十具戒。見休雲，蒙印可，授以信衣。入天龍洞結足，刺十指，血書寫五大部經。又于名仙洞立曼怛囉座，設燄口食，賑濟幽類者三年。晉王聞之，延致問道，奉衣饌，請住鴻祐寺。自是聲德遐播。

永樂中，奉旨箋註大明三藏法數，較勘藏經。又命入香殿，與進法主問答楞嚴大旨。又命於海印寺較寫三藏，前後從事，皆得聖心。繼承仁、宣二廟恩眷，除僧録司右講經。正統七年，轉左講經。以年老上謝事之請，遂免師朝參，職事如故。至景泰七年〔一〕七月四日，端坐書偈而逝。上聞悲悼，命禮官致祭，贈淨梵翊教禪師。壽九十一〔二〕，僧臘七十一。茶毗，得舍利百顆。敕歸西山萬佛寺，造塔安厝。

師資貌魁特，襟度豁如。議論磊落，一出于正。解行兼全，以身任道，故得列聖禮遇殷至。景泰四年，日本僧入貢。其僧，本國大禪伯也，少所與可，獨服膺于師。偕來者各有所問，言人人殊，師應答如流，皆得所請，歎未曾有而退，其辯才服人又如此。聊述應迹粗概以備傳，其潛德密行與證悟所及，可想見于語言之外也。

【校記】

〔一〕七年　明李賢明一統志卷十九洪蓮、明李侃修、胡謐纂成化山西通志卷十作「四年」。

〔二〕壽九十一　明李侃修、胡謐纂成化山西通志卷十作「春秋九十有二」。

鳳頭祖師傳

道乎，字信庵，江浦劉氏子。善習表於兒戲，利根發于童心。七歲入學堂，先生授以書，不肯讀，讀又不肯竟，曰：「此書非我所喜〔一〕，先生亦非我師。」乃依靈谷慶叟爲弟子，落髮衣緇。昕夕禮觀音，發聰智，通唯識、涅槃諸大乘經論，群言所涉，一覽無遺，精旨妙義，囊括而川注，滔滔然莫能窺其涯涘。

復禮天童觀翁，時觀公道望高天下，宣廟在潛，每承顧問。宣德歲丙午，召至京師，館於慶壽丈室，師執侍惟謹。上嘉之，賜西服茜衣，師牢讓不服。尋游江浙，受滿分戒。入五臺，覯聖相攝身光中，奇幻百出。轉念之頃，倏忽不見。歎曰：「古人所云：『一翳在眼，空華亂墜〔二〕。』」因自號知幻〔三〕。英廟聞師名，召見大悦，呼爲「鳳頭和尚」，蓋以師頭前鋭起也，尋授僧録講經。未幾告退，結茆于山中，扁曰「松樾」，屏息諸緣，不妄交接，唯苦心真寔之士得以相依。餐服遐異，悠然自適，若將終身焉。

先是，司禮阮公簡得京西馬鞍山廢寺，欲興之，思得大知識主宗風，與議非師不可。修詞致懇，至于再四，不許。後掘地獲斷碑，阮持碑泣請曰：「碑雖不完，猶可讀。惟師寓目焉。」師讀之，始知此寺乃遼普賢大師所建四衆受戒之所。師喟然曰：「釋迦如來三千餘年遺教幾乎泯絶，吾爲佛弟子，詎忍視其廢而不興耶？」乃皤然而起。於是鏟荒夷險，鬱起層構，散己貲以鳩工，擇幹僧以董役。匠成于心，受規於手，日不笠而雨不屐，趨風望景者翼如而至。百年廢刹，復興於頃刻，廊廡龍象，焕然一新，始末具載大學士楊公士奇所譔碑記。黔寧昭靖王復以宣武門府第施爲梵刹，賜額「承恩」，爲師往來憩息之處。

師善書，筆法遒健。嘗於文華殿大書扁額，上俛案視之，稱善，贈之詩，有「高僧書法勝中書」之句。又嘗施食於内庭，開法于秘殿。上皆親御視聞，無不擊節歎賞。當是時，耆舊凋喪，獨師法聞四方。學子趨參，唯恐或後，僧中之傑出者，一人而已。以是奇德妙行，足以駕苦海之慈航，躋迷途于覺岸〔四〕也。

景泰丙子夏六月十日，集衆升堂，説偈曰：「昔本不生，今亦不滅。雲散長空，碧天皓月。」遂端坐而逝。訃聞，上震悼，遣官諭祭，命公侯以下咸從弔臨。荼毗，獲舍利，建塔于寺之南原。世壽五十有五，僧臘四十有九，手度弟子數萬〔五〕，得戒四衆百億、門弟子千餘輩，皆縛禪秉律，闡化一方。著述有定制戒本、戒牒并偈頌詩章若干卷，傳于叢林。胡忠安公濙稱「師學之博、行之修、功之盛，能光大法門」云。

【校記】

〔一〕所喜　胡濙馬鞍山萬壽大戒壇第一代開山大壇主僧録司左講經孚公大師行實碑作「所讀」。

〔二〕空華亂墜　胡濙馬鞍山萬壽大戒壇第一代開山大壇主僧録司左講經孚公大師行實碑作「空華遍界」。

〔三〕知幻　原作「知幻子」，據胡濙馬鞍山萬壽大戒壇第一代開山大壇主僧録司左講經孚公大師行實碑删。

〔四〕覺岸　胡濙馬鞍山萬壽大戒壇第一代開山大壇主僧録司左講經孚公大師行實碑作「彼岸」。

〔五〕手度弟子數萬　「手」，原作「年」，胡濙馬鞍山萬壽大戒壇第一代開山大壇主僧録司左講經孚公大師行實碑作「手度緇流數萬」，因據改。

萬松　千松　百松傳

慧林，字萬松，杭之仁和人。生禀異質，稍長，耽玩佛書，授以世典，棄弗觀。父母察其志如是，遂捨爲法輪寺僧。見諸僧所習卑鄙，師不樂，愀然歎曰：「此豈可了生死大事耶〔一〕？」雅聞天目平舒老人道行，往依之。一日宴坐林間，聞猿鳥聲〔二〕，豁然有悟。是時，伏牛空幻叟寓廣德禪林，乃詣叟自陳所見，遂嗣空幻之門。歷游諸方，歸杭隱徑山，絶迹於城府。師持身約，守律嚴，素通三藏，尤精於法華、圓覺、楞嚴等諸經。善于開誘，析義宣旨如慈父母之訓其子，必至領解而後已。道日益崇，修日益進，而四方從學者日益以衆。嘉靖丁巳，忽謂衆曰：「時至矣〔三〕。」絶穀，日啜澗水數杯者，月餘而化，得年七十有六。

明得，號月亭，以紹萬松禪師法，又號千松，烏程周氏子。幼岐嶷不凡，嘗隨父赴西資佛會，指畫像問曰：「是非僧耶？」父曰：「然。」遂求出家，依慶善庵祝髪。初習瑜伽佛事，知非而棄之，謁海百川求出世法，機不契。遍參名宿，備歷艱辛。益發憤厲志，詣武林上竺，哀籲大士求值明師。乃遇萬松於中竺，問以來意。以禮普門對，萬松竪一指曰：「汝去見了觀音來。」師方下頓有所省。再拜，求了生死之訣。萬松授以攝心念佛法，因留侍左右。朝夕參承，凡十載。一日閲楞嚴，至「清淨本然，云何忽生山河大地」，豁然契入。

又入徑山，結茆淩霄峰絶頂，獨坐三年。四方禪侶接踵而來，師隨機響應，無不迎刃而解。遷傳衣庵，講楞嚴。既游天台，彼中緇素邪正淆混，師爲講華嚴等經，化外道以千計。講甫畢，堂内寶花遍生，今扁爲「涌蓮堂」云。比歸，司寇韞庵吴公時爲杭守，延師演法於靈隱。僉憲東溟管君以天池請，儀部觀頤沈君延主圓證寺，五臺陸公復延講華嚴於秀水之東禪。師樂其雅僻，乃相與葺法雲堂以居，遂爲師示寂之所矣。師爲人修幹玉立，性度高簡伉直，以道自重。遇公卿未嘗降禮作卑諂態，群小或憎訴之，百折不回，保護正法，毅然不爲身謀。其寓天池日，有豪貴挾妓游僧寮，師會衆逐之，無所顧憚。世方崇事真武，師以彼不過玄武之神，主治一隅耳，何至奔走天下若狂也。我薄伽梵爲天人師，何不易彼事此耶？往往改像設而更廟貌。性喜汲引後學，而視外道如讎。同衣有過，譏彈不少借，以故招忌者之口，非有諸縉紳爲之金湯，幾不免矣。以萬曆十六年歸寂，壽僅五十有八。師與五臺公有法喜深緣，而爲銘王村之塔曰：「惟師以苦行得見地，以强毅任末法。余獲交師三十年，所受教益非一，期晚年相與修東林故事，而師先化去。誰爲余作蓮邦指南車耶？」塔後遷於徑山。

真覺，號百松，蘇之崑山人，姓王氏。已蓄妻矣，偶逐方僧游杭，遂入鍋子山祝髮。居月餘，往吴門受具戒，其時議鋒已不可當。未幾，謁千松於湖州，聽講位下，以敏出爲聽衆所抑。首座道元憐之，爲言于千松，録置下座。後出世，遂爲千松拈香而嗣焉。嘉靖甲子，受天台之請，遠近嚮風，趨赴如不及。所講楞嚴若干座、法華若干座、妙宗鈔若干座，惟法華玄義一座而已。所得檀施，輒緣手盡。真寔居士云：「妙峰師梵相奇古，身不踰中人，而言論風采如大火輪，不可攖觸。於是〔四〕江南有二法師，師與東禪月亭得師。師出東禪之門，東禪不專賢首，而師獨精天台，遂有同異。然其妙辯縱横，淩厲千衆，俱東南無畏光明幢也。」

【校記】

〔一〕此豈可了生死大事耶　方九叙雙徑慧林塔碑銘作「此豈生死大事可能了耶」。

〔二〕聞猿鳥聲　方九叙雙徑慧林塔碑銘作「偶聞猿鳴之音」。

〔三〕時至矣　方九叙雙徑慧林塔碑銘作「吾報將盡，當不久人世矣」。

〔四〕於是　馮夢禎百松祖師塔銘作「於時」。

麓亭住法師傳

祖住，字幻依，麓亭其别號也，生丹徒楊氏。沉密不貪世緣，十七從剃染，十九領具戒，通曉諸經大義，走少室依大章，入伏牛依高安，凡經十二夏。次至都下，謁松、秀二師。至南京，謁無極老人。爲西堂犍槌之暇，即入作務，晝夜不休。尋演華嚴鈔於京口萬壽寺，緇白聽者日以千數。老人率其徒觀焉，既而謂衆曰：「吾殆不如也。雖然有不如我者一，吾鄉者彼上人爲我西堂，今西堂有彼上人者否？」自是道價鬱跂，叢林傾挹。

師智崇禮卑，如常不輕。提獎唱誘，孜孜不倦。前後登法座者以十指數，能使所至立成寶坊。然而三衣之外，一衲周身，虀粥僅延，猶存五觀。其諸櫬施不以掛眼，且奉律精嚴，纖過無犯。以萬曆之甲申入吴山之蓮華峰，登支道林講座，山林隱秀，有終焉意。未幾遷化，荼毗，斂靈骨，塔於本山。

素庵法師傳附兀齋　幻齋二比丘

素庵法師，諱某，〔一〕生於襄陽鍾氏。壯歲棄儒，遍訪知識。至南陽留山寺，禮泯庵休公落髮，飄然一鉢。歷伏牛清涼，受具，依秀法師習經論，凡十一載，精其業。南禮普陀，過白下，白下名流針芥自合，以攝山講席留師，道聲大振。師亦樂兹山幽邃，遂誅茆築室，棲遲十年。一日扶杖將行，留偈淨業堂云：「自入棲霞已十年，東修西補未曾閑。掀翻瓦礫成禪院，除剪荆榛作菜園。每煉蔬羹供海衆，恒宣大教繼先賢。如斯弗爲兒孫業，留與同袍萬古傳。」其氣韻可想矣。已而爲衆復留。師身長幾七尺，頭顱方直，面目有光，隆額豐頤，音聲如鐘。生平履踐如冰雪，隨所酧應，春温日旭，人自意消。説法直截簡易，不爲峻語，而格頑導愚，遠近欽悦。凡講華嚴大鈔、法華、楞嚴諸大乘經論各若干座，以萬曆癸巳十一月十三日後夜端坐念佛而逝。三日中，夜火滿山若列炬，閲世七十五，法臘五十。師生平瑞迹甚多。初至攝山演華嚴，至入法界品，塔放五色光。又一日講法華，至寶塔品，見空中光相儼然，汪司馬道昆爲作銘記。司馬公兩舉無遮大會於新安焦山，見異人數十曹伏師前以脱苦謝，司馬親見之。丙戌大饑，僧衆絶食，而蕪陰郝氏裹百斛米至。初登殿禮佛，驚謂曰：「是夢中教我賑米佛也。」辛卯冬，講法華於婁東之淮雲，至地涌品，毫光繚繞法座下，經久不散。應蕪湖講，期度江，風浪大作，師咒觀音力，應聲寂然。其他毛舉未易悉數。

兀齋、幻齋二比丘，俱出襄陽鍾氏，爲同祖兄弟，同師素庵法師，稱高足。兀齋，名如慧。法師與慧，在俗父子也。母汪，腹之時師已入留山矣。慧生，三歲不語。一日，父歸省其祖，一見喜曰：「我父子同出家去。」家人異之。五歲失母，養於伯母江，即幻齋之母也。慧幼習世典，通大意，會法師集講京師。因來省，遂祝髮座下，時十三歲。初聽楞嚴，至「徹心辯見會五陰三科處」〔一〕，愕然自失，乃登壇受具。晝夜六時除聽講外，即跏趺習定，兀然如槁木者三年，同學呼爲「兀齋」。一日，定中見大光明身等虛空，自是掩關不語，妙悟益發。内外典籍，寓目即了，無滯義矣。

幻齋，名如念，爲人温厚老成，嗜學經論如渴。二人同心執侍，如阿難、難陀，以故栖霞法席爲江南最。二公俱善達觀老人，觀方佩南宗心印，勘辯諸方，而二公與之出入議論，時蒙許可，其人可知矣。丙戌十一月初七日，慧忻然謂弟子曰：「我願畢，將去矣。」遂七日不食，而精神挺然。至十三日，端坐將逝。弟子請曰：「着甚麼衣好？」曰：「不干他。」遂逝。其夕，觀師在京之潭柘，夢慧掉臂西行而無侶，呼之不答。訃至，方驗其異。又三年戊子十一月十三日，慧方大祥，而念忽歎曰：「我更十日逝矣。」至期果逝。與慧同塔龍化庵後。慧，世壽四十四，僧臘三十二。念，世壽三十八，僧臘二十五。方今叢林衰替，二公俱精進光明幢，使不奪其年，庶幾爲大法棟梁，而竟爲報緣所局，未終下壽，遂棄人天。傷哉！

【校記】

〔一〕徵心辯見會五陰三科處　明馮夢禎快雪堂集卷十四兀齋幻齋二比丘塔銘作「徵心辨見破五陰魔處」。

【箋注】

〔一〕素庵法師，諱某　明幻輪編釋鑑稽古略續集卷三素庵法師：「諱真節，號素庵。」明如惺大明高僧傳卷四應天棲霞寺沙門釋真節傳：「釋真節，號素庵。」知素庵法師當諱真節。

月川法師傳

鎮澄，字月川，别號空印。金臺宛平李氏子。幼聰慧弗群，十五禮西山廣應寺引公爲師，得度爲沙彌，登壇受具。時一江灃、西峰深、守庵中諸大法師弘教於大都，師親依輪下，參窮性相宗旨，靡不該練，尤醉心華嚴圓頓法門，如是者十餘年。復從小山、笑巖二老究西來密意，殊有會焉。自是聲光動遠近，後學仰而歸之。

妙峰舉無遮會于五臺，師首其衆。罷會，居紫霞蘭若，面迫冷壁者三年。適塔院主人請修清凉傳，隨以法席延致，四方學士大集，至室無所容。尋與友人雪峰創獅子窟，建萬佛琉璃塔，遂成一大叢林。日遶數千指，演大華嚴寒巖冰雪中，儼然金剛窟對談也。時兩宫興福，尤注意臺山，聞師雅重之，特賜龍藏。尋延師入京，館于千佛、慈因二寺，講大乘諸經，賜賚隆厚。奉旨馳驛還山，開古竹林居之，有終焉意。復修古南臺，南臺、竹林皆文殊現身處，久廢，得師而復興。聖賢之蹟隱顯在人也。師自是疲於津梁，謝遣諸弟子，默然兀坐，一切無預於懷。衆固請説法，師曰：「學者以究心爲要，多説何爲？爾曹勉之[一]。吾將行矣。」中夜端坐而逝，時萬曆丁巳六月也。

師安重，寡言笑，律身至嚴，御衆甚寬。説法三十餘年，處廣衆若無人。不受飲食，雖天厨薦至，而粗糲自如。居恒專注理觀，安坐如山，物莫之動。度生衛法之心，至老彌篤。故出師之門者皆凝厚之士，諸方取法焉。其於講演提綱挈要，時出新義。北方法席之盛，稽之前輩，無出師右者。著述有楞嚴正觀、金剛正眼、般若照真論，因明、起信、攝論、永嘉集諸解，皆盛行于世。

【校記】

〔一〕學者以究心爲要多説何爲爾曹勉之　明釋德清憨山老人夢游集卷十四敕賜清涼山竹林寺空印澄法師塔銘作：「吾隨幻緣，力任大法，恒以生死大事爲念。今老矣，人世幾何？學者以究心爲要，豈復以播弄唇吻爲得耶？爾輩當以此自勉。」

徧融師傳

真圓，字大方，徧融其别號也，蜀之營山人。姓鮮氏，幼業儒。身長七尺餘，音吐洪亮。年將立，感生死無常，遂捨家入瑩華山[一]，禮可和尚爲師。落髮受具，一鉢東下。至洪州，葺馬祖庵居之。復捨庵入京師，徧游講席。深入華嚴法界，心念口演，不離此經。復束鉢入匡山，值歲凶，鬻薪度日，採薪遇有材堅寔可爲器杖者，輒削成，雜薪中，賣之不論價。隨得錢米，無多少一以供衆，爲之不避風雨寒暑，如是二十餘年。庵居獅子巖，地幽僻，多魈倀，常横一棒坐巖口，行脚僧來，輒棒之出，竟無契其機者。前後四入京師。初住龍華寺，聽通公講法。次住柏林閲藏，又移世刹海，接待雲水。最後慈聖太后建千佛叢林，請師居之。陳文端、趙文肅二公爲護持，道望赫然。

嘗在杲日寺講華嚴經，有狂僧觸太宰下獄，詞連師，因併逮師下獄。兩獄卒甚苦患師，置師于桓。師不勝苦，口稱大方廣佛華嚴經，鐵栓檀桓轟然盡裂。獄卒駭異感化，因不復爲獄卒。師在獄時，送供入獄者甚衆，然必獄衆均沾，精好一如始受，否即力却，終不獨入口。獄衆以此感動，相率皈依。圜扉之中，佛聲浩浩矣。師在獄凡三閲月，文肅公疏請得免。師念苦緣當百日，今未滿，且不能捨獄衆，堅不肯出。比出，隱轂積山，塊然獨坐。見人不起，亦不舉手。會中貴楊某奉慈聖命，請居世刹海，賜内帑、紫衣、寶旛、龍藏。時江陵方柄國，嘗詣師，侍者屢促師迎，不應。江陵至榻前，始徐起，執其手曰：「公來何爲？」曰：「來問佛法。」師曰：「盡心佐理朝廷，此真佛法。舍此俱爲戲論耳。」張默然。張又嘗偕文肅謁師，問：「如何是文殊智？」曰：「不隨心外境。」「如何是普賢行？」曰：「調理一切心。」師性耿直，高聲硬語，聞者凛然，不能爲豪貴人温憡，此亦其概也。

初，師法軀修偉而不甚肥大。自住刹海，日漸豐碩，至須人扶掖始得行。隆冬沍寒，日必數浴。居恒危坐，默持法界觀，或誦華嚴無停晷。甲申九月，師命梓人造龕，促其期，曰：「宜速成，緩無及也。」前三日，孤雁集方丈。師撫之，點頭曰：「爾來乎？」蓋雁去而師滅。師原無疾，獨覺氣力漸微弱。至重九日，尚坐繩床聽誦晚課，聞願生西方句，泊然而化。世壽七十九，僧臘五十。〔二〕全身瘞德勝門外普同塔。

【校記】

〔一〕瑩華山　原作「雲華山」，據趙志皋大護國千佛寺徧融大師塔院碑記改。

【箋注】

【一】世壽七十九，僧臘五十　據趙志皋大護國千佛寺徧融大師塔院碑記：「師生於弘治癸亥（一五〇三）六月十四日，滅度于萬曆甲申（一五八四）九月九日。……世壽八十有三，僧臘六十有四。」當以此爲是。

如幻傳

如幻，閩人也，林氏子。少爲儒，以事忤督學使者，拂衣而出。之廬山，從徧融和尚落髮。時徧融晦迹衆中，爲常住斫柴，幻亦斫柴。後徧融之京，爲國師，幻從之京。名起諸公卿間，籍甚，後散去。之姑蘇、南海、楚、蘄、黄間，所到説法，從之者如雲。萬曆己卯，來九峰講涅槃經，楚藩臬大夫往詢之。時弟子有私賣田數畝爲常住者，以所置券請印於當道。幻聞之，曰：「非我法也。」一夜遁去，諸弟子莫知所之。當道聞之，益重〔一〕。幻爲人，生平無嗜好。人有所施，輒以施人。每行，手持一鉢，肩擔一袈裟，赤脚麻鞋，不厭艱苦。與人言佛法，滚滚如大海水，不可竭。又善談名理、皇極經世、性理諸書，一生不見喜怒之色。復來九峰講楞嚴，郭祭酒正域從之問道，言甚相得。後入廬山講法華經。一日端坐示疾，弟子請偈。幻曰：「浮生本無偈，癡人迷夢踪。虚空無面目，面目問虚空。」弟子曰：「靈骨可更之蘄乎？」幻曰：「愛重娑婆苦，無情極樂仙。何須懷舊影，寂照滿三千。」言畢而逝。時年五十有九。

【校記】

〔一〕益重　明郭正域合併黄離草卷二十四勉公如幻禪師塔銘作「益重幻戒律」。

方念傳

方念，號清涼，古唐楊氏子。剃染從師，頗習文義。後捨之，入少林，謁幻休。幻休提大事因緣激發之，曉夕體究，至寢食俱忘。一日至五乳峰前，忽有得，呈偈曰：「五乳峰前，好箇消息。大小石頭，塊塊着地。」幻休可之。尋入京，依暹、禮二師探性相宗旨，曰：「差別智不可不明也。」自是肆游諸方，所見非一人，所修非一行。喫水齋，刺血書華嚴經，斷三日食，或斷七日。岩間枯坐，六時課誦，行大悲咒、穢迹咒，日各千遍。跽閱雜華，放施食，喫麩糠吞菜，閉關禁足。凡一切苦行，人所頻蹙者，師甘之如飴。然亦不廢講演，結冬度夏，從人渴仰引進，作佛事耳。

萬曆丁亥，在古華嚴石城精厲過分，忽雙目失明，思惟曰：「幻身非有，病從何來？」身心一時放下，硬坐七日而復見。隨至秀州天寧，飯僧十萬八千。過越中，寓廣濟蘭若。有澄上座者拜侍爲弟子，禪者仰峰從杭來，夢師踞法座，放頂光，普蔭越地。其後澄上座法道大行越中，斯其兆也。又行化入吴，於天池開火場煉魔。回秀州，修福城東塔。復遊江西，歷雲居、匡廬，將入五臺。而越中緇白念德之深，力挽之。歸後竟莫知所終。其在越獨眷眷于寶林道場，焉知非清涼國師後身？又焉知後日不復卓錫也？

雲棲蓮池宏師傳

蓮池袾宏，字佛慧，仁和沈氏子。父號明齋，母周氏。師生而穎異，試屢冠諸生，於科第猶掇之也。顧志在出世，几案間輟書「生死事大」以自警。一日閱慧燈集，失手碎茶甌，有省。乃視妻子爲鶻臭布衫，于世相一筆盡勾。作歌寄意，棄而專事佛。雖學使者力挽之，不回也。從蜀師性天〔一〕剃度，乞昭慶無塵玉律師受具，即單瓢隻杖遊諸方。北遊五臺，感文殊放光。至伏牛，坐煉囈語，忽現舊習。入京師，參徧融、笑巖二大老，皆有開發。經東昌府，忽有省，作偈曰：「二十年前事可疑，三千里外遇何奇？焚香擲戟渾如夢，魔佛空爭是與非。」時以母服未闋，懷木主以遊，每食必供，居必奉。至金陵瓦官寺，病劇，幾爲主者舁就茶毗。病間歸，得古雲棲寺舊址，結茅默坐，懸鐺煮糜。曾絶糧七日，倚壁危坐而已。胸掛鐵牌，題曰：「鐵若開花，方與人説。」久之，檀越爭爲構室，漸成叢林。清規肅然，爲諸方道場冠，而師始啓口説法。弟子日進，六時觀念，中夜警策。慈顔温諭，無異花開見佛矣。

師以精嚴律制爲第一行，著沙彌要略、具戒便蒙、梵網經疏〔二〕以發明之。又從參究念佛得力，遂開淨土一門，著彌陀疏鈔，融會事理，指歸唯心。又以高峰語録最極精鋭，乃并匡山、永明及古德機緣中喫緊語彙一編，名曰禪關策進，以示參究之訣。自是道風大播，朝野歸心。若大司馬宋公應昌、太宰陸公光祖、宫諭張公元忭、大司成馮公夢禎、陶公望齡并一時諸縉紳先生，次第及門。問道者以百計，靡不心折，盡入陶鑄。觀興浦庵偈所謂「一朝踏破香巖鉢，雙報君恩與佛恩」，〔一二〕始知東昌之悟，真戴角虎，不但稱理而談已也。

師持論嚴正，詁解精微。監司守相下車就語，侃侃略無少屈；諸賢豪候參者無加禮，皆忘形屈勢。至則空其所有，非精誠感物，何能至是哉？侍御左公宗郢問：「念佛得悟否？」師曰：「返聞聞自性，性成無上道。又何疑返念念自性耶？」仁和令樊公問：「心雜亂，如何得静？」師曰：「置之一處，無事不辦。」坐中一士曰：「專格一物，是置之一處，辨得何事？」師曰：「論格物，只當依朱子豁然貫通去，何事不辦得？」或問師：「何不貴前知？」師云：「譬如兩人觀琵琶記，一人不曾經見，一人曾見而預道之。畢竟同觀，終場能增減一齣否？」

侍郎王公宗沐問：「夜來老鼠唧唧，説盡一部華嚴經？」師云：「猫兒突出時如何？」王無語。師代云：「走却法師，留下講案。」又書頌云：「老鼠唧唧，華嚴歷歷。奇哉王侍郎，却被畜生惑。猫兒突出畫堂前，床頭説法無消息，無消息。大方廣佛華嚴經，世主妙嚴品第一。」師直擯曲説，語無回互。而世所宗天主寔義，又期立論破之。淨慈僧性蓮請師講圓覺經，聽者日數萬指。大釜日炊兩度，衆猶不給。募贖寺前萬工池，植蓮放生。因盟朝士，修天聖故事者二紀。後師八十誕辰，又增拓之，合城中上方、長壽兩池，皆爲放生設，著放生文，行於世，海内多尊奉之。孝定慈聖皇太后崇重三寶，偶見師放生文，甚嘉歎。遣内侍賫紫袈裟、齋資往供，問法要。師拜受，以偈答之。師極意悲幽冥苦趣，自習燄口，時親設放。嘗有見師座上現如來相者，觀力之使然也。

師天性朴實簡淡，無緣飾，虚懷應物。貌温粹，胸無崖岸，而守若嚴城。晝叢林日用，量施利厚薄，因果覈，罪福明。雖粒米莖菜，未嘗虚費。五十年中，不設化主，養老病，供衆僧。海内衲子擔簦負笈而至者，肩摩轂擊。食指日以千計，稍有盈餘輒散施諸山，庫無儲蓄。别有供師者，咸納之，以爲衣藥貧病施，略無虚日。簡私記，近七載中實用五千餘金。

師生平惜福，嘗著三十二條自箴。垂老躬自浣濯，出溺器，終身衣布素，一麻布幃，乃丁母艱時物，今尚存，他可知已。師以平等大悲攝化一切〔三〕，非佛言不言，非佛行不行，非佛事不作。佛囑末世護持正法者，依四安樂行，師實以之。憨公云：「歷觀從上諸祖，單提正令，未必盡修萬行。若夫即萬行以彰一心，即塵勞而見佛性者，古今除永明，唯師一人而已。先儒稱寂音爲僧中班、馬，予則謂師爲法門之周、孔也。」

萬曆乙卯六月入城，别諸弟子，首及宋守一等，遍及故舊，但曰：「吾將他往矣。」人皆莫測。還山，具茶湯設供，與衆話别，云：「此處吾不住，將他往。」衆罔知。七月朔，晚入堂坐，囑大衆曰：「我言衆不聽，我如風中燭，燈盡油乾矣。」次夜入丈室，示微疾，瞑目無語。弟子圍繞，師復開目，云：「大衆，老實念佛，毋捏怪，毋壞我規矩。」衆問：「誰可主叢林？」師曰：「戒行雙全者〔四〕。」又問目前，師曰：「姑依戒次。」言訖，面西念佛，端然而逝。

師生於嘉靖乙未，世壽八十一，僧臘五十。師自卜寺左嶺下，遂全身塔於此。其先耦湯氏，亦後師祝髮，建孝義庵，爲女叢林主，先一載而化，亦塔於寺外之右山。師得度弟子廣孝等爲最初上首，其及門受戒得度者，不下數千計，而在家無與焉。縉紳士君子及門者亦以千計，而私淑者無與焉。其所著述，除經疏外，有戒疏事義、問辯、疏鈔事義、楞嚴摸象記、遺教節要、水陸儀文、竹牕隨筆、二筆、三筆、四十八問答、淨土疑辨、往生集、崇行録、名僧輯略、正訛集、自知録、雲棲紀事、山房雜録等二十餘種行世。

【校記】

〔一〕性天　明釋德清憨山老人夢游集卷十四雲棲蓮池宏大師塔銘、清釋唐時如來香卷四作

「性天理和尚」。

〔二〕梵網經疏　明釋德清憨山老人夢游集卷十四雲棲蓮池宏大師塔銘作「梵網經疏發隱」，今存袾宏雲棲法匯作「梵網經心地品菩薩戒義疏發隱」，是。

〔三〕攝化一切　「切」，原作「時」，據明釋德清憨山老人夢游集卷十四雲棲蓮池宏大師塔銘改。

〔四〕戒行雙全者　「戒」，原作「解」，據明釋德清憨山老人夢游集卷十四雲棲蓮池宏大師塔銘改。

【箋注】

【一】觀興浦庵偈所謂「一朝踏破香巖鉢，雙報君恩與佛恩」　語出袾宏山房雜録卷二山陰興浦庵次韻酬張陽和太史：「玉殿傳臚第一人，杖藜今到衲僧門。剡溪興在連宵宿，蓮社情多盡日論。定水淨除心地垢，慧燈高爍性天昏。一朝勘破香巖鉢，雙報君恩與佛恩。」

補續高僧傳卷第六

明吴郡華山寺沙門明河撰

習禪篇

唐　龜洋　佛手岩二師傳

龜洋禪師慧忠，泉之仙遊陳氏子也。九歲出家，具戒後，杖錫觀方。謁草庵，問：「何方來？」師曰：「六眸峰。」庵曰：「還見六眸否〔一〕？」師曰：「患非重瞳。」庵然之。留草庵十年，旋回故山，屬唐武宗廢教，及宣宗詔興之，師曰：「仙去者未必受籙，佛去者未必須僧〔二〕。」遂過中不食，不宇而禪，迹不出山者，三十餘年。述三偈以自見，曰：

「雪後始知松柏操〔三〕，雲收方見濟河分。不因世主教還俗，那辨雞群與鶴群？」

「多年塵土〔四〕謾騰騰，雖著方袍未是僧。今日修行依善慧〔五〕，滿頭留髮候然燈。」

「形儀雖變道常存，混俗心源亦不昏。試讀〔六〕善財巡禮偈，當時豈例是沙門〔七〕？」

常謂門弟子：「衆生不能解脱者，情累爾。悟道易，明道難。夫明之爲言，信也。如禁蛇人，信其藥、咒力，以蛇綰弄揣懷袖中無難，未知者怖駭棄去〔八〕。但諦見自心，情見便破。今千疑萬慮不得用，是未見自心也。」一日，忽索香焚罷，安坐而化。全身葬於無了禪師塔之東隅二百步，目爲「東塔」。後數年，塔忽坼裂。主塔者將發視之，夜寂中見無了，曰：「不必更發也〔九〕。」今爲沈、陳二真身。沈，無了姓，見馬祖。

佛手岩行因者，雁門人，未詳姓氏。少習儒，捨俗出家。遂雲遊，首謁鹿門真公，言下有省。尋抵江淮，登廬山，山北有岩如五指，下石窟可三丈餘。師宴處其中，因號佛手岩和尚。不度弟子，有鄰庵僧爲供侍，常有異鹿、錦囊烏馴遶其側。江南李主三詔不起，堅請就棲賢開法。不逾月，仍潛歸岩室。寂音爲之贊曰：「淮山深處，容我卓錫。樹下經行，岩間宴寂。六十餘年，脇不至席。天子三詔，掉頭不應。知不可致，南向加敬。山摇海驚，天空地迥。後代兒孫，則反於是。如乳中蟲，貪著世味〔一〇〕。我尋其迹，爲隕涕淚。」師後下禪床，行數步，屹立而化。岩頂有松一株，同日枯瘁，壽七十餘。岩之陰，骨塔存焉。二師皆曹山嫡孫。

【校記】

〔一〕還見六眸否　宋道元景德傳燈録卷二十三泉州龜洋慧忠禪師作「還具六通否」。

〔二〕仙去者未必受籙佛去者未必須僧　宋道元景德傳燈録卷二十三泉州龜洋慧忠禪師作

「上昇道士不受籙，成佛沙彌不具戒法」，宋普濟五燈會元卷十四泉州龜洋慧忠禪師作「上昇道士不受籙，成佛沙彌不具戒」。

〔三〕松柏操　宋道元景德傳燈録卷二十三泉州龜洋慧忠禪師、宋普濟五燈會元卷十四泉州龜洋慧忠禪師作「松桂別」。

〔四〕塵土　宋道元景德傳燈録卷二十三泉州龜洋慧忠禪師、宋普濟五燈會元卷十四泉州龜洋慧忠禪師作「塵事」。

〔五〕今日修行依善慧　宋惠洪禪林僧寶傳卷十龜洋忠禪師作「今日歸來醻本志」。

〔六〕試讀　宋道元景德傳燈録卷二十三泉州龜洋慧忠禪師作「更讀」。

〔七〕當時豈例是沙門　宋道元景德傳燈録卷二十三泉州龜洋慧忠禪師作「當時何處作沙門」，宋普濟五燈會元卷十四泉州龜洋慧忠禪師作「當時豈例作沙門」。

〔八〕夫明之爲言……未知者怖駭棄去　宋普濟五燈會元卷十四泉州龜洋慧忠禪師作：「僧問：『如何得明道去？』師曰：『但脱情見，其道自明矣。夫明之爲言，信也。如禁蛇人，信其咒力、藥力，以蛇綰弄揣懷袖中無難，未知咒、藥等力者，怖駭棄去。』」

〔九〕不必更發也　宋道元景德傳燈録卷二十三泉州龜洋慧忠禪師作：「吾之遺質既勞汝重瘞，今東塔不煩更出也。」

〔一〇〕貪著世味　宋德洪石門文字禪卷十九定身巖贊作「貪嗜世味」。

瑞龍璋　黄檗慧傳

瑞龍禪師幼璋，唐相國夏侯孜猶子也。大中初，伯父司空出鎮廣陵，師方七歲，游慧照寺，聞誦妙法蓮華經。於是跪伯父前，求出家，伯父難之。師因不飲食，不得已許之。依慧遠禪師剃髮，又十年受具足戒。年二十五游方，至高安見白水，又謁署山，二大老皆器許焉。咸通十三年，見騰騰和尚者於江陵，騰騰囑曰：「汝往天台，尋靜而居，遇安即止。」已而又見憨憨和尚者，憨拊之曰：「汝却後四十年，有巾子山下菩薩王於江南，於時我法乃昌。」遂去，至天台山。於靜安鄉建福唐院，已符騰騰之言，又住隱龍院。中和四年，浙東飢疫，師於温、台、明三郡收瘞遺骸數千，時謂悲增大士。乾寧時，雪峰嘗見之，以椶櫚拂子授師而去。天祐三年，錢尚父遣使童建齋衣服、香藥入山致請至府，署「志德大師」，館於功臣院，日夕問道。辭還山，尚父不可，乃建瑞龍寺於城中以延之。禪者雲趨而集，又契憨憨之語。

嘗謂門弟子曰：「老僧頃年游歷江外、嶺南、荆湖，但有知識、叢林，無不參問來。蓋爲今日與諸人聚會，各要知箇去處。然諸方終無異説，只教諸人歇却狂心，休從他覓。但隨方任真，亦無真可任；隨時受用，亦無時可用。設垂慈苦口，且不可呼晝作夜；更饒善巧，終不能指東爲西。脱或能爾，自是神通作怪，非干我事。若學語之流，不省己知非，直欲向空裏採花，波中取月，還著得心力否？汝今日各自退思，忽然肯去。始知瑞龍老漢事不獲已，迂迴太甚。還肯麽？」天成二年丁亥四月，師從尚父乞墳，尚父笑曰：「師便爾乎？」遣陸仁璋者擇地西關建塔。塔畢，師往辭尚父，囑以護法卹民。還，安坐而化，閱世八十有七，坐七十夏。詔改天台隱龍爲隱迹云。

黄檗山慧禪師，洛陽人也。少出家，業小經論學〔一〕，因增受菩薩戒。嘆曰：「大士攝律儀，與吾本受聲聞戒，俱止持作犯也。然篇聚增減，支本通别，制意且殊，既微細難防，攝善中未嘗行於少分，況饒益有情乎？且世間泡幻，身命何可留戀哉？」遂置講課，欲捐身水中飼鱗甲。念已將行，偶二禪者接之款話，謂：「南方頗多知識，師何滯一隅也？」師從此回意參尋，屬關津嚴緊，乃謂守吏曰：「吾非翫山水，誓求祖道，他日必不忘恩。」守者察其志，遂不苛留，且曰：「師既爲法忘軀，回時願無吝所聞。」師欣謝，直造疏山。時仁和尚坐法堂受參。師先顧大衆，然後致問，曰：「刹那便去時如何？」疏山曰：「亙塞虚空，汝作麽生去？」師曰：「亙塞虚空，不如不去。」疏山便休。師下堂參第一座，座曰：「適觀座主對和尚，語甚奇特。」師曰：「此乃率爾，寔自偶然。敢望慈悲開示。」座曰：「一刹那間還有擬議否？」師言下頓省，禮謝。退茶堂，悲喜交盈，如是三日。尋住黄檗山，聚衆開法，後終本山。今塔中全身如生。

【校記】

〔一〕業小經論學　宋道元景德傳燈録卷二十筠州黄蘗山慧禪師作「業經論學」，明瞿汝稷指月録卷二十黄檗山慧禪師作「初業經論」，疑衍「小」字。

雲居簡傳

禪師道簡，其先范陽人，史失其氏。天姿粹美，閑靜寡言。童子剃髮，受滿分戒。偏遊叢席，造雲居，謁膺禪師。膺與語連三日，大奇之，戒令刻苦事衆。遂躬操井臼，司樵爨，偏掌寺務，不妨商略古今，衆莫有知者，以臘高爲堂中第一座。先是，高安洞山有神靈甚，膺公往三峰，時受服役。既來雲居，神亦從至，舍于枯樹下。樹茂，號「安樂樹神」。屬膺將順寂，主事僧白曰：「和尚即不諱，誰可繼者？」曰：「堂中簡。」主事僧意不在簡，謂令揀選可當説法者，僉曰：「第二座可，然且攝禮先請簡。簡豈敢當也？」既申請，簡無所辭讓，即自持道具入方丈，攝衆演法自如。主事僧大沮。師知之，一夕遁去，安樂樹神號泣。詰旦，衆追至麥莊，悔過迎歸，聞空中連呼曰：「和尚來也。」

僧問：「如何是和尚家風？」曰：「隨處得自在。」問：「維摩豈不是金粟如來？」曰：「是。」曰：「爲甚麽却在釋迦會下聽法？」曰：「他不爭人我。」問：「如何是朱頂王菩薩？」曰：「問這赤頭漢作麽？」問：「横身蓋覆時如何？」曰：「還蓋得麽？」問：「蛇子爲什麽吞却蛇〔一〕？」師曰：「在理何傷？」問：「諸佛〔二〕道不得處，和尚還道得麽？」曰：「汝道什麽處道不得〔三〕？」問：「路逢猛虎時如何？」曰：「千人萬人不逢，偏汝便逢？」問：「獨宿孤峰時如何？」曰：「閑著七間堂，誰教汝孤峰獨宿〔四〕？」問：「古人云『若欲保任此事，直須向高高山頂立，深深海裏行』，意旨如何？」曰：「高峰深海，迥絶孤危，似汝閨閤中軟暖麽？」又問：「叢林多好論尊貴邊事如何？」曰：「要汝知大唐天子不會書〔五〕，斷會麽？」簡契悟精深，履踐明驗，而對機應物，度越凡量，天下宗之。壽八十餘，無疾而化。廬州帥張崇爲建塔本山。

系曰：有同安丕禪師者，與師同爲膺公嫡嗣，難兄弟也。丕之嗣曰同安志，志之嗣曰梁山緣觀，自丕自觀，皆失考，生緣不及傳。觀之子則爲大陽玄矣，别具膺公，見宋傳。

【校記】

〔一〕爲什麽吞却蛇　原無「爲」字，據宋道元景德傳燈録卷二十雲居山昭化禪師道簡、宋惠洪禪林僧寶傳卷九雲居簡禪師補。「蛇」，宋道元景德傳燈録卷二十雲居山昭化禪師道簡、宋普濟五燈會元卷十三南康軍雲居道簡禪師作「蛇師」，是。

〔二〕諸佛　宋道元景德傳燈録卷二十雲居山昭化禪師道簡作「諸聖」。

〔三〕汝道什麽處道不得　宋道元景德傳燈録卷二十雲居山昭化禪師道簡、宋惠洪禪林僧寶傳卷九雲居簡禪師「道不得」上有「諸聖」。

〔四〕閑著七間堂誰教汝孤峰獨宿　宋道元景德傳燈録卷二十雲居山昭化禪師道簡、宋惠洪禪林僧寶傳卷九雲居簡禪師作：「閑著七間僧堂不宿，阿誰教汝孤峰獨宿？」

〔五〕不會書　宋惠洪禪林僧寶傳卷九雲居簡禪師作「不書」。

蜆子和尚傳

蜆子和尚，不知何許人也，事迹頗異。居無定所，自印心於洞山。混俗閩、川，不畜道具，不循律儀。冬夏唯披一衲，逐日沿江岸採掇鰕蜆以充其腹。暮即宿東山白馬廟紙錢中，居民目爲「蜆子和尚」。華嚴靜禪師聞之，欲決真假。先潛入紙錢中，深夜師歸，嚴把住曰：「如何是祖師西來意？」師遽答曰：「神前酒臺盤。」嚴放手曰：「不虚。與我同根生。」嚴後赴莊宗詔，入長安。師亦先至，每日歌唱自拍，或乃佯狂，泥雪去來，俱無踪迹。後不知所終。靜出洞山，故曰「同根生」耳。

惟勁大師傳

寶聞大師惟勁，福州人也。素持苦行，不衣繒纊，惟壞衲度寒暑，時謂頭陀焉。初參雪峰，深入淵奧。復問法玄沙之席，心印符會。一日謂鑒上座曰：「聞汝註楞嚴經，是否？」曰：「不敢。」師曰：「二文殊如何〔一〕註？」曰：「請師鑒。」師乃揚袂而去。

唐光化中，入南岳，住三生藏。藏中有鏡燈一座，華嚴第三祖賢首大師所製也。師覩之，頓悟廣大法界重重帝網之門、佛佛羅光之像。因歎曰：「此先哲奇功，非具不思議善權之智，何以創焉？」乃著五字頌五章，覽者悟理事相融，後終南嶽。師著述有續寶林傳〔二〕四卷，紀貞元後禪門繼踵源流。又製七言覺地頌，廣明諸教緣起。又著南岳高僧傳，皆流傳於世云。

【校記】

〔一〕如何　宋道元景德傳燈録卷十九南嶽般舟道場寶聞大師惟勁、宋普濟五燈會元卷七南嶽般若惟勁寶聞禪師作「作麽生」。

〔二〕續寶林傳　原無「續」字，然寶林傳相傳爲智炬撰，與惟勁無涉，據宋贊寧宋高僧傳卷十七後唐南嶽般舟道場惟勁傳：「勁續寶林傳，蓋録貞元已後禪門祖祖相繼源脈者也。」宋道元景德傳燈録卷十九南嶽般舟道場寶聞大師惟勁：「師於梁開平中撰續寶林傳四卷。」知其著乃續寶林傳，因據補。

鼓山國師傳從展附

鼓山國師神晏，大梁人也，姓李氏。幼惡葷羶，樂聞鐘梵。年十二時，有白氣數道騰于所居屋壁，師即揮毫書壁曰：「白道從兹速改張，休來顯現作妖祥。定祛邪行歸真見，必得超凡入聖鄉。」題罷，氣即隨滅。年甫志學，遘疾甚亟，夢神人與藥，覺而頓愈。明年又夢梵僧告云：「出家時至矣。」遂依衛州白鹿山道規禪師披削，嵩嶽受具。謂同學曰：「古德云『白四羯磨後，全體戒定慧』，豈準繩而可拘也？」於是杖錫遍叩禪關，但記語言，存乎知解。及造雪嶺，朗然符契。一日參雪峰，峰知其緣熟，忽起搊住曰：「是什麽？」師釋然了悟，亦忘其了心，惟舉手摇曳而已。雪峰曰：「子作道理耶？」師曰：「何道理之有？」雪峰審其懸解，撫而印之。暨雪峰歸寂，閩帥於府城左二十里開鼓山，創禪宫，請揚宗教。曰：「今爲諸仁者刺頭入諸聖化門裏，斗藪〔一〕不出。所以向仁者道，教排不到，祖不西來，三世諸佛不能唱，十二分教載不起。凡聖攝不得，古今傳不得。忽爾是个漢，未通个消息，向他恁麽道，被他驀口摑。還怪得他麽？雖然如此，也不得亂摑。鼓山尋常道，更有一人不跨石門，須有不跨石門句。作麽生是不跨石門句？鼓山自住三十餘年，五湖四海來者，向高山頂上看山玩水。未見一人快利通得，如今還有人通得，也不昧兄弟。珍重。」乃有偈示衆曰：「直下猶難會，尋言轉更賒。若論佛與祖，特地隔天涯。」閩帥禮重，常詢法要焉。

保福禪師從展，福州人也，生陳氏。年十五，禮雪峰爲受業師。十八，本州大中寺具戒，游吴楚間。後歸，執侍雪峰。一日忽召曰：「還會麽？」師欲近前，峰以杖拄之，師當下知歸。又常以古今因緣詢長慶稜和尚，稜深許之。梁貞明四年丁丑，漳州刺史王公欽承道風，創保福院，迎請居之。師曰：「上座行脚事作麽生不會，會取好〔二〕，莫傍家取人處分。若是久在叢林，粗委些子遠近，可以隨處任真。後學未知次序，山僧不惜口業，向汝道塵劫來事，只在如今，還會麽？」問：「因言辯意〔三〕時如何？」師曰：「因甚麽言？」僧低頭良久。師曰：「擊電之機，徒勞佇思。」問：「欲達無生路，應須識本源。如何是本源？」師良久，却問侍者：「適來僧問甚麽？」其僧再舉，師乃喝出，曰：「我不患聾。」師因僧侍立，問曰：「汝得恁麽麤心？」僧曰：「甚麽是某甲麤心處？」師拈一塊土，度與僧曰：「抛向門前著。」僧抛却，來曰：「甚處某甲麤心〔四〕？」師曰：「我見築著磕著，道汝麤心〔五〕。」師住保福僅一紀，學衆不下七百。其接機利物，不可備録。唐天成三年戊子，示有微疾。僧入丈室問訊，師曰：「吾與汝相識年深，有何方術相救？」僧曰：「方術甚有，聞説和尚不解忌口。」又謂衆曰：「吾旬日來氣力困劣，别無他，只是時至。」僧問：「時既至矣，師去即是？住即是？」師曰：「道道。」曰：「怎麽即？某甲不敢造次。」師曰：「失錢遭罪。」言訖而寂。

系曰：予登鼓山覽國師遺迹，至喝水巖，風景凄楚。相傳師嘗宴坐於此，溪水喧聒，師喝之，水爲倒流遠去，至今猶然。國師高風，千載可想見矣。保福機語如嚴霜急颶，亦足摧殺。但君子不欲多上人，陳老師那應便築受降城耶？

【校記】

〔一〕斗藪　宋普濟五燈會元卷七福州鼓山神晏興聖國師作「抖擻」。

〔二〕上座行脚事作麽生不會會取好　宋道元景德傳燈録卷十九漳州保福院從展禪師作：「師曰：『上座行脚事作麽生？』曰：『不會。』師曰：『不會？會取好。』」

〔三〕因言辯意　原作「因言辯急」，據宋道元景德傳燈録卷十九漳州保福院從展禪師、宋普濟五燈會元卷七漳州保福院從展禪師改。

〔四〕甚處某甲麤心　宋悟明聯燈會要卷二十四漳州保福從展禪師作「甚處是某甲麤心處」。

〔五〕道汝麤心 宋悟明聯燈會要卷二十四漳州保福從展禪師作「所以道儞麤心」。

羅山閑傳

羅山道閑禪師，長溪陳氏子。出家龜山，年滿受具，徧歷諸方。嘗謁石霜，問：「去住不寧時如何？」霜曰：「直須盡却。」師不契。乃參巖頭，亦如前問，頭曰：「從他去住，管他作麽？」師于是服膺。閩帥飲其法味，請居羅山，號法寶禪師〔一〕。

僧辭保福，福問：「甚處去？」曰：「禮拜羅山。」福曰：「汝向羅山道，保福秋間上府朝覲大王，置四十箇問頭問和尚，忽若一句不相當，莫言不道。」僧舉似師。師呵呵大笑，曰：「陳老師自入福建道洪塘橋下一寨，未曾見有箇毛頭星現。汝與我向從展道：『陳老師無許多問頭，秖有一口劍，一劍下有分身意，有出身路，不明便須成末〔二〕。』」僧回舉似福，福曰：「我當時也秖是謔伊。」至秋入府，師特爲辦茶筵請福，福不赴。却向僧曰：「我中間曾有謔語，恐和尚問著。」僧歸舉似，師曰：「汝向他道，猛虎終不食伏肉。」僧又去，福遂來。

臨遷化，上堂集衆，良久展左手，主事罔測，乃令東邊師僧退後。又展右手，令西邊師僧退後。乃曰：「欲報佛恩，無過流通大教，歸去也，珍重！」言訖，莞爾而寂。

系曰：巖頭門下得法者，傳燈現録六人，而二彥一閑最著，僧統僅傳瑞岩彥，而玄泉彥與閑師不載，予故表之，使知黄龍、明招二公所自出也。

【校記】

〔一〕法寶禪師　宋道元景德傳燈録卷十七福州羅山道閑禪師作「法寶大師」。

〔二〕一劍下有分身意有出身路不明便須成末　宋普濟五燈會元卷七福州羅山道閑禪師作：「一劍下須有分身之意，亦有出身之路，若不明，便須成末。」

黄龍機　明招謙傳

黄龍山誨機禪師，清河張氏子。初參巖頭，問：「如何是祖師西來意？」頭曰：「你還解救糍麽？」曰：「解。」頭曰：「且救糍去。」後到玄泉，又問。泉拈起一莖皂角，曰：「會麽？」師：「不會。」泉放下，作洗衣勢。師便禮拜，曰：「信知佛法無别。」泉曰：「見甚道理？」師曰：「某甲問巖頭，頭曰：『你解救糍麽？』救糍也祇是解粘。和尚提起皂角，亦是解粘。所以道無别。」泉呵呵大笑，師遂有省。

唐天祐中，游化至此山，節帥施俸建宇，奏賜紫衣、師號，大張法席。師將順世，有僧問：「百年後鉢囊子何人將去？」師曰：「一任將去。」曰：「裏面事如何？」師曰：「線綻方知。」曰：「何人得？」師曰：「海燕雷聲即向汝道。」言訖告寂。

先是吕岩真人洞賓，京川人，唐末三舉不第。偶於長安酒肆遇鍾離權，授以延命術，自爾人莫之究。嘗遊廬山歸宗，書鐘樓壁〔一〕曰：「一日清閑自在身，六神和合報平安。丹田有寶休尋道，對境無心莫問禪。」未幾，道經黄龍山，覩紫雲成蓋，疑有異人，乃入謁。值師擊鼓升堂，師見，意必吕公也，欲誘而進，厲聲曰：「座旁有竊法者。」吕毅然出問：「一粒粟中藏世界，半升鐺内煮山川。此意如何？」師指曰：「這守尸鬼。」吕曰：「爭奈囊有長生不死藥。」師曰：「饒君八萬劫〔二〕，終是落空亡。」吕薄訝，飛劍脅之，不能入。遂再拜，求指歸。師詰曰：「『半升鐺内煮山川』即不問，如何是『一粒粟中藏世界』？」吕言下頓契。作偈曰：「棄却瓢囊摵碎琴，如今不戀汞中金。自從一見黄龍後，始覺從前錯用心。」師囑令加護。

明招德謙禪師受羅山印記，靡滯于一隅，激揚玄旨。諸老宿畏其敏捷，後學鮮敢當者。嘗到昭慶，指壁畫問僧：「那箇是甚麽神？」曰：「護法善神。」師曰：「會昌沙汰時，何處去來？」僧無對。師令問演侍者。演曰：「汝甚劫中遭此難來？」僧回舉似師。師曰：「直饒演上座他後聚一千衆，有甚用處？」僧禮拜，請別語。師曰：「甚麽處去也？」「一次到坦長老處。坦曰：『夫參學，一人所在亦須到，半人所在亦須到。』」師便問：「一人所在即不問，作麽生是半人所在？」坦無對。後令小師問師，師曰：「汝欲識半人所在，祇是弄泥團漢。」清上座舉仰山插鍬話問師：「古人意在叉手處？插鍬處？」師召清，清應諾〔三〕。師曰：「還夢見仰山麽？」清曰：「不要上座下語，祇要商量。」師曰：「若要商量，堂頭自有一千五百人老師在。」又到雙巖，巖請喫茶次，曰：「某甲致一問，若道得，便捨院與闍黎住。若道不得，即不捨院。」遂舉金剛經云「一切諸佛及諸佛阿耨多羅三藐三菩提法皆從此經出」，且道此經是何人説？師曰：「説與不説，拈向這邊著〔四〕。祇如和尚決定喚甚麽作此經？」巖無對。師曰：「『一切賢聖，皆以無爲法而有差別。』祇如差別，是過不是過？若是過，一切賢聖皆是過〔五〕。若不是過，決定喚甚麽作差別？」巖亦無語。師曰：「噫！雪峰道底。」師訪保寧，中路相遇。便問：「兄是道伴中人？」乃點鼻頭曰：「這箇礙塞我不徹，與我拈却少時，得麽？」寧曰：「和尚有來多少時？」師曰：「噫！洎賺我踏破一緉草鞋。」便回。國泰代曰：「非但某甲，諸佛亦不奈何。」師曰：「因甚麽以己方人？」

師在婺州智者寺居第一座，尋嘗不受淨水。主事嗔曰：「上座不識觸淨，爲甚麽不受淨水？」師跳下床，提起淨瓶曰：「這箇是觸是淨？」事無語，師乃撲破。師有師叔在廨院，患甚，附書來問，曰：「某甲有此大病，如今正受疼痛。一切處安置伊不得，還有人救得麼？」師乃復曰：「頂門上中此金剛箭，透過那邊去也。」

有一僧曾在師法席，辭去，住庵一年。後來禮拜，曰：「古人道三日不相見，莫作舊時看。」師乃露胸問曰：「汝道我有多少蓋膽毛？」僧無對。師却問：「汝什麼時離庵？」曰：「今朝。」師曰：「來時折脚鐺子，分付與阿誰？」僧又無語。師乃喝出。

師住明招山四十載，語句流布四方。將欲遷化，上堂告衆囑付。其夜展足，問侍者曰：「昔釋迦如來展開雙足，放百寶光明。汝道吾今放多少？」侍者曰：「昔日鶴林，今日和尚。」師以手拂眉曰：「莫辜負麼。」說偈曰：「驀刀叢裏逞全威，汝等應當善護持。火裏鐵牛生犢子，臨岐誰解湊吾機？」偈畢安坐，寂然長往。今塔院存焉。

系曰：常言學仙須骨，學佛須緣，洞賓蓋有骨有緣者耳。然非黄龍手段斬截，恐此漢未易壓倒。明招悟入没量，如鄧天君下視草木皆焦，所謂但知盡法，不顧無民。由是知巖頭門日孤冷弗振，不得如象骨老子法澤綿長矣。

【校記】

〔一〕鐘樓壁　宋正受嘉泰普燈録卷二十四吕巖真人作「鍾閣壁」。

〔二〕饒君八萬劫　宋正受嘉泰普燈録卷二十四吕巖真人、宋普濟五燈會元卷八吕巖真人作「饒經八萬劫」。

〔三〕應諾　原作「應話」，據宋道元景德傳燈録卷二十三婺州明招德謙禪師、宋普濟五燈會元卷八婺州明招德謙禪師、明瞿汝稷指月録卷二十一婺州明招德謙禪師改。

〔四〕拈向這邊著　宋道元景德傳燈録卷二十三婺州明招德謙禪師作「一時拈向那邊著」。

〔五〕一切賢聖……一切賢聖皆是過　宋道元景德傳燈録卷二十三婺州明招德謙禪師作：「『一切賢聖，皆以無爲法而有差别。』斯則以無爲法爲極則，憑何而有差别？且如差别，是過不是過？若是過，一切賢聖盡有過。」宋普濟五燈會元卷八婺州明招德謙禪師作：「『一切賢聖，皆以無爲法而有差别。』則以無爲法爲極則，憑何而有差别？衹如差别，是過不是過？若是過，一切賢聖悉皆是過。」

太原上座傳

太原孚上座，初在揚州光孝寺講涅槃經。有禪者阻雪，因往聽講，至三因佛性、三德法身，廣談法身妙理，禪者失笑。師講罷，請禪者喫茶，白曰：「某甲素志狹劣，依文解義。適蒙見笑，且望見教。」禪者曰：「寔笑座主不識法身。」師曰：「如此解説，何處不是？」

曰：「請座主更説一遍。」師曰：「法身之理，猶若太虛。豎窮三際，横亘十方。彌綸八極，包括二儀。隨緣赴感，靡不周徧。」曰：「不道座主説不是，祇是説得法身量邊事，寔未識法身在。」師曰：「既如是，禪德當爲我説。」曰：「座主還信否？」師曰：「焉敢不信？」曰：「座主試輟講旬日，掩關端坐，收心攝念，善惡諸緣一時放却。」師一依所教，從初夜至五更，聞鼓角聲，忽然契悟，便去叩門。禪者曰：「誰？」師曰：「某甲。」禪者咄曰：「教汝傳持大教，代佛説法，夜來爲甚醉酒卧街？」師曰：「禪德自來講經，將生身父母鼻孔扭捏，今已去，更不敢如是。」禪者曰：「且去。來日相見。」師遂罷講，徧歷諸方，名聞宇内。

嘗游浙中，登徑山法會。一日于大佛殿前，有僧問：「上座曾到五臺否？」曰：「到。」「見〔一〕文殊否？」曰：「見。」「甚處見？」曰：「徑山佛殿前見。」其僧後適閩川，舉似雪峰。峰曰：「何不令入嶺來？」師聞，趨裝而往。初至峰廨院憩錫，因分柑子與僧。長慶問：「甚處將來？」師曰：「自嶺外〔二〕。」曰：「遠涉不易，擔負得來。」師曰：「柑子，柑子。」次日上山。雪峰聞，乃集衆。師到法堂上，顧視雪峰，便下看知事。明日却上禮拜曰：「某甲昨日觸忤和尚。」峰曰：「知是般事便休。」峰一日見師，乃指日示之。師摇手而出。峰曰：「汝不肯我耶？」師曰：「和尚摇頭，某甲擺尾，甚麼處是不肯？」峰曰：「到處也須諱却。」一日衆僧晚參，峰在中庭卧。師曰：「五州管内，祇有這老和尚較些子。」峰便起去。峰嘗問師：「見説臨濟有三句，是否？」師曰：「是。」曰：「作麼生是第一句？」師舉目視之。峰曰：「此猶是第二句。如何是第一句？」師叉手而退，自此雪峰深器之。室中印解，師資道契，更不他游，而掌浴焉。

一日玄沙上，問訊雪峰。峰曰：「此間有箇老鼠子，今在浴室裏。」沙曰：「待與和尚勘過。」言訖到浴室，遇師打水。沙曰：「相看上座。」師曰：「已相見了。」沙曰：「甚劫中相見？」師曰：「瞌睡作麼？」沙却入方丈，白峰曰：「已勘破了。」峰曰：「作麼生勘伊？」沙舉前話。峰曰：「汝著賊也。」鼓山問師：「父母未生時，鼻孔在甚麼處？」師曰：「老兄先道。」山曰：「如今生也，汝道在甚麼處？」師不肯。山却問：「作麼生？」師曰：「將手中扇子來。」山與扇子。再徵前話，師搖扇不對。山罔測，乃毆師一拳。

鼓山赴大王請，雪峰門送，同至法堂〔三〕。乃曰：「一隻聖箭，直射九重城裏去也。」師曰：「是伊未在。」曰：「渠是徹底人。」師曰：「若不信，待某甲去勘過。」遂趁至中路。便問：「師兄甚處去？」山曰：「九重城裏。」師曰：「忽遇三軍圍繞時如何？」山曰：「他家自有通霄路。」師曰：「恁麼則離宮失殿去也。」山曰：「何處不稱尊？」師拂袖便回。峰問：「如何？」師曰：「好隻聖箭，中路折却了也。」遂舉前話。峰乃曰：「奴渠語在。」師曰：「這老凍膿猶有鄉情在。」

師在庫前立。有問：「如何是觸目菩提？」師踢狗子，作聲走，僧無對。師曰：「小狗子不消一踢。」保福簽瓜次，師至，福曰：「道得，與汝瓜喫。」師曰：「把將來。」福度與一片，師接得便去。師不出世，諸方目爲太原孚上座。後歸維揚，陳尚書留供養。一日謂尚書曰：「來日講一遍大涅槃經，報答尚書。」書至期，致齋茶畢，師遂陞座，良久，揮尺一下，曰：「如是我聞。」乃召尚書，書應諾。師曰：「一時佛在……」便乃脱去。

【校記】

〔一〕見　宋普濟五燈會元卷七太原孚上座作「還見」。

〔二〕自嶺外　宋道元景德傳燈録卷十九太原孚上座、宋普濟五燈會元卷七太原孚上座作「嶺外將來」。

〔三〕同至法堂　宋悟明聯燈會要卷二十四太原孚上座、宋普濟五燈會元卷七太原孚上座、宋藴聞編大慧普覺禪師語録卷七作「回至法堂」。

大静　小静傳

國清寺師静上座，始遇玄沙和尚示衆云：「汝諸人但能一生如喪考妣，吾保汝究得徹去。」師乃躡前語問曰：「只如教中不得以所知心測度如來無上知見，又作麽生？」玄沙曰：「汝道究得徹底所知心，還測度得及否？」師從此信入。後居天台，三十餘載不下山。博綜三學，操行孤立。禪寂之餘，常閱龍藏。遐邇欽重，時謂大靜上座。

嘗有人問曰：「弟子每當夜坐，心念紛飛。未明攝伏之方，願垂明誨。」師答曰：「汝將紛飛心以究紛飛處〔一〕，究之無處，則紛飛之念何存？返究究心，則能究之心安在？又能照之智本空，所緣之境亦寂。寂非寂者，無能寂之人；照非照者，無所照之境〔二〕。境智俱寂，心慮安然。外不尋枝，内不住定。二途俱泯，一性怡然。此乃還源要道也。」

師因覩教中幻義，乃述一偈，問諸學流，偈曰：「若道法皆如幻有，造諸過惡應無咎。云何所作業不忘〔三〕？而藉佛慈興接誘。」時有小靜上座答曰：「幻人興幻幻輪圍，幻業能招幻所治。不了幻生諸幻苦，覺知如幻幻無爲。」二靜上座並終本山，今國清寺遺蹤在焉。

【校記】

〔一〕汝將紛飛心以究紛飛處　宋道元景德傳燈録卷二十一天台國清寺師靜上座、宋普濟五燈會元卷八天台國清寺師靜上座作「如或夜間安坐，心念紛飛，却將紛飛之心以究紛飛之處」。

〔二〕寂非寂者……無所照之境　宋道元景德傳燈録卷二十一天台國清寺師靜上座、宋普濟五燈會元卷八天台國清寺師靜上座作：「寂而非寂者，蓋無能寂之人也；照而非照者，蓋無所照之境也。」

〔三〕不忘　宋道元景德傳燈録卷二十一天台國清寺師靜上座作「不妄」，是。

烏巨晏禪師傳

烏巨山儀晏禪師，吴興許氏子。於唐乾符三年將誕之夕，異香滿室，紅光如晝。光啓中，隨父鎮信安，强爲娶，師不願。遂歷諸方，機契鏡清。歸省父母，乃於郭南創别舍以遂師志。舍旁陳司徒廟有凛禪師像，師往瞻禮，失其所之。後郡守展祀祠下，見師入定廟後叢竹間，蟻蠹其衣，敗葉没脛。或者云：「是許鎮將子也。」自此三昧或出或入。子湖訥禪師未知師造，問曰：「子所住定，蓋小乘定耳？」時方啜茶，師呈起橐曰：「是大是小？」訥駭然。尋謁栝倉唐山德嚴禪師，嚴問：「汝何姓？」曰：「姓許。」嚴曰：「誰許汝？」曰：「不别。」嚴嘿識之，遂與剃染。嘗令摘桃，浹旬不歸。往尋，見師攀桃倚石，泊然在定。嚴鳴指出之。

開運中，游江郎巖，覩石龕，謂弟子慧興曰：「予入定此山〔一〕，汝當壘石塞門，勿以吾爲念。」興如所戒。明年，興意師長往，啓龕視之，師素髮披肩，胸臆尚煖，徐自定起，了無異容，復回烏巨。侍郎慎公鎮信安，馥師之道，命義學僧守榮詰其定相。師不與之辯，榮意輕之。時信安人競圖師像而尊事，皆獲舍利。榮因愧服，禮像謝愆，亦獲舍利，歎曰：「此後不敢以淺解測度矣。」錢忠懿王感師見夢，遣使圖像。至，適王患目疾，展像作禮，如夢所見，隨雨舍利，目疾頓瘳，因錫號「開明」。及述偈讚，竇器供具千計。

端拱初，太宗皇帝聞師定力，詔本州加禮，津發赴闕，師力辭。僧再至，諭旨特令肩輿入對便殿，命坐賜茗。咨問禪定，奏對簡盡，深契上旨。丐歸，復詔入對。得請還山，送車塞途。淳化元年示寂，壽一百十五，臘五十七。闍維白光屬天，舍利五色。邦人以骨塑像，至今州郡雨暘禱之，如嚮斯答。

【校記】

〔一〕此山　宋普濟五燈會元卷八衢州烏巨山儀晏開明禪師作「此中」。

梁　普靜覺傳

普靜院常覺禪師，陳留人也，生李氏。幼習儒，絶無干禄意。志樂山水，頗務游觀。

至廬山歸宗，適弘章禪師開法，乃言下有省，固求出家。未幾，章將順寂，命師前，撫之曰：「汝於大法有緣，後濟度無量〔一〕。吾呼吸間人耳，不能遂汝志。」即以披剃事囑之門人，章乃寂。

師至梁乾化二年落髮，明年納戒於東林甘露壇。尋游五臺，抵上都，于麗景門外獨居二年。有比鄰〔二〕張生者，清信士也，屈師供養，偶榻焉其家。至深夜，與妻竊窺之，見師體遍滿榻中，頭足俱出榻外，生大驚。及令奴婢視之如常。生倍加信敬，曰：「弟子夫婦偕老〔三〕，願割宅前區以裨丈室，可乎？」師欣然受之。後唐天成三年，遂成大院，賜額曰「普靜」。師以時機淺昧，難任極旨。苟啓之非器，謗讟由生，未若不言之爲愈〔四〕。于是每月三八日隨緣行施，僧俗受惠者以萬計。

嘗謂諸徒曰：「但得慧門無壅，則福何滯哉？」一日給事中陶穀入院，見師所爲，因問曰：「經云『離一切相即名諸佛』，今目前紛然〔五〕，如何離得？」師曰：「給事見箇甚麼？」陶欣然仰重。自是王公大人屢薦章服、師號，皆却不受。以開寶四年冬，右脇而化。

【校記】

〔一〕汝於大法有緣後濟度無量　宋道元景德傳燈録卷二十四東京普淨院常覺禪師、宋普濟五燈會元卷十四東京普淨院常覺禪師作「汝於法有緣，他後濟衆人，莫測其量也」。

〔二〕比鄰　宋道元景德傳燈録卷二十四東京普淨院常覺禪師作「北鄰」。

〔三〕偕老　宋道元景德傳燈録卷二十四東京普淨院常覺禪師、宋普濟五燈會元卷十四東京普淨院常覺禪師作「垂老」。

〔四〕謗讟由生未若不言之爲愈　宋道元景德傳燈録卷二十四東京普淨院常覺禪師、宋普濟五燈會元卷十四東京普淨院常覺禪師作「令彼招謗讟之咎，我寧不務開法」。

〔五〕紛然　宋道元景德傳燈録卷二十四東京普淨院常覺禪師、宋普濟五燈會元卷十四東京普淨院常覺禪師作「諸相紛然」。

梁　重雲暉禪師傳

重雲禪師智暉，生咸秦高氏。總角時即好游佛寺，喜動顔色，自誓出家。年二十受滿足戒，印心于白水仁禪師。因愛中灘山水，創屋居之，號「温室院」，日以施水給藥爲事。有比丘患白癩，衆惡之。師引歸，日夕與摩洗。久之，忽神光異香焕發，失僧所在，視瘡痂皆異香也。

梁開平中，思故山，乃還終南圭峰。于是翛然深往，獨步岩石，徘徊顧望。忽見磨衲數珠、銅瓶棙笠在石壁間，觸之即壞，宛如常寢處。遂恍然曰：「此吾前身道具也。」因就其處建寺，以酧昔因。方薙草，有祥雲出衆峰間，遂名重雲。虎豹引去，有龍湫，險惡不可犯。師夷之爲路，龍亦去之。住持四十餘年，接引後學，老而無倦。後唐明宗聞而嘉歎，賜額曰「長興」。節度使王彦超微時嘗從暉游，願爲沙門。暉曰：「汝世緣深，當爲吾家垣墻。」彦超後果鎮永興，于是益敬師。周顯德三年夏，詣別彦超，囑以山門事。初秋體尚無恙，忽説偈曰：「我有一間舍，父母爲修蓋。住來八十年，近來覺損壞。早擬移他處〔一〕，事涉有憎愛。待他摧毁時，彼此無相礙。」乃加趺而化。閲世八十有四，臘六十四。塔於本山。

【校記】

〔一〕他處　宋惠洪禪林僧寶傳卷十重雲暉禪師、宋普濟五燈會元卷十三京兆府重雲智暉禪師作「別處」，宋道元景德傳燈録卷二十京兆重雲智暉禪師作「住處」。

周　大章　清豁　沖煦傳

大章山契如庵主，福州永泰人。素藴孤操，志探祖道。預玄沙之室〔一〕，穎悟幽旨。玄沙記曰：「子禪已逸格，則他後要一人侍立也無。」師自此不務集徒，不畜童侍，隱於小界山。刳大朽杉，處其中，容身而已〔二〕。凡游僧至，皆隨扣而應。有問：「生死到來，如何迴避？」師曰：「符到奉行。」曰：「然則〔三〕被生死拘將去也。」師曰：「阿㖿㖿。」清豁、沖煦聞師名，造之，值師採粟。豁問曰：「道者如庵主在何所？」師曰：「從何處來？」曰：「山下來。」師曰：「因何得到這裏？」曰：「這裏是何處所？」師揖曰：「那下喫茶去。」二公方省是師。遂至庵，夜覩豺虎奔至庵前，自然馴擾。豁有詩曰：「行不等閑行，誰知去住情。一餐猶未飽，萬户勿聊生。非道應難伏，空拳莫與爭。龍吟雲起處，閑嘯兩三聲。」二公尋于大章山創庵，請師居之。兩處孤坐，垂五十二載而化。

豁亦永泰人，少聰敏，鼓山國師與落髮。初謁大章，後參睡龍。龍一日問曰：「豁闍黎，見何尊宿來，還悟也未？」曰：「清豁常訪〔四〕大章，得箇信處。」睡龍于是上堂，集大衆召曰：「清豁闍黎，出對衆燒香説悟處，老僧與汝證明。」師乃拈香曰：「香已拈了，悟即不悟。」睡龍大悦而許之。

僧問：「家貧遭劫時如何？」師曰：「不能盡底去。」曰：「爲甚麽不盡底去？」曰：「賊是家親。」「是家親，爲甚翻成家賊？」師曰：「内既無應，外不能爲。忽然捉敗，功歸何所？」師曰：「賞亦未曾聞。」曰：「恁麽即勞而無功也？」曰：「功不無，成但不處〔五〕。」「爲何不處〔六〕？」師曰：「不見道『太平本是將軍定，未許將軍見太平〔七〕』？」

師後將順世，忽捨衆入山，乃遺偈曰：「世人休説路行難，鳥道羊腸只尺間。珍重苧溪溪畔水，汝歸滄海我歸山。」即往貴湖卓庵。未幾，謂門人曰：「吾滅後，將遺骸施諸蟲蟻，勿置墳塔。」言訖入湖頭山，坐磐石，儼然而化。門人禀遺命，延留七日，竟無蟲蟻侵食，遂就闍維，散于林野。

煦，福州人，生〔八〕和氏。幼不染葷血，剃度于鼓山，得法受記。年始二十四，即開法洪州豐城，道聲藉藉，時稱「小長老」。周顯德中，江南國主延住光睦，久之移廬山開先，後居淨德，並聚徒説法。開寶八年圓寂。三師：章嗣玄沙、豁嗣睡龍、煦嗣鼓山，皆雪峰嫡孫。

【校記】

〔一〕室　宋道元景德傳燈録卷二十一福州大章山契如庵主作「宫」。

〔二〕處其中容身而已　宋道元景德傳燈録卷二十一福州大章山契如庵主、宋普濟五燈會元卷八福州大章山契如庵主作「若小庵，但容身而已」。

〔三〕然則　宋道元景德傳燈録卷二十一福州大章山契如庵主作「恁麽即」，宋普濟五燈會元卷八福州大章山契如庵主作「恁麽則」。

〔四〕常訪　宋道元景德傳燈録卷二十二漳州保福院清豁禪師、宋普濟五燈會元卷八漳州保福院清豁禪師作「嘗訪」，是。

〔五〕功不無成但不處　宋道元景德傳燈録卷二十二漳州保福院清豁禪師、宋普濟五燈會元卷八漳州保福院清豁禪師作「功即不無，成而不處」。

〔六〕爲何不處　宋道元景德傳燈録卷二十二漳州保福院清豁禪師、宋普濟五燈會元卷八漳州保福院清豁禪師作：「既是成功，爲什麽不處？」

〔七〕太平本是將軍定未許將軍見太平　宋道元景德傳燈録卷二十二漳州保福院清豁禪師、宋普濟五燈會元卷八漳州保福院清豁禪師作「太平本是將軍致，不使將軍見太平」。

〔八〕生　宋道元景德傳燈録卷二十一金陵淨德道場沖煦慧悟禪師作「姓」。

宋　風穴沼禪師傳

風穴延沼禪師，餘杭劉氏子。少魁礨有英氣，于書無所不窺，然無經世意。初祝髮，業教義，久乃歸禪。發迹于鏡清怤公，鍼芥不投。乃北游湘沔，遇守廓上座，南院侍者也，乃密探南院宗旨，忻然赴之。初見不禮拜，便問曰：「入門須辯主，端的請師分。」院以左手拊膝，師便喝。院右手拊膝，師亦喝。院曰：「左邊一拍且止，右邊一拍作麽生？」師曰：「瞎。」院擬拈拄杖。師曰：「作甚麽？奪拄杖打著老和尚，莫言不道。」院倚拄杖曰：「三十年住持，今日被黄面浙子上門羅織。」師曰：「和尚大似持鉢不得，詐言不飢。」院曰：「子到此間乎？」師曰：「是何言與？」院曰：「好問汝。」師曰：「也不得放過。」便禮拜。南院喜，賜坐命茶，因問：「所與游者何人？」對曰：「襄州與廓侍者同夏。」院曰：「親見作家來。」始叙師資禮，依止六年。辭去，至汝水，住風穴廢寺。日乞村落，夜燃松脂，單丁者七年。而後學徒麕至，開法嗣，南院法席冠天下。傳法者，首山念公與廣慧真也。

一日上堂曰：「若立一塵，家國興盛，野老顰顣。不立一塵，家國喪亡，野老安帖。于此明得，闍黎無分，全是老僧。于此不明，老僧即是闍黎。闍黎與老僧，能悟天下人，能瞎天下人。欲識闍黎麽？」拊左膝曰：「這裏是。欲識老僧麽？」拊右膝曰：「這裏是。」其辯才無礙如此。以宋開寶六年癸酉八月旦日，登座説偈，至十五日，加趺而化。閲世七十有八，坐五十九夏。

系曰：廓侍者以三喝犅忤老華嚴時，師爲維那。上方丈問訊，嚴曰：「汝來，適守廓不應當衆扭捏，老僧須痛與一頓趁出。」師曰：「趁他遲了也。他是臨濟下兒孫，本分如此。」師舉似廓。廓曰：「汝何必勸止？我未問前，早要棒喫。得我話行，如今搭却我話也。」穴曰：「雖然已聞天下矣，廓公四楞塌地，師壁立萬仞，老華嚴一矮人看場耳，臨濟宗所以不可攀仰湊泊也。」

歸宗詮師傳

禪師名道詮，生劉氏，吉州安福人也。童子棄家，事思禪師，思爲剃落，受具足戒。後聞長沙慧輪禪師，思一見之。時馬氏竊據荆楚，與建康接壤。詮年二十餘，結友冒險造焉。會馬氏滅，劉言有其地，以王逵代劉言領其事。逵見詮輩，疑爲諜者，捕縛欲投江中。詮怡然無怖，逵異之，以問輪曰：「此道人視死如見鼻端，何種人乃能爾？」輪曰：「彼蓋爲法忘軀之人，聞老僧虚名，故來決擇耳。」逵釋之，加敬。詮傲然而去，依延壽十年。輪殁，詮還廬山。乾德初，庵于東南牛首峰下。

開寶五年，洪帥林仁肇請住九峰，賜大沙門。尋屬江南國絶，僧徒例試經業，師之衆並習禪觀。乃述一偈，聞于州牧曰：「比擬忘言合太虚，免教和氣有親疎。誰知道德全無用，今日爲僧貴識書。」州牧閱之，與僚佐議曰：「旃檀林中，必無雜樹。惟師一院特免試。」太平興國九年，南康牧張南金請居歸宗。雍熙二年十一月二十八日中夜，辭衆而化。

法燈欽公傳

泰欽，字法燈，魏府人也。辯才無礙，入法眼之室，雖解悟逸格，未爲人知。性忽略不事事，嘗自清涼遺化維揚，不奉戒律，過時未歸。一衆傳以爲笑。法眼遣偈往呼之。既歸，使爲衆燒浴。一日法眼問大衆曰：「虎項下金鈴，何人解得？」對者皆不契。欽適自外至，法眼理前語問之。欽謂：「大衆何不道，繫者解得？」於是人人改觀。法眼曰：「汝輩這回笑渠不得也。」

出世，初住洪州雙林，次遷上藍護國院。未幾，李國主請住清涼道場。乃曰：「山僧本擬深藏山谷，遣日過生，緣清涼老人有不了底公案，所以出來爲他了却。若有人問，便説似伊。」時一僧出問，欽曳杖擊之。僧曰：「我有何過？」欽曰：「祖禰不了，殃及兒孫。」國主從容問曰：「先師有何不了公案？」欽曰：「現分析者。」國主駭之。

開寶七年六月示疾，告衆曰：「老僧住持將逾一紀，每承國王助發，至於檀越道侶、主事小僧皆赤心爲我，默而難言。或披麻帶布，甚違吾道。【一】我之遺骸，但于〔一〕南山大智藏和尚左右乞一墳塚，升沈皎然，不淪化也。」又示衆曰：「但識口，必無咎。縱有咎，因汝有。珍重〔二〕。」二十四日，安坐而逝。

【校記】

〔一〕但于　宋道元景德傳燈録卷二十五金陵清涼法燈禪師泰欽、宋普濟五燈會元卷十金陵清涼泰欽法燈禪師作「必于」。

〔二〕因汝有珍重　宋道元景德傳燈録卷二十五金陵清涼法燈禪師泰欽、宋普濟五燈會元卷十金陵清涼泰欽法燈禪師作：「因汝有我，今火風相逼，去住是常道。」

【箋注】

〔一〕甚違吾道　宋道元景德傳燈録卷二十五金陵清涼法燈禪師泰欽、宋普濟五燈會元卷十金陵清涼泰欽法燈禪師：「此即順俗，我道違真。且道順好違好？然但順我道，即無顛倒。」

奉先深　清涼明傳

奉先深、清涼智明二禪師者，亦雲門嗣也。二師同游方時，聞僧問法眼：「如何是色？」眼豎起拂子。或曰：「雞冠花。」或曰：「貼肉汗衫。」二人特往請益。問曰：「承聞和尚有三種色語，是否？」眼曰：「是。」深曰：「鷂子過新羅。」便歸衆。時李主在座下，不肯。乃白法眼曰：「寡人來日致茶筵，請二人重新問話。」明日茶罷，備綵一箱、劍一口。謂二師〔一〕曰：「上座若問話得是，奉賞雜綵一箱。若問不是，祇賜一劍。」法眼陞座，深復出問：「今日奉敕問話，師還許也無？」眼曰：「許。」曰：「鷂子過新羅。」捧綵便行。大衆一時散去。

時法燈作維那，乃鳴鐘集衆僧堂前勘二師〔二〕。衆集，燈問：「承聞二上座久在雲門，有甚奇特因緣？舉一兩則來商量看。」深曰：「古人道『白鷺下田千點雪，黄鶯上樹一枝花』，維那作麽生商量？」燈擬議。深打一座具，便歸衆。深同明和尚到淮河，見人牽網，有魚從網透出。深曰：「明兄俊哉！一似箇衲僧相似。」明曰：「雖然如此，爭如當初不撞入網羅好。」深曰：「明兄，你欠悟在。」明至中夜方省。

二師並出世金陵，深于奉先，明于清涼，皆江南主虔請也。蓮華祥庵主，深之嗣。西峰豁公，明之嗣。别具。

【校記】

〔一〕二師　原作「二深」，據宋悟明聯燈會要卷二十六深明二上座、宋普濟五燈會元卷十五金陵奉先深禪師改。

〔二〕二師　原作「深」，宋普濟五燈會元卷十五金陵奉先深禪師作「師」，宋悟明聯燈會要卷二十六深明二上座作「二師」，下文言「二上座」，知「二師」是，因據改。

洞山稟　薦福古傳

洞山清稟，泉州仙游人，生〔一〕李氏。幼禮中峰院鴻謐爲師。年十六，福州太平寺受戒。初詣南岳，參惟勁頭陀，未染指。及抵韶陽禮祖塔，回造雲門。門問曰：「今日離什麽處？」曰：「慧林。」門舉拄杖曰：「慧林大師恁麽去，汝見麽？」曰：「深領此問。」門顧左右，微笑而已。師自此入室印悟。乃之金陵，國主李氏請居光睦。未幾，復命入澄心堂集諸方要語。經十稔，迎住洞山。

薦福承古，西州人，不知誰氏子。少爲書生，博學有聲。及壯，以鄉選至禮部。議論不合，有司怒裂其冠。從山水中來，客潭州了山〔二〕，見敬玄禪師，斷髮從之游。已謁南岳雅公。雅，洞山子，知見甚高，容以入室。後游廬山，經歐峰，愛宏覺塔院閑寂，求居之。清規凛然，過者肅恭，時叢林號「古塔主」。

初説法于芝山，嗣雲門。景祐初，范文正公仲淹守饒，迎住薦福。示衆曰：「夫出家者，爲無爲法。無爲法中，無利益、無功德。近來出家人貪著福慧，與道全乖。若爲福慧，須至明心。若要達道，無汝用心處。所以常勸諸人，莫學佛法，但自休心。利根者，晝時解脱。鈍根者，或三五年，遠不過十年。若不悟去，老僧與汝墮拔舌地獄。」

系曰：師去雲門近百年，覽語而悟，遂嗣之不疑。時雲門子孫方盛，無敢異詞者，蓋所得真耳。不知傳燈何以不録師耶？

【校記】

〔一〕生 宋道元景德傳燈録卷二十三筠州洞山普利院第八世住清禀禪師作「姓」。

〔二〕了山 宋惠洪禪林僧寶傳卷十二薦福古禪師作「丫山」。

首山念禪師傳

首山省念禪師，萊州狄氏〔一〕子。幼棄家，得度於南禪寺。爲人簡重，有精識。嘗誦法華經，衆目爲念法華。晚于風穴會中充知客，隨衆作止，無所參扣。然終疑教外有別傳之妙〔二〕，不言也。風穴每念大仰讖臨濟法道有「遇風則止」之語，懼身當之，注意于念。一日陞座曰：「世尊以青蓮華目顧迦葉，正當是時，且道箇甚麽？若言不説而説，又成埋没先聖……」語未卒，念便下去。侍者進曰：「念法華無言而去，何也？」穴曰：「渠會也。」明日念與真園頭同上問訊。穴問真曰：「如何是世尊不說說？」對曰：「鵓鳩〔三〕樹頭鳴。」穴曰：「汝作許多癡福何用？」因問師。師曰：「動容揚古路，不墮悄然機。」穴謂真曰：「看渠下語〔四〕。」穴一日又陞座，顧視大衆，師便下去。穴即歸方丈，自是聲名重諸方。

一日白兆楚和上至汝州宣化，穴令師往傳語。纔相見，提起坐具便問：「展即是，不展即是？」兆曰：「自家看取。」師便喝。兆曰：「我曾親近知識來，未嘗輒敢如此〔五〕造次。」師曰：「草賊大敗。」兆曰：「來日若見風穴，待一一舉似。」師曰：「一任一任，不得忘却。」師乃先還。舉似穴，穴曰：「今日又被汝收下一員草賊也。」師曰：「好手不張名。」兆次日見穴，舉前話，穴曰：「非但昨日，今日和贓捉敗。」師後開法首山，爲第一世。登其門者，皆叢林精練衲子，然天下稱法席之冠，必指首山。

嘗謂衆曰：「佛法無多子，只是汝輩自信不及。若能自信，千聖出頭來，無奈汝何。何故如此？爲向汝面前，無開口處，祇爲汝自信不及，向外馳求，所以到這裏。假如便是釋迦佛，也與汝三十棒。然雖如是，初機後學憑箇什麼道理？且問汝輩還得與麼也未？」良久曰：「若得與麼，方名無事。」僧問：「臨濟喝、德山棒，未審明什麼邊事？」師曰：「汝試道看。」僧便喝。師曰：「瞎。」僧又喝。師曰：「這瞎漢，只管〔六〕亂喝作麼？」僧禮拜，師打之。因曰：「諸上座，不得胡喝亂喝。尋常向汝道，賓則始終賓，主則始終主〔七〕。賓無二賓，主無二主。若有二賓二主，即是兩箇瞎漢。所以我若立，汝須坐。我若坐，汝須立。坐則共汝坐，立則共汝立。雖然如是，也須〔八〕著眼始得。」

師道被天下，移寶安山廣教院，衆不過四十輩，老於寶應。淳化三年十二月四日，留僧過歲，作偈曰：「吾今年邁六十七，老病相依且過日。今年記取來年事，來年記著今朝日〔九〕。」至明年是月是日，陞座辭衆曰：「白銀世界金色身，情與無情共一真。明暗盡時都不照，日輪午後示全身。」言訖安坐，日將昳而逝。荼毗得五色舍利，塔于首山。

系曰：當大仰爲讖時，溈山固問之，仰良久曰：「將此身心奉塵刹，是則名爲報佛恩。」即有越俎代庖之意。故首山即大仰後身無疑也，伸脚在縮脚裏，又何怪溈、仰之後寥寥哉？

【校記】

〔一〕狄氏　原爲「狄□」，據宋道元景德傳燈録卷十三汝州首山省念禪師、宋普濟五燈會元卷十一汝州首山省念禪師、宋惠洪禪林僧寶傳卷三汝州首山念禪師補。

〔二〕別傳之妙　宋惠洪禪林僧寶傳卷三汝州首山念禪師、元釋念常佛祖歷代通載卷十八作「別傳之法」。

〔三〕 鶉鳩 宋惠洪禪林僧寶傳卷三汝州首山念禪師作「勃姑」。

〔四〕 看渠下語 宋惠洪禪林僧寶傳卷三汝州首山念禪師、元釋念常佛祖歷代通載卷十八作「何不看渠語」。

〔五〕 如此 宋普濟五燈會元卷十一汝州首山省念禪師作「恁麽」。

〔六〕 只管 宋道元景德傳燈録卷十三汝州首山省念禪師作「只麽」，宋普濟五燈會元卷十一汝州首山省念禪師作「衹麽」。

〔七〕 賓則始終賓主則始終主 宋李遵勖編天聖廣燈録卷十六汝州寶應禪院省念禪師、宋惠洪禪林僧寶傳卷三汝州首山念禪師作「賓即始終賓，主即始終主」。

〔八〕 也須 宋李遵勖編天聖廣燈録卷十六汝州寶應禪院省念禪師作「到者裡」，宋悟明聯燈會要卷十一汝州首山省念禪師、宋惠洪禪林僧寶傳卷三汝州首山念禪師作「到這裏」。

〔九〕 今年記取來年事來年記著今朝日 宋惠洪禪林僧寶傳卷三汝州首山念禪師作「今年記取明年事，明年記著今年日」。

汾陽昭 葉縣省 神鼎諲三禪師傳

汾州太子院善昭禪師，生太原俞氏。器識沈邃，少緣飾，具大智。少失恃怙，既孤苦，雅不喜世俗。遂祝髮受具，杖策飄然，所至不稍停覽〔一〕。乃曰：「從上先德行脚，正以聖心未通，驅馳決擇耳，不緣山水也。」歷參七十一員知識，最後至首山，問：「百丈卷席，意旨如何？」山曰：「龍袖拂開全體現。」進曰：「師意如何？」曰：「象王行處絶狐踪。」于是大悟。拜起曰：「萬古碧潭空界月，再三撈摝始應知。」有問者曰：「見何道理，便爾自肯？」曰：「正是我放身命處。」自是陸沈襄沔間，每爲郡守以名刹力致，前後八請，堅卧不起。

及首山殁，西河道俗協心削牘，遣沙門契聰請師住汾州太子院。師時方閉關，聰排闥入，讓以大義，曰：「佛法大事，靖退小節。風穴懼應讖，憂宗旨墜滅，幸有先師。先師棄世，汝有力荷擔如來大法者，今何時，欲安眠哉？」師起，握聰手曰：「非公不聞此語。趨辦嚴，吾行矣。」既至，燕坐一榻，足不越閫者三十年，天下仰曰汾陽〔二〕而不敢名。

一日，上堂謂衆曰：「『汾陽門下有西河師子當門踞坐，但有來者，即便咬殺。有何方便，入得此門，見得此人？若見此人者，堪與祖佛爲師。不見此人，盡是立地死漢。如今還有人入得麽？快須入取，免負平生。不是龍門客，切忌遭點額。那箇是龍門客？一齊點下。』」舉起拄杖曰：「速退速退，珍重。」并汾地苦寒，師罷夜參。有異僧振錫至，謁師曰：「會中有大士六人，奈何不説法？」言訖升空而去。師密記以偈曰：「胡僧金錫光，請法到汾陽。六人成大器，勸請爲敷揚。」時楚圓、守芝號上首〔三〕，叢林知名。

龍德府尹李侯與師有舊，虛承天致之，使三反不赴。使者受罰，復至曰：「必欲得師俱往，不然有死而已。」師笑曰：「老病業已不出院，借往當先後之。何必俱耶？」使者曰：「師諾則先後唯所擇。」昭令設饌，且俶裝，曰：「吾先行矣。」停箸而化。有侍者出衆曰：「和尚到處，某甲即到。」亦立化。〔三〕

歸省禪師，住葉縣廣教院，冀州賈氏子也。弱冠依易州保壽院，出家受具。後游方，參首山。山一日舉竹篦問曰：「喚作竹篦即觸，不喚作竹篦即背。喚作甚麼？」師掣得，擲地上曰：「是甚麼？」山曰：「瞎。」師于言下豁然頓悟。浮山遠公，其得法子也。

洪諲者，生扈氏，襄水人。自受首山印記，隱衡岳三生藏。有湘陰男子來游，即師室，見師氣貌閑靜，一鉢掛壁，莫能親疎，愛之忘去。謂曰：「師寧甘長客于人，亦欲住山乎？家神鼎下鄰寺〔四〕乃吾世植福之地，久無住持者，可俱往。」師笑曰：「喏。」乃以己馬馱師還。十年始成叢席，一朽床爲説法座，甘枯淡，無倫比。

僧契嵩少時游焉，師坐堂上受其展，指庭下兩小甕，詫曰：「汝來乃其時。」寺始有醬食矣。明日將粥，一力挾筐，取物投僧鉢中。嵩睨上下，有即咀嚼者，有置之自若者。嵩袖之下堂，出以觀，皆碎餅餌。問諸耆老，曰：「此寺自來不煮粥。脱有檀越請應供，諲次第撥僧赴之。祝令攜乾殘者，歸納庫下。碎焙之，均而分俵，以當麵也。堂頭言汝來適丁其時。良然！」嵩大驚。止此已見譚老平生爾。他具燈録。

系曰：頌古自汾陽始，觀其頌布毛公案，曰：「侍者初心慕勝緣，辭師擬去學參禪。鳥窠知是根機熟，吹毛當下獲心安。」與胡僧金錫光偈，看他吐露，終是作家。真寔宗師一拈一舉皆從性中流出，殊不以攢華疊錦爲貴也。

【校記】

〔一〕杖策飄然所至不稍停覽　宋惠洪禪林僧寶傳卷三汾州太子昭禪師作「杖策游方，所至少留，不喜觀覽，或譏其不韻」。

〔二〕汾陽　宋惠洪禪林僧寶傳卷三汾州太子昭禪師、元釋念常佛祖歷代通載卷十八、宋賾藏主古尊宿語録卷十汾陽昭禪師語録作「汾州」。

〔三〕時楚圓守芝號上首　宋賾藏主古尊宿語録卷十汾陽昭禪師語録作「自此，夜參遂不復罷。時楚圓、守芝、慧覺、智圓、谷泉、齊舉等俱在座下。」

〔四〕家神鼎下鄰寺　宋惠洪禪林僧寶傳卷十四神鼎諲禪師作「我家神鼎之下，鄰寺」。

【箋注】

【一】一日，上堂謂衆曰　這段法語與五燈會元卷十一汾州太子院善昭禪師、宋賾藏主古尊宿語録卷十汾陽昭禪師語録、汾陽無德禪師語録所載略有差異，今附上汾陽無德禪師語録卷上以便參考：「汾陽門下有西河師子當門踞坐，但有來者，即便齩殺。有何方便，入得汾陽門，得見汾陽人？若見汾陽人者，堪與祖佛爲師。不見汾陽人，盡是立地死漢。如今還有人入得門麽？快須入取，免得辜負平生。不是龍門客，切忌遭點額。那箇是龍門客？一齊點下。」

【二】昭令設饌……亦立化　宋賾藏主古尊宿語録卷十汾陽昭禪師語録：「具裝畢，告衆曰：『老僧去也，誰人隨得？』一僧出云：『某甲隨得。』師曰：『汝日行幾里？』僧云：『五十里。』師云：『汝隨我不得。』又一僧出云：『某甲隨得。』師曰：『汝日行幾里。』僧云：『七十里。』師云：『汝也隨我不得。』侍者出云：『某甲隨得。但和尚到處，某甲即到。』師曰：『汝却隨得老僧。』言訖，謂使者曰：『吾先行矣。』怡然坐逝。侍者即立化。」

谷隱聰　廣慧璉二師傳

禪師諱蘊聰，廣州張氏子。初參百丈恒，不契。乃見首山，問：「學人親到寶山，空手回時如何？」山曰：「家家門前火把子。」言下大悟。呈偈曰：「我今二十七，訪道曾尋覓。今朝喜得逢，要且不相識。」後住襄州谷隱山，諸方稱谷隱聰云。達觀穎者，其克家子也。別具傳。

元璉禪師，泉州陳氏子。褊顱廣顙，瞻視凝遠，望見令人意消。參首山，山問：「近離何處〔一〕？」璉曰：「漢上。」山豎起拳曰：「漢上還有這個麼？」曰：「這是甚麼盌鳴聲？」山曰：「瞎。」璉曰：「恰是〔二〕。」拍一拍便出。他日又見，於火把子話下大悟〔三〕，云：「某甲不疑天下老和尚舌頭也。」後出世汝州廣慧院。華嚴隆爲嗣法上首，楊龜山大年〔四〕亦出師位下，有寄內翰李公書叙師承本末云。

系曰：首山一把火，前燒谷隱，後燒廣慧，二老故得出頭光燄。又有二智嵩：一住三交，一住鐵佛，亦首山門下皎皎者也，不及傳。

補續高僧傳卷第六終

【校記】

〔一〕近離何處　宋悟明聯燈會要卷十二汝州廣慧元璉禪師作「甚處來」。

〔二〕璉曰恰是　宋悟明聯燈會要卷十二汝州廣慧元璉禪師無。

〔三〕他日又見於火把子話下大悟　宋普濟五燈會元卷十一汝州廣慧院元璉禪師作「他日又問：『學人親到寶山，空手回時如何？』山曰：『家家門前火把子。』師當下大悟。」

〔四〕楊龜山大年　「龜山」爲北宋哲學家楊時之號，「大年」乃北宋文學家楊億之字，寄內翰李公書爲楊億所作，故「龜山」應爲「億」字之誤。

補續高僧傳卷第七

明吳郡華山寺沙門明河撰

習禪篇

宋　大陽玄傳

大陽禪師警玄，江夏張氏子也。其先蓋金陵人，仲父爲沙門，號智通，住金陵崇孝寺，師往依之。年十九爲大僧，聽圓覺，即能辯屈講者。〔一〕講者歎曰：「是齒少而識卓如此，我所有何足益之？」通知之，使令游方。初謁梁山觀禪師，問：「如何是無相道場？」山指壁間觀音像曰：「此是吳處士畫。」師擬進語，山急索曰：「此是有相。如何是無相者？」於是悟旨於言下，拜起而侍。山曰：「何不道取一句子？」師曰：「道即不辭，恐上紙墨。」山笑曰：「他日此語上碑去在。」師獻偈呈解。〔二〕山稱以爲洞上之宗可倚，〔三〕師亦自負儕輩莫敢攀，一時聲名藉甚。山歿，出山至大陽，謁堅禪師。堅欣然讓法席，使主之，退處偏室，咸平庚子歲也。

師神觀奇偉，有威重，從兒稚中即日一食。自以先德付受之重，足不逾限，脇不至席者五十年。浮山遠公居衆時，嘗參師於大陽，師以臘高無可繼法之人，一日喟然謂遠曰：「洞上一宗如懸絲欲斷，惟汝興之。」遠曰：「有平侍者在。」師以手指胸云：「平此處不佳。」又揑拇指叉中，示之云：「伊向去當死於此。」於是以皮履布裰付遠，囑令求人。以天聖五年七月十六日陞座辭衆。又三日，作偈寄王曙侍郎，偈〔一〕曰：「吾年八十五，修因至於此。問我歸何處，頂相終難覩。」擲筆而化。遺囑云：「瘞全身十年無難，當爲大陽山打供。」入塔後果爲平侍所戕。平亦坐是返俗，流浪無依，爲虎所食，師言驗矣。〔四〕遠受大命，得青華嚴，轉付履裰，嗣師法焉。

【校記】

〔一〕偈　宋惠洪禪林僧寶傳卷十三大陽延禪師作「其略」。

【箋注】

〔一〕年十九爲大僧，聽圓覺，即能辯屈講者　宋惠洪禪林僧寶傳卷十三大陽延禪師：「問講者：『何名圓覺？』講者曰：『圓以圓融有漏爲義，覺以覺盡無餘爲義。』延笑曰：『空諸有無，何名圓覺？』」

〔二〕師獻偈呈解　宋惠洪禪林僧寶傳卷十三大陽延禪師：「延獻偈曰：『我昔初機學道迷，

萬水千山覓見知。明今辯古終難會，直説無心轉更疑。蒙師點出秦時鏡，照見父母未生時。如今覺了何所得？夜放烏雞帶雪飛。』」

【三】山稱以爲洞上之宗可倚　即曹洞宗。自唐代禪師洞山良价、曹山本寂創立曹洞宗後，後世禪林多以洞上或洞下稱之。如宋智昭集人天眼目卷三曹洞宗：「洞山和尚，諱良价。……晚得曹山耽章禪師，深明的旨。妙唱嘉猷。道合君臣，偏正回互。繇是洞上玄風播於天下，故諸方宗匠咸共推尊之，曰曹洞宗。」明居頂續傳燈録卷六舒州投子山義青禪師：「自此復經三年，鑑時出洞下宗旨示之，悉皆妙契。」

【四】平亦坐是返俗，流浪無依，爲虎所食，師言驗矣　宋道謙編大慧普覺禪師宗門武庫述此事甚詳：「入塔時，門人恐平將不利於師，遂作李和文都尉所施黄白器物書於塔銘，而實無也。平後住大陽，忽云：『先師靈塔風水不利，取而焚之。』山中耆宿切諫平，平云：『於我有妨。』遂發塔，顔貌如生，薪盡儼然。衆皆驚異。平乃钁破其腦益油薪，俄成灰燼。衆以其事聞于官，坐平謀塔中物不孝還俗。平自稱黄秀才謁瑯瑘，瑯云：『昔日平侍者，今朝黄秀才。我在大陽時見爾做處。』遂不納。又謁公安，安亦不顧。平流浪無所依，後於三叉路口遭大蟲食之，竟不免大陽了叉之記，悲哉！」

慈明圓禪師傳

石霜楚圓禪師，號慈明，汾陽嫡嗣也，生全州李氏。少爲書生，年二十二出家。母有賢行，使游方。師連眉秀目，頎然豐碩。然忽繩墨，所至爲老宿呵，以爲少叢林。師柴崖而笑曰：「龍象蹴踏，非驢所堪。」嘗槖骨董箱，以竹杖荷之。游湘沔間，聞汾陽道望，遂與大愚、谷泉、瑯琊造焉。陽顧而默器之，經二年未許入室。每見必罵詬，或毁詆諸方，所訓皆流俗鄙事。一夕訴曰：「自至法席已再夏，不蒙指示，但增世俗塵勞。念歲月飄忽，己事不明……」語未卒，陽熟視，罵曰：「是惡知識，敢裨販我？」怒舉杖逐之。師擬伸救，陽掩師口，乃大悟，曰：「乃知臨濟道出常情。」服役七年，辭去，依唐明嵩公。嵩指會楊大年，因大年復會李都尉，二公恨見之晚，館於齋中，日夕質疑智證，以爲法友。久之，辭還河東，省唐明，李公遣二僧訊師，師於書尾畫雙足，寫來僧名以寄之。李作偈曰：「黑毫千里餘，金槨示雙趺。人天渾莫測，珍重赤鬚胡。」

師以母老南歸至筠州。首衆於洞山，時聰禪師居焉。先是，汾陽謂師曰：「我遍參雲門兒孫，特以未見聰爲恨。」故師依止三年，乃游仰山。大年以書抵宜春太守黄宗旦，使請師出世。守虚南原致師，師不赴。旋特謁候守願行，守問其故。師曰：「始爲讓，今偶欲之耳。」守大賢之。住三年，棄去省母，以白金爲壽。母投金于地，駡曰：「汝少行脚負布橐去，今安得此物？吾望汝濟我，反置我地獄耶？」師色不怍，徐收之，辭去。謁神鼎諲公，鼎，首山高弟，望尊一時。衲子非人類精奇，無敢登其門者。住山三十年，門弟子氣吞諸方。師髮長不剪，弊衣楚音，通謁稱法姪，一衆大笑。鼎遣童子問：「長老誰之嗣？」師仰視屋曰：「親見汾陽來。」鼎杖而出，顧見頎然，問曰：「汾州有西河師子，是否？」師指其後，絶叫曰：「屋倒矣。」童子返走。鼎回顧相矍鑠，師地坐，脱隻履而視之。鼎老忘所問，又失師所在。師徐起整衣，行且語曰：「見面不如聞名。」遂去。鼎遣人追之，不可，歎曰：「汾陽乃有此兒耶？」師自是名重叢林。

適道吾虛席，郡移書欲得大禪伯領之。鼎以師應召，法令嚴整，亡身爲法者集焉。師之大機大用，不可思議。傳者謂師「以事事無礙行心，凡聖不能測」，可爲知言矣。水庵謂尤侍郎延之曰：「昔大愚、慈明、谷泉等結伴參汾陽，河東苦寒，衆人憚之。惟慈明曉夕不憚，夜坐欲睡，則引錐自刺。歎曰：『古人爲生死事大，不食不寢，我何人哉？乃縱荒逸，生無益於時，死無聞於後，是自棄也。』及辭歸，汾陽歎曰：『楚圓今去，吾道東矣。』」〔一二〕次住福嚴，又移興化。嘗室中插劍一口，以草鞋一對、水一盆，置在劍邊，擬議者〔一一〕，師曰：「喪身失命了也。」便喝出。無有一人契者。其他玄言妙語、提唱宗乘，探旨者麻粟出焉。而黄龍南、楊岐會二人，最爲上首，能世其家。以某年正月五日示寂。

前是，李都尉遣使邀師曰：「海内法友，唯師與楊大年耳。大年棄我而先，僕年來頓覺衰落，忍死以一見公。」仍以書抵潭帥，敦遣之。師惻然，與侍者舟而東下。舟中作偈曰：「長江行不盡，帝里到何時？既得涼風便，休將櫓棹施。」至京與李公會，月餘而李公殁。臨終畫一圓相，又作偈獻師。偈曰：「世界無依，山河匪礙。大海微塵，須彌納芥。拈起幞頭，解下腰帶。若覓死生，問取皮袋。」師曰：「如何是本來佛性？」公曰：「今日熱如昨日。」隨聲便問師：「臨行一句作麽生？」師曰：「本來無罣礙〔三〕，隨處任方圓。」公曰：「晚來困倦。」更不答話。師曰：「無佛處作佛。」公于是泊然而逝。

仁宗皇帝尤留神空宗，聞李公化，與師問答，嘉歎久之。師哭之慟，臨壙而别，有旨賜官舟南還。中途謂侍者曰：「我忽得風痹疾。」視之，口吻已喎斜。侍者以足頓地曰：「當奈何？平生呵佛罵祖，今乃爾。」師曰：「無憂，爲汝正之。」以手整之如故，曰：「而今而後，不鈍置汝。」逾年而化。李公子銘誌其行于興化，全身塔于石霜。

系曰：達人出世，以開物成務爲心，非自衒也。方師之受南原也，戢天際想于眉睫間，聊試吾道動静何如。觀其初不赴，後自請行，進退躊躇，意可知矣。覺範云「慈明道起臨濟於將仆」，而平昔廓落乃如此。微神鼎，則亦谷泉流也。雖然，狂奴故態，特師之寓言耳。真面目豈無知音者哉？然神鼎固長者，難及也。

【校記】

〔一〕擬議者　「擬議者」前疑脱「有」字。宋惟白集建中靖國續燈録卷四潭州興化禪院慈明禪師、宋普濟五燈會元卷十二潭州石霜楚圓慈明禪師、明居頂續傳燈録卷三潭州石霜楚圓慈明禪師作「每見入室，即曰：『看！看！』有至劍邊擬議者」。

〔二〕罣礙　原作「質碍」，據宋正受嘉泰普燈録卷二十二都尉李遵勗居士、宋普濟五燈會元卷十二潭州石霜楚圓慈明禪師、宋惠洪禪林僧寶傳卷二十一慈明禪師改。

【箋注】

〔一〕楚圓今去，吾道東矣　典出范曄後漢書卷三十五鄭玄傳：「鄭玄字康成，北海高密人也。……以山東無足問者，乃西入關，因涿郡盧植，事扶風馬融。融門徒四百餘人，升堂進者五十餘生。融素驕貴，玄在門下三年不得見，乃使高業弟子傳授於玄。玄日夜尋誦，未嘗怠倦。會融集諸生考論圖緯，聞玄善筭，乃召見於樓上，玄因從質諸疑義，問畢辭歸。融喟然謂門人曰：『鄭生今去，吾道東矣。』」

大愚芝　法華舉　瑯琊覺傳

禪師名守芝，太原王氏子。少棄家，於潞州承天寺試法華得度。爲大僧，講金剛般若，名滿三河。時汾陽禪望大振，竊疑之，往觀焉。同參者慈明、瑯琊等數人。服誠陽室，遂受印可。南游住高安大愚。上堂，嘗舉汾陽十智同真話曰：〔一〕「先師云『要識是非，面目現在〔一〕』，也大省力。後生、晚學刺頭向言句裡貪著義味，如驢舐尿處，棒打不回。蓋爲不廣求知識，偏歷門風。多是得一言半句，便點頭嚥唾，道已了辦。上座，大有未穩當處在。」上堂，大衆集定，乃曰：「現成公案也是打揲不辦。」便下座。

慈明有善侍者，號稱明眼，聞師之風，自石霜至大愚入室。師趯出履一隻，善退身而立。師俯取履，善輒踏倒。師起面壁，以手點津，連畫其壁三，善瞠立其後。師旋轉以履打，至法堂。善曰：「與麼爲人，瞎却一城人眼在。」會中有僧日誦金剛經一百遍，師令侍者喚至，問曰：「聞汝日誦金剛經一百遍，是否？」曰：「不敢〔二〕。」師曰：「汝曾究經意否？汝但日誦一遍，參究佛意，若一句下悟去，如飲海水一滴，便知百川之味。」僧如教。一日誦至「應如是知、如是見、如是信解不生法相」處，遂以白師〔三〕。師遽指牀前狗子云：「狗子聻。」僧無語，師便打出。作偈曰：「砂裹無油事可哀，翠岩嚼飯餵嬰孩。一朝好惡知端的，始覺從前滿面灰。」稱者謂師作偈絶精峭，此蓋其一斑云。嘉祐初示寂，塔於西山。雲峰悦公，師之真子，别有傳。

法華舉禪師，汾陽嗣也。初住龍舒法華寺，後移居白雲海會焉。爲人精嚴，諒直飽參，汾陽特稱之。一錫出并汾，所至披靡，謁公安遠公，逗青松黄葉之機，〔二〕于福昌善處逞琢句調琴之辯。〔三〕又謁延壽賢、大愚芝公、夾山真首座、慈明、棲賢諟、雪竇顯、五祖戒公、瑯琊覺、西湖西峰庵主，主，明招位下傑出者也。有偈云：「絶頂西峰路，峻機誰敢當？超然凡聖外，瞥隔兩重光〔四〕。」師至，問曰：「如何是兩重光？」曰：「月從東出，日向西没。」師曰：「庵主未見明招時如何？」曰：「滿盞油難盡。」進曰：「見後如何？」曰：「多心易得乾。」師機辯如雷砰電射，不可把玩，諸方畏服，號「舉道者」。上堂：「釋迦不出世，達磨不西來。佛法徧天下，談玄口不開。」至哉斯言！達古今一貫也。嘗曰：「僧家以寂住爲本，豈可觀州獵縣，看山門景致過時耶？」〔四〕覺範稱之「如薛仁貴著白袍，西平王著錦帽，真勇于道者也。」年七十餘，始歿。塔于海會。

瑯琊山慧覺禪師者，西洛人也。父爲衡陽太守，死于官。師扶櫬歸洛，過澧陽藥山古刹，宛若夙居，由此出家。後得法於汾陽，住滁水，高揭刹竿，與雪竇顯公同時唱道，時號「二甘露門」。上堂：「奇哉十方佛，元是眼中花。欲識眼中花，元是十方佛。欲識十方佛，不是眼中花。欲識眼中花，不是十方佛。于此明得，過在十方佛；于此未明，聲聞起舞，獨覺臨粧。珍重。」

師福相端嚴，所至成益。嘗往蘇州看范希文，因受信施及千餘緡。遂遣人陰計在城諸寺僧數，皆密送錢。同日爲衆檀設齋，其即預辭范公。是日侵早發船，逮天明衆知已去，有追至常州得見者，受法利而還。靈源稱之曰：「觀此老一舉，使姑蘇道俗悉起信心，增深道種。」師法嗣數輩：長水璿講師，其一也，具義解中。泉大道，三公同參也，見列感通中。

系曰：三公皆爲西河師子兒，而舉公跳躑，故慳于嗣。夫爲善知識，如霧露在人，當使時時有潤。瑯琊蘇州之舉，須瑯琊始得，囂囂者不得效顰。

【校記】

〔一〕現在　宋悟明聯燈會要卷十一汾陽善昭禪師作「見在」，是。

〔二〕不敢　宋道謙編大慧普覺禪師宗門武庫作「是」。

〔三〕遂以白師　宋道謙編大慧普覺禪師宗門武庫作「驀然有省，遂以白芝」。

〔四〕絶頂西峰路……瞥隔兩重光　宋普濟五燈會元卷十二舒州法華院全舉禪師、宋賾藏主古尊宿語録卷二十六舒州法華山舉和尚語要、明居頂續傳燈録卷三舒州法華院全舉禪師「路」作「上」，「隔」作「起」。

【箋注】

【一】上堂，嘗舉汾陽十智同真話曰　宋悟明聯燈會要卷十一汾陽善昭禪師：「示衆云：『夫説法者，須具十智同真。若不具十智同真，邪正不辨，緇素不分，不能與人天爲眼目，決斷是非。如鳥飛空而折翼，如箭射的而斷弦。弦斷故射的不中，翼折故空不可飛。弦壯翼牢，空的俱徹。作麽生是十智同真？與諸上座點出：一同一質，二同大事，三總同參，四同真智，五同徧普，六同具足，七同得失，八同生殺，九同音吼，十同得入。』」

【二】謁公安遠公，逗青松黄葉之機　宋悟明聯燈會要卷十三舒州法華全舉禪師：「師到公安遠和尚處，遠問：『作麽生是伽藍？』師云：『深山藏獨虎，淺草露群蛇。』遠云：『作麽生是伽藍中人？』師云：『青松蓋不得，黄葉豈能遮。』遠云：『道甚麽？』師云：『少年翫盡天邊月，潦倒扶桑没日頭。』遠云：『一句兩句，雲開月露。作麽生？』師云：『照破佛祖。』」

【三】于福昌善處逞琢句調琴之辯　宋賾藏主古尊宿語録卷二十六舒州法華山舉和尚語要：「師至荆南分金善和尚處，問：『回互不回互？』師云：『總不恁麽。』金云：『爲什麽喫福昌棒？』師云：『一家有事百家忙。』金云：『爲什麽脱空謾語？』師云：『事不孤起。』金云：『入水見長人。』師云：『調琴澄太古，琢句體全真。』遂呈頌云：『回互不讓前，當頭户底閑。罕逢臨濟喝，蹉過老德山。世事從他到，鳥道絶人攀。倜儻天然竅，坐斷趙州關。』」

【四】僧家以寂住爲本，豈可觀州獵縣，看山門景致過時耶　宋惠洪禪林僧寶傳卷十五法華舉禪師：「僧家以寂住爲本，豈可觀州獵縣，看山門境致過時。蓋爲生死事大，所以古人到一處所，見箇村院主也須問過。如今兄弟往往蹉過，不肯遞相博問。昔龍牙問德山鑑公：『仗劍取師頭時如何？』鑑便引頸。龍牙曰：『頭落也。』鑑便休去。莫是德山無機鋒麽？爲當别有道理。良久曰：『德山引頸，龍牙獻劍。』」

政黄牛傳

惟政，秀州華亭黄氏子。幼從錢塘資聖院本如肄業，且將校藝有司，如使禱觀音求陰相。師謝曰：「豈忍獨私於己哉？」郡人朱紹安聞而嘉歎，欲啓帑度之。師慨然曰：「古之度人以清機密旨，今反是，去古遠矣。吾墮三寶數，當有其時。」已〔一〕遇祥符覃恩，得諧素志。獨擁毳袍且弊，同列慢之。師曰：「佛乎佛乎？儀相云乎哉。僧乎僧乎？盛服云乎哉。」後有願輸奉歲時用度，俾繼如之院務。亦復謝曰：「聞托鉢乞食，未聞安坐以享。聞歷謁諸祖，未聞廢學自任。況我齒茂氣完，正在筋力，爲禮非從事屋廬之秋也。」於是提策東引，學三觀于天台。復旋徑山，咨單傳旨于老宿惟素。素董臨安功臣山淨土院，師輔相之，久而繼其席。

然爲人高簡，律身精嚴，名卿巨公多所推尊。時蔣侍郎堂守錢塘，與師爲方外友。師每謁之，則跨一黄牛，以軍持掛角上，市人爭觀之。師自若也，至郡庭，始下牛，笑談終日。一日，蔣公留師曰：「適有過客，明日府中當有會。吾師固奉律，爲我少留一日，因款清話。」師諾之。明日使人要之，留一偈而去矣，曰：「昨日曾將今日期，出門倚杖又思惟。爲僧只合居巖谷，國士筵中甚不宜。」坐客皆歎其標致。又作山中偈曰：「橋上山萬重〔二〕，橋下水千里。惟有白鷺鷥，見我常來此。」平生製作三十卷，曰錦溪集〔三〕。且工書，筆法勝絶，秦少游見必收畜之。

師冬不擁爐，以荻花作毬，納足其中。客至共之。清論無窮，秀氣逼人。夏秋好玩月，盤膝大盆中，浮水上〔四〕，自旋其盆，吟笑達旦以爲常。九峰韶禪師嘗客於院，將卧，師挽之曰：「月色如此，勞生擾擾，對者幾人？」韶唯唯而已。久之，呼童子使熟炙。韶方饑，意作藥石，既乃橘皮湯一杯。韶笑曰：「無乃太清乎？」或問曰：「師以禪師名而不談禪，何也？」師曰：「徒費言語。吾嬾，寧假曲折，但煩萬象敷演耳。言語有間，造物無盡藏也〔五〕。」皇祐元年孟夏八日，語衆曰：「夫動以對靜，未始有極。吾一動歷年六十有四，今靜矣。然動靜本何有哉？」遂泊然而逝。

「禪客尋常入舊都，黄牛角上掛瓶盂。有時帶雪穿雲去，便好和雲畫作圖。」此蔣侍郎贈師詩也。師自有詩曰：「貌古形疎倚杖藜，分明畫出須菩提。解空不許離聲色，似聽孤猿月下啼。」二作佳韻勝致，正相對會。一時禪悦之盛，可想見也。

【校記】

〔一〕已　宋普濟五燈會元卷十杭州淨土院惟正禪師、明居頂續傳燈録卷十杭州淨土院惟正禪師、宋釋曉瑩羅湖野録卷三惟正禪師作「已而」，亦通。

〔二〕萬重　宋普濟五燈會元卷十杭州淨土院惟正禪師、宋惠洪禪林僧寶傳卷十九餘杭政禪師、明居頂續傳燈録卷十杭州淨土院惟正禪師、宋惠洪林間録卷下作「萬層」。

〔三〕曰錦溼集　宋普濟五燈會元卷十杭州淨土院惟正禪師、明居頂續傳燈録卷十杭州淨土院惟正禪師作「號錦溪集」，是。

〔四〕浮水上　宋普濟五燈會元卷十杭州淨土院惟正禪師、宋惠洪禪林僧寶傳卷十九餘杭政禪師、明居頂續傳燈録卷十杭州淨土院惟正禪師作「浮池上」，宋惠洪林間録卷下作「浮於池上」。

〔五〕但煩萬象敷演耳言語有間造物無盡藏也　宋普濟五燈會元卷十杭州淨土院惟正禪師、宋惠洪禪林僧寶傳卷十九餘杭政禪師、明居頂續傳燈録卷十杭州淨土院惟正禪師作：

「但日夜煩萬象爲敷演耳。言語有間，而此法無盡，所謂造物無盡藏也。」

懷賢禪師傳

金山龍游寺圓通禪師，諱懷賢，字潛道，温州永嘉何氏子。在襁褓中，能合掌僧坐〔一〕，四歲從嗣仁社主出家受戒。〔一〕有講席輒往聽，盡得其學。及長，歎曰：「説食能飽人乎？」〔二〕別社主去遍參，最後見達觀穎于潤之因聖。初，師從瑞新禪師遊頗久〔二〕，具知宗門承襲賓主之説，自謂無以復加。比至達觀會中，聞所開示，類皆世緣俗諦，非談諧嵬瑣，則罵詈不已〔三〕，心竊陋之。乃潛詣丈室，請白曰：「爲人天師，當只説法，奈何預以世間事？且僧有過，斥去則已，何足追罵至累日乎？」觀頷而不答，師因此省悟。

初，開法于太平隱靜，嗣主金山。〔三〕金山當孔道，客至無虚日，師頗厭之。熙寧元年遂謝事，隱于金牛山。山去丹陽數十里，人迹罕至〔四〕。庭養猿、鶴、孔雀、鸚鵡、白鷴，皆就掌取食，號「五客」，各爲一詩贈之。士大夫欲相見者，就山中訪焉。廬山之圓通、明州之雪竇相次堅懇，各住一年。雪竇至前後二十年間三請乃赴，其行由海道，遇大風，漂至慈溪東岸。舟破，從者多人〔五〕皆散走，師獨安坐水中不動。以元豐五年九月甲午，示滅于金牛。壽六十七，臘六十三。弟子覺澄等塔全身于西隴。

淮海秦少游觀爲師狀曰：「師操行卓越，而遇人有恩意。雖對賓客，未嘗與衆異饌。夜輒從衆僧寢于堂中，不入丈室。雅性樂施，所得金錢繒帛，率緣手盡〔六〕。又多才藝，工於詩，字畫有法。閑居絶口不掛事，事雖交至錯出，處之晏然，無不集者。當時賢士大夫聞其風，皆傾意願與之游。始用參知政事高公若訥奏，賜紫方袍。又用節度使李公端愿奏，賜號『圓通大師』。凡十被請，從之者四，皆天下名山巨刹。道化方行，輒託事隱去，州郡雖欲挽而留之，不可得也。弟子五十有五人。所著詩、頌、文集凡五卷，又撰次其自少至老出處之迹一篇，號穲䆉典記，以自見云。」

【校記】

〔一〕能合掌僧坐　宋秦觀淮海集卷三十六圓通禪師行狀下有「父母異之」。

〔二〕頗久　宋秦觀淮海集卷三十六圓通禪師行狀作「十有二年」。

〔三〕非談諧嵬瑣則罵詈不已　宋秦觀淮海集卷三十六圓通禪師行狀作：「或雜以嵬瑣談諧之言，又嘗以事斥一僧去，每升堂輒追罵，至纍日猶不已。」

〔四〕人迹罕至　宋秦觀淮海集卷三十六圓通禪師行狀下有云：「事委其徒覺澄主之，師一切不問。」

〔五〕多人　宋秦觀淮海集卷三十六圓通禪師行狀作「百餘人」。

〔六〕率緣手盡　宋秦觀淮海集卷三十六圓通禪師行狀下有「其徒以此歸之」。

【箋注】

【一】四歲從嗣仁社主出家受戒　宋秦觀淮海集卷三十六圓通禪師行狀：「時郡之西山有僧嗣仁，修西方白蓮淨觀，行甚高，衆歸之勤，號嗣仁社主。」

【二】説食能飽人乎　語出宋正受嘉泰普燈録卷六隆興府黄龍死心悟新禪師：「熙寧八年，至黄龍謁晦堂。堂豎拳問曰：『喚作拳頭則觸，不喚作拳頭則背，汝喚作甚麽？』師罔措。經二年，方領解。然尚談辯，無所牴牾，堂患之。偶與語，至其鋭。堂遽曰：『住，住，説食豈能飽人？』師窘，乃云：『某到此弓折箭盡，望和尚慈悲，指箇安樂處。』堂曰：『一塵飛而翳天，一芥墮而翳地。安樂處政忌上座許多骨董，直須死却無量劫來全心乃可耳。』師趨出。」

【三】初，開法于太平隱靜，嗣主金山　宋秦觀淮海集卷三十六圓通禪師行狀：「皇祐初，潤守王公琪雅聞師名，乃具禮請傳法於甘露，而太平之繁昌亦以隱靜召。師以甘露近城邑而隱靜僻在深山中，遂從太平繁昌之請，開堂於郡之瑞竹院。……居隱靜七年，王公移守金陵，復召師以清涼，辭不赴。明年，達觀自明州雪竇徙金山之龍游，州人乃以雪竇召。師既行，道過龍游，留一月。會達觀示寂，潤州之衣冠緇素因以狀詣郡守，請止師繼焉，而龍游主者，故事當稟於朝廷，郡守以白部使者，上之，報可。龍游自火灾之後，棟宇灰燼，瑞新禪師實中興之，功未既而卒。師至，修新公故事，大興土木，積八年，殿堂廊廡皆具。今宫室之盛，冠絶淮海者，蓋始於新而成於師。」

法寶傳

法寶，姓王氏，遂州小溪人。事興聖院從簡，爲僧學法。四方所見，如泉山之杖〔一〕、黄檗之南、雲居之寶、禾山之才，世所謂大善知識者，皆歷問焉。平居常宴坐，計晝夜之分，寢才十二三，卧必右脇，未嘗解衣〔二〕，如是者終其身。師三游洛陽。始至洛，人不知其爲禪〔三〕。再至，知其爲禪者矣〔四〕。三至，又知其爲禪，而不徒爲禪者矣〔五〕。其應世之密用、觀機之善巧〔六〕，則莫得而擬議。洛中賢士夫從師游者甚衆，未必盡知師之道，但愛其行高而氣和、言簡而理盡耳。太師文潞公表其行，賜紫方袍〔七〕。

三至洛，常寓於善覺院，〔一〕衆爲合力營搆，其徒十餘人，皆嘗與師同學。又有信士〔八〕棄其孥，奔走服事者。師既居善覺，參問者益廣，或勸推所餘以爲人。師曰：「己未爲，何暇爲人〔九〕？」懷道應物垂五十年，所以言論風旨不大傳於世者，蓋其沖挹自晦如此。韓侍郎維曰：「始予見師於河橋，師未嘗不言也，予問之不能已。後〔一〇〕數年，予守潁昌，迎〔一一〕館之府舍，師未嘗言也。予雖欲問，不知所問矣。嗚呼！道不可以不刳心焉。」既示疾，遍作書別所往來之人，奄然而寂。年六十有九，時元豐六年九月也，藏骨龍門菩提院之上方。

【校記】

〔一〕泉山之栻　原爲「泉山之□」，據宋韓維南陽集卷二十九善覺寺住持賜紫寶師塔銘補。

〔二〕卧必右脇未嘗解衣　宋韓維南陽集卷二十九善覺寺住持賜紫寶師塔銘作「不解衣，左右脇未嘗貼席」。

〔三〕人不知其爲禪　宋韓維南陽集卷二十九善覺寺住持賜紫寶師塔銘作「人不知其禪者也」。

〔四〕知其爲禪者矣　宋韓維南陽集卷二十九善覺寺住持賜紫寶師塔銘作「人知有般若波羅者矣」。

〔五〕又知其爲禪而不徒爲禪者矣　宋韓維南陽集卷二十九善覺寺住持賜紫寶師塔銘作「則又知有不得般若之爲般若波羅密者矣」。

〔六〕善巧　宋韓維南陽集卷二十九善覺寺住持賜紫寶師塔銘作「普誘」。

〔七〕賜紫方袍　宋韓維南陽集卷二十九善覺寺住持賜紫寶師塔銘下有「然退居但衣壞色而已」。

〔八〕信士　宋韓維南陽集卷二十九善覺寺住持賜紫竇師塔銘作「富商」。

〔九〕己未爲何暇爲人　宋韓維南陽集卷二十九善覺寺住持賜紫竇師塔銘作：「予己之未能信，何暇爲他人哉？」

〔一〇〕後　原無，據宋韓維南陽集卷二十九善覺寺住持賜紫竇師塔銘補。

〔一一〕迎　宋韓維南陽集卷二十九善覺寺住持賜紫竇師塔銘作「迎而」。

【箋注】

【一】常寓於善覺院　宋韓維南陽集卷二十九善覺寺住持賜紫竇師塔銘：「三至洛，常寓于崇福禪院之東，有廢寺曰善覺，從之游者爲合力營構，迎師以居，師初辭，强而後可。」

浮山遠公傳

禪師名法遠，鄭圃田人也，出於王氏。十九出家，先謁汾州，得一盼相印。復參葉縣省公，與天衣懷同往葉縣，住持枯淡嚴密，諸方畏之。師至，值雪寒，縣喝罵驅逐，至以將水潑衆僧，衣履皆濕，怒而散去。唯師與懷自若，整衣敷具，復坐如故。縣到，呵曰：「汝更不去，待我打耶？」師近前不審，云：「某數千里而來參叩和尚，爲明大事，豈以杓水潑之便去？」縣笑，因而遂留，相依數年。萬方挫折，師始終一如。所謂真金烈火，愈鍛而愈明。縣始以衣法付之。開堂日，拈香曰：「汝海枯木上生花，别迎春色。」蓋指葉縣也。

師與王質待制論道，畫一圓相，問曰：「一不得匹馬單鎗，二不得衣錦還鄉。鵲不得喜，鴉不得殃。速道速道。」王罔措。師曰：「勘破了也。」師暮年休會聖岩，叙佛祖奥義，作九帶啓迪學者，與因棋説法一事，〔一〕莫不家喻户曉。

師玉骨插額，目光外射。狀如王孫，凛然可畏，雅自稱柴石老人〔二〕，殁時已七十餘。范文正公銘其塔曰：「嗚呼遠公，釋子之雄。禪林甘澤，法海真龍。壽齡有限，慧命無窮。寒岩瘞骨，千載清風。」師平生貴尚真實參證，痛抑浮辯。嘗謂道吾真公曰：「學未至道，衒耀見聞，馳騁機解，以口舌辯利相勝者，猶如厠屋塗污丹雘，秖增其臭耳。」

得法弟子道臻者，繼大覺璉住淨因，法道大弘於京師。當英、神、哲三朝，數入宫説法，〔三〕恩遇隆渥。爲人渠渠靜退，似不能言者。奉身至約，一布裙二十年不易。用五幅纔掩脛，不多爲叢褶。曰：「徒費耳。」無所嗜好。嘗雪方丈之西壁，命文與可掃墨竹，謂人曰：「吾使游人見之，心目清凉，此君蓋替我説法也。」元祐八年殁。

【校記】

〔二〕柴石老人　宋惠洪禪林僧寶傳卷十七浮山遠禪師、元釋念常佛祖歷代通載卷十八、元釋覺岸編釋氏稽古略卷四浮山九帶均作「柴石野人」，是。

【箋注】

【一】與因棋説法一事　事具宋普濟五燈會元卷十二舒州浮山法遠圓鑑禪師：「歐陽文忠公聞師奇逸，造其室，未有以異之。與客碁，師坐其旁。文忠遽收局，請因碁説法。師即令撾鼓陞座，曰：『若論此事，如兩家著碁相似。何謂也？敵手知音，當機不讓。若是綴五饒三，又通一路始得。有一般底，衹解閉門作活，不會奪角衝關，硬節與虎口齊彰，局破後徒勞綽斡。所以道，肥邊易得，瘦肚難求。思行則往往失粘，心麤而時時頭撞。休誇國手，謾説神仙，贏局輸籌即不問，且道黑白未分時，一著落在甚麼處？』良久曰：『從來十九路，迷悟幾多人。』文忠加歎，從容謂同僚曰：『脩初疑禪語爲虚誕，今日見此老機緣，所得所造，非悟明於心地，安能有此妙旨哉！』」

【二】當英、神、哲三朝，數入宫説法　宋惠洪禪林僧寶傳卷二十六淨因臻禪師：「謁淨因大覺璉禪師，璉使首衆僧於座下。及璉歸吴，衆請以臻嗣焉。開法之日，英宗遣中使降香，賜紫方袍、徽號。京師四方都會，有萬好惡，貴人達官日填門，而臻一目之。慈聖上仙，神宗詔至慶壽宫，賜對甚喜。詔設高廣座，恣人問答，左右上下得未曾有，懽聲動宫殿，賜與甚厚。神宗悼佛法之微，愍名相之弊，始即相國爲慧林、智海二刹，其命主僧必自臻擇之。宿老皆從風而靡。高麗使三僧來就學，臻隨根開悟。神宗上仙，被詔至福寧殿説法，詔道臻素有德行，可賜號『淨照禪師』。」

法華〔一〕隆禪師傳

道隆禪師，未詳里族。初參石門徹和尚，問曰：「古者道『但得隨處安閑，自然合他古轍』，雖有此語，疑心未歇時如何？」門曰：「知有乃可隨處安閑，如人在州縣住，或聞或見，千奇百怪，他總將作尋常；不知有而安閑，如人在村落住，有少聲色，則驚怪傳説。」師於言下有省，門盡授其洞上宗旨。及出世，乃嗣廣慧。或問曰：「禪師親見石門，如何却嗣廣慧？」師曰：「我初見廣慧，渠方欲剃髮，使我擎欓子來。因曰：『道者，我有欓子詩聽取。詩曰：「放下便平穩。」我時便肯伊。』因叙在石門所得，慧曰：『石門所示，如百味珍饈，只是飽人不得。』後來有一炷香，不欲兩頭三緒，爲伊燒却。」

師至和初游京，客景德寺，日縱觀都市，歸常二鼓。一夕不得入，卧于門下。仁宗夢至景德寺門，見龍蟠地，驚覺。中夜遣中使視之，乃一僧熟睡，已再鼾，撼之始覺。問名字歸奏，帝聞道隆，乃喜曰：「吉徵也。」明日召至便殿，問宗旨，師奏對詳允。帝大説，有旨館于大相國寺燒朱院，由是道化大振。

嘗與大覺璉公説法化成殿，機鋒迅辯。帝大悦，侍衛皆山呼。或偈頌酬答，或留宿禁中，禮遇隆厚，賜號「應制明悟禪師」。師因奏疏舉璉自代，帝覽表不允。有旨於曹門外建精舍延師，賜額「華嚴禪院」。有僧頌璉公詩，上問：「佛偈曰：『有節非干竹，三星偃月宫。一人居日下，弗與衆人同。』」師曰：「諸佛説心，爲破心相。璉作此偈，虚空釘橛也。」乃曰：「虚空釘鐵橛，平地起骨堆。莫將閑學解，安著佛階梯。」又見達觀穎禪師戲作偈曰：「解答諸方語，能吟五字詩。二般俱好藝，只是見錢遲。」師曰：「佛法却成戲論，後生無識，遽相效學，不可長也。」但曰：「二般雖雜道，也勝别施爲。」

有僧曰：「洞山寶公譏五祖戒禪師行藏落人疑似，其至洞山，乃上堂説偈曰：『嗟見世聱訛，言清行濁多。若無閻老子，誰人奈你何？』」師曰：「寶麤行不遜，賣師取名，不可取也。曹谿曰：『真實修道人，不見世間過。來説他人短，自短先在我。』寶暴其師之失，教誰檢點？凡沙門釋子，寂默爲要。華嚴論曰：『唯寂唯默，是心造如來之樣。不著不戀，是路入法界之轍。』寶賣洞山薑，「一鋤雙峰地，已爲道人取笑也。」師爲人寬厚，不矜伐，以真慈普敬行心。歿時年八十餘，盛暑安坐七日，手足柔和。全身建塔於寺之東。

系曰：夫寺門鼾睡僧入天子夢，夢其爲龍，不爲所惡，復尊寵之，至宿留禁中，非師道洽天下，烏能及此？京師禪法由是大弘，併見仁宗識洞高遠，若遇庸君，師其不爲虀粉乎？予故表而出之。

【校記】

〔一〕法華　宋普濟五燈會元卷十二有東京華嚴道隆禪師，宋惠洪禪林僧寶傳卷二十亦稱「華嚴隆禪師」，而道隆禪師所主精舍名華嚴禪院，循例「法華」應爲「華嚴」之誤。

【箋注】

〔一〕寶賣洞山薑　宋道謙編大慧普覺禪師宗門武庫：「洞山寶禪師嗣五祖戒和尚。廬州人，爲人廉謹。嘗在五祖主事，戒病，令行者往庫司取生薑煎藥，寶叱之。行者白戒，戒令將錢回買，寶方取薑付之。後筠州洞山闕人，郡守以書託戒，舉所知者主之。戒曰：『賣生薑漢住得。』遂出世住洞山。」

泉大道　宗道者傳

谷泉，泉南人也。少聰敏，性耐垢污。大言不遜，流俗憎之。去爲沙門，撥置戒律。任心而行，眼蓋衲子。所至叢林輒删去，泉不以介意。造汾陽，陽奇之，密受記莂。南歸放浪湘中，數來往道吾訪慈明。道吾有湫，毒龍所蟄，墮葉觸波，必雷雨連日，過者不敢喘。與慈明暮歸，時秋暑，捉其衣曰：「可同浴。」慈明掣肘徑去。於是，泉解衣躍入，霹靂隨至，腥風吹雨，林木震摇。慈明蹲草中，意泉死矣。須臾晴霽，忽引頸出波間，曰：「囦。」

後住南嶽懶瓚岩，又移住芭蕉，將復移保真，大書芭蕉壁曰：「予此芭蕉庵，幽占堆雲處。般般異境未暇數，先看矮松三四樹。寒來燒枯杉，饑飡大紫芋。而今棄之去，不知誰來住？」住保真，夜地坐祝融峰下，有大蟒盤繞之，泉解衣帶縛其腰，明日杖策尋之，衣帶纏松枝上，蓋松妖也。

嘗過衡山縣，見屠者斫肉，立其旁作可憐態，指其肉，又指其口。屠問曰：「汝啞耶？」即肯首。屠憐之，割巨臠置鉢中。泉喜出望外，感謝而去。一市大笑，而泉自若。以杖荷大酒瓢，往來山中，人問瓢中何物，曰：「大道漿也。」作偈曰：「我又誰管你天，誰管你地，著箇破紙襖，一味工打睡。一任金烏東上，玉兔西墜。榮辱何預我，興亡不相關。一條柱杖一葫蘆，閑走南山與北山〔一〕。」

畜一奴，名調古，日令拾薪汲澗，或呼對坐岩石間。贈之以偈曰：「我有山童名調古，不誦經，不禮祖。解般榾柮禦冬寒，隨分衣裳破不補。會栽蔬，能種芋。千山萬山去無懼，阿呵呵，有甚討處？」倚遇上座來參，問：「庵主在麽？」泉曰：「誰？」曰：「行脚僧。」曰：「作甚麽？」曰：「禮拜庵主。」曰：「恰值庵主不在。」曰：「你聻。」泉曰：「向道不在，説甚麽你我？」拽棒趁出。次日來，又趁出。一日又來，〔一一〕泉攔胸扭住曰：「我這裡虎狼縱横，尿牀鬼子三回兩度來討甚麽？」曰：「人言庵主親見汾陽來。」泉解衣抖擻，曰：「你道我見汾陽來，有多少奇特？」再訪慈明，作偈寄之曰：「相别而今又半年，不知誰共對談禪？一般秀色湘山裡，汝自匡徒我自眠。」慈明笑而已，乃令南公更謁泉。泉與語，驚曰：「五州管内，乃有此匾頭道人耶？」

嘉祐中，男子冷清妖言誅。泉坐清曾經由庵中，決杖配郴州牢城。盛暑負土經通衢，弛擔説偈曰：「今朝六月六，谷泉被氣摑。不是上天堂，便是入地獄。」言訖微笑，泊然蟬蜕。闍維，舍利不可勝數。郴人塔而祠焉。

宗道者，不知何許人也。往來舒蘄間，多留於投子。性嗜酒，無日不醉。村民愛敬之，每餉以醇醪。居一日，方入浴，聞有尋宗者，度其必送榼至，裸而出，得酒徑去。人皆大笑，而宗傲然不怍。嘗散衣下山，有逆而問者曰：「如何是道者家風？」對曰：「袈裟裹草鞵。」「意旨如何？」曰：「赤脚下桐城。」陳退夫初赴省闈，過宗，戲問曰：「瓘此行欲作狀元，得否？」宗熟視曰：「無時即得。」莫測其言也。而退夫果以第三名上第，時彦作魁，方悟「無時」之語。宗見雪竇，而逸放〔一二〕自如，言法華之流也。

【校記】

〔一〕閑走南山與北山　宋陳田夫南嶽總勝集卷三衡嶽泉禪師、宋惠洪禪林僧寶傳卷十五衡嶽泉禪師、明瞿汝稷指月録卷二十四南嶽芭蕉庵大道谷泉禪師下有「醉卧山路間」，是。

〔二〕逸放　宋惠洪林間録卷上宗道者作「超放」。

【箋注】

〔一〕一日又來　宋普濟五燈會元卷十二南嶽芭蕉庵大道谷泉禪師、明瞿汝稷指月録卷二十四南嶽芭蕉庵大道谷泉禪師作：「遇一日又來，問：『庵主在麽？』師曰：『誰？』曰：『行脚僧。』揭簾便入。」

福昌善禪師傳

惟善，不知何許人。住荆南福昌寺，嗣明教寬禪師。爲人敬嚴，祕重法道。初住持時，屋廬十餘間，殘僧數輩。師晨香夕燈，陞座説法，如臨千衆。禪林受用，所宜有者，咸修備之。客至肅然加敬，十餘年而衲子方集，至百許人。師見來者，必勘驗之。有僧自號映達摩，纔入方丈，提起坐具，曰：「展即徧周法界，不展即賓主不分。展即是，不展即是。」師曰：「汝平地喫交了也。」映曰：「明眼尊宿，果然有在。」師便打。映曰：「奪柱杖打倒和尚，莫言不道。」師曰：「棺木裏瞠眼漢，且坐喫茶。」茶罷，映前白曰：「適來容易觸忤和尚。」師曰：「兩重公案〔一〕。」喝出。又問僧近離何處，曰：「承天。」曰：「不涉途程，道將一句來。」僧喝之，師便打。僧以坐具作摵勢，師笑曰：「喪車後掉藥囊。」又問：「俗士年多少？」曰：「四十四。」師曰：「添一減一是多少？」其人無對〔二〕。師自代云：「適來猶記得。」又問僧何處來，曰：「德山〔三〕。」曰：「武陵溪畔，道將一句來。」僧無語。乃自代曰：「水到渠成。」師機鋒峻，不可嬰，諸方畏服，法席追還雲門之風。南禪師嘗曰：「我與翠岩悦在福昌時，適病寒，服藥出汗。悦從禪侶徧借被，咸無焉。有紙衾者，皆以衰老，亦可數。悦太息曰：『善公，本色作家也。』」

【校記】

〔一〕兩重公案　宋悟明聯燈會要卷二十七江陵福昌惟善禪師、宋惠洪禪林僧寶傳卷十三福昌善禪師、明瞿汝稷指月録卷二十二荆南福昌惟善禪師下有「罪不重科」。

〔二〕其人無對　宋惠洪禪林僧寶傳卷十三福昌善禪師下有「善便打」，明瞿汝稷指月録卷二十二荆南福昌惟善禪師下有「師便打」。

〔三〕曰德山　宋惠洪禪林僧寶傳卷十三福昌善禪師作「對曰：『遠離兩浙，近離鼎州。』曰：

『夏在什麼處？』曰：『德山。』」

雪竇顯禪師傳

雪竇禪師，名重顯，字隱之，遂州李氏子。幼精鋭，抗志塵表，依普安詵上人出家。受具，遍歷講筵，游刃經論，問辯風馳，同學斂氣不敢伸，棄而歸禪。出蜀入楚，嘗典客大陽，與客論趙州宗旨。客曰：「法眼禪師昔解后覺鐵觜於金陵。覺，趙州侍者也，號稱明眼。問曰：『趙州柏樹子因緣，記得麼？』覺曰：『無此語，莫謗先師〔一〕。』法眼拊手曰：『真自師子窟中來。』覺公言無此語，法眼肯之。其旨安在？」師曰：「宗門抑揚，那有規轍乎？」時有苦行名韓大伯者，貌寒寢，侍其傍，輒匿笑而去。客退，師數之曰：「我偶客語耳，乃敢慢笑。笑何事？」對曰：「笑知客眼〔二〕未正，擇法不明。」師曰：「有説乎〔三〕？」對以偈曰：「一兔橫身當古路，蒼鷹纔見便生擒。後來獵犬無靈性，空向枯椿舊處尋。」師陰異之，結以爲友。

師盛年工翰墨，作爲法句追慕禪月休公，有詩云：「紅芍藥邊方舞蝶，碧梧桐裡正啼鶯。離亭不折依依柳，況有春山送又迎。」嘗依棲賢諟公〔四〕，機不合，作師子峰詩而去。〔一〕與齊岳者爲侶，同謁五祖戒師，休於山莊前。遣岳先往，機語不契，師亦竟不見。遂南游，謁智門祚禪師。祚者，香林遠公嫡子，雲門之孫也。知見高，學者莫能覼其機。師俊邁，智門愛之。一日伸問曰：「不起一念，云何有過？」智門召師，師近前，智門以拂子驀口打。擬開口，隨又打，師豁然開悟。依止五年，盡得其道。

師與學士曾公會厚善，相值淮上，問師何之，曰：「將遊錢塘，絶西興，登天台鴈蕩。」曾公曰：「靈隱天下勝處，珊禪師吾故人。」以書薦師。師至靈隱三年，陸沉衆中。俄曾公奉使浙西，訪師靈隱，無識者。時堂中僧千餘，使吏撿牀曆，〔二〕物色求之，乃至。曾公問向所附書，師袖納之曰：「公意勤，然行脚人非督郵也。」曾公大笑，珊公以是奇之。

師出世，初住吴江翠峰，後遷明州雪竇，曾公守越時敦請也。上堂云：「春山疊亂青，春水漾虚碧。寥寥天地間，獨立望何極？」便下座，却顧謂侍者曰：「適來有人看方丈否？」曰：「有。」師曰：「作賊人心虚。」師舉揚宗教三十餘年，海内奇衲子爭赴之。暮年悲學者尋流失源，作爲道日損偈曰：「三分光陰二早過，靈臺一點不揩磨。貪生逐日區區去，喚不回頭爭奈何？」又書壁文戒進後學，其略曰：「身如行廁，利稱軟賊。百年非久，三界無安。可惜寸陰，當求解脱。」讀者鼻爲之酸。

師一日偶經行，植杖于林下，衆衲環之。忽問曰：「有問雲門：『樹凋葉落時如何？』曰：『體露金風。』雲門答：『這僧耶，爲解説耶？』」有宗上座出衆對曰：「待老漢有悟處，即説。」師熟視，驚曰：「非韓大伯乎？」曰：「老漢瞥地也。」於是令撾鼓，衆集。師曰：「大衆，今日雪竇宗上座乃是昔日大陽韓大伯，具大知見，晦迹韜光，欲得發揚宗風，幸願特升此座。」宗遂升座。僧問：「寶劍未出匣時如何？」曰：「神光射斗牛。」又問：「出匣後如何？」曰：「千兵易得，一將難求。」僧退，宗乃曰：「寶劍未出匣，神光射斗牛。千兵容易得，一將實難求。」便下座，一衆大驚。宗即承天宗禪師也。

師一日游山，四顧周覽，謂侍者：「何日復來此？」侍者哀乞遺偈，師曰：「平生惟患語之多矣。」翌日出杖履衣盂，散及徒衆，乃曰：「七月七日復相見耳。」至期盥沐攝衣，北首而逝。閲世七十三，坐五十夏，塔全身于寺之西塢。賜號「明覺禪師」。

系曰：雲門一宗，得雪竇而中興，不然亦撲撲矣。師器宇凝重，即袖中一書，三年仍還本人，便足氣壓千古。家聲浩浩，子孫繩繩，豈偶然哉？

【校記】

〔一〕無此語莫謗先師　宋惠洪禪林僧寶傳卷十一雪竇顯禪師、元釋念常佛祖歷代通載卷十八作「先師無此語，莫謗先師好」。

〔二〕眼　宋惠洪禪林僧寶傳卷十一雪竇顯禪師、元釋念常佛祖歷代通載卷十八作「智眼」。

〔三〕有説乎　宋惠洪禪林僧寶傳卷十一雪竇顯禪師、元釋念常佛祖歷代通載卷十八作「豈有説乎」。

〔四〕諟公　原作「湜公」，宋惠洪禪林僧寶傳卷十一雪竇顯禪師作「諟禪師」，因據改。

【箋注】

【一】嘗依棲賢諟公，機不合，作師子峰詩而去　宋惠洪禪林僧寶傳卷十一雪竇顯禪師：「嘗游廬山棲賢，時諟禪師居焉。簡嚴少接納，顯藞苴不合，作師子峰詩譏之，曰：『踞地盤空勢未休，爪牙安肯混常流。天教生在千峰上，不得雲擎也出頭。』」

【二】牀曆　即僧籍簿。牀，指僧堂中之牀；曆，指記其著牀僧侣之名册。僧堂中之牀位多依照衆僧戒臘之深淺而排其次第，一般以首座爲首。

洞山聰　祥庵主傳

洞山曉聰禪師，韶州曲江人，生杜氏。見文殊應天真和尚，初游廬山，莫有知者。時雲居法席最盛，師作燈頭，聞僧衆談泗州僧伽近於揚州出現。有設問者曰：「既是泗州大聖，爲何向揚州出現？」師曰：「君子愛財，取之以道。」一衆大笑。後僧舉似蓮華祥庵主，主大驚曰：「雲門兒孫猶在。」遥望雲居拜之。師名遂重叢林。

次依洞山詮禪師，爲首座。及詮遷棲賢，以師囑檀那及其衆，衆從之。請于州，州從之。以大中祥符三年，師出世洞山。上堂曰：「祖師西來特唱此事，自是上座不薦。所以從門入者，不是家珍。認影迷頭，〔一〕豈非大錯？既是祖師西來特唱此事，又何必更對衆叨叨？珍重。」師見僧來有所問，輒瞋目視之，曰：「我擊虎術，汝不會，去。」一日自荷柴登山，僧逆之，問曰：「山上住，爲何山下擔柴？」師曰：「山上也要柴燒。」示衆曰：「一大藏教是箇之字，祖師西來是右字。如何〔二〕是正義？」良久曰：「天晴蓋却屋，趁閑打却禾。輸納王租了，鼓腹自高歌。」

師於山之東北手植松可萬松〔二〕。凡植一株，坐誦金剛經一卷，自稱栽松比丘，嶺名金剛嶺〔三〕。或問：「嶺在此，金剛在何處？」師指曰：「此一株松，是老僧親栽。」汾陽嘗謂慈明曰：「雲門下兒孫，我已遍參，獨以未見聰爲恨，汝當見之。」故慈明雖已罷參，猶獲覿顔色而聞餘論矣。

師一日不安，上堂辭衆，述透法身頌曰：「參禪學道莫茫茫，問透法身北斗藏。余今老倒尪羸甚，見人無力得商量〔四〕。」復曰：「法席當令自寶住持。」言卒而化。闍維，得舍利，塔于金剛嶺。先是，比部郎中許公式出守南昌，過蓮華峰，聞祥公曰：「聰道者在江西，試尋訪之，此僧人天眼目也。」許既至，聞師住山家風，作詩寄之，有「夜坐連雲石，春栽帶雨松」之句。將訪之，師已逝矣。

祥公，奉先深禪師嗣也，知見甚高，氣壓諸方。臨終上堂，舉拄杖問衆曰：「汝道古佛到這裡，爲何不肯住？」衆莫有對者，乃自曰：「爲他途路不得力。」復曰：「如何〔五〕得力去？」横拄杖肩上，曰：「榔栗横擔不顧人，直入千峰萬峰去。」言訖而化。師與文殊真，弟兄行也。聰嗣文殊，視祥則爲姪。聰得法弟子曰雲居舜，曰明教嵩，祥嗣寂焉。

【校記】

〔一〕如何　宋惠洪禪林僧寶傳卷十一洞山聰禪師作「作麽生」。

〔二〕萬松　余靖武溪集卷九筠州洞山普利禪院傳法記作「萬株」，是。

〔三〕嶺名金剛嶺　余靖武溪集卷九筠州洞山普利禪院傳法記作「今號其地爲金剛嶺云」。

〔四〕見人無力得商量　宋李遵勗編天聖廣燈録卷二十三筠州洞山曉聰禪師下有云：「唯有钁頭知我道，種松同步上金剛。」宋普濟五燈會元卷十五瑞州洞山曉聰禪師下有云：「唯有钁頭知我意，栽松時復上金剛。」

〔五〕如何　宋惠洪林間録卷下洞山聰禪師作「作麽生」。

【箋注】

【一】認影迷頭　典出唐般剌蜜帝譯大佛頂如來密因修證了義諸菩薩萬行首楞嚴經卷四：「室羅城中演若達多忽於晨朝以鏡照面，愛鏡中頭眉目可見，瞋責己頭不見面目，以爲魑魅無狀狂走。」謂演若達多誤以爲鏡中之頭爲鬼魅，迷失了本性，認幻作實，不見自己的本來面目。原作「迷頭認影」，語出同經卷十：「如演若多迷頭認影，妄元無因，於妄想中立因緣性，迷因緣者稱爲自然，彼虛空性猶實幻生，因緣自然，皆是衆生妄心計度。」

宋　北禪賢禪師傳

智賢禪師，嗣福嚴雅公，雲門四世孫也。開法于衡州之北禪，歲夜小參曰：「年窮臘盡〔一〕，無可與諸人分歲，老僧烹一頭露地白牛，炊土田米飯，煮菜羹，燒榾柮火，與大衆圍爐，唱歸田樂。何故？免得倚他門户傍他牆，致使時人喚作郎。」下座時，維那從後大呼曰：「縣有吏至。」師反顧，問其所以。那云道：「和尚宰牛不納皮角。」師笑，擲暖帽於地，那便拾去。師跳下禪床，攔胸擒住，叫曰：「賊賊。」那將帽覆師頂，曰：「天寒且還和尚。」那便出去。時法昌爲侍者，師顧謂曰：「這公案作麽生？」昌曰：「近日城中紙貴，一狀領過。」法昌名倚遇，師嗣也，別具。師又有嗣曰紹銑，具興福中。

【校記】

〔一〕臘盡　宋普濟五燈會元卷十五潭州北禪智賢禪師、明居頂續傳燈録卷二衡州常寧北禪智賢禪師作「歲盡」。

開先暹禪師傳

開先善暹禪師，臨江軍人。操行清苦，智識明達。遠禪師在德山，師往依之。一日遠升堂，顧視大衆云：「獅子頻呻，象王回顧。」師忽有省。入室陳解，遠云：「子作麽生會？」師回顧曰：「後園驢喫草。」遠然之。自此機辯迅捷，禪林目曰「海上横行暹道者」。又參雪竇顯，顯愛其俊逸，留座下數年。欲舉住明州金鵝，師聞之，書二偈於壁而去，曰：「不是無心繼祖燈，道慚未厠嶺南能。三更月下離巖竇，眷眷無言戀碧層。」「三十餘年四海間，尋師擇友未嘗閑。今朝得到無心地，却被無心趁出山。」

後住開先，嗣德山遠禪師，却通雪竇書。山前婆子見專使來，問云：「暹首座出世，爲誰燒香？」專使云：「德山遠和尚。」婆子遂駡云：「雪竇抖擻屎腸説禪爲汝，得恁麽辜負恩德？」開堂日，上首白椎罷，師曰：「千聖出來，也祇是稽首讚歎，諸代祖師提挈不起。是故始從迦葉，迄至山僧，二千餘年，月燭慧燈，星排道樹，人天普照，凡聖齊榮。且道承甚麼人恩力？老胡也秪道『明星出現時，我與大地有情同時成道』。如是則彼既丈夫，我亦爾，孰爲不可？良由諸人不肯承當，自生退屈，所以便推排一箇半箇先達出來，遞相開發，祇是與諸人作證明。今日人天會上，莫有久游赤水、夙在荆山、懷袖有珍、頂門有眼、到處踐踏覺場底衲僧麽？却請爲新出世長老作箇證明。還有麽？」師住開先，凡十八年，而化於本山。嫡嗣雲居元也，别具。

南安巖傳

南安巖自嚴尊者，生鄭氏，泉州同安人。年十一出家爲童子，十七爲大僧。遊方至廬陵，謁西峰老宿豁公。豁，雲門之孫也。師依止五年，盡得其法。自是神異不測，世傳定光佛化身。懷仁江有蛟害人，師臨渡説偈戒之，蛟引去。未幾，擁沙漲塞，潭遂爲洲。梅州黄楊峽乏水，師以杖擿之，遂涌。父老以爲神來，聚觀，師遯去。所至遇旱澇，書偈投之，無不如願。武平南黄石岩多蛇虎，師止住，蛇虎可使令。師凡示人必以偈，偈尾必題四字，曰：「贈之以中。」世莫能測。四遠敬事師如神明，家畫其像，飲食必祭。

鄰寺僧死，師不知法當告官，便自焚之。吏追捕，坐庭中問狀，不答，索紙作偈曰：「雲外野僧死，雲外野僧燒。二法無差互，菩提路不遥。」字畫險勁，如擘窠大篆。吏大怒，以爲狂且慢己，去僧伽黎，曝日中。既得釋，因以布巾幪首〔一〕，而衣白服。師恨所説法聽者疑信各半，因不語六年。巖寺當輸布，民歲代之。師不忍，置書布束中求免〔二〕。吏得之愈怒，追問亦不答。以爲妖，焚其布帽。火盡而帽益明鮮。乃索紙作偈曰：「一切慈忍力，皆吾心所生。王官苦拘束，佛法不流行。」自後稍發語。

後遊南康槃古山。先是，西竺波利尊者經始讖曰：「却後當有白衣菩薩來興此山。」師住三年，成叢林，乃還南安。江南眠槎爲行舟礙，師舟過焉，摩挲之曰：「去去，莫與人爲害。」槎一夕蕩除。有僧自惠州來，曰：「河源有巨舟著沙，萬牛挽不可動。願得以載磚，建塔於南海，爲衆生福田。」師曰：「此陰府之物，然付汝偈取之。」偈曰：「天零灞水生，陰府船王移。莫立沙中久，納福廕菩提。」僧即舟唱偈，而舟爲動，萬衆讙呼。至五羊，有巨商從借以載，僧許之。方解綍，俄風作，失舟所在。

有沙彌無多聞性，而事師謹愿，師憐之，作偈使誦，久當聰明。偈曰：「大智發於心，於心何處尋？成就一切義，無古亦無今。」於是世間文字、語言一覽誦念，無所遺忘。偈語章句，援筆立就。

師異蹟甚著，所屬狀以聞，詔佳之。宰相王欽若、大參張安仁以下皆贈詩，師未嘗視，置承塵上而已。淳化乙卯正月六日，集衆曰：「吾此日生，今正是時。」遂右脇而化，謚定光圓應禪師。

系曰：至人聚于心者靈，發于言者驗。寂音謂師偈語皆稱性之句，非智識所到之地。良然！良然！才涉思惟，便是鬼家活計。自尚滿身霧露，安能使物不迷耶？

【校記】

〔一〕因以布巾幪首　宋惠洪禪林僧寶傳卷八南安巖嚴尊者作「因以布帽其首」。

〔二〕置書布束中求免　宋惠洪禪林僧寶傳卷八南安巖嚴尊者作「折簡置布束中祈免」。

洞山寶　泐潭澄傳

自寶，廬州合肥人，姓吴氏。生有奇相，弱齡歸普寧院，已抱出群之見。聞五祖戒公匠石宗門，造之，置水投鹹，理存默識。遂入室傳法焉。祖病，令行者往庫司取生薑煎藥，寶方主庫事，叱之。行者白祖，祖令將錢回買，乃與之。後往洞山，聰公知其爲人，特加器重。臨殁，遺言令繼其席。郡守又以書託祖舉所知者主洞山，祖云：「無如買生薑漢〔一〕。」住未幾，户外屨滿矣，叢林殷足，委積常餘百萬。

黄檗山饘粥不繼，寶移杖總之，黄檗爲之豐。直院祖君無擇、部憲程君師孟並著好賢樂善之名。祖既挽寶主歸宗，程復以雲居致寶，前後凡四住名刹。在歸宗時，一日扶杖出門，見喝道來，問：「甚官？」吏云：「縣尉。令避路。」寶側立道左，馬至前，跪不行。寶曰：「畜生却識人。」尉知是寶，再拜而去。住雲居時，一夜山神肩輿輿寶繞寺行。寶云：「擡你爺，擡你娘，擡上方丈去。」神直擡上方丈。

寶爲人精嚴，護持戒法。初行脚時，宿旅店，爲娼女所窘，與同寢榻。寶危坐終夜，明發，娼女索錢，與之，出門燒被而去。娼女以實告其父母，遂請歸，置齋以謝，謂真佛子也。然好名，事邊幅，故所至必選名僧自隨，爲其羽翼。寶實得法于五祖。祖暮年棄衆造焉，寶以其行藏落人疑似，弗爲禮，且説偈譏之。〔一〕祖遂造大愚，一日，於僧堂前倚拄杖談笑而化。寶雖有盛名，叢林亦以是少之。

師在洞山〔二〕，嘗自甓壽藏。後二十餘年，遂終于歸宗。壽七十七，僧臘五十一。示寂，十八日全身入塔，至和元年也。余襄公靖爲之銘曰：「彼上人者，叢林獨步。激揚宗旨，慈心廣度。言發其機，俾之自悟。人得其要，直趨覺路。横杖而來，捨筏而去。吁嗟

妙圓，人天仰慕。」「妙圓」，師賜號也。〔一〕

懷澄禪師，不知何許人，與寶同出于五祖之門。出世洪州泐潭，諸方呼爲泐潭澄。黄龍南公依之最久。然雲門法道至師小變，故雲峰悅公方之藥汞銀，〔二〕鍛則流去。大覺連和尚〔三〕，其嗣也，所謂青出于藍者，別具。

系曰：一洞山也，詮去授聰，聰嗣文殊，聰死授寶，寶嗣五祖，要見拄持，續佛慧命，非細事故。古人舉授唯大公，弗容一毫私念于其間，不然詮、聰二老，豈少法嗣哉？中峰國師與定叟書云：「古人於法嗣嫡傳，所以深明宗係者，大法源委不可誣也。世漓俗薄，奉金請拂，以院易嗣者有之，某嘗痛心于此。」寶亦雲門子孫之傑出者，惜大德爲一眚所掩，燈録謂寶生娼室，無姓氏，未之考耳。

【校記】

〔一〕無如買生薑漢　宋道謙編大慧普覺禪師宗門武庫洞山寶禪師作「賣生薑漢住得」。

〔二〕洞山　宋余靖武溪集卷七廬山歸宗禪院妙圓大師塔銘作「峒山」。

〔三〕連和尚　據宋普濟五燈會元卷十五明州育王山懷璉大覺禪師：「漳州龍溪陳氏子。……遠造泐潭法席，投機印可，師事之十餘年。」宋惠洪禪林僧寶傳卷十八大覺璉禪師：「禪師名懷璉，字器之，漳州陳氏子也。……聞南昌石門澄禪師者，五祖戒公之嫡子也。往拜謁，師事之十餘年。」知懷澄禪師法嗣即大覺璉禪師，則「連和尚」應爲「璉和尚」之誤。

【箋注】

【一】且説偈譏之　宋惠洪禪林僧寶傳卷二十華嚴隆禪師：「洞山寶公譏五祖戒禪師行藏落人疑似，其至洞山，乃上堂説偈曰：『嗟見世聱訛，言清行濁多。若無閻老子，誰人奈你何？』」

【二】「妙圓」，師賜號也　宋余靖武溪集卷七廬山歸宗禪院妙圓大師塔銘：「皇祐中特恩賜號『妙圓大師』。」

【三】故雲峰悦公方之藥汞銀　典出宋悟明聯燈會要卷十三洪州黄龍慧南禪師：「師久依泐潭澄禪師，分座接物，名振諸方。偶同雲峰悦禪師游西山，夜話雲門法道。悦云：『澄公雖是雲門之後，法道異矣。』師詰其所以異，悦云：『雲門如九轉丹砂，點鐵成金。澄公藥汞銀，徒可翫，入煅則流去。』師怒，以枕投之。明日悦謝過。」

宋　志逢禪師傳

志逢，餘杭人也。生而惡葷，膚體香潔，出家于臨安之東山朗瞻院。通貫三學，嘗夢升須彌山，覩三佛列坐，初釋迦，次彌勒，皆禮其足。惟不識第三佛，但仰視而已。時釋迦示之曰：「此是彌勒補處〔一〕師子月佛。」師方作禮。覺後因閲大藏經，乃符所夢。遊方見韶國師于天台，契悟。一日入普賢殿中宴坐，倏有一神人跪膝于前。師問：「汝其誰乎？」曰：「護戒神也。」師曰：「吾患有夙愆未殄，汝知之乎？」曰：「師有何愆？唯一小過耳。凡折鉢水亦施主物，師嘗傾棄之，非所宜也。」言訖而隱。師自此洗鉢水盡飲之，積久因致脾疾，十年始愈。

吴越國王嚮師道風，召賜紫衣、師號，〔二〕命住功臣院。開寶初，忠懿王建普門精舍，請師爲開山，舉揚宗要。開寶四年，師固辭解院，願棲老林泉。時大將凌超於五雲山創院，奉師爲終老之所。五雲多虎，師每攜大扇乞錢，買肉飼虎，虎輒馴伏。日暮還山，虎迎之，騎以歸，故世稱「伏虎禪師」，一號「大扇和尚」。雍熙二年示寂，壽七十七，塔曰寶峰常照。

【校記】

〔一〕彌勒補處　原作「補處彌勒」，據宋道元景德傳燈録卷二十六杭州五雲山華嚴道場志逢大師改。宋普濟五燈會元卷十杭州五雲山華嚴院志逢禪師、明如巹集禪宗正脈卷五五雲志逢禪師、明朱時恩佛祖綱目卷三十四志逢參德韶禪師作「補彌勒處」，亦通。

【箋注】

【一】師號宋普濟五燈會元卷十杭州五雲山華嚴院志逢禪師云：「署普覺禪師」。

宋　棲賢諟禪師〔一〕傳

澄諟禪師，建寧人。嗣百丈恒和尚，恒嗣法眼，師爲眼嫡孫。性高簡，律身精嚴，動不違法度。暮年三終藏經，以坐閱爲未敬，則立誦行披之。黄龍南禪師初游方，年方少，從之屢年。故其平生所爲多取法焉。嘗曰：「棲賢和尚定從天人中來，叢林標表也。」雪竇顯嘗自淮山來依之，見師少接納，遂蘙苴〔二〕不合，〔一〕乃作獅子峰詩而去，曰：「踞地盤空勢未休，爪牙安肯混常流。天教生在千峰上，不得雲擎也出頭。」

師住棲賢，以門庭峻嚴，故參徒不盛。一日晚參衆集，師曰：「早晨不與諸人相見，今晚不可無言。」便下座。其斬截如此。

系曰：百丈恒和尚五字三上堂：曰「喫茶」，曰「珍重」，曰「歇」。所謂百丈有三訣：喫茶、珍重、歇也。諟師作略如此，真有乃父風，就中些子一滴不遺，由此可觀師弟子傳受源脉也。

補續高僧傳卷第七終

【校記】

〔一〕 　提禪師　原作「湜禪師」，宋李遵勖編天聖廣燈録卷二十七有「廬山棲賢寶覺院澄諟禪師」，宋悟明聯燈會要卷二十八有「廬山栖賢澄諟禪師」，宋惠洪林間録卷上有「棲賢諟禪師」，因據改。下同。

〔二〕 　蘙苴　宋惠洪禪林僧寶傳卷十一雪竇顯禪師作「蘙苴」。

【箋注】

〔一〕 　遂蘙苴不合　「蘙苴」謂縱放不拘，不雅馴端潔。宋黄庭堅山谷别集卷六論俗呼字：「蘙苴，泥不熟也。中州人謂蜀人放誕、不遵軌轍曰川蘙苴。」

補續高僧傳卷第八

明吴郡華山寺沙門明河撰

習禪篇

宋　宣州興教坦禪師

坦禪師，温州牛氏子。業打銀，因淬礪瓶器有省，即出家參琅琊覺公，機語頓契。天衣懷住興教，師爲第一座。及天衣受他請，欲聞州乞師繼住。時刁景純學士守宛陵，恐刁涉外議，乃於觀音前祝曰：「若坦首座道眼明白，堪任住持，願示夢於刁學士。」刁是夜夢牛在興教法座上。衣淩晨辭州，刁舉所夢。衣大笑，刁問其故。衣曰：「坦首座姓牛，又屬牛。」刁就座，出帖請之。師受請升座，有雪竇化主省宗出問：「諸佛未出世，人人鼻孔遼天。出世後爲何杳無消息？」師曰：「雞足峰前風悄然。」宗曰：「未在，更道。」師曰：「大雪滿長安。」宗曰：「誰人知此意？令我憶南泉。」拂袖歸衆。師曰：「新興教今日失利。」便歸方丈。令人請宗至，謂曰：「適來錯祇對一轉語，人天衆前何不禮拜蓋覆却？」

宗曰：「大丈夫膝下有黄金，爭肯禮拜無眼長老？」師曰：「我别有語在。」宗乃理前語，至「未在更道」處，師曰：「我有三十棒，寄你打雪竇。」宗乃禮拜。

南安雪峰寺〔一〕圓禪師傳

道圓，南雄人也。性純至，少游方，雖飽參，未大通透。聞南禪師居黄檗積翠庵，往依之。一日燕坐下板，聞兩僧舉百丈野狐因緣。〔二〕一僧曰：「只如不昧因果，也未脱得野狐身。」一僧應聲曰：「便是不落因果，亦何曾墮野狐身耶？」圓悚然異其語，不覺身起，上庵頭，過澗忽大悟。見南公，叙其事未終，涕交頤。南公令就侍者榻熟睡，忽起，作偈曰：「不落不昧〔三〕，僧俗本無忌諱。丈夫氣宇如王，爭受囊藏被蓋？一條榔栗任縱横，野狐跳入金毛隊。」南公大笑。久之，又作風幡偈曰：「不是風兮不是幡，白雲依舊覆青山。年來老大渾無力，偷得忙中些子閒。」雲庵老人常手疏此二偈，大稱賞之，謂其機鋒不減英邵武。〔三〕後出世住大庾雪峰寺，莫知所終。

【校記】

〔一〕雪峰寺　原作「雲封寺」，宋正受嘉泰普燈録卷四南安軍雪峰道圓禪師言「出住雪峰」，宋普濟五燈會元卷十七有「南安軍雪峰道圓禪師」，因據改。下同。

〔三〕不落不昧　明居頂續傳燈録卷十六大庾嶺雲峰寺道圓禪師作「因果不落不昧」，或是。

【箋注】

〔一〕聞兩僧舉百丈野狐因緣　唐百丈懷海百丈懷海禪師語録：「師每日上堂，常有一老人聽法，隨衆散去。一日不去，師乃問：『立者何人？』老人云：『某甲於過去迦葉佛時曾住此山，有學人問：「大修行底人，還落因果也無？」對云：「不落因果。」墮在野狐身。今請和尚代一轉語。』師云：『汝但問。』老人便問：『大修行底人，還落因果也無？』師云：『不昧因果。』老人於言下大悟，告辭師云：『某甲已免野狐身。住在山後，乞依亡僧燒送。』師令維那白槌告衆，齋後普請送亡僧，大衆不能詳。師領衆至山後巖下，以杖挑出一死狐，乃依法火葬。」

〔二〕謂其機鋒不減英邵武　據宋正受嘉泰普燈録卷四隆興府泐潭洪英禪師，洪英禪師俗姓陳，福建邵武人，故世稱英邵武。因閲華嚴十明論悟入宗要，得法於黄龍慧南禪師，後于石門、泐潭弘法。熙寧三年（一〇七〇）六月入滅，世壽五十九。

黄檗勝　昭覺白　信相顯三師傳

惟勝，潼川羅氏子，得法於黄龍南公。然未見公時已大悟，〔一〕特就印之而已。時黄檗席久虚，瑞州太守委黄龍擇主法。黄龍撾鼓集衆，垂語曰：「鐘樓上念讚，牀脚下種菜。道得者住黄檗。」衆寂然，勝出衆曰：「猛虎當路坐。」黄龍大悦，遂以應命。道風大震，名播海内。

白，梓州飛烏人，姓支氏。父謙，聞道嵩山〔一〕道者以死生爲戲，白衣而梵行。嘗云：「吾根鈍，不得入圓頓，願有子續慧命，足矣。」自少聞父誨，諦聽沉思，有如夙習。一日過溪，忽有省。遂往峨眉山落髮，父子相依游講，通性相宗經論。去之南遊，首謁太平俊公於澧州。俊謂〔二〕：「真吾法子。」付以説法大衣，白遜謝。聞黄檗道望，造焉，三年未印可，操事益勤。一日，勝擡頭儗有言，白咄曰：「這老漢〔三〕。」勝大笑，肯之〔四〕。

元豐末，南康郡王邀勝詣輦下，白侍行。會太學生上書訟博士者，語連勝。有旨放歸蜀，門人星散，白獨負巾鉢以從。既至，居昭覺。法筵之盛，猶黄檗也。勝將化，成都帥以繼席主化爲問。師曰：「無如白者。」白開法遵南方規範，一洗律居之弊。「不超性海是理事縛，不透聲輪是語言縛。」白上堂語也。諸方傳誦，靡然向風。朝散郎馮敢、奉議郎段玘、天台山隱者宋放、唐安文士祖思昱皆摳衣執弟子禮。

元祐末，白水寺僧正闕。丞相蔡京時帥蜀，命白往〔五〕。白不樂，遂併昭覺辭之，歸舊剎説法〔六〕。久之示疾，頌曰：「風高月冷，水遠天長。出門無影，四面八方。」怡然而寂。顯遂嗣其法。

顯，潼川王氏子。少舉進士，有聲。嘗掬溪水爲戲，至夜思之。見水泠然盈室，欲汲不可，而塵境自空，悟曰：「吾世網裂矣。」往依白得度，隨衆咨參。一日白問：「『高高峰頂立，深深海底行』，子如何會？」顯於言下頓悟，曰：「釘殺脚跟也。」白舉起拂子〔七〕，顯一笑而出，服勤七祀。南游見五祖演和尚，久處侍寮，澈法底藴，四十餘年始還。時白尚無恙，舉應長松，遷保福信相。

太常卿蘇元老序其語録云：〔一二〕「頃者吾蜀但以講席、律壇爲無等等法，未知祖道之高。晚得真覺勝禪師自黄檗，闡化成都昭覺寺。初會易之廣大變動周流六虚者，又原道之微妙混成先天地生者，遂言曰：『吾法函蓋乾坤不爲大，銷殞虚空不爲難。當體現成，隨用立具。』西南緇素驟聞者多瞪瞶不入，久各憮然，莫不失喜落涕，恨遭遇之晚。勝禪師既殁，紹禪師繼之，其法猶勝禪師也紹即白，而化度加衆。紹禪師既殁，顯禪師繼之，其法猶紹禪師也，而緣合加盛。前住長松，今居保福，皈依之侶未可計，濟拔之功未有艾也。嗚呼！釋迦别傳，迦葉親授，西天祖師所護念，中華耆宿所承襲。遐哉邈矣！不圖今日及吾身親見之。然師奥句微言，某未敢窺測。聊舉大略，曉吾黨新發意者，蘄與交臂作舞，同趍師門云。」蓋其爲時賢致歎如此。

明河曰：顯出蜀得東山磨淬最久，始臻源奥，及出世獨爲紹覺燒香。議者謂其以小技溷掩道望，以故情謬紊師承，叢林目爲「顯牛子」云。

【校記】

〔一〕嵩山　明居頂續傳燈録卷十八成都府昭覺純白禪師作「松山」。

〔二〕俊謂　明居頂續傳燈録卷十八成都府昭覺純白禪師作「俊大奇之，謂」。

〔三〕這老漢　明居頂續傳燈録卷十八成都府昭覺純白禪師作「這老漢把不定作麽」。

〔四〕肯之　明居頂續傳燈録卷十八成都府昭覺純白禪師作「乃爲印證心地」。

〔五〕往　明居頂續傳燈録卷十八成都府昭覺純白禪師作「住」。

〔六〕歸舊刹説法　明居頂續傳燈録卷十八成都府昭覺純白禪師作「蔡察其誠，復請歸舊刹」。

〔七〕舉起拂子　宋正受嘉泰普燈録卷十成都府信相正覺宗顯禪師作：「拈起拂子云：『這箇又作麽生？』」

【箋注】

【一】然未見公時已大悟　因緣具宋正受嘉泰普燈録卷四筠州黄檗真覺惟勝禪師：「居講聚時，偶以扇勒窗櫺有聲，忽憶教中道：『十方俱擊鼓，十處一時聞。』因大悟。」

【二】太常卿蘇元老序其語録云　序文亦見於明曹學佺蜀中廣記卷九十五長松長老顯禪師語録序，與明河所引略有參差，今備引於後，以備參考：「頃歲吾蜀佛教，惟講席、律壇之爲尚，蓋人自以爲無等等法矣，而未始知有祖道之高。晚得真覺勝禪師自黄蘗歸，闡化於成都昭覺寺。初會易之廣大變動周流六虚者，又圓道之微妙混成先天地生者，遂言曰：『吾之法函蓋乾坤不爲大，消殞虚空不爲難。當體見成，隨用立具。』於時西南緇素之士驟聞之，率多聽熒，瞪矒不入。久之，各憮然爲問，曰：『異哉，此故吾家物也。胡歷劫遺之，乃今獲之？』莫不失喜落涕，恨遭遇之晚。勝禪師既殁，紹禪師繼之，其法猶勝禪師也，而化度之衆加多焉。紹禪師既殁，顯禪師繼之，其法猶紹禪師也，而緣法之合加盛焉。前住長松，今住保福。其皈依之侣未可計，而濟拔之功未有艾也。時會下高弟有法安者，盡能記禪師兩地爲人言句，録而刊之，離爲二通：其保福之語，則平等居士已爲冠篇矣；而長松之録，猥委元老承之。嗚呼，釋迦别傳，迦葉親授，西天祖師之所護念，中華耆宿之所承襲，邈哉遐矣。不圖今日及吾身親見之，然以吾觀於禪師微言奥句，關鍵幽密，假令合天下禪盡眼微睇窺之，吾知其不得髣髴，直羞澀匍匐歸耳。顧某何敢妄談，聊舉其觕以曉吾黨新發意者，蘄與之交臂作舞，同趣師門云。」

報本元禪師傳

慧元，潮州倪氏子。十九爲大僧，遍歷叢席，於「黄龍三關」語下悟入。〔一〕住安吉報本院。爲人孤硬，有風度，威儀端重，危坐終日。南禪師門弟子能縱迹其行藏者，惟元而已。元初開法，法嗣書至，南公視其名，曰：「吾偶忘此僧。」謂專使曰：「書未欲開，可令親來見。」專使反命，元即腰包而來。至豫章，聞南公化去，因留歎息。適晦堂老人出城相會，與語奇之，曰：「恨老師不及見耳。」

元道化東吴，歸之者如雲。嘗自乞食，舟還遇盜。舟人絶叫，白刃交錯於前。元安坐自若，徐曰：「所有盡以奉施，人命不可害也。」盜既去，達旦人來，意師死矣，而顔色不亂，神氣如常，其臨死生禍福，能脱然無累如此。自説法來一榻蕭然，長坐不卧，三十餘年如一日，化後塔全身于峴山。

【箋注】

〔一〕於「黄龍三關」語下悟入　宋正受嘉泰普燈録卷三隆興府黄龍普覺慧南禪師：「室中舉手問僧：『我手何似佛手？』垂足曰：『我脚何似驢脚？』『人人盡有生緣，上座生緣在何處？』學者莫有契其旨。叢林目之爲『黄龍三關』。」

景福順禪師傳

順公，西蜀人。有遠識，爲人勤劬，叢林後進皆母德之。得法於老黄龍。初出蜀，與圓通訥偕行，已又與大覺璉游甚久。有讚其像者曰：「與訥偕行，與璉偕處。得法于南，爲南長子。」〔一〕然緣薄，所居皆遠方小刹，學者過其門莫能識。師亦超然自樂，視世境如飛埃過目。壽八十餘，坐脱於香城山，顔貌如生。

平生與潘延之善。將終，使人要之叙别。延之至，師已去矣。其示衆多爲偈，皆德言也。有偈曰：「夏日人人把扇摇，冬來以炭滿爐燒。若能於此全知曉，塵劫無明當下消。」又作趙州勘婆偈曰：「趙州問路婆子，答云『直與去麽〔二〕』。皆言勘破老婆，婆子無你雪處。」又作黄龍三關頌曰：「長江雲散水滔滔，忽爾狂風浪便高。不識漁家玄妙意，偏於浪裏颭風濤。」又曰：「南海波斯入大唐，有人别寶便商量。或時遇賤或時貴，日到西峰影漸長。」又曰：「黄龍老和尚有箇生緣語：『山僧承嗣伊，今日爲君舉。爲君舉猫兒，偏解捉老鼠。』」

【校記】

〔一〕直與去麽　宋正受嘉泰普燈録卷四隆興府上藍順禪師作「恁麽去」，宋法應集禪宗頌古聯珠通集卷十八、宋惠洪林間録卷下景福順禪師作「直與麼去」。

【箋注】

【一】與訥偕行，與璉偕處。得法于南，爲南長子　文具宋蘇轍欒城後集卷五香城順長老真贊：「長老順公，昔居圓通，從先子游數日耳。頃予謫高安，特以先契訪予再三。予嘗問道於公，以搐鼻爲答。予即以偈謝之，曰：『搐鼻徑參真面目，掉頭不受別鉗鎚。』公頷之。紹聖元年，予再謫高安，而公化去已逾年矣。其門人以遺像示予，焚香稽首而贊之曰：『與訥皆行，與璉皆處。於南得法，爲南長子。成就緇白，可名爲老。慈愍黑闇，可名爲姥。我初不識，以先子故。訪我高安，示搐鼻語。再來不見，作禮縑素。向也無來，今亦奚去？』」

昭慶禪師傳

烏江惠濟院禪師名昭慶，字顯之，泉州林氏子。少跅弛任氣，爲巨賈，往來海中十數年，資用甚饒。一日，盡所有財物屬同産，使養其親。徒手入漳州開元寺，出家受具戒，鄉人異之。居無何，謂其曹曰：「出家兒當尋師訪道，求脱生死。若匏繫一方，土偶人耳。」

遂過嶺，遍參知識。後見黄龍南公，示以三關語，漫不省。因服役左右，久之盡得其道，因嗣焉。出世凡三坐道場：高郵之乾明、烏江之惠濟、廣陵之建隆。惟惠濟僻在深山中，地有湯泉，人迹罕至，心樂居之。乾明、建隆皆爲檀越、士大夫所强，遯去不獲，非其好也。

師所得法廣大微妙，又學術無不通達，其爲人説法，或以經論，或以老莊，或卜筮，或方藥，乃至一切種種俗諦事，隨其根器，示大方便，不獨守古人言句。自唐以來，禪家盛行于世，惟雲門、臨濟兩宗。是時，雲門苗裔分據大刹，相望淮浙上。臨濟之後，自江以北，惟師一人。故雲門之徒或不以師爲然，師聞而笑曰：「此吾所以爲臨濟兒孫也。」

師晚歲多病，謝住持事，寓止高郵醴泉法嗣處安會中。以元祐四年八月十六日，説偈遷化。廣陵檀越奉靈骨歸建隆，起塔。士大夫中執弟子禮者，如龍圖閣直學士孫覺莘老、烏江令〔一〕承議郎閻木求仁等。然爲役之久，緣契最深者，無如秦少游觀，時在京，遥爲銘其塔。

【校記】

〔一〕烏江令　原作「烏江會」，然宋秦觀淮海集卷三十三慶禪師塔銘作「時烏江令則今承議郎閻君木求仁也」，因據改。

隆慶閑禪師傳

慶閑，福州古田卓氏子。母夢胡僧授以明珠，吞之而娠。及生，白光炤室。幼不近酒胾，年十一，事建州昇山圓長老。十七削髮受具，二十辭師遠游。見諸大老，最後印心黄龍南公。公每歎曰：「祖師之道，不墜于地，在斯人也？」公在世，學者已歸之。公既寂，一時尊宿無出其右者。熙寧間，廬陵太守張公鑑請居隆慶。未期年，鐘陵太守王公韶請居龍泉。不逾年，以病求去。廬陵道俗以其捨龍泉也，舟載而歸，居隆慶西堂，事之益篤。

師性純至，無所嗜好。貌豐碩，寡言語。所至獨處，罕與人接，有即者一舉手而去。初，師之在黄檗也，與翠岩順公並事南公爲父。機無所讓〔一〕，順訴于南公曰：「閑輕易，且語未辯觸淨。」南公曰：「法如是。以情求閑，乃成是非。其可哉？」元豐四年三月七日，告衆將入滅，説偈曰：「露質浮世，奄質浮滅。五十三歲，六七八月。南嶽天台，松風磵雪。珍重知音，紅爐優鉢。」泊然坐逝。神色不變，手足和柔，髮剃復出，衆願留事全身。長老利儼遵遺命闍維。薪盡火滅，跏趺不散，益以油薪乃化。是日雲起風作，飛瓦折木。煙氣所至，草木砂礫之間皆得舍利，如金色，碎之如砂〔二〕。細民拾而鬻之，數日不絶，計所獲，幾數斛。蘇子由欲爲作記，而疑其事。方卧痁，夢有訶者曰：「此何疑哉？疑即病矣。」子由夢中作數百言，甚雋偉，醒而續成之，病亦隨愈。銘略曰：「稽首三界尊，閑師不止此。憫世狹劣故，聊示小者爾。」知言哉。

【校記】

〔一〕機無所讓　宋惠洪禪林僧寶傳卷二十五隆慶閑禪師作：「順時時詰問閑，閑橫，機無所讓。」

〔二〕砂　宋惠洪禪林僧寶傳卷二十五隆慶閑禪師作「金沙」。

子琦道英附

子琦，泉州許氏子。試經得度，精楞嚴、圓覺。棄之，游江淮，謁翠岩真禪師。問佛法大意，真唾地曰：「這一滴落在何處？」師捫膺曰：「學人今日脾病。」真爲解頤。辭，參積翠南公，盡得其道。相與商搉古今，適大雪，南公指謂師曰：「斯可以一致帚否？」師曰：「不能。然則天霽日出，雲物解駁，豈復有哉？知有之人，於一切言句如破竹，雖百節當迎刃而解，詎容聲於擬議乎？」

一日，南公遣僧逆問三關語。師厲聲曰：「你理會久遠時事作麽？」南公益奇之。於是名著叢席。南公歿，四祖演禪師命分座，室中垂語曰：「一人有口，道不得姓字爲誰。」後傳至東林，總禪師歎曰：「琦首座如銕山萬仞，卒難逗他語脉。」未幾，以開元爲禪林，請師爲第一世，賜號「覺照大師」。

道英，俗姓胡，師邑子也。有聞於師而嗣焉，見地穩密，説法無蹊徑，直躋最上，中下之機少能遘會者。嘗作偈云：「南北東西住險巇，古巖寒桂〔一〕冷依依。無人到我經行地，明月清風擬付誰〔二〕？」又云：「每把葫蘆椀放欹〔三〕，從教天下浪猜疑。秋風擺落園林後，始信寒松格不卑。」

【校記】

〔一〕寒桂　明嘉靖惠安縣志卷十三釋道英作「寒檜」。

〔二〕擬付誰　明嘉靖惠安縣志卷十三釋道英作「咸與誰」。

〔三〕放欹　明嘉靖惠安縣志卷十三釋道英作「復欹」。

黄龍心禪師傳

祖心，南雄始興鄔氏子。少爲書生有聲，年十九而目盲，父母許以出家，輒復見物。

乃往依龍山寺惠全。明年試經業，獨獻詩，試官奇之，遂以合格聞。繼住受業院，不奉戒律，且逢橫逆，棄之，謁雲峰悦公。難其孤硬，告行。峰曰：「必往依黃檗南公。」居黃檗四年，知有而機不發，又辭而上雲峰。會峰謝世，因就止石霜，無所參決。後閱傳燈，至僧問「如何是多福一叢竹」云云，〔一〕此時頓覺親見二師，往歸黃檗。方展坐具，南公曰：「子入吾室矣。」師踊躍自喜。即應曰：「大事本來如是，和尚何用教人看話下語，百計搜尋？」南公曰：「若不令汝如此究尋，到無用心處自見自肯，吾即埋没汝也。」往見翠巖真，真與語，大奇之。又見泐潭月，月以經論精義入神，聞諸方同列笑之，以爲下喬入幽。師曰：「彼以有得之得護前遮後，我以無字之學朝宗百川。」初，南公使分座，公遷化，師繼其席，凡十有二年，法道大振。然性真率，不樂從事〔一〕，五求解去，乃得謝事閑居，學者益親。

謝景温師直守潭，虚大溈以致，三辭不往。又囑江西轉運判官彭汝礪器資請所以不赴長沙之意：「願見謝公，不願領大溈也。馬祖、百丈以前無住持事，道人相尋於空山寂寞之濱而已。其後雖有住持，王臣尊禮，如天人師。今則掛名官府，若編户民，直遣伍伯〔二〕追呼之耳，豈可復爲？」師直聞之，不敢以院事屈，願一見之。至長沙，師直願受法訓，爲舉其綱，〔三〕師直聞所未聞。後一至京師，尋還廬岳。適器資守九江，問曰：「人臨命終時，有旨決乎？」曰：「有。」曰：「願聞其説。」曰：「待器資死即説。」器資起增敬，曰：「此事須是和尚始得。」蓋於四方公卿，合則千里應之，不合則數舍不往。南公道貌德威，極難親附。雖老於叢林者，見之汗下。師直造前，意甚閑暇。終日語笑，師資相忘。四十年間，士大夫聞其風而開發者甚衆。惟其善巧無方，普慈不間。人未見者，或慢謗，承顔接詞，無不服膺。臘既高，益移庵深入，棧絶學者，又二十餘年。以元符三年冬歿，閲世七十有六，坐五十有五夏。賜號「寶覺」，葬於南公塔之東，號「雙塔」云。

【校記】

〔一〕不樂從事　宋惠洪禪林僧寶傳卷二十三黄龍寶覺心禪師、元釋念常佛祖歷代通載卷十九、明居頂續傳燈録卷十五洪州黄龍晦堂寶覺祖心禪師作「不樂從事於務」。

〔二〕伍伯　原作「五伯」，據宋惠洪禪林僧寶傳卷二十三黄龍寶覺心禪師、元釋念常佛祖歷代通載卷十九改。

【箋注】

【一】至僧問「如何是多福一叢竹」云云　宋道元景德傳燈録卷十一杭州多福和尚：「僧問：『如何是多福一叢竹？』師曰：『一莖兩莖斜。』曰：『學人不會。』師曰：『三莖四莖曲。』」

【二】至長沙，師直願受法訓，爲舉其綱　宋惠洪禪林僧寶傳卷二十三黄龍寶覺心禪師：「公爲舉其綱，其言光明廣大，如青天白日之易識。其略曰：『三乘十二分教，還同説食示人，食味既因他說，其食要在自己親嘗。既自親嘗，便能了知其味是甘是辛、是鹹是淡。達磨西來，直指人心，見性成佛，亦復如是。真性既因文字而顯，要在自己親見。若能親見，便能了知目前是真是妄、是生是死。既能了知真妄生死，返觀一切語言文字，皆是表顯之說，都無實義。如今不了，病在甚處？病在見聞覺知爲不如實知真際所詣。認此見聞覺知爲自所見，殊不知此見聞覺知皆因前塵而有分別。若無前塵境界，即此見聞覺知，還同龜毛兔角，並無所歸。』」

天衣懷禪師傳

義懷，温州樂清陳氏子。世以漁爲業，母夢星隕屋除，其光照户而娠。及生，尤多吉祥。兒稚，父命坐船尾串魚，師不忍，投魚江中。父怒笞詬，甘受之。長游京師，依景德寺，試經得度〔一〕。

師清癯，行步遲緩，衆中望見如鶴在雞群。言法華遇師市中，拊師背曰：「臨濟德山去〔二〕。」初謁金鑾善，次謁葉縣省，皆不契。謁明覺於翠峰，師當營炊，因汲澗折擔悟旨，覺印可之。辭去，久無耗。有僧自淮上來，曰：「懷，出世錶佛矣。」峰使誦提唱之語曰：「譬如雁過長空，影沉寒水。雁無遺蹤之意，水無留影之心。」覺激賞，以爲類己。先使慰撫之，乃敢通門人之禮。諸方服其精識，自銕佛至天衣，凡五遷法席〔三〕。所至必幻出樓觀，説法縱横馳騁，人難遘仰。廬山舜老夫疑之，後聞其語，歎云：「真善知識也。」〔一〕晚以疾居池州杉山庵，弟子智才住杭之佛日山，迎歸養侍劑藥。才如姑蘇未還，師促歸。至門，師已别衆，才問：「卵塔已成，如何是畢竟事？」師舉拳示之，遂就寢，推枕而寂。閲世七十二，坐夏四十六。塔全身佛日山。崇寧中，賜謚振宗禪師。

【校記】

〔一〕試經得度　宋惠洪禪林僧寶傳卷十一天衣懷禪師、宋正受嘉泰普燈録卷二紹興府天衣義懷禪師作「天聖中，試經得度」。

〔二〕臨濟德山去　宋惠洪禪林僧寶傳卷十一天衣懷禪師下有云：「懷初未喻，問耆宿，曰：『汝其當宏禪宗乎？行矣。勿滯於此。』」

〔三〕凡五遷法席　宋惠洪禪林僧寶傳卷十一天衣懷禪師、元釋念常佛祖歷代通載卷十八天衣義懷禪師、明朱時恩佛祖綱目卷三十六作「五遷法席，皆荒涼處」。

【箋注】

〔一〕真善知識也　語出宋道謙編大慧普覺禪師宗門武庫：「舜老夫一日問秀圓通：『聞爾見懷和尚，是否？』秀云：『是。』舜云：『有何言句？』秀云：『有投機頌曰：「一一三四五六七，萬仞峰前獨足立。奪得驪龍頷下珠，一言勘破維摩詰。』」舜云：『不好。別有什麽言句？』秀云：『一日有長老來參，懷舉拂子云：「會麽？」長老云：「不會。」懷云：「耳朵兩片皮，牙齒一具骨。」』舜歎云：『真善知識。』從此服膺。」

延恩安公傳

法安，臨川許氏子。幼謝父母，師事承天長老慕閑。年二十誦經通，授僧服，則無守家傳鉢之心。求師問道，不見山川寒暑。初依雪竇顯，顯歿，依天衣懷，蒙印可。棲法席數年，同參皆推上之，法雲秀尤與之友善。年三十有七，慨然以莊嚴佛土爲己任。初居黄山如意院，破屋壞垣，無蔽風雨，師力新之。未十年，大厦崇成〔一〕，如天宫下降。衲子歸，遂爲叢席，乃復謝去。至南昌某縣，又興延恩。始至，草屋數楹，敗床不簀，師處之超然。縣尹裴士章欲合豪右，爲師一新之，師曰：「檀法本以度人，今不發心而强之，是名作業，非佛事也〔二〕。」固止之，亦居十年。凡安衆之地，冬燠而夏涼，鐘魚而粥，鐘魚而飯，來者息焉。

師所歷足迹萬里，一鉢蕭然，孳孳以接物利生爲務。因緣乖合，一付之度外。其居延恩也，人視之，不堪其憂。是時法雲秀公有衆千百，説法如雲雨，所居世界莊嚴，可以爲兄弟接羽翼而天飛也。以書招師，師發書，一笑而已。〔二〕以元豐甲子歲七月示疾，化于延恩寢室。閲世六十有一，坐四十有一夏。營塔於後山，距寺百步葬焉。靈源清禪師語黄山谷曰：「我初發心，實在延恩。安公告戒策勵，如父母師友。中心以謂：『凡住山者，法如是爾。』及游諸方，罕遇如安公者。以是提耳之誨，不忘於心。若安公名稱利養，實不能與天下衲師爭衡。然此自不滿安公之一笑。」山谷因爲銘塔云。

【校記】

〔一〕未十年大厦崇成　宋黄庭堅豫章黄先生文集第二十四法安大師塔銘作「師住十年，大厦崇成」，宋惠洪禪林僧寶傳卷二十六延恩安禪師作「安求居之，十年大厦如化成」，明居頂續傳燈録卷八洪州延恩法安禪師作「師求居之，十年殿閣如化成」。

〔二〕非佛事也　宋黄庭堅豫章黄先生文集第二十四法安大師塔銘作「不名佛事」，宋惠洪禪林僧寶傳卷二十六延恩安禪師、明居頂續傳燈録卷八洪州延恩法安禪師作「不名佛事也」。

【箋注】

【一】師發書，一笑而已　宋惠洪禪林僧寶傳卷二十六延恩安禪師：「問其故。曰：『吾始見秀，有英氣，謂可語。乃今而後知其癡，癡人正不可與語也。』問者瞋視久之，曰：『何哉？』安曰：『比丘法，當一鉢行四方，秀既不能爾，又於八達衢頭架大屋，從人乞飯，以養數百閑漢，非癡乎？』」

荆門軍玉泉皓禪師傳

承皓，眉州丹稜王氏子。依大力院出家。登具後，游方見北塔，發明心要。元豐間，首衆僧于谷隱，望聳諸方。張無盡奉使京西南路，就謁之。問曰：「師得法何人？」曰：「北塔廣和尚。」曰：「與伊相契，可得聞乎？」師曰：「只爲伊不肯與人説破。」無盡善其言，致開法于郢州大陽。是時谷隱主者私爲之喜，曰：「吾首座出世矣。」盛集緇素，以爲歆艷。師升座曰：「承皓在谷隱十年，不曾飲谷隱一滴水，嚼谷隱一粒米。汝若不會，來大陽爲汝説破。」攜拄杖下座，傲然而去。于是先入院，後見州郡〔一〕，官責之曰：「長老得何指揮入院？」師曰：「某山林人，誰知郡縣禮數？」乃拽杖而去。無盡以書抵郢守云：「皓，有道之士，不可以世禮責，當加禮請之。」守如其言，師不得已復來。尋遷玉泉，示衆曰：「一夜雨滂烹〔二〕，打倒葡萄棚。知事、頭首、行者、人力，拄底拄，撐底撐，撐撐拄拄到天明。依舊可憐生。」自謂此頌法身向上事，如傅大士云「空手把鋤頭」，〔一〕洞山云「五臺山上雲蒸飯」，〔二〕只頌得法身邊事。然爲人超放，未易以凡聖議。嘗製犢鼻裩，書歷代祖師名字而服之。乃曰：「唯有文殊、普賢較些子。」書於帶上，故叢林目爲「皓布裩」。有鄉僧效爲之，師見而詬曰：「汝具何道理？敢以爲戲事耶？」嘔血無及。僧尋於鹿門如所言而逝。

蘇長公抵荆南，聞師機鋒不可觸，擬抑之。即微服求見，師問：「尊官高姓？」曰：「姓秤，乃秤天下長老底秤。」師震喝一聲，曰：「且道重多少？」公無對，于是尊禮之。冬至示衆云：「晷運推移，布裩赫赤。莫怪不洗，無來换替。」一僧入室，適狗子在室中，師叱之，狗便出去。師曰：「狗却會，你却不會。」將示寂，門人圍繞，師笑曰：「吾年八十一，老死𢌿尸出。兒郎齊著力，一年三百六十日。」言畢而逝。

師法嗣有曰文慶者，住林溪興教，聞秀圓通住棲賢，棄衆訪之。慶貌寢，人不啓眼〔三〕，秀遣督割稻石橋莊。既辭去，有識者曰：「慶，出世湘鄉十餘年，皓和尚嗣也。」秀遣人追謝之，且迎以還山。慶曰：「竢稻入囷乃還。」秀心奇之，稱于衆，舉以自代，住棲賢二十年而終。

【校記】

〔一〕于是先入院後見州郡　宋道行編雪堂行和尚拾遺録張無盡作:「遂攜拄杖,徑往郢。先入院,後參州郡。」

〔二〕一夜雨滂烹　宋普濟五燈會元卷十五荆門軍玉泉承皓禪師、明居頂續傳燈録卷五荆州軍玉泉承皓禪師作「一夜雨霶烹」,宋道行編雪堂行和尚拾遺録張無盡、明瞿汝稷指月録卷二十四荆門軍玉泉承皓禪師作「昨夜雨霶烹」。

〔三〕人不啓眼　宋惠洪禪林僧寶傳卷二十六法雲圓通秀禪師作「寒陋不上眼」。

【箋注】

〔一〕如傳大士云「空手把鋤頭」　語出宋道元景德傳燈録卷二十七婺州善慧大士:「善慧大士者,婺州義烏縣人也。……大士躬耕而居之,乃説一偈曰:『空手把鋤頭,步行騎水牛。人從橋上過,橋流水不流。』」

〔二〕洞山云「五臺山上雲蒸飯」　語出宋賾藏主古尊宿語録卷三十八襄州洞山第二代初禪師語録:「因事頌:『五臺山上雲蒸飯,佛殿階前狗尿天。幡竿頭上煎䭔子,三箇猢猻夜簸錢。』」

福嚴感禪師傳

慈感，潼川杜氏子。面目嚴冷，孤硬秀出，叢林時謂感鐵面。首衆僧於江州承天，時佛印元禪師將遷居蘄州，斗方譽於郡守，欲使嗣續之。召語其事，感曰：「某念不及此，和尚終欲推出爲衆粥飯主人，共成叢席，不敢忘德。然若使嗣法，則某自有師矣。」佛印心服，業已言之，因成就，不敢復易，遂開法，爲黄龍子，名重一時。

居常懸包，倚杖於方丈，不爲宿夕計，郡將以下皆信敬。有太守新下車，以事臨之，感笑，作偈投郡庭，不揖而去。偈曰：「院是大宋國裏院，州是大宋國裏州。州中有院不容住，何妨一鉢五湖遊？」太守使人追之，已渡江矣。後住南岳福嚴，終於所居，而塔焉。

真點胸傳 善侍者

可真，福州人也。參慈明，用功剋苦。每以手指點胸，諸方目爲「真點胸」。喜談説，英氣逸群。同善侍者坐夏金鑾，善乃慈明高第。真自負親見慈明，天下無可意者。善與語，知其未徹，笑之。一日山行，舉論鋒發。善拈瓦礫一片，置盤石上，曰：「若於此下得一轉語，許爾親見老師〔一〕。」真左右視，擬對。善叱曰：「佇思停機，識情〔二〕未透。何曾夢見在？」真愧悚，即還石霜。慈明見之，訶曰：「本色行脚人，必知時節，有何急事？解夏未久，早已至此。」真泣曰：「被善兄毒心，終礙塞人，故來見和尚。」明遽問：「如何是佛法大意？」對曰：「無雲生嶺上，有月落波心。」明瞋目喝曰：「頭白齒豁，猶作如此〔三〕見解，如何脱離生死？」真不敢仰視，淚交頤。久之，進曰：「不知〔四〕如何是佛法大意？」明曰：「無雲生嶺上，有月落波心。」因於言下大悟。自是機辯迅捷，叢林憚之。

出世住翠巖，常拈魯祖面壁因緣問學士，少有契者〔五〕。自作偈曰：「坐斷千山與萬山，勸人除却是非難。池陽近日無消息，果中當年不目覩〔六〕。」嘗云：「天下佛法如一隻船，大寧寬師兄坐頭，南褊頭在其中，可真把梢。去東也由我，去西也由我。」

長老政公，亦慈明之嗣。性善講説，從之者多尚義學。真一日見政，則以手摳其衣，露兩脛，緩步而過。政怪，問之，真曰：「前廊後架皆是葛藤，恐絆倒耳。」政爲大笑。乃曰：「真兄，爾我同參，何得見人便駡我？」真熟視曰：「我豈駡汝？吾畜一喙，準備駡佛駡祖。汝何預哉？」其剛勁不可屈如此〔七〕。將入滅，示疾甚苦。席藁於地，轉側不少休，喆侍者垂泣曰：「平生呵佛駡祖，今何爲乃爾？」真呵之曰：「汝猶作此見解耶？」即起趺坐，命燒香，煙起而化。

善公還七閩，慈明有秤鎚落井之讖。自鳳林遷資福，則碌碌無聞焉，以故言句罕傳於世，惜哉！

【校記】

〔一〕老師　宋悟明聯燈會要卷十四洪州翠巖可真禪師、明瞿汝稷指月録卷二十五洪州翠巖可真禪師作「慈明」。

〔二〕識情　宋悟明聯燈會要卷十四洪州翠巖可真禪師、明瞿汝稷指月録卷二十五洪州翠巖可真禪師作「情識」，是。

〔三〕如此　宋正受嘉泰普燈録卷三隆興府翠巖可真禪師、宋悟明聯燈會要卷十四洪州翠巖可真禪師作「這箇」。

〔四〕不知　宋悟明聯燈會要卷十四洪州翠巖可真禪師作「未審」。

〔五〕常拈魯祖面壁因緣問學士少有契者　宋惠洪林間録卷下翠巖真點胸作：「好問學者魯祖當日見來參者，何故便面壁去？未有契其機者。」

〔六〕目觀　原作「自觀」，據宋正受嘉泰普燈録卷三隆興府翠巖可真禪師、宋法應集禪宗頌古聯珠通集卷十三、明朱時恩佛祖綱目卷三十六、明瞿汝稷指月録卷二十五洪州翠巖可真禪師改。

〔七〕其剛勁不可屈如此　宋惠洪林間録卷下翠巖真點胸作「政無如之何而去」。

宋　江州歸宗宣禪師海印

可宣，漢州人也。壯爲僧，即出峽依琅琊覺公。一語忽投，群疑頓息，琅琊可之。未幾，令分座，淨空居士郭功甫過門問道，與厚。及師領歸宗，時功甫任南昌尉。俄南康守恚師不爲禮，以事臨之。師作書寄功甫云：「某世緣尚有六年未盡，今無奈逼抑何，欲託生君家，望君相照〔一〕。」乃化去。功甫得書，驚喜盈懷。中夜，其妻夢間見師入其寢，失聲曰：「此不是和尚來處。」功甫撼而問之，妻答所見。呼燈取書示之，遂娠。及生，乃名宣老，期年記問如昔。逮三歲，白雲端和尚過其家，功甫喚出相見。望見便呼師姪，端云：「與和尚相別幾年？」屈指〔二〕云：「四年也。」端云：「在何處相別？」云：「白蓮莊。」端云：「以何爲驗？」曰：「爹爹媽媽明日請和尚齋。」適門外〔三〕推車聲，端云：「門外何聲？」乃作推車勢。端曰：「過後如何？」曰：「平地一條〔四〕溝。」果六周無疾而化。

超信，字海印，桂府人也，亦琅琊之嗣。住蘇州定慧寺，倡道多年，望重一時。年八十餘，平日受朱防禦家供養，屢至其宅。一日朱問曰：「和尚後世能來弟子家託生否？」師微笑領之〔五〕。及歸寺得疾，數日而化。其日，朱家生一女子。圓照本禪師時住瑞光，聞其事，往訪之。方出月，抱出見而一笑，圓照喚云：「海印，你錯了也。」女子哭數聲化去。

有百丈野狐頌并老僧詩盛爲叢林傳誦，瑩仲温謂信爲明眼宗匠云。〔一〕

【校記】

〔一〕某世緣尚有六年未盡……望君相照　宋正受嘉泰普燈録卷三江州歸宗可宣禪師、宋普濟五燈會元卷十二江州歸宗可宣禪師、明居頂續傳燈録卷七江州歸宗可宣禪師、明瞿汝稷指月録卷二十五江州歸宗可宣禪師作：「某世緣尚有六年，奈州主抑逼，當棄餘喘，託生公家，願無見阻。」

〔二〕屈指　宋正受嘉泰普燈録卷三江州歸宗可宣禪師、宋普濟五燈會元卷十二江州歸宗可宣禪師、明居頂續傳燈録卷七江州歸宗可宣禪師、明瞿汝稷指月録卷二十五江州歸宗可宣禪師作「倒指」。

〔三〕適門外　宋正受嘉泰普燈録卷三江州歸宗可宣禪師、宋普濟五燈會元卷十二江州歸宗可宣禪師、明居頂續傳燈録卷七江州歸宗可宣禪師、明瞿汝稷指月録卷二十五江州歸宗可宣禪師作「忽聞」。

〔四〕一條　宋正受嘉泰普燈録卷三江州歸宗可宣禪師、宋普濟五燈會元卷十二江州歸宗可宣禪師、明居頂續傳燈録卷七江州歸宗可宣禪師、明瞿汝稷指月録卷二十五江州歸宗可宣禪師作「兩條」。

〔五〕頌之　宋道謙編大慧普覺禪師宗門武庫海印信和尚作「諾之」。

【箋注】

【一】有百丈野狐頌并老僧詩盛爲叢林傳誦，瑩仲温謂信爲明眼宗匠云　宋釋曉瑩羅湖野録卷四：「蘇州定慧信禪師，蚤以百丈野狐頌得叢林之譽。其頌曰：『不落不昧，二俱是錯。取捨未忘，識情卜度。執滯言詮，無繩自縛。春至花開，秋來葉落。錯，錯。誰知普化摇鈴鐸。』又貽老僧曰：『俗臘知多少，龐眉擁毳袍。看經嫌字小，問事愛聲高。暴日終無厭，登階漸覺勞。自言曾少壯，游嶽兩三遭。』信爲明眼宗匠。此乃其游戲耳，然品題形貌之衰憊，摸寫情思之好尚，抑可謂曲盡其妙矣。」

月華山琳公傳雲達附

琳公，曲江都渚人，姓鄧氏。少學儒，能談王伯大略。已而學佛，誦經得度，以詩自雄。往來江淮間，博覽廣記，推爲文章僧。徐而知非，一掃前習，參寶師於洞山，一見已心大器之。久之，遂付心印。因南還，結庵於舊山之白蓮。學者聞其名，自遠至者無算。州以衆狀請出世，師遁大洞中累月，衆求不已，得之，黽勉從赴。自是縉紳緇素，途經江滸，無不艤舟造室。師高論嘉致〔一〕，人人有得而返。四方衲子奔走於路，一言之下達心要，爲人師者數十人。

晚年避喧，退居西堂，諸方因稱西堂琳公。寶林山爲六祖道場，詔擇名德，錫殊名命服以居之。漕臺以爲舉，固辭不行。乃即庵自甓壽藏曰：「吾歸骨於此矣。」地舊爲月華山招提朗弘法處也，朗殁，衆散，寺亦隨廢。至師復大興，僉謂後身。余襄公靖銘其藏曰：「湛然性相本無爲，涉于形器有時隳。他年幻質此於歸，嘗言無佛，良遣有知。」

雲達，桂州陽朔人。嘗曰：「生本無物，何有本鄉。悟在于心，豈須戲論？」南游洞山，寶禪師授以大乘之要，竟不出世，隱於羅浮山之黄龍洞，自得而已。

【校記】

〔一〕師高論嘉致　原作「師高論自嘉致」，然宋余靖武溪集卷八韶州月華禪師壽塔記并銘作「耳高論，目嘉致」，因據删「自」字。

福昌信公傳

知信，生福州閩縣蕭氏。蕭氏以捕魚爲業，兒時隨父漁於江，所得輒棄之。且觸事疎通，無憂恚疑懼，撫會而言，或非人意所及。年十三〔一〕去家，持頭陀行甚苦。山行遇虎，祝之曰：「使我得披如來衣，作世間眼者，當不害我。」虎妥尾而去〔二〕。年二十有六，以誦經應格，得僧服。平居與衆勞侶共一手作。所游非一師，所行非一行。最後入夾山遵之室，師資相合，如石投水，莫之逆也。

師之接人，不爲驚濤險崖、關鎖閉距，然非相應者，終不得其門而入。在夾山，任直歲典座餘十年，蓺〔三〕杉松滿山，水陸不耕者皆爲田。住福昌寺二十一年，其初草衣木食，寢食破屋數間。未幾，廣厦不知寒暑，齋供數百人。師隨事莊嚴，不懈如一日。或勸師：「安用苦色身以徇事緣？宴居養道可矣。」師曰：「一切賢聖，出生入死，成就無邊衆生。行願不滿，不名滿足菩提。我何人也？」爲之益力〔四〕。元祐三年閏十二月示疾，問日早晚。曰：「午矣。」起坐而逝，五十九歲也，葬於福昌善禪師之左。有語録，黄山谷書其後行之。

【校記】

〔一〕十三　原作「十二」，宋黄庭堅豫章黄先生文集第二十四福昌信禪師塔銘作「年十三，乞身於親，去家爲釋子」，因據改。

〔二〕虎妥尾而去　宋黄庭堅豫章黄先生文集第二十四福昌信禪師塔銘作「虎因背去」。

〔三〕蓺　原作「藝」，據宋黄庭堅豫章黄先生文集第二十四改。

〔四〕我何人也爲之益力　宋黄庭堅豫章黄先生文集第二十四福昌信禪師塔銘作：「師之密

行，不愧斯言云。」

法秀小秀附

法秀，秦州隴城人，生辛氏。其母夢老僧求託宿，曰：「吾麥積山僧也。」覺而有娠。先是，麥積山有僧，忘其名。日誦法華經，與應乾寺魯和尚者善。嘗欲從魯遊方，魯老之，既去，緒語曰：「他日當尋我竹鋪坡前，鐵強嶺下。」俄有兒生其所。魯聞之，往觀焉，兒爲一笑。三歲願隨魯歸，遂冒魯姓。十九通經，爲大僧，天骨峻拔，軒昂萬僧中，凛然如畫。講大經，章分句析，旁穿直貫，機鋒不可觸，聲著京洛。倚圭峰鈔以詮量衆義，然恨圭峰學禪，唯敬北京元華嚴。然恨元非講，曰：「教盡佛意，則如元公者，不應非教；禪非佛意，則如圭峰者，不應學禪。然吾不信世尊教外別以法私大迦葉。」乃罷講南遊，謂同學曰：「吾將窮其窟穴，搜取〔一〕其種類抹殺之，以報佛恩乃已耳。」

初至隨州護國，讀淨果禪師碑。始疑之，然猶怫然不平。及至無爲，謁懷禪師。見其貌寒危坐，涕垂沾衣，頗易之，懷因收涕，問：「座主講何經？」對曰：「華嚴。」又問：「華嚴以何爲宗？」曰：「法界爲宗。」曰：「法界以何爲宗？」曰：「心爲宗。」又問：「心以何爲宗？」師不能對。懷曰：「毫釐有差，天地懸隔〔二〕。」師退，自失悚然，乃敬服願留，日夕受法。懷公自池入吴，師皆從之十年。初，開法於淮四面山，杖笠之外，包具而已。衲子追逐，不厭饑寒。師哀祖道不振，叢林凋落，慨然以身任之，移住棲賢有年。蔣山元公殁，舒王以禮致師嗣其席。師至山，王先後謁〔三〕，而師方理叢林事，不時見。王以爲慢己，遂不合，棄去。住真州長蘆，衆千人。有全椒長老至，登座，衆目笑之，無出問者。於是，師出拜趨問：「如何是法秀自己？」全椒笑曰：「秀鋏面，乃不識自己乎？」師曰：「當局者迷。」然一衆服其荷法心也。冀國大長公主造法雲寺，仍詔師爲開山。神宗皇帝遣中使降香并磨衲，仍傳聖語表朕親至之禮。士大夫日夕問道，時司馬温公方登庸，以吾法太盛，方經營之。師曰：「相公聰明，人類英傑，非因佛法不能爾，遽忘願力乎？」温公不以介意。

元祐五年八月卧疾，詔翰林醫官視之，請候脉。師仰視曰：「汝何爲者也？吾有疾，當死耳。求活之〔四〕，是以生爲可戀也。平生生死夢〔五〕，三者無所揀。」揮去之，呼侍者更衣安坐，説偈三句而化。閲世六十有四，坐四十五夏。李公麟伯時工畫馬，不減韓幹。師呵之曰：「汝士大夫以畫名，矧又畫馬，期人誇〔六〕以爲得妙，妙入馬腹〔七〕中亦足懼。」伯時由是絶筆。師勸畫觀音像以贖其過。黄魯直作艷語，人争傳之，師呵之曰：「翰墨之妙，甘施於此乎？」魯直笑曰：「又當置我馬腹中邪？」師曰：「汝以艷語動天下人婬心，不止馬腹，正恐生泥犁中耳。」駙馬都尉王詵晉卿候師，師方饌客，晉卿爲掃墨竹於西軒以遲之。師來，未及揖，顧見不懌。晉卿去，即漫之。

懷秀者，與師同依懷公最久，俱稱飽參，有時名，故叢林稱爲「小秀」，蓋以師爲「大秀」也。小秀聞南禪師三關語，欲往見之。師曰：「吾不疑矣。」小秀乃獨行，久而有契證，因嗣南公。聞師住棲賢，寄以偈曰：「七百高僧戰法場，盧公一偈盡歸降。無人截斷黄梅路，剛被迢迢過九江。」師笑而置之。小秀，弋陽應氏子，家世業儒。出世大潙，唱黄龍之道，有三關頌盛爲叢林所傳云。〔一〕

【校記】

〔一〕搜取　宋惠洪禪林僧寶傳卷二十六法雲圓通秀禪師作「搜取」。

〔二〕天地懸隔　宋普濟五燈會元卷十六東京法雲寺法秀圓通禪師下有云：「汝當自看，必有發明。」

〔三〕後謁　宋惠洪禪林僧寶傳卷二十六法雲圓通秀禪師作「候謁」。

〔四〕活之　宋惠洪禪林僧寶傳卷二十六法雲圓通秀禪師、元釋念常佛祖歷代通載卷十九作「治之」。

〔五〕平生生死夢　原作「平生之死夢」，據宋惠洪禪林僧寶傳卷二十六法雲圓通秀禪師、元釋念常佛祖歷代通載卷十九、明朱時恩佛祖綱目卷三十七改。

〔六〕誇　宋惠洪禪林僧寶傳卷二十六法雲圓通秀禪師作「跨」，當以「矧又畫馬期人跨」爲是，故秀以此責李公麟。

〔七〕妙入馬腹　原無「妙」字，據宋惠洪禪林僧寶傳卷二十六法雲圓通秀禪師補。

【箋注】

【一】有三關頌盛爲叢林所傳云　宋釋曉瑩羅湖野録卷一：「又嘗頌三關話曰：『我手佛手，誰人不有？分明直用，何須狂走？我脚驢脚，高低踏著。雨過苔青，雲開日爍。問我生緣，處處不疑。語直心無病，誰論是與非？』」

圓照本禪師傳

宗本，常州管氏子。性質，少緣飾，貌豐碩，言無枝葉。年十九，師事蘇州承天永安道昇禪師。弊衣垢面，操井臼，典炊爨，以供大衆。夜則入室參道，昇勞之〔一〕，對曰：「若捨一法，不名滿足菩提。實欲此生身證，其敢言勞？」昇陰奇之。又十年，剃髮受具，服勤三年，乃辭昇游方。初至池州，謁懷禪師，言下契悟，衆未有知者。嘗爲侍者，喜寢，鼻息齁齁，聞者厭之，言于懷。懷笑曰：「此子，吾家精進幢也。汝輩他日當依賴之，無多談。」衆乃驚。

及懷公徙住越之天衣、常之薦福，皆從之。治平初，懷公退居吴江之壽聖〔二〕，部使者李公復圭過懷公，夜語曰：「瑞光法席虚，願得有道衲子主之。」懷指本曰：「無踰此道人耳。」既至瑞光，衆大集至五百人。杭州太守陳公襄以淨慈懇請之曰：「借師三年，爲此邦植福，不敢久占。」學者倍於瑞光。既而蘇人以萬壽、龍華二刹請擇居之，迎者千餘人，曰：「始借我師三年，今九載矣〔三〕。」欲奪以歸。杭守使縣尉持卒徒護之，不得奪。元豐五年，以道場付其門人善本，而居瑞峰庵。蘇人聞之，謀奪之益急，懼力不勝，未敢發也。時待制曾公孝序適在蘇，蓋嘗問道于師者，因謁之庵中，具舟江津。既辭去，師送之登舟，語笑中載而歸，以慰蘇人之思。於是歸師穹窿山福臻院，時年六十三矣。

未幾，神宗皇帝闢相國寺六十四院爲八禪二律〔四〕，驛召師主慧林。既至，召對延和殿。山呼罷，登殿賜坐。即就坐，盤足跏趺，侍衛驚相顧，師自若也。上問：「受業何寺？」對曰：「承天永安。」茶至，舉盞長吸，又蕩撼之。上喜其真，喻曰：「禪宗方興，宜善開導。」既退，上目送之，謂左右曰：「真福慧僧也。」及上元日，車駕幸相國，止師衆無出迎。師奉承睿獎，闡揚佛事，都邑四方人以大信。神宗登遐，召師入福寧殿説法。左右以師爲先帝所禮敬，見之嗚咽不勝。

元祐元年，以老求歸，朝廷從其請，敕任便雲游，所至不得抑令住持。因欣然升座，辭衆曰：「本是無家客，那堪任便游？順風加櫓棹，船子下揚州。」既出都城，王公貴人送者車騎相屬，師誨之曰：「歲月不可把玩，老病不與人期。唯勤修勿怠，是真相爲。」聞者莫不感涕。

晚居靈巖，其嗣法傳道者不可勝紀。元符二年十二月甲子，將入滅。沐浴而卧，門弟子環擁請曰：「和尚道徧天下，今日不可無偈，幸强起安坐。」師熟視曰：「癡子，我尋常尚嬾作偈，今日特地圖箇甚麽？尋常要卧便卧，不可今日特地坐也。」遂酣卧若熟睡，撼之，已去矣。弟子塔全身于靈巖山，閲世八十，夏五十有二。

【校記】

〔一〕昇勞之　宋惠洪禪林僧寶傳卷十四慧林圓照本禪師作：「昇曰：『頭陀荷衆良苦，亦疲勞乎？』」

〔二〕壽聖　宋惠洪禪林僧寶傳卷十四慧林圓照本禪師作「聖壽」，是。

〔三〕今九載矣　宋惠洪禪林僧寶傳卷十四慧林圓照本禪師下有「義當見還」。

〔四〕八禪二律　宋惠洪禪林僧寶傳卷十四慧林圓照本禪師作「八，禪二律六」。

補續高僧傳卷第九

吴門華山寺沙門明河撰

習禪篇

宋　黄檗全禪師傳

道全，洛陽王氏子也。生不食葷血，父母使事其舅廣愛演公得度。二十具戒，游彭城，歷壽春，受華嚴清涼説於誠法師。朝授師説，夕能爲其徒講。彭城有隱士董君，識師非凡人也，勸游南方，問無上道。師乃棄所學，渡江。首從甘露禪師，茫無所見。復從棲賢秀禪師，秀勇於誨人，示以道機，迷悶不能入，深自悔恨，至啗惡食、飲惡水以自礪，凡七年。舍〔一〕秀游高安，事真淨文禪師，五年而悟，告文曰：「吾一槌打透無底藏，一切珍寶皆吾有。」文可之〔二〕。自是言語偈頌發如涌泉。高安太守請住石臺清涼，已徙黄檗。

師爲人直而淳信，不飾外事。元豐六年，師得疾甚苦，從醫於市。時眉山蘇轍謫高安，〔三〕師謂之曰：「君静而惠，可以學道。」且云：「吾病夙業也，殆不復起矣。君念道，異時相見〔三〕，毋相忘也。」病小愈，還居山中。次年冬，轍移績溪將行，意師必來別，師竟以病不出。十二月乙丑，與衆訣，趺坐而化。體香軟，停十五日茶毗，得舍利光潔無數。年四十九，臘三十，葬斷際塔之右，轍爲銘焉。〔三〕

【校記】

〔一〕舍　原無，據宋蘇轍欒城集卷二十五全禪師塔銘補。

〔二〕文可之　宋蘇轍欒城集卷二十五全禪師塔銘作：「文喜曰：『汝得之矣。』」

〔三〕君念道異時相見　宋蘇轍欒城集卷二十五全禪師塔銘作「君無忘道，異時見我」。

【箋注】

〔一〕時眉山蘇轍謫高安　據宋蘇轍欒城集卷二十五全禪師塔銘：「元豐三年，眉山蘇轍以罪謫高安。師一見曰：『君靜而惠，可以學道。』」知事應在元豐三年。

〔二〕轍爲銘焉　銘即宋蘇轍欒城集卷二十五全禪師塔銘：「銘曰：『偉哉菩提心，一切皆具足。云何有不見，迷悶至狂惑。譬如衣中珠，一見不復失。假令墮塗泥，以至大火坑。珠性常湛然，不應作異想。全師大乘師，晚悟最上乘。身病心不病，身滅心不滅。西域師子師，中國惠可師。皆不免厄死，而況其餘人？疾病不能入，刀兵不能攻。非彼有不能，乃我未常受。我今爲師説，智者不當疑。』」

石頭懷志上座傳

懷志上座，婺州吳氏子。年十四，事智慧院寶偁爲師，試所習，落髮。性夷簡〔一〕，飽經論，東吳學者尊事之。嘗對客曰：「吾欲會天台、賢首、惟識〔二〕三宗之義，裒爲一書，以息影迹之諍〔三〕。」適有禪者居坐末，曰：「賢首宗祖師爲誰？」志曰：「杜順和尚。」禪者曰：「順有法身頌曰：『懷州牛喫禾，益州馬腹脹。天下覓醫人，炙猪左膊上。』此義合歸天台、唯識二宗何義耶？」志不能對。禪者曰：「何不游方去？」志於是罷講，南詢至洞山。時雲庵和尚在焉，從之游甚久。去游湘上，庵於石頭雲溪二十餘年，氣韻閑淡，遇客多不言〔四〕。侍者問之，志曰：「彼朝貴人多知多語，我粥飯僧見之，自然口吻遲鈍。」作偈曰：「萬機休罷〔五〕付癡憨，蹤迹時容野鹿參。不脱麻衣拳作枕，幾生夢在緑蘿庵。」或問：「住山何味？」答曰：「山中住，獨掩柴門無別趣，三箇柴頭品字煨，不用揮毫〔六〕文彩露。」

崇寧改元，志年六十二矣。曳杖造龍安，人莫之留。【二】一日問侍僧曰：「日何時？」曰：「夕矣。」遂笑曰：「夢境相逢，我睡已覺。汝但莫負叢林，即是報佛恩德。」言訖泊然而逝〔七〕。收骨，塔於乳峰下。

【校記】

〔一〕夷簡　宋惠洪林間録卷下金華懷志上座作「夷粹」。

〔二〕惟識　宋惠洪林間録卷下金華懷志上座作「唯識」。

〔三〕衷爲一書以息影迹之諍　宋惠洪林間録卷下金華懷志上座作「折中之爲一書，以塞影迹之諍」。

〔四〕遇客多不言　宋惠洪林間録卷下金華懷志上座作「過客謁之，多不言」。

〔五〕休罷　宋惠洪林間録卷下金華懷志上座作「俱罷」。

〔六〕揮毫　宋正受嘉泰普燈録卷七南嶽石頭懷志庵主、宋惠洪林間録卷下金華懷志上座作「援毫」。

〔七〕言訖泊然而逝　宋正受嘉泰普燈録卷七南嶽石頭懷志庵主作「言訖，示寂於最樂堂」。

【箋注】

〔一〕曳杖造龍安，人莫之留　宋惠洪禪林僧寶傳卷三十南嶽石頭志庵主：「崇寧元年冬，偏辭山中之人，曳杖徑去，留之不可，曰：『龍安照禪師，吾友也，偶念見之耳。』龍安聞其肯來，使人自長沙迎之，居于最樂堂。」

法雲杲師傳

佛照杲禪師，自妙年遊方，謁圓通璣公，命首衆。秉拂機遲而訥，衆笑之，有赧色。次日僧堂點茶，見茶瓢墮地跳躍，乃得應機三昧。後依真淨，因讀祖偈豁然大悟，〔一〕謂人曰：「我於紹聖三年十一月二十一日悟得方寸禪。」出世住歸宗，尋被詔居淨因。杲以力參深到，語不入時。凡示衆，嘗舉：「老僧熙寧八年，文帳在鳳翔府供申，當年崩了華山四十里，壓倒八十村人家，汝輩後生，茄子瓠子幾時知得？」或詰曰：「寶華座上何一向談説世諦？」杲曰：「癡人，佛性豈有二耶？」

師在歸宗時，一夜脩敬罷，坐僧堂地爐邊。忽見二僧入堂，一人龐眉雪頂，一人少年，皆丰姿頎然。師心喜，自謂我座下有如此僧。須臾二人出堂，師怪而尾之，見入佛殿中，師亦隨入。燈影熒煌，爐中尚有火。師炷香禮佛，二僧復出，仍襲其後。至佛殿前，因失所在。自念忘却香匣在殿，回取之。見殿門扃鑰，遂唤直殿行者開門入，時見爐中香煙未散，匣在寶堦上，莫諭其故。蓋杲行道精誠，冥通無礙，誠有不可思議者。

【箋注】

【一】因讀祖偈豁然大悟　據宋悟明聯燈會要卷一，此爲七祖婆須蜜尊者偈語：「心同虛空界，示等虚空法。證得虚空時，無是無非法。」

大通本禪師傳

善本，族董氏，漢仲舒之後也。其先家太康仲舒村，大父琪、父温皆官於潁，遂爲潁人。母無子，禱白衣大士〔一〕，誓曰：「得子必以事佛。」即蔬食，俄娠。及生，骨相秀異。方晬而孤，母育於叔祖玠之家。既長博學，操履清修。母亡，哀毁過禮，無仕宦意。氣剛不屈，沉嘿白眼公卿。

嘉祐八年，至京師地藏院，試通經得度。習毗尼，隨喜雜華。夜夢見童子，如世所畫善財，合掌導而南。既覺，曰：「諸佛菩薩加被我矣，其欲我南詢〔二〕乎？」時圓照道振吴中，造焉。照一見知爲法器，特顧之。服勤五年，盡得其要。其整頓提撕之綱、研練差別之智，縱横卷舒，度越前規，一時流輩無出其右。圓照倚之，以大其家。元豐七年，遍遊，居浮山太守岩〔三〕。出世住婺州雙林，移錢塘淨慈。繼圓照後，法席冠江浙，時號大、小本云。上聞其名，有詔住上都法雲寺，賜號「大通禪師」。

師玉立孤峻，未嘗以言狥物，以色假人。王公貴人施捨填門，而精粗與衆共。住八年，請於朝，願歸老西湖。詔可。遂東還，庵龍山崇德。杜門却掃，與世相忘，天下願見不可得。師臨衆三十年，未嘗笑。及閑居時，抵掌笑語。問其故，曰：「不莊敬何以率衆？吾昔爲叢林，故强行之，非性實然也。」所至見佛菩薩行立之像，不敢坐。伊蒲塞饌，以魚胾名者不食。其真誠敬事、防心離過，類如此。大觀三年十二月甲子，屈三指，謂左右曰：「止有三日。」已而果歿。有異禽翔鳴于庭而去，塔全身于上方。閲世七十五，坐四十五夏。

【校記】

〔一〕禱白衣大士　宋惠洪禪林僧寶傳卷二十九大通本禪師作「禱於佛像前」。

〔二〕南詢　宋惠洪禪林僧寶傳卷二十九大通本禪師作「南詢諸友」。

【箋注】

【一】元豐七年，遍遊居浮山太守岩　宋惠洪禪林僧寶傳卷二十九大通本禪師：「元豐七年春，絶九江，游淮山，徧禮祖塔。眷浮山巖叢之勝，有終焉志，遂居太守巖。」

報恩傳

報恩，衛之黎陽人。族劉，世以武進。家喜事佛，母牛氏禱子於佛，夢佛指阿羅漢畀之而妊。既生，有殊相。未冠，舉方略，擢上第，調官北都。喟然歎曰：「是何〔一〕足了此生？」請於朝，欲謝簪纓，求出世法。上詰其故，對曰：「臣祖死王事，思報厚恩，惟有薰修之功，庶資冥福。」神宗歎異，親灑宸翰，賜名報恩，俗名欽憲。〔一〕就北都福壽寺祝髮受具。

游歷諸方，聞投子青禪師之道，而往依焉。青識其法器，一日淩晨入室，青問：「天明也未？」師曰：「明矣。」曰：「明則捲簾。」師從之，頓爾開悟，心地洞然。亟以所得白青，青韙之，留侍〔二〕巾匜，頗有年數。逮青順世，丞相韓公縝尹河南，延住嵩山少林。席未煖，詔改隨州大洪山律寺爲禪，命師居之。時大洪基構甚大，而蕪廢久，師闢荆榛蓬藋，爲像設堂皇，化豺狼狐狸，爲鐘魚梵唄。更定禪儀，大新軌範。由是大洪精舍壯觀天下禪林。崇寧二年，有詔命住東京法雲，從駙馬都尉張公請也。師志尚閑遠，閱歲懇還林澤。朝廷重違其請，許之。徑詣嵩山，旋趨大陽，屬大洪虚席，守臣乞奏還師于舊。固辭弗獲，復坐道場。凡前日之未遑者，咸成就焉。

師勤于誨勵，學者輻湊，幾五百人〔三〕。既振宗風，而戒律嚴甚。終身敝衣，略不加飾。雖賜紫方袍，卒盤辟不敢當。故權貴欲以師號言者，皆無復措意矣。政和改元，坐化，塔于南塔，師異時欲築室退居之所也。壽五十四，坐夏三十二。弟子嗣法出世者一十三人，有語録三卷，集曹洞宗派録、受菩提心戒文、落髮受戒儀文，皆行於世。

丞相張無盡於師深相契信，嘗以書問三教大要。〔三〕師答曰：「西域外道宗多途，要其會歸，不出有無四見，謂有見、無見、亦有亦無見、非有非無見也。蓋不即一心爲道，則道非我有，故名外道；不即諸法是心，則法隨見異，故名邪見。如謂之有，有即有無；如謂之無，無則無有。有無則有見競生，無有則無見斯起。若亦有亦無見、非有非無見，猶是也。夫不能離諸見，則無以明自心；無以明自心，則不能知正道。故經云：『言詞所說法，小智妄分別。不能了自心，云何知正道？』又曰：『有見則爲垢，此則未爲見。遠離于諸見，如是乃見佛。』以此論之，邪正異途，正由見悟殊致故也。故清涼以老莊計道法自然能生萬物，易謂『太極生兩儀』，『一陰一陽之謂道』。以自然、太極爲因，一陰一陽爲道，能生萬物，則是邪因；計一爲虛無，則是無因。

「嘗試論之。夫三界唯心，萬緣一致。心生故法生，心滅故法滅。推而廣之，彌綸萬有而非有；統而會之，究竟寂滅而非無。非無亦非非無，非有亦非非有。四執既亡，百非斯遣，自然、因緣皆爲戲論，虛無、真實俱是假名。至若謂太極、陰陽能生萬物，常無常有，斯爲衆妙之門；陰陽不測，是謂無方之神。雖聖人示悟多端〔四〕，然既異一心，寧非四見〔五〕？若虛無爲道，道則是無；若自然、太極、陰陽爲道〔六〕，道則是有。常無常有，則是亦無亦有；陰陽不測，則是非有非無。先儒以妙萬物爲神〔七〕，則非物，物物則亦是無。

故西天諸大論師皆以心外有法爲外道，萬法惟心爲正宗。蓋以心爲宗，則諸見自亡。言雖或異，未足以爲異也。心外有法，則諸見競生；言雖或同，未足以爲同也。儒家聖人非不知之〔八〕，乃存而不論耳。西天外道皆大權菩薩示化度人〔九〕，横生諸見，曲盡異端，以明佛法是謂〔一〇〕正道，是謂聖人〔一一〕，順逆皆宗，非思議所能知矣。故古人有言：『緣昔真宗未至，孔子且以繫心；今知理有所歸，不應猶執權教。』然知權之爲權，未必知權也；知權之爲實，斯知權矣。是亦周孔老莊設教立言本意，一大事因緣所成始、成終也。然則三教一心，同途異轍；究竟道宗，本無言説。非維摩大士，孰能知此〔一二〕？」

【校記】

〔一〕是何　清楊守敬湖北金石志卷十宋故隨州大洪山十方崇寧保壽禪院第一代住持恩禪師塔銘作「是區區者」。

〔二〕留侍　「侍」，原作「付」，據清楊守敬湖北金石志卷十宋故隨州大洪山十方崇寧保壽禪院第一代住持恩禪師塔銘改。

〔三〕五百人　清楊守敬湖北金石志卷十宋故隨州大洪山十方崇寧保壽禪院第一代住持恩禪師塔銘作「三百人」。

〔四〕聖人示悟多端　宋正受嘉泰普燈録卷三隨州大洪第一世報恩禪師、宋普濟五燈會元卷十四隨州大洪山報恩禪師、明居頂續傳燈録卷十隨州大洪山報恩禪師作「聖人設教，示悟多方」。

〔五〕寧非四見　宋正受嘉泰普燈録卷三隨州大洪第一世報恩禪師、宋普濟五燈會元卷十四隨州大洪山報恩禪師、明居頂續傳燈録卷十隨州大洪山報恩禪師下有「何以明之」。

〔六〕太極陰陽爲道　宋正受嘉泰普燈録卷三隨州大洪第一世報恩禪師、宋普濟五燈會元卷十四隨州大洪山報恩禪師、明居頂續傳燈録卷十隨州大洪山報恩禪師作「若太極、若一陰一陽爲道」。

〔七〕先儒以妙萬物爲神　宋正受嘉泰普燈録卷三隨州大洪第一世報恩禪師、宋普濟五燈會元卷十四隨州大洪山報恩禪師、明居頂續傳燈録卷十隨州大洪山報恩禪師作「先儒或謂妙萬物謂之神」。

〔八〕儒家聖人非不知之　宋正受嘉泰普燈録卷三隨州大洪第一世報恩禪師、宋普濟五燈會元卷十四隨州大洪山報恩禪師、明居頂續傳燈録卷十隨州大洪山報恩禪師作「雖然，儒道聖人固非不知之」。

〔九〕西天外道皆大權菩薩示化度人　宋正受嘉泰普燈録卷三隨州大洪第一世報恩禪師、宋普濟五燈會元卷十四隨州大洪山報恩禪師、明居頂續傳燈録卷十隨州大洪山報恩禪師作：「良以未即明指一心爲萬法之宗，雖或言之，猶不論也。如西天外道皆大權菩薩示化之所施爲。」

〔一〇〕是謂　宋正受嘉泰普燈録卷三隨州大洪第一世報恩禪師、宋普濟五燈會元卷十四隨州大洪山報恩禪師、明居頂續傳燈録卷十隨州大洪山報恩禪師作「是爲」。

〔一一〕是謂聖人　宋正受嘉泰普燈録卷三隨州大洪第一世報恩禪師、宋普濟五燈會元卷十四隨州大洪山報恩禪師、明居頂續傳燈録卷十隨州大洪山報恩禪師作「此其所以爲聖人之道」。

〔一二〕孰能知此　宋正受嘉泰普燈録卷三隨州大洪第一世報恩禪師、宋普濟五燈會元卷十四隨州大洪山報恩禪師、明居頂續傳燈録卷十隨州大洪山報恩禪師作「孰能知此意也」。

【箋注】

【一】神宗歎異，親灑宸翰，賜名報恩，俗名欽憲　清楊守敬湖北金石志卷十宋故隨州大洪山十方崇寧保壽禪院第一代住持恩禪師塔銘作：「師先名欽憲，神宗皇帝親灑宸翰，改賜今諱。」

【二】丞相張無盡於師深相契信，嘗以書問三教大要　宋正受嘉泰普燈録卷三隨州大洪第一世報恩禪師：「無盡問曰：『清涼疏第三卷：「西域邪見，……不出四見。」此方儒道，亦不出此四見。如莊老計自然爲因，能生萬物，即是邪因；易曰：「太極生兩儀。」太極爲因，亦是邪因；若謂一陰一陽之謂道，能生萬物，亦是邪因；若計一爲虚無，則是無因。

今疑老子「自然」與西天外道「自然」不同。何以言之？老子曰：「常無，欲以觀其妙；常有，欲以觀其徼。」無欲則常，有徼則已入其道矣。謂之邪因，豈有説乎？易曰：「一陰一陽之謂道」，「陰陽不測之謂神」，「神也者，妙萬物而爲言」，「寂然不動，感而遂通天下之故」。今乃破陰陽變易之道爲邪因，撥去不測之神，豈有説乎？望紙後批示，以斷疑網故也。』」

廣道者傳

希廣，天資純至，脱略世故。游方日，謁雲蓋智和尚。問：「興化打克賓，〔一〕意旨如何？」智下禪床，展兩手、吐舌示之。師打一坐具，智曰：「此是風力所轉。」又問石霜琳，琳曰：「汝意如何〔二〕？」師亦打一坐具。琳曰：「好一坐具，祇是不知落處。」又問真淨，亦如前。淨曰：「他打你也打。」師於言下大悟。

開法瑞州九峰，衲子宗仰。有戒上座者，善醫術，分衛而歸，請師説法。戒出致問曰：「如何是九峰境？」答曰：「滔滔雙澗水，落落九重山。」進曰：「如何是境中人？」答曰：「長者自長，短者自短。」進曰：「人境已蒙師指示，向上宗乘事如何？」答曰：「喫得棒也未？」戒作禮而退。師顧問侍者曰：「適來陞座爲何事？」對曰：「戒藥王啓請。」師曰：「金毛獅子子，出窟便咆哮。且道金毛師子子是阿誰？」良久云：「即是今晨戒藥王。」即下座。

晚依同門友深公于寶峰。雪夜，深與師擁爐談久，潛使人撤其卧具〔二〕。及就寢〔三〕，置而不問。須臾熟睡，鼻息如雷，其忘物忘我如此。逸人李商老寄以詩曰：「已透雲庵向上關，熏爐茗椀且開顔。頭顱無意掃殘雪，毳衲從來着壞山。瘦節直疑青嶂立，道心長與白鷗閑。歸來天末一回首，疑在孤峰烟靄間。」師高風逸韻，可想而見矣。妙喜亦嘗與游，從言其大概，是時叢林以道者目之，真名稱厥實也。

【校記】

〔一〕汝意如何　宋普濟五燈會元卷十七瑞州九峰希廣禪師作「你意作麼生」。

〔二〕潛使人撤其卧具　宋釋曉瑩羅湖野録卷二西蜀廣道者作「潛使人戲去廣卧榻衾褥」。

〔三〕及就寢　宋釋曉瑩羅湖野録卷二西蜀廣道者下有「摸索無有」。

【箋注】

【一】興化打克賓　宋悟明聯燈會要卷十一太行山禪房克賓禪師：「興化一日謂師云：『爾不久爲唱道之師。』師云：『不入這保社。』化云：『爾會了不入，不會不入。』師云：『總不恁麽。』化便打。復云：『克賓維那，法戰不勝，罰錢五貫，設饡飯一堂。』至明日齋時，化白槌云：『克賓維那，法戰不勝，不得喫飯。』即便出院。」

佛果勤傳

克勤，彭州崇寧駱氏子。世宗儒，師生犀顱月面，骨相不凡。從師受書，日記千餘言。偶過妙寂院，見佛書，讀之三復，悵然如獲舊物，曰：「吾殆過去沙門也。」始棄家祝髮，從文照，通講説。又從敏行，授楞嚴。俄得病瀕死，歎曰：「諸佛涅槃正路，不在文句中〔一〕。欲以聲求色見，如釜羹投鼠矢污之，吾知其無以死矣〔二〕。」遂棄去，見真覺勝公。勝方創臂出血，指示師曰：「此曹溪一滴也。」師矍然。於時大知識名稱遠聞者相望，持一鉢徒步出蜀，意所欲往，靡不至焉。

首謁玉泉皓、金鑾信，又見大溈喆、晦堂心、東林總，僉指爲法器，而晦堂獨深加賞識。最後見五祖演禪師，盡展機用，祖皆不諾。乃謂祖强移换人，出不遜語，忿然而去。祖曰：「待一頓熱病打時，方思我在〔三〕。」到金山，染傷寒困極。平日見處〔四〕無得力者，追繹祖言，乃自誓云：「我病稍間，即歸五祖。」病既愈，還山，祖見之喜，命執侍。方半月，會部使者謁祖問佛法大意，師從旁竊聽。忽有省，遽出，見雞飛上欄干，鼓翅而鳴，即大悟。袖香入室，通所得，〔一〕祖曰：「佛祖大事，非小根劣器所能造。汝既如是，吾助汝喜。」因徧謁山中耆老曰：「我侍者參得禪也。」嘗伐一巨木，祖固止之。不聽，祖怒，奮挺而起，師立不動。祖投所持，挺笑而去，自是遇物無疑。崇寧中，省親還蜀，諸老相謂曰：「道西行矣。」時同門佛鑒慧懃，亦知名衆，遂目師爲川懃別之。

成都帥郭知章請開法六祖，更昭覺，凡八年。復出峽南游，時張無盡寓荆南，自以手提古佛，席卷諸方，見師恍然自失。留居碧岩院，傾心事之。傳燈録云：張寓荆南，以道學自居，少見推許。師艤舟謁之，劇談華嚴旨要，曰：「華嚴現量境界，理事全真，初無假法。所以即一而萬，了萬爲一。一復一，萬復萬，浩然莫窮。心佛衆生，三無差別。卷舒自在，無礙圓融。此雖極則，終是無風帀帀之波。」公于是不覺促榻。師遂問曰：「到此，與祖師西來意，爲同爲別？」公曰：「同矣。」師曰：「没交涉。」公色慍。師曰：「不見雲門道『山河大地，無絲毫過患』猶是轉句，直得不見一色，始是半提。更須知有向上全提時節，彼德山、臨濟非乎？」公乃首肯。翌日，復舉事法界、理法界，至理事無礙法界。師又問：「此可説禪乎？」公曰：「正好説禪也。」師笑曰：「不然，正在法界量裏。蓋法界量未滅，若到事事無礙法界，法界量滅，始好説禪。如何是佛？乾屎橛。如何是佛？麻三斤。是故真淨偈曰：『事事無礙，如意自在。手把猪頭，口誦淨戒。趁出淫坊，未還酒債。十字街頭，解開布袋。』」公曰：「美哉！論豈易得聞？」于是執師禮，留居碧岩。

復徙長沙道林，太保樞密鄧子常上師德行，賜紫服、師號「佛果」。政和中，移建康蔣山。東南學者赴之如歸，至無地可容。名聞京師，被詔住天寧萬壽，召見褒寵甚渥。建炎初，宰相李伯紀奏住金山。高宗至維揚，入對，賜名圓悟禪師，改雲居。久之，復領昭覺。紹興五年八月己酉，微恙，留偈示衆，擲筆而逝。荼毗，舌齒不壞，舍利五色無數。閲世七十有三，坐夏五十有五。塔於昭覺之側，謚真覺禪師。

師清淨無作，不入諸相，示方便門，提引未悟，一聽其語，莫不愀然感動，有泣下者。故住天寧時，一時王公貴人、道德材智、文學之士，日造其室，車轍滿户外。雖毗耶聽法，不能過也。度弟子五百人，嗣法得眼、領袖諸方者百餘人。方據大叢林，匡衆説法，爲後學標表，可謂盛矣。師自得法後，聲名藉甚。繇嶽麓，徙蔣山，行成德備，每得天神訶護。過金山時，賊趙萬據鎮江，擁兵數百，操戰艦，乘風欲度，忽反風〔五〕，雲霧晦冥連晝夜，不得度，乃止。

比赴雲居，道長廬，賊張遇奄至，盡劫所有，師衣鉢獨存。又嘗斂上方賜物，置一篋中，寓儀真。師飭其徒往省，答曰：「儀真連夕大火，尚何求？」師笑曰：「汝第往。」既至，官寺民櫚鞠爲瓦礫，而師篋封識如新。嘗寓公安天寧，東堂〔六〕長老覺公夢一女子，再拜而進曰：「乞我東堂爲人天説法。」信宿而碧巖疏至，女子即碧岩護法神也。安樂山神據雲居〔七〕方丈，諸耆宿皆徙避別室。師置一榻，卧起如平時。師福慧兩足，行解通脱，斷取世界如掌中庵摩勒果。是區區者何足言？然爲世人傳聞讚歎，故不得略也。

【校記】

〔一〕諸佛涅槃正路不在文句中　宋孫覿鴻慶居士集卷四十二圓悟禪師傳作：「朝聞道，夕死可矣。諸佛涅槃正路，不在句文中。」

〔二〕如釜羹投鼠矢汚之吾知其無以死矣　宋孫覿鴻慶居士集卷四十二圓悟禪師傳作：「如一釜羹投鼠矢汚之，吾知其無一是也。」

〔三〕待一頓熱病打時方思我在　宋普濟五燈會元卷十九成都府昭覺寺克勤佛果禪師作「待你著一頓熱病打時，方思量我在」。

〔四〕平日見處　宋普濟五燈會元卷十九成都府昭覺寺克勤佛果禪師作「以平日見處試之」。

〔五〕忽反風　宋孫覿鴻慶居士集卷四十二圓悟禪師傳作「會天反風」。

〔六〕東堂　原作「天堂」，據宋孫覿鴻慶居士集卷四十二圓悟禪師傳改。

〔七〕安樂山神據雲居　宋孫覿鴻慶居士集卷四十二圓悟禪師傳作「樂安山神據雲間」。

【箋注】

【一】袖香入室，通所得　圓悟得法因緣，嘉泰普燈録卷十一東京天寧佛果克勤禪師記載頗詳：「司會部使有解印還蜀，詣祖作禮，問佛法大意。祖曰：『不見小艷詩云：頻呼小玉元無事，只要檀郎認得聲。』使者惘然。師旁侍，竊聆，忽大悟，立告祖曰：『今日去却膺中物，喪盡目前機。』祖曰：『佛祖大事，非小根劣器所能造詣，吾助汝喜。』師述偈曰：『金鴨香囊錦繡幃，笙歌叢裏醉扶歸。少年一段風流事，只許佳人獨自知。』

丹霞淳傳

子淳〔一〕，劍州梓潼賈氏子。依縣之大安寺爲童子。年二十七，祝髮受具，禮道凝上人爲師。通貫教乘，練達義學〔二〕。至大陽訪芙蓉老人，叩以大事。芙蓉目師偉器，示之曰：「古人謂空劫已前承當，佛未出世體會。汝但退步就己，萬不失一，安用多言？」師言下大悟。侍芙蓉有年，芙蓉舉立僧學識威儀，爲衆標表。芙蓉深器重之，以爲洞上孤宗，斯人可托。自是名起叢林。崇寧間，王公信玉按刑京右，聞師名德，請住南陽丹霞山，道聲益著。

師說法直捷警悟，位下多賢哲士，如了、如悟、如預，後皆爲天人師。但道熟世疎，能爲左右周旋，使師得一意安唱，不至闕陷者，預也。久之，以疾退居唐州大乘西庵。隨州太守向公復以洪山保壽爲迫，不得已應之，遂終於保壽。

師性孤潔，氣和而貌剛，心慈而言厲。自髫齔立志，至老不渝〔三〕。以忘機爲化本，以離識爲宗通。故能妙唱五位，横壓諸方，可謂丈夫矣。塔在洪山南〔四〕。

【校記】

〔一〕子淳　據楊守敬湖北金石志卷十韓韶淳禪師塔銘：「師諱德淳」，則「子淳」或爲「德淳」之誤。

〔二〕義學　原作「藝學」，據楊守敬湖北金石志卷十韓韶淳禪師塔銘改。

〔三〕自髫齔立志至老不渝　楊守敬湖北金石志卷十韓韶淳禪師塔銘作「自齠齔立志超邁，擺脱塵勞，及趣空門，勇猛堅定，卓爾不群」。

〔四〕洪山南　原刻本闕葉，據卍續藏經本補。

守遂傳〔一〕慶顯附

守遂〔二〕，遂寧蓬溪章氏子。幼不茹葷酒，不好弄〔三〕。事南麓院〔四〕自慶上人爲童子，二十七得度。南游初抵玉泉，見勤禪師，勤深器之，命副院事。歲餘走大洪，謁恩禪師。上方丈纔展坐具，忽一小蟲飛墮於地，遽引手拂之，豁然大悟。恩肯之，俾總院事，説法一本於恩。政和戊戌，賜號「淨嚴」〔五〕。隨州袁公灼奏師道德堪表率叢林也，俄遷水南。靖康丁未，退止德安巘山之延福院。時海内大亂，江淮盜起，所在戒嚴。安守李公濟慮師所居荒遠，命移錫入城，建化城庵居之。賊圍城久，每攻輒不利，乃曰：「城中有異人。」遂引去。鎮撫陳規聞而歎曰：「異人誰歟？必吾淨嚴師也。」紹興乙卯，宣撫司命居大洪，學子望山而歸，極一時之盛。師亦誨人無倦，至丁卯三月，示疾而化。

師天質温靖，與物無忤。且奉戒謹，終身不服縑纊，不執財寶，不近玩好。士大夫以爲覞，隨得隨施。慈至蚤虱，不忍棄地，納之衣中。

慶顯，蜀廣安王氏子，誦寶公十二時歌，有省。嘗參佛性，又見宏智，皆有啓發。而瓣香所表，信於人天，獨歸淨嚴。蓋以淨嚴鍵槌穩密，所得獨深也。顯性恬淡，於世念泊然，無所起，其視榮名貴勢等太虚浮雲，倏焉起滅，不足當一眄。一時名公鉅卿皆忘勢交之。京西帥漕列道行于朝，當道下省帖起住大洪，賜號「覺照慧空佛智明悟大師」。大洪一席，恩遂顯三世的承，道望不少衰，可以觀其家風矣。

【校記】

〔一〕守遂傳　自「守遂傳」至「於世念泊然」一段文字，原刻本闕葉，今據卍續藏經本補。

〔二〕守遂　清楊守敬湖北金石志卷十一馮檝淨嚴大師塔銘作「宗邃」，是。

〔三〕不好弄　清楊守敬湖北金石志卷十一馮檝淨嚴大師塔銘作「不隨童戲」。

〔四〕南麓院　清楊守敬湖北金石志卷十一馮檝淨嚴大師塔銘作「南巖院」。

〔五〕淨嚴　卍續藏經本作「淨慈」，據明徐學謨萬曆湖廣總志卷七十五守遂、清楊守敬湖北金石志卷十一馮檝淨嚴大師塔銘及下文改。

自覺傳禧誧附

自覺，青州王氏子。幼以儒業見知于司馬温公，然事高尚，無意功名。落髮從芙蓉楷公游。履踐精密，契悟超絶。出世住裕州大乘山普嚴寺。始至，闢僧房爲海會室，振大法音，遠近緇白見聞攝受。自堂序庭廡皆易新之，使來觀者如入廊廟，雖未覩羽儀，悉生恭謹，如聞簫韶，雖不知音，亦有樂意。故眈道腴、味禪悦，自拔于般若之門者多矣。寺碑謂：「覺，長安人。有操行，斷緣捨俗。師事大長老道楷究竟大事，得骨與髓。士大夫聞其言，翛然有遺世意，一時知識無出覺右者。」

崇寧間，詔居淨因，聲光益弘。一日示衆曰：「祖師西來，特唱此事。自是諸人不肯委悉，向外馳求，投赤水以尋珠，詣荆山而覓玉。殊不知從門入者，不是家珍；認影迷頭，豈非大錯？直得宗門提唱，體寂無依。異念〔一〕不生，古今無間。森羅萬象，觸目家風。鳥道遼空，不妨舉步。金雞報曉，丹鳳翱翔。玉樹花開，枯枝結子。祇有大陽門下，日日三秋；明月堂前，時時九夏。要會麽？無影樹垂寒澗月，海潮東注斗西移。」

禧誧，亦得楷道。初住韶山，補天寧，復遷丹霞。將化，召主事分楮囊爲四，衆僧、童行、常住、津送各一。既而曰：「丹霞有箇公案，從來推倒扶起。今朝普示諸人，且道是箇甚底？」顧視左右，曰：「會麽？」對曰：「不會。」師曰：「偉哉大丈夫！不會末後句。」遂就寢，右脇而化。

【校記】

〔一〕異念　宋正受嘉泰普燈録卷五東京淨因自覺禪師、宋普濟五燈會元卷十四東京淨因自覺禪師、明居頂續傳燈録卷十二東京淨因自覺禪師作「念異」。

小南禪師傳 海評附

系南，汀州張氏子。參祐禪師于潭之道林，獲印可。隨遷羅漢，掌堂司，即分座接納。及祐移雲居，以師繼席，學者翕然歸之。准世系，以黄龍是大父，名同而道望逼亞，故叢林目爲「小南」，蓋尊黄龍爲「老南」云。洪覺範謂：「小南禪師道眼明白，未爲人知時，嘗至東林，照覺鳴鐘集衆，出迎於清溪之上，其徒大驚。自是名日益著。」

將示寂，陞座告衆曰：「羅漢今日倒騎鐵馬，逆上須彌，踏破虛空，不留朕迹。」乃歸方丈，跏趺而逝。師以傳道爲志，閲七寒暑，住世四十有五白。雖所藴未伸，暐然名見當時，垂稱後世。雲居可謂有子矣。

參友海評，所與師同受業者也。將出游，同院僧〔一〕夢二大蛇。一角黑，各長數丈，遶院三匝，騰躍而去。黎明，師與評別衆游方，夢者撫背囑之曰〔二〕：「二子善自愛，他日法門龍象也。」評嗣廣鑑瑛，住開先〔三〕，與師相隣，俱得名叢林間，號「廬山二龍」云。

【校記】

〔一〕同院僧　宋李之儀姑溪居士集卷十四廬山承天羅漢院第九代南禪師塔銘作「同院惠深者」。

〔二〕夢者撫背囑之曰　宋李之儀姑溪居士集卷十四廬山承天羅漢院第九代南禪師塔銘作「深以所夢告，且屬之曰」。

〔三〕開先　宋李之儀姑溪居士集卷十四廬山承天羅漢院第九代南禪師塔銘作「開元」。

利儼傳

利儼，黃龍南嗣也。有天悟，爲黃龍所重。開法廬陵之隆慶，禪衲宗之。機鋒所至，猶太阿、孟勞，剸犀徹札，無留行者。時黃龍弟子如東林總、晦堂心、羅漢祐、洞山文，皆各闡化一方，師獨後出。有問：「黃龍安視儼？」龍曰：「其視以我。」蓋密契如此。師倡道自熙寧乙卯至元祐辛未，十有七年。其法語之傳者絕少，皆自痛剪苛掃，不啻卷雲收潦焉。故其法化之廣，不得與諸山齒，致後世幾不知有師名也，惜哉！

法一傳 常首座

法一，字貫道，太師襄陽郡王李公用和之玄孫也，世居開封祥符。其母見老僧入夢而生。比成童，一切嬉弄皆不顧〔一〕。十七試太學爲諸生，被服詩書，岸然自負。從其翁仕淮南，欲任以官，不從。將棄家，事長蘆賾公，翁難之。母曰：「此夙世沙門，勿奪其志。」未幾賾殁，禮靈岩通照愿公得度，登具依之，十年無所入，益刻苦奮厲。時圓悟住蔣山，以大法炬許之。悟奉詔住京師天寧，師侍行。會靖康之亂，悟還蜀，間關走謁草堂清公于疎山，一語頓明大法。

紹興七年，泉守寶文劉子羽迎住延福院。丞相張公浚帥福唐，徙住壽山。尚書梁公汝嘉守四明，又挽居雪竇。于是公卿大夫想見風采，爭先邀迎，惟恐弗及。天台萬年寺〔三〕在山谷窮處，其徒闒茸〔三〕，有司奏改爲禪，率選名緇——衆所信服者爲領袖，師遂又徙萬年。間復一應長蘆，而歸萬年觀音院。浹日示微疾，説偈入龕而逝〔四〕，壽七十五也。師生於戚里，長於華屋，而性與道合，不假師授。一念幡然，超塵勞而躋覺岸，爲世大知識，豈不謂豪傑歟？

法常首座，開封人，丞相薛居正之裔。宣和七年，依長沙益陽華嚴元軾下髮，遍游叢林。于首楞嚴經深入義海。自湖湘至萬年，謁雪巢〔五〕。雪巢，一師別號也，有契，命掌牋翰。後首衆報恩，室中唯一矮榻，餘無長物。一日忽語人曰：「一月後不復留此。」至期，往方丈謁飯。將曉，書漁父詞於室門，就榻收足而逝。詞曰：「此事楞嚴常〔六〕露布，梅花雪月交光處，一笑寥寥空萬古。風甌語，迥然銀漢橫天宇。蝶夢南華方栩栩，班班誰跨豐干虎？而今忘却來時路。江山暮，天涯目送鴻飛去。」

【校記】

〔一〕不顧　宋孫覿鴻慶居士集卷三十二長蘆長老一公塔銘作「不願」。

〔二〕萬年寺　宋孫覿鴻慶居士集卷三十二長蘆長老一公塔銘作「萬壽寺」，下同。

〔三〕其徒閫茸　宋孫覿鴻慶居士集卷三十二長蘆長老一公塔銘作「其徒數犯不能禁」。

〔四〕説偈入龕而逝　宋孫覿鴻慶居士集卷三十二長蘆長老一公塔銘作「索筆書四句偈，趺坐而寂」。

〔五〕雪巢　原作「雲巢」，據下文及宋正受嘉泰普燈録卷十三嘉興府報恩法常首座、宋普濟五燈會元卷十八嘉興府報恩法常首座、明居頂續傳燈録卷三十嘉興府報恩法常首座、明如惺大明高僧傳卷七嘉興報恩寺沙門釋法常傳改。

〔六〕常　宋正受嘉泰普燈録卷十三嘉興府報恩法常首座、宋普濟五燈會元卷十八嘉興府報恩法常首座、明居頂續傳燈録卷三十嘉興府報恩法常首座、明如惺大明高僧傳卷七嘉興報恩寺沙門釋法常傳作「嘗」，明瞿汝稷指月録卷三十嘉興府報恩法常首座作「曾」，作「嘗」是。

普交　有需二師傳

普交，慶元畢氏子。幼穎悟，未冠得度。往南屏聽台教，偶爲人所窮詰，〔一〕遂發憤。改服游方，造泐潭乾公。足纔及門〔二〕，公即呵之。擬問，公曳杖逐出。一日，忽呼師至丈室，曰：「我有古人公案，要爾〔一〕商量。」擬進語，公隨喝之。師頓悟，乃大笑。公下禪床，執師手曰：「汝會佛法耶？」師喝而拓開，公大笑。于是名聞四馳。

後歸桑梓，留天童，掩關却掃者八年。寺偶虛席，郡僚命師開法，恐其遁去，預遣吏候於道，不得辭。師説法簡要，凡見僧來，必叱曰：「榔栗未擔時，爲汝説了也。」既而曰：「且道説箇甚麽？」又曰：「何不休歇去？」〔二〕執拄杖逐之。其機敏如此。

有需者，生莆田陳氏〔三〕，亦得法於乾公，隱何巖南湖，墾田〔四〕自食，學者漸至，隨時開導之。部使者陳覺民聞其名，以禮延至福州鼓山。繼住雪峰，有二會語爲時傳誦。師接物應緣，皆人所强，不得已就之，非所願也。後辭衆，結艸庵于石門，作歌見志。其詞曰：「吾結艸庵蔡溪側，四顧峰巒皆峭壁。石門千仞鎖天津，來者欲登那措足。住此庵中是何緣，不詩不頌亦不禪。饑來苦菜和根煮，疊石爲床困即眠。日照諸峰因驀驀，負暄孤坐情何適。馴伏珍禽趁不飛，猿猱捫我衣中虱。閑揞瘦笻六七尺，山行野步扶危力。披雲入艸不辭勞，逢人打破脩行窟。或停松，或坐石，靜聽溪泉漱鳴玉。源深洞邃來不休，聲聲奏盡無生曲。雜羽流商誰辯的，五音六律徒敲擊。有時乘興上高峰，大笑狂歌天地窄。」初，陳聘君易在京師謁乾公，問及鄉里尊宿何人可親。公曰：「子歸見需足矣。」至是，與師偕隱石門，樂道終身焉。

【校記】

〔一〕及門　宋正受嘉泰普燈録卷十慶元府天童普交禪師、宋普濟五燈會元卷十八慶元府天童普交禪師作「踵門」。

〔二〕要爾　宋正受嘉泰普燈録卷十慶元府天童普交禪師、宋普濟五燈會元卷十八慶元府天童普交禪師作「要與你」。

〔三〕陳氏　宋正受嘉泰普燈録卷十福州雪峰有需禪師、明徐𤊹纂輯雪峰志卷五紀當山作「洪氏」。

〔四〕愬田　據文意，疑應爲「墾田」之誤。

【箋注】

【一】偶爲人所窮詰　宋正受嘉泰普燈録卷十慶元府天童普交禪師：「往南屏聽台教，因爲檀越修懺摩，有問曰：『公之所懺罪，爲自懺耶？爲他懺耶？若自懺罪，罪性何來？若懺他罪，他罪非汝，烏能懺之？』師不能對。」

【二】何不休歇去　宋正受嘉泰普燈録卷十慶元府天童普交禪師、宋普濟五燈會元卷十八慶元府天童普交禪師：「招手洗鉢，拈扇張弓。趙州柏樹子，靈雲見桃華。且擲放一邊。山僧無恁麽閑唇吻與汝打葛藤，何不休歇去？」

五祖自老傳

表自，懷安人也。依五祖演和尚最久，未有省。時圓悟分座接納，師親炙焉。悟曰：「公久於〔一〕老師法席，何須來探水？脱有未至，舉我品評可也。」師乃舉德山小參話。〔一〕悟高喚〔二〕曰：「吾以不堪爲公師，觀公如是則有餘矣。」遂令再舉。至今夜不答話處，悟驀以手掩師口，曰：「但恁麼看〔三〕。」師不勝憤，趨出以坐具摵地，曰：「那裏有因緣？只教人看一句。」于是朋輩競勉，未幾有省。悟私告五祖曰：「渠只得一橛，大法未明在。須更〔四〕鍛鍊，必爲法器。」居無何，五祖宣言，請自立僧，實欲激其遠到。師聞之，深有所待。一日上堂，以目顧師曰：「莫妄想。」便下座。師氣不平，趨瑯琊啓公法社。久之，圓悟往撫存，遂于言下大徹，乃同歸。五祖方命立僧，圓悟即還蜀。

演既委順，郡守以師繼席焉，拈香云：「若爲今成都昭覺勤禪師去，我於此時如得其髓，爲何不爲他？不見道：魚因水有，子由母親。」自是衲子四至不可遏。師牓侍者門，曰：「東山有三句，道得即挂搭。」衲子皆披靡。有一僧攜坐具徑造丈室，曰：「某甲道不得，衹要挂搭。」師大喜，呼維那於明牕下安排。師奇言妙旨，傳播諸方，諸方尊之曰「自老」。惜法嗣不昌，僅一龍華高，而道聲亦不振。或以圓悟於師有卵翼功，而師掩之所致云。

【校記】

〔一〕久於　宋釋曉瑩羅湖野録卷二西蜀表自禪師作「久與」，是。

〔二〕高唤　宋釋曉瑩羅湖野録卷二西蜀表自禪師作「高笑」。

〔三〕但恁麽看　宋釋曉瑩羅湖野録卷二西蜀表自禪師作：「止。只恁看得透，便見德山也。」

〔四〕須更　原作「須臾」，據宋釋曉瑩羅湖野録卷二西蜀表自禪師、明瞿汝稷指月録卷二十九蘄州五祖表自禪師、明朱時恩佛祖綱目卷三十七表自參克勤禪師改。

【箋注】

〔一〕師乃舉德山小參話　宋賾藏主古尊宿語録卷二十五筠州大愚芝和尚語録：「德山小參示衆云：『今夜不答話，有問話者三十棒。』有僧出禮拜，德山便打。僧云：『某甲話也未問，和尚爲什麽打某甲？』德山云：『你是甚處人？』僧云：『新羅人。』山云：『未踏船舷，好與三十棒。』」

元禮首座　普融知藏傳

元禮首座，閩人也。受業於焦山，初參演和尚於舒之太平。凡入室，必謂曰：「衲僧家明取緇素好。」經二年始發明己見，詣方丈，演頷之。〔一〕演遷五祖，以禮俱往，命分座，不就。時佛眼年方十七，有疑不能決。〔二〕演曰：「禮却會得。」〔三〕因就禮請教焉。後佛眼出世，禮尚無恙，聞其所舉，〔四〕嘗曰：「遠兄名不虚得。」禮崇寧間復至五祖，或問：「五祖遷化〔一〕向何處去？」禮云：「有眼無耳朶，六月火邊坐。」曰：「意旨如何？」禮云：「家貧猶自可，路貧愁殺人。」復有問：「金剛經云『一切善法』，如何是善法？」禮起行曰：「上是天，下是地，中間坐的坐，立的立。喚甚麽作善法？」其機敏如此。終老于四明之瑞巖。

禮同鄉普融者至五祖。祖舉倩女離魂話問之，〔五〕有契，呈偈云：「二女合爲一媳婦，機輪截斷難回互。從來往返絶踪由，行人莫問來時路。」後凡遇僧來謁，則操閩音誦俚語曰：「書頭教娘勤作息，書尾教娘莫瞌睡〔二〕。且道中間説甚？」僧擬議，即推出。嘗掌藏鑰，諸方稱「融知藏〔三〕」云。

【校記】

〔一〕遷化　原作「遷他」，據宋正受嘉泰普燈録卷十一元禮首座、宋普濟五燈會元卷十九元禮首座、明居頂續傳燈録卷二十五元禮首座改。

〔二〕瞌睡　宋正受嘉泰普燈録卷十一普融知藏作「瞌眠」。

〔三〕融知藏　原作「融智藏」，據宋正受嘉泰普燈録卷十一普融知藏、宋普濟五燈會元卷十九普融知藏改。

【箋注】

【一】經二年始發明己見，詣方丈，演頷之　宋普濟五燈會元卷十九元禮首座：「一日演陞堂，舉首山新婦騎驢阿家牽語，乃曰：『諸人要會麼？莫問新婦阿家，免煩路上波吒。遇飯即飯，遇茶即茶。同門出入，宿世冤家。』師於言下豁如，且曰：『今日緇素明矣。』」

【二】時佛眼年方十七，有疑不能決　宋道行編雪堂行和尚拾遺録元禮首座：「時佛眼年方十七，亦投師席。凡有所問，演曰：『我不如你，你自會得好。』或曰：『我不會，我不如你。』佛眼於是疑之不能決，乃問曰：『座下誰得和尚説話？』」

【三】禮却會得　宋道行編雪堂行和尚拾遺録元禮首座：「我曾向禮上座道，參學須是具緇素眼始得，禮却會得。」

【四】後佛眼出世，禮尚無恙，聞其所舉　宋道行編雪堂行和尚拾遺録元禮首座：「有僧自龍門來，禮問：『龍門有何言句？』僧曰：『有問透網金鱗以何爲食？』答曰：『羅籠不肯住，呼喚不回頭。』」

【五】祖舉倩女離魂話問之　宋法應集禪宗頌古聯珠通集卷三十九：「五祖演問僧曰：『倩女離魂，那箇是真底？』王宙欲娶倩娘爲妻，倩父母不許。倩遂卧病在家。王宙將欲遠行，月下見倩來，同舟而去。三年後遂生一子，倩遂歸父母家。纔到門，家中有一倩娘，出來相見，兩人遂合成一身。」

真歇了禪師傳

清了，號真歇，蜀左綿安昌雍氏子。兒時抱入寺，見佛喜動顔色。十一歲依聖果清俊道人出家，又七年試法華得度。登講場習經論，能會大意，尋棄而力禪，傲然挾拄杖以行。途次道俗遮留，皆掉首不顧，曰：「鵾鵬時節可艸艸耶？」出川徑造丹霞淳禪師。霞問：「如何是空劫已前自己？」師擬進語，霞與一掌，師豁然開悟。翊日，霞爲上堂，當衆詰其證詣，猶珠影隨，如谷響答，蓋洞徹源底也。

後游五臺，之京師，浮汴，抵長蘆，謁祖照。祖照座下龍象萬指，其中多英俊。師至，一語投機，延爲侍者。未幾，舉首座，分座説法，一衆大驚。宣和三年〔一〕，照以病退院，法座無主。夜夢人告曰：「代師者蜀僧也。」既寤，疑之曰：「佛果耶？佛眼耶？」〔二〕竟虚席二年。及經制使陳公至，擬補處乃首座也。即受請登座，爲淳和尚燒香，照病中歎曰：「夢固云爾，吾求之遠也。」照遷化，師執喪盡禮。

時江潮損田，秋虚無穫，衆遂絶糧。師躬行乞食，施者聞而風至，供億山積，不知所從。日撾鼓陞堂，誨人無倦，大扇宗風。建炎二年退院，絶錢塘，過梅岑禮大士蹟，海濱漁户七百餘家，聞師至，皆毁網棄所業，其化物如此。天台守三以國清致，不赴而赴雪峰。既被旨，遷明之育王，又遷温之龍翔、興慶二院。乞就閑，不許，移住臨安徑山。留五年，病歸長蘆。慈寧太后還自金，建崇先顯孝寺于臯亭之麓，詔師爲開山第一世，以疾辭，不可辭，遂入院。冒暑而行，患益甚，猶陞座説法，太后親臨，垂箔傾聽，出内帑修水陸大會。師疾弗瘳，中使絡繹候問，師從容稱謝。須臾呼首座曰：「吾今行矣。」于是瞑目跏趺而逝。慈寧宫降香賜祭，卜寺西桃花塢建塔，以瘞全身。送者萬人，痛心隕涕，皆有祖花彫零、禪林寒瘁之歎，敕謚悟空禪師靜照之塔。

師儀相頎長，眉目踈秀，神宇静深，量容機活。道〔二〕無前而遯無後，有無外而虚無中，故人從其化，不自知也。珪竹庵，初住雁宕能仁，法緣未熟。師時在江心，特過江迎歸方丈，大展九拜，以誘温人。由是翕然歸敬。任大法不以門户封溝，誠爲祖域英標、僧林傑出也。

明河曰：真歇拜竹庵，與照覺迎羅漢，但知弘道，不知爲我。古人道德忠厚之至，此風絶響矣。

【校記】

〔一〕三年　原作「二年」，據宋正覺説、清淨啓重編明州天童景德禪寺宏智覺禪師語録卷四崇先真歇了禪師塔銘、宋正受嘉泰普燈録卷九真州長蘆真歇清了禪師改。

〔二〕道　宋正覺説、清淨啓重編明州天童景德禪寺宏智覺禪師語録卷四崇先真歇了禪師塔銘作「導」。

【箋注】

〔一〕佛果耶？佛眼耶？　據宋正覺説、清淨啓重編明州天童景德禪寺宏智覺禪師語録卷四崇先真歇了禪師塔銘：「政和八年，祖照退院，夜夢人告曰：『蜀僧當代公。』既寤，疑曰：『佛果耶？佛眼耶？』未幾再請主之。宣和三年，祖照病，復命師爲第一坐，病甚退院。」知祖照夢真歇主持長蘆一事在政和八年。

法恭傳自得暉

法恭，自號石牕叟，奉化林氏子。其母感胡僧入夢而生，落髮受具戒，習南山律於湖心寺。聞天童宏智名，往從問道。兄事暉自得，晝夕危坐。一日坐殿廡間，偶聞僧語，入耳清徹，豁然開悟，流汗浹體。宏智詰以所得非謬，命居侍職，既而遍參諸識。見閑萬年，萬年試爲問，師掩耳出。草堂清公不許驀到入室，師直造前，奪拂子擲地上而出，一衆駭異。黄龍忠置界方槌拂于香案上勘驗學者，師謂其侍者曰：「和尚此一絡索作何用？少頃，一一拈起問過，一機不來，莫言不道。」侍者白忠，乃撤去。三年，復歸天童，主藏鑰，爲第一座，分座説法。宏智所舉宗要，師不爲苟合，智愛而畏之。

紹興二十三年，光孝虚席，越帥移書宏智，求一本色人補處，智以師應命。會應天塔壞，或請捨去。師曰：「非我，尚誰爲耶？」塔成始行，遷能仁。隆興改元，侍郎趙公守四明，迎主報恩。虜燼之餘，前人興造所未備者，皆成之。軒敞宏大，遂爲一城蘭若之冠。乾道六年，退居小溪之彰聖。明年，滎陽郡王〔一〕起住瑞岩，闢舍宇以安衆，開山田以足食。建傑閣奉圓通大士，輪奐甚美。大參范公請移雪竇，自得暉歸自淨慈，遂以雪竇還之，復居瑞岩。淳熙八年八月，示微疾。戒弟子：「毋以藥石累我，我將行矣。」以書招自得來，相見如平時，付以後事，作書遺别諸士大夫并常往來者。遲明升座，説偈而逝。壽八十，臘五十九。

師天姿挺特，持律甚嚴。累主大刹，起居寢食，率與衆共。不務緣飾，無他嗜好。峭直骨鯁，不借人以辭色。有道者力加提引，慧而狂者必叱之。臨安淨慈空席，力請，乃航海以避命。皇子魏王作牧，每加禮敬，欲訪師山間，辭曰：「路遠而險，徒勞耳〔二〕。」蓋其嚴冷類此。

慧暉，字自得，會稽張氏子。甫二十，叩真歇於長蘆，微有所證。旋里謁宏智，智舉「當明中有暗，不以暗相遇；當暗中有明，不以明相覩」問之，語不契。初夜坐起，往聖僧前燒香，而宏智適至，忽見，頓明前話。次日入室，智可之，許爲室中真子。紹興丁巳，開法普陀，徙萬壽及吉祥、雪竇。淳熙三年，補淨慈。七年，退歸雪竇而化。〔一〕丞相魏公嘗曰：「自得如深雲中片石，石牕則空門御史也。」諸方以爲名言。

【校記】

〔一〕滎陽郡王　原作「滎陽郡王」，據宋樓鑰攻媿集卷一百十瑞巖石牕禪師塔銘改。

〔二〕徒勞耳　宋樓鑰攻媿集卷一百十瑞巖石牕禪師塔銘作「徒勞民耳」。

【箋注】

【一】七年，退歸雪竇而化　宋正受嘉泰普燈録卷十三臨安府淨慈自得慧暉禪師：「七年秋，退歸雪竇，晦藏明覺塔。十年仲冬二十九日中夜，沐浴書偈而逝，窆全身於中峰，號『雙塔』。世壽八十有七，僧臘七十有五。」

德朋禪師傳附守璋

德朋，鹽官顧氏子。初爲邑名僧守璋弟子，服勤數載，以紹興十八年入徑山禮真歇了禪師，夜宿山下。歇夢雙月入寺，詰朝舉以白衆。適師至，歇心異之。相與問答，機鋒峻密，若久于參請者。遂入室，朝夕體究，凡四經寒暑。一日因觀爲溜以杵通竹節有聲，豁然開悟，歇可之。諸方號爲「竹筒和尚」。及歇被旨住皋亭崇先顯孝，師侍往。歇既化，遂奉旨繼宣法化，時二十三年也。自是前後兩詔入慈寧殿陞座説法，大悦聖心，賜法衣，歲給牒，度徒一人給侍。師以璋年老無養，請謝院事歸省，許之。未兩年，復得旨住崇先。乾道三年，無疾而逝，有澮堂竹筒語録〔一〕行世。

璋，姓王氏。天資介特，七歲試經得度。戒行精潔，工于詩，號文慧禪師，有柹園集。嘗作晚春，句曰：「艸深煙景重，林茂夕陽微。不雨花猶落，無風絮自飛。」紹興二年，高宗幸圓覺寺，親灑宸翰，書此一絶云。

補續高僧傳卷第九終

【校記】

〔一〕澮堂竹筒語録　宋潛説友咸淳臨安志卷七十作「澮堂竹筒和尚語録」。

補續高僧傳卷第十

明吴郡華山寺沙門明河撰

習禪篇

宋　瞎堂遠禪師傳

慧遠，號瞎堂，眉山金流鎮彭氏子。年十三，隸藥師院爲僧。聽習經論，棄而依靈巖徽公，微有省發。會圓悟領昭覺，師即之，聞舉龐居士問馬祖不與萬法爲侶因緣，師大悟，仆於衆，衆掖之。師乃曰：「吾夢覺矣。」自是機鋒峻發，衆目爲「鐵舌遠」。圓悟順寂，師東下，屢遷名刹，繇虎丘奉詔住皐亭崇先〔一〕，時孝宗留心空宗，召師入對選德殿，或入内觀堂，見必延坐進茶，稱師而不名，禮數視諸師有加。上曰：「前日睡中忽聞鐘聲，遂覺。未知夢與覺如何？」師曰：「夢覺無殊，覺心不動。」〔二〕上曰：「夢幻既非，且鐘聲從何處起？」師曰：「從陛下問處起。」上曰：「然則畢竟如何免得生死？」師曰：「不悟大乘，終不能免。」曰：「如何得悟？」師曰：「本有之性，磨之歲月，自然得如何？」師曰：「悟後始知今日問答皆非〔三〕。」曰：「一切處不是後如何？」師曰：「脱體現前，更無可見之相〔四〕。」上首肯之，賜號「佛海禪師」。一日車駕幸其室，室掛行道影，〔三〕上指問師曰：「此是水墨空塵，而真者安在？」〔三〕師叉手近前〔五〕曰：「春氣和暖，恭惟聖躬萬福。」上大笑，因書贊焉。〔四〕

師一身繫法門之望，奇言妙句傳播諸方，學者雲奔川委，視師所在爲歸，正如一佛出世。乙未秋，示衆曰：「淳熙二年閏季秋九月旦，鬧處莫出頭，冷地着眼看。明暗不相干，彼此分一半。一種作貴人，教誰賣柴炭？向汝道不可毁，不可讚，體若虚空没涯岸。相唤相呼歸去來，上元定是正月半。」都下喧傳而疑之。至期，諸王卿相皆至，師陞座説法，遂入方丈扃閉。師舊蓄一猿，頗馴狎，因衣之，命曰「猿行者」。久之，衆窺窗隙，聲息並無，惟見猿持卷侍側。亟入，師已逝矣，猿書乃辭世偈也，偈曰：「拗折秤鎚，掀翻露布。突出機光，鵶飛不度。」留七日，顔色不變，塔全身於寺之烏峰。

【校記】

〔一〕崇先　原作「崇光」，據宋潛説友咸淳臨安志卷八十一崇先顯孝華嚴教寺、元釋覺岸編釋氏稽古略卷四、明居頂續傳燈録卷二十八臨安府靈隱瞎堂遠禪師改。

〔二〕磨之歲月自然得悟　宋齊己、如本等編瞎堂慧遠禪師廣録卷二奏對語録作「但以歲月磨之，無不悟者」。

〔三〕悟後始知今日問答皆非　宋齊己、如本等編瞎堂慧遠禪師廣録卷二奏對語録作「悟了始知，陛下所問與臣所奏悉皆不是」。

〔四〕更無可見之相　宋齊己、如本等編瞎堂慧遠禪師廣録卷二奏對語録作「了無毫髮可見之相」。

〔五〕近前　宋齊己、如本等編瞎堂慧遠禪師廣録卷二奏對語録作「躬身」。

【箋注】

【一】夢覺無殊，覺心不動　宋齊己、如本等編瞎堂慧遠禪師廣録卷二奏對語録：「陛下問夢中底，覺來底？若問覺來底，而今正是寐語；若問夢中底，夢覺無殊，教誰分別夢即幻？知幻即離，離幻即覺。覺心不動，所以道若能轉物，即同如來。」

【二】一日車駕幸其室，室掛行道影　宋齊己、如本等編瞎堂慧遠禪師廣録卷二奏對語録：「次至交蘆室，見師畫像。乃問曰：『此是誰？』師奏云：『此是僧徒畫臣頂相求贊。』」

【三】此是水墨空塵，而真者安在　宋齊己、如本等編瞎堂慧遠禪師廣録卷二奏對語録：「此是畫底，那箇是真底？」

【四】上大笑，因書贊焉　宋齊己、如本等編瞎堂慧遠禪師廣録卷二奏對語録：「上觀圓悟禪師像，師讀所題贊：『好箇脱灑老衲，寫得十分相似。八住海内叢林，逢著唯論此事。海口辯涌洪濤，至了不説一字。慧遠把斷綱宗，負荷闊行大步。鑪鞴快下鉗鎚，提持向上底路。』」

何山珣禪師傳附智才

守珣，號佛燈，安吉施氏子。初參廣鑑瑛禪師，不契。遂造太平，隨衆咨請，邈無所入。乃封衾自誓曰：「不徹不展此〔一〕。」於是炭立宵晝，如喪考妣。逾七七日，忽佛鑑上堂曰：「森羅及萬象，一法之所印。」師聞頓悟。鑑曰：「可惜一顆明珠，被這風顛漢拾得也。」因舉靈雲悟桃語詰之，了無疑滯。〔二〕拜起呈偈曰：「終日看天不舉頭，桃花爛熳始擡眸。饒君更有遮天網，透得牢關即便休。」入衆厲聲曰：「這回珣上座穩睡去也。」圓悟聞之，疑其未然。乃曰：「須我勘過始得。」令人召至。拉與游山，偶到一水潭，忽推師入水。遽問曰：「牛頭未見四祖時如何？」隨聲應曰：「潭深魚聚。」曰：「見後如何？」曰：「樹高招風。」曰：「見與未見時如何？」曰：「伸脚在縮脚裏。」悟大稱賞之。

師出世凡四坐道場，〔三〕聲光赫奕，後歿于天寧。將化，謂雙槐居士鄭績曰：「十月八日，是佛鑑先師忌辰，吾將至矣，乞還鄣南。」四日，鄭公遣弟僧道如訊之，師曰：「汝來正其時也，吾雖與佛鑑同條生，不與同條死。明早爲我覓一隻小船子來，高五尺足矣〔二〕。」越三日雞鳴，端坐如平時。侍者請偈，師曰：「不曾作得。」言訖而逝。火浴，舌根不壞。郡人陳師顔寶函藏於家，瘞骨於普應院之側。

師法貌清整，舉揚宗旨，綽有祖父之風。有時謂衆曰：「兄弟如有省悟處，不拘時節，請來露個消息。」忽雪夜一僧叩方丈門。師唤入，震威喝曰：「雪深夜半，求訣疑情，何爲〔三〕威儀不具？」僧顧眎衣裓，師喝出，機鋒嚴峻類如此。其住何山也，因歲旱，郡守請禱於師。師勉從爲升座，怒目瞪天罵曰：「阿誰教爾强爲天。」雨應聲而至。人呼爲「珣罵天」。

智才，舒州人。與師同姓同門，亦高行衲子。住嶽麓，遷龍牙。三十年以清苦涖衆，爲人所歸，終於雲溪。

【校記】

〔一〕乃封衾自誓曰不徹不展此　宋正受嘉泰普燈録卷十六湖州何山佛燈守珣禪師、宋普濟五燈會元卷十九安吉州何山佛燈守珣禪師作：「乃封其衾曰：『此生若不徹去，誓不展此。』」

〔二〕明早爲我覓一隻小船子來高五尺足矣　宋正受嘉泰普燈録卷十六湖州何山佛燈守珣禪

師、宋普濟五燈會元卷十九安吉州何山佛燈守珣禪師作：「『明早可爲我尋一隻小船子來。』如曰：『要長者，要高者？』師曰：『高五尺許。』」

〔三〕何爲　宋正受嘉泰普燈録卷十六湖州何山佛燈守珣禪師、宋普濟五燈會元卷十九安吉州何山佛燈守珣禪師作「因甚麼」。

【箋注】

【一】因舉靈雲悟桃語詰之，了無疑滯　宋正受嘉泰普燈録卷十六湖州何山佛燈守珣禪師：「鑑詰曰：『靈雲道，自從一見桃華後，直至如今更不疑。如何是他不疑處？』云：『莫道靈雲不疑，只今覓箇疑處了不可得。』曰：『賢沙道，諦當，甚諦當。敢保老兄未徹在。那裏是他未徹處？』云：『深知和尚老婆心切。』鑑然之。」

【二】師出世凡四坐道場　宋正受嘉泰普燈録卷十六湖州何山佛燈守珣禪師：「出住廬陵之禾山，退藏故里。道俗迎居天聖，後徙何山及天寧。」

元布衲傳

景元，號此庵，永嘉楠溪張氏子。年十八，依靈山〔一〕希拱，圓具後習台教。棄，謁圓悟於鐘阜。因僧讀死心小參語云：「既迷須得個悟，既悟須識悟中迷、迷中悟。迷悟雙忘，却從無迷悟處建立一切法。」師聞而疑。即趨佛殿，以手托開門扉，豁然大徹。既而執侍，機辨逸發。圓悟操蜀音，目爲「聱頭侍者」，遂自題肖像付之，曰：「生平只説聱頭禪，撞著聱頭如鐵壁。脱却羅籠截脚跟，大地撮來墨漆黑。晚年轉復没刁刀，奮金剛椎碎窠窟。他時要識圓悟面，一爲渠儂併拈出。」

圓悟歸蜀，師還浙東。韜彩埋光，不求聞達。括蒼守耿公延禧嘗問道於圓悟，因閲其語録，至像贊，得師之爲人。乃致開法南明山，遣使物色，至台之報恩，獲於衆寮，迫其受命。方丈古公乃靈源高第，聞其提唱，亦深駭異。住南明，幾二年，厭迎送。一日示衆，舉感鐵面頌畢，〔一〕師曰：「是則是〔二〕，忒殺露風骨。吾有頌曰：『休休休，夕陽西去水東流。唯有仰高雲勢遠，摶風九萬過南州。』」將化，召應庵華〔三〕與訣，示訓如常時，俄握拳而逝。茶毗，得五色舍利，齒、舌、右拳無少損，塔於劉阮洞前。年五十三。

【校記】

〔一〕靈山　原無「山」字，據宋正受嘉泰普燈録卷十五台州護國此庵景元禪師、宋普濟五燈會元卷十九台州護國此庵景元禪師、明如惺大明高僧傳卷五天台護國寺沙門釋景元傳補。

〔二〕是則是　宋道行編雪堂行和尚拾遺録元和尚、元熙仲歷朝釋氏資鑑卷十一作「是則去住自由」。

〔三〕應庵華　「華」後原有一墨釘，據宋正受嘉泰普燈録卷十五台州護國此庵景元禪師：「紹興乙丑冬，示微疾。丙寅正月九日，請西堂曇華禪師爲座元。繼集主事付囑殆盡，示訓如常。俄握拳而逝。」考宋正受嘉泰普燈録卷十九有慶元府天童應庵曇華禪師：「黄梅人，族江氏，生而奇傑。……至雲居，禮圓悟禪師。悟一見，痛與提策。及入蜀，指見彰教。教移虎丘，師侍行。未半載，頓明大法。去謁此庵，分座連雲。」知「應庵華」即「應庵曇華禪師」，故墨釘原字或爲「曇」字，應爲「曇華」之倒文。

【箋注】

〔一〕一日示衆，舉感銕面頌畢　宋惠洪林間録卷下福嚴感禪師：「有太守，忘其姓名，新下車，以事臨之。感笑作偈，投郡庭，不揖而去。偈曰：『院是大宋國裏院，州是大宋國裏州。州中有院不容住，何妨一鉢五湖游。』太守使人追之，已渡江去矣。」

月堂昌禪傳

道昌，號月堂，湖州寶溪吴氏子。得法于雪峰慧和尚。所至以行道爲己任，不發化主，不事登謁。每歲食指隨常住所得用之。衲子有志充化導者，多却之。有以佛令比丘持鉢資養爲言者，〔一〕師曰：「我佛在日猶可，恐今爲之必有好利者而至於自鬻也。」徑山、淨慈、育王皆師説法處，而曲高和寡，法嗣無聞。或謂：「和尚行道經年，門下未聞有弟子，得不辜妙湛乎？」師不對。他日再言之，師曰：「子不聞，昔人種瓜而愛甚者，盛夏之日方中而灌之，瓜不旋踵而淤敗，何也？其愛之非不勤，然灌之不以時，適所以敗之也。諸方老宿提挈衲子，不觀其道業内充、才器宏遠，止欲速其爲人，逮審其道德則淫污，察其言行則乖戾，謂其公正則邪佞，得非愛之過其分乎？是正猶日中之灌瓜。予深恐識者笑，故不爲也。」後有同鄉僧名悟者，稱得師道，住杭之五雲山，略展規模，然亦終不振。

師每念叢林下衰，綱紀大壞，皆繇爲師者不統之以道。故使在下者得以非義乘之，玩習既久，遂謂當然，不知其悖。故師行事發言，終其身不妄，蓋於時事深感于中，爲後學法有不得不然者耳。名聞于朝，賜號曰「佛行」。後無疾而化。

【箋注】

【一】有以佛令比丘持鉢資養爲言者　宋淨善重集禪林寶訓卷四：「或曰：『佛戒比丘持鉢以資身命，師何拒之弗容？』」

世奇首座傳

世奇首座，成都人也。遍依師席，造龍門，燕坐瞌睡間群蛙忽鳴，誤聽爲淨髮板聲，亟趨往。有曉之者曰：「蛙鳴，非板也。」奇怳然，詣丈室剖露。佛眼曰：「豈不見羅睺羅？」奇遽止曰：「和尚不必舉，待去自看。」未幾有省，乃占偈曰：「夢中聞板響，覺後蝦蟆啼。蝦蟆與板響，山嶽一時齊。」繇是益加參究，洞臻玄奥。佛眼屢舉分座，奇固辭曰：「此非細事也。如金鎞刮膜，脱有差，則破睛矣。願生生居學地，而自煅煉。」佛眼美以偈曰：「有道只因頻退步，謙和元自慣回光。不知已在青雲上，猶更將身入衆藏。」其謙抑自守如此。暮年，學者力請，不容辭，説偈曰：「諸法空故我心空，我心空故諸法同。諸法我心無別體，祇在而今一念中。且道是那一念？」衆罔措，喝一喝而終。

雪堂行傳

道行，號雪堂，處州葉氏子。依泗州普炤英公得度，既參佛眼，一日聞舉玄沙築着脚指話，〔一〕遂大悟。出世住南明、薦福、烏巨，所至道聲弘宣，龍象景附，極一時法道之尊，時稱「龍門法幢」。高庵、雪堂，禪不至二老之門，則非禪也。

師慈仁忠恕，尊賢敬能，戲笑俚言罕出于口，無峻阻，不暴怒。至於去就之際，極爲介潔。住烏巨時，衲子有獻銕鏡者。師曰：「溪流清泚，毛髮可鑑。蓄此何爲？」謝却之。應庵住明果，師未嘗一日不過從，間有竊議者。師曰：「華姪爲人難得，予因重之〔一〕。數往何傷？」

師雖見道「龍門」，而持身行事之間，實得之家教。嘗謂弟子云：「予弱冠之年見獨居士言：『中無主不立，外不正不行。此語宜終身踐之，聖賢事業備矣。』予佩其語，在家修行〔二〕，出家學道，以至率身臨衆，如衡石之定重輕，規矩之成方圓，捨此則事事失準矣。」

一日示疾，門弟子教授汪喬年至省候，以後事委之，示以偈曰：「識則識自本心，見則見自本性。識得本心本性，正是宗門大病。」注曰：「爛泥中有刺，莫道不疑好。」黎明沐浴更服，跏趺而逝。闍維，五色舍利，煙所至處纍然。齒舌不壞，瘞而奉之。

【校記】

〔一〕華姪爲人難得予因重之　宋淨善重集禪林寶訓卷三作：「『華姪爲人不悦利近名，不先譽後毀，不阿容苟合，不佞色巧言。加以見道明白，去住翛然，衲子中難得。予固重之。』」

〔三〕修行　宋淨善重集禪林寶訓卷三作「修身」。

【箋注】

【一】一日聞舉玄沙築着脚指話　宋悟明聯燈會要卷二十三福州玄沙師備禪師：「初謁雪峰，後欲偏歷諸方，參尋知識。攜囊出嶺，築著脚指頭，流血痛楚。忽然猛省曰：『是身非有，痛自何來？』即回雪峰。峰問：『那箇是備頭陀？』師云：『終不敢誑於人。』」

文殊道傳〔一〕附知昺

心道〔二〕，生徐氏。年三十得度，詣成都習唯識，自以爲至，同舍詰之曰：「三界唯心，萬法唯識。今目前萬象摐然，心識安在？」師茫然不知對。遂出關，周流江淮，抵舒之太平。聞佛鑑夜參舉趙州柏樹子話，至覺鐵嘴云「先師無此語，莫謗先師好」，因大疑，提撕既久，一夕豁然，即趨丈室，擬叙所悟。鑑見來便閉門，師曰：「和尚莫謾某甲。」鑑云：「十方無壁落，何不入門來？」師以拳擉破窗紙，鑑即開門，搊住云：「道，道。」師以兩手捧鑑頭，作口啐而出。遂呈偈，〔二〕鑑深然之，每對客稱賞，命分座接納。

襄守請開法天寧，未幾，擢大别之文殊。適宣和詔下，改僧爲德士，師上堂曰：「祖意西來事，今朝特地新。昔爲比丘相，今作老君形。鶴氅披銀褐，頭包蕉葉巾。林泉無事客，兩度受君恩。所以道『欲識佛性義，當觀時節因緣』，且道即今是甚麽時節？毗盧遮那頂戴寶冠，爲顯真中有俗；文殊老叟身披鶴氅，且要俛順時宜。一人既爾，衆人亦然。大家成立叢林，喜得群仙聚會，共酌迷仙酎，同唱步虛詞。或看靈寶度人經，或説長生不死藥。琹彈月下，指端發太古之音；碁布軒前，妙著出神機之外。進一步，便到大羅天上；退一步，却入九幽城中。秖如不進不退一句，又作麽生道？直饒羽化三清路，終是輪迴一幻身。」

二年九月，復僧，上堂曰：「不掛田衣著羽衣，老君形相頗相宜。一年半内閑思想，大底興衰各有時。我佛如來預識法之有難，教中明載，無不委知。較量年代，正在于兹：魔得其便，惑亂正宗；僧改俗形，佛更名字；妄生邪解，删削經文。鐃鈸停音，鉢盂添足。多般矯詐，欺罔聖君。賴我皇帝陛下聖德聖明，不忘付囑，不廢其教。特賜宸章，頒行天下，仍許僧尼重新披削。實謂寒灰再燄，枯木重榮，不離俗形而作僧形，不出魔界而入佛界。重鳴法鼓，再整頹綱。迷仙酎變爲甘露瓊漿，步虛詞翻作還鄉曲子。放下銀木簡，拈起尼師壇。昨朝稽首擎拳，今日和南不審。祇改舊時相，不改舊時人。敢問大衆，舊時人是一個，是兩個？」良久曰：「秋風也解嫌狼籍，吹盡當年道教灰。」

建炎三年春示衆，舉臨濟入滅因緣，師曰：「正法眼藏瞎驢滅，臨濟何曾有是説？今古之人皆妄傳，不信但看後三月。」至閏三月，鍾相叛於澧陽。賊勢既盛，弟子欲舉師南奔。師不可，曰：「學道所以了生死，何避之有？」賊至，師曰：「速見殺以快汝心。」賊舉槊殘之，血皆白乳。賊駭，引席覆之而去。張無垢跋其法語曰：「夫愛生惡死，人之常情。惟至人悟其本不生，雖生而無所愛；達其未嘗滅，雖死而無所畏。故能臨死生禍患之際，而不移其所守。師其人乎？以師道德節義，足以教化叢林，垂範後世。師名心道，眉州丹稜人。」

南華有曰知昺者，亦見佛鑑。初行脚離鄉未久，聞受業一夕遺火，悉爲煨燼。昺得書，擲之於地，乃曰：「徒亂人意耳。」爲人嚴冷，諸方謂之「昺銕面」云。

【校記】

〔一〕文殊道傳　「道」，原作「導」，然宋正受嘉泰普燈録卷十六常德府文殊心道禪師、宋普濟五燈會元卷十九常德府文殊心道禪師、明居頂續傳燈録卷二十九常德府文殊心道禪師、明曹學佺蜀中廣記卷八十六常德文殊心道禪師、明如惺大明高僧傳卷五常德府文殊寺沙門釋心道傳均爲「心道禪師」，因據改。

〔二〕心道　原作「正導」，宋正受嘉泰普燈録卷十六常德府文殊心道禪師、宋普濟五燈會元卷十九常德府文殊心道禪師、明居頂續傳燈録卷二十九常德府文殊心道禪師、明曹學佺蜀中廣記卷八十六常德文殊心道禪師、明如惺大明高僧傳卷五常德府文殊寺沙門釋心道傳均作「心道」，因據改，下同。

【箋注】

【一】遂呈偈　宋釋曉瑩録雲卧紀譚卷下鼎州文殊道禪師：「趙州有箇柏樹話，禪客相傳遍天下。多是摘葉與尋枝，不能直自根源會。覺公説道無此語，正是惡言當面駡。禪人若具通方眼，好向斯中辨真假。」

虎丘隆禪師傳

紹隆，和州含山人。九歲謝父母去家，依縣之佛慧院。又六歲削髮受具，又五歲而束包曳杖，飄然有四方之志。首謁長蘆淨炤禪師，參叩之間，景響有得。因閲圓悟語録，撫卷歎曰：「想酢生液，雖未能澆腹沃胃，要且使人慶快，第恨未親聆謦欬耳。」至寶峰謁湛堂，叩死心於黄龍，死心機鋒横出，諸方吞啖，非上上根莫能當，而於師獨器重稱賞，衆皆側目。將趨夾山見圓悟，道龍牙，遇泐潭乾公之法子密公，相與甚厚。每研推古今，至投合處，抵掌軒渠，或若佯狂。議者謂今之溈仰、寒拾也。

及見圓悟，圓悟移道林，師從焉。一日入室，圓悟引教云：「見見之時，見非是見。見猶離見，見不能及。」舉拳曰：「還見麽？」曰：「見。」圓悟曰：「頭上安頭。」師於此有省。圓悟叱〔一〕曰：「見個甚麽？」曰：「竹密不妨流水過。」圓悟肯之。自是與圓悟形影上下。又二十年，斧搜鑿索，盡得其秘。或疑師道貌甚愞，問圓悟曰：「隆藏主柔易若此，何能爲哉？」圓悟曰：「瞌睡虎耳。」後歸邑，住城西開聖。

建炎之擾，盜起淮上，乃南渡結廬銅峰之下。適彰教虚席，郡守李尚書光延師居之，四年而遷虎丘。時圓悟以亂離歸蜀，曩之輻湊川奔，一時後進望山而趨。師每登座，從實吐露，一味平等，隨根所應，皆愜其欲。故圓悟之道復大振於東南。居三年，感微疾，白衆曰：「當以第一座宗達承院事。」大書伽陀曰：「無法可説，是名説法。所以佛法無有剩語，珍重。」擲筆坐逝，紹興六年丙辰五月也。住世六十，坐四十五夏。塔全身于山之陽。

「曹洞氏之老秀公鎮虎丘，明年，始以官命并西庵墟之，徙其棟瓦椽梠，完寺壞屋。於是虎丘隆禪師之塔破而復新，藩級崇宏，奥閾冥深，户容庭貌，煒焕赫奕。觀瞻聳悦，如教復振。論者多秀公之義，頌聲不期而作焉。惟禪師之道，於臨濟氏爲正胤的受。當教統之季，群宗遺支微絶不嗣，獨禪師衆胄曼衍天下，百年之間以道德表兹山、居禪師之居者，父子、弟昆後先之踵相接也，然皆熟視其祖，凜然欲壓于頹簷仆壁之下，莫肯引手持一瓦一木捄其風雨寒暑。而秀公異氏也，獨知尊教基，飭祠宇，致孝乎非己之祖，豈惟善善之公足以滅黨私而矯薄俗？彼爲人後而遺其先者，視公之爲，宜何如也？」

明河曰：師見圓悟，後以二親垂白，居褒禪山，侍養者數年。住虎丘，追憶白雲端立祖堂故事，乃曰：「爲人之後，不能躬行遺訓，於義安乎？」遂圖像奉安之。此二事，一載山誌，一出傳燈，見師隆本之厚。因讀天隱修塔文，深感於中，何後嗣之不然也？故附其文於傳末，示戒將來，且知秀公有作用人，恨無從考始末。可惜！

【校記】

〔一〕吡　徐林宋臨濟正傳虎丘隆和尚塔銘作「復」。

育王裕禪師傳附水庵

端裕出錢氏，吴越王裔也。六世祖守會稽，因家焉。師生而秀異，十四驅烏於大善寺。十八得度受具，往依淨慈一禪師，聞僧擊露柱曰：「爾何不説禪？」師忽微省，歷謁龍門遠、甘露卓、泐潭祥，皆以穎邁見推。晚見圓悟於鍾阜，一日悟問：「誰知正法眼藏向者瞎驢邊滅却，且道即今是滅不滅？」對曰：「請和尚合取口好。」悟曰：「此猶未出常情。」師擬對，悟擊之，師頓去所滯。侍悟居天寧，命掌記室。尋分座，道聲藹著。出世屢住大道場，如丹霞、虎丘、萬壽、保寧及閩中玄沙、壽山西禪，平江道俗請庵於西華，有終焉之志。俄被旨補靈隱，慈寧皇太后請説法，賜金襴衣、師號。乞歸西華，未許，且下育王之命。

師涖衆，色必凛然，寢食不背衆，唱道無倦。將化，弟子請遺訓。〔二〕師曰：「盡此心意，以道相資。」語絶而逝。火後目睛齒舌不壞，其地發光終夕，得舍利者無數，踰月不絶。黄冠羅肇常平日問道於師，適外歸，獨無所獲。道念勤切，方與客食，咀嚼間若有物，吐哺則舍利也，大如菽，色若琥珀，好事者持去。遂再拜於闍維所，聞香匳有聲，亟開，所獲如前，而差紅潤。門人奉遺骨于鄮峰西華，謚大悟禪師。

師一，號水庵，師得法弟子也。師住持衲子務齊整，唯水庵賦性沖澹，奉身至薄，昂然在稠人中，曾不屑慮。師亦不甚强之。師没，水庵道大弘，經歷四郡，住持八院，所至兢兢業業，以行道、建立爲心。淳熙五年，退西湖淨慈。有偈云：「六年灑掃皇都寺，瓦礫飜成釋梵宫。今日功成歸去也，杖頭八面起清風。」士庶遮留不止。終於秀之天寧。東陽縣志云：「水庵，馬姓，十六出家，從法雲善遵爲師，受具。過錢塘昭慶，遇異人相之，曰：『此僧中龍也。』笠雪鞋花，歷參禪宿。乾道七年，自寶林住淨慈。九年浴佛日，入内觀堂，投老嘉禾報恩，爲終焉計。未幾示疾，作書别郡官，端坐而逝。荼毗，得五色舍利，齒、拳不壞。辭世偈曰：『平生要用便用，死蛇偏解活弄。一拳打破虚空，佛祖難窺罅縫。』有語録若干卷，大司成高文虎序之。」

【箋注】

【一】將化，弟子請遺訓　宋普濟五燈會元卷十九慶元府育王山佛智端裕禪師：「紹興庚午十月初，示微疾。至十八日，首座法全請遺訓。」

祖珍傳

祖珍，興化林氏子。母陳氏，夢胡僧遺以明珠，因問僧從何來。應曰：「余姓黄，名涅槃。」覺而有娠。生具奇相〔一〕，通身毛長二寸許。嘗詣鼓山謁鑒淳禪師，一見而奇之，曰：「此金毛獅子，真〔二〕法器也。」偶出化僧供，至黄石。有朱姓者夜夢黄涅槃登門，遲明乃師至。朱大喜，施錢五百緡，禮而還之。

尋參佛心禪師於東山，佛心移鼓嶠〔三〕，請師作首座，衆皆驚愕相顧，曰：「珍獅子平日不會開口，縱胸中有佛法，如何舉揚？」是夜首座秉拂，隨機應答，叩擊不窮，自是禪譽大播。佛心去，遂嗣位焉。又遷泉之法石，示衆曰：「尋牛須訪迹，學道貴無心。迹在牛還在，無心道易尋。」竪起拂子曰：「這個是迹，牛在甚麽處〔四〕？」又云：「若論此事，如人喫飯，飽則便休。若也不飽，必有思食之心；若也過飽，又有傷心之患。到此如何得恰好去？」良久云：「且歸巖下宿，同看月明時。」

師開示語切實警醒，淺機劣解鮮能遘副。師平生廉省，竭盡囊底造七佛石塔於法石三門之外，畢工之日即升堂別衆而去。隱於夾嶺之白水巖，巖傍居者皆曰：「昔有道者，嘗言四十年後，當有肉身菩薩來興此山。師來，適四十年。」相與出力，一新巖居。漕使傅自得游于禪，獨加敬於師。嘗曰：「法石和尚，今之古佛，不可不皈依也。」將化，説偈曰：「生本無生，死本無死。生死二途，了無彼此。」荼毗，舍利不可勝數，人爭取之。其餘瘞于法石，傅〔五〕銘其塔石，且序其語録行之。

明河曰：唐末有沙門文矩，一名涅槃，姓黄，隱囊山高巖下，趺坐不食。行則二虎隨之，或騎之出入，出言成讖，後無不驗。或云辟支佛應身也，故其所居曰「辟支巖」。

巖有小竅，時透異香，其異迹甚多，不可枚舉，閩人皆能言之。

【校記】

〔一〕生具奇相　明何喬遠閩書卷七鸚鵡山作「以應珠名，相貌奇古」。

〔二〕真　明何喬遠閩書卷七鸚鵡山作「異日」。

〔三〕鼓嶠　明何喬遠閩書卷七鸚鵡山作「鼓山」。

〔四〕這個是迹牛在甚麼處　宋普濟五燈會元卷十八福州鼓山别峰祖珍禪師下有云：「直饒見得頭角分明，鼻孔也在法石手裏。」

〔五〕傅　原作「傳」，據明何喬遠閩書卷七鸚鵡山及前文改。

了璨傳

了璨，泉南羅氏子。入蔣山懃公之室，得大知見，發無礙辯。住漳州淨衆，遷太平興國，學士宗之。師持身律己，人無間然。説法蹊徑，勁捷朗達，直躋上乘。作字吟詩皆得游戲三昧，而師未嘗措意也。重九日，爲衆上堂云：「重陽九日菊花新，一句明明亘古今。楊廣槖駞無覓處，夜來足迹在松陰。」

大丞相李公嘗訪師于棲雲，問道愜心，與結看經社，門人集師語成書。栟櫚居士鄧肅叙之曰：「太平堂頭璨公從蔣山何嘗得兔角，住太平，本自亡立錐〔一〕。據師子座，作師子吼，未嘗爲人世説毫釐法。四方學者皆腦門點地，拾其殘膏而襲〔二〕藏之。嘻！此特其土苴耳，豈其真哉？雖然，土苴之外，何者爲真？一視而空，頭頭皆是。有語亦可，無語亦可。雷聲淵嘿，本自同時〔三〕。門人弟子若因此以有悟，則謦欬動息皆西來意〔四〕。若守此以求師，則拈花微笑已是剩法〔五〕。悟之者天地一指，守之者毫釐千里。反以問師，了無語〔六〕焉。嗚呼！師豈止具眼看經而已耶？」

【校記】

〔一〕亡立錐　宋鄧肅栟櫚集卷十五太平興國堂頭璨公語録序作「亡錐」。

〔二〕而襲　宋鄧肅栟櫚集卷十五太平興國堂頭璨公語録序作「什襲」。

〔三〕雷聲淵嘿本自同時　宋鄧肅栟櫚集卷十五太平興國堂頭璨公語録序下有云：「孰爲五千四十八卷，而孰爲不立文字者乎？在佛爲弟子，在祖爲嫡孫，蓋一道也。」

〔四〕則謦欬動息皆西來意　宋鄧肅栟櫚集卷十五太平興國堂頭璨公語録序下有「而況所揚之般若乎」。

〔五〕則拈花微笑已是剩法　宋鄧肅栟櫚集卷十五太平興國堂頭璨公語録序下有「而況所論

之葛藤乎」。

〔六〕無語　宋鄧肅栟櫚集卷十五太平興國堂頭璨公語録序作「無與」。

智鑒傳

智鑒，滁之全椒人，生吴氏。自兒時已喜佛書，每以白紙爲經，跏趺端坐誦之，聲琅琅動人〔一〕。母嘗與洗手瘍，戲問〔二〕：「是甚麽手？」對曰：「佛手〔三〕。」視母大笑。俄二親俱喪，依長蘆真歇了出家，厲精脇不至席者數年。時大休珏公爲首座，指爲法器〔四〕。從道法師領戒，入象山之鄭行山，縛茆而居，山當海岸孤絶處，多妖怪。師吊影其間，百怪不能惑。地高無水，禱曰：「吾辦道來此，神其惠我泉〔五〕。」因鋤小坎，移時而水溢。食不繼，啖松柏以療飢。

嘗深夜打坐，聞庵後巖石震響，如鬭擊〔六〕。旦起視之，有巨石飛墜，越庵而立於門，並庵大木無不摧拉，而庵獨無恙。一日有巨蟒入庵，矯首怒視。越數日，復旋繞於牀，師不顧而去。變怪百出，師舉不爲動，徐亦帖然。一夕深定中豁然開悟，身心世界，洞如琉璃。自念云：「威音王已前，無師自證。威音王已後，無師自證者皆天魔外道。」遂下山，見延壽然，曰：「日來肚大，無物可餐；庵小，無床可卧。若能與食，展庵則住，不然則去。」然與師反覆問答，不能屈。因叩其所得，呈一頌，〔五〕然喜曰：「鑒公徹也。」

復航海，見大休於岳林，試其機辯無礙，歎曰：「佛祖不奈爾何。」因爲行乞，擔二布囊，隨得即受，備歷艱勤，人所不堪。翠山宗白頭謂師曰：「爲衆竭力，不無其勞。」師云：「須知有不勞者。」宗曰：「尊貴位中收不得時如何？」師云：「觸處相逢不相識。」宗曰：「猶是途中賓主，如何是主中主？」師云：「丙丁吹滅火。」宗以手掩師口，師拂其袖。宗遷雪竇，挽師偕行，荷負衆事。時法堂新飾，命師普説，宗竊聽，歎曰：「吾生有耳，未嘗聞也。」

出世爲大休燒香，前後六坐道場，〔六〕皆王公大人推引。紹熙二年謝事，止于雪竇之東庵。明年七月，示恙，戒弟子〔七〕曰：「吾行矣，送終須務簡約，勿素服哀慟。」言訖而逝。閲世八十八，坐夏五十三。塔全身于山之左。

師天資朴厚，見地穩密，操履苦硬〔八〕，至死不少變。具大辯才，浩瀚無際，叩之滚滚無倦。受施山積，悉爲公費。故六主廢刹，積逋動數千緡，不過期月，而百務一新。目其所榻，則丈室蕭然懸磬也。加以精誠所感，禱雨暘〔九〕，救疾苦，其應如響。神祠烹宰〔一〇〕，輒爲易以素饌，有藏其鬚髮而得舍利者，此皆世俗所創見，師不欲人言之，以爲非此道之極致，使其有之，亦皆師之餘也。師道聲震海内，而迹曾不越四明之境，故自號足庵云。

【校記】

〔一〕聲琅琅動人　宋樓鑰攻媿集卷一百十雪竇足庵禪師塔銘作「誦之琅琅然」。

〔二〕戲問　宋樓鑰攻媿集卷一百十雪竇足庵禪師塔銘作「因曰」。

〔三〕佛手　宋樓鑰攻媿集卷一百十雪竇足庵禪師塔銘作「我手是佛手」。

〔四〕指爲法器　宋樓鑰攻媿集卷一百十雪竇足庵禪師塔銘作：「指師爲法器，曰：『汝當振吾宗。』」

〔五〕神其惠我泉　宋樓鑰攻媿集卷一百十雪竇足庵禪師塔銘作「山神其惠吾泉」。

〔六〕鬭擊　宋樓鑰攻媿集卷一百十雪竇足庵禪師塔銘作「霆擊」。

〔七〕明年七月示恙戒弟子　宋樓鑰攻媿集卷一百十雪竇足庵禪師塔銘作「三年七月乙未示疾，己亥親筆遺書，晦日以道具抄録。八月哉生魄夜分，戒其徒」。

〔八〕見地穩密操履苦硬　宋樓鑰攻媿集卷一百十雪竇足庵禪師塔銘作「見地真實，業履孤峻，苦行堅密」。

〔九〕禱雨暘　「暘」，原作「暍」，據宋樓鑰攻媿集卷一百十雪竇足庵禪師塔銘改。

〔一〇〕烹宰　宋樓鑰攻媿集卷一百十雪竇足庵禪師塔銘作「烹宰物命」。

【箋注】

【一】因叩其所得，呈一頌　宋樓鑰攻媿集卷一百十雪竇足庵禪師塔銘：「因叩師見地，師云：『一坐四旬，身心瑩徹，忽爾古鏡現前，非由天降，不從地出，自是本有垢淨光通，不勞心力自照也。昔真歇嘗于室中舉問：「一物上拄天，下拄地，常在動用中，動用中收不得，是什麼物得恁麼？」而今照破，方知天蓋不及，地載不起，唤作古鏡，亦是謗他。遂有頌云：箇鏡光流遍刹塵，鑑照無礙體難分。群靈巨德皆稱妙，凡聖無非裏許身。』」

【二】出世爲大休燒香，前後六坐道場　宋樓鑰攻媿集卷一百十雪竇足庵禪師塔銘：「二十四年，遂舉住棲真。隆興二年，移定水。侍郎趙公子潚聞師名，屬侍御王公伯庠製疏備開堂禮，嗣法大休，寔曹洞十一世孫也。乾道五年退席，遂之天台。八年，嗣秀王來鎮，請住廣慧。淳熙四年，皇子魏惠憲王請住香山。七年，參政范公移主報恩。十年，遂歸西山，爲終焉計。十一年，雪竇虚席，衆皆以師爲請。師念明覺知覺道場，勉爲起廢，一住八載。所在道俗歸仰，至是尤盛。隨力葺理，内外一新。」

佛慧泉禪師傳

法泉，隨州時氏子。住持蔣山寺，經營辛苦，以成就叢林。與蘇東坡爲方外友。坡舟行至金陵，阻風江滸，師迎之至寺。坡云：「如何是智海之燈？」師隨以偈答之，曰：「指出明明是甚麽，舉頭鷂子新羅〔一〕過。從來這碗最稀奇，會問〔二〕燈人能幾箇？」坡欣然以詩答之：「今日江頭天色惡，砲車雲起風欲作。獨望鍾山喚寶公，林間白塔如孤鶴。寶公骨冷喚不聞〔三〕，却有老泉來喚人。電眸虎齒霹靂舌，爲予吹散千峰雲。南來萬里亦何事？一酌曹溪知水味。他年若畫蔣山圖，仍作泉公喚居士。」

師住衢之南禪，趙清獻公抃日親之，師未嘗容措一詞。後典青州，宴坐聞雷而悟。〔二〕臨薨，遺師書曰：「非師平日警誨，至此必不得力矣。」師悼以偈曰：「仕也邦爲瑞，歸歟世作程。人間金粟去，天上玉樓成。慧劍無纖缺，冰壺徹底清。春風瀫水〔四〕路，孤月照雲明。」

師晚年奉詔住大相國智海禪寺。因問衆曰：「赴智海，留蔣山，去就孰是？」衆皆無對。師索筆書偈云：「心是心非徒儗議，得皮得髓謾商量。臨行珍重諸禪侶，門外千山正夕陽。」書畢而逝。

【校記】

〔一〕新羅　宋釋曉瑩羅湖野録卷三蔣山佛慧泉禪師、明朱時恩佛祖綱目卷三十七作「穿雲」。

〔二〕會問　宋釋曉瑩羅湖野録卷三蔣山佛慧泉禪師、明朱時恩佛祖綱目卷三十七作「解問」。

〔三〕嗔不聞　宋釋曉瑩羅湖野録卷三蔣山佛慧泉禪師、明朱時恩輯居士分燈録卷下蘇軾作「唤不應」，蘇軾六月七日泊金陵阻風得鍾山泉公書寄詩爲謝作「唤不聞」。

〔四〕瀫水　原作「瀫水」，宋正受嘉泰普燈録卷二十三清獻公趙抃居士、宋普濟五燈會元卷十六清獻公趙抃居士、明居頂續傳燈録卷十二清獻公趙抃居士、明朱時恩輯居士分燈録卷下趙抃作「瀫水」，即衢江的别名，與前文言「師住衢之南禪」若合符契，因據改。

【箋注】

【一】後典青州，宴坐聞雷而悟　宋正受嘉泰普燈録卷二十三清獻公趙抃居士：「政事之餘多宴坐，忽大雷震，驚即契悟。作偈曰：『默坐公堂虚隱几，心源不動湛如水。一聲霹靂頂門開，唤起從前自家底。』泉見，笑曰：『趙閲道撞彩耳。』」

法清　法因傳

法清，嚴陵人也。貌頎碩而言清亮，多見耆宿，所至嘿嘿，不衒耀知見，觸之則發，人無識之者。嘗於池之天寧，以伽梨蒙首而坐。適侍郎曾開入寺，見而問曰：「上座仙鄉何處？」曰：「嚴州。」曰：「與此間是同是别？」師拽伽梨下地，揖曰：「官人曾到嚴州否？」曾罔措。師曰：「待官人到嚴州時，却向官人道。」既而游徑山，佛日請爲座元，師辭曰：「一千七百大衆皆是英傑，安敢行立其前耶？」堅不允。佛日曰：「只如舉一不得舉二，放過一著，落在第二，意作麽生？」師曰：「惺惺底惺惺，懵懂底懵懂。」佛日曰：「如何做徑山首座不得？」遂與衆送歸寮。

後開法隆興之九仙，嗣慧日雅和尚。雅和尚復有嗣曰法因者，平江人。年二十四進具，游方見雅于東林，詰以靈雲見桃因緣，擬對。雅摇手曰：「不是，不是。」忽有省，呈偈曰：「巖上桃花開，花從何處來？靈雲才一見，回首舞三臺。」雅曰：「子所見雖已入微，更著鞭，當明大法。」遂承教，居盧阜三十年，不與世接，叢林尊之曰「庵主」。建炎中盜起，順流東歸，邑人結庵奉之。問道者繼踵，嘗謂衆曰：「汝等飽持定力，無憂晨炊而事干求也。」晚年放浪自若，稱五松散人。

道寧傳

道寧，歙溪汪氏子。壯爲道者，於崇果寺執浴。一日將濯足，偶誦金剛經，至「於此章句能生信心，以此爲實」，遂忘所知，忽垂足沸湯中，發明己見。後祝髮蔣山，徧歷叢林，參諸名宿。晚至白蓮，聞五祖演禪師小參，舉忠國師古佛淨瓶、趙州狗子無佛性話，頓徹法源。大觀中，潭帥席公震請主開福，衲子景從。

師行門卓立，名實相副。説法無蹊徑，簡要直捷，使聞者人人自得，有古尊宿之風。政和三年將化，示衆曰：「吾紫磨之身，今日即有，明日即無。若道吾入涅槃，非吾弟子；道吾不入涅槃，亦非吾弟子。於此檢點得出，便知開福落處〔一〕。其或未然，開福〔二〕與麼來？滿世無相識，水月與空華。誰堅復誰實？住院經五年，都盧如頃刻。瑞雲散盡春風生，失却文殊遇彌勒。」言畢而逝。

【校記】

〔一〕於此檢點得出便知開福落處　明彭澤修、汪舜民纂弘治徽州府志卷十寧道者作：「於此檢點得出，不惟穿却黄面老子鼻孔，亦知報慈落處。」

〔二〕開福　明彭澤修、汪舜民纂弘治徽州府志卷十寧道者作「報慈」。

守惠傳布衲　效常

守惠，興化陳氏子，七佛旻禪師之高足也。住江州圓通院，遷潭之大溈山。師行門精密〔一〕，于物無忤，法輪所至，龍象傾赴。政和中，前後三入内廷説法。徽宗聞之，喜動顔色，賜六字師號，曰「沖虚密印通慧」〔二〕。法門焜燿，極當時之盛，故陳瑩中作旻禪師語録序，獨云慧禪師能世其學，而不及其他也。

有布衲者將住台之天寧，辭師以行。師謂之曰：「至人應世，妙契圓常，廣真炤而不與物忤，發靈機而頓起事外。高低普應，動静自全。對之不知其所來，隨之罔測其所往。」觀師所云，則布衲之爲人概可見矣。

師又有族子曰效常者，侍師最久。待人接物，笑容滿面。衲子雲從，目爲「常歡喜」。太尉劉綺特敬之，書尺往復，呼爲「歡喜禪師」。受安撫霍蠡請，自公安三聖移住大溈，説法一本於師，從其道者甚衆。或云布衲乃師之弟，觀其提耳之言，頗有家庭之意。

師於中秋夜示衆云：「山僧生來百拙，開口都無一説。今夜指空畫空，咲倒清風明月。」遂告寂。數日神色不變，凛然如生。

【校記】

〔一〕精密　明何喬遠閩書卷一百三十七守惠作「謹密」，是。

〔二〕沖虚密印通慧　宋正受嘉泰普燈録卷十三江州圓通沖真密印通慧守慧禪師、宋普濟五燈會元卷十八江州廬山圓通守慧沖真密印通慧禪師、明居頂續傳燈録卷三十江州廬山圓通守慧沖真密印通慧禪師作「沖真密印通慧」，是。

別峰印禪師傳附慧綽

別峰禪師，名寶印，字坦叔。生爲龍游李氏子，世居峨嵋之麓。少而奇警，然不喜在家，乃從德山院清遠道人得度。自成童時，已博通六經及百家之説，至是復從華嚴、起信諸名宿窮源探賾，不高出同學不止。時密印禪師民公説法於中峰道場，乃挈一笠往從之。一日，密印舉僧問巖頭：「起滅不停時如何？」頭叱曰：「是誰起滅？」師豁然大悟。自是鋒不可觸，密印恨相得之晚。

會圓悟自南歸成都昭覺，乃遣師往省。因隨衆入室，圓悟舉從上諸聖以何法接人，師舉起拳。圓悟曰：「此是老僧用者，孰爲從上諸聖用者？」師即揮拳，圓悟亦舉拳相交，大笑而罷。圓悟歎異之，曰：「是子他日必類我。」師留昭覺三年，密印猶在中峰，以堂中第一座致師。師辭，密印大怒曰：「我以法得人，人不我傳。尚何以説法爲？」欲棄衆去。衆皇恐，亟趨昭覺，羅拜懇請。圓悟亦助之請，始行。道望日隆，學者爭歸之，雖圓悟、密印不能揜也。

久之南游，歷見諸大禪老，最後扣妙喜於徑山，爲師獨掃一室，堂中皆大驚。〔一〕妙喜南遷，師亦西歸。始住臨邛鳳皇山，舉香嗣密印。道既盛行，築都不會庵，松竹幽邃。暇日名勝畢集，聞師一言，皆自謂意消。稍或間闊，輒相語曰：「吾輩鄙吝萌矣。」其道德服人如此。

俄復下硤〔二〕，挾金陵。應庵華方住蔣山，館師於上方，白留守張公燾舉以代己，師聞，即日發去。會陳丞相俊卿〔三〕來爲金陵，以保寧延師，俄徙京口金山，學者傾諸方。金山自兵亂後，雖屢葺，莫能成，至是始復大興，如承平時而有加焉。異時居此山鮮踰三年者，師獨安坐十五夏。

魏惠憲王牧四明，虛雪竇來請。住四年，樂其山林，有終老之意，而名益重。被敕住徑山，淳熙七年五月也。七月至行在所，壽皇降中使召入禁中，以老病足蹇，賜肩輿於東華門內，賜食於觀堂，引對於選德殿，賜坐，勞問良渥，師因〔三〕舉古宿云：「透得見聞覺知，受用見聞覺知，不墮見聞覺知。」上悦，畢其説乃退。後十餘日，又命開堂於靈隱山，中使齎賜御香，恩禮備至。十年二月，上製圓覺經註，遣使馳賜，且命作序。

師老，益厭住持事，門人懼其遠游不返，相與築庵於山北，俟其歸。光宗在東宮，書「別峰」二大字榜之。十五年冬，奏乞養疾於別峰，得請。明年，光宗受内禪，取向取賜宸翰，識以御寶，復賜焉。紹熙元年冬十一月，忽往見嗣住山智策告別。策問行日，師曰：「水到渠成。」歸取幅紙，大書曰：「十二月七日夜雞鳴時。」如期而化。奉蛻質返寺之法堂，留七日，顔色精明，鬚髮皆長，頂温如沃湯。是月十四日，葬於別峰之西岡。壽八十有二，臘六十有四。

得法弟子實繁，指不能一二屈。有慧綽者，山陰陸氏子，當以蔭得官，辭之。從師祝髮，得記莂，遯迹巖岫，終身不出。師既示寂，上爲敕有司，定謚曰慈辯，塔曰智光，庵曰別峰，極方外之寵。師説法數十年，所至，門人集爲語録。晚際遇壽皇，被宸翰咨詢法要，皆對使者具奏，別具行世，此不悉著。

【校記】

〔一〕硤　宋陸游渭南文集卷四十別峰禪師塔銘作「峽」。

〔二〕俊卿　原作「俊鄉」，據宋陸游渭南文集卷四十別峰禪師塔銘改。

〔三〕因　原作「目」，據宋陸游渭南文集卷四十別峰禪師塔銘、宋潛説友咸淳臨安志卷八十三、明曹學佺蜀中廣記卷八十五改。

【箋注】

【一】爲師獨掃一室，堂中皆大驚　宋陸游渭南文集卷四十別峰禪師塔銘：「時徑山衆千七百，雖耆宿名衲，以得棲笠地爲幸，顧爲師獨掃一室，堂中皆驚。」

淨全傳

淨全，越州諸暨人，姓翁氏。世業農，少與父兄躬耕，凡至林壑泉石間，必宴坐忘歸，人異之。甫冠即出家，師授以經典，略無所解，乃幡然入徑山，謁妙喜。喜問：「汝有何能？」曰：「能打坐。」又問：「打坐何爲？」曰：「若問何爲，直是無下口處。」喜奇之。師生長田家，朴野而無緣飾，目不知書，人呼爲「翁木大」。一日集衆采椒，師與焉。同輩戲之云：「汝試作一摘椒頌如何？」師即應聲云：「含烟帶露已經秋，顆顆通紅氣味周。突出眼睛開口笑，這回不戀舊枝頭。」〔一〕衆大驚，自是刮目。

有檀越以一度僧牒施妙喜，命給度一人。喜令侍者十輩，各探籌卜其分緣，師得之，九人者不平，更相誶語。果命復探之，師再獲。若是三探三得之，遂祝髮受戒。拙庵光居靈隱，俾典賓，混源密主淨慈，命分半座。師志在晦藏，無應世念。然天資夙成，不假師授，雖不識一丁，而吐辭發語，形爲偈頌，老師宿學所不能及。尚書尤公袤、寶文王公厚之、丞相錢公象祖皆與師爲方外交。嘗自贊曰：「匙挑不上箇村夫，文墨胸中一點無。曾把虛空揣出骨，惡聲羸得滿江湖。」因自號無用。累典大刹，最後住四明之天童。開禧三年示寂，世壽七十一，僧臘四十五。窆全身于寺之西。

混源密嗣晦庵光，光嗣妙喜，則密乃師之姪行，而不以分座爲嫌，要之古人闡化揚道肝腸是務，不拘拘于形迹間，故可貴也。

【箋注】

【一】含烟帶露已經秋……這回不戀舊枝頭　宋圓悟枯崖漫録卷中山陰清首座：「得心法於無用，有椒頌云：『含煙帶露已經秋，顆顆通紅氣味周。突出眼睛開口笑，這回不戀舊枝頭。』諸方猶能誦，不知爲清所述，或載爲無用作，非也。」

夾山本禪師傳

智本，筠高安郭氏子。生五歲，大饑，有貴客過門，見其氣骨，留萬錢與其父母，欲攜去。祖母劉適從旁舍歸，顧見怒曰：「兒生之夕，吾夢天雨華吾家，吉兆也。寧饑死，不以與人。」推錢還之。既長大，遊報恩寺，聞僧説出家因緣，願爲門弟子。劉氏喜曰：「此吾志也。」年十九，試經爲僧。明年受具足戒，即往游方。時雲居舜老夫、開先暹道者法席冠於廬山，師往來二老之間。久之，聞法華端禪師者，深爲法窟，氣壓叢林。師往謁之，遂留十年，名聲遠聞。

舒州太守李公端臣請説法於龍門。辭去之日，端領衆送之。師馬逸而先，顧端曰：「當仁不讓。」端笑謂大衆曰：「國清才子貴，家富小兒驕。」其父子法喜遊戲多類此。未幾，解院還廬山。時曾丞相由翰林學士出領長沙，以禮延居南岳之法輪，學者爭宗向之。遷居南臺，又遷道林，遷雲蓋〔一〕，遷石霜，凡十三年，道大顯著，勸請皆一時名公卿。

師既老矣，而湖北運使陳公舉必欲以夾山致師，師亦不辭，忻然曳杖而去。人登問之，師曰：「係情去留，豈道人事？湖南湖北，真一夢境耳。何優劣避就之耶？」以大觀元年上元夕，沐浴更衣，端坐終于夾山。閱世七十有三，僧臘五十有二。闍維，齒骨數珠不壞，葬於樂普庵之西。師性真率，不事事，膽氣蓋於流輩，作爲偈語，肆筆而成，亦一時禪林之秀者。

【校記】

〔一〕雲蓋　原作「雲益」，據宋德洪石門文字禪卷二十九夾山第十五代本禪師塔銘、宋悟明聯燈會要卷十六潭州雲蓋智本禪師、宋普濟五燈會元卷十九潭州雲蓋山智本禪師、明居頂續傳燈録卷二十潭州雲蓋山智本禪師改。

拙叟英傳

進英，字拙叟，吉州太和羅氏子也。幼孤，母憐之。性慧敏，齠齔中日誦千餘言，通詩禮大義。與群兒嬉游，侮玩之氣出其上，親舊愛敬之，使著縫掖爲書生，輒病，至與死鄰。母許以出家，尋愈，〔一〕遂爲僧洞隆童子。年十八，試所習得度，受具戒，即欲經行諸方以觀道，報劬勞之德。其母有難色，於是庵於母室之外，名曰「精進」。士大夫喜其爲人，賦詩爲贈，極稱道之。母殁，心喪三年，修白業爲冥福。即游淮海，所至少留，當時號明眼尊宿徧謁之。晚見雲庵，聞貶剥諸方以黄檗接臨濟、雲門接洞山機緣爲入道之要，〔二〕擿其疑處以啓問，師怳然大悟，如桶底脱。

佛印禪師，叢林號「大宗匠」，有盛名，慎許可，獨以師爲俊彦。師有爽氣，喜暴所長以激後學，三十年一節不移。故佛印呼爲「鐵喙」。

初開法長沙之開福，十年之間，殿閣崇成，尋棄之。翩然游五臺，徧覽聖蹟。乃南還，庵梁山，天下衲子益追崇之。政和甲午，衡陽道俗迎住花藥之天寧，勸請皆一時名公卿，師以教外别傳之宗授上根，以漚和般若化道俗，老益康强，精進不替。嘗中夜禮佛，作息飲食不肯與衆背，叢林信其誠，民人化其教。宣和三年冬謝事，復庵梁山。越明年臘月，示疾蟬蜕。其激揚大事，游泳語言，有三録行世：曰報慈，曰雁峰，曰游臺。

【箋注】

【一】母許以出家，尋愈　宋德洪石門文字禪卷三十花藥英禪師行狀：「母泣曰：『吾始娠，夢有乘空而語曰：而出家，則疾有瘳矣。』於是擊鍾梵，放誓於佛前，乞以爲僧洞隆童子，而藉名於善集。」

【二】晚見雲庵，聞貶剥諸方以黄檗接臨濟、雲門接洞山機緣爲入道之要　黄檗接臨濟參宋道元景德傳燈録卷十二鎮州臨濟義玄禪師：「鎮州臨濟義玄禪師，曹州南華人也，姓邢氏。幼負出塵之志，及落髮進具，便慕禪宗。初在黄檗隨衆參侍，時堂中第一座勉令問話。師乃問：『如何是祖師西來的的意？』黄檗便打。如是三問三遭打。遂告辭第一座云：『早承激勸問話，唯蒙和尚賜棒。所恨愚魯，且往諸方行脚去。』上座遂告黄檗云：『義玄雖是後生，却甚奇特，來辭時願和尚更垂提誘。』來日師辭黄檗，黄檗指往大愚。師遂參大愚，愚問曰：『什麽處來？』曰：『黄檗來。』愚曰：『黄檗有何言教？』曰：『義玄親問西來的的意，蒙和尚便打，如是三問三轉被打。不知過在什麽處？』愚曰：『黄檗恁麽老婆，爲汝得徹困，猶覓過在。』師於是大悟，云：『佛法也無多子。』愚乃搊師衣領，云：『適來道我不會，而今又道無多子。是多少來？是多少來？』師向愚肋下打一拳，愚托開，云：『汝師黃檗，非干我事。』師却返黃檗，黃檗問云：『汝迴太速生。』師云：『只爲老婆心切。』黃檗云：『遮大愚老漢，待見與打一頓。』師云：『説什麼待見，即今便打。』遂鼓黃檗一掌，黃檗哈哈大笑。」雲門接洞山機緣參宋惠洪禪林僧寶傳卷八洞山守初禪師：「禪師名守初，出於傅氏，鳳翔良原人也。……棄去，歷咸秦，自襄漢南至長沙，坐夏，夏休詣雲門偃禪師。偃問：『近離何處？』對曰：『查渡。』又問：『夏在何處？』對曰：『湖南報慈。』又問：『幾時離？』對曰：『八月二十五。』偃曰：『放汝三頓棒。』初罔然良久，又申問曰：『適來秖對，不見有過。乃蒙賜棒，實所不曉。』偃呵曰：『飯袋子，江西、湖南，便爾商略。』初默悟其旨，曰：『他日正當於無人煙處不畜粒米，飯十方僧。』即日辭去。」

涂毒策傳

智策，天台陳氏子，自號涂毒巖主。英敏穎異，風骨巉巉，有出塵之姿。〔二〕年十六祝髮，習經律，理詣昭徹，迥出流輩。十九造國清，謁寂室光，灑然有省，寂室許之，謂老於叢林者不能過也。育王無示、萬壽大圓皆一時大名德，無不肯可。大圓曰：「策上人可謂不耘而秀，不扶而直者。」辭去，大圓門送之，拊師背曰：「寶所在近，此城非寶〔一〕。」師領之。往豫章謁典牛，道由雲居，風雪塞路，坐閲四十二日。午初，板聲鏗然，豁爾大悟。典牛印之曰：「嶄然超出佛祖，他日起家，一麟足矣。使真淨而在〔二〕，見子亦當下拜。」典牛機辯峻峭，莫有嬰其鋒者。師與之平章今古，泉涌風駛，聞者爲之齰愕。别典牛，庵淮西烏崖之下。及大圓移大潙，請居第一座。嘗上方丈問訊，見大圓俛首不語，師問曰：「何瞀悶乃爾？」大圓曰：「期子濟濟多衆，如雪峰、潙山之流。而談天者謂子無後〔三〕，子意如何？」師曰：「參學唯恐無本。苟有本，對泥像説法，亦高出諸方。」大圓歎曰：「吾子器識過人，玄酒太羹，非常流所能知味也。」東歸，又分座於國清。此庵元方住護國，謂師曰：「公來歸三峰，景元即收卷波瀾矣。」

出世住黄巖普澤，爲典牛燒香。歷應台之太平、吉之祥符、越之等慈及大能仁，所至道價興行。旋自護國華藏來住徑山，而師已老矣。力行祖道，衆至千餘。將化，召門人囑後事。仍曰：「爾輩盍以文祭我？」師整襟危坐而聽，至尚饗，爲之盱衡一笑。越二日，泊然而逝。世壽七十六，坐六十夏。門人塔全身于東岡之麓。

師性剛簡，居處語嘿肅如也。尤不喜泛交，善則慕之，否則雖親暱亦絶不與通。説法度人，光明俊偉，傾動一時。望師而歸者，雲涌濤奔，希獲一親謦欬，以爲至幸。誠末世津梁，不可多得也。

【校記】

〔一〕此城非寶　「寶」，原作「實」，據宋樓鑰攻媿集卷一百十徑山涂毒禪師塔銘改。

〔二〕使真淨而在　宋樓鑰攻媿集卷一百十徑山涂毒禪師塔銘作「貞淨老人若在」。

〔三〕無後　宋樓鑰攻媿集卷一百十徑山涂毒禪師塔銘作「無徒」。

【箋注】

〔一〕風骨巉巉，有出塵之姿　宋樓鑰攻媿集卷一百十徑山涂毒禪師塔銘：「十歲，護國僧楚光見之，曰：『此子風骨巉巉，有出塵之姿。』」

佛照光禪師傳

德光，臨江彭氏子，彭氏故舊族。母袁，夢異僧入室，驚寤而娠。既生，其祖曰：「吾家世積德，此子必光吾門〔一〕。」因是命名。九歲值寇擾，辟地于袁之木平寺。有妙應大師伯華善相，曰：「是子伏犀貫頂，出家必作法門梁棟。」俄失恃怙，歸伯氏。年二十一，聞人誦金剛經，有省，白伯母曰：「適聞誦經，身心歡喜。世間萬事，真如幻夢，兒願出家。」即散家貲與其族，詣光化院足庵老宿薙落。

足庵攜之入閩，語師曰：「是行爲子擇所依。東禪月庵果公具衲僧眼，子依之，時復省吾〔二〕，足矣。」見月庵，機語相契。〔一〕是時老宿多集閩中，如妙湛、佛心、圓覺，望重叢林。師無不參叩，徧歷五十餘員善知識，最後見大惠於育王。爲舉竹篦話，師擬對，痛棒隨之，遂大悟。從前所得，爲之冰釋。〔二〕惠曰：「爾這回始徹也。」説偈以頂相付之。〔三〕隨過蔣山，謁應庵。庵稱賞不已，謂人曰：「光兄插翅虎，吾當避之。」〔四〕

乾道丁亥，住台之鴻福，徙光孝，台守李侍郎浩延之也。孝宗雅聞師名，淳熙三年被旨住靈隱，入對選德殿。問佛法大意，曰：「朕心佛心，是同是別？」對曰：「直下無第二人。」曰：「如是則佛即是心，心即是佛耶？」對曰：「成一切相即心〔三〕，離一切相即佛。」又問：「釋迦雪山六年，所成何事〔四〕？」對曰：「將謂陛下忘却。」上悦，賜號「佛照禪師」。自是召見無虛歲，至留內觀堂五宿而出，恩遇異常。

紹熙改元，孝宗御重華宫，稱「壽皇」。而徑山命下，師力辭。壽皇曰：「欲頻相見耳，何以辭爲？」慶元初請老，許歸育王。師之在內觀堂也，上時乘小輦過堂，至則促席而坐，或曳袂而行，歡如平生。宣賜金玉器用繒綵計緡三萬餘。及王臣長者所施，悉以置育王贍衆之田，國史陸游詳記其事。

自創數椽，曰「東庵」，掩關自娛，以休世焉。以嘉泰癸亥三月，告衆曰：「吾世緣將盡。」未幾問左右曰：「今日月半耶？」對曰：「然。」即索紙作遺書，與平昔所厚者。集衆叙别，皆法門之旨要，無半語及他事。索浴更衣，大書云：「八十三年，彌天罪過。末後殷勤，盡情説破。」泊然而逝。弟子塔全身于庵後，僧臘六十，謚普慧宗覺大禪師，塔曰圓鑑。

明河曰：南渡後宗師，唯妙喜老子得人爲多。開堂説法，顯然爲天人師者，不下數十人，然皆不數傳，寂寂矣。能使道脉長永，枝葉繁茂，不忝師門傳受，唯師一人而已。古稱妙喜能大圓悟之門，愚謂「妙喜之得師，猶圓悟之得妙喜」，續燈舉妙喜之嗣，契悟廣大者九人，師不與焉，已失其鑑。至謂弟子之超卓者，又蚤世，不使久開法，俾法嗣廣布。然則師豈非超卓而夭者耶？噫！所謂瞋目而不見泰山也。

【校記】

〔一〕此子必光吾門　元釋念常佛祖歷代通載卷二十作「乃生此兒，必光吾門」。

〔二〕省吾　原作「有吾」，據元釋念常佛祖歷代通載卷二十改。

〔三〕成一切相即心　「相」，原作「性」，據元熙仲歷朝釋氏資鑑卷十一改。

〔四〕釋迦雪山六年所成何事　元熙仲歷朝釋氏資鑑卷十一作：「釋迦老子入雪山六年，所成者何事？請明説。」

【箋注】

【一】見月庵，機語相契　元釋念常佛祖歷代通載卷二十：「一見，月庵遽問：『不落有無中，如何露消息？』師云：『不落有無中，分明露消息。』月庵云：『是什麼消息？』師便喝。庵云：『未在，更道。』師云：『我留口喫飯在。』即令參堂。」

【二】爲舉竹篦話，師擬對，痛棒隨之，遂大悟。從前所得，爲之冰釋　元釋念常佛祖歷代通載卷二十：「『舉唤作竹篦則觸，不唤作竹篦則背。不得向舉處承當，不得向意根下卜度，速道速道速道。』師云：『杜撰長老，如麻似粟。』惠云：『爾是第幾箇？』師云：『今日捉敗者老賊。』次年佛涅槃日，因頂謁次，自念『佛常住法身，何有生滅』，頭未至地，忽然契悟。遽告大惠。」

【三】説偈以頂相付之　元釋念常佛祖歷代通載卷二十：「大惠説偈，以頂相付師曰：『有德必有光，其光無間隔。名實要相稱，非青黄赤白。』」

【四】光兄插翅虎，吾當避之　元釋念常佛祖歷代通載卷二十：「庵稱賞不已，謂人曰：『光兄頓出我一頭地。』乃移書與李侍郎浩曰：『光兄一自徑山老叔印可，如虎插翅。』」

補續高僧傳卷第十一

明吳門華山寺沙門明河撰

習禪篇

宋　薦福本禪師傳

悟本，江州人也。自江西雲門，參侍妙喜。至泉南小溪，于時英俊畢集，受印可者多矣。師私謂其棄己，欲發去。妙喜知而語之曰：「汝但專意參究，如有所得，不待開口，吾已識也。」既而有聞師入室者，故謂師曰：「本侍者參禪許多年，逐日只道得箇不會。」師詬之曰：「這小鬼，你未生時，我已三度霍山廟裏退牙了，好教你知。」繇兹益鋭志，提狗子無佛性話。一夕將三鼓，倚殿柱昏寐間，不覺無字出口吻間，忽爾頓悟。後三日，妙喜自郡城歸。師趨丈室，足纔越閫，未及吐詞，妙喜曰：「本鬍子這回方是徹頭也。」因過尋同參謙公於建陽庵中。謙舉保寧頌五通仙人因緣曰：「無量劫來曾未悟，如何不動到其中？莫言佛法無多子，最苦瞿曇那一通。」謙復曰：「我愛他『如何不動到其中』。既是不動，如何則〔一〕看他古人得了等閑拈出來，自然抓著人癢處。」師曰：「因甚却道『最苦瞿曇那一通』？」謙曰：「你未生時，吾已三度霍山廟裏退牙了也。」於是相顧大笑。其友朋琢磨之益，蓋如印圈契爲〔二〕之無差。至於會心驩然，可使後世想望風采。

師住博山，規模立而法道弘。時雪堂行和尚住薦福，有僧自福州來。雪堂問：「沿路見好長老否？」僧云：「近過信州，博山住持本和尚雖不曾拜識，好長老也。」雪堂曰：「安得知其爲好？」僧云：「入寺路逕開闢，廊廡修整。殿堂香燈不絶，晨昏鐘鼓分明。二時粥飯精潔，僧行見人有禮。以此知其爲好長老。」雪堂笑曰：「本固賢矣，然爾亦具眼。」直以斯言達於郡守吴公傅朋，曰：「遮僧持論頗類范延齡薦張希顔事，而閣下之賢不減張忠定公。老僧年邁，乞請本以代，庶爲林下盛事。」吴公大喜。師即日遷薦福，雪堂嗣龍門遠公，師叔行也。

【校記】

〔一〕如何則　宋釋曉瑩羅湖野録卷二饒州薦福本禪師作「如何到」。

〔二〕契爲　宋釋曉瑩羅湖野録卷二饒州薦福本禪師作「契約」。

簡堂機傳

行機，號簡堂，台州楊氏子。風姿挺特，才壓儒林。年二十五棄妻孥，學出世法。晚見此庵，密有契證。入番陽筦山，單丁住十七年。嘗值隆冬，雨雪連作，饘粥不繼，師如不聞見。有頌云：「地爐無火客囊空，雪似楊花落歲窮。拾得斷麻穿壞衲，不知身在寂寥中。」每謂人曰：「某猶未穩在，住山豈吾事耶？」一日偶看斫樹倒地，忽大悟。平昔礙膺之物，泮然冰釋。未幾，有江州圓通之命，乃曰：「吾道將行。」即欣然曳杖而去。登座説法云：「圓通不開生藥鋪，單單只賣死猫頭。不知那箇無思算，喫著通身冷汗流。」緇白驚異，法席因兹大振。自圓通移國清，退居景星巖，與給事吴芾爲方外友。淳熙五年，自景星赴隱靜，吴和淵明詩十三篇送其行，深致戀戀之情，冀師早歸同逸老也。

師清明夷坦，衲子稍有詿誤，蔽護保惜，以成其德。嘗言：「人誰無過？在改之爲美。」住筦山日，常〔一〕下山，聞路傍哀泣聲，師惻然詢之。一家寒疾，僅亡兩口，貧無斂具，特就市貸棺葬之，鄉人感歎不已。侍郎李椿年謂士大夫曰：「吾鄉機老，有道衲子也。加以慈惠及物，筦山安能久處乎？」平生以道自適，不急榮名。赴圓通請，隨身唯拄杖草履而已，見者色莊意解。九江守林叔達目之曰：「此佛法中津梁也。」其去就真得前輩體格。

故殁之日，雖走使致力爲之涕下。

【校記】

〔一〕常　宋淨善重集禪林寶訓卷四作「嘗」，是。

或庵體傳

師體號或庵，台州羅氏子。初參此庵元布衲於天台護國，因舉龐馬選佛頌至第三句，〔二〕此庵喝之，師大悟，〔三〕遂匿迹深山中。丞相錢象先慕其爲人，致以天封勉令出世。師摇手曰：「我不解懸羊頭賣狗肉也。」即宵遁去。

乾道初，瞎堂住國清。因見師圓通像贊，〔三〕驚喜曰：「不謂此庵有此兒。」徧索之，得之江心，於稠人中請爲第一座。及瞎堂遷虎丘，師訪焉。平江道俗請住覺報，覺報舊名老壽庵，師曰：「先師囑我他日逢老壽止，今若合符契。」遂欣然應命入院。小參曰：「道常然而不渝，事有弊而必變。昔江西南嶽諸祖各稽古爲訓，考其當否。持以中道，務合人心，以悟爲則，所以素風泠然，逮今未泯。若約衲僧門下，言前薦得，屈我宗風；句下分明，沉埋佛祖。然雖如是，行到水窮處，坐看雲起時。」繇是緇素喜所未聞，歸者如市。

淳熙六年移焦山，〔四〕將化，示微恙，手書附硯一隻別郡守。侍郎曾逮至，中夜説偈畢脱去，年七十二也。曾公以偈悼之曰：「翩翩隻履逐西風，一物渾無布袋中。留下陶泓將底用，老夫無筆制虚空〔一〕。」曾亦知言者矣。

師荷法以身爲教，不專於言。常曰：「叢林保於衲子，衲子保於道德。」又曰：「得一身之榮，不如得一世之名。得一世之名，不如得一賢衲子。使後學有師，叢林有主。」「嗚呼！天下之至私者，無如此身。遠得一步身，近得一步道。」故師二保三得之説，誠絶世名言。願終身誦之，不敢忘也。

【校記】

〔一〕老夫無筆制虚空　宋道融叢林盛事作「老來無筆判虚空」，宋淨善重集禪林寶訓卷四作「老夫無筆判虚空」。

【箋注】

〔一〕因舉龐馬選佛頌至第三句　明大建較禪林寶訓音義選佛頌：「龐居士問馬祖：『不與萬法爲侶者是甚麽人？』祖云：『待汝一口吸盡西江水，即向汝道。』居士豁然大悟，呈偈曰：『十方同聚會，个个學無爲。此是選佛場，心空及第歸。』」

〔二〕此庵喝之，師大悟　宋淨善重集禪林寶訓卷四：「或庵大悟，有投機頌曰：『商量極處見題目，途路窮邊入試場。拈起毫端風雨快，遮回不作探花郎。』」

【三】因見師圓通像贊　宋淨善重集禪林寶訓卷四：「因見或庵讚圓通像曰：『不依本分，惱亂衆生。瞻之仰之，有眼如盲。長安風月貫今昔，那箇男兒摸壁行。』」

【四】淳熙六年移焦山　據宋淨善重集禪林寶訓卷四：「或庵遷焦山之三載，寔淳熙六年八月四日也。」又宋正受嘉泰普燈録卷二十鎮江府焦山或庵師體禪師：「淳熙己亥八月朔，示微疾。」淳熙己亥即淳熙六年，乃或庵將化之年。逆推三載，或庵「移焦山」之時當在淳熙四年。

元枯木傳

祖元，七閩林氏子。初謁雪峰頂、佛心才，皆已契機。後參妙喜於海上洋嶼庵，風骨清癯，危坐終日，妙喜目爲「元枯木」。以剔燈有悟，妙喜贈之以偈。洋嶼發明大事者十三人，師其一也。居連江福嚴庵，食指猥衆，日不暇給。庵有伽藍土偶甚夥，師揭偈於祠，曉之曰：「小庵小舍小叢林，土地何須八九人？若解輪番來打供，免教碎作一堆塵。」是夕，神致夢於山前檀越，願如所戒。

及出世雁山能仁，示徒偈曰：「雁山枯木實頭禪，不在尖新句語邊。背手忽然摸得着，長鯨吞月浪滔天。」瑩仲温曰：「師在當時朋伍中，最號癡鈍。及其遯迹，神亦遵從。以至應緣，徒尤趨慕。蓋自般若殊勝中來，豈有他哉？」

妙峰善禪師傳

妙峰善禪師，劉氏子。世居彭城，後徙吴興。年十三落髮，其師教以經論，一覽輒了大意，久而棄之。時佛炤唱道鄮山，師往參焉，于風幡話下悟旨。佛炤可以偈曰：「今日與君通一線，斬釘截鐵起吾宗。」自是辯慧泉涌。然不以是自足，入康廬〔一〕妙高峰壁坐十年，身隱而名彰，學者尊之曰「妙峰禪師」。

出世於台之慧因、鴻福、萬年諸刹，退居臯亭劉寺者又十餘年。其徒推迫不已，復領明之瑞巖、蘇之萬壽、常之華藏，次至靈隱。靈隱密邇于闕，輪蹄凑集，師掩户若不聞，一無所將迎。公卿貴人或見之，寒温而已。會天童虚席，時鄭清之秉鈞軸，謂非師莫宜居，因勉師行。師答曰：「老僧年耄矣，尚夜行不休乎？」鄭公高之。

師善於誘掖後進，未嘗厲聲色。然一經指授，無不心融神化，充然有得。相傳師住靈隱時，夜坐方丈，爲四鬼舁出入，此與洞山寶事相類。得道人時或有是，不欲章異以惑修，故諱而不言。中峰所謂當時賴遇妙峰，若王老師又作修行，無力會也。將示寂，澡身趺坐，書偈云：「來也如是，去也如是。來去一如，清風萬里。」遂逝。

【校記】

〔一〕康廬　原作「武康廬」，明郭子章明州阿育王山志卷九、明居頂續傳燈録卷三十五杭州靈隱妙峰善禪師作「康廬」，明吴之鯨武林梵志卷九妙峰善禪師作「匡廬」。「康廬」、「匡廬」異名而同實，均爲廬山别稱。蓋廬山一名匡山，亦稱匡廬，宋人避趙匡胤諱，故改稱康廬。因據删。

妙空智訥禪師傳

智訥，姓夏氏，秀之崇德人。母夢一婦人著黄衣，置一兒盆中，舉而授之，因娠。生而穎秀，甫四歲，事其兄慈相上人道孜。十四得度，器質不凡，追營香火，練習戒律，已如成人。久之悟，歎曰：「吾修無上道，而求之文句中，是刻舟也。」即舍去，學禪於桐川之天寧。一日度礀，有文書出流水中，攬取視之，乃心經也。讀之五蘊皆空，恍然若有契于心者。走姑蘇瑞光，見淨炤信公。公一見喜曰：「宿世沙門也。」未幾，淨炤徙住真州長蘆，會學去來率數百人。師學成行尊，齒其高第，淮人敬愛之，曰：「有如訥公而不坐道場，可乎？」延住天寧禪寺，賜「妙空大師」。儀真當二江三吴舟車之會，檀施大集，鼎新一刹，幾至萬礎。建炎初，住靈隱。慈聖獻皇后車駕臨幸，詔師升坐説法，賜號「佛海」。

明年，金人陷錢塘。師被執，大酋解師縛，置一榻尊事之。比去，飭十騎送還。咸安王韓世忠表請平江靈巖爲功德院，薦先福，命師主之。已去復留，凡五更住持，前後二十餘年。最後被詔住徑山。紹興二十七年，師持鉢詣秀州，華亭縣人朱飛卿者聞師名，具蒲饌，卜日馳書以請。師以十一月二十六日至其家，據坐説法，緇素咸會。有僧出膜拜，問生死根本。師酬對，語未卒，舉拂扣床，一擊而逝。道俗奔赴，空巷相登，贊歎作禮，如佛滅度。其徒具舟載歸山中，則已有治命矣。七日而歛，舉體如生，葬於寺之白雲庵。壽八十，僧臘六十七。

師儀狀奇龐，容止端默，雖行出世間法，而以營塔廟、修齋供、作佛事。金帛之施，歲一出之，橐中無留蓄。在儀真時，州民王氏婦病没，後配孟氏又病。一日，其姑誦經佛室中，聞扣壁聲，問之，曰：「王氏也。我有遺橐簪珥之屬，盡歸孟氏。可斥賣一二，請天寧訥公説法，使我解脱，舍汝家而去，孟氏亦復無恙。」家人即日馳告師。師至，王氏憑附一女子立師側，説法竟，懽踴躍跪謝。後數日，現夢曰：「我已則〔一〕受後身矣。」而孟氏病良已，徐師川〔二〕書其事爲記。

在靈巖時，平江大姓胡氏設大齋，耆宿皆會。前一夕，夢人告曰：「詰朝有騎赤馬、衣黄褐而至者，辟支佛也。」黎明，物色求之，而師裘馬如夢，胡氏舉室迎拜，一坐盡驚。靈岩寺據絶頂，而井飲不給，蓋數百年矣。師擇地庀工，伐石鑿井，出泉清甘，人不病汲，今號「佛海泉」云。儀真天寧僧伽一塔高數百尺，并大輪藏壯麗甲于淮海，皆師所爲。孫尚書覿過而歎曰：「公材智不下澄觀，時方多故，而隱於浮屠中，可惜也。」其後五住靈巖，築一室于方丈西偏。孫登訪，題曰「五至」，留詩而別。暨師没，復銘其塔，致哀慕焉。

【校記】

〔一〕則　宋孫覿鴻慶居士集卷三十二徑山妙空佛海大師塔銘作「别」。

〔二〕徐師川　原無「川」字，宋孫覿鴻慶居士集卷三十二徑山妙空佛海大師塔銘作「徐俯師川」，知爲記者乃宋代詩人徐俯，字師川，因據補。

道謙傳宗元附〔一〕

道謙，建州游氏子。〔二〕家世業儒，幼聰慧，讀書輒成誦。早失恃怙，歎曰：「爲人子者，不及甘旨之養，當從浮屠氏學出世法，以報罔極。」遂落髮謁佛果，無所省發。後隨妙喜，庵居泉南。及喜領徑山，師亦侍行。未幾，令師往長沙通紫巖居士張公書。師自以參禪二十年，無入頭處。更作此行，决定荒廢，意欲無行。友人宗元者叱曰：「不可。在路便參禪不得也？去，吾與汝俱往。」師不得已而行。在路泣，語元曰：「我一生參禪，殊無得力處。今又途路奔波，如何得相應去？」元告之曰：「你但將諸方參得底、悟得底，圓悟、妙喜爲你説得底，都不要理會。途中可替事，我盡替你。只有五件事替你不得，你須自家支當。」師曰：「五件者何事？願聞其要。」元曰：「著衣、喫飯、屙屎、放尿，駝箇死尸路上行。」師於言下領旨，不覺手舞足蹈。元曰：「你此回方可通書，宜前進。吾先歸矣。」師見張公，張公喜甚，書「自信」二字爲贈，師笑而受之。回徑山，妙喜見而喜曰：「建州子，你這回別也。」後還里，住開善，聲光大震。將化，侍者請偈，師笑曰：「萬法本空，三界非有。死生於何處安著？忍爲駭俗態乎？」師行峻而氣和，接物優容，不言自化，亦宗門之傑出者也。

宗元，亦建州人，依妙喜最久。分坐説法，張公帥三山，虚數院迎之。不就，歸里結茆，號「衆妙園」。垂語云：「這一些子，恰如撞著殺人漢相似，你若不殺了他，他便殺了你。」未詳所終。

【校記】

〔一〕宗元附　原無，據正文及體例補。

【箋注】

【一】道謙，建州游氏子　宋正受嘉泰普燈録卷十八建寧府開善密庵道謙禪師：「本郡人。遺其氏。具戒，游東都。」又明如惺大明高僧傳卷六建寧府沙門釋道謙傳：「釋道謙，本郡人。未詳氏族。」且宋悟明聯燈會要卷十七建寧府開善道謙禪師、宋普濟五燈會元卷二十建寧府開善道謙禪師、宋道融叢林盛事、明居頂續傳燈録卷三十二建寧府開善道謙禪師均未言道謙姓氏，此言「游氏」，存疑。

良書記　元庵禪師傳

處良書記，字遂翁，會稽山陰劉氏子。九歲以童子得度，十三歲游諸方，僅勝衣笠，路人爲之驚歎。初爲妙喜侍者，又從卍庵顔公爲書記。英邁玉立，游二師間，皆受記莂。餘事能文詞，善筆札，諸方翕稱「良書記」。然亦以議論皦核，不少假借，不爲諸方所容，顧獨陸陸衆中。

嘗居秀州法喜院，舉香爲卍庵嗣，蕭然數僧，食財半菽。再歲，退廬會稽海上。適太常尤公守臨海，起師領紫橐，復以縣大夫不樂棄去。久之，領崑山薦嚴資福寺，遂以疾逝，淳熙十四年六月戊寅也。遺言藏骨廬山智林寺。寺，卍庵與師所同建也。

元庵真慈者，潼州李氏子。初依成都正法出家，具戒，嗣游講肆，聽圓覺，至「四大各離，今者妄身當在何處？畢竟無體，實同幻化」，因而有省，作頌曰：「一顆明珠，在我這裏。撥著動著，放光動地。」歸以呈其師，其師詰之。師曰：「雖百千萬億公案，不出此頌也。」其師以爲不遜，乃叱去。

因南游，至廬山圓通。時卍庵爲西堂，爲衆入室，舉僧問雲門：「撥塵見佛時如何？」門云：「佛亦是塵。」師隨聲便喝，以手指胸曰：「佛亦是塵。」復頌曰：「撥塵見佛，佛亦是塵。問了答了，直下翻身。勸君更盡一杯酒，西出陽關無故人。」又頌塵塵三昧曰：「鉢裏飯，桶裏水，別寶崑崙坐潭底，一塵塵上走須彌。明眼波斯笑彈指，笑彈指，珊瑚枝上清風起。」卍庵深肯之。

了一傳

了一，號炤堂，奉化徐氏子。方童幼時，遇群兒嬉戲，隅坐傍不語，聞梵唄則躍起，喜動顏色。其父曰：「兒如此〔一〕，當令事佛。」年十四，祝髮大雲寺〔二〕。十六受經數萬言，習窮晝夜不息。已乃歎曰：「如來最上乘，無挾而徑造者也，事糟粕何庸〔三〕？」即入京，從相國寺妙湛慧公游數年，盡其學，爲高第。復下汴絶淮，經吴中浮浙，上天台，入雪峰，偏見諸耆宿。表裏洞然，中無疑者。會妙湛來莅黄檗，師自雪峰至，學成行尊，衆推爲上首。

師姿相奇龐，寡言笑，危坐一榻，淵然如古井水〔四〕。有來叩者，雲涌泉落，愈出而愈無窮。性介特，務自闊遠，不交人事。將詣雪峰，朝議大夫曾恬與師厚善，屬師致書抵福帥大資張公守。師意其爲己，納笥中弗出。久之，石泉虚席。公曰：「黄檗上首故自强。」即日移書遣騎迎師，師謝不願，使者至五反而後受。他日，公過師，師出恬書，且致不即發之意。公喜曰：「韞櫝之珍，深藏而不市。吾與師賓主無媿矣。」居三歲，改莅聖泉。會左丞葉夢得來守福，曰：「黄檗古道場，今世名緇，孰逾一公者？」飭使者具書幣以迎。師至，闔境緇素奔走出迎，懽呼踴躍，聲振山谷。

蓋師自石泉出世，更三大刹，積十五年。演唱真乘，啓悟後學，人人向道，以師〔五〕爲歸。已而後將至，稍通餉謝，易置諸禪。師一夕捨去，歸卧雪峰故廬。泉南守葉庭珪，樂道之士也，延之雲門。再遷法石，庭珪代還。師亦反西湖雪峰庵，即妙湛所栖，閉門終日，人莫見其面，若將終焉。俄被旨住徑山，紹興二十四年也。徑山無一壟之地可耕，而學衆數千指。師入據丈室，檀施大集，不求而辦。山有芝巖方丈遺址，師嘗指其處，謂其徒曰：「吾將築室居焉。」初不省所謂。明年三月，示微疾。退處明月堂，唱箧中衣，供佛飯僧。翼日黎明，索筆書伽陀，趺坐而逝。壽六十四，僧臘五十。即芝巖塔其全身，乃喻築室所云以此。

【校記】

〔一〕兒如此　宋孫覿鴻慶居士集卷三十二徑山照堂一公塔銘作「必法器也」。

〔二〕年十四祝髮大雲寺　宋孫覿鴻慶居士集卷三十二徑山照堂一公塔銘作「生十四年，大雲寺祝髮受具」。

〔三〕事糟粕何庸　宋孫覿鴻慶居士集卷三十二徑山照堂一公塔銘作：「吾所讀者，古人之糟粕而已矣」。

〔四〕古井水　「水」，原作「氷」，據宋孫覿鴻慶居士集卷三十二徑山照堂一公塔銘改。

〔五〕師　宋孫覿鴻慶居士集卷三十二徑山照堂一公塔銘作「佛」。

文爾傳

文爾，福州長溪人，姓李氏。十一辭親出家，十六爲僧，十七受戒，十八裹足游禪會，參月庵果公〔一〕，無所入。忘寢與食，瘡疻徧體，抱膝危坐，每聞五更鐘聲，輒駭汗曰：「又過一日矣。」後因觸物有省，入爲侍者數年。游廬陵，爲衆迫請，住吉水清涼院，徙興國之梵山、寧都之桃林。

紹興二十一年，郡守李子揚初至，嚴峭寡與，獨有契於師，迎住報恩。報恩望刹，棟宇久隳，法席不振。贛民貲少嗇施，師接以誠慤，咸竭其力。堂搆像設，次第一新，叢林成矣。會齊述嬰城叛，緇素宵潰。師曰：「我去，寺必墟。」止不動，閱百二十日。賊欲屢縱火加害，師隨機解免，舍匿士庶千計，皆賴以全。

居十年，引疾求去，遂移慶雲，地僻而用足，異時主者自殖而已。師至，改造三門，規創殿宇，理事兼舉，老而彌篤。一日與門人行西圃，指尋丈曰：「此存以待我〔二〕。」未幾坐亡，實乾道二年冬也。報齡四十六，坐三十一夏〔三〕。門人葬師所示之地。丞相周必大爲石上之文，謂：「師住報恩時，妙喜杲公與無垢張公同時北歸，士大夫日往參請。師初無言說，妙喜獨謂無垢『是人所得，端實不可忽也』。予聞斯語，然後知師故以鈍爲利者。自是益思與之游，而宦牒推移，會合之日殊少。去冬，師有過予意，方報有書，而師没矣。」其爲時賢歆慕如此。

【校記】

〔一〕果公　宋周必大省齋文稿卷四十贛州寧都縣慶雲爾禪師塔銘作「杲公」。

〔二〕此存以待我　宋周必大省齋文稿卷四十贛州寧都縣慶雲爾禪師塔銘作：「此可營塔，待我門人從之。」

〔三〕報齡四十六坐三十一夏　宋周必大省齋文稿卷四十贛州寧都縣慶雲爾禪師塔銘作「報齡六十四，坐四十七夏」，是。

從廓傳 宜意

從廓，福之長溪林氏子。幼穎悟，不妄言笑。群兒强以聚嬉，泊焉如弗聞。喜聞出世法，年十五祝髮受具戒。時閩中多有道之士，悉往從之游。見佛心才，才稱之。又見嬾庵需公，爲侍者。復依大圓璞，璞，妙喜之高弟，門風孤峻。始齟齬，久之豁然有得，服勤數載。大圓撫之，以爲類己，然以未識妙喜爲恨。不憚重趼，見於衡之回雁峰下，深加器重，留三年。告歸，送之以偈，又以書屬璞曰：「廓，佳衲子，可爲成就，使異日爲吾家種草〔一〕。」

紹興丙子，妙喜被旨住育王，復來依焉。妙喜移徑山，璞繼其席。衆踰千數，師爲第一座，制帥〔二〕丞相沈公以廬山請出世。妙喜方名冠天下，無不願出其門以取重。開堂日，乃以瓣香嗣大圓，諸方以此益高之。已而育王虚位，尚書韓公邀妙喜，請舉以自代，而無如師也。禪衲大集，育王爲海内名道場，以祖孫三人世濟宣闡，遂爲叢林美譚〔三〕。

師才具素高，以其暇日興土木之工，皆極其壯麗，增庾入數千斛。施者委金帛，創爲長生局五所，百須皆備。月施金錢，飯僧以萬計。又造金塔以奉舍利，此特其餘事爾。孝宗即位之十五年，詔舍利寶塔詣行在所，師侍行。既至，命入禁中觀堂安奉。上御素膳，焚香瞻禮，親覩殊勝。遂召師對碧琳堂，問：「舍利從何發現？」奏曰：「從陛下聖心發現。」上大悦，親書「妙勝之殿」，賜師「妙智禪師」號。仍度僧五員，頒鈔萬緡，眷賚優渥，前所未有。

日本國王閲師偈語，自言有所發明，至遜國以從道，歲修弟子禮，辭幣甚恭。且送良材建舍利殿，器用精妙，莊嚴無比。丞相史公帥七閩，以鼓山趣其歸，滎陽郡王力挽無行。魏王出鎮，一見風儀，目爲「僧中龍」。又聞其機辯峻發，肅然加敬。師晚以衣囊立庵於烏石山，名以「笑月」，爲終焉計。有偈云：「三峰斂却閑雲，大海冷涵秋月。」庚子季春，拂衣歸庵，杜門不與世接。俄示微恙，説偈而逝。年六十二，臘四十七，葬於庵之寢室。

師家法嚴甚，學衆以師語萃爲巨編，師見而呵之，曰：「汝輩隨語生解，去道益遠。」固不許。没後，乃始得百之一二刊之。弟子百餘人，有宜意者得法最的，住平江開元。方鳴道有聲，而遽即世，吾黨惜之〔四〕。

【校記】

〔一〕種草　宋樓鑰攻媿集卷一百十育王山妙智禪師塔銘作「種子」。

〔二〕制師　原作「制帥」，據宋樓鑰攻媿集卷一百十育王山妙智禪師塔銘改。

〔三〕育王爲海内名道場……遂爲叢林美譚　宋樓鑰攻媿集卷一百十育王山妙智禪師塔銘作：「以祖孫三人世繼坐道場，築堂于丈室之東，名以『三秀』，遂爲空門美談。」

〔四〕方鳴道有聲而遽即世吾黨惜之　宋樓鑰攻媿集卷一百十育王山妙智禪師塔銘作：「方有聲于時，而遽即世，禪家惜之。」

退谷雲傳附石橋宣公

義雲禪師，福州閩清黄氏子。幼入家塾，成童入鄉較，穎異有聲。因讀論語、中庸，有所悟入。後聞山堂淳禪師説法，遂自斷出家，徧游江湖。至吴，見鐵庵一大禪，爲侍者，鐵庵重之。時佛炤倡道靈隱，師往依焉。及佛炤移育王，師從其行。歷十年，爲第一座。佛炤聞其説法，歎曰：「此子提唱，宛如雪堂行和尚，吾鉢袋有所付矣。」遂出住香山。居五年，徙台州光孝。又徙鎮江甘露，會平江虎丘、萬壽皆欲延師，師聞萬壽頗廢，即欣然就之。淮南轉運使虞公儔又以長蘆來招，師與虞公有雅，故又從之。

會育王虚席，朝命師補其處。時佛炤方居東庵，父子日相從，發明臨濟正宗，學者雲集。會有魔事，師即捨衆退居香山，蓋將終焉。而朝命又起師説法淨慈，恩光赫奕，都邑聳動。一日領衆持鉢畿邑，是夕，寺災無遺宇。比師歸，獨三門巋然在瓦礫中。師不動容，曰：「成壞相尋，亦豈有常？今日之壞，安知不爲四衆作福之地哉？」天子聞之，出内庫金以賜。自重臣貴戚以下，傾橐輦金，惟恐居後。未期年，廣殿邃廡，崇閎傑閣，蓋愈于前日矣。於是，上爲親御翰墨，書「慧日閣」三大字賜之。開禧二年五月，示微疾，作偈别衆而寂。壽五十八，臘三十五。住山十九載，徒輩奉全身，塔于寺之東北隅。

石橋宣禪師，蜀嘉定許氏子。參佛炤得法，住徑山。創化城於雙溪之上，接待雲錫。師獲知丞相魯國，一時名士大夫翕然宗仰，幾與退谷並驅爭先，但福緣小遜耳。示寂，塔於化城之後。

笑翁堪公傳

妙堪，號笑翁，慈溪毛氏子。廣顙平頂，骨氣清豪。從野庵道欽受學，以廣記多聞稱，後一力參究。依息庵觀於金山，又走靈隱，見松源，皆不契。時無用居天童，徑造其室。用問曰：「行脚僧？游山僧？」曰：「行脚僧。」用曰：「如何是行脚事？」提坐具便摵。用曰：「此僧敢來這裏捋虎鬚。」俾參堂。一日，用舉狗子無佛性話，纔擬開口，用以竹篦劈口打，應聲呈偈曰：「大塗毒鼓，轟天震地。轉腦回頭，横屍萬里。」用頷之。俾侍香，尋命分座。

出世凡十坐道場，皆海内名刹。三被詔旨，并諸名公卿推挽，不得已而後就也。雖荷禪宗重寄，而不以其道自封。其於佛淺深之説，無不融了；世出世法，無不兼弘。常曰：「於心有取舍，識情未盡見。法有彼此，智眼未明。」天台舊無律宗，居報恩也，與大卿齊公議，合十寺爲大刹，築戒壇，命負毗尼學者，倡開遮持犯之法。風勵新學，台始行南山宗也。

居靈隱，山門逼近屠沽，堪撤其廬，揭關飛來峰外，以限喧寂。曰：「不可使旃陀羅氣薰穢三寶也。」荆湖總臣以國乏用，奏僧道得以出貲買紫衣、師號，俾領住持。聞之，歎曰：「苟如是，則千金之子皆可主法，我道危矣。」因抗疏，且致書秉鈞軸者，其議遂寢。詔徙天童，力辭。東歸翠巖，築室奉先世香火。育王虛席，有旨起師，再辭。不許，乃奉詔。表章大覺，祖述妙喜，秩然有序。未幾，復下天童之命。大參趙公請主淨慈，皆固辭謝之。俄示疾，書遺表，作寺丞張公書。通守永嘉曹公來問疾，從容叙世契。移頃，書偈曰：「業鏡高懸，七十二年。一搥擊碎，大道坦然。」置筆，泊然而逝。

松源嶽傳

崇嶽，號松源，處州龍泉吴氏子。幼不好弄，稍長，慕出世法。二十三棄家，衣掃塔服，受五戒。首造靈石妙公，繼見大慧杲禪師於徑山。久之，大慧陞堂，稱蔣山應庵華公爲人徑捷。師聞之，不待旦而行。既至，入室，未契。退愈自奮勵，中夜自舉狗子無佛性話，豁然有得，以扣應庵。庵舉「世尊有密語，迦葉不覆藏」，師云：「鈍置和尚。」庵厲聲一喝。自是朝夕咨請，庵大喜，以爲法器，説偈勸使祝髮，棟梁吾道。

隆興二年，師始得度於臨安西湖白蓮精舍。自是徧歷江浙諸大老之門，罕當其意。乃浮海入閩，見木庵永公。木庵舉「有句無句，如藤倚樹」，師云：「裂破。」木庵云：「瑯琊道『好一堆爛柴潭』。」〔一〕師云：「矢上加尖。」如是應酬數反。木庵云：「老兄下語，老僧不過。如此，衹是未在〔一〕。他日拂柄在手，爲人不得，驗人不得。」師云：「爲人者，使博地凡夫一超入聖域，固難矣。至於驗人，打向面前過，不待開口，已知渠骨髓。何難之有？」木庵舉手云：「明明向汝道，開口不在舌頭上。後自知。」

逾年見密庵於衢之西山，隨問即答。密庵微笑曰：「黄楊禪爾。」〔三〕師切于明道，至忘寢食。密庵移住蔣山、華藏、徑山，皆從之。一日，密庵入室次，問傍僧：「不是心，不是佛，不是物。」師侍側，豁然大悟。乃云：「今日方知木庵道，開口不在舌頭上。」自是機辯縱横，鋒不可觸。

密庵〔二〕遷靈隱，遂命師爲第一座。旋出世於平江澄照，爲密庵嗣。遷江陰之光孝、無爲之冶父、饒之薦福、平江之虎丘，皆天下名山。惟冶父最寂寞，又以火廢。師一臨之，四方名衲踵至，棟宇亦大興。人謂師能使所居山大。慶元丁巳，被旨住靈隱。居六年，道盛行，得法者衆，法席爲一時冠。而師有棲隱之志，即上章乞罷住持事。上察其誠，許之。退居東庵，俄屬微疾，猶不少廢唱道。忽垂一則語以驗學者，曰：「有力量人，爲甚麽擡脚不起，開口不在舌頭上？」又貽書諸嗣法，囑令傳持大法。因書偈曰：「來無所來，去無所去。瞥轉玄關，佛祖罔措。」跏趺而寂，實嘉泰二年八月四日也。得年七十有一，坐夏四十。徒輩奉全身，塔於北高峰之原。

【校記】

〔一〕老兄下語……祇是未在　宋善開、光睦等録松源崇嶽禪師語録卷下塔銘作：「吾兄下語，老僧不能過。其如未在。」

〔二〕密庵　原作「木菴」，據宋善開、光睦等録松源崇嶽禪師語録卷下塔銘改。

【箋注】

〔一〕瑯琊道「好一堆爛柴蕈」　宋大慧宗杲集正法眼藏：「琅邪覺和尚云：『有句無句，如藤倚樹。樹倒藤枯，好一堆爛柴。』」

〔二〕黄楊禪爾　宋藴聞編大慧普覺禪師語録卷十七：「一日同諸官員在方丈藥石次，我只把箸在手，都忘了喫食。老和尚曰：『這漢參得黄楊木禪，却倒縮去。』我遂説箇譬喻曰：『和尚，這箇道理，恰如狗看著熱油鐺相似：要舐，又舐不得；要捨，又捨不得。』老和尚曰：『爾喻得極好，只這箇便是金剛圈、栗棘蓬。』」

偃溪聞傳

廣聞，閩之侯官林氏子。家世業儒，疎眉秀目，哆口豐頤。從季父智隆於宛陵光孝，十八得度受具，初見鐵牛印、少室睦、無際派，追隨甚久。聞浙翁唱道天童，袖香謁之。初見機，道齟齬。翁移徑山，師踵至。翁笑迎曰：「汝來耶？」一夕坐簷間，聞更三轉，入室曳履而蹶，如夢忽醒。翌朝造翁室，翁舉趙州洗鉢盂話，師將啓吻，翁遽止之。平生疑情，當下冰釋。

紹定戊子，四明制閫胡公以小淨慈致之，歷住香山、萬壽、雪竇、育王、淨慈、靈隱、徑塢八山。所至革弊支傾，廣容徒衆，道化大行。有云：「十字街頭石幢子，無你遮護處。一聲江上侍郎來，無你迴避處。衲僧家早出暮入，脚前脚後，也須仔細。忽然築著磕著，淨慈拄杖，别有分付。」又云：「一升三合，拄杖頭邊。萬水千山，草鞋跟底。未言先領，誰家竈裏無煙？撩起便行，是處井中有水。莫道空來又空去，許多途路不相孤。」洗發精醒，可謂善説法要矣。景定四年，壽七十五而化。師法嗣頗衆，而獨雲峰高、止泓鑑二公能振起師道云。

藏叟珍公傳

善珍，字藏叟，泉之南安吕氏子。年十三落髮，十六游方，至杭受具足戒。謁妙峰善公于靈隱，入室悟旨。後出住里之光孝，升承天，繼遷安吉之思溪圓覺、福之雪峰，復以朝命移四明之育王、臨安之徑山。上堂：「靈雲見桃花悟去，玄沙道：『敢保老兄未徹。』香嚴聞擊竹悟去，仰山道：『祖師禪未會。』禪和十箇五雙，道：『我此一門，全無肯路。』亦〔一〕未知靈雲香嚴在。要知二大老磨？醉我落花天，借他絃歌〔二〕裏。」又據室云：「這裏便是問訊燒香了，來老僧身邊立地〔三〕底所在麽？呆子，你自鈍置猶可，莫來鈍置老僧。」師法語無拘滯，大率類此。

門人貌師真請題，揮云：「叅禪無悟，識字有數。眼三角似燕山愁胡，面百摺如趙婆呷醋。一著高出諸方，敢道飯是米做。」生於紹興甲寅，逝于嘉定丁丑。年八十有三，六住大刹，接納良多。而入室得髓者，唯元叟端公一人而已。端之後法脉繩繩，至我明，尚有振起作師吼者。師之道源遠流長，可知矣。

【校記】

〔一〕亦　原作「示」，據明文琇增集續傳燈録卷二杭州徑山藏叟善珍禪師改。

〔二〕絃歌　明文琇增集續傳燈録卷二杭州徑山藏叟善珍禪師、明宋奎光徑山志卷三藏叟禪師作「絃管」。

〔三〕立地　原作「玄地」，據明居頂續傳燈録卷三十五杭州徑山藏叟禪師、明文琇增集續傳燈録卷二杭州徑山藏叟善珍禪師改。

如珏傳

如珏，字荆叟，婺州人，圓悟五世孫，癡鈍之子。初見癡鈍室中，僧問：「如何是佛？」癡鈍命師下語，師答：「爛冬瓜。」即呈頌曰：「如何是佛爛冬瓜，咬著冰霜透齒牙。根蒂雖然無窖子，一年一度一開花。」癡鈍笑而可之。

後知遇穆陵，端平中有詔自育王陞住徑山，始開堂。乃述銘以諭衆曰：「幻身夢宅，空中〔一〕物色。前際無窮，後際寧克。出此没彼，升沉疲極。未免三輪，何時休息。貪戀世間，因緣〔二〕成質。從生至老，一無所得。根本無明，因兹被惑。光陰可惜，刹那不測。今生空過，來世窒塞。從迷至迷，皆因六賊。六道往還，三界匍匐。早訪明師，親覲高德。決擇身心，去其荆棘。世自浮沉，衆緣豈逼。研窮法理，以悟爲則。心境俱捐，莫記莫憶。六根夷然，行住嘿嘿〔三〕。一心不生，萬法俱息。」結夏，謂衆曰：「我此一宗，正令全提。如暴風卒雨，鼓蕩無前。石火電光，追奔不及。舉意即迷源，擡眸已蹉過。不是目前法，莫生種種心。縱汝三種互修，剋期取證。第一頭〔四〕第三首，萬拄千掙〔五〕，轉見氣急。殊不知髑髏未具，已眼先明，囙地一聲，千了百當。然雖如此，親證者萬無一二，錯會者數有河沙。」

師見地高朗，不多讓古人。然福德因緣，不無少遜。或云師功用比圓悟益弘，或亦未之思耳。

【校記】

〔一〕空中　明宋奎光徑山志卷三佛心荆叟珏禪師作「空平」。

〔二〕因緣　明宋奎光徑山志卷三佛心荆叟珏禪師作「陰緣」。

〔三〕六根夷然行住嘿嘿　明宋奎光徑山志卷三佛心荆叟珏禪師作「六根怡然，行住寂默」。

〔四〕第一頭　明文琇增集續傳燈録卷二杭州徑山荆叟如珏禪師、明通問編續燈存稿卷二杭州徑山荆叟如珏禪師作「第二頭」。

〔五〕千掙　明通問編續燈存稿卷二杭州徑山荆叟如珏禪師、明宋奎光徑山志卷二佛心荆叟珏禪師作「千撑」。

無準範禪師傳

師範，梓潼雍氏子。九歲依陰平山道欽出家，經書過目成誦。紹熙五年冬，登具戒。

明年，成都坐夏，遇老宿名堯者，範請益坐禪之法。堯曰：「禪是何物？坐是何人？」範受其語，晝夜體究。一日如厠，提前話有省。遂出蜀，謁佛炤於育王。炤問：「何處人？」曰：「劍州人。」炤曰：「將得劍來否？」範隨聲便喝。炤笑曰：「這烏頭子亂做。」範嬾剃髮長〔一〕，故佛炤室中嘗以「烏頭子」呼之。

久之，欲觀台鴈，拉石溪月公同往。至瑞巖，時雲巢領住持事，留分座。忽夜夢偉衣冠者持把茅見授。翼日，明州清涼專使至。師受請入院，見所設伽藍神，茅其姓，衣冠與所夢無異云。上堂，遂爲破庵拈香，以示法切得旨深也。嗣遷焦山雪竇，被旨移育王，住徑山最久。雖兩丁火厄，而旋復舊觀，號法席全盛。

理宗嘗召師入慈明殿，陞座説法。上親御垂聽，大悦，賜「佛鑑禪師」號併金襴僧伽黎。淳祐戊申秋，築室明月池上，榜曰「退耕」，乞老於朝，而舊疾適作。三月旦升堂別衆，至十五日，區畫後事，親遺表及遺書十數封，言笑如平時。其徒以遺偈爲請，乃執筆疾書云：「來時空索索，去亦赤條條。更要問端的，天台有石橋。」移頃而逝。

【校記】

〔一〕範嬾剃髮長　明居頂續傳燈録卷三十五杭州徑山無準禪師，宋了南、了垠編無準和尚奏對語録徑山無準禪師行狀作「貧甚，無資薙髮」。

石田薰禪師傳

法薰，號石田，眉公〔一〕彭氏子也。生而慧敏，三四歲時，見僧即喜。年十六，從丹稜石龍山法寶院智明出家。二十二薙髮受具戒，游方至石霜，禮雷遷塔，述偈曰：「一念慈容元不隔，何須特地肆乖張。平高就下婆心切，惱得雷公一夜忙。」薰名因是大著。聞吴門穹窿破庵先禪師道望，遂往依焉，一見知爲法器。室中舉世尊拈華迦葉微笑，薰云：「焦磚打著連底凍，赤眼撞著火柴頭。」破庵陰奇之。每於日用語默故起其疑，薰於是決志依栖，隨時咨詢，與無準範日相激勵。後見松源岳、肯堂充、遯庵演，咸謂其從作家爐韛中來，自不同也。

初住蘇州之高峰，次遷楓橋。鍾山虚席，亦補其處。寶慶初，遷淨慈。端平二年，遷靈隱。淳祐甲辰三月望，示徒云：「但得本，莫愁末，喚甚麼作本？喚甚麼作末？松柏千年青，不入時人意。牡丹一日紅，滿城公子醉。山僧恁麼道，若有不肯底，是我同參。」弟子繪像求贊，有云：「末後一句，分付厨山。」衆訝之。明日，示疾而逝。

【校記】

〔一〕眉公　明居頂續傳燈録卷三十五杭州靈隱法薰禪師、明文琇增集續傳燈録卷三杭州靈隱石田法薰禪師、明通問編續燈存稿卷三杭州靈隱石田法薰禪師作「眉山」，是。

癡絶沖傳

道沖，自號癡絶，武信長江荀氏子。母郭氏，嘗夢經山木瓜樹下，其實纍纍，取而食之。占者謂當産奇士。已而師生，豐上短下，資禀過人。長應進士舉，不利。受釋氏學〔一〕，於梓州妙音院〔二〕落髮，游成都，習經論有聲。紹熙壬子出峽，回旋荊楚間。時松源倡道於饒之薦福，徑造其廬。適歲饑，不受。會曹源生公以雲居首座出世妙果，許師入室俾侍香，老拳痛棒不少貸。至是平生知見，絶無影響，然終以未見松源爲闕然。及松源遷靈隱，師曰：「尚餘窮相一雙手，要向諸方癢處爬。」至杭，松源門庭高峻，八閲月不得入。每囁嚅，欲自言，屢呵斥，不容近。一日有告之松源者，松源曰：「我已八字打開〔三〕，自是他當面蹉過。」師聞此語，口耳俱喪。始知侍曹源時，嘻戲怒駡無非善呵〔四〕方便。既而曹源順寂，遍歷諸老之門，踰二十年。

出世秀州之光孝、金陵之蔣山、福州之鼓山雪峰。嘉熙戊戌，有旨住太白名山，適育王住持未得人，因師之至，又强之兼領。師往來兩山間，四方學者從之如歸。教聞京師，詔下移靈隱，追念密庵、松源舊游。方思所以振起祖風，而魔事出於意料所不及，難以口舌爭，遽動歸老故山之志。伐鼓亟去，雖京兆尹節齋趙公致書力挽，堂帖有虎丘之命异師，虚齋趙公以蔣山起之，俱莫能回其意。

戊申春，育王散席，諸大老落落如晨星，惟師爲叢林尊宿。衆舉于朝，日夜俟師之出，亦固辭乃已。又有欲挽之爲法華開山，懇祈再三不得請，而敕牒住徑山之命繼至。師謂先諾固不可違，君命豈應引避？乃以九月至法華，踰月登雙徑，人神響應，懽聲如雷。

師説法簡直明爽，不落窠臼。嘗云：「盡乾坤大地，無絲毫許大。汝諸人横擔拄杖，繞四天下〔五〕行脚，道我無處不到，無事不知，且道西天那爛陀寺戒賢論師今日説甚麽法？」又云：「有一人一念頓證，墮在佛數。有一人累劫闡提，不願成佛。且道那箇合受人天供養？」良久云：「蝶穿芳徑雙眉濕，蜂掠殘花兩股肥。」詞旨高詣之如此。俄染疾，自冬涉春，形體雖羸，陞堂提唱，精明如平時。忽手書龕記，并遺書十數封，且曰：「無準忌在十八，吾以十五即行，不得辦香修供矣。」侍僧駭其言，亟以遺偈請，師笑曰：「末後一句，無可商量，只要箇人直下承當。」寂然移頃而逝，壽八十二。

師能誠〔六〕無僞，表裏如一，待人恕而立己嚴，應世圓而領衆肅。住山三十年，所至以激揚宗風爲己任，以道法未得其傳爲己憂。平居簡淡沉嘿，若不能言。及坐籌室勘驗衲子，機鋒一觸，猶雷奔電掣，海立江翻，皆茫然莫知湊泊。誓不輕以詞色假人，重誤來學。

晚年無他好，多留意字法，於小楷最得三昧，往往端嚴凝重類其人。僧俗歸敬，求法語偈贊無虚日。雖祁寒盛暑，揮染不倦。士大夫多樂從之游，而尤爲名公鉅卿所推重，以至教名〔七〕宣傳海外。有具書禮，犯鯨波而來問法者，其道德有以服人，一至於此。方在天童、育王時，被旨開堂靈隱。束擔將戒行，而鄰峰疾之者聲言〔八〕欲嗾群不逞，梗於中道，左右聞之奉以告。師曰：「吾平日以誠實接人，將何以加我？」略不爲之動，彼亦終於無所施而止。雙徑、冷泉、太白、雪峰爲海内甲刹，萌欲速之念者挾奥援，矜智巧，歷階而上，力可以通神。師則不然，短褐布衣，終其身不爲勢利所動。故其進不由介紹，其退心常泰然，真法門之梁棟、後學之標準也。

【校記】

〔一〕釋氏學　「學」，原作「舉」，據趙若琚徑山癡絶禪師行狀、明居頂續傳燈録卷三十六徑山癡絶禪師、明文琇增集續傳燈録卷三杭州徑山癡絶道沖禪師改。

〔二〕妙音院　原作「妙應院」，據趙若琚徑山癡絶禪師行狀、明居頂續傳燈録卷三十六徑山癡絶禪師、明文琇增集續傳燈録卷三杭州徑山癡絶道沖禪師、明通問編續燈存稿卷三杭州徑山癡絶道沖禪師改。

〔三〕打開　趙若琚徑山癡絶禪師行狀作「打開挂搭他」。
〔四〕善呵　趙若琚徑山癡絶禪師行狀作「善巧」。
〔五〕四天下　宋智沂、行彌、紹甄編癡絶道沖禪師語録卷上作「四世界」。
〔六〕能誠　趙若琚徑山癡絶禪師行狀作「純誠」。
〔七〕教名　趙若琚徑山癡絶禪師行狀作「聲名」。
〔八〕聲言　原作「教言」，據趙若琚徑山癡絶禪師行狀改。

景蒙傳

景蒙，邵氏，温之平陽人。族姓甚衆，多以儒顯〔一〕。師英達開爽，幼聞鐘梵則喜，年十三，從惠安淨覺大師惟梵著僧伽黎，明習天台教觀，自以名相之學不足了大事。去游國清，又參育王佛智裕公，公問鄉里。對曰：「永嘉。」曰：「還識永嘉大師否？」未及答，批頰而出。至於再，兀然如癡，寢食不安者累月。行道次，忽聞鐘聲而悟。即造室中，公復理前問〔二〕。師曰：「即日伏惟和尚尊體起居萬福。」隨問向上事，師擬對，被逐〔三〕。次日再上，公方發問，師抗聲云：「老漢，今日敗闕也。」一拍而出。公笑曰：「雋哉！」

因省母歸里，龍翔心聞一見深器之，問曰：「言無展事，語不投機。承言者喪，滯句者迷。試向言詮不及處通箇消息。」師以左手畫一圓相，聞以拂子擊左。師又畫以右手，聞擊右。又畫於中，以兩手托呈。聞以拂子當中畫兩畫，師禮拜而立。聞大笑云：「三十年揀苗苗，今日得此烏喙〔四〕。」遂令執侍，盡揭底藴。尋歸鹿園，如在庵賢、雪庵瑾、咦庵鑑、全庵存、筠谷達、還庵淳會下皆一時名流，唯師妙齡傑出。心聞以「谷」名師庵，且爲之銘，蒙侍者之名日高矣。又嘗謁臨安顯寧志公，志門風壁立，學者望崖。獨謂師曰：「先世遺風餘烈若未墜者，尚在汝躬，吾且拭目觀之。」

初住智門，遷瑞巖，皆史魏公浩推轂也。魏公在永嘉時，與心聞爲方外交。罷相里居，夢如平生，旁有僧曰景蒙，貌古神清，談笑久之。覺而叩天童朴曰：「僧名頗異，有斯人否？」朴曰：「是，方爲堂中第一座。」招之，恍如夢所見。與論出世法，了辯如響，問其師則心聞也，大異之。遂爲延譽而住智門，及瑞岩虚席，復以師應命。

師孤高絶俗，弱不勝衣。而嚴冷峻峭，不可挹酌。既坐道場，搥拂所加，龍象蹴踏，長靈之道光焉。智門、瑞巖皆承頽毁之餘，人以爲不可復興矣。師從容規畫，曾不踰時而輪奂一新，壯麗反過其舊。具大材智，尋常不以毫末自見，因事而顯，無不歎服。韜養之深，從可知矣。

【校記】

〔一〕顯　宋樓鑰攻媿集卷一百十瑞巖谷庵禪師塔銘作「自業」。

〔二〕公復理前問 宋樓鑰攻媿集卷一百十瑞巖谷庵禪師塔銘作：「又問：『永嘉大師即今在什麽處？』」

〔三〕師儗對被逐 宋樓鑰攻媿集卷一百十瑞巖谷庵禪師塔銘作「師擬酬應，又復逐去」。

〔四〕三十年揀苗苗今日得此烏喙 宋樓鑰攻媿集卷一百十瑞巖谷庵禪師塔銘作：「三十年揀辨苗裔，今日得此烏喙耶？」

斷橋倫禪師傳

妙倫，天台黄巖徐氏子，母劉，夢月而娠。年十八依永嘉廣慈院落髮，見谷源道於瑞巖，聞麻三斤語發疑，偏叩諸方，機語未契。自謂：「吾口訥耳聵，何能究此？不若務實修行〔一〕。」日以誦經爲業，因閱楞伽于雲居見山堂，至「蚊蟲螻蟻無有言説而能辦事」，頓然有省，曰：「趙州柏樹子話，可煞直捷，然不以語人。」徑走雪竇，見無準範禪師。無準詰之，連下語三十轉，不契。哀懇曰：「可無方便乎？」無範以真淨頌答之，竦然良久。聞板聲，通身汗下。於是始脱焉，無礙矣。

準移育王、雙徑，皆以師從，俾分座。尋出世祇園，遷瑞岩、國清，至淨慈，説法簡直，具格外機，上識者得之，而劣器不能凑泊。有時上堂，舉達觀穎禪師示衆云：「『七佛是性隸，萬法是心奴。且道主人翁在何處？』自喝云：『七佛以下出頭。』又自諾云：『各自祇候。』」云：「唤七佛爲性隸，指萬法是心奴。達觀自謂有出身路，及乎自喝自諾，又是奴隸邊事，主人翁何曾夢見在？大衆要見麽？」拂子一拂，云：「曉來一陣春風動，開遍園林百樣〔二〕花。」舉揚超醒，大略如此。

將終，與衆入室罷，索筆作詩，辭諸山及魏國公，公饋藥不受。又使人問曰：「師生天台，因甚死淨慈？」答曰：「日出東方夜落西。」遂嗒焉而逝。或云：「初參無範，範問：『從何處來？』答曰：『天台。』範曰：『還見石橋麽？』答曰：『我一脚踏斷也。』」〔一〕自是叢林稱師爲「斷橋倫公」云。

【校記】

〔一〕務實修行　明文琇增集續傳燈録卷四杭州淨慈斷橋妙倫禪師作「把本修行」。

〔二〕百樣　原作「一樣」，據明文琇增集續傳燈録卷四杭州淨慈斷橋妙倫禪師、明吴之鯨武林梵志卷九斷橋妙倫禪師改。

【箋注】

〔一〕我一脚踏斷也　明袁應祺纂修萬曆黄巖縣志卷七妙倫：「『被我一脚踏斷了。』師曰：

『恁麽則墮坑落塹。』倫答曰：『碧潭深萬丈，直下取魚歸。』師稱賞之。」

道升傳

道升，建安吴氏子。生有肉如環，在其左乳。及出家，肉環始隱。天資聰慧，十九披削，浩然有游參志。父早世，事母以孝聞。母没，遂至長樂見佛智裕公，入其室，言下頓悟。自是機鋒迅發，人不敢嬰。佛智移靈隱，師爲首座。還里，結庵於大王峰下，名曰「寒巖」。未幾，泉守延以名刹，學者雲集。會行計口法，拂衣而還，作懶散歌以見志。李敦老帥閩，問諸山佛智之嗣傑出者，僉以師對，遂住支提山。鄧成材帥豫章，以師志在山林，自泉之承天延置黄龍。後帥未知師，師欲去，適潭帥張安國以石霜來招，師兩謝之。行次西山，而沈持要自灃遷帥閩，師退院牒，極力挽留，以泐潭處之。寺新被焚，師來，施予輻輳，棟宇焕然，以年高懇還建安。俄史丞相帥福，命師主鼓山。

師持身以法，涖衆精嚴。每見法門下衰，僧雛奔競，爲之憂戚。嘗謂人曰：「叢林荒寒，人物委靡，此事將如馬鞭節漸尖去矣。」凡六住大刹，皆宰官士夫推擁逼迫，不得已應之。而舉揚唱導，修飭頹毁，日新月異，終不以非所志而曠所務。若師者，誠爲以佛法自任者。結夏後一日，忽問侍僧：「今日何日？」曰：「十六日。」又問：「是何日辰？」曰：「辛卯。」即入室坐脱，壽六十九。停三日，神色如生，葬於香爐峰下。

智燈傳

智燈，婺州金華人，號祖印，得法于道吾法真。爲人精敏有德量，道俗擁之。出世年始立也，而匡宗植道之志，隱然尊宿自居。説法三十年，從者如雲。退老等覺寺坐逝，有語録一卷〔一〕，鄒正言浩序之曰：「余頃在中陶，嘗與李濤師淵論天下之名僧。師淵語余曰：『吾所見祖印者，有道者也。蚤以機緣爲世導師，晚乃退居都城之等覺，望其容貌，如秋際木；聽其解説，如夜半潮。始竊以爲未始出吾宗，而終也如一葦大海〔二〕。惕惕環視，莫見畔岸。』後數年，復見師淵于都城。問其所謂祖印者而將訪焉，則曰：『寂滅久矣。』出其所集語録二卷示余，余然後知師淵異時之言尚其可以言者。」

祖印名字不列傳燈，始末不載傳記，幸有正言數行在耳。然則正言知言，蓋繇師淵知己，與祖印生氣千古。噫！古德埋没者多矣。

【校記】

〔一〕有語録一卷　宋鄒浩道鄉集卷二十八燈禪師語録叙及下文所引皆云「出其所集語録二卷示余」，「一卷」或爲「二卷」之誤。

〔二〕一葦大海　宋鄒浩道鄉集卷二十八燈禪師語録叙作「一葦杭大海」。

慧圓上座傳

慧圓上座，開封酸棗于氏子。世業農，出家建福寺。性椎魯，然執勤不懈。得度出游，聞南方禪道甚盛，乃詣江州東林寺。寺衆藐忽之，〔一〕一日問朋輩曰：「如何是禪？」衆戲之曰：「往問能鳴者乃蟬也。」圓不悟其旨，遂面壁深思，至於骨立。後數月，出行殿庭，忽足顛而仆，了然開悟。乃謂一行者曰：「吾不習筆硯，欲作一頌，須汝書之壁間。」行者笑而許之。偈曰：「這一交，這一交，萬兩黄金也合消。頭上笠，腰下包，清風明月杖頭挑。」即日離東林。總禪師見偈，大驚曰：「衲子參究若此，善不可加。」令人迹其所往，竟無知者。

【箋注】

〔一〕寺衆藐忽之　宋普濟五燈會元卷十七慧圓上座：「每以己事請問，朋輩見其貌陋，舉止乖疏，皆戲侮之。」

虚舟度傳

普度，字虚舟，維揚江都史氏子。稍長，雖習世書，絶無處俗意。母識其志，俾依郡之天寧出家。畢將軍與語，大奇之，曰：「此兒短小精悍，音吐如鐘，他日法中向上爪牙也。」攜歸武林，禮東堂院祖信爲受業師。執侍五年，奮志參方。初見鐵牛印於靈隱，已而江東西、湖南北〔一〕悉徧歷焉。時無得〔二〕通唱道饒州薦福，師決志叩請，其遷福嚴華藏，亦與之俱。入室次，通問：「不與萬法爲侶者，是甚麽人？」師曰：「金香爐下鐵崑崙。」通曰：「將謂這矮子有長處，見解只如此。」師曲躬作禮，曰：「謝和尚證明。」若天童晦巖光、大慈石巖璉、虎丘石室迪，皆一見器異，留與法務。淳祐初，制府趙信庵以金陵半山請出世，遷潤之金山、潭之鹿苑、撫之疎山、蘇之承天。景定間，賈太傅奏補中天竺，復請旨陞靈隱。至元丁丑，被命住徑山。

師説法直捷簡要，肩荷法門，老而無倦。嘗云：「萬法是心光，諸緣惟性曉。本無迷悟人，只要今日了。」又云：「既無迷悟人，了箇甚麽？」無人契其機者。〔一〕其住徑山，值火餘，志圖興復。將有緒，俄示恙，索筆大書曰：「八十二年，駕無底船。踏翻歸去，明月一天。」遂寂。

【校記】

〔一〕湖南北　原作「河南北」，據元行端虛舟普度禪師行狀、明文琇增集續傳燈録卷四杭州徑山虛舟普度禪師改。

〔二〕無得　原作「無碍」，據元行端虛舟普度禪師行狀、明文琇增集續傳燈録卷四杭州徑山虛舟普度禪師改。

【箋注】

【一】無人契其機者　明文琇增集續傳燈録卷四杭州徑山虛舟普度禪師：「卓拄杖一下：『千言萬語無人會，又逐流鶯過短墻。』」

天奇禪師傳

天奇瑞公，南昌鍾陵人也。父江堂，母徐氏。師隨父經商穎州〔一〕，年將二十，忽發心至荆門州從無説能和尚出家，令看萬法歸一。後於佛炤處遇道翼首座，苦口提撕，晝夜逼拶。一日，偶聽廊下人相語，翼便打。師曰：「吾不曾瞌睡。」翼曰：「你不曾瞌睡，耳聽那裏？」又二僧裁裙量度，師纔經眼看，翼便打云：「你那眼也不得停住，話頭焉得著實？」自是功夫益切，五年不得棉花上身。二年無裹衣，冬夏一領破衲，襤褸不堪。歷從諸禪老决擇，靜東暉公示大慧患疽因緣。〔二〕次于中竺楚山雪峰處，各有悟入。最後至南京高峰寺，見寶峰瑄和尚。方始瞥地，遂留過冬。未幾告辭，峰授以法衣毛拂，偈曰：「濟山棒喝如輕觸，殺活從兹手眼親。聖解凡情俱坐斷，曇花猶放一枝新。」師出世開堂，得人爲多，有語録曰㷀絶集行世。

㷀絶集開示等語，警切痛快，不失本色鉗搥。頌古則末矣。至聯芳機緣，一人之名綴以一偈，師下一問，人致一答，動成卷帙，高處不出青州萬松格套，下者已入義學常情，自覺無謂。師初行脚時，路逢一僧，謂師貪作偈頌，彼一時也。入籃是菜，詎可兼收？編集者失眼，致掩全璧之光。惜哉！

【校記】

〔一〕潁州　疑爲「穎州」之誤。

【箋注】

〔一〕靜東暉公示大慧患疽因緣　明通問編續燈存稿卷十竟陵荆門天琦本瑞禪師：「一日染

病甚劇，有暉禪者勉師曰：『病中工夫，切不可放過。昔大慧和尚在徑山患背瘡，晝夜叫喚。或問：「和尚，還有不痛底麽？」慧曰：「有。」曰：「作麽生是不痛底？」慧曰：「痛殺人，痛殺人！」』師於言下豁然。」

虚堂愚傳

智愚，字虚堂，四明人。具戒游參，見運庵巖公〔一〕，言下了旨。出世歷住十刹，化道風行。咸淳末，被詔住徑山。室中設三轉語勘驗學人，鮮有覯其機者，曰：「己眼未明底，因甚將虚空作布袴著？」曰：「畫地爲牢，因甚透這箇不過？」曰：「入海算沙底，因甚向鍼鋒頭上翹足？」又云：「虚堂初無門户與人近傍，亦不置之於無何有之鄉。只要諸人如鐵入土，與土俱化，然後可以發越。其如運糞入者，吾末如之何。」

一日，舉松源師臨濟示寂告衆云：「久參兄弟，正路上行者有，只不能用黑豆法。臨濟之道將泯絶無聞，傷哉！」拈云：「鷲峰老大〔二〕，似倚杖騎馬，雖無僵卧之患，未免傍觀者醜。」

師先在淨慈，入院日問答絶，忽天使踵門傳旨，問：「趙州因甚八十行脚？虚堂因甚八十住山？」師即舉趙州行脚到臨濟話，頌曰：「趙州八十方行脚，虚堂八十再住山。別有一機恢佛祖，九重城裏動龍顔。」使以頌回奏，上大悦。特賜米五百石，絹一百縑，開堂安衆。後示寂，塔于直嶺下，曰「天然」。先是，高麗國王請師於彼國説法，八載還山，問法弟子隨侍千指。至我明嘉靖間，高麗尚遣法嗣來此掃塔，云彼國法道甚盛焉。

【校記】

〔一〕巖公　原作「顔公」，明文琇增集續傳燈録卷四杭州徑山虚堂智愚禪師、明淨柱輯五燈會元續略卷三臨安府徑山虚堂智愚禪師均言智愚禪師乃道場巖禪師法嗣，因據改。

〔二〕鷲峰老大　宋妙源編虚堂和尚語録卷八作「鷲峰老子」，明通問編續燈存稿卷四杭州徑山虚堂智愚禪師、清性統編集續燈正統卷二十一杭州府徑山虚堂智愚禪師作「鷲峰老人」。「鷲峰老子」、「鷲峰老人」均指佛祖，「老大」或爲「老人」之訛。

補續高僧傳卷第十二

明吴門華山寺沙門明河撰

習禪篇

金　佛光道悟禪師傳

道悟，俗冦氏〔一〕，陝右蘭州人。生而有齒，年十六求出家。父母不聽，乃不食數日，許之祝髮。後二年，自臨洮歸彎子店宿。夜夢梵僧喚覺，適聞馬嘶，豁然大悟。歸家，喜不自勝。吟唱云：「見也羅，見也羅，徧虚空，只一箇。」告其母曰：「我拾得一物。」其母於囊橐中尋索不見，問是何物。師曰：「我自無始以來不見了底物。」其母不省。

他日欲游諸方，鄉人送者求頌，有「水流須到海，鶴出白雲頭」之句。至熊耳，果遇白雲海公。先是，人問海何不擇法嗣。海亦作頌，有「芝蘭秀發，獨出西秦」之語。比師之至，夜聞空中人言：「來日接郭相公。」黎明，海呼僧行，令持香花，「接我關西弟子，寺乃唐郭子儀建，今渠自來住持也。」既至，一言相契，徑付衣盂。寺前嘗有剽而殺人者，來告急。師呼衆擒之，曰：「即汝是賊。」尋得其巢穴。賊衆請命，師示其要言而釋之，路不拾遺者數十年。人以此益信師前身汾陽王也。

大定二十四年，白雲既没，師開堂出世。初鄭之普照，次三鄉之竹閣庵。時著白衣，跨牛横笛，游於洛川，人莫之測。嘗謂人曰：「道我是凡，向聖位裏去；道我是聖，向凡位裏去；道我不是聖，不是凡，才向毗盧頂上有些行履處。」泰和五年，結夏於臨洮之大勢寺，開圓覺經，升座曰：「此席止講得一半去在。」至五月十二日晚參，翌日早盥漱畢，呼侍者曰：「我病也，尋藥去。」侍者足未及門，師已卧逝。方丈上有五色雲，如寶蓋，中有紅光如日者三。春秋五十有五，僧臘三十有九。

【校記】

〔一〕冠氏 原作「寇氏」，據元釋念常佛祖歷代通載卷二十佛光道悟禪師、明王圻續文獻通考卷二百五十四仙釋考、明文琇增集續傳燈録卷六佛光道悟禪師、明無愠述山庵雜録卷下佛光道悟禪師、明如惺大明高僧傳卷八鄭州普照寺沙門釋道悟傳改。

政言 了奇二師傳

政言，許州長社人，姓王氏。九歲事資福院淨良長老，爲師執役且十年。〔一〕辭良，游教庠。時浩公僧録居南京，講唯識論，言往謁之。決擇性相，造理深至，浩公心醉焉，因命代演，聲稱隆起。講座方倚爲重，遂改趨而縛禪，坐静於嵩山龍潭。又即汝州紫雲峰結茆，未有所入。聞慈照禪師唱道香山，乃往投之。慈照舉金剛云「如來者即諸法如義」，「汝如何會？」因忽有省。曰：「諸緣不壞兮性無滅，雲散長空兮天皎月。」〔三〕慈照可之，言終不自肯。走中都見廣慧，廣慧命掌記室，久之始帖然。

出世住仰天山，遷益都義安院暨鄭州之普照，河南之法雲與夫潭柘〔一〕之龍泉，皆駐化之地。所至法音弘流，霑被如響。其舉揚宗旨，脱落窠臼，如鶻起長空，駿騰平野，奔逸絶塵，難爲覯附。製頌古、拈古各百篇，金剛經、證道歌有注，金臺有録，真心有説，〔三〕皆行於世。且能以游戲餘力崇飾伽藍，具有成績可考，又異乎枯槁寂莫、置事物於度外爲禪者也。老於潁濱之釣臺，以大定乙巳年入寂。

了奇，白霫富庶人，姓潘氏。十六試經得度，業華嚴，窮玄洞奥，歷參知識。後於廣慧言下知。歸盧栢水西溪之上，破納〔二〕蔬食，滅迹絶累十餘年。爲諸貴强主竹林，學徒雲萃，展鉢敷坐，數盈五千。大定十年〔三〕，無病右脇而化，世壽五十一。荼毗，舍利五色者無算，而建塔焉。滹陽中虚翁銘之曰：「師應緣而來，善萬物初未形；緣盡而去〔四〕，了不爲死生縈。游戲如幻，絶去來之妄情。妙無所住，乃師之令行。嗚呼！是爲之銘。」

【校記】

〔一〕與夫潭柘　原作「與天潭柘」，祖敬中都潭柘山龍泉禪寺言禪師塔銘作「既而潭柘」，龍泉位於潭柘山，且無「天潭柘」之名，因據改。

〔二〕破納　廣善中都竹林禪寺第七代奇和尚塔銘作「破衲」，是。

〔三〕大定十年　原作「大定十九年」，據廣善中都竹林禪寺第七代奇和尚塔銘：「十年二月七日，淨髮盥沐易衣，右脇而化，世壽五十一，僧臘三十五。……大定十九年四月中伏日建。」因據改。

〔四〕緣盡而去　廣善中都竹林禪寺第七代奇和尚塔銘作「息念云去」。

【箋注】

【一】爲師執役且十年　祖敬中都潭柘山龍泉禪寺言禪師塔銘：「侍師不去左右十餘年。」

【二】諸緣不壞兮性無滅，雲散長空兮天皎月　祖敬中都潭柘山龍泉禪寺言禪師塔銘：「諸緣不壞，了性無滅。雲散長空，碧天皎月。」

【三】金剛經、證道歌有注，金臺有録，真心有説　祖敬中都潭柘山龍泉禪寺言禪師塔銘：「注禪説金剛、□□□歌，又著金臺録、真心真説、修行十法門。」

清涼相公傳

弘相，號西溪，出沂水王氏。初棄家爲佛子，事祖照上人，以通經得僧服。乃恣讀内外書，凡十年，多所究觀。聞虚明亨公住普照，道價重一時，盡棄所學而學焉。虚明知其不凡，欣然納之。又十年，乃佩其印出世。住鄭州之大覺、嵩山之少林、沂州之普照，最後住清涼。

師勤於按納，有諮决之者，爲之徵詰開示，傾囷倒廩，無復餘地。故雖退居謝事，而學者益親之。爲人款曲周密，而疾惡太甚。人有不合理者，必赤數之，怫然之氣不能自掩。平居教學者曰：「禪道微矣，非專一而静，則决不可入。世間學解，謾費日力耳。」及自爲詩，并言語動作，一切以寓之。至食息頃不能忘。元遺山好問與師同游蘭若峰，道中談避寇時事。師以爲凡出身以對世，能外生死，然後能有所立。生死雖大事，視之要如翻覆手然，則坎止流行，無不可者。此須從静功中來，念念不置，境當自熟耳。時小雪後，路峻而石滑。師已老，力不能自持，足一跌，翻折而墜，同行者失聲而莫能救。直下數十尺，僅礙大樹而止。遺山驚問，〔一〕師神色自若，徐云：「學禪四十年，脚跟乃爲石頭取勘〔二〕。」聞者皆大笑，因共歎「境熟」之言果其日用事而不妄也。年六十四而寂，所著文集三：曰歸樂，曰退休，曰清涼，并語録一卷，傳諸方。

【校記】

〔一〕取勘　金元好問清涼相禪師墓銘作「所勘」。

【箋注】

〔一〕遺山驚問　金元好問清涼相禪師墓銘：「予驚問：『寧有所損否？』」

圓性傳

圓性〔一〕，順州懷柔侯氏子。自王父以上，皆隱晦無悶。父琦，母杜氏，夢異僧授以神珠而娠，迄誕，室有光。童時斷葷血，舉止端肅。九歲請于父母，願爲僧，許之。依都城奉福寺振公爲師。十五受滿分戒，習唯識、起信論。有叩之者，答之如響。義精旨妙，皆出入意表。久之，嘆曰：「是法非思量分别之所能解，果在言乎？」天眷初〔二〕，佛日禪師入汴，師袖香謁之。佛日嘿識其器，而施錐劄。師益自剋鍊，不四旬恍然有入，佛日肯之。

及佛日赴遼陽之請，師侍行，抵惠安，舉爲立僧，指示切要，一衆欽服。後以皇后教旨，住韓州功德院，未幾捨去。渡大河，歷齊魯。時昭禪師居越峰，將造訪之。是夕，昭坐室中，見一大神偉服立於前，白曰：「廣慧大士來也，當除館以待。」詰旦，昭整衆延佇食。時師至矣，衆大駭。昭虛心盡敬，以所見告焉，師笑而已。浮汴而洛，抵關右，所至老師宿學皆爲師下。天德初，被旨主竹林，明年徙惠安。明肅皇后遣中使奉以磨衲衣并金帛諸物，佐開堂之費。久之，竹林舊衆念法乳不已，僉曰：「吾師也，惠安安得擁留？權巧以歸之。」時海陵領留鑰，嚮師道風，賜「廣慧通理」之號洎紫方袍、栴檀寶塔、大士像，竟符越峰神告之語。

大定間，遷潭柘，將大有營建。或以寺久廢，規模宏大，懼難克集，請少損之。師曰：「吾心計已定，第恐不誠爾。」不十年而潭柘落成〔三〕，視舊有加焉。其始工也，鑿山之際，有巨石崩墜，轟聲如雷，衆駭避。師恬弗爲顧，石至師而止，不遠尋尺，若有神禦之者。其在竹林時，竹林實遼長主賜第，制侔宮闕，雖爲梵刹，而臺門尚存。師謂非僧居所宜，亟命撤去，得故甎百萬，爲方丈基甃。仍以其餘即故基爲俗室，而鼎新其門。凡所成務傳永久，盡竭衣盂所不惜。律身持物，凡可以久行益後者，皆著之令典，使傳將來，用志之精專如此。以大定十五年六月化于潭柘。世壽七十二，僧臘五十七。

明河曰：此傳取諸塔石，石文乃金永定節使楊邦基譔，謂「佛果自西蜀來汴，以心印傳佛日，佛日傳廣慧，爲南岳下十七世。」則佛日爲妙喜無疑矣。及後云「師侍佛日赴遼陽」，又云「數從佛日入禁中説法」，考時校處，又似非妙喜，茫然不知佛日爲何人。若果妙喜，何年譜、傳燈不載此事，年譜但云「女直之肆驕，取禪師十數，師爲首選。虜酋壯，師不少屈，由是一衆獲免」，其行得無師實行如楊所云，而後返作譜者爲之諱也耶？抑佛日非妙喜，佛果下别有一佛日耶？楊文定有所據，必有一人當之，大都妙喜始終如青天白日，不容隱諱。筆此以俟高明考訂。

【校記】

〔一〕圓性　清神穆德撰、釋義庵續潭柘山岫雲寺志卷一廣慧通理禪師作「開性」。

〔二〕天眷初　原作「天德初」，然下文又言「天德初」，而清神穆德撰、釋義庵續潭柘山岫雲寺志卷一廣慧通理禪師作「天眷初」，因據改。

〔三〕不十年而潭柘落成　清神穆德撰、釋義庵續潭柘山岫雲寺志卷一廣慧通理禪師作「十有一年工始告止」。

相了傳

相了，義州宋氏子。生有奇瑞，兒時行必直視，坐必跏趺。一日，聞祖父誦賦，至「秦皇漢武，不死何歸」，亟問：「死歸何處？」祖異之，語其父曰：「此子非塵俗中人，可令出家。」遂從師落髮。游講，通華嚴、圓覺等經，機思明敏，闡發精當，頗爲同學宗仰。因讀圓覺，至「修多羅教如標月指」處，忽爾動疑，曰：「經既爲標，月何所在？吾將問之諸方知識也。」乃腰包見清安月公，又訪咸平定公，復走錦州〔一〕謁大明誘公，皆不契。誘公曰：「汝緣不在此，懿州崇福超公，汝師也，必爲子發其奥。」遽謁超公。公一見，處以首職，雖殷衆務，而究研益力，至寢食都廢。一日，因居士請益超公俱胝一指公案。師立座隅，忽問曰：「俱胝一指頭禪受用不盡，未審和尚禪有多少？」公與一喝，師于喝下領旨，身心脱空，如處瑠璃寶月間，快爽不自勝。呈偈云：「窺破浮雲月色寒，偶然〔二〕頓歇髑髏乾。通身光透威音外，普應群機作大緣。」公爲彈指印之。□□未幾，公以老而退，師受命補其處。遷松林，徙惠安，又移潭柘，轉主竹林。

師性恬退，雖屢踞大刹，皆迫于不得已。松林、潭柘，至棄衆而逃。人物色得之，擁而去，師竟不得自主也。居恒自歎古人藏身無迹，已不能如之，爲進道之累。且禀性貞純，慈不忤物，平生未嘗略起嗔恚，縱遇呵毁，而容色不易。所至唯信緣甘分，不務營飾。非理道之要、行之有益于性命身心者，勿自處，亦勿以處人。此皆昭著可言者。如其潛德密行，殆非人所能知之。以泰和三年書偈危坐而化，壽七十，臘六十二。荼毗，有百千蝴蝶自烈燄中飛出，化祥雲五色，現于空界。牙齒不壞，附遺骨而瘞于龍泉古寺。

【校記】

〔一〕錦州　原作「綿州」，據德順了公禪師塔銘、清神穆德撰、釋義庵續潭柘山岫雲寺志卷一相了禪師、民國喻謙編新續高僧傳四集卷十六金燕都潭柘寺沙門釋相了傳改。

〔二〕偶然　清神穆德撰、釋義庵續潭柘山岫雲寺志卷一相了禪師、民國喻謙編新續高僧傳四集卷十六金燕都潭柘寺沙門釋相了傳作「狂心」。

【箋注】

〔一〕公爲彈指印之　德順了公禪師塔銘：「超公印可，曰：『且喜大事了畢。』乃更名相了。」

法贇傳　汴公附〔一〕

法贇，兖州侯氏子。幼事嵫陽明首座爲師。大定間，以誦經通得僧服，從事義理之學。根性穎利，同學者少所及。游參叩詰，洞見深秘，告山明和尚、靈岩才師皆授以印記。尋領衆主告山，闡抉幽微。方世路清夷，禪林軌則未改，師道風藹然，爲諸方所重。移兖州普照，倅路公宣叔潛心内乘，與師爲法喜淘汰之游〔二〕。師登座，宣叔朝服頂禮，法重身尊，哲勝傾下。然師沉嘿自守，不以文字言語驚流俗，爲門户計。住持不務修營，學者繁盛，動則蜂擁，迄無顯受灌頂者，其不輕許與如此。

師有弟子曰汴公者，嗣法于亭虛明。亭亭直上，不爲震風凌雨之所摧偃，當龍興焚蕩〔三〕之餘，破屋數椽，殘僧三四輩，灌園自給，不肯輕旁時貴之門。或贈之詩云：「道大宜高謇，禪枯耐寂寥。蓋頭茅一把，繞腹篾三條。」〔二〕風味可想而見。其孤峻自拔，必有所從來，其自師乎？後汴歸自南，哀叙曰：「汴落髪事師五六年，始避兵而南。師去世已久。師生于正隆初，而殁于興定之末，年過六十。但以喪亂之後，時事凋殘〔五〕，比歸〔四〕，師之行事無從考按。至於卒葬時日，亦不能知者，特汴未南渡時事耳。」元好問據此以銘師塔。

【校記】

〔一〕汴公附　原無，據正文及體例補。

〔二〕游　金元好問告山贇禪師塔銘作「友」。

〔三〕焚蕩　原作「禁蕩」，據金元好問告山贇禪師塔銘改。

〔四〕比歸　金元好問告山贇禪師塔銘作「北歸」。

〔五〕時事凋殘　金元好問告山贇禪師塔銘作「時輩凋喪」。

【箋注】

【一】道大宜高謇，禪枯耐寂寥。蓋頭茅一把，繞腹篾三條　詩見金元好問遺山集卷七贈汴禪師：「大道疑高謇，禪枯耐寂寥。蓋頭茅一把，繞腹篾三條。趙子曾相問，馮公每見招。風波門外客，無事且相饒。」知「或」即元好問。

義廣傳 道海

義廣，汶陽人，生范氏。范氏，故顯族。師自童稚酷好讀釋氏書。年二十竟削染，禮嵩山戒壇院威公爲師，而受具焉。厲志游參西之丹霞，質法于志禪師，眼光一瞬，鍼芥相投。志欲顯然付授，師知之而逃，嘗語人曰：「由定發慧，必用毗尼爲之室宇；去凡即聖，必以三昧爲之軌道。苟學之未博，業之未精，其能至此乎？」故一意精修，不以知見自滿。過方城寶泉山，爲善士所擁，結茆以奉之，曰「古佛堂」。居數年，遂成大叢席，即今之普濟寺是也。

師深入禪定，而以淨土爲行，首戴華嚴、涅槃經，遶佛必五百匝，作禮必五百拜，持佛名日數萬遍。至夜儼然而坐，率以爲常，如此者二十年，老而彌篤。或請爲衆開堂，演無上乘，師笑而不答。尋以老退居白蓮堂，以院事付道海。道海，恬退有至行。參彰德淵公，頗有發明。師以方便致之，使不能辭也。海遂升座，爲四衆説法，遠近傾皈。師喜，以付託得人。大安二年，説三偈坐脱，海盡心後事。葬之日，送者五萬人，哀響震激。

師戒守清潔，人無貴賤老少，一接之以慈。平生行業，所可紀録者甚夥。師道價隆重，梁鄭人宗之若一佛出世。時歸戒壇定省，威公尚無恙。師奉侍克勤，事無巨細，皆親執之，不異爲沙彌時。即此一節，亦人所難能。海之能下師，實師有所感之云。

海雲大士傳

印簡，山西之嵐谷寧遠人，姓宋氏，微子之後。生於金之泰和壬戌年，人品恢偉，童幼神悟。七歲，父授以孝經開宗明義章，乃曰：「開者何宗？明者何義？」父驚異，知非塵勞中人，攜見傳戒〔一〕顔公。顔欲觀其根器，授以草庵歌。至「壞與不壞主元在」，師問曰：「主在何處？」顔曰：「何主？」師曰：「離壞不壞者。」曰：「此客也。」師曰：「主聻。」顔沉吟而已。尋禮中觀沼公爲師，十一預恩納具。有洪彦上座問曰：「子今受大戒了，緣何作小僧？」師曰：「緣僧小，故戒説大也。試問上座：戒老耶？小耶？」曰：「我身則老……」語未終，師大聲曰：「休生分別。」

一日，上座教僧去師背上拍一下，待回首，乃竪指示之。僧如教拍師背，師便竪一指，座大奇之。師年十二，中觀聽師參問，誨之曰：「汝所欲文字語言耳，向去皆止之，唯身心若槁木死灰。今時及盡，功用純熟，悟解真實，大死一場，休有餘氣。到那時節，瞥然自肯，方與吾相見。」師謹受教。一日，扶中觀行，觀曰：「法燈禪師道：『看他家事忙，且道承誰力。』汝作麽生會？」師將中觀手一掣。觀曰：「這野狐精。」師曰：「喏喏。」

師年十三時，成吉思皇帝征伐天下。師在寧遠，於城陷之際，稠人中俾師斂髻。師告曰：「若從國儀，則失僧相也。」遂獲如故。師年十八，元兵〔二〕復取嵐城，四衆逃難解散，師獨侍。中觀曰：「吾年迫桑榆，汝方富有春秋，今此玉石俱焚，奚益？子可以去矣。」師泣曰：「因果無差，死生有命。安可離師求脱免乎？縱或得脱，亦非人子〔三〕之心也。」觀察師誠確，囑師曰：「子向去朔漠，有大因緣，吾與子俱北渡矣。」明日城降，元帥史天澤見師氣宇，問曰：「爾何人？」曰：「我沙門也。」史曰：「食肉否？」曰：「何肉？」史曰：「人肉。」師曰：「人非獸也，虎豹尚不相食，況人乎？」曰：「今日兵刃之下，能無傷乎？」師曰：「必仗其外護者。」史喜甚。又元帥李七哥問曰：「爾既爲僧，禪耶？教耶？」師曰：「禪、教乃僧之羽翼也。如國之用人，必須文武兼濟。」李曰：「然則必也，從何而住？」師曰：「二俱不住。」李曰：「爾何人也？」師曰：「佛師。」復曰：「吾師亦在於此。」二公見師年幼，無所畏懼，應對不凡，即與往見中觀。聞觀教誨切至，乃大喜曰：「有是父，必有是子也。」相與禮觀爲師，與師結金石之契。于是，國王大加恩賜，延居興安香泉院，署中觀「慈雲正覺大禪師」，師「寂照英悟大師」，所需皆官給。

及中觀示寂，師爲乞食看塔。一夜，聞空中有聲召師名。師瞥然有省，乃遷居三峰道院。復聞〔四〕人告曰：「大事將成，行矣，無滯於此。」黎明，杖策之燕，過松鋪，值雨，宿岩下。因擊火大悟，自捫面曰：「今日始知眉横鼻直，信道天下老和上不寐語。」先是，中觀垂寂，師問曰：「某甲當依何人了此大事？」觀曰：「慶八十去。」師既入燕，至大慶壽寺，乃省觀語。徑謁中和老人璋公。中和先一夕夢一異僧，策杖徑趍方丈，踞師子座。次日師至，中和笑曰：「此子乃夜來所夢者。」師問曰：「某甲不來而來，作麽生相見？」中和曰：「參須實參，悟須實悟，莫打野㹳。」師曰：「某甲因擊火迸散，乃知眉横鼻直。」和曰：「我此處别。」師曰：「如何？」和曰：「牙是一口骨，耳是兩片〔五〕皮。」師曰：「將謂别有？」和曰：「錯。」師喝曰：「草賊大敗。」和休去。次日，和復舉臨濟兩堂首座齊下喝因緣，師竪拳一拍，〔一〕當時丈室震動，遂受中和印記。出世屢坐大道場，皆太師、國王及諸重臣之命。師室中嘗以四無依語勘學者，無一當對揚者。一日，廊中〔六〕逢數僧，連問不契，皆被打。〔三〕問最後一僧：「汝那裏去？」僧云：「覓和上去。」師云：「覓他作麼？」僧云：「待痛與〔七〕一頓。」師云：「將甚麼來打？」僧四顧云：「不將棒來。」師連打四下，云：「這掠虛漢。」衆皆走。師召云：「諸上座。」衆回首。師云：「是甚麼？」

丁酉正月，加師「先天鎮國大士」之號。己亥冬，命主大慶壽寺。壬寅，護必烈大王請師赴帳下，問佛法大意。王大悅，從師受菩提心戒。因奏曰：「我釋迦氏之法，於廟堂之論，在王法正論品，理固昭然，非難非易，恐王者不能盡行也。又宜求天下大賢碩儒，問以古今治亂興亡之事，當有所聞也。」王大悅，錫以珠襖金錦無縫大衣，奉以師禮。將別王，王問：「佛法此去，如何受持？」師曰：「信心難生，善根難發。今已發生，務須護持，專一不忘。不見三寶有過，恒念百姓不安。善撫綏，明賞罰。執政無私，任賢納諫。一切時中，嘗〔八〕行方便。皆佛法也。」師既行，有一惡少肆言謗法，王按之，將加法焉。專使白師，師回啓云：「明鏡當臺，妍媸自現。神鋒在掌，賞罰無私。若以正念現前，邪見、外魔殺之可矣。然王者當以仁恕爲心乃可。」王益敬焉。尋奉命統僧，賜白金萬兩，即昊天寺建大會，爲國祈福。

蒙哥皇帝即位，顧遇隆渥。丙辰夏，旭威烈王奉以金柱杖、金縷袈裟，求法語開示。

七月，師會諸耆舊，録所長物見數，令主後事。丁巳夏，説偈畢。師云：「汝等少喧，吾欲偃息。」侍僧急呼主事人至，師吉祥泊然而逝矣，世壽五十六。荼毗，獲舍利無算。護必烈王爲建塔於大慶壽寺之側，謚佛日圓明大師，望臨濟爲十六世。

【校記】

〔一〕傳戒　原作「傳戒」，據元釋念常佛祖歷代通載卷二十一改。

〔二〕元兵　元釋念常佛祖歷代通載卷二十一作「天兵」。

〔三〕人子　元釋念常佛祖歷代通載卷二十一作「仁子」。

〔四〕聞　原作「問」，據元釋念常佛祖歷代通載卷二十一改。

〔五〕兩片　元釋念常佛祖歷代通載卷二十一作「兩邊」。

〔六〕廊中　元釋念常佛祖歷代通載卷二十一作「廊下」。

〔七〕痛與　元釋念常佛祖歷代通載卷二十一作「打與」。

〔八〕嘗　元釋念常佛祖歷代通載卷二十一作「常」。

【箋注】

【一】次日，和復舉臨濟兩堂首座齊下喝因緣，師竪拳一拍　元釋念常佛祖歷代通載卷二十一：「壽舉臨濟兩堂首座齊下喝。僧問濟：『還有賓主也無？』濟曰：『賓主歷然。汝作麽生會？』師曰：『打破秦時鏡，磨尖上古錐。龍飛霄漢外，何勞更下槌。』壽曰：『汝只得其機，不得其用。』師便掀禪牀。壽曰：『路途之樂，終未到家。』師與一掌，曰：『精靈千載野狐魅，看破如今不直錢。』壽打一拂子，曰：『汝只得其用，不得其體。』師進前曰：『青山聳寒色，月照一溪雲。』壽曰：『汝只得其體，不得其智。』師曰：『流水自西東，落花無向背。』壽曰：『汝雖善語言三昧，要且没交涉。』師竪起拳，復拍一拍，當時丈室震動。壽曰：『如是如是。』師拂袖便出。」

【三】一日，廊中逢數僧，連問不契，皆被打　元釋念常佛祖歷代通載卷二十一：「師問第一僧曰：『那裏去？』僧云：『賞花去。』師便打。問第二僧：『那裏去？』云：『禮佛去。』師亦打。問第三僧：『那裏去？』云：『那裏去。』師亦打。問第四僧：『那裏去？』僧無語。師亦打。」

元　正因傳

正因，杭仁和金浦人，姓俞氏。宋嘉定六年生，出胎紫胞瓊質，如蓮華捧足狀，頷下黑子出數毫盈寸。童年能先事而知，凡事不學自解。年十五，爲人已疾禦菑輒驗。從季父守常出家於殊勝寺，精修苦學，脇不至席者三年。每懼局於聞見，擬出游參請。時笑翁堪禪師道價傾動叢林，師往育王禮焉。翁始陽拒之，命坐下板閱月。一夕聞霹靂聲，忽通身汗流，快爽如脱殼。拊掌大笑，曰：「如是如是。」亟入見翁，翁肯之，俾侍左右，因自號曰「霹靂」。初主徽州黄山之祥符，宋秀王諸孫蚤所賞識，治精藍霅水上延之，或又以建康之保寧請，皆不就。尋以父喪歸金浦，迎母入寺中，以孝養終其天年。師受知穆陵最深，賜師號、紫衣。宗藩戚畹，下逮閭巷信善，靡不皈依，以爲真佛子也。

杭既歸元，民生理未定，師爲粥食餓者日以千計。每歲佛懽喜日設無遮會，普資冥福。世祖尋訪江南人物，御史中丞崔某言杭州殊勝寺因長老有異德，聘不能致。詔侍臣强起至京，引見説法，稱旨，退就集賢院，錫賚優厚。越五年，告老還山，宣授「圓明通應禪師」，詔公卿大夫、名師宿德設祖道都門外送之，以榮其歸。

師在京〔一〕時，當丁亥秋潦，饑民視昨逾甚。杭父老盻盻然覬師言還，而未得請。飛書勉其徒，悉出衣鉢之資爲續艱食，賴全活者甚衆。既還山，進諸弟子，語之曰：「吾老矣〔二〕，山門營葺缺如，傾囊側困，非所靳。將鳩工度料，其相與亟圖之。」衆翕樂以聽，各盡其力。不數年，殊勝爲之焕然。未幾示疾，勉弟子以道曰：「吾二十七日去矣。」至期端坐而寂，塔全身於後圃。世壽八十五，僧臘六十一。

【校記】

〔一〕京　元張伯淳養蒙文集卷四杭州殊勝寺圓明通應禪師碑作「集賢」。

〔二〕吾老矣　元張伯淳養蒙文集卷四杭州殊勝寺圓明通應禪師碑上有云：「寺創於唐，始名最勝，宋治平間易今額。自祖師來，派别爲四，甲乙相承院事。」

元叟端禪師傳

行端，字元叟，族臨海何氏，世爲儒家。年十一〔一〕，從叔父茂上人得度於餘杭化城院。氣識淵邃，慨然以道自任。參藏叟老禪師于徑山，得旨。〔一〕次至淨慈，石林鞏公處以記室。大德庚子，出世湖之資福，名聞京國，特旨賜「慧文正辯禪師」。行中書平章張公舉師住中天竺，復遷靈隱。有旨設水陸齋於金山，命師説法。竣事入覲，奏對稱旨，加賜「佛日普炤」之號。南歸即退，廬于良渚之西庵。

至治壬戌，三宗四衆相率白於行宣政院，請師補徑山，仍闔奏請降璽書護持。師至是凡三被金襴之賜，人以爲榮，而師漠如也。主徑山席三十年，足不越閫，道隆德重，諸方仰之。間作詩文，清絶〔三〕古雅。林石田前輩居吴山，閉門無接，于師特敬慕之，嘗贈師以詩，有「能吟天寶句，不廢嶺南禪」之句。石田知師以詩，猶知見重，況知師以道者乎？先虎巖住徑山時，師爲第一座，每聞巖法座上舉云：「度宗爲北兵攻急，命道士設大醮，奏章天庭，問國家重事。既竣事，問故。高公云：『爲定徑山四十八代住持，天門不開，故得報遲也。』」巖舉此謂住持非苟然，至於四十八代住持，尚預定之天庭。師聞，頗心非之。及師繼席，適當其次。至正辛巳，示寂，窆全身於寂炤院，八十八歲也。

【校記】

〔一〕十一　元黄溍金華黄先生文集卷四十一徑山元叟禪師塔銘同，元法林、曇噩、祖銘、梵琦等編元叟行端禪師語録卷八塔銘、明居頂續傳燈録卷三十六杭州徑山元叟禪師作「十二」。

〔二〕清絶　元黄溍金華黄先生文集卷四十一徑山元叟禪師塔銘作「精絶」。

【箋注】

【一】參藏叟老禪師于徑山，得旨　元黄溍金華黄先生文集卷四十一徑山元叟禪師塔銘：「叟問：『汝是甚處人？』師云：『台州。』叟便喝。師展坐具，叟又喝。師收坐具，叟云：『放汝三十棒，參堂去。』師於言下豁然頓悟。一日侍次，叟云：『我泉南無僧。』師云：『和尚聻。』叟便棒。師接住，云：『莫道無僧好。』叟頷之，即延入侍司。是時衆滿萬指，莫有契其機者。」

晦機熙禪師傳

元熙，字晦機，豫章唐氏子。世業儒，西山明覺院明公乃師族叔父，聚宗族子弟，教世典。師與兄元齡俱習進士業。元齡既登第，師遂從明公祝髮焉。將游方，其母私具白金爲裝。師謂財足以喪志，〔一〕善言辭之，不持一錢以行。聞物初觀禪師闡化玉几，往依之。初與語，驚異，留侍左右。久之，謁東叟穎於南屏，命掌記。至元間，總統楊璉真珈奉旨取育王舍利。親詣師，求記述舍利始末。因招以俱，師雅不欲行，善言辭曰：「我有老母，兵後存亡不可知。」遂歸江西，則元齡先以臨江通制從文丞相起兵死，獨母在堂，師奉之，以孝聞。

元貞二年，始出世百丈，居十二載，法席振興〔二〕。至大初，應淨慈請。入寺日，行省官屬俯伏致迎。師發揚宗旨，四方英衲一時輻輳。結制日，爲衆上堂，以手作結布袋勢，云：「南山今日結布袋口了也。汝等諸人各各於中身心安居，平等性智。忽有箇衝開碧落，撞倒須彌底，莫道結子不堅密。」良久云：「縵天網子百千重。」説法脱略窠臼，類如此。居七載，遷徑山。已而杖策歸南屏。百丈大仰之徒聞師退閑，爭來迎致，師辭不獲已，遂返仰山。又三年而終，壽八十二，葬於金雞石下。其弟子在杭者，分爪髮塔于淨慈西隱。

師嗣物初，初嗣北磵，磵則佛炤之子，法脉淵源有自。故師身後之思，在學人爲益深也。

【校記】

〔一〕居十二載法席振興　元虞集晦機熙禪師塔銘：「居十三年，而百丈赫然爲天下禪宗第一。」

【箋注】

〔一〕師謂財足以喪志　元虞集晦機熙禪師塔銘：「其母憐之，私具白金爲裝具。明公曰：『是足喪子之志。』」

水盛禪師傳

水盛，字竺源，自號無住翁，饒之樂平范氏子。十七依羅山院常公〔一〕，常使從儒者學，而師每習禪定，且針指出血，書金剛經。常呵之，師云：「學儒可敵生死耶？」從度走謁月庭忠公於蔣山，端坐一室，以三百六十骨節、八萬四千毫竅及山河大地，咸攝入一念，始覺變易。繼凝定雙瞳，與合爲一，汗從背流，亦不知所楚。後三四日，見色聞聲，漸摇撼不動。遂發願云：〔二〕「吾此生不能作佛，當入無間地獄也。」傍觀者爲之吐舌。

俄過匡廬，止東林，復奮云：〔二〕「今夕必就蒲茵上死爾。」即正襟趺坐，加精進力。夜參半，至極切孤危之際，捐命一躍，不覺如出荆棘之叢，所履之地，忽爾平沉；而秋空素月，連娟獨炤，返觀自身，湛湛澄澄，唯一念不忘耳。洎歸羅山，方全體頓現。偶閲妙喜「明心見性非桑門事」之辭，又復致疑。越五載，會孤舟濟公於蔣山，有所言，不契。〔三〕復往無爲，見無能教公，舉濟言質之。無能云：「爲汝不解故也。」師忽大省，盡脱去玄妙知解，歷觀從前所悟，皆夢中爾。〔四〕無能撫其背而記之云：「爾後當大弘吾宗也。」師辭去，東游四明天童，已而歸，息浮梁。既隱于南巢，巢民柳氏割山地建蘭若以棲師，地當五峰之下，舊有龍潭五所，聞師至，悉乘風雷徙去。天曆己巳，遣官以聘起師，主西湖之妙果。

師弘闡宗旨，震撼四方，學徒一集，至有不遠萬里而來者。時已行役僧之令，師引退，返南巢故隱，而嚮慕者愈衆。宗藩宣讓王累遣使者致師，師以老病固辭。淮西廉訪使斡公玉倫徒〔二〕、監察御史常公道夫尤極趍仰，集賢學士傅公立、月灣先生吴公存與師爲世外交甚篤，月灣至有「晚始聞道」之歎。

師常囑學徒云：「凡剃髮染衣，當洞諸佛心宗，行解相應。以正悟之境，靈靈自炤。歲久月深，具大無畏，如透水月華，萬浪千波，觸之不散，方不被生死陰魔所惑。」此師生平實證實悟者，故亦用是以誨人也。

師制行峻絶，有壁立萬仞之意。廣信祝蕃遠嘗云：「番陽竺源，吴中斷崖，其人類孤峰懸崖，可仰望而不可攀躋。」人稱之爲實録。至正丁亥夏四月，召四衆戒飭之，引紙膝上書偈，端坐而逝。將葬，是夜有光如匹練，自天際下燭，交相通貫。未幾，散布五峰之頂，復合於塔中，彌三夕乃止。巢之居民，凡數十里聚觀，駭異之。世壽七十有三〔三〕，僧臘五十又三。

【校記】

〔一〕常公　原作「嘗公」，據明宋濂妙果禪師塔銘改。下同。

〔二〕斡公玉倫徒　原作「斡公王倫徒」，明宋濂妙果禪師塔銘作「韓公玉倫」，斡玉倫徒見於元史卷一百八十五吕思誠傳，因據改。

〔三〕七十有三　原作「七十有二」，據明宋濂妙果禪師塔銘、明通問編續燈存稿卷六杭州妙果竺源水盛禪師改。

【箋注】

【一】遂發願云　明宋濂妙果禪師塔銘：「師自信法决可證，因取所攜書帙以火焚之，且發願云。」

【二】復奮云　明宋濂妙果禪師塔銘：「聞有僧所見不異雲門，師往即焉。僧以無誠心讓之，師復奮云。」

【三】有所言，不契　明宋濂妙果禪師塔銘：「濟云：『蒙山嘗言，栽松道者不具二緣而生。達摩葬熊耳，後隻履西歸，果神通邪？抑法如是也？』師云：『此形神俱妙而已。』濟云：『不然也。子他日當自知之。』」

【四】歷觀從前所悟，皆夢中爾　明宋濂妙果禪師塔銘：「如通宵一夢，夢時非無，及至覺後，絶無所得矣。」

一溪如公　本源達公傳

自如，閩人也。元兵下江南，師年少爲游兵所掠。至臨安，棄之而去。富民胡氏收養之，令伴其子弟讀書鄉塾。凡遇講書，輒凝神靜聽嘿識，無所遺忘。胡氏目之而喜，因子之。既長，命隸里中無相寺爲僧，參雲峰高公於徑山，得旨。

師戒檢精嚴，法服應器不離體。初住浙江萬壽寺，後有大家黄氏重師道行，常供以伊蒲塞饌。一日請歸其家，進供愈勤。乃開私帑，示所藏金玉爛然，欲師一動其心，師顧而笑。師謂左右曰：「彼黄氏以帑中寶示我，欲誘我死去爲其子耳。殊不知我視此爲糞土，古人墮此轍者何限？非但爲其子，爲其牛馬者有之，我自是其疎黄氏矣。」天曆初，中天竺笑隱訢公〔一〕奉詔開山大龍翔寺，因舉代住中天者三人，御筆點師名，宣政院具疏敦請。

化時靈異極多。

善達，字本源，仙居柴氏子。早年與及庵信公行脚，有高志，眼蓋諸方，謁雪巖于大仰，隨衆無所咨請。後登雙徑，入雲峰之室，久之蒙印可。

師骨氣超然，律身行己，老而彌篤。保寧、淨慈、徑山三刹皆海内大道場，師以次臨之，整叢林，御大衆，皆有成績可紀。丈室蕭然，圓蒲之外，一物烏有。夜則孤燭炷香，安坐至旦，率以爲常。又體所稟與人異，遇嚴寒則衣絺綌，大熱則衣繒絮。以餘資建大圓院於東路半山，爲雲侶食息小憇之地。一日會衆，叙平生行脚事畢，嗒焉長逝。

二師同出雲峰之門，皆有奇骨，真難兄弟也。

【校記】

〔一〕訢公　原作「訴公」，元黄溍金華黄先生文集卷四十二龍翔集慶寺笑隱禪師塔銘：「公諱大訢，自號笑隱。」因據改。

横川珙禪師傳

如珙，字子璞。永嘉林處士娶宗正寺丞康公丕祖之女，舉三子，師其季也，生於宋嘉定壬午。處士以師孩孤，狷潔不肉食，難養於俗。其季父有爲禪沙門者，名正則，年十五，從其祝髮。預戒後即行參訪，初從石田於靈隱。及癡絶至，猶留從之，然終疑礙無入。聞天目禮禪師太白衆盛，往投以疑。目詧其可受，爲舉南山筀笋、東海烏賊，師儗對。目隨掌之，因忽有省，遂留給侍。

國清斷橋明眼，謹肯可，求藏主得師，橋遷淨慈，爲第一座。〔一〕橋嘗言：「第一座有行解，可師表。」宰相乃以師領雁山靈岩禪寺，説法嗣天目。師疾宗唱之濫，古響瘖鬱，於可不可，白黑無所諱。爲提拈贊示，必崖聳標立，務特起以映於古，不少牽避於俗好惡，其辯强自勝若此。然與人語，囁吻促刺，不敢出視之，巽愿人也。其蓄衆慈以誠，不爲銜勒威控之術。或面諍，抗倔不遜，旁聽皆憤。師終無所罰，更拉拭〔二〕，進使之，不以忤己爲銜。人始嫌其不威，久而懷之。舉遷能仁。丙子之亂，乃歸放牧寮，辭病閉卧，不應外。至元二十年，忽有旨，授師育王廣利禪寺。師愕眙，謂非己，疑拒累月乃受。蓋有奏於上者，而不以告，其遷能仁亦然。自公選道廢，位以求得，惟師皆自至，時論榮之。

師既引宗據祖，屏遏今學。年漸歲炙，以取慕信。當教法衰殘，諸老師物故，學者無所往，皆聚於師。故季年聲實喧震，傾撼天下。然師未嘗以望譽怙，挾慢略細，故雖瓦埏木植，虀葅辛醎，碎屑之間，即衆所資仰，必盡其慮力，咸有迹可觀述。凡六年乃退。前退之歲，爲藏穴寺側，曰「此庵」。將没，造曰：「吾旦日行矣。」歸坐，書所以訣衆者而化。年六十八，至元二十六年三月也。

師朴外少飾，中凝不雜，能持坦坦，不變於怒喜怨愛。晚居能仁、育王，道益光。師亦懼於無傳，講誘孜孜，未有厭位却衆嗜閑意。或迫而欲之，則忻然避脱，棄比毛秕，不以進退順逆懷蔕芥。弟子稟遺誡，窆全身于塔。師自預爲塔銘及訣衆語，〔三〕與所説法，有録，高安釋圓至序而行焉。

【校記】

〔一〕拉拭　原作「收拭」，據元釋圓至横川和尚塔記改。

【箋注】

〔二〕橋遷淨慈，爲第一座　元釋圓至横川和尚塔記：「以爲其第二座。咸淳四年，又爲第一座。」

〔三〕師自預爲塔銘及訣衆語　元本光等編横川行珙禪師語録卷下塔銘：「『病叟今年六十六，死日將至。火化好，土化好。』西堂唯庵貫和尚云：『古鄮山中，有片荒地。』因疊石爲塔，爲銘曰：『天生一穴，藏吾枯骨。骨朽成土，土能生物。結箇葫蘆，掛趙州壁。永脱輪迴，超三世佛。』」

竹泉林禪師傳

法林，别號了幻，台寧海黄氏子。依太虚同公出家，看睦州語有省。參元叟於中竺，洞徹底藴。東嶼在淨慈招分半座，談説聳震，有古大老之風。竺原在浮山得師提唱語，稱譽不置，尋美以偈，有「五百衆中居上首，妙解堪作天人師」之句。居蒙堂，不出户者九年。行省脱歡公請主萬壽〔一〕，遷中竺。至元四年，主靈隱，順帝錫以金襴法衣。時寂炤在徑山，父子同時唱道，五山人以爲盛事。大龍翔席虚，行院致幣焉。師固辭，使者往返不已。師避于會稽山中。行院知不可强，仍請領靈隱。無何，退居了幻庵。

至正十五年春，感疾，集諸徒叙平生本末，且誡之曰：「佛法下衰，無甚於今。宜各努力，吾世緣止於斯矣。」書偈曰：「七十二年，虚空打橛〔二〕。末後一句，不説不説。」奄然而化。龕留十日，顔色不變。窆全身於松源塔西。塔前古桂當春吐花，清香滿路，見者歎異。侍講學士黄晉卿目見其事，書塔銘中。

【校記】

〔一〕萬壽　原作「萬素」，據明文琇增集續傳燈録卷四杭州靈隱竹泉法林禪師、明釋大壑南屏淨慈寺志卷五、明通問編續燈存稿卷五杭州靈隱竹泉了幻法林禪師改。

〔二〕打橛　明淨柱輯五燈會元續略卷二杭州靈隱竹泉法林禪師、明文琇增集續傳燈録卷四杭州靈隱竹泉法林禪師、明通問編續燈存稿卷五杭州靈隱竹泉了幻法林禪師、明釋元賢輯繼燈録卷三杭州靈隱竹泉法林禪師作「釘橛」。

一關逵傳

正逵，字一關，番陽方氏子。初參晦機，語已逸格絶塵，機首肯，處以明窗。自是禪講諸老競以書聘，欲令出門下，逵不從。時端元叟説法徑山，人尊之爲「當代妙喜」，乃往從之。纔入門，叟厲聲一喝，若聞雷霆，黏縛盡脱，遽作禮。叟曰：「汝果何所見耶？」問答數轉，皆愜叟意，顧左右曰：「是般若位中人也。」遂録爲子，歸侍司，遷掌記。〔一〕後出世金陵之崇因，帝師廉其賢，授以「佛日普炤」之號。

徑山新志云：「逵見宋濂傳。」〔二〕而宋文集實無有。且帝師贈號，同琦楚石，楚石亦元叟之嗣。大都元叟法嗣滿天下，必有逵無疑。但不知新志據何書也，姑録之，以備考。

【箋注】

【一】自是禪講諸老競以書聘……遷掌記　此段文字見明宋濂故靈隱住持樸隱禪師淨公塔

銘，所叙爲樸隱禪師經歷，徑山新志誤爲正逵生平行事，故明河言「備考」。

【二】逵見宋濂傳　明宋濂集中未見正逵塔銘，其生平詳具明文琇增集續傳燈録卷四杭州中天竺一關正逵禪師：「番陽人，姓方氏。參晦機於淨慈，機問：『甚處人？』師曰：『番陽人。』機曰：『番陽湖水深多少？』師曰：『瞪目不見底。』機曰：『恁麼則浸爛衲僧鼻孔也。』師曰：『終不借和尚鼻孔出氣。』機曰：『畢竟借誰鼻孔出氣。』師曰：『恭惟和尚萬福。』機肯之，命充侍者。逾二年，往依中峰於天目山。久之，徑山原叟命掌記。中天竺笑隱又俾分座。既而出世金陵崇因，帝師授以『佛日普照』之號。遷鳳山資福，陞主報國。至中天竺，示衆曰：『心不是佛，智不是道。一念涉思惟，全身入荒草。所以道，目前無法，意在目前。不是目前法，非耳目之所到。古今天地，古今日月，古今山河，古今人倫，頭頭顯露，物物全彰。不從千聖借，不向萬機求。内外絶承當，古今無處所。恁麼解會，猶是錯認驢鞍橋作阿爺下頷。雖然，既是泗州大聖，因甚在揚州出現？』良久云：『參。』示寂，年五十又七，臘四十又四。」

妙源傳

妙源，越州象山陳氏子。秉具觀方，遇緣而省。見僧流逐物遺道，憂之形于色，乃曰：「不耐塵勞，心曷繇制？願習賤事以調伏之。」寓本州天寧寺。歲大饑，赤足踵化以資衆。其師虛堂愚公，不肯下宰相吴潛。潛怒，繫之獄，辱之，師奉之惟謹。有疑而問，隨問而解，久之廓然。虛堂彈指曰：「源乎，汝今太平矣。」

虛堂住徑山，春秋已老，俾師首衆，學子林立寮下，與之析微闡妙，甚得虛堂心。虛堂曰：「是可不一出爲人乎？」力贊主平江薦嚴，内外事不一廢。舉鼓山國清，辭不就。就泉州水陸院，治若薦嚴，而人益信慕之。愀然曰：「吾寧久于是？」攜錫以歸。知者又議定水，曰：「源公行堅望高，使力請，必不讓。」以素所往來者通意，乃欣然而來，道聲益宏。

或以儒釋異同爲問，師曰：「同。感物而動，漢儒失之，繇是有不同焉。儒以治人爲學，佛以治心爲學。治人治心，其迹有異，而其道未始不同。」[一]人或過于侈，師誡之曰：「禄損則福益，盍慎諸而已？」布衣鐵服，終日尸坐，語徹機迅，奔電絶璺，不可遏制，稍斂戢，則瞬息在几席間。禪人仰之，士人宗之。精於詩，然不肯表襮。舊築在越之雲頂，將終，願解定水以歸。且命毋建塔，毋火化，以任其壞。其徒弗忍，卒瘞之。至元十八年也，世壽七十有五。

【箋注】

【一】治人治心，其迹有異，而其道未始不同　元袁桷清容居士集卷三十一定水源禪師塔銘：

「或問曰：『吾儒性善，與佛所言同否？』曰：『同。感物而動，漢儒失之，由是有不同焉。後廼曰儒釋二教，分别有異，在治人治心。治人在五常，治心在四大。修五常，治人之本；修四大，亂心之本。道微世衰，誠得一人焉；不可得，涕淚交下。』」

鐵山瓊禪師傳

瓊禪師，脱胎便知有佛法。十八辭親事佛，二十二圓頂被佛衣，造石霜學祥庵主。觀鼻端白，身心清淨。俄有僧自雪巖來，道欽禪師風範，即日腰包而往。巖教單提無字，師依而行之。至第四夜，通身汗流，清快不可言。後謁蒙山，山問：「參禪到何地是畢工處？」不能對。屢入室下語，只道欠在。一日見三祖信心銘云「歸根得旨，隨照失宗」，忽有省。舉似山，山云：「又剥一層了也。大都箇事如剥珠相似，愈剥愈明淨。剥一剥，勝他幾生功夫也。雖然，但下語猶只是欠在。」一日定中，忽觸着欠字，身心豁然，徹骨徹髓，如積雪卒然開霽，忍俊不住，跳下禪床，擒住山，云：「我欠少箇甚麽？」山打三掌，師禮拜。山云：「且喜數年一着子，今日方了。」後住南嶽鐵山，爲雪巖燒香，曰：「師不負我，實我負師。」蓋以離師太早，今日方見師用處也。

師以出世爲人非細事，孤峰草庵，磅礴一世，故法道不盛。或云師道行三韓，中峰本公所謂「無端將戒定慧三學偏作〔一〕漫天網子，向萬里鯨濤之東攔空一撒，直得高麗國僧俗二衆沸騰上下，奔趨往還」。無極導公，師剃度弟子，别有傳師之狀，短髪被額，顧聳而頤削，面色如菜。有普説一篇，詞義剴切，真末世光明幢。孤風壁立，不在古人後也。

【校記】

〔一〕偏作　明慈寂等編天目中峰和尚廣録卷八南嶽鐵山瓊禪師作「徧作」，是。

淨日傳

淨日，號東巖。俗居南康之都昌，姓廖氏〔一〕。幼絶葷，蔬果自持。十五祈親，祝髪廬山之香林。〔二〕鮐背長身，圓相傑耀。訪道仰山石霜，遂入浙，叩癡絶。越二夏，不契。登徑山，見無準，準大許之。後謁西巖惠於天童。惠，無準大弟子也，其提示一秉于準，危機敏鋒，迎拒莫覩，風止水息，涣然帖順，遂密契其旨，卒服從之，俾守藏室。後開先無文璨屈爲第一座。璨，亦禪俊出者。繇是譽聞益彰。宋景定中，江東帥汪立信慎許可，推以主圓通，繼領東林。至元壬辰，遷育王。未幾，歸隱雪竇。大德庚子，僉議主天童。

師之行，峻潔以完，語温氣和。衆益得以親，納其徒，俾明徹復性，不侈於言，解其蔓惑。處于世，若無所施爲，遐邇嚮慕，緣福無踵而至，而於天童功最著。久居東林，化俗〔二〕警衆，民爭繪以祝。故其興天童，廬山之民奉貲以助尤夥。生宋嘉定十四年辛巳，終至大元年戊申。年八十有八，臘七十有一。將示寂，戒弟子，書韻語以示，曰：「天爲蓋兮地爲函，吾奚爲乎塔與庵。灰吾骨兮山河〔三〕，言已矣兮勿鑱。」越二日，沐浴端坐而逝。就化，齒根不壞，藏于西巖之清風塢。

【校記】

〔一〕廖氏　原作「寥氏」，據元袁桷清容居士集卷三十一天童日禪師塔銘、清性統編集續燈正統卷二十三寧波府天童東巖淨日禪師改。

〔二〕化俗　原作「他俗」，不辭，據元袁桷清容居士集卷三十一天童日禪師塔銘改。

〔三〕山河　元袁桷清容居士集卷三十一天童日禪師塔銘作「山阿」。

【箋注】

〔一〕祝髮廬山之香林　元袁桷清容居士集卷三十一天童日禪師塔銘：「年十五，告父母願爲浮屠氏。明年，祝髮于廬山香林。」

補續高僧傳卷第十三

明吴郡華山寺沙門明河撰

習禪篇

元　至美傳

至美，石湖其號也，金陵畢氏子。生而穎粹，無經世意，出家崇目院。宋咸淳間得度，登戒品，脱略世故，鋭志參訪。如玉澗瑩、雲峰高、月坡明，爲海内大宗匠，皆預其席，稱上首。日與飽參多士講磨，奮厲於天風寒籟間，期厭初心乃已。最後見無文傳公於淨慈，傳公力行古道，典刑具存，龍象交馳，叢林蔚若。師傾心事之，盡揭源底。

至元丁亥，都總統移文起師主吴之雙塔，瓣香爲無文供，報所自也。未幾，遷嘉禾之三塔寺。時三塔久廢，師訓之暇，篤以興廢補敝、植僵起仆爲懷，鼎建養蒙堂，以處方來名勝。土木繁興，中外輪奂。寺産素瘅，增置腴田五百餘畝，以裕齋鉢，立長生庫，取月息爲衆朔望祝聖焚修、資印贖大藏經文、雕補千佛聖像。寺之闕文，至師大備焉。

築室東偏，扁曰「幻修」，計若將終焉者。既被旨住平江之靈巖，又遷鄱陽之永福、四明之育王。至順辛未，復以杭之淨慈起，所至孳孳以弘道建立爲己任，弗少懈。一日召徒，訓後事，囑「幻修」更爲「四禪」，名實稱者處之。默坐至夜午，泊然而逝。壽七十有四。議者謂「師操履嚴簡，出處端詳，原始要終而無間然」，誠實録也。

祖銘傳

祖銘，字古鼎，奉化應氏子。幼穎悟，不近葷食。稍長，學通百氏書〔一〕，而尤嗜佛典。年十八厭處塵俗，從金峨錫公學出世法。二十五得度，受具戒，出遊諸方。首依竺西坦公，掌記室。復走閩浙，多所參訪，莫有契者。時元叟在靈隱，師往謁焉。一語之下，遂坦然無疑滯。〔二〕久之，臻其閫奧。一時德譽藹著，所與交遊皆雅望之士，去留爲叢林重輕，而師愈謙抑自持，有以輿從爲相迎者，悉謝絶之，唯杖履而已。

順帝元統元年，師五十有四，始自徑山出住昌國之隆教。學者不憚步險，爭願趨往座下。後八年，遷普陀。浙東都元帥完者都公威震海上，而於師至禮甚恭。日本商航數奉國命，盛賫金幣來聘，師每避去。未幾，遷中天竺。至正七年，還主徑山。師在中竺時，有童子仇姓者，從師荷包笠，夜宿蘇之承天寺，見空中有一寶鼎，左右翼衛皆天神，若有所告，曰：「天帝以此鼎還賜徑山。」詰旦，以事質其僧，曰：「此必古鼎師還遷徑山也。」因與之俱來，爲求給役。俄而徑山命下，聞者異之。朝廷以師法席之盛，錫號「慧性文敏宏學普濟禪師」。

十一年，潁豪亂作，師治妙明庵於放生池上，曰：「吾將老於是。」十七年，杭再受兵，師退而庵居。又數月，苗獠焚掠徑山。丞相達識帖木邇延師入雲居庵，暇則詣師問道，請禮彌篤。一日請看經次，師惟默坐。公問：「長老何不看經？」師云：「尋行數墨爲看經耶？」公無語。師翻經云：「老僧看經，看經去也。」公以手覆經云：「請與説破。」師云：「伊尹、周公阿誰做？」公遂領悟。已而示微疾，更衣危坐，致書丞相，囑以外護佛法之意。俄而指語其徒曰：「觀世音金臺至矣，吾平生兼修之功有驗也。」乃大書偈曰：「生死純真，太虚純滿。七十九年，摇籃繩斷。」書已，擲筆而逝。留七日，顔貌如生。行院概郡府官僚設俎奠於道。茶毗，舌根數珠不壞，得五色光舍利無算。建塔於徑山及隆教、普陀、青山。有四會語録暨外集若干卷傳於世。

師意度直率，不爲緣飾，居處物用，清苦淡泊。晨興盥頮，以至浣濯，未嘗役童僕。自幼至耆年，未嘗少休。修淨業，禮觀音像，日必千拜。而於大法洞徹玄微，開示直截，踔厲縱横，應變無窮。雖門庭峻拔，若不可少殺。隨其夙器，慈悲誘掖，成就爲多。至於文學，廼師之世業，里中袁文清公桷、金華胡公長孺、黄公溍、蜀郡虞文靖公集、長沙歐陽公玄咸稱慕之，見諸文字者，舉可徵已。

【校記】

〔一〕稍長學通百氏書　危素古鼎銘禪師塔銘作：「稍長學道，通左氏書。」

【箋注】

〔一〕一語之下，遂坦然無疑滯　危素古鼎銘禪師塔銘：「一日入室，扣以黄龍見慈明機緣，元叟詰之曰：『只如趙州云「臺山婆子被我勘破」，與慈明笑曰「是罵耶」？你且道二老漢爲復肝膽相似，爲復鼻孔不同？』師云：『一對無孔鐵錐。』叟云：『黄龍當下悟去，又且如何？』師云：『也是病眼見空花。』叟云：『不是不是。』師擬進語，叟便喝，自是坦然無疑滯。」

無見覩傳光菩薩附

先覩，字無見，姓葉氏。世爲天台仙居顯族。生於宋咸淳間，資性秀穎，幼絶腥醲。嗜讀書，過目成誦，父母素期以儒業成家。會沙門東洲善公者過而識之，曰：「此法器，宜無滯鄉里。」父母諾之。從古田垕和尚薙染，即事徧參，見藏室珍公於天封、方山寶公於瑞岩西庵，而往來二公間，雖有所契，未臻其極。遂築室華頂峰，精苦自勵。一日作務次，涣然發省，平生凝滯，當下冰釋。乃走西庵呈所解，山以偈印之〔一〕。

辭還華頂，山不能留也。華頂高寒幽僻，人莫能久處，惟師一坐四十年，足未嘗輒越户限。于方丈中搆娑羅軒，開導學者。夢堂噩公序曰：「至元大德間，無見覩禪師以方山寶公之道唱東南，於是天下英俊之儔、高潔之侶、雄豪魁傑之倫，聞其風而神馳，覩其迹而心服，莫不襆肩屩足，忍飢渴、冒寒暑，形骿影屬，以趨座下。禪師則呴之喻之〔二〕，又從而呵怒之；憑之淩之，又從而撫矜之。飛而上，吾矰繳之；走而下，吾網罟之。吾惟其得而已，於弋椓之勤奚恤？金之鍛也器成，木之斲也材就。宜其棄榮華而甘淡泊，黜聰明而返醇樸，靡然而就弟子之列，莫之牴牾也。」以元元統甲戌五月望日遺書謝道侶，説偈跏趺而逝。闍維，白乳如注，舍利凝積成五彩。瘞於寺之西偏，錫號「真覺」，塔曰寂光。門人輩集其法語偈頌等成一卷，金華黄溍爲序，刻而行之。師操行卓絶，邈在霄漢，下視塵凡，故及門皆切實生死之士。

正傳之外，有曰光菩薩者，亦奇人，有回石頭之風。一一遍謁尊宿，於師言下了徹，伴影華頂，不復他之。年七十三，無疾而逝。本匠工，以雕塑至光，人稱「光菩薩」云。

【校記】

〔一〕山以偈印之　原作「山以偈叩之」，曇噩無見覩和尚塔銘作「山以偈印之」，明通問編續燈存稿卷七台州華頂無見先覩禪師作「山説偈印之」，因據改。

〔三〕呴之喻之　曇噩無見覩和尚塔銘作「煦之嫗之」。

【箋注】

【一】有回石頭之風　宋普濟五燈會元卷二十台州釣魚臺石頭自回禪師：「本郡人也，世爲石工，雖不識字，志慕空宗。每求人口授法華，能誦之。棄家投大隨，供掃灑。寺中令取崖石，師手不釋鎚鑿，而誦經不輟口。隨見而語曰：『今日硿磕，明日硿磕。死生到來，作甚折合？』師愕然，釋其器，設禮，願聞究竟法。因隨至方丈，隨令且罷誦經，看趙州勘婆因緣。師念念不去心，久之，因鑿石，石稍堅，盡力一鎚，瞥見火光，忽然省徹。走至方丈，禮拜呈頌曰：『用盡工夫，渾無巴鼻。火光迸散，元在這裏。』隨忻然曰：『子徹也。』復獻趙州勘婆頌曰：『三軍不動旗閃爍，老婆正是魔王脚。趙州無柄鐵掃帚，掃蕩煙塵空索索。』隨可之，遂授以僧服。人以其爲石工，故有『回石頭』之稱也。」

天目斷崖禪師

了義，德清人。俗姓楊，母張氏，宋景定癸亥舉師。六歲始能言，從其母誦法華經，人世事懵無所知。姿貌凝然〔一〕，志若有所待。年十七，有僧遇之〔二〕，舉高峰上堂語，師矍然起立，謂僧曰：「能引我往見之乎？」母具裝遣之，行見高峰於天目獅子巖之死關，以童子給侍左右。乃令提「萬法歸一，一歸何處」，因名之曰「從一」。他日，室中舉牛過窗櫺話，師擬開口，峰隨痛棒之，[二]不覺墮於[三]崖下。同學明通捫蘿接磴以救之，則已出半山，無所苦也。謂通曰：「我機緣不在此，往江西見欽公去也。」通曰：「汝負老漢棒矣。」即與還山之西禪庵，自誓曰：「我七日不證則決去。」端直堅壁，忘廢寢食。夜則攀樹，露立達旦。未及所期，豁然大悟。馳至死關，呼曰：「老和尚，今日謾我不得。」呈頌曰：「大地山河一片雪，太陽一出便無蹤。自此不疑諸佛祖，更無南北與西東。」明日，峰上堂云：「我漫天網子打鳳羅龍，不曾遇得一蝦蠏。今日有蟭螟蟲撞入，三十年後，向孤峰絕頂揚聲大叫去在[四]。」自此呵勵同學，言不少遜，乃曰：「盡大地有一人發真歸源，我皆知之。」峰歎其俊快，久參者媿焉，幾有命如懸絲之慮。遂歸德清，其母爲賣簪珥，同入武康，上柏山，結茅以居。人見其混俗，罔測其意。峰召之還山，峰曰：「大有人道你拖泥帶水。」師曰：「兩眼對兩眼。」峰爲落髮受具，改名了義。

元貞乙未，高峰示寂，師亦韜晦。或游禪林，居下板，孤峭嚴峻，不假借人辭色；或嬉笑怒駡，粗言穢語，人所不堪；或不因勸請，隨機開導，聲如奔雷。自是王公貴人爭相迎奉，布施充斥，視之漠如。以泰定三年歸坐祖山，學士大集，示衆曰：「除却語默動靜，道將一句來。」又曰：「一息不來，向何處安身立命？」答者皆不契。觀師就席之意，勉狥衆望，多非得已也。至順中，仁宗聞師道行，詔命宣政院使賫香入山宣問，敕有司加護。元統二年，賜號「佛慧圓明正覺普度禪師」，璽書未至山而師化矣。前一日召衆云：「汝等克念先宗，弘揚大法。念報佛恩，勿生懈怠。」〔三〕旦起，衆聞空中雷聲隱隱，師已跏趺就逝。世壽七十二，僧臘四十九，藏全身於獅子巖之後。

【校記】

〔一〕凝然　元虞集道園學古録卷四十九斷崖和尚塔銘作「嶷然」。

〔二〕有僧遇之　元虞集道園學古録卷四十九斷崖和尚塔銘作「有禪者過之」。

〔三〕墮於　元虞集道園學古録卷四十九斷崖和尚塔銘作「殞身」。

〔四〕向孤峰絶頂揚聲大叫去在　元虞集道園學古録卷四十九斷崖和尚塔銘作：「『向孤峰絶頂揚聲大叫，且道叫個甚麽？』舉拂子云：『大地山河一片雪。』師便奪峰拂子，爲衆舉揚。」

【箋注】

〔一〕師儗開口，峰隨痛棒之　元虞集道園學古録卷四十九斷崖和尚塔銘作：「師聞之，忽生大疑，參究不倦，一日告峰曰：『上極天宫，下窮水際，盡大地一琉璃瓶。』峰曰：『莫作聖解。』他日過鉢盂塘，見松上雪墜有省，即詣峰，呈頌曰：『不分南北與西東，大地山河一片雪……』聲未絶，峰痛棒之。」

【二】汝等克念先宗，弘揚大法。念報佛恩，勿生懈怠 元虞集道園學古録卷四十九斷崖和尚塔銘：「元統元年歲除日，師忽謂從者曰：『有一件事天來大，你還委悉麽？』良久云：『明日是年朝正月六日，詣法塔西。』指空地曰：『更好立個無縫塔。』其晚與禪者談笑至夜分，乃曰：『老僧明日天臺去也。』禪者曰：『某甲隨師去。』師曰：『你走馬也趕我不及。』翌早跏趺而化。」

中峰普應國師傳

師諱明本，俗姓孫，錢塘人。母娠師時，夢無門開道者寄燈籠其家而生師。師生至性，不好弄，而好歌梵唄，結趺坐。髫髫讀論孟未終卷，母喪輟學。年十五，輒然臂持戒，誓向空寂。久之，閱傳燈録有疑，志在參決，遂登死關見妙公，妙髮長不薙，衣弊不易，孤峭嚴冷，未嘗一啓齒而笑，亦未嘗爲其徒剃落，獨見師即驩然，欲爲祝髮，蓋亦已知爲大器焉。久之，誦金剛經，恍若開解者。師自謂識量疏通〔一〕，於義趣無不融貫。然非性〔二〕也，已薙染，給侍死關。入天目，於東南諸山最高寒，廩粟屋材，微飛輓則莫能至其上。師晝服力役，夜事禪定，十年脇膚不沾席。後於妙言下機旨洞契，妙以其克肖，書偈付之。師益自晦，未嘗以師道自任也。然而玉在山，珠在淵，其光氣自不可掩，況審之以咨決、重之以記莂哉？

至元間，松江瞿霆發〔三〕施田建寺於蓮花峰，號「大覺正等禪寺」。妙將遷化，以寺屬師，師辭。師每謂：「住者必無上大道，其力可以開明人天；夙植福緣，其力可以蔭結徒衆；明智通變，其力可以酬酢事宜。故凡住持，道爲之體，而緣與智爲之用。有其體而缺其用，則化權不周，事儀不備，猶之可也；使無其體而徒倚其用，則雖處衆而衆歸，制事而事宜，亦不足言矣。況三者併缺而冒焉尸之者，其於因果能無懼乎？」當五山缺主席，宰執大臣致書幣屢以爲請，師皆力辭，至於窮厓孤洲、草栖浪宿，屏遁其迹而避之。然四方學者，北殫龍漠，南踰六詔，西連身毒，東極搏桑〔四〕，裹糧躡屩、萬里奔走而輻輳赴師者，殆無虚日。

南詔僧玄鑒，素明教觀，辨博英發，如曰：「吾聞大唐有禪宗，使審是耶，吾將從學；設或未當，吾將易其宗旨，而俾趨教觀。」繇其國來，一聞師言，即悟昔非，洞發源底，方圖歸以倡其道，而没於中吴。鑒之徒畫師像歸國，像出神光燭天，南詔遂宗禪，奉師爲禪宗第一祖。

至治三年春三日，山木稼，其徒之老異之。秋八月甲子，師遂入寂，即山之西岡塔其全身。未逝前一日，遺別其外護并法屬，一一皆師手書。是日白虹貫山。師世壽六十一，僧臘三十七矣。

師所至，四衆傾慕，香茗、金幣拜禮供養，悉成寶坊；而師一衲一簞，未嘗屬目。人念其豐肌暑月腠腐，奉葛衣以衵袢者，師一不以近體，他可知已。雖屢辭名山以自放於山林江海，解縢屩、脱袍笠，在處結茆以居，一皆名曰「幻住」。蒲團禪板，晝作夜參；規程條章，井井森列；儀槼慎嚴，如臨千衆。至於激揚提唱，機用翕熚，嬰之者膽喪，聞之者意消。每謂其教傳佛心宗，單提直指。惡有所謂微妙授受，惡有所謂言語依解哉？故於教法欲救其弊、砭其病，皆以身先之。

師之于物，洪纖高下，緩急後先，拒之不遺，接之不攜。人雖見其發于悲願，而不知其一以誠，而匪事夫空言也〔五〕。當世公卿大夫，如徐君威卿、鄭君鵬南、趙君子昂，一聞師之道，固已知敬；及親炙言容，無不歆慕終其身。江浙丞相脱驩公最號嚴重，讀師之書，斂衽望拜。高麗瀋王以天屬懿親，萬里函香拜禮，起謂左右曰：「某閲人多矣，未有如師福德最勝者。」獲師開示，涕泣感發。師躬己以究其道，豈有毫髮涉世意哉？然而其名不行而彰，其道不言而信，自非行解相應〔六〕，聲寔一致，永久益章而弗昧，亦何以致此哉？

【校記】

〔一〕疏通　元宋本有元普應國師道行碑作「依通」。

〔二〕非性　元宋本有元普應國師道行碑作「非悟」。

〔三〕松江瞿霆發　「發」字原爲墨釘，據元宋本有元普應國師道行碑補。

〔四〕搏桑　原作「搏桑」，元宋本有元普應國師道行碑作「搏桑」，因據改。

〔五〕人雖見其發于悲願而不知其一以誠而匪事夫空言也　元宋本有元普應國師道行碑作：「人徒見其發於悲願真誠，而不知其一一以身教，而匪事夫空言也。」

〔六〕行解相應　「解」，原作「戒」，據元宋本有元普應國師道行碑改。

石屋珙禪師傳

清珙，字石屋，蘇州常熟人。俗姓温，母劉氏，生之夕有異光。及長，依崇福永惟出家。二十祝髮，越三年受具。走天目，見高峰和尚。〔一〕峰問：「汝爲何來？」師曰：「欲求大法。」峰曰：「大法豈易求邪？須然指香可也。」師曰：「某今日親見和尚〔二〕。」峰嘿器之，授以萬法歸一之語。三年罔所得，辭他行。峰曰：「温有瞎驢，淮有及庵，宜往見之。」乃見及庵。庵問：「何來？」曰：「天目。」曰：「有何指示？」師曰：「萬法歸一。」庵曰：「汝作麽生會？」師無語。庵曰：「此是死句。什麽害熱病底教汝與麽？」師拜求指示。庵曰：「有佛處不得住，無佛處急走過，意旨如何？」師答，不契。庵曰：「這箇亦是死句。」師不覺汗下。後入室，庵再理前語詰之。師答：「上馬見路。」庵呵曰：「在此六年，猶作這箇見解。」師發憤去。途中忽舉首見風亭，豁然有省，回語庵曰：「有佛處不得住，也是死句。無佛處急走過，也是死句。某今日會得活句了也。」庵曰：「汝作麽生會？」師曰：「清明時節雨初晴，黄鶯枝上分明語。」庵頷之。久乃辭去，庵送之門，囑曰：「已後與汝同龕。」俄而庵遷湖之道場，師再參，命典藏鑰。庵常與衆言曰：「此子乃法海中透網金鱗也。」一衆刮目。後入霞霧山卓庵，名曰「天湖」。躬自薪蔬，吟咏自得，有終焉之志。〔三〕既而當湖福源虚席致懇，師堅卧不起。或讓之曰：「夫沙門者當以弘法爲重任，閑居獨善，何足言哉？」遂幡然而行。龍象歸之，雲涌濤奔，唯恐或後。未幾，復還天湖。

至正間，朝廷聞師名，降香幣以旌。耆德皇后錫金磨衲衣，人以爲榮，師澹如也。至正壬辰秋七月廿有一日，示微疾。中夜與衆訣，其徒請問後事。索筆書曰：「青山不著臭尸骸，死了何須掘土埋？顧我也無三昧火，光前絶後一堆柴。」擲筆而逝。闍維，舍利五色璨然無數。其徒收靈骨，合及庵舍利塔于天湖之原，示不忘同龕之語。世壽八十有一，僧臘五十有四。

弟子愚太古者，高麗國人。師說偈印可，有「金鱗上直鈎」之句。後歸，王尊之以爲國師。數道師德，王甚渴仰。及師化，表達朝廷，詔謚佛慈慧照禪師。移文江浙，請淨慈平山林公入天湖，取師舍利之半，館伴歸國，建塔供養。師有上堂法語、山居偈頌緝本，盛行于世。

【校記】

〔一〕某今日親見和尚　元至柔等編石屋清珙禪師語録卷下元旭福源石屋珙禪師塔銘下有「大法豈有隱乎」。

【箋注】

〔一〕走天目，見高峰和尚　元至柔等編石屋清珙禪師語録卷下元旭福源石屋珙禪師塔銘：「一日，有僧杖笠過門，師問之。僧曰：『吾今登天目，見高峰和尚。汝可偕行否？』師欣然與之偕行見峰。」

〔三〕躬自薪蔬，吟咏自得，有終焉之志　元至柔等編石屋清珙禪師語録卷下元旭福源石屋珙禪師塔銘：「道洽緇素，户屨駢臻。伏臘所須，不求自至。凡樵蔬之役，皆躬自爲之，有古德之風。禪暇喜作山居吟，傳者頗多。師於此山，有終焉之志。」

文述傳

文述，字無作，明之慈溪人。自幼不御不潔，讀書吾伊入口輒成誦。既長，從師受五經，縱觀子史百家之書。閲佛書，忽心融神會，恍然如素習。即日白父母，願出家度生死。〔一〕落髮于東溪牧公，得戒于大用詛公。參歷至徑山元叟端公，亟稱賞之，以爲有道之器。過淨慈，謁海東嶼，亦見器許，然俱無所解悟。遂杖策入天童，見怪石奇禪師，與語契合。奇欲倚之以大其家，即令入室侍書〔一〕。其後砥平石主是山〔二〕，又掌藏鑰，諸山法侶遂籍籍聞師聲譽，咸願禮迎宣演大法。會鳳躍山等慈法席虚，行宣政院起師主之，俄遷大梅之護聖。二刹皆衰陋，叢林儀範多廢缺。師至，申以約束，人人自律。至其爲衆説法，則脱略窠臼，撥去枝葉，使聽者涣然無疑。名緇奇衲，風靡而至，師之名益聞。帝師錫以「覺智圓明」之號。

歸老於福昌，闢一軒於寺之左，扁曰「舒嘯」。湖海名德若斷江、月江、商隱、夢堂諸公，皆迎致其中修供養。縉紳之賢者亦時時過從，爲方外友，如柳道傳、黄晉卿、危太樸、李季和，尤號知己。年近七旬，益畏煩雜，退居花嶼湖。當白蓮盛開，月色娟好，趺坐一小艇，泛湖水中，清絶如須菩提可畫也。〔二〕

笑語，滚滚不能休。有以爲問者，師曰：「成就後學，不可不肅。客以歡來，故不然也。」〔三〕居恒必蚤起，禮拜誦持，雖祁寒溽暑不懈。臨衆甚嚴，接賓朋則津然喜見眉目，抵山文海郁公以一鉢行四方，每視其去留爲重輕。然獨從師遊湖上，欽重愛戀，久而忘去。蓋閲世愈多，而情之所及者愈淡。乃更求深山密林，浩然長往，使人投笻頓足，以想見其風裁。皇慶二年九月，示疾終。

【校記】

〔一〕侍書　元戴良九靈山房集卷十九覺智圓明述禪師傳作「侍香」。

〔二〕是山　元戴良九靈山房集卷十九覺智圓明述禪師傳作「是寺」。

【箋注】

〔一〕即日白父母，願出家度生死　元戴良九靈山房集卷十九覺智圓明述禪師傳：「人咸異之曰：『此兒材地如此，豈宜處俗？』爲白父母，聽其出家度生死。」

〔三〕當白蓮盛開，月色娟好，趺坐一小艇，泛湖水中，清絶如須菩提可畫也　語出明文琇增集續傳燈録卷五四明保福斷江覺恩禪師：「一日坐次，扶杖而言曰：『老僧嵌空倚杖藜，分明畫出須菩提。』顧侍者曰：『會麽？』曰：『不會。』即擲杖倚蒲團而逝。」

日本夢窗國師傳

智曜，更名疎石，字夢窗，姓源氏，勢州人，宇多天王九世孫。九歲出家，群書一覽輒能記。暨長，繪死屍九變之相。獨坐觀想，慨然有求道志。一夜夢遊中國疎山、石頭二刹，一龐眉僧持達磨像授之，曰：「爾善事之。」寤而歎曰：「洞明吾本心者，其唯禪觀乎？」遂更名疎石。謁無隱範公，又見一山寧公，不甚契。〔一〕後求指決于高峰日公，於言下有省。〔二〕因夕坐久，偶作倚壁勢，身忽仆去，豁然大悟。平生礙膺之物，冰解雪融，心眼爛然如月。佛祖玄機，一時爍破。高峰囑其護持，且出其師無學元公手書一通畀之，以寓相傳付授之意。

師志在烟霞，出世非所願，聘致皆力辭之。甲州之龍山庵、五臺山之吸江庵與夫泊船庵、退耕庵、兜率内苑皆師避隱之所，或慕迫之不已，至逃入海嶼以避之。春秋五十一，國主後醍醐天王强起師主南禪，入見引坐。師言所志求退，王曰：「吾心非有他，欲朝夕問道耳。」及王妃薨，强師再入南禪，請宣説大戒，執弟子禮彌謹，賜「國師」之號。

王即世，太倉天王復從師受戒，願爲弟子。敷宣之際，有二星降於庭，光如白日。兩宫國母請師於仙洞受五戒，廷議重師名德，復强師入天龍，錫師號「正覺心宗普濟」。〔三〕

遺以手書，其略曰：「道振三朝，名飛四海。主天龍席，再轉法輪；秉佛祖權，數摧魔壘。」國中以爲榮。後化于兜率内院，世壽七十七〔一〕，僧臘六十。弟子奉全身塔于院之後，送者黑白二萬餘人，皆哀慟不勝。分存日所翦爪髮，瘞於雲居，髮中累累生舍利云。

師儀觀高朗，慧學淵深。凡所涖止，如見一佛〔二〕出世。香花供養，惟恐或後。故管領源公賴之，嘗與人言曰：「我從先人聽國師劇談佛法，頗達真乘。遂能死生如一，臨事不慴。而先人竟死於忠，吾亦知委身以事君者，皆國師化導之力。」然則師之道非特究明心學，實足增其世教之重。且其抗志高明，視榮名利養澹若無物，唯欲棲身林泉。雖屢典大刹，皆迫於王命而起。世稱大善知識，非師孰能當之？

宋文憲曰：「宋南渡後，傳達磨氏之宗于日本者，自千光禪師榮西始，厥後無學元公以佛鑑範公之子附海舶東游，大振厥宗。高峰纂而承之，師爲高峰之遺胤。」

【校記】

〔一〕世壽七十七　原作「世壽七十九」，明宋濂日本夢窗正宗普濟國師碑銘：「九月朔，召門弟子曰：『吾世壽七十又七，僧臘亦六十矣。旦夕將西歸，凡有所疑可頻叩焉。』……越七日，示以微疾。……至二十九日，遺誡授門人，作偈別大將軍源公，囑令外護，復書辭世頌一首。三十日，鳴鼓集衆告別，翛然而逝。」又明幻輪編釋鑑稽古略續集卷二夢窗禪師：「是年九月三十日逝，世壽七十七，臘六十。」因據改。

〔二〕一佛　明宋濂日本夢窗正宗普濟國師碑銘作「七佛」。

【箋注】

【一】謁無隱範公，又見一山寧公，不甚契　明宋濂日本夢窗正宗普濟國師碑銘：「謁無隱範公於建仁寺，繼至相州巨福山，山之名院曰建長，緇錫之所萃止，時一山寧公主之。一山見師，甚相器重，令爲侍者，朝夕便於咨決。俄出游奥州，聞有講天台止觀者，師往聽之，且曰：『斯亦何礙實相乎？』自是融攝諸部，昭揭一乘之旨，辨才無礙。然終以心地未明，倀倀然若無所歸。洊修懺摩法，期至七日，感神人見空中，益加振拔。時一山自建長遷主圓覺寺，師復蓬累而往，備陳求法之故，至於涕泣。一山曰：『我宗無語言，亦無一法與人。』師曰：『願和尚慈悲，方便開示。』一山曰：『本來廓然清淨，雖慈悲，方便亦無。』如是者三返，師疑悶不聊。結跏澄坐，視夜如晝，目絶不交睫。」

【二】後求指決于高峰日公，於言下有省　明宋濂日本夢窗正宗普濟國師碑銘：「久之，往萬壽禪寺見佛國高峰日公，扣請如前。高峰曰：『一山云何？』師述其問答語甚悉。高峰厲喝曰：『汝何不云和尚漏逗不少？』師於言下有省。」

【三】復强師入天龍，錫師號「正覺心宗普濟」　明宋濂日本夢窗正宗普濟國師碑銘：「貞和元年，王復帥群臣來聽法。敷宣之際，有二星降於庭，光如白日，賜以金襴紫衣。二年春，令弟子志玄補其處，退歸雲居庵。冬，召師入宮，加以『正覺』之號。觀應元年春，兩宮國母請師於仙洞受五戒。二年春，師謂左右曰：『天龍宮室幸皆就緒，唯僧堂猶闕，當力爲之。』堂成，可容七百人。廷議重師名德，復强師入天龍。師百丈清規，聲振朝野，王遣使復加『心宗普濟』之號。」

松隱茂師傳

松隱茂禪師，字實庵，明奉化鄭氏子。自幼喜趺坐，十六依傳法寺希顔出家，使司米鹽細務。師歎曰：「離家爲求道，苟羈絏于此，何異狗苟蠅營者耶？」乃潛行大江之西，見南澗泉公。師晝夜繫念，無須臾間斷。一夕，松月下炤，起步簷隙間，聞泉聲有觸，遽往白之泉公。泉公曰：「此間尋常施設，不足發子大機大用，盍往見古林茂公乎？」「二」師即擔簦啓行。既至，古林問曰：「爾來欲何爲？」師曰：「正爲生死事大，特來求出離爾。」林曰：「子明知四大五蘊是生死本根，何緣入此革囊耶？」師擬議欲答，林以杖擊之，師豁然有所悟入。自是機辯峻絶，縱横自如。林深器之，命居第一座。

至正壬午，宣政院命長瑞雲之清涼，學徒奔凑，機鋒相加，如兔走鶻落，瞬目輒失。有沙門至，問對未竟，以手拍地而笑。師曰：「滯貨何煩拈出耶？」沙門噓一聲，師厲聲喝之。沙門有省而去。住清涼十五年，時〔一〕退隱東堂，影不出山，凝塵滿席。元明良公，師法姪也，迎歸天童之此軒。一日示微疾，左右請書偈，師舉手指心曰：「我此中廓然，何偈之爲？」端坐憑几，握右手爲拳，以額枕之而逝。世壽八十五，臘七十。引龕行荼毗法，火方舉，忽有物飄洒晴空中，似雪非雪，霏微繽紛〔二〕，盤旋烈燄之上，至火滅乃已，蓋天華云。火後舍利如珠璣者頗衆。

宋文憲序曰：「濂聞方策所載，靈僧示滅，多有天華之祥，或者謂大乘境界去來無迹，奚以神異爲事？殊不知末習澆漓，人懷厭怠，苟無以聳動瞻視，何以表真悟而啓正信哉？示現微權，固與諸法實相同一揆，有如師者，其事蓋無讓於古云。」

【校記】

〔一〕時　明宋濂佛光普照大師塔銘作「始」，是。

〔二〕似雪非雪霏微繽紛　明宋濂佛光普照大師塔銘作：「似雪非雪，如雨非雨。視之非無，摶之非有。霏微繽紛，離地即隱。」

【箋注】

〔一〕盍往見古林茂公乎　明宋濂佛光普照大師塔銘：「古林茂禪師乃横川嫡嗣，見道最真，今住饒之永福，子當往依之。」

竺遠源公傳

正源，字竺遠，姓歐陽，南康人也。生之夕，梵僧見夢於其母。具戒後，參虛谷陵公，公以「龍潭滅紙炬」語問之，師對以「焦石可破層冰」。公曰：「破後奚爲？」應之曰：「探索乃知。」公詰曰：「所知者何事？」方思對其語，公遽舉杖擊之。師悚然默喻，由是智開識融，外内無礙，而人歸之矣。

出世凡五主巨刹，皆方鎮大臣遣使者所邀致。位尊而不以爲榮，德盛而守之以謙。居道場，增室廬之未備；主徑山，掩亂兵之遺骼。在靈隱，樓閣皆爲煨燼，惟師所居獨存，類有神以相之者。以元至正二十一年六月示寂，壽七十又二〔一〕，塔全身于徑山。弟子分瘞爪髮于道場，舍利叢然乎其間。

【校記】

〔一〕七十又二　原作「七十又三」，然據明宋濂徑山興聖萬壽禪寺住持竺遠源公塔銘：「年二十七受具戒，越四十五載，當元至正二十一年六月廿六日，壽七十又二而逝。」又明幻輪編釋鑑稽古略續集卷一：「竺遠禪師，諱正源，字竺遠。……是年六月二十六日歿，壽七十二，臘四十五。」明通問編續燈存稿卷七杭州徑山竺遠正源禪師：「世壽七十二，僧臘四十五。」因據改。

桐江大公傳

紹大，吴氏子。世居嚴之桐江，故因以爲號。師神觀孤潔，不樂處塵壒中。一觸世氛，唯恐有以涴之。具戒後上雙徑，謁大辨陵公。公道價傾東南，見師甚喜，授以心印。師退，自討曰：「如來大法〔一〕，其止如斯而已乎？」遽辭去。遍歷叢席，諸尊宿告之者，不異徑山時。慨然曰：「吾今而後知法之無異味也。」乃歸見公，公俾給侍左右。師益加奮勵，脇不沾席者數載，朝叩夕咨，所以悟疑辨惑者，無一髪遺憾，遂得自在無畏。

尋以心法既明，而世出世智不可不竟。每夜敷席於地，映像前長明燈讀之。一大藏全文〔二〕，閲之至三過，皆通其旨趣。師之志猶未已，儒家言及老氏諸書，亦擇取而嚅嚌〔三〕之。自是内外之學，兩無所媿矣。

出世凡三坐道場，學子翕集座下，甚至無席受之。能正容悟物，人見之意消。有求文句者，操筆立書，貫穿經論，而以第一義爲歸。間遊戲翰墨，發爲聲詩，沖和簡遠，有唐人遺風。至於有所建造，甃石運甓，躬任其勞，以爲衆倡。手未嘗捉金帛，悉屬之知因果者。或尤之，則曰：「吾知主法而已。」嘗患滯下疾，拭淨不忍用厠紙，摘菽葉充之。生平不畜長物，所服布袍，或十餘年不易。報身七十有四而化。維那發遺篋，欲行唱衣故事，唯紙衾一具而已，大笑而去。其刻苦蓋人之所不能堪，非見解正、力量弘，豈易致是哉？

【校記】

〔一〕如來大法　明宋濂元故寶林禪師桐江大公行業碑銘下有「天地所不能覆載」。

〔二〕一大藏全文　明宋濂元故寶林禪師桐江大公行業碑銘作「一大藏教凡六千二百二十九卷」。

〔三〕噣嚌　明宋濂元故寶林禪師桐江大公行業碑銘作「擩嚌」，是。

千巖長禪師傳

元長，字無明，一號千巖，越之蕭山董氏子。七歲，經書過目成誦，出入蹈矩循彠，有若成人。年既長，從授經師學法華經，指義而問，師弗能答。〔一〕受具戒於靈芝寺。會行丞相府飯僧，師隨衆入。中峰本公在座，見師即呼問曰：「汝日用何如？」對曰：「唯念佛爾。」公曰：「佛今何在？」師方擬議，公厲聲喝之。師遂作禮，求指示，公以「無」字授之。〔三〕遂縛禪于靈隱山中，後又隨順世緣，將十載矣。一旦喟然歎曰：「生平志氣充塞乾坤，乃今作甕中醯雞耶？」即復入靈隱山危坐，脇不沾席者三年。因往望亭，聞雀聲有省。亟見本公，公復斥之。師憤然來歸，夜將寂，忽鼠翻食猫之器，墮地有聲。遂大悟，如蟬蜕污濁之中，浮遊玄間，上天下地，一時清朗。被衣待旦，復往質於公。公問曰：「趙州何故云無？」對曰：「鼠餐猫飯。」公曰：「未也。」對曰：「飯器破矣。」公曰：「破後云何？」對曰：「築碎方甓。」公乃微笑，祝令護持，時節若至，其理自彰。

師既受付囑，乃隱天龍之東庵，耽悦禪味，不與外緣。有二蛇，日來環遶座下，師爲説皈戒。蛇矯首低昂，作拜勢而去。自是聲光日顯。笑隱方主中竺，力薦起之。丞相脱歡亦遣使迫師出世，皆不聽。無何，諸山爭相勸請，師度不爲時所容，杖錫踰濤江而東，至烏傷之伏龍山，誓曰：「山若有水，吾將止焉。」俄山泉溢出，作白乳色，師遂依大樹以居。實泰定丁卯冬十月也。久之，鄉民翕然宗之。邑大姓二樓君爲之創，因舊號建大伽藍，重樓傑閣，端門廣術，輝映林谷。内而齊、魯、燕、趙、秦、隴、閩、蜀，外而日本、三韓、八番、羅甸、交趾、琉球，莫不奔走膜拜，咨决心學。至有求道之切，斷臂師前，以見志者。朝廷三遣重臣，降名香以寵嘉之。江淮雄藩，若宣讓王，則下令加護其教；若鎮南王，則親書寺額，賜僧伽黎衣及師號〔一〕。帝師亦再降旨，俾勢家無有所侵陵，并錫「大禪師」之號〔二〕。資政院又爲啓于東朝，命朝臣製師號，并金襴法衣以賜焉。

師踈眉秀目，豐頤美髯。才思英發，頃刻千偈，包含無量妙義，得其片言，皆珍惜寶護惟謹。論者謂師踐履真實，談辨迅利，或無媿于智覺云。至正丁酉，師年七十有四，示微疾。會衆書偈云：「平生饒舌，今日敗闕。一句轟天，正法眼滅。」遂投筆而逝。弟子輩用陶器函蓋，奉全身瘞于青松庵。

宋文憲銘之，其序曰：「濂初往伏龍山見師，師吐言如奔雷。時濂方尚氣，頗欲屈之。相與詰難數千言，不契而退。越二年，又往見焉。師問曰：『聞君閱盡一大藏教，有諸？』濂曰：『然。』曰：『耳閱乎？抑目觀也？』曰：『亦目觀爾。』曰：『使目之能觀者，君謂誰耶？』濂揚眉向之，於是相視一笑。自是厥後，知師之道超出有無，實非凡情之可窺測。因締爲方外交，垂三十年。其激揚義諦，往來尺牘之在篋衍者，墨尚濕也。雖纏于世相，不能有所證入，而相知最深。銘非濂爲而孰宜？」其爲名賢追慕之如此。

【校記】

〔一〕師號　明宋濂佛慧圓明廣照無邊普利大禪師塔銘作「『普應妙智弘辨禪師』之號」。

〔三〕并錫大禪師之號　明宋濂佛慧圓明廣照無邊普利大禪師塔銘作「仍更號曰『佛慧圓鑑大元普濟大禪師』」。

【箋注】

【一】年既長，從授經師學法華經，指義而問，師弗能答　明宋濂佛慧圓明廣照無邊普利大禪師塔銘：「其父喜曰：『是子當以文行亢吾宗乎？』師之諸父曇芳，學佛於富陽法門院，欲乞師爲嗣，謝氏不從。未幾，師遘疾甚革，謝氏禱于觀音大士曰：『佛幸我慈，俾此兒弗死，令服灑掃役終身。』禱已，師汗下而愈，遂使從芳游。時師年始十七，益求良師友摩切九流百氏之言，已而曰：『此非出世法也。』復從授經師學法華經，至藥王品，問曰：『藥王既然二臂，曷爲復現本身耶？』授經師異之。」

【二】公以「無」字授之　明宋濂佛慧圓明廣照無邊普利大禪師塔銘：「公以『狗子無佛性』之語授之。」

無用貴師傳

守貴，字無用，别號水庵，婺之甄氏子。其家業於耕樵，每使之行饁田間，師志弗樂。乃同鄉童子從師學詩書。年十八，入里之康侯山爲僧，所事叢脞，師又弗樂。棄之，往浙水西，日以問道爲事。適千巖長公縛禪于龍華，往拜之，授以向上一機。冥參默究，恍若有所契。龍華與天龍院鄰，天龍沙門平大道務起廢，力挽千巖主之。及千巖走烏傷，[二]復與之俱。山有廢刹，曰「聖壽」，千巖新之，命師領其徒。至正丙戌，還天龍。復往參中峰本公、斷崖義公、梁山寬公，其反覆叩答，不異見千巖時。

既而退居嘉興，建庵爲逸老計。忽一夜夢大道來別，曰：「吾已棄人間世矣。」師大驚，急拏舟往視之，大道果告寂，因名所居庵爲「應夢」。師自是復主天龍，天龍素無恒産，募齋民二千家。每臨食時，輒取一小甌，聚之養四衆。凡大道未竟之業，師殫志畢慮，爲造僧室與演法堂。堂上爲閣，以安吴越錢氏所造大悲尊像。又買並寺之地，以爲蔬畦。而寺制所有者，小大咸飾[一]，隱然如大伽藍矣。

辛丑八月，作偈一首，副以高麗淨瓶，寄别行省丞相達識公。明日沐浴，索筆書頌曰：「一蝸臭殼，内外穢惡。撒手便行，虚空振鐸。天龍一指今猶昨。」擲筆而化，世壽七十有二。丞相加歎，遣官爲具後事，奉全身塔於西岡。師平生不畜長物，寒暑唯一布衣。戒行甚峻，常落一齒，左右櫝藏之。中生舍利，五色燁然，日見增長云。

【校記】

〔一〕小大咸飾　明宋濂天龍禪師無用貴公塔銘作「小大咸飭，鐘魚互答，經唄兼舉」。

【箋注】

【一】及千巖走烏傷　明宋濂天龍禪師無用貴公塔銘作：「丁卯春正月，笑隱訢公言千巖行業于行宣政院，將俾出世住大禪坊。千巖竟遁逃，不見使者。久之，夜渡濤江，東走烏傷伏龍山。」

日本古先原公傳

印原，字古先，相州藤氏子，藤爲國中貴族。師生有異徵，垂髫時，輒刻木爲佛陀像，持以印空，人異之。〔一〕十三剃髮受具戒，偏歷諸師户庭，咸無所證入。乃嘅然歎曰：「中夏乃佛法淵藪，盍往求之乎？」于是絶鯨波之險，奮然南游。初參無見覩公〔二〕於天台華頂，公語之曰：「汝緣不在此，中峰本公現説法杭之天目山，爐鞴正赤，此真汝導師，宜急行。」〔三〕師即蓬藁而出，往見中峰。中峰一見，遽命給侍左右。屢呈見解，輒遭呵斥。退而涕泣，至于飲食皆廢。中峰憐其誠懇，乃謂之曰：「此心包羅萬象，迷則生死，悟則涅槃。生死之迷，固是未易驅斥；涅槃之悟，猶是入眼金塵。當知般若如大火聚，近之則焦頭爛額，唯存不退轉一念。生與同生，死與同死，自然與道相符。脱使未悟之際，千釋迦、萬慈氏傾出四大海水，入汝耳根，總是虚妄塵勞，皆非究竟之事也。」師聞遍身汗下，益厲精猛。積之之久，忽有所省，現前境界一白無際，中峰印之。〔三〕復見諸大老，皆無異詞。會清拙澄公將入日本建立法幢，師送至四明，澄公曰：「子能同歸以輔成我乎？」師曰：「雲水之蹤，無住無心。何不可之有？」即攝衣升舟。其後澄公能化行於遐邇者，皆師之力也。然瓣香酧法乳，的歸之中峰。師化大行，專以流通大法，建立梵宫爲事。若丹州之願勝、津州之保壽、江州之普門、信州之盛興〔二〕、房州之天寧，皆鬱然成大蘭若。而建長之西復創廣德庵，命其徒守之，如慧林、等持、真如、萬壽、淨智，皆師受請弘化之剎，勞績之見不與焉。年度比丘千餘人，非所度而受法稱弟子者，不與焉。

師臨衆端嚴，見者若未易親。及聞其誨者，温若春陽，莫不悦服而去。人有來求法語偈頌者，濡毫之頃，翩翩數百言，曾不經意，皆契合真如。師不自以爲是也，取語録并外集投火中，曰：「吾祖不立文字，留此糟粕何爲？」門人欲畫師像，預索贊語。師作一圓相，題其上曰：「妙相圓明，如如不動。觸處相逢，是何面孔？」其方便爲人皆類此。甲寅春正月，坐化于長壽院。

【校記】

〔一〕覯公　原作「頂公」，然明宋濂日本建長禪寺古先原禪師道行碑銘云：「初參無見覯公於天台華頂峰。」又本書卷十六無盡燈禪師傳：「時中峰本公在天目，……無見覯公住華頂。」明幻輪編釋鑑稽古略續集卷二日本禪師：「諱印原，字古先。……初參無見覩公，指見中峰本公，給侍左右，屢呈見解。」因據改。

〔二〕盛興　原作「盛典」，據明宋濂日本建長禪寺古先原禪師道行碑銘改。

【箋注】

【一】師生有異徵，垂髫時，輒刻木爲佛陀像，持以印空，人異之　明宋濂日本建長禪寺古先原禪師道行碑銘云：「父奇之，曰：『是兒與菩提有緣，宜使之離俗學究竟法。』」

【二】汝緣不在此，中峰本公現説法杭之天目山，爐鞴正赤，此真汝導師，宜急行　明宋濂日本建長禪寺古先原禪師道行碑銘云：「汝之緣不在於斯。中峰本公以高峰上足，現説法杭之天目山，爐鞴正赤，遠近學徒無不受其煅煉，此真汝導師也，汝宜急行。」

【三】積之之久，忽有所省，現前境界一白無際，中峰印之　明宋濂日本建長禪寺古先原禪師道行碑銘云：「急趨丈室，告中峰曰：『原已撞入銀山鐵壁去也。』中峰曰：『既入銀山鐵壁，來此何爲？』禪師超然領解，十二時中觸物圓融，無纖毫滯礙。」

福源傳

福源，字古淵，賜號「佛性普明大禪師」。師生太原李氏，李氏故舊族，歷唐宋，以儒業爲顯官。祖奉訓大夫、知南陽令珪，舉二子，長德英，登進士；次威，大將軍珍明，師父也。母蘇氏，長齋奉佛，誦金剛、觀音經爲日課，不少怠。一夕，夢老僧捧僧伽黎付之，覺而有娠。生時多祥瑞，父母愛之。授書不讀，而以粟麥子紀念觀音，父怒撻之。師泣告曰：「兒願學佛，不願選官也。」父益怒，驅使辱之。復閉之空室，絶其食，庶有回心。師執志愈堅，父母不得已，攜送妙覺院，禮朗公爲師而披剃焉，受具，習大乘經論。

興定中，元兵南下，師潛遁山谷間，食樹皮草根得不死。恨至道未聞，事定後，走真定西牛，見廓樂老人一公，機語相入。一公五坐道場，師爲侍者。後見圓明照公，照一日舉僧問雲門啐啄之機，門云：「響。」問師：「汝如何會？」對曰：「今日痛領和尚一問。」曰：「意旨如何？」對曰：「一聲齊和處，千古意分明。」照化，師復見一公，公曰：「源侍者，汝來也，親切處道一句看。」師進前曰：「即日恭惟和尚尊候萬福。」曰：「如何是佛法大意？」對曰：「滿口牙是骨，耳朵兩片皮。」公作色曰：「何曾見圓明來？」師問：「如何是佛法大意？」公喝之。師儗議，公便打，曰：「滿口牙是骨，耳朵兩片皮。」師忽省，作禮，一公印之以偈。

出世凡三主大刹，于潭柘最久。不動聲色，而起振頽廢，聲價重諸方。師具智慧力，開折攝門，不避强禦，魔闡必挫，善類必植。故能開田居山，整洪規，敦後學，繼古德之風。

太師、國王錫海雲宗師摩衲大衣，海雲以授師。師瓣香寔歸廓樂，不以海雲厚己而異其志。海雲嘗謂人曰：「源公天性真淳，有節義，特立世表。人不得而親疎之，堂堂乎了事本色人也。」以至元某年坐化，塔於潭柘。其與萬松老人多和照公諸耆宿唱酬此事，問答機衡，師語尤爲逸格。既大興潭柘，功成而弗居，退處東庵，若不知者，其巽退如是。然性孤硬，諸方以「源鐵橛」稱之。

無極導師傳

無極導禪師者，吴興趙氏子，宋宗室也。母計氏，素慕佛乘。咸淳四年十月，將誕，夢白光盈室者三夕。師之生，未嘗啼哭。元兵下江南，居民逃散。母攜之匿苫中，游兵俘母去，父求之遇害。某氏憐其孤兒，育於家。稍長，常語人曰：「誰無父母？吾父死，將奈何？母被俘而北，吾願畢此生以求見。不然，何以生於天地間耶？」啼泣誓於觀音大士，旦暮必二千拜，期以見母。凡藝事，苟可款曲近人者，雖至污賤甘爲之，遂隱於刀鑷以行，走十寒暑。

至河間之樂壽縣，有老翁示其處，蓋貴宦家，見母而不能辯。師乃稱己乳名與内外族嫺，抱持慟哭，哀動路人。母曰：「吾不幸至此，朝夕禱天〔一〕乞歸。此雖富貴，從汝歸，死足矣。然居此久，容徐圖之。」踰年言於官，而後奉母以南。因請曰：「母子相離二十有三年，幸而見母，皆佛菩薩力。」乃製竹輿，坐母其上，負戴以行，十步則輟而拜，至普陀洛伽山而返，猶以未足以報親。報親莫如入道，遂從銕山瓊禪師落髮〔二〕，咨叩玄要，深坐崖庵，晝則以菅，夜則霜露凝寒、豺虎交前弗顧也。及庵信公説法道場山，侍母進謁，益奮烈堅忍，脇不傳席。

過杭之淨慈，值無有元公與語，器之。偶泛湖聞漁歌，脱然有省，走證元公。公隔窗語師曰：「此間無爾棲迹處。」師拂衣去。尋築慈照庵於弁山之陽，母以念佛三昧終於庵。既葬，一夕，空中有白衣人語曰：「緣在宜興。」乃得玉峰於萬山之中建寂炤禪院，又於邑東北作中隱院，接雲水往來者，宜興之人翕然宗之。以至順三年正月六日無疾趺坐而化，世壽六十五，僧臘三十。闍維，舍利無算，分塔于寂炤、中隱二處。

左丞危素爲之銘曰：「建炎渡江乘六龍，維城布護多其宗。吴興近輔友徐隆〔三〕，熊羆奄至迅如風。孤兒父母迍苦中〔四〕，父死母俘兒莫從。天地遠，河山重〔五〕，呱呱夜哭天蒙蒙。皈依大士極嚴恭，隱身刀鑷冀母逢。十年瀛州覩音容，迎歸苕霅歡聲同。一朝剪髮辭樊籠，禪林叩擊師瓊公〔六〕。欻聆漁歌萬念空，前後際斷無初終。西游荆溪隱玉峰，寂而能炤真圓通。巖巖兩塔樹柏松，史氏著銘示無窮。」

【校記】

〔一〕天　危素宜興無極導禪師塔銘作「上帝」。

〔二〕遂從銕山瓊禪師落髮　危素宜興無極導禪師塔銘作「從鐵山璚公於廣德東山得度」。

〔三〕吴興近輔友徐隆　危素宜興無極導禪師塔銘作「吴興近輔支幹降」。

〔四〕孤兒父母迍苦中　「迍」，危素宜興無極導禪師塔銘作「逃」。

〔五〕天地遠河山重　危素宜興無極導禪師塔銘作「天長地遠河山重」。

〔六〕瓊公　危素宜興無極導禪師塔銘作「璚公」。

同新傳

同新，字仲益，别號月泉，燕都房山郭氏子。從鞍山堅公祝髮，能以苦行事衆。日執役，夜讀經，聰慧頓發。欲尋諸方，向同行訴參訪之意，同行雜笑之。師不勝憤，書偈於壁而去，曰：「氣宇衝霄大丈夫，尋常溝瀆〔一〕豈能拘？手提三尺吹毛劍，直取驪龍頷下珠。」謁清安方公，公問：「欲行千里，一步爲初。如何是最初一步？」師叉手進前，公曰：「果是脚根不點地。」師拂袖便出。復見大明暠公，杖拂之下，多所資發。終以礙膺未盡，思還清安。方公固無恙，示以惡辣鉗槌。又三年，方始豁然。

晦迹未久，耆宿擁而歸鞍山，海雲簡禪師寔爲之首，林泉倫公爲引座度衣。一音纔舉，萬衆驩呼。大元皇帝御宇，帝師癹斯八命師主濟南靈巖寺。時雲水四集，師母德之，不無賢愚之別。繇是口語紛然，師引退歸鞍山。衆遮留不可。師每念兵火薦經，藏教殘闕，學士無從獲覩其完。于是厚損衣鉢，并倡愜同志，自走江南購求之，載罹寒暑，跋涉艱難，始獲全文而歸。遠近奔赴，皆得見聞隨喜，不翅白馬西來也。山東東西道提刑耶律公相訪以祖道，迎往濟南觀音院結夏。師疾作矣，呼侍僧示以法要，説偈云：「咄憨皮袋，兀底相殃。伎倆不解，思想全忘。來無所從，去亦無方。六鑿空空，四達皇皇。且道這箇還有質礙也無？」良久云：「撒手便行，雲天茫茫〔二〕。」偈畢，儼然而逝。世壽六十有六，僧臘四十有五。

師性豪邁，道眼清明。接運有機變，長韻語，善談論，麈尾一揚，傾座聳聽，終日而無厭也。且滑稽辯給，人不敢以輕率觸，有雪竇持之風。荼毗時，送者萬人，香花彩幡塞路不可行。非道化入人之深，烏能至是？誠一代英傑衲子也。

【校記】

〔一〕尋常溝瀆　從倫大都鞍山慧聚禪寺月泉新公長老塔銘、雷復亨新公禪師塔銘作「流言俗慮」。

〔二〕撒手便行雲天茫茫　從倫大都鞍山慧聚禪寺月泉新公長老塔銘作「擺手便行無窒礙，雲歸天際兩茫茫」，雷復亨新公禪師塔銘作「擺手便行無窒㝵，雲□天霽兩茫茫」。

覺宗傳

覺宗，字道玄，別號松溪〔一〕，扶風南氏子。世業儒，母陳氏，奉佛彌謹。每歲首，嘗過法門寺飯僧。一日晝寢，夢法門坦公授己玉像〔二〕，高僅寸許。已接而吞之，遂娠。陳氏告其夫，夫遣人過寺候之，坦公適其日化去。因相誓曰：「若得一子，必令出家事佛。」誕之日，室有光，空鳴梵音，聞者驚異。

既成童，絶葷茹，無戲弄，喜於靜處跏趺。父母以師不忘宿因，將行其誓。會蒙古兵入境，父子不能相保，師被執入武川，給侍軍主太傅公淳，謹異他侍。太傅公奇之，許令出家。乃詣嬀川青山寺林法師處剃度，因泣下曰：「吾父母安在？兒今已出家矣。」不三年通諸經，從武川英公聽華嚴疏，五年揭其底蘊，游神華藏海中，縱横得妙。座下龍象無出師右者，繇是名稱遠聞。自以説食不可期飽，走見聖因。聖因，老禪匠也，問曰：「聞子精華嚴，何不開講度生，來此何爲？」師曰：「生死事大。」因曰：「自從識得曹溪路，了知生死不相關。子如何會？」師擬議，因喝之。師出，因召云：「上座。」師回首，因曰：「分明認取。」師領其旨。次日上方丈曰：「昨日蒙和尚一喝，某甲有箇見處。」因曰：「試舉看。」師拂袖便出，因笑而可之。

憲宗元年，礬山令遺書聖因，求主靈山法席者。因曰：「無如覺宗。」遂以師應命，行之以偈曰：「十載志如銕，玄關皆透徹。跳出荆棘林，踏破澄潭月。好向孤峰頂上行，靈光獨耀無時節。」師升堂説法，十餘年間衆至數千。增飾佛宇，金碧之輝，炤映泉石。叢林所宜有，無不畢備。靈山復大振，與諸鉅刹齒。至元四年，潭柘龍泉住持文公退隱西堂，師補其處，法席視靈山爲尤盛。

師道貌修整，臨衆儼然，人望之生畏敬心。然門庭孤峻，不以一言之合、一機之契便爾許可，必潛觀嘿審，了然無疑於心，然後首一肯。故衲子望崖而退者居多。以至元某年〔三〕坐蜕，塔于潭柘。

【校記】

〔一〕松溪　潭柘山龍泉禪寺第二十三代宗公大禪師塔銘作「秋溪」，是。

〔二〕玉像　潭柘山龍泉禪寺第二十三代宗公大禪師塔銘作「玉佛」。

〔三〕某年　潭柘山龍泉禪寺第二十三代宗公大禪師塔銘作「九年」。

明孜傳

明孜，字舜田，浙之黄巖人。童幼讀書，記性絶人，内典過目輒神解心領。往仙居三學寺禮雪山景公〔一〕落髮，聞天童坦禪師道望，詣之，一見問曰：「達磨不東來，二祖不西往。其意云何？」師應聲曰：「金不博金，水不洗水。」坦曰：「此子機鋒敏絶，宗門令器也。」因遍參耆碩，若古林茂公、竺原道公、東州永公、元叟端公，東嶼海公尤器重之。時日溪泳公居天寧，拉掌三藏，相與激揚宗旨，聲譽益著。

泰定初始領院，如天台之淨惠、仙居之廣度、處州之連山，皆師敷座處。尋謝院，歸隱雁山，爲登高臨深久計。而丞相别怯里不花强起主天寧，辭不獲，乃笑曰：「出處隨緣爾。」遂行。先是，寺毁于火，師至，升堂集衆揚翣，曰：「吾徒赤手尚能有所建立，況兹寺力猶可爲乎？」於是衆志堅一，施財以資經始，曾不踰年，而穹殿突堂、重門修廡，凡樓閣庫藏之製，靡不雄偉壯麗，内外秩然。行院上師行，錫金襴衣、「佛智普慧」之號。

師法輪初軔時，每爲三學諸宿所牽，曰：「此吾師受經地，其可使爲他山重乎？」如斯至再，累歷望刹説法，時衆林立捧擁，氣肅如秋，閑則詩文自娱而已。嘗即中峰下闢室以居，松下畜一鶴，自號鶴松主人。每朝夕瀹茗款客，引鶴起舞，顧影蹁躚，翛然自得，外慮不入于心。忽一日鶴死，賦詩悼之〔二〕。不踰年，師亦厭世矣。師生赤城黄巖之野，赫然名動東南，生能被恩寵於朝，死能使公卿貴人奔走歎惜，非其卓行高識有以異乎人者，其何以致是？

【校記】

〔一〕景公　元貢師泰玩齋集卷九重修定水教忠報德禪寺之碑作「曇和尚」。

〔二〕賦詩悼之　元貢師泰玩齋集卷九重修定水教忠報德禪寺之碑下有「詞極悽婉，聞者悲之」。

坱圠傳

坱圠子，姓蔣，號清谷，不知何許人。年二十五，涉獵經史，言辭簡邃，鬔首垢面，動静不羈。至正初，抵松江，坐太古圜室。已則歷市廛佯狂，人呼爲風子。一夕，叩府人沈蒲團門，家人拒之。不肯去，且告之曰：「將蒲團來坐我。」沈異之，揹一蒲團，導詣蔬圃草蓬中宴坐。沈徐暱啓之，有所省發，輒委俗傾身，服役爲弟子。繇是人多崇尚，爭施與。因以其地爲庵，即所號爲扁，乃融然一室，足不踰閫者三年。

嘗有問者曰：「近思録『定然後始有光明』，是金丹否？」答曰：「賢且去味中庸。」又嘗手詩示沈，云：「萬紫千紅總是春，何須饒舌問東君？啞人得夢向誰説，竪起空拳指白雲。」又云：「不偏不倚立于中，不著西邊不著東。超出東西南北外，一毫頭上釣蒼龍。」一日進沈曰：「吾乘化盡矣，若等勉之。」言絶而蜕。

元湛傳

元湛，號秋江，不知何許人，操守端靖。久從禪者遊，有所發明，行息無定。一日杖錫至松巖，愛其山水深秀，不忍去。乃趺坐石上，荆棘圍繞，風露凄苦。是夜，有二虎環其左右，若相衛護者。湛命之伏，虎皆伏。［一］湛以手枕虎背熟睡，遲明虎去，如是者屢夕。山民聞之以爲神，即其處創阿蘭若奉之。

湛不交世事，不應檀齋，雖皈依者踵繼，開道之外，不雜塵俗一語，漠如也。將化別衆，就龕説偈曰：「洗浴著衣生祭了，跏趺宴坐入龕藏。花開鐵樹泥牛吼，一月長輝天地光。」又謂其衆曰：「後十五年寺當火，啓吾龕則火可止。」至期果然，衆匍匐開龕，見其神色如生，爪髮皆長。復封固瘞之。或云湛得法寶方山，斷橋倫禪師之法孫也。

補續高僧傳卷第十三終

【箋注】

【一】湛命之伏，虎皆伏　明袁應祺纂修萬曆黄巖縣志卷七元湛：「師喝曰：『若修吾道，伏於此。』二虎且拜且伏。」

中國佛教典籍選刊

補續高僧傳校箋

下

〔明〕釋明河 撰
譚 勤 校箋

中 華 書 局

補續高僧傳卷第十四

明吳門華山寺沙門明河撰

習禪篇

明　廣慧及禪師傳

智及，字以中，蘇之吳縣顧氏子。入海雲院祝髮，受具戒。聞賢首家講法界觀，往聽之，未及終章，莞爾笑曰：「一真法界，圓同太虛。但涉言辭，即成賸法〔一〕。」遂走建業，謁廣智於龍翔。〔二〕微露文彩，廣智賞異之，尤爲閩國王清獻公所敬。有同袍嶼上人者訶之曰：「子才俊爽若此，不思荷負大法，甘作詩騷奴僕乎？無盡燈偈所謂『黄葉飄飄』者，〔三〕不知作何見解？」師舌禁不能答，即歸海雲，胸中如礙巨石。踰月，忽見秋葉吹墜於庭，豁然有省，喜不自勝。乃走徑山，見元叟。叟勘辯之，師應對無滯。遂命執侍，遷主藏室。

至正壬午，行院舉師出世昌國隆教，轉普慈。未幾，行省達識公延主淨慈。兵燹之餘，艱窘危厲，人所不能堪。師運量有方，軌範峻整，綽有承平遺風，遷主雙徑。皇明龍興，詔有道碩僧集天界，師居首焉。以病不及召對，賜還穹窿山，即海雲也。戊午八月，忽示微疾。至九月四日，書偈而逝。其徒以遺骨藏山之陰，分爪髮歸徑山，於無等才公塔右〔二〕瘞焉。閱世六十八，臘五十一。

師長深山立，昂然如孤松在壑。威令嚴肅，其下無敢方命，故所至百廢具興。然處事達變，接引後進，又如春風時雨之及物，使人不自知。元帝師以爲賢，錫師六字師號曰「明辯正宗廣慧」云。

【校記】

〔一〕即成臘法　明宋濂明辯正宗廣慧禪師徑山和尚及公塔銘下有云：「縱獲天雨寶華，於我奚益哉！」

〔二〕塔右　原作「塔左」，據明宋濂明辯正宗廣慧禪師徑山和尚及公塔銘改。

【箋注】

【一】謁廣智於龍翔　明宋濂明辯正宗廣慧禪師徑山和尚及公塔銘作：「見廣智訢公于大龍翔集慶寺。」廣智以文章道德傾動一世，如張文穆公起巖、張潞公翥、危左丞素，皆與之游，以聲詩倡酬爲樂。」

【二】無盡燈偈所謂「黃葉飄飄」者　語見宋釋子昇、釋如祐録禪門諸祖師偈頌卷下長蘆真歇了禪師華藏無盡燈記：「偈曰：『鏡燈燈鏡本無差，大地山河眼裏花。黄葉飄飄滿庭際，一聲砧杵落誰家？』」

玉泉璉禪師傳

宗璉，合州石照人，董氏子。幼時有僧過其家，目師爽異，指燈試問之曰：「燈照汝，汝照燈耶？」師曰：「燈亦不照我，我亦不炤燈。中間無一物，兩處見功能。」僧訝之，勉令參訪，歷叢席，後于月庵果公言下知歸。

開法于玉泉，扁其室曰「窮谷」。劉錡鎮荆南，造訪問其命名之義。師曰：「心盡曰窮，性凝曰谷。隨響應聲，不疾而速。」其應對機辯類如此，不減皓公也。嘗云：「此事〔一〕不在有言，不在無言。不礙有言，不礙無言。古人垂一言半句，正如國家兵器，不得已而用之。横説竪説，秖要控人入處，其實不在章句上。今時不能一逕徹證根源，秖以語言文字而爲至道，一句來，一句去，唤作禪道〔二〕。正似鄭州出曹門，從上宗師會中，往往真箇以行脚爲事者。纔有疑處，便對衆決擇。秖一句下，見地明白，造佛祖直指不傳之宗。與諸有情，盡未來際，同得同證，猶未是泊頭處。豈是空開唇皮，胡言漢語來云云。」如此開

示，亦剴切條明，能作人之氣。未詳師所終。〔一〕

【校記】

〔一〕此事　宋正受嘉泰普燈録卷二十一荆門軍玉泉窮谷宗璉禪師、宋普濟五燈會元卷二十荆門軍玉泉窮谷宗璉禪師作「這一段事」，上並有云：「衲僧向人天衆前一問一答，一擒一縱，一卷一舒，一挨一拶，須是具金剛睛眼始得。若是念話之流，君向西秦，我之東魯，於宗門中殊無所益。」

〔二〕喚作禪道　宋正受嘉泰普燈録卷二十一荆門軍玉泉窮谷宗璉禪師、宋普濟五燈會元卷二十荆門軍玉泉窮谷宗璉禪師下有云：「喚作向上向下，謂之菩提涅槃，謂之祖師巴鼻。」

【箋注】

〔一〕未詳師所終　宋正受嘉泰普燈録卷二十一荆門軍玉泉窮谷宗璉禪師：「紹興庚辰十二月二十三日，集衆出衣盂，令於寺南建二窣堵：一以存吾報身劫灰之餘，一以奉四衆靈骨。書偈而逝。七日闍維，獲設利五色，衆咸得之，以正月二十四歸骨奉藏焉。壽六十四，臘四十一。」

月林鏡公傳

月林鏡公，杭人也。少穎異，稺齡出家剃染，專意淨業。間叩名碩，俾參本來人，久之有省。偈曰：「本來人，本來人，無胸無頭[一]作麼尋？驀然揪着箇鼻孔，試勘元來是白丁。」碩見，睨視曰：「可是……」師與一摑，繇是名振一時。

出世住徑山，當第八十代也。進士張公寧疏詞曰：「宓以舞鳳飛龍，五結青蓮于天目；靈雞馴兔，一鑑光徹于祖師。地既曰靈，天其有待。恭惟新命徑山堂上大和尚鏡公月林禪師，瑞芝三秀，古柏十圍，得正度於無傳，嗣妙法於東嶼。頃者五百間，清風淨掃，人望方歸；邇來三千年，優鉢猛開，王氣猶在。起龍瞑於下界，興象教於中衰。丞相開選佛場，和尚悟出世法。乘流而行，遇徑而止。命當年國一亦起於崑山，容首度坡仙重游於方丈。凡吾方外之友，盡讚僧中此郎。」

師住徑塢，行止雖失傳，然想見其人，致時賢詠歎如此，是必有大過人者。不然堂堂海内名山，天龍瞻仰之位，豈空乏者所能承當耶？正德己卯[二]歸寂，年八十六，塔凌霄峰之東崖。

【校記】

〔一〕無胸無頭　明吴之鯨武林梵志卷十月林鏡禪師、明釋宗淨集徑山集卷中第八十代月林鏡禪師、明毛晉輯明僧弘秀集卷九月林、明幻輪編釋鑑稽古略續集卷三月林禪師作「無腦無頭」。

〔二〕己卯　原作「乙卯」，然正德無乙卯，因據明吴之鯨武林梵志卷十月林鏡禪師、明釋宗淨集徑山集卷中第八十代月林鏡禪師、明幻輪編釋鑑稽古略續集卷三月林禪師改。

復原報公傳

福報，字復原，台之臨海人，姓方氏。禀父母命，往杭之梁渚崇福院出家。時石湖美公主淨慈，一見器之，爲祝髮。徑山元叟端禪師門庭嚴峻，師以己事未明，往咨决之。叟問：「近離何處？」曰：「淨慈。」叟云：「來何爲？」曰：「久慕和尚道風，特來禮拜。」叟云：「趙州見南泉，作麽生？」曰：「頭頂天，脚踏地。」叟云：「見後如何？」曰：「饑來喫飯睡來眠。」叟云：「何處學得這虚頭來？」曰：「今日親見和尚。」叟頷之，命居侍司，升掌藏鑰。

久之，出世慈溪之廬山、越州之東山、四明之智門。洪武初，被有道徵，與徑塢以中及、上竺日章偁赴京，館天界。屢入内庭，應對稱旨。留三年，賜還智門。庵於寺東，扁曰「海印」，爲終焉之計。俄徑山虚席，强師補其處，説法云：「舉一不得舉二，放過一着，落在第二。古人恁麽説話，正是抱贓叫屈。東山即不然：舉二不得舉一，放過一著，落在第七。到這裏，須知有向上一路始得，如何是向上一路？」良久云：「莫種寒巖異草青，坐却白雲總不妙〔一〕。」前住山象原經始佛殿，未就而終，師力完之，其費則出於姑蘇葛德潤氏。忽一日得疾甚革，侍者請偈，師叱曰：「吾世壽尚有三年。」已而果然。及化之日，拍手曰：「阿呵呵，大衆是甚麽看取？」竟寂，年八十四，窆全身於寂炤之右岡。

【校記】

〔一〕莫種寒巖異草青坐却白雲總不妙　明淨柱輯五燈會元續略卷二杭州徑山復原福報禪師、明文琇增集續傳燈録卷四杭州徑山復原福報禪師、明釋元賢輯繼燈録卷三杭州徑山復原福報禪師「種」作「守」，「總」作「宗」。明通問編續燈存稿卷五杭州徑山復原福報禪師「種」作「戀」，「總」作「宗」。語或始見於宋普濟五燈會元卷十四郢州大陽山警玄禪師：「莫守寒巖異草青，坐却白雲宗不妙。」

楚石琦禪師傳

梵琦，楚石其字也，小字曇耀，明州象山人。姓朱氏，父杲，母張氏。張夢日墜懷而生師。方在襁褓中，有神僧摩其頂曰：「此佛日也，他時能炤燭昏衢乎？」人因名之爲「曇耀」云。年七歲，靈性穎發，讀書即了大義。或問所嗜何言，即應聲曰：「君子喻於義。」至於屬句倣書，皆度越餘子，遠近號爲奇童。九歲棄俗入永祚，受經於訥翁謨師，尋依晉翁詢師於湖之崇恩。詢師，師之從族祖也。趙魏公見師器之，爲鬻僧牒，得薙染爲沙門。繼往杭之昭慶受具足戒，年已十有六矣。

詢師遷住道場，師爲侍者。居亡何，命司藏室。閱首楞嚴經，至「緣見因明，暗成無見」處，恍然有省。歷覽群書，不假師授，文句自通。然膠於名相，未能釋去纏縛。聞元叟端公倡道雙徑，師往問云：「言發非聲，色前不物，其意何如？」元叟就以師語詰之。師方擬議欲答，元叟叱之使出。自是群疑塞胸，如填鉅石。會英宗詔粉黄金爲泥書大藏經，有司以師善書，選上燕都。一夕，聞西城樓鼓動，汗如雨下，拊几笑曰：「徑山鼻孔，今日入吾手矣。」因成一偈，有「拾得紅爐一點雪，却是黄河六月冰」之句。翩然南旋，再入雙徑。元叟見師氣貌充然，謂曰：「西來密意，喜子得之矣。」遽處以第一座[一]，且言妙喜大法盡在於師。有來參叩者，多令師辨決之。

元泰定中，行宣政院稔師之名，命出世海鹽之福臻，遂升主永祚。永祚，師受經之地，爲創大寶閣，範銅鑄賢劫千佛，而毗盧遮那及文殊師利、普賢、千手眼觀音諸像，並寘其中。復造塔婆七級，崇二百四十餘尺。功垂就，勢偏將壓。師禱之，夜乃大風雨，居氓聞鬼神相語曰：「天寧塔偏，亟往救之。」遲明，塔正如初。遷杭之報國，轉嘉興之本覺，更搆萬佛閣九楹間，宏偉壯麗，儼如天宮下移人世。帝師嘉其行業，賜以「佛日普炤慧辯禪師」之號。「佛日」頗符昔日神僧之言，識者異焉。會報恩光孝虚席，僉謂報恩一郡巨刹，非師莫能居之。師勉狥衆請而往，尋退隱永祚，築西齋爲終焉之計。

至正癸卯，州大夫强師主其寺事。時塔燬於兵，師重成之。景瓛爲鑄寶壺冠于顛，感天花異香之祥。師舉景瓛爲代，復歸老於西齋。入我明洪武元年，詔江南大浮屠十餘人於蔣山禪寺作大法會，師實預其列，升座説法，以聳人天龍鬼之聽。上大悦。二年春復如之，錫宴文樓下，親承顧問。暨還，出内府白金以賜。

三年之秋，上以神鬼情狀幽微難測，意遺經當有明文，妙柬僧中通三藏之説者問焉。師以夢堂噩公、行中仁公對，同館於大天界寺。上命儀曹勞之。既而援據經論成書，將入朝敷奏。師忽示微疾。越四日，趣左右具浴更衣，索筆書偈曰：「真性圓明，本無生滅。木馬夜鳴，西方日出。」書畢，謂夢堂曰：「師兄，我將去矣。」夢堂曰：「子去何之？」師曰：「西方爾。」夢堂曰：「西方有佛，東方無佛耶？」師厲聲一喝，泊然而化。時禁火葬，禮部以聞，上特命從其教。荼毗之餘，齒牙、舌根、數珠咸不壞，設利粘綴遺骨，纍纍然如珠。弟子奉骨及諸不壞者歸海鹽，建塔於天寧永祚禪寺葬焉。世壽七十五，僧臘六十三。

其説法機用，則見於六會語。其游戲翰墨，則見於和天台三聖及永明壽、陶潛、林逋諸作，别有淨土詩、慈氏上生偈，北游、鳳山、西齋三集，通合若干卷，並傳於世。

師爲人形軀短小，而神觀精朗。舉明正法，滂沛演迤，有不知其所窮。凡所涖之處，黑白嚮慕，如水歸壑。一彈指間，涌殿飛樓，上插雲際，未嘗見師有作。君子謂師縱横自如，應物無迹。山川出雲，雷蟠電掣。神功收斂，寂寞無聲。繇是内而燕齊秦楚，外而日本、高麗，咨决心要，奔走座下。得師片言，裝潢襲藏，不翅拱璧。師可謂無愧妙喜諸孫者矣。

【校記】

〔一〕第一座　明宋濂佛日普照慧辨禪師塔銘作「第一第二座」。

靈隱性原明禪師傳

慧明〔一〕，字性原，别號幻隱。台之黄巖項氏子，母陳氏。七歲，患疽幾死，置牀上。忽不見，已而求得之，問其故，曰：「頃睡中有四童子舁至此。」識者知師爲天神所祐矣。既長，不甘處俗，往依温之寶冠東山魯公出家，謁竺元道公於仙居紫籜山，咨問心要，不大省發。去參徑山元叟，叟問：「東嶺來，西嶺來？」指草鞋對曰：「此是三文錢買得。」叟曰：「未在，更道。」師曰：「某甲只如此，和尚如何？」叟曰：「念汝遠來，放汝三十棒。」師乃悟其旨。久之，遂罄底蘊，執侍掌藏鑰。

未幾出世鄞之五峰，遷金峨。洪武五年，與泐季潭同奉詔入京。季潭被旨住天界，延師居第一座，提綱舉要，得表率叢林體。俄而補金山，十一年升住靈隱。學徒坌集，宗道大振。師始至，經畫大雄殿，僅一載而落成，巍然山峙。嘗室中垂語曰：「蓮華峰被蜉蝣食却半邊，爲何不知？」又云：「冷泉亭吞却韰雷亭即不問，南高峰與北高峰鬬額是第幾機？」罕有契之者。住靈隱十周寒暑。無何，寺火無孑遺。逮捕〔二〕，或勸師早自爲計，師不顧，怡然詣有司。未鞫，即廡下説偈，端坐而逝，壽六十九也。

【校記】

〔一〕慧明　明朱時恩佛祖綱目卷四十一慧朗、明通問編續燈存稿卷五杭州靈隱性原慧朗禪師作「慧朗」。

〔二〕寺火無孑遺逮捕　明徐象梅兩浙名賢録外録卷八慧明、明釋元賢輯繼燈録卷三杭州靈隱性原慧明禪師、明淨柱輯五燈會元續略卷二杭州靈隱性原慧明禪師作「遭無妄之灾逮捕」，明通問編續燈存稿卷五杭州靈隱性原慧朗禪師作「遭誣罔之灾被逮」，或得其實。

「寺火無孑遺」云云或係明河誤會敷衍「無妄之灾」一語而成。

天鏡瀞禪師傳

元瀞，字天鏡，别號樸隱，越之會稽人。父倪機，母嚴氏。師初以童子出家，領昭慶濡律師戒，嶷然有遠志。韓莊節公性教之爲文，伸紙引墨，思源源不可遏，公深加歎賞。既而從天岸濟法師習天台教，盡得其學。台宗諸老競以書聘之，欲令出門下，師不從。元叟端公説法雙徑，人尊之爲「當代妙喜」，師往從之。入門，叟厲聲一喝，師若聞雷霆聲，黏縛盡脱，遽稽首作禮。復問答三四轉，皆愜叟意，遂録爲子，使掌記室。久之，游建業，謁全悟訢公於大龍翔寺。全悟門風高峻，不輕許可，見師特盛稱之〔一〕。繼往臨川，謁虞文靖公集，虞公尤稱之，留九十日而還。他若黄文獻公溍、蒙古忠介公泰不華、翰林學士危公素，其同辭稱師，無異於虞公，名聞行宣政院。

元至正十六年，請師出世會稽長慶寺，陞天衣萬壽禪寺。四方問道者聞風來歸，師以氣衰，倦於將迎，營精舍一區而歸老焉，即山陰和塔是也。我太祖龍興，師與鍾山法會之選，與東溟日公、碧峰金公特被召入内庭，從容問道，賜食而退。已而辭歸和塔，若將終身焉。

未幾，靈隱虛席，諸山交致疏幣，延師主之。師不得已而赴。未及期年，而崇德之禍作矣。師入院甫浹日，寺之左右序言曰：「寺政實繁，乏都寺僧司之。」師曰：「若等盍選其人乎？」衆咸曰：「有德現者，稱多才，昔掌崇德莊田，能闢其萊蕪以食四衆。倘以功舉，誰曰不然？」師諾之。

先是，勤舊有聞歆現之獲田利，率無賴比丘請於前主僧代之。及現之被選也，大懼發其奸私，走崇德縣，列現過失。縣令丞寘不問。適健令至，上其事刑部。刑部訊鞫既得實，以師爲寺長，失於簡察，法當緣坐，移符逮師。或謂師曰：「此三年前事爾。況師實不知，且不識聞，宜自辯訴可也。」師笑曰：「定業其可逃乎？」至部，部主吏問曰：「現之犯禁，爾知之乎？」曰：「知之。」曰：「既知之，當書責款以上。」師即操觚如吏言。尚書暨侍郎覽之大驚，咸曰：「師當今名德也，惡宜有是？洊審之，務得其情。」師了無異辭，于是皆謫陝西爲民。聞亦大悔，且泣曰：「聞草芥耳，豈意上累師德，蚤知至此，雖萬死不爲也。」師弗顧。行至寶應，謂從者曰：「吾四體稍異常時，報身殆將盡乎？」夜宿寧國寺，寺住持故師舊識，相見甚懽。師女弟之夫陳義安宦移鳳陽，以道經寺中，師悅曰：「吾遺骸有所托矣。」是夕共飯，猶備言遷謫之故，不見有憊色。明旦，忽端坐合爪，連稱無量壽佛之名，泊然而逝，實洪武十一年正月十九日也。義安等爲其龕斂以俟，師之季父至道畫然傷心，遣其法孫梵譯走寶應，攜骨而還。骨間舍利叢布如珠，縣大夫及薦紳之流來觀，皆歎息而去，其徒結龕於和塔祖壟之側瘞焉。壽六十七，臘五十三。三會語有録二卷，詩文曰樸園集。

師容貌魁偉，襟懷煦然如春。世間機穽捭闔〔二〕之術，不識爲何物。性尚風義，斷江恩公與師締忘年交。斷江卒，師爲刊布詩集，復請虞公銘其塔。三主名山，起廢補壞〔三〕，具有成績。其敷闡大論，發揮先哲，釋門每於師是賴，千百人中不能一二見焉，竟以無罪謫死。苟不歸之於定業，將誰尤哉？

【校記】

〔一〕特盛稱之　「盛」，原作「甚」，據明宋濂故靈隱住持樸隱禪師瀞公塔銘改。

〔二〕捭闔　原作「押闔」，據明宋濂故靈隱住持樸隱禪師瀞公塔銘改。

〔三〕起廢補壞　「廢」，原作「費」，據明宋濂故靈隱住持樸隱禪師瀞公塔銘改。

夢堂噩公傳

曇噩，字無夢，自號酉庵，慈溪王氏子。祖申，舉進士於宋。父禄，仕於元，母周夫人。

師生六歲而喪父，夫人命從鄉校師游。氣岸高騫，有一日千里之意。無書不探，學文於胡長孺，藻思濬發，縱横逆順，隨意之所欲言，聲名頓出諸老生上。已而心有所感，歎曰：「攻書修辭，此世間相爾。曷若求出世法乎？」遂别夫人，走長蘆，禮雪庭傳公薙髮爲僧，春秋二十有三矣。

具戒後游心於教，復棄教而即禪。〔二〕及雪庭遷靈隱，師往侍焉。雪庭示寂，元叟端公來補其處。元叟風規嚴峻，非宿學之士，莫敢闖其門。師直前咨叩，了無畏懼。機鋒交觸，情想路絶。自一轉至于六七，語愈朗烈，元叟欣然頷之。延祐初，詔建水陸大會於金山，名浮屠、賢士大夫畢集。師佐元叟敷陳法要，及與群公辯論，義趣英發，莫不推敬。鎮南王聞之，延至廣陵，尊禮備至，彌年方遣。

重紀至元五年，浙東帥閫合府公、邑令，請師出世慶元之保聖。再遷慈溪之開壽，三轉於國清。師所至，皆以荷擔大法爲己任，煅煉學徒，孳孳如不及，多有開悟之者。瑞龍院易甲乙住持爲禪刹，師爲開山，院因賴以增重，直與名伽藍相齊。海上颶風發，驟雨如注，層樓修廊俱仆，師所居亦就壓。人意師齏粉矣，亟撤其覆索之。一鉅木横搘榻上，師危坐其下，若神物爲之護者。

師凡四坐道場，去留信緣，皆略無凝滯。不久引退，叢林慕其名德之高，每闢室以居之。師教戒諸徒曰：「吾與爾等研究空宗，當外形骸、忘寢食，以消累劫宿習，然後心地光明耳。」自是日唯一食，終夜凝坐，以達於旦。洪武二年，就有道徵，館於天界寺。既奏對，上憫其年耄，放令還山。越四年，無疾而終，年八十有九矣。遺言云：「三界空華，如風捲烟。六塵幻影，如湯澆雪。亘古亘今，唯一性獨存。吾之幻軀，今將入滅。滅後闍維，煅骨爲塵。不可建塔以累後世〔一〕。」

師修身廣顙，昂然如鶴峙雞群。文思泉涌，有持卷軸求詩文者，積如束筍。當風日晴美，從容就席，縱筆疾揮，須臾皆盡。長短精觕，無不合作。袁文清公嘗指師謂人曰：「此阿羅漢中人也。觀其爲文，駸駸逼古作者〔二〕。渡江以來，諸賢蹈襲蘇李，以雄快直致爲誇，相帥〔三〕成風，積弊幾二百年。不意山林枯槁之士，乃能自奮至於斯也。」翰林學士張公翥曰：「噩師儀觀偉而重，戒行嚴而潔，文章簡而古。禪海尊宿，今一人耳。」其爲縉紳所推許，類若此。

師平生著作甚富，悉不存稿。晚年重修歷代高僧傳，〔三〕筆力遒勁，識者謂有得於太史遷。日本國王雖僻在東夷，亦慕師道行，屢發疏迎致之，師堅不往。王與左右謀，欲劫以歸，浙江宣慰使完者都藏之，獲免。自是厥後，凡遇師手蹟，必重購之而去，且詫其能放異光云，其爲海外所欽重如此。

【校記】

〔一〕吾之幻軀……不可建塔以累後世　明宋濂佛真文懿禪師無夢和上碑銘作：「吾將入滅，聽吾偈曰：吾有一物，無頭無面。要得分明，涅槃後看。」

〔二〕觀其爲文駸駸逼古作者　明宋濂佛真文懿禪師無夢和上碑銘作：「觀其所作驃騎山、疊秀軒、列清軒三賦，駸駸逼古作者。」

〔三〕相帥　明宋濂佛真文懿禪師無夢和上碑銘作「相師」。

【箋注】

【一】具戒後游心於教，復棄教而即禪　明宋濂佛真文懿禪師無夢和上碑銘：「繼受具足戒於杭之昭慶，凡釋氏契經，與台衡、賢首、慈恩諸文，晝夜摩研，不知有飢渴寒暑。已而復歎曰：『教相如海，苟執著不回，是覓繩自纏爾。曷若求明本心乎？』於是篤意禪觀。」

【二】晚年重修歷代高僧傳　曇噩「重修歷代高僧傳」所成之書爲新脩科分六學僧傳，係以慧皎高僧傳、道宣續高僧傳、贊寧宋高僧傳所載人物傳略删治而成，以慧學、施學、戒學、忍辱學、精進學、定學等六學爲綱，每學下分二科，依次爲譯經、傳宗、遺身、利物、弘法、護教、攝念、持志、義解、感通、證悟、神化等十二科，萃三傳爲一編，冶高僧於一爐，鍛煉學人匪淺。

泐季潭傳

宗泐，台之臨海人。字季潭，别號全室。八歲從訢笑隱學佛，十四薙落，二十受具。洪武四年，住徑山。太祖高皇帝徵江南有道浮屠，師應召稱旨，命住天界。上丕建廣薦法會於蔣山太平興國寺，宿齋室，却葷肉不御者一月。服皮弁，搢玉珪，上殿面大雄氏，行拜獻禮者三。詔集幽爽引入殿，致三佛之禮，命師陞座説法。上臨幸，賜膳無虚日。每和其詩，稱爲泐翁。十年冬，詔師箋釋心經、金剛、楞伽三經，製讚佛樂章。丁巳，奉使西域還朝，授右街善世。因命育髮，將授以儒職。師姑奉命，至髮長，上召而官之，師再辭求免，願終釋門。上嘉歎從之，賜免官説以旌其志。

相城道衍負奇志，摇膝高吟，傍若無人。師每正色責之曰：「此豈釋子語耶？」〔一〕學士宋公濂嘗讚師像曰：「笑隱之子，晦機之孫，具大福德，足以荷擔佛法；證大智慧，足以攝伏魔軍。悟四喝三玄於彈指，合千經萬論於一門。向上關，如塗毒鼓，撾之必死；殺活機，類金剛劍，觸之則奔。屢鎮名山，教孚遐邇；詔陞京刹，名溢朝紳。夙受記於靈山之會，今簡知於萬乘之尊。雲漢昭回，天章錫和於全帙；寵恩優渥，玉音召對於紫宸。屹中流之砥柱，轉大地之法輪。信爲十方禪林之領袖，而與古德同道同倫者耶？」後追治胡惟庸黨及師，著做散僧，執役建寺。徐察其非辜，取還，復領右善世。居無何，以老賜歸槎峰，渡江，示寂于江浦之石佛寺。

師博通古今，凡經書過目輒成誦，善爲詞章，有全室集行於世。國初高僧，師與復見心齊名，見心疎放，師謹密，故其得禍爲尤輕。噫！亦幸耳。

【箋注】

【一】此豈釋子語耶　明幻輪編釋鑑稽古略續集卷三建文皇帝：「僧道衍者，蘇之長洲人，姚廣孝也。初祝髮爲相城妙智庵僧，法名道衍，字斯道。時相城靈應觀道士韋應真者，讀書學道法，兼通兵機。道衍師之，盡得其術，然深自藏晦，人無知者。已而至京口，賦覽古詩曰：『譙櫓年來戰血乾，烟花猶自半凋殘。五州山近朝雲亂，萬歲樓空夜月寒。江水無潮通鐵甕，野田有路到金壇。蕭梁事業今何在？北固青青眼倦看。』其友宗泐見其搖膝長吟，笑之曰：『此豈釋子語耶？斯道，斯道，汝薄南朝矣。』」

孤峰德禪師傳

明德，號孤峰，明之昌國朱氏子。其父有成，母黄氏。父與普陀山僧玠公交，玠聞雞聲入道，凡説法必鼓翅爲雞號。玠亡已久，母夢玠來託宿，覺而有娠，歷十四月而生。不好戲弄，每跏趺端坐。十七爲大僧，慨然有求道之志。首謁笁西坦公於天童，復見晦機熙公於淨慈，二老首肯之，而師弗自是也。〔一〕繇是益自策厲，以必證爲期。抵雙林，見明極俊公。一見之頃，塤篪協應，命司藏鑰。會日本遣使迎明極爲國師，師送至海濱。而笁田霖公亦自雪竇至，見師氣貌不凡，延歸山中，以第一座處之。自是群疑頓釋。〔二〕且邀仲芳〔一〕倫公結庵於桃花塢，相與激揚。暇則翻閱華嚴經，足不踰户限者凡五載，名稱日聞。笁田歎曰："人天眼目，儼然猶在。"

行宣政院請住松江之東禪，然香以嗣笁田，不忘所證也。再遷集慶之保寧，一坐十五夏，煅煉來學，曲盡善巧，有餘力則爲之興廢補壞，細大不遺，令譽益彰。一時名薦紳莫不願與師交。三遷湖之道場，閲二年，會淨慈虚席，行省丞相康里公固迎師主之。當元季戎馬紛紜，國事已不可爲矣。逮入聖朝，師以耄年謝歸道場竹林庵。一日，示微疾，戒其徒勿令四衆衣麻哭泣。〔三〕索觚書偈而逝，壽七十九也。荼毗，頂骨不壞，舍利累累出灰燼中，塔于東岡。學士宋景濂爲之銘。

【校記】

〔一〕仲芳　明宋濂住持淨慈禪寺孤峰德公塔銘作"仲方"。

【箋注】

【一】首謁竺西坦公於天童，復見晦機熙公於淨慈，二老首肯之，而師弗自是也　明宋濂住持淨慈禪寺孤峰德公塔銘：「杖錫而出，首謁竺西坦公於天童。竺西問云：『汝從何方來？』曰：『金鵝來。』曰：『金鵝山高多少？』曰：『不見其頂。』竺西斥之，師益自策厲，以必證爲期。竺西一日升座，舉世尊拈花之事，師於衆中聞之，忽若有解，遽造偈以呈竺西。竺西頷之，而師弗自是也。復如淨慈見晦機熙公，晦機道價傾東南，湊其門者如蝟。晦機見師至，問曰：『什麽人？恁麽來？』師曰：『胡張三，黑李四。』又問：『汝從朝至暮，著衣喫飯，還認自己否？』師又曰：『胡張三，黑李四。』晦機拈棒欲打，師拂袖竟出。」

【二】自是群疑頓釋　明宋濂住持淨慈禪寺孤峰德公塔銘：「竺田上堂敷揚正法眼藏，舉隱山泥牛入海公案，諄諄誘掖，音聲如雷。師不覺慶快，群疑頓釋。因以偈呈竺田，竺田歎曰：『人天眼目，儼然猶在。』」

【三】戒其徒勿令四衆衣麻哭泣　明宋濂住持淨慈禪寺孤峰德公塔銘：「戒其徒曰：『吾身雖微，一真圓性，與如來等。世相起滅，無異石火電光。晝夜勤行，毋生退轉。吾殁後，當遵佛制，付之荼毗。勿令四衆衣麻而哭也。』」

介庵良大師傳

輔良，字用貞，介庵其號，蘇州吴縣范氏子，文正公之十葉孫也。年十五，依迎福院薙染圓具。時笑隱住集慶之龍翔，法道宣振，師往見之。問答之際，棒喝兼施，凡情頓喪。他日笑隱拈語詰之，師發言愈厲。笑隱哂曰：「得則得矣，奈第二義何〔一〕？」師弗懈益虔。久之，乃契入。雲空川流，了無留礙。笑隱曰：「乃知吾不爾欺。」

出世秀之資聖、越之天章，移杭之中天竺。時海内大亂，兵燹相仍，南北兩山諸刹皆化爲烈焰。靈隱古稱「絶勝覺場」，涼烟白草，凄迷于夕照之間，過者爲之興歎。康里公爲浙行省丞相，妙揀名僧能任起廢者，莫師爲宜，懇命居之〔二〕。師既至，剪剔荆叢，葺茅爲廬，以棲四方學者。雖當凋零之秋，開示徒衆，語尤激切。其言有曰：「達磨一宗，陵夷殆盡，汝等用力，如救頭然可也。然百千法門、無量妙義，於一毫端可以周知。如知之，變大地爲黄金，受之當無所讓。否則，遺素餐之愧矣。歲月流電，向上之事，汝等急自進修。」參學之士多有因其語而入者。化緣既周，手疏衣貲入公帑，散交游。顧謂左右曰：「翼日巳時，吾逝矣〔三〕。」及期澡浴，坐而寂。

師性簡直，雖面折人過而胸中無留物。與人交，無少長，一以誠相遇。所造偈詞，初不經意，而語出渾成，有若宿搆。舉揚大法，不務緣飾，而西來之旨自明。復以淨土觀門，苦海〔四〕舟航，時兼修之，未嘗少怠，其所見蓋卓然云。

【校記】

〔一〕奈第二義何　明宋濂杭州靈隱寺故輔良大師石塔碑銘作「終居第二義也」。

〔二〕懇命居之　明宋濂杭州靈隱寺故輔良大師石塔碑銘作「遣使者命居之」。

〔三〕吾逝矣　明宋濂杭州靈隱寺故輔良大師石塔碑銘作「吾將逝矣」。

〔四〕苦海　原作「若海」，據明宋濂杭州靈隱寺故輔良大師石塔碑銘改。

南石文琇禪師傳

南石文琇禪師，儒釋兼修，宗説俱妙。負超卓之才，懷奇偉之氣。行中仁公住靈巖，得和尚猶慈明之得黄龍也。後和尚出世，瓣香嗣公，不忘所自。初住蘇之普門，次靈巖，三遷主萬壽。未幾，退隱吴淞之上，日與山翁野老説無義語爲樂，而大忘人世也。逮我明聖天子即位，詔天下儒釋道流深通文義者纂脩大典。和尚應詔而起，留京三年。書完，值國家建報恩大齋會，和尚預焉。居無何，杭之住持缺席，僧録司〔一〕公舉非南石和尚不可。于是，欣然遂行。南州溥洽贈以詩云：「緇袍如水赴瑶京，愛子相過雙眼明。豈有文章追李杜，敢言傳習到台衡。青燈夜雨寒窗約，黄葉秋風故國情。見説生公還聚石，扁舟早繫闔閭城。」

洪武十一年，皇上以萬機之暇，愍念吾徒爲佛弟子者，鮮能精通教典，深究禪學，得頒睿旨，俾習般若心經、金剛、楞伽，晝則講演，夜則坐禪，務期曉達。師因説七偈以贊，初首云：「聖皇親受靈山記，手執金輪御萬方。詔諭僧徒令講習，叢林頓覺有輝光。」末首云：「窮通教典與參禪，是大因緣非小緣。幸遇聖君能注意，吾徒何事不加鞭？」有普門、靈巖、徑山語録及佛祖贊一卷行世，後未攷所終。〔一〕

【校記】

〔一〕僧録司　「司」，原作「日」，據姚廣孝徑山南石和尚語録序、明文琇增集續傳燈録卷五杭州徑山南石文琇禪師改。

【箋注】

〔一〕後未攷所終　明文琇增集續傳燈録卷五杭州徑山南石文琇禪師：「師暮年還萬壽松院纂成此録，及脱稿次，於永樂十六年九月二十四日入寂。荼毗舍利纍然，其徒孫奉遺骨塔于永懷門，弟子分塔于寂照塔之右。世壽七十四，僧臘六十七。嗣法吴郡翠峰宗謐校對壽梓，依世次而書入之。」

白庵金禪師傳

力金，字西白，吴郡姚氏子。七歲穎悟異常，一日請於母曰：「兒患世相起滅不常，將求出世間法，可乎？」母曰：「出家甚苦，爾年幼，豈能堪之？」曰：「兒心樂之，自無苦也。」請之不已。母知其志不可奪，俾依吴縣寶積院道原衍法師。後見古鼎銘公于徑山，悟入甚深，聲光燁燁起叢林間。〔一〕

至正丁酉，出世住蘇之瑞光。會嘉興天寧寺災，郡守貳咸以非師不足起其廢，具幣遣使，力迎致之。師至未久，儼如兜率天宮下現人世，經過者無不瞻禮贊歎。帝師大寶法王賢師之行，授師以徽號〔二〕。師自幼喪父，唯有母存。乃去城一舍，築孤雲庵以奉養焉。或議之，師喻之〔三〕曰：「爾不見編蒲陳尊宿乎？〔三〕何言之易易也。」

洪武改元，有旨起師住持大天界寺。萬機之暇，時召入内庭，奏對多稱旨。蓋師精通西竺典及東魯諸書，其與薦紳談論，霏霏如吐玉屑，故咸樂與之游。四年，命師總持鍾山法會。凡儀制規式，皆堪傳永久。尋以母年耄，舉徑山泐公自代，復還庵居。五年冬，詔復建會如四年，大駕臨幸，詔師闡揚第一義諦。自公侯以至庶僚，環而聽之，靡不悦服。一日，忽示弟子曰：「吾有夙因未了，必當酧之，汝等勿以世相遇我〔三〕。」未幾，示微疾，謝去醫飲藥食，委順而化。荼毗，舍利無算，觀者競取之而去。師神觀秀偉，智辯縱横，以宗教爲己任。不畜私財，得財施輒舉以給貧者，誠法門之偉人也。

【校記】

〔一〕授師以徽號　明宋濂大天界寺住持白庵禪師行業碑銘作「授以圓通普濟禪師之號」。

〔二〕喻之　明宋濂大天界寺住持白庵禪師行業碑銘作「呵之」。

〔三〕遇我　明宋濂大天界寺住持白庵禪師行業碑銘作「逼我」。

【箋注】

【一】聲光熚熚起叢林間　明宋濂大天界寺住持白庵禪師行業碑銘：「遂更衣入虎林，謁古鼎銘公于雙徑。古鼎一見，輒以法器相期，示以德山見龍潭語。師奮迅踊躍，直觸其機，從而有契，銘公俾掌記室。曾未幾何，分座後堂，敷宣大法，如山川出雲，靈雨霑潤，四衆信服。復陞居前堂，聲光熚熚起叢林間。」

【二】爾不見編蒲陳尊宿乎　宋悟明聯燈會要卷八睦州陳尊宿：「本郡人，得旨斷際。初居筠州米山，後住睦州觀音，常百餘衆。知道不偶世，捨衆居開元寺房。織蒲鞋養其母，挹世高蹈，爲時所慕。凡應接來者，機辨峭絶，無容竚思。」

覺原曇禪師傳

慧曇，字覺原，天台人。依越之法果寺。時廣智笑隱訢公説法中天竺，師造焉，備陳求道之切。廣智斥曰：「從外入者，决非家珍。道在自己，豈向人求耶？」師退，凝然獨坐一室，久之無所入。廣智一日舉百丈野狐話，師大悟曰：「佛法落我手矣〔一〕。」廣智曰：「爾見何道理，敢爾大言？」師展雙手曰：「不直一文錢。」廣智頷之。

丙申，王師定建業，師謁上於轅門。上見師氣貌異，嘗歎曰：「此福德僧也。」命主蔣山太平興國禪寺。時當儉歲，師化食以給其衆，無闕乏者。山下田人多欲隸軍籍，師懼寺田蕪廢，請於上而歸之。山之林木爲樵所剪伐，師又陳奏。上封一劍授師曰：「敢有伐木者，斬。」山木賴以全〔二〕。

踰年丁酉，改龍翔爲天界，詔師主之。每設廣薦法會，師必升座舉宣法要。車駕親帥群臣幸臨，恩數優渥。遠邇學徒聞風奔赴，堂筵至無所容。先是，僧堂寮庫，有司權以貯戎器，久而不歸。上見焉，亟命出之。洪武元年，開善世院，秩視從二品，特授師「演梵善世利國崇教大禪師」，住持大天界寺，統諸山釋教事。降誥命，俾服紫方袍。章逢之士以釋氏爲世蠹，請滅除之。上以其章示師。師曰：「孔子以佛爲西方聖人，以此知真儒不必非釋，非釋必非真儒也。」上亦以佛陰翊王度，却不聽。〔一〕庚戌夏，奉使西域。辛亥秋，至省合剌國布宣天子威德。其國王喜甚，館于佛山寺，待以師禮。

一日，呼左右謂曰：「予不能復命矣。」跏趺端坐。夜參半，問云：「日將出否？」曰：「未也。」已而復問，至於四三。曰：「日出矣。」恬然而逝，其日蓋丙子云。踰五日，顔貌如生。王大敬歎，斲香爲棺，聚香代薪，築壇而茶毗之。

師廣顙豐頤，平頂大耳。面作紅玉色，耳白如珂雪。目光爛爛射人，學者見之，不威而懾。及即之也，盎然而春温。其遇禪徒，隨機而應，未嘗務爲奇巧，聞者自然有所悟入。雖位隆望重，恒處之若寒素，無毫髮自矜意。爲人寡言笑，喜怒任真，不能以貴賤異其顔色。然毗翊宗教，無一息敢忘。廣厦細旃之間，從容召對，據經持論，每罄竭藴蓄。松園之復、釋道私租之免，皆師之所請也。

【校記】

〔一〕佛法落我手矣　明宋濂天界善世禪寺第四代覺原禪師遺衣塔銘下有云：「只爲分明極，翻成所得遲。」

〔三〕山木賴以全　明宋濂天界善世禪寺第四代覺原禪師遺衣塔銘作「至今蓋鬱然云」。

【箋注】

【一】上亦以佛陰翊王度，却不聽　明宋濂天界善世禪寺第四代覺原禪師遺衣塔銘：「上亦以佛之教陰翊王度，卻不聽。上聞寺僧多行非法，命師嚴馭之。師但誘以善言，諸郡沙門污染習俗，實悖教範。或勸當痛治，師曰：『諺有云大林有不材之木，能盡去乎？衹益釋門之累耳。事呈露者，勿恕可也。』」

一源寧公傳

永寧，一源字也。自號虚幻子，淮東通州朱氏子。朱氏故宦族。六歲入鄉校，能了經籍大義。九歲離俗，依族媚模上人於利和寺。〔一〕河南王童奇其幼而器之，〔二〕屬僧司給牒，度爲沙門。自是蓬累出游，歷見諸禪老，無所契。于焦子山精修禪定，稍涉睡昏，則戴沙、運甓、懸板、坐空，如是者五年。

至淮西太湖山，求證於無用寬公。公門庭嚴峻，師方入户，厲聲叱出之。師作禮於户外，合爪而立。久之，乃許入見，問曰：「何處人？」師曰：「通州。」曰：「淮海近日盈虚若何？」曰：「沃日滔天，不存涓滴。」曰：「不著槽道〔一〕。」曰：「請和尚道。」公便喝。師退就禪室，徹夜不寐。一旦聞公舉雲門「一念不起」語，聲未絕，有省。公命舉偈，偈罷，振威一喝。【三】師曰：「喝作麽？」公曰：「東瓜山前吞匾擔，捉住清風剥了皮。」師不覺通身汗下，曰：「今日方知和尚用處。」執侍三年，因以斷崖義所贊己像，親署一花書授師，曰：「汝緣在浙，逢龍即住，遇池便居。」

延祐中〔二〕，往廣德，縛茅於大洞中，居之。無何〔三〕，宜興之龍池請師建立禪居，師以名符懸記，欣然赴之。結屋數十間，命曰「禹門興化庵」。山顛有龍池，龍出，每大水，民甚苦之。師召龍受三皈戒，龍不復出。師居之久，復厭其未幽邃也，擇絶巘作室以居。至壁立如削處，斲木爲棧，鉤環連鎖，棲板於空中，足不越户限者二年。師以退隱爲心，間迫於不得已，勉一出焉。俄以疾歸龍池。

至正壬午，江南行宣政院命師主大華藏寺，師舉龍門膺代之。明年復命補天童，師堅以疾辭。宋文憲謂師：「得法之後，固拳拳以庶人爲急。及主大刹，屢退養龍池。雖天童實厠五山，亦摇首弗顧。其高風峻節，如祥麟威鳳，可望而不可即。何其賢耶？」至正戊子，有旨趣入説法於龍光殿。上悦，賜金襴法衣、玉環、師號。尋奉旨函香至五臺，感祥光五道之瑞。陛辭〔四〕南還，道趣維揚，鎮南王率嬪妃等延師入宫，禀受大戒，遣司馬護還龍池。

入我明洪武己酉夏六月，示微疾。屬弟子裁紙製内外衣，曰：「吾將逝矣。」或以藥劑進，麾去之。自興化庵移龕至絶巘所居，昧爽，師起沐浴，服紙衣，索筆書偈云：「七十八年守拙，明明一場敗闕。泥牛海底翻身，六月炎天〔五〕飛雪。」書畢，側卧而化。荼毗，現五色光。齒牙、舌輪及所持數珠皆不壞，舍利無算。烟至中林，亦纍纍然生，人競折枝取之。淘汰灰土，獲者亦衆。門人等分餘骨與不壞者，五處建塔焉。

師氣貌雄偉，身長七尺有餘，吐音洪亮。其接物也，不以貴賤異其心。所至無不傾向，若中書右丞相朶兒只、江浙行省左丞相別不花、趙文敏公孟頫、馮内翰子振，尤所賓禮者也。四民來獻薌幣衣履者，肩摩而袂接，既無虛日。師受之，即以施人，曾無毫髮係吝。其自處則布袍糲食，沛然若有餘。凡發爲文偈，了不經意，引紙行墨，而空義自彰。有四會語録行世。

【校記】

〔一〕槽道　明宋濂佛心了悟本覺妙明真淨大禪師寧公碑銘作「熷道」。

〔二〕延祐中　明宋濂佛心了悟本覺妙明真淨大禪師寧公碑銘作「元祐庚申」。

〔三〕無何　明宋濂佛心了悟本覺妙明真淨大禪師寧公碑銘作「至治癸亥」。

〔四〕陛辭　原作「陞辭」，據明宋濂佛心了悟本覺妙明真淨大禪師寧公碑銘改。

〔五〕炎天　明宋濂佛心了悟本覺妙明真淨大禪師寧公碑銘作「炎炎」。

【箋注】

【一】依族媚模上人於利和寺　明宋濂佛心了悟本覺妙明真淨大禪師寧公碑銘：「依族媚模上人於利和廣慧寺。利和，州之望刹。宋有淮海肇禪師説法度人，聲聞當時。前一夕，寺衆同夢迎禪師。次日而師至，識者異之，謂禪師乘願輪而再世焉。」

【二】河南王童奇其幼而器之　明宋濂佛心了悟本覺妙明真淨大禪師寧公碑銘：「十二歲，游揚之雍熙寺，會主僧來峰泰編禪林類聚成，師覽之，笑曰：『此古人糟粕耳，點檢何爲？』河南王童奇其幼而器之。」

【三】公命舉偈，偈罷，振威一喝　明宋濂佛心了悟本覺妙明真淨大禪師寧公碑銘：「令造偈拈趙州，師立成，曰：『趙州狗子無佛性，萬象森羅齊乞命。無底籃兒盛死蛇，多添少減無餘剩。』無用嗒然一笑，復舉證道偈問師曰：『掣電飛來，全身不顧。擬議之間，聖凡無路。速道，速道！』師曰：『火迸星飛，有何擬議？敵面當機，不是，不是。』無用振威一喝。」

約之裕公傳

崇裕，字約之，毗陵陳氏子。其母感龐眉僧入夢而生，生而體弱，十日而九疾。父母以夢故，冀徼靈釋氏愈之，命爲沙彌。尋受具爲大僧，鞫明究曛，唯以觀心爲務〔二〕。見元叟端公，又見佛慧義公，淬礪益力。雖金牆鐵壁，必欲拓開乃已。二公亦期師有立，所以警發者甚至。師急於求證，復走中天竺山參廣智訢公。留侍十餘年，盡得其道。御史中丞張公起巖問廣智云：「選佛場僧伽如此之多，其有弗悖般若者乎？」廣智云：「戒律精嚴，言行不相背馳，唯崇裕一人。自受度以來，脇不沾席三十年矣。」張公深加獎歎，師之聲光自是日起叢林中。

始出世太平南禪，黑白翕然宗之。一日令圬人塓壁，壁中隆然如有物，抉之獲悉達太子像，乃佛牙所刻成。師召工傅以黃金，金迸裂，舍利從中涌出，雕小香殿奉之。亦師道法精誠，所感而致也。尋遷九江圓通。宋之初，有神僧道濟德公將示寂，累青石爲塔，語其徒曰：「此塔若紅，即吾再來。」暨圓機昰公來鎮法席，塔果紅色，人異之。公，人號爲「古佛」，其臨終復爾懸記有三百年之後大興佛事之讖。師入院之夕，衆僧夢公至，而其塔煒然有光者彌月，人尤異之，謂自昰公至師，正踰三百之數。其能動物，蓋不徒然也。寺當菑毀之後，師大興土木，幻出天宮。榮國公火你赤以朝之重臣總戎江西，申弟子之禮。

暨我太祖興隆釋教，開善世院，命大浮屠統之。諸方以師名上聞，移主阿育王山廣利禪寺。尋被旨與鍾山法會，而師居其首。召至便殿，問佛法大意，師以偈獻。上覽之，大悦，因命師書天界寺額，賜食上前。師或假寐，鼻息微有聲，鄰坐引裾覺之。上歎曰：「此老人無機心，誠善知識也。」

師容貌魁梧，日用之間，服粗食糲，一出於天性，無所勉强。每欲撾鼓而退，爲衆所擁留而止。生於大德甲辰，未詳所終。三會語各有録行世。

【校記】

〔一〕務　明宋濂扶宗宏辨禪師育王裕公生塔之碑作「急務」。

金璧峰〔一〕傳

寶金，號璧峰，乾州永壽石氏子。生多祥異，六歲依雲寂温公爲弟子。剃落具戒，游講肆，窮性相之學，四辯飛馳，聞者聳聽。既而歎曰：「三藏之文，標月指也。」〔二〕遂棄所學習禪。入蜀晉雲山中，參如海真公，公示以道要。師大起疑情，寢食爲廢。入峨眉山，誓不復粒食，日採松柏啖之，脇不沾席者三年。自是入定，或累月〔三〕不起。嘗趺坐大樹下，溪水横逸，人意師已溺死。越七日水退，競往視之，師燕坐如平時，唯衣濕耳。一日聞伐木聲，通身汗下如雨，笑曰：「妙喜大悟十有八，小悟無算，豈欺我哉？未生前之事，吾今日方知其真耳。」急往求證於公，反覆相辯詰〔三〕甚力。至於拽傾禪榻而出，公曰：「是則是矣，翼日重勘之。」至期，公於地上畫一圓相，師以袖拂去之。公復畫一圓相，師於中增一畫，又拂去之。公再畫如前，師又增一畫成「十」字，又拂去之。公視之不語，復畫如前，師於十字加四隅，成卍文，又拂去之。公乃總畫三十圓相〔四〕，師一一具答。公曰：「汝今方知佛法宏勝如此也。百餘年間，參學有悟者，世豈無之？能明大機用者，寧復幾人？無用和尚謂座下當出三虎一彪，爾其彪耶？然緣在朔方，當大弘吾道也。」無用蓋公之師云。

先是，師在定中，見一山甚秀麗，重樓傑閣，金碧絢爛，諸佛、五十二菩薩行道其中，有招師者曰：「此五臺山秘魔巖也。爾前身修道其中，靈骨猶在，何乃忘之？」既寤，遂游五臺山，道逢蓬首女子，身被五綵弊衣，赤足徐行。一黑獒隨其後，師問曰：「子何之？」曰：「入山中爾。」曰：「將何爲？」曰：「一切不爲。」良久乃没。叩之同行者，皆弗之見，或謂爲文殊化身云。師乃就山建靈鷲庵，四方聞之，不遠千里負餱糧來獻者，日繽紛也。師悉儲之，以食游學之僧，多至千餘人。雖丁歲大儉，亦不拒也。

至正戊子冬，順帝遣使者召至燕都，慰勞甚至。天竺僧指空久留燕，相傳能前知，號爲三百歲，人敬之如神。師往與叩擊，空瞪視不答。及出，空歎曰：「此真有道者也。」夕大雪，有紅光自師室中起，上接霄漢。帝驚歎，賜以金紋伽黎衣，遣歸。明年復召見，命建壇，祈雨輒應。賜「寂炤圓明」之號，賜予一以賑饑乏。詔主海印禪寺，師力辭，名香、法衣之賜，殆無虛日。自丞相而下，以至武夫悍將，無不以爲依皈。已而懇求還山。

洪武戊申，我太祖即位于建業。明年己酉，燕都平。又明年庚戌，詔師至南京，見上於奉天殿。且曰：「朕聞師名久，以中州苦寒，特延師居南方爾。」遂留於大天界寺。時召入問佛法及鬼神情狀，奏對稱旨。又二年辛亥冬十月朔，上將設普濟佛會于鍾山，命高行僧十人涖其事，而師與焉。賜伊蒲饌于崇禧寺，大駕幸臨，移時方還。明年壬子春正月既望，諸沙門方畢集，上服皮弁服，親行獻佛之禮。夜將半，敕師於圜悟關施摩陀伽斛法食。竣事，寵賚優渥。

夏五月，悉鬻衣盂之貲作佛事七日，乃示微疾。上知之，親御翰墨，賜詩十二韻，有「玄關盡悟，已成正覺」之言。天光昭回，人皆以爲榮。時疾已革，不能詣闕謝。至六月四日，沐浴更衣，與四衆言別。正襟危坐，目將瞑，弟子請曰：「和尚逝則逝矣，不留一言，何以暴白于後世耶？」師曰：「三藏法寶尚爲故紙，吾言欲何爲？」夷然而逝。世壽六十五，僧臘五十又九。後三日，奉龕荼毗於聚寶山。傾城出送，香幣積如丘陵，或恐不得與執紼之列，露宿以俟之。及至火滅，獲五色舍利，齒舌、數珠皆不壞。紛然爭取，灰土爲盡。

師體貌豐偉端重，寡言笑，福慧雙足，所至化之。故其在山也，捧足頂禮者項背相望；其應供而出也，持香花、擊梵樂而迎者在在如是，不啻生佛出現，其行事多可書。弟子散之四方，無以會其同，略述其概如此。

師有弟子智通，燕人也，秀發穎異。初爲全真道士〔五〕，知非，遂落髮，從師聞奥旨，隱大乘山。永樂間詔至都，住大天界，後亦危坐而化。爲人端謹神悟，有乃父之風焉。

【校記】

〔一〕璧峰　原作「碧峰」，據明宋濂寂照圓明大禪師璧峰金公設利塔碑銘改，下同。

〔二〕累月　明宋濂寂照圓明大禪師璧峰金公設利塔碑銘作「累日」。

〔三〕辯詰　原作「辯話」，據明宋濂寂照圓明大禪師璧峰金公設利塔碑銘改。

〔四〕圓相　原作「員相」，據前文及明宋濂寂照圓明大禪師璧峰金公設利塔碑銘改。

〔五〕初爲全真道士　明鄒守愚、李濂纂修嘉靖河南通志卷三十五智通作：「初慕全真，謁道者，弗合。」

【箋注】

【一】三藏之文，標月指也　明宋濂寂照圓明大禪師璧峰金公設利塔碑銘：「三藏之文，皆標月之指爾。昔者祖師説法，天華繽紛，金蓮涌現，尚未能出離生死，況區區者邪？」

天界孚中信禪師傳

懷信，字孚中，姓姜氏，明之奉化人。初從延慶半巖全公習教旨義，聲籍甚。久之，歎曰：「教相繁多，浩如烟海算沙，徒自困耳，奚益〔一〕？」因改轍而力禪。參承諸名宿，下語多枘鑿弗合，不勝憤悱。時竺西坦公遷主明之天童，師奔質所疑。竺西一見，知爲法器，厲色待之，不與交一語，師疑愈熾。自是依止不忍去，得豁然焉。

天曆間，住補怛洛迦山，遷大龍翔集慶寺。龍翔，元文宗潛邸也。及至踐祚，建佛刹于其地，棟宇之麗甲天下。未幾毁於火，曇芳忠公新之，功未竟而化。師乃出衣盂之私，補前未備，不日而集成功。雖以名德領鉅刹，不效飾車輿、盛徒御，以自誇衒，始終一鉢蕭然而已。會元政大亂，戎馬紛紜，寺事艱窘日甚。師處之裕如，不以屑意。一旦晨興，索蘭湯沐浴，更衣趺坐，謂左右曰：「吾將歸矣。汝等當以荷法自期，勵精進行，可也。」言畢而瞑。侍者撼且呼曰：「和尚去則去矣，寧不留片言以示人乎？」師叱之而復瞑，侍者呼不已。師握筆書曰：「平生爲人戾氣〔二〕，七十八年漏洩。今朝撒手便行，萬里晴空片雪。」書畢而寂，時丁酉八月某日也。荼毗于聚寶山前，舍利如菽如麻，五色燦爛，雖烟所及處，亦纍纍然生。貯以寶瓶，光發瓶外。

師賦性恬沖，喜溢顔間，生平未嘗以聲色忤人。人有犯之者，頷首而已。然進脩極勤，自壯至耄，默誦法華經一部，雖暑爍金、寒折膠，無一日闕者。屢感蓮花香，滿院芬郁異嘗，非世間者可比。當大明兵下金陵，僧徒風雨散去，師獨結跏宴坐，目不四顧。執兵者滿前，無不擲杖而拜。上嘗親幸寺中，聽師説法，嘉師言行純慤，特爲改龍翔爲大天界。告終前一日，上統兵駐江陰沙洲。上晝寢，夢師服褐色禪袍來見。上還，聞遷化，衣與夢中正同，大悦。詔出内府帛泉助其喪事，且命卜葬。舉龕之夕，上親致奠，送出都門之外。師説有五會語録行世。

【校記】

〔一〕教相繁多浩如烟海算沙徒自困耳奚益　明宋濂大天界寺住持孚中禪師信公塔銘作：「教相繁多，浩如煙海。苟欲窮之，是誠算沙，徒自困耳。」

〔二〕戾氣　明宋濂大天界寺住持孚中禪師信公塔銘作「戾契」。

補續高僧傳卷第十五

吴門華山寺沙門明河撰

習禪篇

明　清遠渭公傳

懷渭，字清遠，晚自號竹庵，南昌魏氏子。實全悟俗姓之甥，法門之嗣子也。生時多異徵。〔一〕誦書攻文，不待師授而知解日勝。全悟喜之甚，亟挽致座下，不數年其學大進。一日，全悟警勵諸徒，衆未有對。師直前肆言，如俊鶻横秋，目無留行。全悟叱之，衆爲駭愕，師氣不少沮。如是詰難，至於二三，全悟莞爾而笑曰：「汝可入吾室矣。」

全悟瀕没，呼而告之曰：「吾據師位四十餘年，接人非不夥，能弘大慧之道使不墜者，唯汝與宗泐爾。汝其勉哉！」全悟既示寂，師肆爲汗漫游，虞文靖公集、歐陽文公玄雅重師文行，僉曰：「是無忝於舅氏也。」師道德形諸篇翰，不知己者，初以文字相歆慕。師笑曰：「佛法與世法不相違背，故以餘力及之，將光潤其宗教爾。苟用此相夸，豈知我哉？」

師出世四坐道場，爲法求人，無少退轉。住淨慈則入聖朝矣，鍾山之會，名德咸集。師一至京師，遂退居錢塘之良渚，問道者接踵而至，不翅住山時。洪武八年十二月，四大若有所惱，召弟子屬以後事，怡然而逝，壽五十九，火化不壞者三。〔二〕

師法語有四會録，詩文有集。善草、隸書，又善鼓琴，同袍以無益諷之，師笑曰：「非爾所知，是亦般若所寓也。」師軀分短小，神宇超朗，終身持誦金剛般若經，未嘗虛日，生平守道弗變。元至正末，避地匡廬，悍兵來索金帛。師瞋目訶之，曰：「浮屠烏有是物邪？」兵怒，拔劍欲殺之。師引頸就劍，兵歎息而去。師偉行甚衆，舉此可例推也。

師住淨慈行化，有陳媪者預夢神僧臨其門。及師至，稽首作禮，願爲尼。師舉大法以開導之，恍然有所悟入。師行未百步，而婦竟與家人别，坐脱而去。非師化道入人之深，何能及此？噫！亦異事也。

【箋注】

〔一〕生時多異徵　明宋濂淨慈禪師竹庵渭公白塔碑銘：「初，清遠之生，有靈芝産于庭槐，占者云：『芝乃靈秀所凝，是子將以文顯乎？』」

〔二〕火化不壞者三　明宋濂淨慈禪師竹庵渭公白塔碑銘：「火化得不壞者三：曰齒牙，曰鉢塞莫，曰室利羅。」

大千照公傳

慧照，字大千，永嘉麻氏子。童年駿利異嘗，聞人誦習契經，合爪諦聽。長老良公度爲弟子，禀持犯於處之天寧。蟬脱萬緣，力究大事〔一〕。首謁晦機熙公於淨慈，一日，閲眞淨〔二〕語至「頭陀石」、「擲筆峰」處默識懸解，〔一〕流汗浹背。即腰包走謁東嶼海公于蘇之薦嚴，反覆辨勘之。師如宜僚擲丸，飛舞空中。東嶼甚嘉之，遂留執侍左右。師以爲心法既通，不閲修多羅藏，無以闡揚正教，聳人天之聽，乃主藏室〔三〕。及東嶼遷淨慈，師分座，表儀四衆。

天曆戊辰，出世樂清之明慶，升座示衆曰：「佛法欲得現前，莫存知解。縛禪看教，未免皆爲障礙。何如一物不立，而起居自在乎？所以德山之棒、臨濟之喝，亦有甚不得已爾。」聞者説懌而去。至正乙未，遷四明之寶陀。尋宣政院署師主育王，師憫大法陵夷，孳孳誘掖，不遺餘力。嘗垂三關語以驗學者。其一曰：「山中猛虎以肉爲命，何故不食其子？」其二曰：「虚空無向背，何緣有南北東西？」其三曰：「飲乳等四大海水，積骨如毗富羅山。何者是汝最初父母？」此第三關最爲峻切，惜未有契其機者。居九年，退于妙喜泉上，築室曰「夢庵」，因自號夢世叟。掩關獨處，凝塵滿席，弗顧也。一日，召門弟子曰：

「吾將西歸矣〔四〕。」屬後事於住持約之裕公，沐浴更衣，書偈怡然而逝，時洪武癸丑十月也。壽八十五，臘七十。荼毗，齒睛數珠不壞，舍利五色爛然者無算。

師三坐道場，有語録若干卷。師智度沖深，機神坦邁，晝則凝坐，夜則兼修淨業。真積力久，至于三際不住，覺觀湛然，非言辭之可擬議。且服用儉約，不如恒僧。雖不與時俗低昂，賢士大夫知其誠實，不事矯飾，多傾心爲外護。其遇學徒一以真率，或以事忤之，而聲色不變動。出語質朴，不尚葩藻，而指意超言外。

嗟夫！禪宗至宋季而敝，膠滯局促，無以振拔精明，使直趨覺路。横川珙公〔五〕當斯時，密授天目法印，持降魔杵，樹真正幢，升堂入室者，不翅受靈山付囑，佛法號爲中興。横川之同門有石林者，奮興實角立東西，共斡化機，西來之道，於斯爲盛。師蓋石林之諸孫也，故其死生之際，光明盛大有如此者，豈無自而然哉？

【校記】

〔一〕蟬脱萬縁力究大事　明宋濂阿育王山廣利禪寺大千禪師照公石壙碑文作「蟬蜕萬緣，誓究大乘不思議事」。

〔二〕真淨　原作「員淨」，據明宋濂阿育王山廣利禪寺大千禪師照公石壙碑文改。

〔三〕乃主藏室　明宋濂阿育王山廣利禪寺大千禪師照公石壙碑文作「乃主藏室於郡之萬

壽」。

〔四〕吾將西歸矣　明宋濂阿育王山廣利禪寺大千禪師照公石墳碑文作：「吾將西歸，汝輩有在外者，宜趣其還。」

〔五〕橫川珙公　原作「橫川璜公」，明宋濂阿育王山廣利禪寺大千禪師照公石墳碑文：「初，橫川珙公入滅之年，師始生；及其受業，又同在瑞光；至於殁也，又同住阿育王山。君子或異之。嗟夫！禪定之宗至宋季而敝，……橫川當斯時密受天目法印……」元一志、元皓等編了庵清欲禪師語録卷九宋濂慈雲普濟禪師了庵欲公行道記：「夫自教外有別傳之旨，竺乾聖人心法授之東土諸師，歷年既多，不能無弊。至於宋季，纖巧卑陋，厭厭如欲絶之人，生氣殆盡。橫川珙公特起於衰微之際，如大獅王哮吼一聲，百獸爲之震掉。君子謂之佛道中興。」又本書卷十二有橫川珙禪師傳，知「璜公」應爲「珙公」之訛，因據改。

【箋注】

【一】閲真淨語至「頭陀石」、「擲筆峰」處默識懸解　語見真淨禪師住廬山歸宗語録，參宋賾藏主古尊宿語録卷四十三寶峰雲庵真淨禪師住廬山歸宗語録：「上堂：『頭陀石被莓苔裹，擲筆峰遭薜荔纏。羅漢院一年度三箇行者，歸宗寺裏參退喫茶。』」

日本德始傳

德始，字無初，日東信州神氏子。幼聰穎，不好弄。遇群兒嬉戲，輒避匿引去，見僧則喜動顔色，從州之天寧大比丘一公祝髪爲沙彌。逮長，詣山城諸刹。既進具，坐探群書，通大意，已而歎曰：「昔吾鄉覺阿上人慧解精絶，善大小乘。一旦捨所學，附商舶抵中土，謁靈隱遠禪師得法。東歸，國人景仰，尊之爲禪祖。予晚生末學，尚何敢高攀逸駕，而望其後塵？然詎可堅守一隅，而卒無聞耶？」因請于其王，得隨國使宣聞溪詣闕朝貢，館於天界寺。久之，聞溪得旨還國。師偕數輩願留華夏參訪求法，許之。

首謁全室泐公，機語契合，爲掌内記。未幾，泐公有西域之行。師失所依怙，聞古幽都山川之勝，意其必有異人居之，拉友遊觀。及足迹殆遍，尋憇慶壽，若有所待焉。越明年，洪武壬戌，獨庵衍公來莅寺事，以師爲法門猶子，延致丈室，相與激揚臨濟宗旨，意甚相得。二十三年庚午，師告去，緇素遮留之，不可。遂西踰棧道，巡禮峨眉。時蜀獻王之國成都，嘉師遠來，邀至咨問禪要，禮遇勤厚。歲丙子，被命出世無爲之大隋，瓣香爲全室嗣，繼遷飛赴。道望彌隆，衲子坌集，室無所容，一住七年，法席幾于全盛。永樂初，獨庵繇左善世正衣冠進階太子少師，念師遠在西蜀，寓書招之。既至，迎歸其第，昕夕論道。六年春，應聘董平坡之席。居再歲，即謝事。十年壬辰，將闢静室爲佚老計。遇太宗皇帝特旨畀領龍泉寺，師欽承明命，蚤夜孜孜以繕修興復爲先務。凡棟宇蠹弊者，伐美材以易之；堦戺頹圮者，購堅甓以完之。丹堊之麗，塗塈之新，比舊有加焉。

先是，獻王與師備買山之貲。師不自有，乃命工以漆布附土偶，肖西方三聖之像，金珠彩色爲之莊嚴，曲盡其妙。又嘗以達官富室所施服玩之具，貿錢數萬緡，造千臂大悲像三軀，授淨信者敬事之。其平昔尤喜賑䘏貧困，薄於奉己，厚於待人。以故四坐道場，囊無餘蓄，楮衾瓦鉢，聊以自隨。斯皆師之狥緣誘物，權巧方便耳。若夫高提祖印，勘辯方來，全體大用，迥出乎言象之表者。微上根利器，或未易窺測焉。後端坐書偈，示寂于退處之金剛室。荼毗，獲舍利百餘顆，晶熒圓潔，塔焉。時宣德四年九月也。

非幻禪師傳

道永，字無涯，非幻其號，信安浮石鄉吴氏子。初娠，父夢明果長老肩輿至門，誕之夕復然，因名之曰「原僧」。信嚮堅定，初識字，日課金剛經一卷。父以宿因，俾入烏石山從傑峰愚公爲僧。初入門，峰問：「何處來？」師答云：「虚空無向背。」峰隨指寺鐘，俾作頌，即口占偈云：「百鍊鑪中滚出來，虚空元不惹塵埃。如今掛在人頭上，撞著洪音遍九垓。」時年十二，峰大器之，即令祝髮，居座下，躬服勞勤弗懈，積久凝滯澌盡。游刃肯綮，所向無礙，遂受印可。

永樂丁亥初，太宗文皇帝有事於長陵，廷臣有言師精於地理學者。徵至，入對稱旨意，大加宴賚，即授欽天監五官靈臺郎，賜七品服，俾莅其事。事畢，將大用之。師懇求願復爲僧，遂擢僧録司右闡教，住南京碧峰寺。未幾，俾住持靈谷寺，恩遇益隆。

庚子閏正月二十八日示寂，時朝廷方于靈谷建大齋，禮官董其事甚嚴。師獨若不經意，其徒怪問之。師笑曰：「自家有一大事甚緊，無暇他及。」至是沐浴更衣，敷坐榻上。二僧捧紙至前，把筆大書偈云：「生死悠悠絶世緣，蒙恩永樂太平年。這回撒手歸空去，雪霽雲消月正圓。」投筆而逝。同官啓聞，有命停龕方丈，十又三日，再遣官致祭，顔面如生。荼毗之夕祥烟彌布，舍利充滿。

師説法簡易剴切，從而歸之者如水就下，至不可遏。連主大刹，率能興墜起廢。至機鋒觸發，往往屈其行輩，聲聞遠邇，亦宗門之巨擘云。

無旨授公傳

可授，字無旨，一號休庵，台臨海李氏子。初教而後禪，親見獨孤明公，爲虎巖伏老嫡孫。出世凡四坐道場，〔一〕皆不出乎台境，諸方將倚之以爲重，競來敦致。師漠然若不聞，作休庵于西塢，日修淨土法門、念佛三昧，且曰：「此即禪定之功也。惡可强分同異哉？」國朝洪武六年，杭中天竺以府侯之命起師，師勉應之。行至錢塘江濱，淨慈諸勤舊相與謀曰：「此大善知識，胡可失也〔二〕？」師衆邀于道，擁居其位。師屢却之，不聽，色頹然〔二〕不怡。時當歲儉，問道者如雲，糗糧〔三〕方患不繼，而施者踵至。居二載而退，歸卧竹院。忽示微疾，端坐西向，召左右謂曰：「吾將逝矣。」或請偈，曰：「吾宗本無言說。」乃合爪連稱佛號，至聲漸微而寂。閱世六十九，僧臘五十。龕留七日，顏貌不變。闍維，齒牙貫珠不壞。舍利光色晶瑩，如金銀水精者徧滿於地，塔而藏焉。

師儀觀雄碩，識見敻卓，其於榮名利養，視之如無物。出專法席，皆迫於不得已。會朝廷設善世院，總統天下釋教事，或勸師求檄以主名山，師笑而不答。然其所莅之處，不以恬退而不加之意，必革其敝習，新其規制，使可貽于悠久。五會語多肆口而說，曾不經思。平居遇物成咏，率出人意表，戒其徒勿以示人。至於尊賢尚德，推己及物，有非人之所及，誠末世大法幢也。

【校記】

〔一〕胡可失也　明宋濂淨慈禪寺第七十六代住持無旨禪師授公碑銘下有云：「天竺尚可致，吾屬獨不能邪？」

〔二〕頹然　明宋濂淨慈禪寺第七十六代住持無旨禪師授公碑銘作「瓶然」。

〔三〕糗糧　明宋濂淨慈禪寺第七十六代住持無旨禪師授公碑銘作「糗粻」。

【箋注】

〔一〕出世凡四坐道場　明宋濂淨慈禪寺第七十六代住持無旨禪師授公碑銘：「元重紀至元六年，出世大雄山之安聖，執香自叙，實上嗣普覺。世人信之，無異辭。閲五年，遷隆恩。又二年，補白巖故處。明年，行宣政院選主龍華，一坐十三春秋。百廢具興，山門爲之改觀。」

德隱仁公傳

普仁，字德隱，蘭溪趙氏子。趙，故名宦家。師生有出塵之思，博極群書。參了然義公于智者，機鋒奮觸，當仁無讓，聲稱籍籍起叢林間。掌記室於東陽輝公，分座説法于南楚悦公、古鼎銘公、月江印公，無弗咨叩，相與辯詰無虛日。徵以宗門機緣，大而沙界，小而毫芒，無不收攝。激揚正法之餘，旁及辭章者，唯覺隱誠公、笑隱訢公爲最密。

元至正乙未，部使者挽師出世金華之西峰。〔二〕時天下大亂，師知事不可爲，鳴鼓而退。及王師聚婺州，駕幸智者，見其山川深秀，而法席尚虛。特詔師住持，不聽。〔三〕詔之南華，不遠三千里致州侯之命，不從。杭之中竺其請如南華，又加勤焉，師惠然欲往。郡守鍾某惜其行，從容問師曰：「佛法有重輕耶？」曰：「否。」曰：「佛法既無重輕，師位寧有崇卑耶？」師一笑而止。

久之，起應淨慈，道聲洪震。方以興壞起廢爲己任，而秘書事起矣。有誣智者寺僧購名畫以歸者，事下刑曹。刑曹以師舊主智者，當知其是非，逮而質焉。事將白，忽示微疾于京師寓舍，屈指計曰：「此八月八日最良，吾將逝矣。」〔三〕至期，整衣端坐而化。閱世六十有四，僧臘五十。

師風指〔一〕孤峭，不樂與非類狎。逢學行之士，輒敬之如賓師。縱無儋石儲，亦必久留不厭。故薦紳服其偉度，樂與過從。善談論，終日不倦。玉貫珠聯，纚纚絶可聽。尤能汲引後進，隨資誘掖，克底于成。有三會語録、山居詩一百首傳世。

【校記】

〔一〕風指　明宋濂淨慈山報恩光孝禪寺住持仁公塔銘作「風旨」。

【箋注】

〔一〕部使者挽師出世金華之西峰　明宋濂淨慈山報恩光孝禪寺住持仁公塔銘：「從部使者之請，出世金華西峰淨土禪寺，瓣香酬恩，實歸于義公，蓋表其所自得也。」

〔二〕特詔師住持，不聽　明宋濂淨慈山報恩光孝禪寺住持仁公塔銘：「戊戌冬，大明皇帝親帥六師取婺州。己亥春，駕幸智者禪寺，見其山川深秀而法席尚虛，特詔師住之。一坐十五夏，唱道之外，小大室宇咸爲補葺一新；別築燕居于寺之西麓，曰濳庵，將有終焉之志。吴元年丁未，處之連雲持公府檄起師主持，不聽。」

〔三〕此八月八日最良，吾將逝矣　明宋濂淨慈山報恩光孝禪寺住持仁公塔銘：「屈指計曰：『今夏五月矣。』左右曰：『然。』曰：『此八月八日最良，吾將逝矣。』」

白雲度公傳

智度，號白雲，處之麗水吴氏子。年十五，慨然有出塵志，父母峻拒之〔一〕。師不火食者累日，若將滅性焉。父母無奈何，使歸禪智寺，禮空中假公剃髮具戒，即寺側楞伽庵深習禪定。每趺坐，達旦不寐，如是者數年。已而歎曰：「六合之大，如此頹然滯一室，可乎？」遂出游七閩，偏歷諸山，無有契其意者。旋浙見靈石芝公于淨慈，又登天目參斷崖義公，談鋒銛利，人莫之敢攖。時無見覩公説法天台華頂峰，大振圓悟之道。師往拜之，一見剜心焉，二二服勤數載，盡揭底藴。無見囑之曰：「昔南嶽十五出家，受大鑑記莂。後得馬祖授之以心法，針芥相投，豈在多言耶？勿掉三寸舌誑人。須真正見解著于行履，方爲報佛之深恩耳。」師佩伏之，弗敢忘。又走長沙，見無方普公。走雲居，見小隱大公，皆無異辭。既而旋福林，與毒種曇、成山欽二公互相策勵，如恐失之。

後從御史中丞章公溢之請，出世龍泉之普慈，衆至八百人。移茅山，遷武峰，從者恒如初。國初吴元年，隱禪智之岑樓。洪武己酉，詔起天下名僧敷宣大法，師與焉。初力辭，戍將强起之。適師至，而會事解嚴，遂還杭。杭人奉師居虎跑，又入華頂。未幾，示微疾，浩然有歸志。四衆堅留之，師曰：「葉落歸根，吾所願也。」遂回福林。五日忽沐浴易衣，索筆書偈云：「無世可辭，有衆可别。太虚空中，何必釘橛？」擲筆而逝。壽六十七，臘五十二。闍維，得五色舍利，塔於院之西。

師靜謐寡言，機用莫測。臨衆無切督之威、嚴厲之色，唯以實相示人。所至之處，人皆欽慕，如見古德，或持香花供養，或繪像事之，不可以數計。見客無懈容，無蔓辭。有問則言，無則終日澄坐。所作偈語，不許人録，故今無傳者。

【校記】

〔一〕慨然有出塵志父母峻拒之　明宋濂處州福林院白雲禪師度公塔銘作：「慨然有出塵之趣，欲就浮屠學。其父德大與母葉氏咸鍾愛師，峻辭拒斥之。」

【箋注】

〔一〕師往拜之，一見刳心焉　明宋濂處州福林院白雲禪師度公塔銘：「問曰：『西來密意，未審何如？』無見曰：『待娑羅峰點頭，卻與汝言。』師以手摇曳欲答，無見遽喝。師曰：『娑羅峰頂，白浪滔天。花開芒種後，葉落立秋前。』無見曰：『我家無殘羹剩飯也。』師曰：『此非殘羹剩飯而何？』無見頷之。」

傑峰愚公傳

世愚，號傑峰，衢之西安余氏子。初從孤嶽嵩公，供灑掃之役。已而爲大僧，謁古崖純公、石門剛公，涕淚悲泣，祈以求端用力之要。二公欣然語之，師佩受其言，不分明暗，兀坐如枯株，時年二十五矣。踏濤江而西，見諸大老，如布衲雍公、斷崖義公、中峰本公，師一一咨叩，下語不契，中心瞀亂。遂止南屏山中，三年不踰户限。聞止巖成公倡道大慈山，亟往謁焉。巖示以南泉三不是語，〔一〕師聞而益疑，仍還南屏，類氣絶之人。行坐寢食，不狥覺知。一夕，聞鄰席僧唱證道歌，至「不除妄想不求真」，豁然如釋重負，舉目洞照，不見一物留礙。喜躍不自勝，〔二〕疾走見止巖。會止巖游姑蘇，趨天池，求證於元翁信公，〔三〕仍歸止巖。止巖喝曰：「何處見神見鬼？」師曰：「今日捉了賊也。」曰：「賊在何處？」師便喝。巖豎起竹篦，命師指名。師便掀倒禪牀，巖曰：「爾欲來捋虎鬚耶？」師作禮，巖連打三下，囑曰：「善自護持。他日説法度人，續佛慧命。」

至順二年，歸西安，住烏石山。澄居攝念，影不出山者一十六載，聲光日振。緇素之士坌集座下，恒至二三千指，至無所容。既而遷廣德之石溪興龍寺，嚮化之盛，不下烏石時。烏石之衆如子失母，力迎其還。適郡境新建佛刹者四：曰古望，曰龍眼〔一〕，曰寶蓋，曰普潤。皆延師開山爲第一祖，師起應之，無不感慕而奮迅。

國朝洪武三年，郡守戍將舉水陸大會，僉謂非師不足拯拔幽滯〔二〕。師勉强成行，竣事而反，示微疾。召門弟子，勉以精進入道，書偈擲筆而逝。越七日，奉全身藏于烏石慈雲塔院。壽七十，臘五十。得法弟子十餘人，無涯永公最著。

師道價傾四方，非惟禪林奔湊，而公卿大夫若太尉高公納麟、兵部尚書黄公德昭、浙江行省左丞老老、江東廉訪副使伯顔不花，或函香致敬，或馳書問道，或上謁親領玄要，得其片言隻字，寶之不翅南金。師之施可謂博矣，使其正席名山，則惠利所被宜益廣，今乃僅止於斯，有識者恒傷之。

【校記】

〔一〕龍眼　明宋濂佛智弘辨禪師傑峰愚公石塔碑銘作「龍眠」。

〔二〕幽滯　明宋濂佛智弘辨禪師傑峰愚公石塔碑銘作「沉淪」。

【箋注】

【一】巖示以南泉三不是語　宋悟明聯燈會要卷四池州南泉普願禪師：「示衆云：『江西馬大師説即心即佛，王老師不恁麽，不是心，不是佛，不是物，恁麽道，還有過也無？』」

【二】喜躍不自勝　明宋濂佛智弘辨禪師傑峰愚公石塔碑銘：「喜躍不自勝，且曰：『佛法元在目前，秖爲太近，故人自遠之耳。』即操觚成偈，有『夜半忽然忘月指，虚空迸出日輪紅』之句。」

【三】會止巖游姑蘇，趨天池，求證於元翁信公　明宋濂佛智弘辨禪師傑峰愚公石塔碑銘：「元翁，止巖之師也。元翁問曰：『上士從何來？』師曰：『大慈。』元翁曰：『大慈鼻孔其深多少？』師卓錫杖一下。元翁曰：『拗折錫杖，爾將何卓？』師因作禮，元翁曰：『爾可歸見止巖。』」

萬峰蔚禪師傳

時蔚，字萬峰〔一〕，温州樂清金氏子。生而室有光，母懼欲弗舉，其姑保而育之。襁抱中見僧輒微笑，作合掌態。年十一，讀法華有省。入杭受具戒，謁止巖禪老於虎跑，俾參南泉三不是，迷悶無所入。抵明州達蓬山，卓庵佛迹古址，力究至忘寢食。一日聞寺主宗律師舉溈山踢倒淨瓶話，忽大悟，偈曰：「顛顛倒倒老南泉，累我功夫却半年。當下若能親薦得，如何不進劈胸拳？」走虎跑呈悟。復之華頂謁無見求決擇，見深肯之，囑曰：「爾年小，且居山去。」

蔚仍還達蓬，單丁十歷寒暑。時千巖長禪師住伏龍山，道望昭著。蔚提包謁之，相見如舊識。慧辯風馳，如天馬行空，不可控馭，巖亦極盡鉗槌之妙。知其已徹，顧謂昭首座曰：「蔚山主頗有衲僧氣象，煩請歸堂。」尋爲第一座。一日，巖陞堂舉「無風荷葉動，決定有魚行〔二〕」，語未畢，蔚出衆震聲一喝，拂袖便行。巖示以偈，有「一喝西江水逆流」之句[二]。既而別巖，住靜嵩山又一紀。巖前後爲手書招之者三，所以愛重期待者甚厚。比至，使分座說法，遂付以法衣。囑云：「汝緣在浙西，可往化導。吾道有寄矣[三]。」蔚奉命入吳，凡三築精藍，卒之玄墓鄧蔚山中，斬蒙冪，結庵居之。久之，四衆歸向，乃搆爲大伽藍，額曰「聖恩」。奔赴者日甚一日，至不能容。蔚隨機演說，俾人人滿意，故人益慕而信之。於洪武十四年正月二十九日坐化，閱世七十有九，僧臘六十。停龕十三日，肢體溫軟，香潔如平時。門人奉全身瘞於庵之西崗。

師貌古神清，髭鬚疎朗。寡緣飾，千巖稱其純粹質樸，有古人風。談道三十餘年，吳人無少長咸知敬慕，有繪像而事之者。平生未嘗讀書，惟以深悟自得。其形諸語默者，俱能刊落浮華而一踐乎其寔。門人請留法語，蔚曰：「從上佛祖諸所言說，句句朝宗，言言見諦。略不肯聽從，況吾言乎[四]？悉付火燼。」門人竊而録其少許以傳。

蔚未化前數日，大衆普集，或以得法承嗣爲問，示偈曰：「慈悲無念，華開果熟。因地分明，慧寶致囑。」蓋記無念學、翠峰華、榮果林、寶藏持四公也。於中學公顯受衣法，後出世開導之盛，無媿于蔚。況受知太祖高皇帝，龍章寵錫，雲漢昭回。法脉淵源不絕，蔚所付得人矣。

【校記】

〔一〕字萬峰　明沈貫慈光寂照圓明利濟萬峰大禪師塔銘作「號萬峰」。

〔二〕決定有魚行　原作「一定有魚行」，明沈貫慈光寂照圓明利濟萬峰大禪師塔銘作「必定有魚行」，語出宋藴聞編大慧普覺禪師語録卷十七：「妙喜亦有箇頌子，雖不甚文彩，却不在湛堂之下：『荒田無人耕，耕著有人爭。無風荷葉動，決定有魚行。』」因據改。

〔三〕吾道有寄矣　明陳亢宗聖恩禪庵開山祖師萬峰蔚公傳作「大振吾宗」。

〔四〕略不肯聽從況吾言乎　明沈貫慈光寂照圓明利濟萬峰大禪師塔銘作「後學初機略不聽從，況吾區區杜田話柄乎？」

【箋注】

〔一〕有「一喝西江水逆流」之句　明沈貫慈光寂照圓明利濟萬峰大禪師塔銘：「鬱鬱黄花滿目秋，白雲端坐碧峰頭。無賓主句輕拈出，一喝千江水逆流。」

德馨傳

德馨，義烏方氏子。幼有超俗志，依千巖長公爲弟子。執侍十五年，恂恂然若闇于機者。聞法要，每嘿識心通。一旦，喟然歎曰：「日月如跳丸，人命如春霜朝露，而久安於此，吾其爲井蛙乎？」乃躡蹻出游吳越間，歷抵大尊宿，求切究，若端元叟、訢笑隱、忠曇芳，咸嘖嘖期許〔一〕。又見瑱〔二〕頑石于石溪。瑱問何處來，對曰：「伏龍。」又問何名，對曰：「德馨。」曰：「有字乎？」曰：「無。」瑱云：「詎不聞乎？『斯是陋室，惟吾德馨。』其字曰『蘭室』，可也。」師欣然作禮云：「謝和尚命字。」拂衣徑出。瑱云：「好箇師僧，只恁麼去。」

乃反伏龍，依長公卒其業，將一紀，長囑之曰：「汝平實地上人，擔負大事。吾將爾望，宜善自護〔三〕。」以至正壬辰杖錫過金華，至城西止焉。其地有泉，曰君子泉，乃宋劉嶠隱處。岡巒迴合，林樾幽鬱，將結茅以居。地主曹仁卿即割以奉，緇白景向，金穀之施不求而至。不數年遂成精舍，其規制一如大伽藍，榜曰「清隱」。歲無一畝之入，而凡供養之需，沛然有餘。諸方參德來視如歸〔四〕。會聖壽缺席〔五〕，僉議非師莫宜補其處，爭相攙勸。不從，則白於郡府强起之，國朝辛丑歲也。婺人瞻戀莫能已，曰：「吾師聖壽何有焉？」乃相率迓之，明年復歸清隱。又十年，洪武壬子冬始化。

師履行誠實，不事緣飾。凡接學者，未嘗一言語相以爲教，以身爲教者居多〔六〕。蘇公平仲歸自南京，往往聞師名縉紳間，因就謁之。延坐室中移時，起居外無一辭。請曰：

「嘗聞長公見客，口如懸河，刹那頃數千言。師其大弟子，顧嘿然如此〔七〕，將不言以餂我耶？抑執德不同，作佛事亦異也？」師曰：「昔吾師未嘗不言，而未嘗言；今吾未嘗言，而未嘗不言。道無隱顯，焉有語嘿乎？」蘇深服之，以爲有道之言。

【校記】

〔一〕期許　明蘇伯衡蘇平仲集卷十一蘭室馨禪師石塔銘作「器許」。

〔二〕瑱　明蘇伯衡蘇平仲集卷十一蘭室馨禪師石塔銘作「真」，下同。

〔三〕吾將爾望宜善自護　明蘇伯衡蘇平仲集卷十一蘭室馨禪師石塔銘作「吾將屬望焉，宜善自護持」。

〔四〕諸方參德來視如歸　明蘇伯衡蘇平仲集卷十一蘭室馨禪師石塔銘作「游方之士來者如歸」。

〔五〕缺席　明蘇伯衡蘇平仲集卷十一蘭室馨禪師石塔銘作「虚席」。

〔六〕未嘗一言語相以爲教以身爲教者居多　明蘇伯衡蘇平仲集卷十一蘭室馨禪師石塔銘作「未嘗假一切言語相以爲教，乃知師於達麽氏之道，庶幾弗畔矣乎。」

〔七〕如此　明蘇伯衡蘇平仲集卷十一蘭室馨禪師石塔銘作「如土偶」。

法秀禪師傳

法秀禪師，不知何許人。見左春坊鄒濟所作般若禪院記中，想見其人，故當時高德，惜無從考始末。記稱：「江寧天王山有佛龕，曰「般若」，在京都城南九十里。山形勢若蓮花，二水環拱于其間。峰巒秀麗，泉清木盛，堪爲阿蘭若地。元大德中，法秀禪師棲禪於此。師得法於千巖長禪師，戒行孤峻，嘗居婺之聖壽，爲第一座。道播諸方，禪衲雲集。至正甲午，太祖高皇帝渡江，聞師名，單騎入山，與語相契，時遣繆總制者送供。久之，師游廬阜，莫知所之，境遂蓁蕪。洪武二十年歲丁卯，上記憶其事，詔工部右侍郎黄立恭選一辦道僧即舊地重新創立。因諭之曰：『我渡江來，曾謁法秀禪師，其僧有見識。』立庵正在蓮葯上，賜名般若禪院。立恭乃舉僧紹義引見受命而去。遠近聞上意所嚮，莫不隨喜輸財助力，未幾而成叢席，即今之般若寺也。」

明河曰：圖記列千巖法嗣，唯萬峰蔚、松隱然耳。安知復有秀哉？如秀者，顯隱之際猶神龍，不可得而繫羈。能使我聖祖僅一見之，不及再見，至念其人，不忘其處，誠足傳持師道，將超然跨蔚而上之天際真人，宜乎聖祖謂其有見識也。故予不能盡無疑于圖記之所見，而於圖記之所未見，寓想增歎之深，不特秀公一人而已。

西竺來禪師傳

本來禪師，西竺其號也，生撫州崇仁裴氏。七歲出俗，十三謁一峰寧公，付以禪觀之法。嘗一定七日，偶聞人讀清淨經，豁然有省。頌云：「幾年外走喪真魂，今日相逢迥不同。身伴金毛石獅子，回頭吞却鐵崑崙。」似一峰，峰用本色鉗鎚痛與錐劄，示以偈曰：「青山疊疊雨濛濛，獅子金毛撥不通。我也自知時未至，十回放箭九回空。」頃峰示寂，師於定中與峰相見，作轉語數十，打破水碗，遂出定而垂淚噓歎。因往金山見慈舟濟禪師，方得決了，遂嗣焉。舟以深居巖穴爲囑，師奉以周旋。

越後寧藩聞師道邁，以禮三請，師不赴，且欲深隱。寧藩恐竟失師，因進書問道要，師拈方便語示之。藩信受，奉八字師號以尊顯之，從兹道譽偏寰區矣。乃走盱江黎川，隱壽昌禪院，學者踵集。復入閩之杉關，趨赴有加。蓋以雷聲雖遠，聞者自震。雖欲痛晦埋踪，不可得也。衆至無所容，主事措置土木，工甫畢，師焚香趺坐，索筆書偈云：「這个老乞兒，教化何時了。顛顛倒倒任隨流，是聖是凡人不曉。咄！來來來，去去去。海湛空澄，風清月皎。」擲筆泊然就逝。閱世六十八，僧臘五十五，時永樂壬寅十月八日也。

如皎傳

如皎，字性天，四明周氏子。七歲患腸癰，醫剥生蟾蜍以治。師見惕然，曰：「物我皆命，奈何害之〔一〕？」奪而縱去。父母奇之，曰：「必佛種也。」乃命出家，禮正庵中公爲師，而落髮焉。隨侍正庵入京，參同庵簡禪師于天界，典藏鑰。究楞嚴，晝夜講讀不輟，過勞得咳血疾。【二】同庵謝世，值正庵主饒之景德，師侍行，舊疾亟增〔二〕，欲還天界養病。正庵曰：「吾方賴汝匡輔，若去，我獨處此，無益也。」遂退席偕還，疾愈。聞古拙俊公居繁昌，乃函香而往。古拙命參無字話，復還天界，立誓不出山，禁語千日。

永樂丁亥，會古拙奉詔旨天界山居終老，師幸親炙。一夕夜靜，推簾見月，驀然有省〔三〕，歎曰：「元來得如此也〔四〕。」翌日見古拙，入門不作禮，震威一喝。古拙曰：「皎上人，今日冷灰豆爆，莫是貧人得寶耶？」師曰：「寶即不得，得即非寶。」曰：「憑何如此？」師即趨前問訊，退位叉手立。古拙曰：「父母未生前，畢竟如何？」師屹然一默。良久，古拙曰：「還我向上句。」語未絶，師以衫袖蒙首趨出，呈偈云：「午夜推簾月一彎，輕輕踏破上頭關。不須向外從他覓，只麽怡怡展笑顔。」古拙閲之，以掌撫師背，曰：「此正是持不語底人也〔五〕。」述伽陀爲之助喜。【三】遂歸侍正庵。俄正庵示寂，乃飄然度嶺，至西坑築庵居之，影不出山者二十年，坐死關千日。宣德壬子，武林請主虎跑，不應。祖堂幽棲復固請之，不獲已一出，據猊提唱，學徒雲集。將終，集弟子曰：「文章佛法空中色，名利身心柳上烟。惟有死生真大事，殷勤了辦莫遷延。」復問云：「死生既大，汝等且道如何了辦？」衆不能對。徐云：「我今無暇爲君説，聽取松風澗水聲。」言訖而逝。壽七十。徒衆奉全身塔於庵之左隴。

師儀狀魁偉，性格清奇。度量含弘，戒簡〔六〕堅峻，口不言人過失。徒衆越度者，惟以冰顔示之，待其自化。有犯之者，怡然不與較。兼涉外典，平日漫成偈語，無非祖意〔七〕以示人。光明顯赫，近古耆宿難與爲比也。

【校記】

〔一〕奈何害之　明倪謙倪文僖公集卷三十二故性天皎禪師塔銘作「忍害之乎」。

〔二〕舊疾亟增　明倪謙倪文僖公集卷三十二故性天皎禪師塔銘作「舊疾增劇，不能安禪」。

〔三〕驀然有省　明倪謙倪文僖公集卷三十二故性天皎禪師塔銘作「驀然觸破同庵舉拂子因緣」。

〔四〕元來得如此也　明倪謙倪文僖公集卷三十二故性天皎禪師塔銘作「原來佛法初不離見聞也」。

〔五〕此正是持不語底人也　明倪謙倪文僖公集卷三十二故性天皎禪師塔銘下有云：「汝既得之，且可去水邊林下頤養道胎。」

〔六〕戒簡　明倪謙倪文僖公集卷三十二故性天皎禪師塔銘作「威檢」。

〔七〕祖意　明倪謙倪文僖公集卷三十二故性天皎禪師塔銘作「發明祖意」。

【箋注】

【一】過勞得咳血疾　明倪謙倪文僖公集卷三十二故性天皎禪師塔銘：「或曰：『與其劬神若是，孰若禮教外單傳，豈不省力？』師聞之，即往方丈叩決。同庵舉拂子示之，師茫無領會。」

【二】述伽陀爲之助喜　明倪謙倪文僖公集卷三十二故性天皎禪師塔銘：「亦以『性天』二字述伽佗爲之助喜，云：『皎然心地冷如霜，肯爲時流錯較量。性即是天元一體，旃檀不刻也馨香。』」

香嚴澄禪師傳

覺澄，山後蔚州人。十歲不茹葷，從雲中天暉昶公落髮。痛絶〔一〕人事，閱大藏，越五寒暑乃周。後因提無字話有省，道譽隆起。鉅卿名公交薦之，住南陽香嚴寺，大爲人所歸。逾年棄去，上西蜀，游江南，受大戒於杭之戒壇。還登太岡山，訪月溪和尚。又入投子，禮楚山琦禪師，遂獲印記。

俄而别去，養靜〔二〕固始之南山。星霜頻易，又往五臺，禮文殊，請光瑞〔三〕，得如所祈，密有感悟。還鄘城，逢天界首座清寧，請居高座寺。寺後即雨花臺，梁雲光法師講法華天雨花處。師遐繼芳躅，善於開導，鍵閉山居十餘載。足不躡城市，而聞風者從化。有藥師科儀、雨花集行世。成化癸巳八月九日，端坐夷然而化。少息，衆皆凄泣。又徐開目曰：「不須如是。」復瞑目長往。

【校記】

〔一〕痛絶　明葛寅亮金陵梵刹志卷三十四金潤古溪澄禪師誌略作「杜絶」。

〔二〕養靜　明葛寅亮金陵梵刹志卷三十四金潤古溪澄禪師誌略作「棲禪」。

〔三〕光瑞　明葛寅亮金陵梵刹志卷三十四金潤古溪澄禪師誌略作「瑞光」，是。

無念傳附一覺

無念學公，德安陳氏子。九歲出家，禮無極和尚爲師。東游姑蘇，見萬峰蔚禪師，一喝下領旨。萬峰出法衣，説偈送之。歸寶林寺，道聲藹著，遠近翕然宗之。寶林當四會之衝，天兵征陳友諒，寺燬，緇流盡散，唯學一人守之。荒墟蔓棘，弔影數年。暨我聖祖削平僭僞，奄有四海，偃革崇文，聿興吾教，學有復創之志焉。於是善信雲集，向化風從。不三四年，寶林金碧掩映，如化樂天宮矣。洪武十五年，孝慈皇后陟天，楚藩，建大會，集千僧於洪山，學在焉。王見而異之，遂留邸館，建九峰寺居之。學具福德相，行慈悲行，人見之意消，故有不言而化者。是能倡大緣，舉大刹，皆一呼而應，成之之易，如掇之也。

當道者薦於朝，聖祖召見便殿命坐，應對稱上意，禮遇隆渥。欲留主京刹，固辭弗受。厚賜，遣中官送還。二十九年，再遣中官奉御製懷僧詩文一軸、松花實各一器至山，諭慰彌至。敕曰：「前者僧無念戒行精於皎月，定慧穩若巍山。暫來一見，去此嘗懷。懷之不已，遣人就見，特以松實供之，兼以詩勞之。」云云。又賜僧無念九歲出家詩，學皆如韻和之以上。上覽之大悦，自是深信吾道，頗亦省刑寬法矣。永樂四年示寂，閲世八十有一，二塔全身於九峰獅子巖之陽。

一覺，祝髮精修，嘗刺血書雜華經八十一卷。善吟咏，有寒泓稿。與太子正字桂彦良游，甚厚。一日，彦良侍上文華殿。上問：「爾在鄉里與誰游？」對曰：「有僧覺性，原嘗與游，有詩贈之。」因誦詩，上稱善。即賜和，命考工監丞徐瑛書之，寄贈一覺焉。

無念受知天子，見禮親王，極一時之盛，全以實行感動。至一覺，則以桂重也。然一覺固有所以取重於桂者。儒尊士行，僧貴德業。我聖祖敬德慕道之心，世出世間一揆，深得靈山付囑之意。即師號一節，在宋元時，何其紛紛也。至我朝，卷迹一掃。故歷代帝王護法尊僧，非不及則過之，唯我聖祖爲體道得中云。

【箋注】

【一】永樂四年示寂，閲世八十有一　明周永年撰鄧尉聖恩寺志卷四釋弘璧無念勝學禪師傳：「無念勝學禪師，萬峰嗣，德安府隨州應山人。父姓陳，母周氏，元天曆元祀戊辰八月十九日子時生，……永樂三年乙酉十一月二十九日，師説偈曰：『世尊七十九，無念八十邊。打破華藏海，依舊水連天。』儼然而逝。世壽七十八，僧臘五十七。」元天曆元祀爲公元一三二八年，永樂三年爲公元一四〇五年，則其世壽應爲七十八，逝年在永樂三年。明淨柱輯五燈會元續略卷三武昌府九峰無念勝學禪師云「永樂三年乙酉三月二十九日説偈」，明釋元賢輯繼燈録卷六武昌府九峰無念勝學禪師言「永樂三年乙酉三月廿九日説偈」，明通問編續燈存稿卷九瑞州九峰無念勝學禪師曰「永樂三年一日集衆説偈」，雖於逝世具體日期有所不同，但逝於永樂三年似可無疑。

楚山琦傳

紹琦，字楚山，唐安雷氏子。生自不凡，慎動止，寡言笑。九歲出家，從玄極和尚學禪，後獲印于東普無際禪師。正統六年，再參東普。普問：「子數年住何處？」曰：「我所住處廓然無定。」普曰：「有何所得？」曰：「本自無失，何得之有？」普曰：「莫不是學得來者？」曰：「一法不有，學自何來？」普曰：「汝落空耶？」曰：「我尚非我，誰落誰空？」普曰：「克家須是破家兒。」〔一〕至晚復召入，詰之曰：「汝將平昔次第發明處告我。」師悉具以對。普曰：「還我無字意來。」師偈答曰：「這僧問處偏多事，趙老何曾涉所思？信口一言都吐露，翻成特地使人疑。」普曰：「如何是汝不疑處？」曰：「青山緑水，燕語鶯啼。歷歷分明，更疑何事？」普曰：「未在，更道。」曰：「頭頂虚空，脚踏實地。」普召弟子鳴鐘集衆，取袈裟、拂子授之。

師容止莊重，雖宴居如對清衆。具擇法眼，勘驗學者，百不失一。門徒數十人，唯寶山金者深入堂奥。讀師語録，直捷簡明，不在古人下也。

【箋注】

【一】克家須是破家兒　明袾宏輯皇明名僧輯略楚山琦禪師行實：「曰：『我尚非我，誰落誰空？』普曰：『畢竟事若何？』曰：『水淺石出，雨霽雲收。』普曰：『莫亂道，只如佛祖來也不許。縱爾横吞藏教，現百千神通，到這裏更是不許。』曰：『和尚雖是把斷要津，其奈勞神不易。』普曰：『克家須是破家兒，恁麽幹蠱也省力。』

古庭傳附淨倫

善堅，姓丁氏，永樂甲午生於滇城南郭。其夜紅光異香，充盈户室。十歲入五華寺，禮宗上人爲師，易名善賢。〔一〕十九參柏巖禪伯〔二〕，自是習坐不輟。巖異之，勉持觀音名號。宣德二年，巡按御史張公善相，謂諸老宿曰：「此子非凡間人，三十後當佩祖印。諸德宜善視之〔三〕。」庚戌走金陵謁無隱道和尚，示師「萬法歸一」話，力究數年。偶閱圓覺經至身心俱幻，劃然自釋，云：「離此身心，誰當其幻？」「目前境物〔三〕，非我之留。死去生來〔四〕，安可息也？」乙卯抵貴州蘿擁山〔五〕，因入蜀，脇不至席者數年，遂大悟。正統間，無際奉詔住隆恩，師袖香見之，獲印記，付信衣拂子，更號古庭。天順間，住浮山，從化者衆。師之玄言妙行，不獲悉紀。觀師所著閑閑歌，則知其概矣。歌曰：

「君不見，我閑處，我閑閑處閑閑餘，疊嶂重巒鎖碧居。松頭每夜銀蟾暉，放出清光炤我闥。望高巔，見遠水，千山萬山何已矣。環烟四絶境空如，坐卧繇吾心自主。閑中閑，誰理會？山中更有深深地。雨過山青色更佳。滿巖烟霧多蒼翠。禪欲參，道欲學，不學不參惟快活。絶無人事與相關，雅有鳥猿聲聒聒。這閑翁，何所據，年來日去誰相似？聰明知解没些兒，破衲蒙頭惟一味。君不知，我閑趣，萬論千經徒指註。世尊良久落人機，見影追風猶累墜。不無無，何有有？一見明星顛倒走。銕牛日午過秦川，木馬追風夜半吼。閑自在，身幾幾，百年之事一彈指。富貴功名總屬空，古今多少皆如此。衆生心，諸佛性，生生死死何時定？老胡掘地陷人坑，似與鉢盂安把柄。閑中閑，説向人，但得心安莫慮貧。眼空四海無相識，唯見依依嶺畔松。閑散誕，忒蹉跎，未嘗開口念摩訶。總是閑情閑不過，大平無事且閑歌。」

又有山雲水石集盛行於世。暮年返滇，建歸化禪林，以弘治六年癸丑七月二十日遷化，肉身如生，四衆龕而奉之。

淨倫〔五〕，號大巍，師門人中之皎皎者。鋮芥投於浮山，道化被於南服。黄慎軒太史輝極其歎美，謂：「古庭、大巍皆宗門開士，有遠録公之遺風焉。」

嘗以詩寓道，山居吟云：「無事山房門不開，土堦春雨緑生苔。此心將謂無人委，幽鳥一聲何處來？」

補續高僧傳卷第十五終

【校記】

〔一〕十九參柏巖禪伯　明劉文徵滇志卷十七古庭作「年十九復禮柏巖，改名善堅」。

〔二〕諸德宜善視之　明周理編曹溪一滴明古庭善堅禪師作「爾老僧輩亦當加額」。

〔三〕目前境物　明劉文徵滇志卷十七古庭上有「後得宿智，又曰」。

〔四〕死去生來　明劉文徵滇志卷十七古庭作「生死去來」。

〔五〕蘿攡山　原作「攡蘿山」，明劉文徵滇志卷十七古庭作「蘿攡山」，又明陶珽輯古庭禪師語録輯略卷一行脚：「這僧見我燒了心要，他說：『蘿攡山老和尚，三十餘年不出山。』」因據改。

〔六〕淨倫　明劉文徵滇志卷十七淨輪作「淨輪」。

【箋注】

【一】十歲入五華寺，禮宗上人爲師，易名善賢　明劉文徵滇志卷十七古庭：「七歲出家，禮此宗和尚，授名善賢」。

補續高僧傳卷第十六

吴門華山寺沙門明河撰

習禪篇

明　翠峰山公傳附圓月　明律

德山，號翠峰，關陝西夏人。幼質朴，深慕禪悦。年三十始出俗，從靈南牛首寺海公爲弟子，束戒縛禪，日積月磨，漸有契會。海公就化，師得以自便，因遍參叢席，足迹殆半天下。雖歷諸禪老鉗椎，而礙膺之物終未脱然。偶遇古峰上人，憫師爲道之勤，勸見寶月潭公。潭公爲時大禪伯，聲光顯著。一見相契，遂示以法要。且曰：「子期心固遠，然終欠一番徹骨在，必過此一番，死中發活，始可面目向人，出言吐氣，皆有著落。不然徒使伎倆，了没交涉也。」師聞忽醒，即日辭去。入伏牛山，傍崖結茆，日食麩糠草根，不知身爲何物。如是六年，而豁然融貫。

瓣香爲潭公嗣，不忘所本也。自是遠近奔赴，法席大張，相從者動以千計。以衆盛故魔起，浮言上聞，天威震怒，衆皆爲師危之。或勸師暫避，不從。安坐丈室，略無懼色，而卒亦無他。此在都門吉祥寺時事也。既而捨衆歸伏牛，而衆終不捨師，故伏牛之衆視吉祥爲尤盛。説法三十餘年，度人不可稱記。一旦謂衆曰：「歸歟！歸歟！吾北人，歸化首丘，吾之願也。」遂還京，居延壽。延壽在吉祥東，師所創也。未幾而寂，年八十有一。弟子奉全身瘞於寺普同塔〔一〕之後。

師梵貌頎偉，觀視凝定，喜怒不形于色，有容人之德。學子不諭其意，師諄諄爲教，必使達之而後已。持身甚約，所蓄無長物，得檀施輒緣手盡，以廣二田，若於己無與焉者。有爲師贊者曰：「有風斯清，有月斯明。猗歟翠峰，玉振金聲〔二〕。」師實録，當之無愧。

圓月，字印空，姓熊，京師人。入翠峰之室，栖伏牛山，久之有得。性光顯露，闢道場開法，學子麏至，聲聞九重。被命於慶善戒壇，爲受戒者宗師。

明律，字三空，姓龔氏，順天人。亦嘗有聞於翠峰者，翠峰在伏牛，律結茅玉皇垛中，修念佛三昧。開龍興寺，率衆煉魔。晚住杭州虎跑寺，甘淡務實，於時無兩。萬曆乙卯入滅。

【校記】

〔一〕普同塔　明俞鸞明故翠峰禪師碑文作「普通塔」。

〔二〕玉振金聲　明俞鸞明故翠峰禪師碑文作「磐石斯銘」。

毒峰善傳天淵湛附

季善〔一〕，祖鳳陽人，隨任生於廣東之雷陽。父姓吴，母鍾氏。稚小以佛事爲兒戲，十七出家。初投源明和尚，明示以無字公案，囑云：「須發大願，以自護持。」〔二〕師便發願：「若生死不了、大事未明，遺棄修行，貪著名利，死墮阿鼻地獄，受苦無量〔二〕。」正統八年，入閩〔三〕參無際，閉關力究。關中不設卧牀，安一櫈，誓不倒身，以悟爲則。昏沉來，因去櫈，立誓不坐，不近牆壁，遼空徑行。一朝聞鐘聲，忽悟，説偈云：「沉沉寂寂絶施爲，觸著無端吼似雷。動地一聲消息盡，髑髏粉碎夢初回。」見蒙隱、楚山二老，又見月溪，溪印可之。

天順庚辰，趙氏建西湖三塔寺，請師開山。繼興天目昭明，繼興吴山寶蓮，繼興南山甘露。成化庚子，掩關石屋寺。壬寅，慈雲嶺有寺曰天真，僧宗綱請師興建。事竣，即掩關杜人事。

師一生苦功，無與倫比。雖得相應，而勤持彌督，涵養淘汰，至老無替，有「四十餘年秖掩關」之句。示寂後，真身覆以缸龕，藏天真石洞中。門人輯師言論行實爲三會語録云。

福湛，號天淵，楚人也。居蓬溪智林，亦以勤苦入道，獲印於月溪。後開堂弘化，大爲楚蜀學禪者所歸。有法語二卷，曰天淵録。七十七歲而化。「倒騎鐵馬吼西風，明月清風一様同〔四〕」，師偈也。月溪之門，自不乏人。語孤硬之風，二師爲最。

【校記】

〔一〕季善　明悟深編集天真毒峰善禪師要語普説行脚作「本善」。

〔二〕若生死不了……受苦無量　明悟深編集天真毒峰善禪師要語普説行脚作：「若我生死未了、大事不明，輒便抛棄修行，貪著名利，當墮阿鼻大地獄中，受無量苦。」

〔三〕入閩　明悟深編集天真毒峰善禪師要語普説行脚作「入川」。

〔四〕倒騎鐵馬吼西風明月清風一様同　明陳講纂修嘉靖潼川志卷八福湛作：「七十七年一笑終，倒騎鐵馬吼西風。我今脱殼飛騰去，明月清風一様同。」

【箋注】

〔一〕須發大願，以自護持　明悟深編集天真毒峰善禪師要語普説行脚：「觀你根器有異於人，他日後必有悟道之日。切莫中途被人哄去做長老，棄卻修行，誤你生死大事。須發大願，以自護持。」

法舟濟傳

道濟，字法舟，張氏子，生檇李思賢里。少爽拔，未嘗入鄉較，而義辯宿成，爲里中所異。年十八，忽猛省，白父母求出俗，勿許。遂日夜坐，不事生産。又三年，潛入天寧寺爲行者。時默堂宣禪師受月舟和尚法印，歸自繁昌，法筵龍象，蹌蹌濟濟。師服勤之餘多所諮訪。久之，詣東禪，依昂公薙染。昂法叔吉庵祚禪師者，默堂子也，知見精確，而道行清苦。師折節事之，古德入道因緣，朝夕參叩，以爲不至古人休歇田地不止。偶行廊廡間，聞佛殿磬聲，豁然契悟。尋趨方丈，庵望見，笑曰：「子著賊也？」師曰：「賊已收下。」曰：「贓在甚處？」師振坐具，曰：「狼籍狼籍。」曰：「這掠虛漢，狼籍箇甚麼？」師一喝歸衆，庵喜，印可之。繼謁古印、雲峰諸師，日益深奥。自是應機演化，雷動電激。章縫緇素，諸乞言者憧憧然水陸並湊，無虛日矣。

嘉靖初，衆〔一〕請出世於金陵安隱寺。上堂，舉拂子召大衆云：「見麼？」又擊拂子云：「聞麼？既是舉起便見，擊着便聞。妙真如藏，非思非議，應用靈靈〔二〕。奇哉奇哉！

汝諸人自不丈夫，顧乃傍人門户求知求見，韜晦家珍，甘爲寒乞，將謂諸聖别有奇特也。廣額屠兒，颺下屠刀，便云我是千佛一數，豈有曲折作知見耶？丈夫子，何不恁麼便擔荷去？」其指法徑要，大都類此。

性恬静，未嘗誤干謁，隨緣遷轉，前後二十餘所。解包之後，不更出門户。處大衆，折大疑，無礙之辭波騰雲涌。夜以繼日，曾不少倦。而燕閑之日，泊然危坐，若不解語者，此其大凡也。

師心精泯合，時靈感通，以至咒移井石，錫出山泉。説法則蛙入晨牕，入定則神來夜室。自避倭之後，任真而放，雅同流俗，嬉笑怒駡，縱横自調而人不能測矣。庚申秋，寢疾且革，或勸起坐説偈。師曰：「此皆文飾，非吾事〔三〕也。」以手摇曳而逝。年七十四，臘五十二。荼毗後，塔其骨於别室中。所説法語、偈頌等若干言，門人正雨輩集而梓行。

【校記】

〔一〕衆　方澤法舟濟和尚行狀作「中貴人張永」。

〔二〕靈靈　方澤法舟濟和尚行狀作「泠泠」。

〔三〕吾事　方澤法舟濟和尚行狀作「無事」。

月心寶公傳

德寶，字月心，金臺錦衣衛族。父吴公，母丁氏，舉師於正德壬申年。既冠，偶過講肆，聞法師講華嚴大疏，至十地品初地菩薩捨國城妻子頭目髓腦處，發憤歎曰：「千古猶今，同一幻夢。富貴功名〔一〕，縱得奚益？」遂投廣慧院能長老出家。既祝髮具戒，知有向上事，不自便休，必期真悟。即腰包行脚，一時老宿號稱明眼者，罔不蒙參而户謁，指點功夫，揩磨見地，造詣日益深密。

後因寶峰指，見關子嶺〔二〕和尚。入室次，連下語數十轉，皆不契。師心路俱絶。一日因洗菜水邊，忽一莖墮水，隨水圓轉，捉之不著，忽有省。喜甚，提籃歸，見嶺立簷下，問師：「是甚麼？」曰：「一籃菜。」嶺曰：「何不别道一句？」師曰：「請和尚别問來。」嶺復詰以靈雲桃花、趙州柏子，皆隨問而答。復問玄沙不肯話，師隨聲便喝，拂袖而出。次早入室問訊，侍立頃，嶺顧視傍僧曰：「汝等欲解作活計，這上座便是活樣子也。」師即震喝而出。

後復同爽庵參襄西大覺圓和尚。覺門庭孤峻，自辦粥飯始許掛搭，親炙四五月，語言無滯。覺曰：「若以今時諸方，子當絶類，爲不可測人。今則不然，老僧將你爛熟底一則因緣問你。外道問佛：『不問有言，不問無言。』世尊良久，外道便大悟佛旨。且既不涉有無，良久亦是閑名，正恁麼時，外道大悟箇甚麼？」師擬答。覺急以手掩師口，曰：「止止，猶更掛齒在。」師豁然頓省，乃曰：「可謂東土衲僧，不如西天外道。」自是名震海内，海内禪子皆奔走座下矣。

師隨緣開化，靡定所居。有語録四卷，曰笑巖集。笑巖，師别號也。鄧定宇曰：「笑巖上堂，棒喝縱横矣，卒無一人承當。即笑巖不失，利安在？爲時雨而化，無亦婆子心切歟？」晚年屏居京師柳巷，幾至結舌亡鋒，而具真實，爲生死心者，亦不惜爲一見。如師者，固末世之光明幢也。以萬曆辛巳正月示寂，閲世七十，僧臘四十有九。〔二〕塔全身於城西之北門〔三〕。

【校記】

〔一〕富貴功名　明曇芝編笑巖寶祖語録南集下行實作「富貴功名，莫道不得」。

〔二〕闗子嶺　原作「闗于嶺」，據明曇芝編笑巖寶祖語録南集下行實、明淨柱輯五燈會元續略卷四北京笑巖月心德寶禪師、明通問編續燈存稿卷十北京善果月心笑巖德寶禪師改。

〔三〕北門　羅汝芳月心禪師塔銘、明淨柱輯五燈會元續略卷四北京笑巖月心德寶禪師、明通問編續燈存稿卷十北京善果月心笑巖德寶禪師作「小西門」，是。

【箋注】

【一】閱世七十，僧臘四十有九　明淨柱輯五燈會元續略卷四北京笑巖月心德寶禪師作「臘四十八夏」，明通問編續燈存稿卷十北京善果月心笑巖德寶禪師作「臘四十有八」。明通問編續燈存稿卷十北京善果月心笑巖德寶禪師：「年弱冠，偶詣講席聽講華嚴大疏，至十地品不覺身心廓然，歎曰：『千古同一幻夢耳。』遂決志出家。逾年往從廣惠大寂能祝髮，明年受具。」明淨柱輯五燈會元續略卷四北京笑巖月心德寶禪師：「年二十二，遂禮廣慧寺大寂爲師，祝髮受具，唯道是慕。」明曇芝編笑巖寶祖語錄南集下行實：「弱冠偶踰禪林，幸瞻講肆，……復及歲餘，家纏絆斷，就于本境廣惠禪林傾禮大寂能和尚爲師，祝髮衣緇……越歲孟夏，禮壇具戒。」則其具戒當在二十二歲。以此計之，其僧臘當爲四十八。

常潤　善真二師傳

常潤，字大千，號幻休，江西進賢黄氏子。幼失二親，從從父〔一〕出游。遂入伏牛山〔二〕出家，學攝心，浮泛不得力，誓遍參。南詢萬松林公於徑山，折而入都，聽松、秀二法師講楞嚴，至「圓明了知」處，忽有省。復謁大方蓮公，最後入少林，參宗主小山書公，言機相合如函蓋。究進之力，日益精勇。一日舉洞山過水頌請益，公詰之曰：「既不是渠，畢竟是何人？」師于言下霍然，以偈答曰：「若要識此人，有箇真消息。無相滿虚空，有形没踪迹。曾爲佛祖師，嘗作乾坤則。龜毛拂上〔三〕清風生，兔角杖頭明月出。」公囑令加護。未幾辭去，公授之偈，以少室相累，師謝未遑。及公歸寂，大衆迎師于都門，三辭不獲已，乃赴。座下士七百人，聞所未聞，得未曾有，咸謂寶鏡重光，先堂頭付託得人矣。嘗遊五臺，講法華於壽明寺，衆見白光繞座。偶行路次一精舍，衆沙門羅拜稱祖師，云：「昨夢伽藍神掃門，曰日祖師過此，今師適來。」師笑曰：「祖師過去久矣。」

師居堂頭位且久，卓然有古人之風。大司馬汪公道昆謂師「魁然修碩，容止莊嚴。其嚮應如洪鐘，其普度如廣筏，其砥波流如山立，其隨機而顯化如珠走盤。至其禀獨覺，覺群迷，日孳孳然以道自任云云」，信非虚語也。以萬曆乙酉歲四月示寂，大宗伯陸公樹聲文其石以頌德。

善真，字實相，南昌人，姓熊氏。參幻休而未盡幻休，人疑爲不及休，或以爲過休者也。幼業儒而不安於儒，每以三教誰尊問人，人以佛對。遂棄儒，往廬山禮湛堂和尚祝髮，雅志參訪。初游閩之武夷，聽默庵禪師提唱公案，竟月無入，乃以己臆下視諸方。既而悔之，游楚興國州，建一寺，葺清規，安衆其中。太守任公奉事惟謹，道望翕然。甫及期，捨去，入少林，謁休和尚參機緣。往返不薦，曰：「且作長行粥飯僧，雖然，此老真吾師也。」故其後所游至，皆稱少林焉。

自是行蹤益遠，遍歷吴楚滇蜀。禮南華之塔，訪雞足之衣。天台雲、峨眉雪，皆師杖間物耳。抵贛州，疾作，命在呼吸，兀坐不睡。其徒明空進曰：「師曾講觀法如指掌，今何以臨渴掘井？請放開，養疾爲正。」師首肯。疾愈，囑徒曰：「父子上山，各自努力。」因入頂山獨棲，以藿葉爲衣，野菜爲食。適於雪夜負薪，霍然有省。住三年，入終南雲霧山，居九石坪。人云此坪不開久矣，曾有六七人入坪採木，死於虎。師不爲意，捫蘿剪棘，露坐七晝夜。稍開一徑於坪，建一室，名「蘿月山房」，修靜其中。雖絶粒經旬，處之夷然自得也。時休和尚已化，聞之爲位拜哭，歎曰：「先師一把椅子可惜。」或曰：「師得無有餘念乎？」師曰：「此處安容，念爲祖庭所繫，不爲人耳。」

未幾，入秦游太白山、靈山。將之華山，講道德、南華二經，爲士大夫延回漢南，講首楞嚴。仍入蜀廣元縣漢王山靜居，頓成叢林。已應雪峰、寧羌二講，未久，門人請還漢王山。乃以萬曆戊戌五月示寂，遺言有樂志論、一行三昧説及淨土應驗、山房夜話、詩偈雜作傳於世。紫柏尊者曰：「真禪師持行高潔，與余意氣相期。惜不得與之雅遊，僅於峨嵋一交臂而失之。曾投一偈，冀續後緣，而今則已矣。世之君子，試讀其樂志諸篇，可想而見也。」師住峨嵋卧雲臺時，達師曾過訪之，故及之云。

【校記】

〔一〕從從父　原作「從父」，然前言「幼失二親」，不得從「父」出游，明汪道昆太函集卷六十少林寺總持空門幻休潤禪師塔記銘作「幼倍二親，而從從父賈出而周游」，因據補。

〔二〕伏牛山　原作「佛牛山」，明汪道昆太函集卷六十少林寺總持空門幻休潤禪師塔記銘作「乃入伏牛山禮平公祝髮」，明淨柱輯五燈會元續略卷一西京少宗幻休常潤禪師作「乃入伏牛山禮坦然平公祝髮」，明通問編續燈存稿卷十一西京少室大千幻休常潤禪師作「遂往伏牛山從坦然平祝髮」，因據改。

〔三〕拂上　明淨柱輯五燈會元續略卷一西京少宗幻休常潤禪師、明通問編續燈存稿卷十一西京少室大千幻休常潤禪師作「拂子」。

孤月禪師傳

淨澄，燕京西河張氏子。生時，偶一僧至門，厥父喜，即請安名。僧曰：「此兒非常，應名清正。」未幾，父母相繼亡。師决志出家，行至雙城子，路逢僧，求落髮，詢其來緣，乃初立名僧也。遂就金河寺剃落。其師令習經業，師不悦，示以念佛法門〔一〕，未周歲其師死。偶遇五臺善公，易名曰淨澄。即走古華嚴鍊磨，日夜逼拶。忽疑滯頓開，如釋重負，求證於廣恩月溪老人。溪轉數語，師汗下不能對。因俾參無字，久之，獲印可，付以拂子手卷。

南游濟河，舟没，所有俱失，身附浮木獲免。自思所得未愜，即誓曰：「此行若不大悟而還者，有如河〔二〕。」自此提參益切。入蜀飛雪山獨居，弔影三年。一日造飯，遂定去，覺時飯生白醭，靜中嘗聞百里外人聲。久着地打坐，足爲冷濕所乘，忽不能起，幸得人荷至後山，調息始愈。一日坐木上，正爾湛寂，忽聞爆竹聲，豁然心空，自是方得。一切時中，洞然明妙。請印於圓覺法鑑和尚。又造廣福雲谷老人，谷見其一向孤迥迥底，即問曰：「你却似個死人，我且問你，大死底人，却活時如何？」師曰：「眉毛眼上横，鼻孔大頭垂。」又問：「如何是無字意？」師曰：「風行草偃，水到渠成。」又問：「大地平沉，虚空粉碎。汝向甚麽處安身立命？」師曰：「雲消山嶽露，日出海天青。」谷肯之。

天順改元，還清涼，道聲遠播。代藩請詣内掖問道，感光明炤徹内外。王大悦，因就華嚴谷建寺，請額曰「普濟」，奉師開法其中。有清涼語録行世。嘗作山居詩〔三〕，云：「甘貧林下思悠悠，竹榻横眠枕石頭。格外生涯隨分足，都緣胸次一無求。」又云：

「自住丹崖緑水傍，了無榮辱與閑忙。老僧不會還源旨，一住山青葉又黄〔四〕。」後坐脱於本寺。

【校記】

〔一〕示以念佛法門　明釋鎮澄清涼山志卷八孤月禪師傳作「只願修行，示以念佛法門，師拳拳奉行」。

〔二〕此行若不大悟而還者有如河　明釋鎮澄清涼山志卷八孤月禪師傳作「此行若不大悟，誓不北歸」。

〔三〕山居詩　明釋鎮澄清涼山志卷八孤月禪師傳作「居山詩」。

〔四〕一住山青葉又黄　明釋鎮澄清涼山志卷八孤月禪師傳作「亦任山青葉又黄」，明大香雲外録卷十五普濟孤月澄禪師傳作「一任山青青又黄」。

石頭回禪師傳

自回，東川合州人。世爲石工，雖不識字，志慕空宗。爲僧於景德寺，精戒謹言，求人口授法華。日取崖石，手不釋鎚鑿，而誦經不輟。南堂靜禪師見而愍之，令罷誦，一意看趙州勘婆因緣。師念念不去心，久之，因鑿石，石稍堅，盡力一槌，瞥見火光，遂大悟。説偈曰：「用盡功夫，渾無巴鼻。火光迸散，元在這裏。」南堂可之。爲石工而又因石悟，諸方稱「石頭和尚」。有頌云：「石頭和尚，咬嚼不入。打破虚空，露些子迹。」既而歸釣魚山，建護國禪林，大開爐鞴，從化者衆。著草庵歌警世，其末云：「老僧不知輪甲子〔一〕，一葉落知天下秋。」後自甃石二十四片爲龕，自入掩門而逝。

又有回禪師者，婺州人，育王諶和尚嗣也，住南澗西巖。新行經界法，回芟去茶窠，植松柏。人訴於有司，追之甚峻。回曰：「少待，吾行也。」即剃頭沐浴，陞堂辭衆曰：「使命〔二〕追呼不暫停，爭如長往事分明。從前有箇無生曲，且喜今朝調已成。」瞑目而化，有司遂寢其事。

【校記】

〔一〕老僧不知輪甲子　明劉芳聲修、田九垓纂萬曆合州志卷八石頭和尚作「山僧不會輪甲子」。

〔二〕使命　宋正受嘉泰普燈録卷十七南劍州西巖宗回禪師、宋普濟五燈會元卷十八南劍州西巖宗回禪師作「縣吏」。

無盡燈禪師傳

祖燈，無盡其字也。族王氏，四明人。父好謙，嘗寫華嚴經，五色舍利見於筆端。師年方幼，歎曰：「般若之驗，一至於斯邪？」即求出家，依郡之天寧東白明公，［二］秉戒於開元奎律師。已而日溪泳公來代明公説法，命掌綱維，司藏鑰。日溪升堂，師出問曰：「生死事大，無常迅速。乞賜指示。」溪曰：「十二時中，密密參究。忽然觸著，却來再問。」師抗聲曰：「無常迅速，生死事大……」語未終，溪便喝。師遽禮拜，溪曰：「見何道理？便爾作禮。」師曰：「開口即錯。」溪頷之，服勤數載。復出參名德，以驗其所證。時中峰本公在天目，方山瑶公居淨慈，無見覩公住華頂，斗巖芳公主景星，師皆與之辨詰，其所印蓋不異日溪云。

師得道已，思韜晦而護持之。乃入天台，上雲峰，縛草爲廬，宴坐其間。虎狼蛇豕交迹於户外，師攝伏之，不能加害。日與其徒修苦行以自給，冬一裘，夏一葛，朝夕飯一盂，影不出山者逾五十春秋，人多化之。有以土田爲布施者，師辭曰：「先佛以乞食爲事，吾焉用此爲？」然天性尤孝謹，迎母童氏養山中，年九十四而終。衆以非沙門行讓之，師曰：「世尊尚升忉利天爲母説經，我何人斯，敢忘所自哉？」

洪武己酉春，示微疾。二月八日夜將半，顧左右曰：「天向明乎？」對曰：「未也。」或曰：「和尚正當此際，何如？」師破顔微笑，曰：「昔古德坐疾，有問者云：『還有不病者乎？』古德云：『有。』又問云：『何物是不病者？』古德云：『阿爺，阿爺。』」師舉此，良久又曰：「如此唤做病，得否？」衆無言。師曰：「色身無常，早求證悟。」侍者執紙乞偈，師曰：「無偈便不可死耶〔一〕？」乃書曰：「生滅與去來，本是如來藏。擲倒五須彌，廓然無背向。」擲筆端坐而逝。壽七十八，臘五十七。火化，異香襲人，所獲舍利不可勝計。塔於峰之左原。

大河衛鎮撫林君性宗嘗從師游，師勉以忠孝，迄能爲國宣勞，爲時顯人。恐師之行不白於叢林，請宋太史景濂文宣師行業，其略云：「嗚呼！若禪師者，可謂能守道而弗遷者矣。古之僧伽多寄迹巖穴，友烟霞而侣泉石，至有蹟步不與塵俗接者。治内之功純，務外之意絶也。風教日偷，學者始不知自立，榮名利養之念日交蝕於心胸，奔競干請無所不至。是〔二〕以來有識者之訕侮，可勝歎哉！禪師一鉢自將，策厲學徒於寂寞之濱，雖施者塡委，振起頽廢，重樓傑閣，彈指現前，亦未嘗見其有爲。震黄鍾於瓦釜雷鳴之際，翔靈鳳於衆禽紛翥之時。謂爲禪師矯弊之功，非耶？」

【校記】

〔一〕無偈便不可死耶　明宋濂無盡燈禪師行業碑銘作：「終不無偈，便未可死邪？」

〔二〕是　明宋濂無盡燈禪師行業碑銘作「足」。

【箋注】

〔一〕即求出家，依郡之天寧東白明公　明宋濂無盡燈禪師行業碑銘：「年十四即求出家，依郡之天寧僧良偉，尋事其寺住持東白明公。」

會堂緣師傳

自緣，號會堂，姓陳氏，台之臨海人。父某，以詩書爲業，人稱爲「石泉處士」。母某氏，感奇夢而生。師氣骨不凡，翛然有出塵之趣。初爲四明白雪寺觀公弟子，十七薙髮受具戒，即以縛禪爲事。還台謁天寧日溪泳公，泳公一見，輒加獎予。泳遷淨慈，師從行，咨決心要，知解且日至，漸息群念，期造於無念。

時處士君春秋高，師欲盡覲省之禮，復還台。道經寧海，日已暮，悲風號林莽間，師遑遑急走，欲求憩泊之地，竟不可得。夜行三里所，乃逢逆旅主人。破屋一間，不能蔽風雨。

師竟夕不寐，明發，指天自誓曰：「所不能建庵廬以延旦過者，有如日。」闤闠中有妙相古寺，兩廡蕭然，不留一物。師往還視，喜曰：「是足以遂吾志矣。」白於主僧，假西偏糞除蕪薉，具牀几，設衾褥，下至庖厨溷湢之屬，罔不整潔。吴楚閩浙之士肩摩袂接而至者如歸，皆得歇息安飽而去，其費一出師之經畫。

先是，縣東有桃源橋，跨廣度河上。故有圓通閣，歲久將壓。縣人李斯民撤而新之，邀致師爲主。師遂遷至其處，遇過客如初。師猶以爲未足，儉衣削食，建華嚴寶閣，月集善士閱華嚴經。橋之南，復築彌陀閣，像淨土十六觀相，覽者觀相興行，啓發極樂正因。閣道行空，朱甍耀日，儼然如化人天宫矣。事聞於朝，授師金襴法衣及錫「佛心普濟」之號，仍俾報恩寺額，以寵異之。師既受命，復自念曰：「上之恩侈矣。」顧廛居雜還，無以稱清淨宏偉之觀，爰擇地縣北五里，而近大橋之陽，林樾蒼潤，蔚爲神靈之壤，新建報恩院一區，晨夕帥其徒以祝釐報上爲務。繇是兩地之間，鐘魚互答，有若東西家焉。

元季政亂，海上兵動，烽火漲天。三閣與寺皆鞠爲茂草之場。師盡然傷心，又以興復爲己任，持鉢行化聚落中，隨其地建華嚴傳經之會，演説因果，居沽爲之易業。於是施者四集，師仍于桃源夾河兩隄悉甃以石，建傑閣三楹間，命工塐佛、菩薩、天神諸像。畢工未久，而師厭世矣。師一旦早作，無疾如平時，索浴更衣，屬諸弟子以見性爲急，且曰：「吾明日將逝。」至期呼筆書偈，怡然委順。時國朝洪武戊申三月某日，世壽五十九，僧臘四十二。龕留七日，顏貌如生。荼毗，得舍利無算，其徒即寺西北偏塔而藏之。宋景濂爲之銘，從學子方孝孺請也。

雪庭傳

雪庭某公，自號梅雪隱人，杭仁和人。父桂姓，徽名，母徐氏。昆仲三人，師最少，以景泰丙子生。毀齒喪父，患痘風，雙目短視羞明，抱疾弗瘳。夢中感金神教使出家，母兄不允。年十五，雖慕道求師，不得正眼。成化癸巳，聞四川休休翁寓郡城仙林寺〔一〕，往叩之，一見契合，始落髮。受無字公案，日夜研究，猶滯沉寂之境。座元勉以看教，因閱楞嚴，至「一毛端上現寶王刹」有疑。乙巳寓江陰乾明寺，忽覩萬佛閣金碧崢嶸於眉宇間，偶會得「毛端現刹」之句，始知幻寄兩間，如夢如旅。

又明年，因詠黃鸝，有作者云「此句法未得意在言外之趣」，繇此茅塞泮然，衝口道云：「多情自信惜春光，飛入園林錦繡鄉。記得小牕驚我夢，滿庭紅杏帶斜陽。」後因除夕聞鐘，大悟曰：「圓響心非聞，大千同一炤。抹過上頭關，更不存玄妙。」乙卯，休休翁應湖南淨慈請。師復依附，日逐尋究，乃蒙印可。

所著有請益、警進、拈古、頌古、擬寒山、和永明詩偈等凡二十卷，號幻寄集。「夫幻即寄之蹤〔二〕，寄乃幻之迹。幻起寄亡，全寄是幻；幻逐寄生，全幻是寄。翳目生華，山河大地；華翳不生，空真實際。幻之寄之，誠哉兒戲！」師自語也。

【校記】

〔一〕仙林寺　原作「仙靈寺」，據明幻輪編釋鑑稽古略續集卷三雪庭禪師、明袾宏輯續武林西湖高僧事略大明雪庭某禪師、明袾宏輯皇明名僧輯略雪庭禪師及明徐象梅兩浙名賢録外録卷八改。

〔二〕蹤　原作「迹」，據明袾宏輯皇明名僧輯略雪庭禪師及明徐象梅兩浙名賢録外録卷八改。

天界成禪師傳

道成，字鷲峰，别號雪軒，居薊北之雲州。出家受具戒，結三人爲友，雲游至山東之青州。居土窑中，刻苦究參，脇不沾席者三逾寒暑。一日，忽見一老人自外而來，儀貌甚古，謂師曰：「汝三人苦學如此，他日必作法門梁棟。」言已忽不見。〔二〕繇是愈厲精苦。久之，聞濟南秋江潔公大弘曹洞宗旨，遂往見之。潔問何處來，師曰：「青州。」曰：「帶得青州布衫來否？」師曰：「呈似和尚了也。」曰：「如何是布衫下事？」師曰：「千年桃核裏，元是舊時仁。」潔肯之，曰：「是汝本有之事，善自護持。他日弘吾道，惜吾不及見矣〔一〕。」

後出世住萊州大澤山，每説法，聽者千餘人。洪武壬戌，詔天下設僧司，揀名德以居之。師首膺其選，授青州都綱。高皇帝聞其賢，召爲僧録司右講經，命考試天下僧人。稱旨，賜金襴衣，命住持天界。懇辭，上不允，賜詩留之。〔二〕及太宗文皇帝嗣位，命師宣諭日本。陛辭，賜金鉢、錫杖等物。既至，宣示朝廷恩威，闡揚佛祖宗旨。自其國王而下，莫不俯伏向化。明年師還，而國人入貢，稱謝者即至。上大悦，陞師左善世。

復率天下僧于鍾山修設大會，師承旨説法，聽者數萬人。是日有瑞應，上聞之，悦，御製感應詩三章賜師，累賜金帛，作大毗盧閣於寺後。皇上北狩，師數入覲，賜賚甚厚。仁宗在春宫時，有忌師之寵者搆詞間之。及御極，遂謫師海南。宣宗嗣位，首遣官召師還京，且敕禮部：「左善世到，須別見。」師至，入見便殿，慰勞甚至，賜綵段若干疋、鈔萬緡，仍命掌僧録司事。無何，入疏乞歸南京天界之西庵以終老。上從之，賜白金、楮幣及鍍金佛，敕兵部給驛舟，命中官護送。逾三歲，辛亥十二月八日，微疾，端坐而逝。闍維，得堅固子無算於灰燼中。上遣官諭祭，賜塔所〔三〕。

師身長七尺，廣顙豐頤，脩然出人之表。歷事四朝，五十餘年。三坐道場，四會説法，有語録行於世。

【校記】

〔一〕他日弘吾道惜吾不及見矣　明葛寅亮金陵梵刹志卷十六李震雪軒成禪師誌略作：「他日能弘吾道者，必汝也。惜乎不及見矣。」

〔二〕賜塔所　明葛寅亮金陵梵刹志卷十六李震雪軒成禪師誌略作「賜塔所曰鷲峰禪寺」。

【箋注】

〔一〕言已忽不見　明葛寅亮金陵梵刹志卷十六李震雪軒成禪師誌略：「師曰：『既作法門梁棟，何居土窑之中？』老人曰：『未有常行而不住，未有常住而不行。』言訖而去。」

〔二〕懇辭，上不允，賜詩留之　明葛寅亮金陵梵刹志卷十六李震雪軒成禪師誌略：「作詩賜之，曰：『不答來辭許默然，西歸隻履舊單傳。鼓鐘朔望空王殿，示座從前數歲年。』俾懸於法堂。」

古淵清公傳

清公者，不知何許人。重興南京永寧寺，以清苦自勵，親執勞役，寒暑無厭倦心。天子嘉其勤，授以左覺義，以尸祝釐。雖處榮遇，而苦節彌竪〔一〕，一室蕭然，朝夕稱佛名號拜禮，求速超脱。忽所事大士像放白光，縈縈如絲縷，盤旋於室，至夜如秉燭。復夢大士謂曰：「爾以精心懇禱，宜即參訪，了心爲上。」師拜受之，即掩關於弘濟寺，提無字話，心念相依，脇不沾席者三年。

忽一念不生，三世際斷〔二〕。經三日，夜見大千世界，光若琉璃。聞遠雞唱乃起，説偈曰：「喔喔金雞報曉時，不因他響詎能知？三千世界渾如雪，井底泥蛇舞柘枝。」他日以偈呈善世古林香公，公喝曰：「多嘴漢。」明日特爲師上堂，纔竪起拂子，師隨奪之。〔一〕自是得無礙機，人不敢嬰其鋒。且言人吉凶，無不懸應。自奉極淡薄，每有金帛之供，視之漠然，悉付常住。爲公衆須一心懇懇，爲人惟恐不及。凡於法門無益之事，毫髮不經念慮。所以興永寧，莫大之功，舉之如掇，實自道行中來，非緣報偶然也。

【校記】

〔一〕苦節彌竪　揆以文意，「竪」疑當作「堅」。

〔二〕三世際斷　明葛寅亮金陵梵刹志卷三十五黄謙重開山碑記略作「斷未來際」。

【箋注】

【一】明日特爲師上堂，纔竪起拂子，師隨奪之　明葛寅亮金陵梵刹志卷三十五黄謙重開山碑記略：「明日古林上堂，云：『我許多年張箇大網，意欲尋龍羅鳳，竟無一蝦一蠏可得。今見蟭螟小蟲撞入中來，看它二三十年後，向孤峰絶頂放聲大叫，且道叫箇甚麽？』古林舉拂子云：『三千世界渾如雪，井底泥蛇舞柘枝。』師奪古林拂子，爲衆舉揚，呵勵同學。」

真空傳

真空，泉南人。六歲時，墮井得不死，遂出家。既長，游關洛。歷終南衡嶽，遇師授，漸解悟。嘉靖己未，入羅浮，憩止永福寺寄食，一僧爲之紉針補衲。時當暮春，游寺人甚盛，空置盂嘿坐，或投之錢。時在樹間，或佛燈下，宴坐入定。已則隨衆作務，人莫之知也。龍塘公讀書寺中，見其色潤肌清，神光孤卓，亟叩之，乃知其深於禪也。龍塘問曰：「力務如此，能無苦乎？」空曰：「米未熟，腰石何辭？吾今黄梅一行者耳。」曰：「然則汝他日成六祖耶？」空曰：「成則今成，何待他日？我自成我，何必六祖？」浴佛日，寺僧敷高座請空説法，空亦不辭。徑登坐，發揮奥義，語音清亮，傾聽數百人，無不稱善。龍塘驚問之，答曰：「偶然耳，或亦宿因也。」

無何，出五羊，少參徐公迎至廨舍請法。過廣孝寺，徙觀音山，歸從者日以千計，緣震一時，僉謂曹溪再來也。一日齋會，命弟子置木龕。龕成，辭衆入坐。衆驚哀，爭執卷請偈。龍塘聞而趨至，復出龕，温叙如平生。既而復入，命閉龕，視之已長往。諸檀越思之，立祠觀音山，奉香火云。

繼萬闍黎傳

繼萬，號古峰，建福寺僧。嘉靖十七年，入京受戒。祖母、繼母前後死，廬墓六年。春秋七十有九而歿。其間閉關者四，計三十餘年。太史李少莊贈以詩，有云：「篆烟雲自結，簾影晝長閑。」其高静可想。

有僧問聶公道號甚麽，曰：「古峰。」又問：「如何是『古峰』景？」答曰：「乾坤長不老，今古獨能存。」僧又問法名，曰：「繼萬。」曰：「何不繼一？」答云：「萬即是一，一即是萬。」觀其應對機辯，似亦非槁然枯坐者云。聶公蓋其姓也。

滿賢傳

滿賢，其先江西星子人，姓錢氏。自幼穎悟異嘗，具戒後，參訪知識，得所契證。以因緣未偶，不得弘宣助化，諸方惜之。其所依祝髮，則爲大淵；其所從入室，則爲大安；其相與同參交證，則爲月心、融、天然諸老；其所游履，初則廬嶽之黄巖，既爲蓮華峰之普濟，歷白下、武林諸勝刹間，孤峰鬧市，靡不經練，而卒老于秀州之張家橋。

師蚤歲出家，即知有向上事。初舉「石邊水冷〔一〕，花裏風香」之句，未自瞥然。久之，於熱病中打脱桶底，通身汗流。自是掃除建立，任意縱横。嘗束茅蓋頂，草食菌衣〔二〕，坐風宿雪，艱苦備至者累年。人高其行，而卒不以著相誇修。作功德，行佛事，孜孜無倦。又嘗機鋒時起，意語俱捐，漚爲沙界，電拂聖賢。人企其宗而終不以恣情越檢〔三〕，稱圓融，放而不流，用而無作。年六十五，以萬曆戊戌歲化於張家橋，周海門爲銘其塔云。

【校記】

〔一〕冷　原作「泠」，據明周汝登秀州興善安懷松禪師塔銘改。

〔二〕菌衣　原作「茵衣」，據明周汝登秀州興善安懷松禪師塔銘改。

〔三〕恣情越檢　「檢」，原作「簡」，據明周汝登秀州興善安懷松禪師塔銘改。

無明禪師傳

慧經，號無明，撫州崇仁裴氏子。形儀蒼古，天性澹然，無所好。九歲入鄉校，忽忽若無意於人間世者。十七遂棄筆硯，慨然有求道志。偶入居士舍，見案頭金剛經，閱之輒終卷，忻然若獲故物。繇是斷葷酒，決定出家，依廩山忠禪師，執侍三年。凡聞所教，不違如愚。因閱傳燈，見僧問興善：「如何是道？」善曰：「大好山。」師罔措，疑情頓發。後於峨眉住靜，因推石而悟。〔一〕始落髮受具，住山二十四年。

時邑之寶方，宋寶禪師故刹也，師居之。實萬曆甲午歲，師年四十有七矣。〔二〕有僧問師曰：「長老住此，曾見何人？」師曰：「從未行脚。」僧曰：「豈以一隅而小天下乎？」師善其言，遂棄寺而參方，足迹遍南北。紫柏尊者深器重之。一時法門大老相與酧酢，無不推譽。最後見五臺瑞峰和尚，契證底藴。開法於壽昌，〔三〕衲子麏至。壽昌，實西竺來公所創。師與來同鄉同姓，人以師爲來後身云。

師之住壽昌也，不扳外援，不發化主，安道信緣。年迨七十，尚混勞侶，率衆開田。必先出後歸，四十年如一日。歲入可供三百衆，故生平佛法未離钁頭邊也。雖邊幅不修，而形儀端肅。嚴霜煦日，不怒而威，未嘗輕意許可一人。故海内高其風，並無一言的據借爲口實者，其慎密如此。

丁巳臘月，師自田中歸，語衆曰：「吾自此不復砌石矣。」手書遍辭遠近道侶，勉以叩己真參。至次年正月十有七日，端坐而逝。茶毗，心與頂骨、牙齒不壞，於本寺建塔藏之。師生於嘉靖戊申，世壽七十一，僧臘五十有奇。〔四〕憨山清謂師：「峻節孤風，誠足以起末俗。至其精進忍力，當求之於古人。雖影不出山而聲光遠及，豈非尸居而龍現，淵嘿而雷聲者耶？」

【箋注】

〔一〕後於峨眉住靜，因推石而悟　明釋德清憨山老人夢游集卷十四新城壽昌無明經禪師塔銘：「一日因搬石，堅不可舉。極力推之，豁然大悟，即述偈曰：『欲參無上菩提道，急急疏通大好山。知道始知山不好，翻身跳出祖師關。』」

〔二〕實萬曆甲午歲，師年四十有七矣　據明釋德清憨山老人夢游集卷十四新城壽昌無明經禪師塔銘：「邑之寶方，乃宋師寶禪師故刹也。請師重興，乃應命。先之廪山，掃師塔而後往，有『倏然三十載，忘却來時道』之句。時師年五十有一，萬曆戊戌歲也。」當以塔銘所言爲是。

〔三〕開法於壽昌　據明釋德清憨山老人夢游集卷十四新城壽昌無明經禪師塔銘：「乃返錫

寶方，始開堂説法，以博山來公爲第一座。師資雅合，簧鼓此道，激揚宗旨，四方衲子望風而至者益衆。戊申，邑之壽昌乃西竺禪師所創也。久頹，衆請師居之。」知師出世開法之地應爲寶方。

【四】世壽七十一，僧臘五十有奇　明釋德清憨山老人夢游集卷十四新城壽昌無明經禪師塔銘：「年二十有七，向未薙髮，人或勸之。師曰：『待具僧相乃爾。』至是始剃染受具。……世壽七十有一，僧臘四十有奇。」則其僧臘尚未滿五十。

雲谷會師傳

法會，雲谷其號也，嘉善懷氏子。二十受具，〔一〕修天台小止觀。往郡之天寧，問所修何如於法舟濟公。公曰：「夫學以悟心爲主，止觀之要，不離身心氣息，何能脱然？子之所修，流於下乘矣〔二〕。」因示以旨要，師力究之。一日受食，食盡而不知，碗忽墮地，猛然有省。恍如夢覺，公與印可。

自是韜晦叢林，陸沉賤役。閲鐔津集，見明教翁護法深心，制行立願，欲少似之。頂戴禮誦，至終夕不寐。入京〔三〕，寓天界毗盧閣下，精進行道。嘗入定數日不起，三年人無知者。復愛栖霞幽深，結庵於千佛嶺下，始爲陸五臺公見知。時栖霞久廢，陸公矢興復之，願請師住持。師舉嵩山善公應命，移居山最深處，曰「天開巖」，弔影如初。一時宰官居士，因陸公開導，多造巖參請。師一見即問日用事，無論貴賤、僧俗入室，略無寒温，必展蒲團於地，令其端坐返觀，甚至終日竟夜無一語。臨别必叮嚀曰：「人命無常，無空過日。」再見必問别後用心何如，故荒唐者茫無以應，即欲見亦不敢近，以慈愈切而規益重。雖無門庭施設，使見者望崖不寒而慄。然師一以等心相攝，從來接人軟語低聲，一味平懷，未嘗有辭色。時士大夫歸依者日益衆，又不能入山，願請見者，師以化導爲心，亦就見。歲一往來城中，至必主回光寺。每至則在家二衆歸之，如遶華座。師一視如幻化人，曾無一念分别心，故親近者如嬰兒之傍慈母也。出城多至普德，臞鶴悦公實出其教。

師慇禪道絶響，於嘉靖丙寅冬，乃集五十三人，結坐禪期于天界。學人請問直捷用心處，師曰：「舉不顧，即差互。擬思量，何劫悟？」又曰：「古人道：『終日喫飯，不嚼粒米。終日行路，不踏寸地。終日穿衣，不掛寸絲。』如是用心，方有少分相應。」有宰官問：「如何是祖師意？」師曰：「有水皆含月，無山不帶雲。」曰：「莫更有奇特否？」師曰：「不得將龜作鱉。」

師護法心深，不輕初學，不慢毁戒。僧有不律，亦不棄之，委曲引誘進於善。或有干法紀者，師聞，不待求而往救，必懇懇當事，乃曰：「佛法付囑王臣爲外護，唯在仰體佛心，辱僧即辱佛也。」聞者莫不改容釋然，必至解脱而後已。然竟罔聞於其人，聽者亦未嘗以多事爲煩，久久皆知出于無緣慈也。

了凡袁公未第時，參師於山中，對坐三晝夜不瞑目，師問曰：「公何無妄念？」公曰：「我推我命，無科第子嗣分。故安心委命，無他妄想耳。」師曰：「我將以公爲豪傑，乃一凡夫耳。聖人云：『命繇自作，福繇己求。』造化豈能拘人耶？」於是委示以改過積德、唯心立命之旨，公依教奉行，竟登進士，有子嗣。

憨師爲小師時，侍師彌謹。一日請曰：「説者謂某甲壽不長，奈何？」師曰：「壽夭乃生死法，參禪乃了生死法。若一念不生，則鬼神覷不破，造化何能拘之耶？第患不明道眼耳。」憨師將北行，師誡之曰：「古人行脚，單爲提明己躬下事，爾當思他日何以見父母、師友，慎毋虚費草鞋錢也。」其善誘掖人類如此。

歲壬申，嘉禾吏部尚書默泉吴公、刑部尚書澹泉[三]鄭公、太僕五臺陸公與弟雲臺同迎師歸故山。諸公時時入室問道，每見必炷香請益，執弟子禮。紫柏師同平泉陸公、思庵徐公謁師，叩華嚴宗旨，師發揮法界圓融之妙，皆歎未曾有。當江南禪道草昧之時，出入多口之地，始終無一議之者，則師操行可知已。

師居鄉三年，所蒙化者千萬計。一夕，四鄉之人見師庵中發火，及明視之，師已寂然而逝矣，時萬曆乙亥正月也。世壽七十五，僧臘五十餘，葬於大雲寺右。

【校記】

〔一〕夫學以悟心爲主……流於下乘矣　明釋德清憨山老人夢游集卷十六雲谷先大師傳作：「止觀之要，不依身心氣息，内外脱然。子之所修，流於下乘，豈西來的意耶？學道必以悟心爲主。」

〔二〕入京　明釋德清憨山老人夢游集卷十六雲谷先大師傳作「師初至金陵」。

〔三〕澹泉　明釋德清憨山老人夢游集卷十六雲谷先大師傳作「旦泉」。

【箋注】

【一】二十受具　明釋德清憨山老人夢游集卷十六雲谷先大師傳：「年十九，即决志操方，尋登壇受具。」

補續高僧傳卷第十七

吴門華山寺沙門明河撰

明律篇

宋　柳律師　圓覺律師傳

柳律師者，是蓋持律而苦行者也。蜀開縣大覺寺有柳律師行碑剥落，其剥落未盡者，猶可摹而爲言。師名法本，臨江鄉人。自幼神秀穎異，父母惟師一子，尤愛重之。甫七歲，舉動如成人。一日忽告父母曰：「兒久處塵寰，俗緣未釋。今欲棄俗爲僧，願二親莫以兒爲念。」父母苦止之。繼之以泣，師乃絶粒不食。父母懼，姑從之。遂削髮入山，絶迹不踵家門，勤修苦行，日夕不輟。年及十五，經律論藏無不該覽，遠近咸瞻禮之。常處厚〔一〕與師爲方外交，時就請教。年九十九，一日告衆曰：「緣業殆盡，吾將西歸，汝輩宜自勉。」端坐而化。

圓覺律師德明者，住金陵能仁寺，際遇太宗召見，賜紫衣并御容及羅漢像以歸。律聲振江以南，求法人望之而歸。真宗嗣位，復贈以詩章，有「精勤演律達真風，釋子南禪道少同」之句。〔一〕二師道行，在當時必表表一方，竟爾失傳。僅於斷鐫殘刻間得其名，不得言其詳也。惜哉！

【校記】

〔一〕常處厚　明杜應芳補續全蜀藝文志卷五十一柳律師作「韋處厚」，是。韋處厚乃唐人，柳律師亦應爲唐人。

【箋注】

〔一〕有「精勤演律達真風，釋子南禪道少同」之句　元張鉉至大金陵新志卷十一下能仁寺有賜紫德明詩：「精勤演律達真風，釋子南禪道少同。奧旨筌蹄悟佛理，慧燈廣布九圍中。」

了興傳

了興，平陽萬全鄉人，宋氏子。髫年棄俗具戒，後歷參諸方，有聞於荆溪尋公，遵戒律，務勤勇，頗多異迹。每捧誦經，有虎伏案下而聽，或猿獻果，鳥送花。會官築垂楊埭，祭用牛，牛啣刀奔至師所，逐者踵至。師解袈裟付之，曰：「第條拆散置，棣址可固，勿用牛也。」已而果然，牛放山中。時院將興塔，師謂牛曰：「汝能爲我鍊泥乎？」牛俛首受役，塔成七日而牛死。師曰：「牛已生善道矣。」天禧改元，師坐逝。偈曰：「不願生天及淨國，祇明心地本圓常。毗盧妙性非來去，耀古騰今遍十方。」經七日，目光炯然如生。

遼　法均附裕窺

法均，族里失詳。蘭茁潛幽，珠英秘潤，人莫之知。唯京西紫金寺非辱律師異之，收爲童子。究律學，謹持犯。得性自然，非矯揉也。雖行在毗尼，而志尚禪悦，尋師求指決者十餘年。封被危坐，切救頭然〔一〕，似有發明者。清寧中被徵，較定諸家章抄，或有蠱之謀爲代者。師力求退，與息貪競，時議多之，道聲遐震，授紫方袍、師號。久之，歸隱馬鞍山，遠邇挹其清風。

咸雍間，上以金臺僧務繁劇，須才德並茂者録其事，僉以非師不可。命亟下，雖欲退辭，不可得也。當是戒壇肇闢，來集如雲。師爲大和尚，儼臨萬衆。雖遐荒絶域，冒險輕生，自萬里而來，冀一瞻慈範、一領音教，如獲至寶而還，似有神物告語而然者。遼主渴思一見，上待以師禮，后妃以下皆展接足之敬。特旨授崇禄大夫守司空并「傳戒大師」之號，寵以詩章，有「行高峰頂松千尺，戒淨天心月一輪」之句，其見重如此。

後屢應巨刹，一以弘戒爲事。所至之處，士女塞涂，皆罷市輟耕，忘饑與渴，遞求瞻禮之弗暇，一如利欲之相誘。總計前後，領戒稱弟子者至五百萬餘，飯僧之數稱是。其餘因聞而施，觸目之爲，籌草木不盡義，孳孳焉嘗若弗逮，惟恐人之知也。勞而感疾，雖食飲罕御，而進力靡懈。曉示學衆，諄諄以務戒爲言。以大康元年三月四日，怡然别衆而逝。世壽五十五，僧臘三十九。訃聞，遼主悼歎，命太嘗卿楊温嶠董後事。七衆哀號，如失恃怙。茶毗，收靈骨，塔於方丈之右。

或弔之以詞曰：〔一二〕「出薊門兮西觀，目巖岫兮巑岏。伊萬庫兮參差，何獨尊兮馬鞍。非以其下兮舊有人耶，神燈發燄兮古玉絶瑕。傳佛戒兮警聾聵，提金剛兮慴魔外。高闢度門兮遠邇雲奔，利見龍德兮來儀帝閽。師子一吼兮天驄去豆，上下交孚兮如鳥破彀。梵音晝宣兮宸章夕吟，歎師德無既兮懸懸千古之心。」

師即世，繼其道者曰裕窺。裕窺，不知何處人。守德嚴戒，有師之風。遼主嘉之，仍襲「傳戒大師」，賜崇禄大夫簡較太尉。提點天慶寺，并賜御製菩提心戒本，命開戒壇，説戒一如師在日。年七十而化。

窺性退讓，每事不欲上人，勸人完慈止殺，漁者焚網更業數十家。奏罷獵地，置義倉，備凶歲者數處。方説戒時，有食魚者，肉上現光氣，其人懼而茹素。嘗過黑栰野，有童子牧牛，牛見窺至，跪而迎之，其主即以其牛并童子爲奉。中年亦預僧務，僧以事至，窺先好語誘掖，終於無訟。其人辭謝，仍以念珠一串付之。歉歲嘗抵紫金寺，賑飢人饘粥。或告爨下乏水，窺以杖擿地，掘尺餘得甘注。暨終事取足，窺既去，水亦隨竭。此窺迹之概爾。窺如是，師可勿詳而悉矣。

【校記】

〔一〕切救頭然　原作「切甚頭然」，據王鼎馬鞍山故崇禄大夫守司空傳菩薩戒壇主大師遺行碑銘并序改。

【箋注】

【一】或弔之以詞曰　王鼎馬鞍山故崇禄大夫守司空傳菩薩戒壇主大師遺行碑銘并序與此文辭略有不同，今附後以備參考：

「嶺南江西，牛頭虎溪。一隱高行，名與之齊。一。

能席是美，非繫乎位。生榮死哀，道尊德貴。二。

出薊門兮西觀，目巖岫兮巑岏。伊高庳兮參差，何獨尊兮馬鞍。三。

非以其下，舊有人耶。神燈發燄，古玉絶瑕。四。
善傳佛戒，驚破聾聵。能俾闡提，金剛不壞。五。
高闢度門，遠邇雲奔。始見龍德，來儀帝閽。六
師子一吼，天聰去豆。上下交孚，如鳥破鷇。七。
茂寵朝臨，宸章夕吟。褒美佛使，摧伏衆心。八。
古謂世險，其來有漸。如何忽然，永流燈焰。九。
嗟我都人，潮音屢聞。到此無聊，如身在焚。十。
空感靈塔，中藏弊納。物在人往，聲悲響塔。十一。
惟内行兮巍峨，克比峻兮山阿。勒貞石兮仰止，同百世兮不磨。十二。
此文可毁，此實難墜。敢告後學，敬之無愧。十三。」

金　悟敏　悟銖二傳戒大師傳

悟敏，臨潢孫氏子。幼聰警，十四著掃塔衣事佛。時普賢大師以有道徵，見而奇之，録爲弟子。攜之入京，貌重言謙，洒掃應對，甚得其職，王公大人爲加賞識。受經於師，宏軸巨卷〔一〕，他人讀之，浹旬僅能周，敏一日而畢。洎普賢示寂，從法兄裕景習業，通唯識

論，對衆析義，辯若涌泉。宿學碩德無不歎息，以爲不可及。敏未嘗以是自多，遠近爭挽説法，不顧而去。謁通理策公，又見寂炤感公，密受指迪，所資益深。黜聰明、墮肢體者又十年。

而後出世，禪以自悦，戒以攝人。普賢爲戒壇宗師第一世，普賢傳窺，窺没而傳敏，爲第三世，錫紫服、師號。所度之衆，不減於乃祖若父。復得悟銖而傳焉，繩繩不絶，律座益尊。皇統元年入寂，壽八十五，夏六十五。

敏天資渾厚，不事雕琢〔二〕。護戒如珠，微細無越。且尚賢務施，至老無倦。主大道場凡二十二處，禀戒者逮五百萬。靜定之外，課誦行持皆有常數。或疑以道雜，敏笑曰：「八萬法門皆吾心之用，何雜之有？」既化，茶毗，烟凝成雲，五色相映。舍利若小珠，倏一倏多〔三〕，或相倍蓰，人爭取而寶之。異哉！是亦戒光之驗爾。

悟銖，字子平，臨潢何氏子。父椿，保信軍節度使。有令名，椿五子，銖當第三。娠時母不御肉味，既誕，過中不乳。七歲學詩書，聰慧過人。年十五懇出家，父母不許，遂不食。或諭其父母曰：「宦達雖人世美事，乃或德不稱其位，福不加乎民，徒貪饕貴富於隙駒之間，違真失性，何益於身心？從其志可。」因禮白霫太尉傳戒大師，執弟子之役，受具戒。通諸經論，精旨妙義，出老師宿學上。復見佛覺禪師於龍泉萬笏山，自是宗説無礙，化行平灤涿易間。開圓覺楞嚴二十餘席，人趣奉法音，如佛在世。皇統間，授中都右街僧録，賜號「文悟大師」。尋告退，歸鞍山，大興土木，了前人未竟之業。於殿西北隅作涅槃堂，曰：「吾蜕於是。」以金亮貞元二年入寂，戒傳於圓拱。銖平生多異迹。宿村寺，適洪水發，餘屋盡壞，獨坐室屹然。當升壇説戒，空中現五色霞，霞中列蓮華無數，坐處隱然有光，迫近則無。尤留心唯識，每發願上生，曰：「慈尊一生補處，吾欲從之細窮法相耳。」闍維，舍利盈掬，徒衆建窣堵波藏焉。

【校記】

〔一〕宏軸巨卷　韓昉傳戒大師遺行碑作「大部凡八秩」。

〔二〕不事雕琢　韓昉傳戒大師遺行碑作「不俟追琢」。

〔三〕倏一倏多　韓昉傳戒大師遺行碑作「以一成多」。

賈菩薩傳

廣恩和尚，順德路洺水賈氏子。元初祝髮，爲開元寺僧。其師亦知識，訓督頗嚴。師至性過人，安納凄緊，不見色詞小異。勤勤汲汲，唯恐不得師心。及受具爲大僧，振錫遠游，參見名山老宿，精進勇猛。所過有去後之思，且戒行嚴謹，少言語，慎舉動，三業肅然，六時如一時。

兵馬大元帥路通鎮臨清，信向佛乘，建淨土寺，請師居之。人無貴賤遠近，爭致檀貲，金碧輝煥，如天成地涌。以師道風有素，所歸翕然，故不待號召而至、策勉而成也。一日，元帥願聞淨土之説，師曰：「心體自淨，雜用濁之。用若能一，是名著體。體即淨心，心外無土。土淨心淨，其理無二。」通聞，歎服曰：「可謂要言不煩。」表聞於朝，賜號「護國興理大師賈法宗大菩薩」。

光教律師法聞傳

法聞，陝西嚴氏子，楚莊王之裔，以謚爲姓〔一〕。避漢諱，嚴代莊也。師七歲，事禪德輝公。十有五薙染，二十受具戒。游汴汝河洛間甚久，從大德温公學法華、般若、唯識、因明及四分律，温以師任重道遠，託以弘傳之寄。因對佛〔二〕灼肌然指，庸表克誠。又刺血書經〔三〕。隱臺山，不踰閫者六年，讀大藏經五千卷三過，行業大進。

帝師聞師説法，顧謂其徒曰：「孰謂漢地乃有此人耶？」未幾，輝致書，勗以兼善無忘鄉梓。師遂抗錫而西，既至，耆老驩呼曰：「吾鄉之人，得所師而承教矣。」尋以安西王命，居城南之義善寺，唐初神僧杜順示迹地也。道大振，天子聞之，被徵，詔居大原教寺，授榮祿大夫、大司徒。遷普慶蘭若，加開府儀同三司、大司徒、銀章一品，賜遼世金書戒本。王公大臣皆仰止高風，猶景星鳳凰，無不從師受教者。延祐四年三月，跏趺而逝。以聞，上惻然，賜幣數萬緡以葬，詔大臣護喪，有司備儀衛旌蓋送之。世壽五十八，僧臘四十三。

【校記】

〔一〕以謚爲姓　元釋念常佛祖歷代通載卷二十二作「以謚爲氏」。

〔二〕因對佛　元釋念常佛祖歷代通載卷二十二作「嘗對佛像」。

〔三〕又刺血書經　元釋念常佛祖歷代通載卷二十二作「刺血書經，以彰重法」。

清涼信明傳印寶附

信明，字真覺，五臺清涼疃高氏子。依本山清涼寺正洪長老削染。年十四，業講有聲。二十四受大戒，述論弘贊戒章，又著〔一〕盂蘭等鈔，發義精朗，甚爲時輩傳誦。加以行門自嚴，誦戒讀經，殊無少怠。元主召見，法沁宸衷，賜號「興國大師」，授僧統之職。勉應之，非所願也。後從慶壽海雲和尚咨决心要，頗有省發。〔一〕然不以得所解而廢所行，益自督厲，戒光高顯，于時無兩。自貴戚以下至士庶人，從師受菩薩戒者甚夥，化風被河朔矣。六十九示寂，獲舍利無數。正覺寺有遺行碑存焉。

榆次有印寶者，亦戒行僧也。四方多請住持，弗應。七十歲坐亡，火化，烈燄中有金光透出，舍利如雨，眼舌不壞。後有人見於黄蘆嶺，騎白驢而行。

【校記】

〔一〕著　明釋鎮澄清涼山志卷八真覺大師傳作「述」。

【箋注】

【一】後從慶壽海雲和尚咨决心要，頗有省發　明釋鎮澄清涼山志卷八真覺大師傳：「雲以金書金剛經及菩薩戒授之，曰：『持此二法，可爲人天眼目。』」

惠汶律師傳

惠汶，歸德之偃武人也。驅烏之歲，依耆宿釭公爲童侍。二十從大德温公受菩薩戒，嗣法壇主恩公。既而行業日隆，道益著，從學者益衆。

佛制，凡爲苾蒭，雖大節不虧，而細行必謹。非法不服〔一〕，非時不食，居處動作皆有軌則，所以戒昏憒而防逸德也。師守護嚴謹，雞鳴而興，坐以待旦，乾乾終日，惟佛是念。雖道行旅宿，三衣一鉢，必與身俱。制行甚高，而無矯飾之節；操存雖固，而無詭激之迹。是以言而人莫不信，動而人莫不敬。兩河之間，三監舊邑，從化者蓋以萬數。緇素相率而求戒法者，憧憧接迹於途，承一訓言，無不懽心感戴。説法數十餘年，升壇授戒四十餘會，大臣接以師敬之禮。至順三年示寂，年七十有三。

【校記】

〔一〕非法不服　原作「非法不眼」，據元釋念常佛祖歷代通載卷二十二改。

補續高僧傳卷第十八

吴門華山寺沙門明河撰

護法篇

宋　維琳傳天石附

維琳，武康沈氏子，約之後也。好學能詩。熙寧中，東坡倅杭，請住徑山。〔一〕繼澄慧〔二〕淵公法席，叢林蔚然，衆心歸附。久之憚煩，退静於邑之銅山。結庵名「無畏」，自號無畏大士。建中靖國初，東坡自儋耳還至毗陵，以疾告老。師往問慰，坡答之以詩。〔三〕始，師之居銅山也，院有松合抱，縣大夫將取以治廨〔三〕。師知之，命削皮，題詩其上，曰：「大夫去作棟梁材，無復清陰護緑苔。只恐夜深明月下，誤他千里鶴飛來。」尉至，讀其詩，乃止。宣和元年，師既老，朝廷崇右道教，詔僧爲德士，皆頂冠。師獨不受命，縣遣使諭之。師即集其徒，説偈趺坐而逝。衆〔三〕以二缶覆其軀，瘞山後。

天石者，福州侯官水西石松寺僧也。紹興十年，栽松三本於石上，自刻石云：「一與寺門作名實，二與山林作標致，三與游人作陰涼。」題詩云：「偃蓋覆巖石，歲寒傲霜雪。深根蟠茯苓，千古飽風月。」[三]寺初名石嵩，[四]後名石松者以此，天石亦可想見也。

【校記】

〔一〕澄慧　原作「登慧」，據明宋奎光徑山志卷一第六代澄慧淵禪師改。

〔二〕縣大夫將取以治廨　明宋奎光徑山志卷一第七代維琳無畏禪師作「郡將治屋索材，將往伐之」。

〔三〕衆　明宋奎光徑山志卷一第七代維琳無畏禪師作「遺言」。

【箋注】

【一】熙寧中，東坡倅杭，請住徑山　據宋蘇軾東坡志林卷二：「徑山長老維琳，行峻而通，文麗而清。始，徑山祖師有約，後世止以甲乙住持。予謂以適事之宜，而廢祖師之約，當於山門選用有德，乃以琳嗣事。衆初有不悦其人，然終不能勝悦者之多且公也。今則大定矣。」

【二】師往問慰，坡答之以詩　蘇軾有答徑山琳長老：「與君皆丙子，各已三萬日。一日一千偈，電往那容詰？大患緣有身，無身則無疾。平生笑羅什，神咒真浪出。」堯祖注云：「徑山長老無畏大士維琳，湖之武康人也。其常州與東坡問疾詩云：『扁舟駕蘭陵，自援舊風日。君家有天人，雄雄維摩詰。我口吞文殊，千里來問疾。若以默相酬，露柱皆笑出。』」

【三】偃蓋覆巖石，歲寒傲霜雪。深根蟠茯苓，千古飽風月　詩刻今存福建石松寺，名法真松，上刻題詩，後云：「住山老祖天石上植松三本，一與寺門立名實，二與山林爲標致，三與一切人作陰涼。勿剪勿伐，永廕此山。紹興十年立。」

【四】寺初名石嵩　據清徐景熹修，清魯曾煜、施廷樞等纂乾隆福州府志卷十六上：「石松寺一名石嵩，在三都。閩都記：『宋大中祥符三年建，初名靈鳳。紹興十年，僧天石於石上種松，因易今名。成化九年重建，後多頹廢，萬曆間興復。』」知寺初名當爲靈鳳。

杭州報恩院慧明傳

慧明，蔣氏子也。幼歲出家，三學精練。過臨川，謁法眼，豁然有省。回鄞水，庵居大梅山。吴越部内禪學雖盛，而以玄沙正宗築之閫外，師欲整而導之。一日有禪者至庵，師問曰：「近離何處？」對曰：「成都〔一〕。」曰：「上座離成都到此山，則成都少上座，此間剩上座。剩則心外有法，少則心法不周。説得道理即住〔二〕。」禪客莫能對。又還止天台白沙庵，有彦明道人〔三〕者，俊辯自負，來謁師。師問曰：「從上先德有悟者否〔四〕？」對曰：「有之〔五〕。」曰：「一人發真歸源，十方虚空悉皆銷殞。」舉手指曰：「只今天台山嶷然，如何得銷殞去？」明張目直視，遯去〔六〕。錢忠懿王延請問法，命住資崇院〔七〕，盛談玄沙、法眼宗旨。自是他宗泛學皆寂然賓服矣。一日忠懿王爲法集大會諸山，師問諸老宿曰：「雪峰塔銘云：『夫從緣而有者，始終而成壞；非從緣而有者，歷劫而長堅。』堅之與壞即且止，雪峰只今在何處？」老宿不能對。王大説，署「圓通普炤禪師」。

【校記】

〔一〕成都　宋道元景德傳燈録卷二十五杭州報恩寺慧明禪師、宋悟明聯燈會要卷二十七杭州報恩慧明禪師作「都城」，是。下同。

〔二〕説得道理即住　宋道元景德傳燈録卷二十五杭州報恩寺慧明禪師、宋惠洪林間録卷下下有「不會即去」，宋悟明聯燈會要卷二十七杭州報恩慧明禪師下有「不會則去」。

〔三〕彦明道人　宋道元景德傳燈録卷二十五杭州報恩寺慧明禪師作「朋彦上坐」，宋普濟五燈會元卷十杭州報恩慧明禪師、明瞿汝稷指月録卷二十三杭州報恩慧明禪師作「朋彦上座」，作「朋彦」是。

〔四〕從上先德有悟者否　宋道元景德傳燈録卷二十五杭州報恩寺慧明禪師作：「言多去道

遠矣，今有事借問，只如從上諸聖及諸先德，還有不悟者也無？」

〔五〕有之　宋道元景德傳燈録卷二十五杭州報恩寺慧明禪師作：「若是諸聖先德，豈不有悟者哉？」

〔六〕明張目直視遯去　宋道元景德傳燈録卷二十五杭州報恩寺慧明禪師作「朋彦不知所措」，「明」應作「朋」。

〔七〕資崇院　原作「崇資院」，據宋道元景德傳燈録卷二十五杭州報恩寺慧明禪師、宋本覺編集釋氏通鑑卷十二、宋普濟五燈會元卷十杭州報恩慧明禪師乙正。

長蘆賾禪師傳

宗賾，襄陽孫氏子。父早亡，母攜還舅氏家鞠養。長成，習儒業，志節高邁，學問宏博。年二十九，皤然曰：「吾出家矣。」遂往真州長蘆，從秀圓通落髮，學最上乘。未幾，秀去而夫繼。師得旨於夫，遂爲夫嗣而紹長蘆之席。一法窟父子接踵弘闡者三世，雲門之道大震，江淮之間幾無别響。師上堂曰：「金屑雖貴，落眼成瞖。金屑既除，眼在甚處〔一〕？」拈拄杖曰：「還見麽？」擊香卓曰：「還聞麽？」靠却拄杖曰：「眼耳若通隨處足，水聲山色自悠悠。」啓示明切如此。

師性孝，於方丈側别爲小室，安其母於中。勸母剪髮，持念阿彌陀佛號。自製勸孝文，曲盡哀懇。師雖承傳南宗頓旨，而實以淨土自歸，至感普賢、普慧二大士夢求入社，其精誠可知矣。其母臨終果念佛吉祥而逝。始卒數十年間，以安養一門攝化，緇白從化。臨終正念如其母者，蓋不知幾何人。

師持勤匡道一念，得自天性，以言難及遠，往往託筆墨以致心焉。其勸供養則曰：「若無有限之心，則受無窮之福。」其勸坐禪則曰：「一切善惡，都莫思量。念起即覺，覺之即失。久久忘緣，自成一片〔二〕。」又曰：「道高魔盛，逆順萬端。但能正念現前，一切不能留礙。」其警游談則曰：「既乖福業，無益道心。如此游言，並傷實德。」其警撥無則曰：「麤解法師不通教眼，虚頭禪客不貴行門，此偏枯之罪也。」又曰：「宗説兼通，若杲日麗虚空之界；心身俱静，如琉璃含寶月之光。可謂蓬生蔴中，不扶自直；衆流入海，總號天池。」其言意至味一臠可以知全鼎矣。未詳所終。

【校記】

〔一〕金屑既除眼在甚處　宋正受嘉泰普燈録卷五真定府洪濟慈覺宗賾禪師作：「『金屑既除，眼在甚麽處？若如是者，未出荆棘林中；棒頭取證，喝下承當，正在金峰窠裏。』上堂：『樓外紫金山色秀，門前甘露水聲寒。古槐陰下清風裏，試爲諸人再指看。』」

〔二〕久久忘緣自成一片　明如卺續集緇門警訓卷上長蘆慈覺賾禪師坐禪儀下有「此坐禪之要術也」。

宗致傳附居竭　子照

宗致者，臨濟十一世之玄孫，而泐潭準禪師之嫡嗣也。住持東山，立身行道，大爲時所宗仰，以智慧無礙之心爲功德莊嚴之事。洪覺範慈觀閣記〔一〕云：「師骨面嚴冷，英氣逸群，以荷擔雲庵法道爲己任。説法有辯慧，護教有便行。卑叢林以宗旨爭溝封，以語言爭是非。紛然諸方，方熾未艾。名爲走道，其實走名。射利裨販，無所不至，而正宗微矣。欲棄之而弗忍，欲導之而弗從。於是爲室于方丈之東，名曰「慈航」。又自名其號曰慈覺，猶以爲未也。建閣於大門，名曰「慈觀」。蜀僧居竭者傾長財一百五十萬以助成之。竭平生自奉甚約，所得檀信之施，毛累寸積。四十年之藏，一旦舉以施之，人以爲難。南晉僧子照者，有實行自然之智，如人信手斫方圓，皆中繩墨。慈覺使總院事，事無巨細，談笑而辦。閣經營〔二〕，照實董其事。垢面龜手，不憚霜雪。伐山相材，運土拾礫，與蒼頭短髮進退，凡半年而落成。竭以財施，而慈覺之志乃克成。師弟子之於宗皆無所媿，賢矣哉！」

【校記】

〔一〕慈觀閣記　宋德洪石門文字禪卷二十一作「五慈觀閣記」。

〔二〕閣經營　宋德洪石門文字禪卷二十一五慈觀閣記同，「閣」下疑偶脱「之」字。

寶覺道法師傳

永道，順昌毛氏子也。出家，宗唯識、百法二論，又受西天總持三藏密法〔一〕，及傳圓頓戒法於元照〔二〕師，咸得其要。政和中，賜椹衣，主左街香積院，賜號「寶覺大師」。林靈素以左道罔上，宣和初，詔改僧爲德士，服冠巾，天下從之，無敢後。師獨毅然抗詔，上書曰：「自古佛法未嘗不與國運同爲盛衰。魏太武、崔浩滅佛法，未三四年，浩竟赤族，文成大興之；周武、衛元嵩滅佛法，不五六年，元嵩貶死，隋文帝大興之；唐武宗、趙歸真、李德裕滅佛法，不一年，歸真誅，德裕竄死，宣宗大興之。我國家太祖、太宗列聖相承，譯經試僧，大興佛法，成憲具在，雖萬世可守也。陛下何忍一旦用姦人之言，爲驚世之舉？陛下不思太武見弑於閹人之手乎？周武爲鐵獄之囚乎？唐武受奪壽去位之報乎？此皆前監可觀者。陛下何爲蹈惡君之禍，而違祖宗之法乎？」書奏，上大怒，命下，黥流道州。蔡京從容爲上言曰〔三〕：「天下佛像，非諸僧自爲之，皆子爲其父、臣爲其君以祈福報恩耳。今大毁之，適足以動人心，恐非社稷之利也〔四〕。」上意爲之少回。未幾，靈素事敗，放歸，賜死於道。復教，師量移近郡，尋得旨放回，敕住昭先禪院，賜名法道，以旌護法。

師之謫道州也，郡守僚屬皆先夢佛像荷枷入城。既而師至，皆善待之〔五〕。時軍民多病，師咒水飲之，無不愈者〔六〕。求者益多，乃爲沼於營中以咒之。師既還，道人如失恃怙。及二帝北狩，康王即位，東京留守宗澤承制，命師住左街天清寺，補宣教郎，總管司參謀軍事。爲國行法，護佑軍旅。師往淮潁勸化豪右出糧助國，軍賴以濟。後奉詔隨駕陪議軍國事，上欲加以冠冕，師力辭，詔加「圓通法濟大師」。

一日，上從容謂師曰：「上皇爲妖人所惑，毁師形服，朕爲師去此黥涅。」師對曰：「上皇御墨，不忍毁除。」上笑曰：「此僧到老倔强。」乃敕住廬山太平禪寺。故事，道場僧左道右。崇觀以來，遂易舊制。師不能平，詣朝廷論辯〔七〕，卒獲改正。紹興五年大旱，詔師入内祈雨，結壇作法。以四金瓶各盛鮮鯽，噀水默祝。遣四急足投諸江，使未回而雨已洽。上大悦，賜金鉢。上以國用不足，敕天下僧道納「清閑錢」。〔一〕師致書於省部極論其非，〔二〕傷大體而阻善化。言雖不行，勢亦少戢。紹興十七年秋，説偈端坐而化。闍維，舍利無數。塔於北山〔八〕九里松。

【校記】

〔一〕密法　宋釋元敬、釋元復武林西湖高僧事略宋三藏道法師作「密咒軌」。

〔二〕元照　宋釋元敬、釋元復武林西湖高僧事略宋三藏道法師作「圓照」。

〔三〕蔡京從容爲上言曰　宋志磐佛祖統紀卷四十七作「京數懇列於上前曰」。

〔四〕適足以動人心恐非社稷之利也　宋志磐佛祖統紀卷四十七作「適足以動人心念，非社稷之利也」。

〔五〕既而師至皆善待之　宋志磐佛祖統紀卷四十七作：「翌旦師至，守知其異，令善待之。」

〔六〕時軍民多病……無不愈者　宋志磐佛祖統紀卷四十七作：「城中軍民多患寒疾，或求救於師。師素受西天真言法，病者飲所咒水及爲摩頂，無不愈。」

〔七〕詣朝廷論辯　宋釋元敬、釋元復武林西湖高僧事略宋三藏道法師作「詣朝廷，與道士劉若謙論辨」。

〔八〕北山　原作「九山」，宋志磐佛祖統紀卷四十八作「建塔於北山九里松」，因據改。「九山」或涉下「九里松」而誤。

【箋注】

【一】上以國用不足，敕天下僧道納「清閑錢」　宋志磐佛祖統紀卷四十八：「（紹興）十五年，敕天下僧道始令納丁錢，自十千至一千三百，凡九等，謂之『清閑錢』。年六十已上及殘疾者聽免納。」

【二】師致書於省部極論其非　宋志磐佛祖統紀卷四十八：「道法師致書於省部曰：『大法東播，千有餘歲，其間污隆隨時，暫厄終奮，特未有如今日抑沮卑下之甚也。自紹興中年僧道征免丁錢，大者十千，下至一千三百。國四其民，士農工商也。僧道舊籍仕版，而得與儒分鼎立之勢，非有經國理民之異，以其祖大聖人而垂化爲善故耳。至若天灾流行，雨暘不時，命其徒以禱之，則天地應、鬼神順，抑古今耳目所常聞見者也。夫苟爲國家禦菑而來福祥，亦宜稍異庸庶之等夷可也。若之何遽以民賦，賦且數倍？今天下民丁之賦多止緡錢三百，或土瘠民勞而得類免者，爲僧反不獲齒於齊民，以其不耕不蠶而衣食於世也。夫耕而食，蠶而衣，未必僧道之外人人耕且蠶也。云云。』」

法燈禪師傳

法燈，字傳炤，成都華陽王氏子〔一〕。自幼時則能論氣節，工翰墨，逸群不受世緣控勒。年二十三，剃落於承天院，受具足戒。即當首楞嚴講，耆年皆卑下之。其師圓明大師棄講出蜀，〔二〕師侍行，至恭州而殁。師扶護歸葬成都，辭塔而去。下荆江，歷淮山，北抵

漢沔，徧謁諸老，所至少留，機語不契，振策即行。大

登大洪，謁楷禪師，〔二〕遂服膺戾止，承顏接詞，商略古今。應機妙密，當仁不讓。緇之

觀初，楷公應詔而西。三年，坐不受師名敕牒，縫掖其衣，謫緇州，〔三〕師跰足隨之。政和元年，道俗高其義，太守李公擴虚太平興國禪院以居之。於是，洞上宗風盛於京東。

楷公得釋，東遁海濱千餘里，太湖中而止，草衣澗飲，若將終焉。師猶往從之，楷以手揶揄曰：「雲巖路絶，責在汝躬行矣。」師識其意，再拜而還。

七年，解院事，西歸京師，名聞天子。俄詔住襄陽鹿門政和禪寺，師謝恩罷，退飯丞相第，堂吏抱牘至，白曰：「江州東林寺當改爲觀，從道士所請。」師避席曰：「廬山冠世絶境，東林又其勝處，世爲僧居，如春湖白鷗，自然相宜。今黄冠其中，絶境其厄會乎？」丞相大以爲然。東林之獲存，師之力也。

既至漢上，郡將諷諸山辦金帛，詣京師作千道齋。師笑曰：「童牙事佛，有死無二。苟非風狂失心，輒以十方檀施之物千里媚道士耶？」郡將愧其言而止，然天下叢林聞而壯之。鹿門瀕漢江，斷岸千尺，寺嘗艱於水，師坐巖石下，念曰：「吾欲叢林此地，爲皇朝植福，而泉不能贍衆，山靈其亦知之乎？」師以杖擿草根，俄衆泉霽發，一衆大驚，山中之人目之曰「燈公泉」。師初依夾山齡禪師，齡道孤，化而無嗣之者，僧惟顯得其旨，隱於南

岳。師以書抵長沙，使者迎出以居龍安禪寺。聞者服其公，貴其行。

初，慧定禪師自覺革律爲禪，開創未半而逝。螘藏蜂聚，故棄遺埡十猶七。師爲一新之，長廡廣厦，萬礎盤崖〔二〕，椎拂之下五千指。十年之間，宗風大振。人徒見其婆娑勃窣若游戲，然不知其至剛峭激也，篤信所學，雖威武貴勢，不敢干以非義。性喜施，不計有無，傾困倒廩以走人之急。

靖康二年春，金人復入寇，兩宫圍閉。師驚悸不言，謝遣學徒，杜門面壁而已。弟子曰〔三〕：「朝廷軍旅之事，何預林下人？而師獨憂念之深乎？」師熟視，徐曰：「河潤九里，漸洳者三百步；木仆千仞，蹂踐者一寸草。豈有中原失守，而林下之人得寧逸耶？」五月十三日中夜安坐，戒門弟子皆宗門大事，不及其私，泊然而逝。檢其所蓄，道具之外，書畫數軸而已。閱世五十有三，坐夏三十。塔全身於山口別墅慧定塔之東。

【校記】

〔一〕王氏子　宋普濟五燈會元卷十四襄州鹿門法燈禪師作「劉氏子」，宋正受嘉泰普燈録卷五襄陽府鹿門法燈禪師言其「族劉氏」。

〔二〕萬礎盤崖　宋德洪石門文字禪卷二十九鹿門燈禪師塔銘并序作：「萬礎蟠崖，冬温夏清。崇堂傑閣，十楹照甍，吞風而吐月。」

〔三〕弟子曰　宋德洪石門文字禪卷二十九鹿門燈禪師塔銘并序作「門弟子明顯白曰」。

【箋注】

【一】其師圓明大師棄講出蜀　宋德洪石門文字禪卷二十九鹿門燈禪師塔銘并序曾叙及圓明出蜀因緣：「黄太史公謫黔南，與圓明游，相好。每對榻横麈，師必侍立，看其談笑。公撫師背謂圓明曰：『骨相君家汗血駒也，他日佩毗盧印、據選佛場者，必此子也。』常夜語及南方宗師，公曰：『今黄龍有心，泐潭有文，西湖有本，皆亞聖大人曹谿法道所在，或欲見之，不宜後。』」

【二】登大洪，謁楷禪師　宋正受嘉泰普燈録卷五襄陽府鹿門法燈禪師：「棄謁芙蓉，蓉見，乃問：『如何是空劫已前自己？』師於言下心迹泯然，從容進曰：『靈然一句超群象，迥出三乘不假修。』蓉拊而印之。」

【三】謫緇州　宋代無「緇州」，疑或爲「淄州」之訛，下同。

萬松老人傳附從倫

行秀，號萬松，河内人，族蔡氏。自幼不凡，超然有出世志，屢白父母求出家。父母初難之，然知終不可以世相奪。因攜送邢州淨土寺，禮贇公爲師〔一〕落髮焉。具戒後，决力參究，即擔囊抵燕，栖憩潭柘。過慶壽，叩勝默老人，老人曰：「學此道如鍛金，滓穢不盡，精真不顯。觀君眉宇間大有物在，此物非一番寒徹，不能放下，子後自見，不在老僧多言也。」師益厲精猛，至寢食俱忘。後至磁州，參雪巖滿公〔二〕，遂於言下大悟，曰：「得恁麽近，始知勝默爲人處婆心切，落草深也。」依雪巖二年，盡其底藴。付僧伽黎，勉以流通大法，自是兩河三晉之人皆飲師名，法門隱然倚以爲重。

明昌中，章宗請入内庭説法，親奉錦綺大衣腋而升座。自后妃以下皆從師受法，羅拜位下，各施珍愛。建普度會，數日之内，祥瑞疊見，道猷遠聞。承安改元，特詔住仰山棲隱寺。寺先爲世宗所建，奉玄冥顗公爲開山。顗公，故金國大禪老，給田度僧，雖極一時之盛，然未大弘法音。師登座一宣，萬指傾聽，以洞上孤冷不振之宗，一旦得師而起之，扶頽繼絶，功不在青華巖下也。次遷寶集萬壽，又移席報恩，連住鉅刹，道化不少衰。晚年退居從容庵，幽林多暇，評唱宏智百頌。又著請益録，踵碧巖之後塵，開寶鏡之重垢，甚有補於宗門，學者至今傳習。

師天資敏利，於百家之學無不淹通。三閲大藏，首尾熟貫。雖座主老於繙檢者，不敢以汗漫欺。李屏山居士著論弘宗，人稱使摩詰、衷柏再出，無以加。然以日叩函丈，受師啓發者居多，則師於法門樹立宏矣。後無疾而終，年八十一。

林泉老人從倫者，師弟子也。住大都報恩寺，著空谷傳聲、虚堂習聽二書，評唱投子青、丹霞淳二公頌古，其自序有云：「以無説之説而説其説，使不聞之聞而聞乎聞。」論者謂「倫公非有意於言，蓋道之所在，不得已而言之也」。

【校記】

〔一〕禮賛公爲師　原作「禮賛允公爲師」，然李仝萬松行秀舍利塔銘作「禮邢州淨土賛公」，明淨柱輯五燈會元續略卷一燕京報恩寺萬松行秀禪師、明釋元賢輯繼燈録卷一燕京報恩寺萬松行秀禪師均作「禮賛公爲師」，明通問編續燈存稿卷十一燕京報恩萬松行秀禪師作「往從邢州淨土寺賛公芟染」，因據删。

〔二〕雪巖滿公　原作「雲巖滿公」，然李仝萬松行秀舍利塔銘作「復出見雪岩滿公於磁州大明」，明淨柱輯五燈會元續略卷一燕京報恩寺萬松行秀禪師、明釋元賢輯繼燈録卷一燕京報恩寺萬松行秀禪師均作「請益雪巖於磁之大明」，明通問編續燈存稿卷十一燕京報恩萬松行秀禪師作「遂往叩雪巖於大明」，因據改。

元　雲峰高禪師傳

妙高，字雲峰，福之長溪人。家世業儒。母夢嬰兒坐蓮華心，手捧得之，覺而生師，因名夢池。神采秀澈〔一〕，嗜書力學，尤醉心内典〔二〕，汲汲以入道爲請。父母以夢故不奪其志，俾從雲夢澤公受具戒，鋭意求道。首參癡絶沖，沖曰：「此兒語纚纚有緒，吾宗瑚璉也。」次見無準範，範尤〔三〕器愛，擬以侍職處。師嘆曰：「懷安敗名〔四〕。」遂去。之育王見偃溪，掌藏鑰。一日，溪舉「譬如牛過窻櫺，頭角四蹄俱過，因甚尾巴過不得」，師劃然有省，答：「鯨吞海水盡，露出珊瑚枝。」溪可之。

尋住南興大蘆，遂爲偃溪嫡嗣，遷保安江陰勸忠〔五〕、霅川何山。雲衲四來，三堂皆溢。朝命升蔣山。德祐乙亥，寺被兵，軍士有迫師求金者。師曰：「此但有寺有僧，無金與汝。」偶以刀擬師頸盪磨之，師曰〔六〕：「欲殺即殺，吾頭非汝礪刀石。」軍士感動〔七〕，擲刃去，寺得無恙。

至元庚辰，遷徑山。山經回禄，草創纔什一。師悉力興建，纔還舊觀〔八〕。明年己丑正月復火，刹那而燼，寺衆大駭。師喟然曰：「吾宿生負此山，吾償之，勿憂〔九〕，憂諸人不解狗子無佛性耳。」衆爲悚然，遂竭力再營，至壬辰十月落成。爲屋千楹，計工百萬。師雖治土木，而晨夕唱道，雲衲奔湊，瓶錫兀兀〔一〇〕，宴若無事。甫十年間，兩建鉅刹，如探諸懷，功亦偉矣。

時教徒肆毁〔一一〕禪宗，上將信之，諸禪老縮項無聲。師聞之，歎曰：「此宗門大事，吾當忍死以爭之。」遂拉一二同列趨京。有旨大集禪教兩門廷辯，上問：「禪以何爲宗？」師奏：「淨智妙圓，體本空寂，非見聞覺知、思慮分別所能到。」宣問再三，師循源泝流，緣詞會理，約二千餘言，〔二〕如瀉泉鳴籟，以答宸衷。上大悦，自是使講徒不復有言於禪，而當世之主遂深信於禪，皆師回天之力也。陛辭南還，以癸巳六月十七日書偈而逝。閲世七十有五，臘五十有九。塔於寺西之居頂庵。

【校記】

〔一〕秀澈　元釋念常佛祖歷代通載卷二十二作「秀徹」，是。

〔二〕醉心内典　元釋念常佛祖歷代通載卷二十二作「耽釋典」。

〔三〕尤　原作「猶」，據元釋念常佛祖歷代通載卷二十二改。

〔四〕懷安敗名　元釋念常佛祖歷代通載卷二十二下有云：「吾不徧參諸方不止也。」

〔五〕勸忠　元釋念常佛祖歷代通載卷二十二作「教忠」。

〔六〕偶以刀儗師頸盪磨之師曰　元釋念常佛祖歷代通載卷二十二作「俄以刃擬師，師延頸曰」。

〔七〕軍士感動　元釋念常佛祖歷代通載卷二十二上有「辭氣雍容，了無怖畏」。

〔八〕師悉力興建纔還舊觀　元釋念常佛祖歷代通載卷二十二作：「師悉力興建，且捐衣盂，自爲僧堂衆寮。不十年，悉復舊觀。」

〔九〕勿憂　明宋奎光徑山志卷七家之巽徑山興聖萬壽禪寺重建碑作「吾不憂亡寺」。

〔一〇〕兀兀　原作「几几」，據明宋奎光徑山志卷七家之巽徑山興聖萬壽禪寺重建碑改。

〔一一〕肆毁　元釋念常佛祖歷代通載卷二十二作「譖毁」。

【箋注】

【一】宣問再三，師循源泝流，緣詞會理，約二千餘言　元釋念常佛祖歷代通載卷二十二：「師歷舉西天四七、東土二三，達磨諸祖，南能北秀，德山、臨濟棒喝因緣，大抵教是佛語，禪是佛心。正法眼藏，涅槃妙心。趣最上乘，孰過於禪。詞指明辯，餘二千言。」

至温傳

至温，字其玉，號全一，生邢州郝氏。幼聰敏異嘗，六歲見寂照和尚，照曰：「汝其爲釋氏乎？」師心許之。會照避亂，去隱遼西，乃禮照弟子辯庵訥而祝髮焉。無還富公開法萬壽，涖衆甚嚴。師不以爲忤，與十僧同往佐之。尋爲萬松侍者，以才氣過人稍不容於衆。然博記多聞，百家之言，罔不該涉。又善草書，有顛、素之遺法。凡萬松偈頌法語，一聞輒了之，遂得法焉。嘗使代應對，談鋒〔一〕不可犯。

太保劉文貞公長師一歲，少時相好也，薦師可大用。世祖召見，與語大悦。將授以官，辭曰：「天下佛法流通，僧之願，富貴非所望也。」慰而遣之。世祖征雲南還，文貞爲言，錫師號曰「佛國普安大禪師」，總攝諸路僧事〔二〕，刻印以賜。師鋭意衛教，凡僧之田廬見侵於豪富及他教者，皆力歸之。馳驛四出，周於所履，必獲其志乃已。或勸之少憩，弗懈也。

憲宗末年，僧、道士各爲違言以相傾〔三〕。上命聚訟於和林，剖决真僞。師從少林諸師辯之，道士義墮，自是法教大興，僧徒賴之。師遂納印辭職。每歲賜金，輒緣手盡〔四〕，世味泊如也。以至元丁卯〔五〕終於桓州之天宫寺，當盛暑，儀形如生，異香馥郁〔六〕。停三日，火浴之，心舌牙齒不壞。人掊其地深數尺，皆得舍利云〔七〕。世壽五十一，僧臘四十。

【校記】

〔一〕談鋒　元虞集道園學古録卷四十八佛國普安大禪師塔銘作「談鋒迅利」。

〔二〕總攝諸路僧事　元虞集道園學古録卷四十八佛國普安大禪師塔銘作：「總攝關西五路，河南、南京等路，太原府路，邢、洺、磁、懷、孟等州僧尼之事。」

〔三〕僧道士各爲違言以相傾　元虞集道園學古録卷四十八佛國普安大禪師塔銘作「僧、道士有諍，各爲違言以相危」。

〔四〕每歲賜金輒緣手盡　元虞集道園學古録卷四十八佛國普安大禪師塔銘作「每歲官賜金，修寺之外」。

〔五〕至元丁卯　元虞集道園學古録卷四十八佛國普安大禪師塔銘作「至元丁卯五月二十二日以疾」。

〔六〕當盛暑儀形如生異香馥郁　元虞集道園學古録卷四十八佛國普安大禪師塔銘作「西向右脇而化，當暑儀形如生，更有異香」。

〔七〕人掊其地深數尺皆得舍利云　元虞集道園學古録卷四十八佛國普安大禪師塔銘作「衆庶掊其地深數尺，猶得舍利云」。

念常傳附覺岸

念常，號梅屋，華亭黄氏子。母楊，夢僧龐眉雪髮，稱大長老託宿焉，因而娠。至元壬午三月十有二日誕於夜，神光燭室，異香襲人，逾日不散。既長，喜焚香孤坐，風骨秀異〔一〕。年十二，懇求出家。父母〔二〕鍾愛之，誘以世務，終莫奪其志，遂舍之。元貞乙未，江淮總統所授以文憑，薙髮受具，遍游江浙大叢林。博究群經，宿師碩德以禮爲羅延之，皆撝謙弗就。至大戊申，佛智晦機和尚自江西百丈遷杭之淨慈。師往參承，於言下有省，俾掌記室，〔一〕服勤七年。延祐乙卯，佛智遷徑山，師職後版表率。明年，朝廷差官理治教門，承遴選住嘉興祥符。

至治癸亥〔三〕，乘驛赴京，得以觀光三都之勝，覽燕金遺墟。入五臺，禮曼殊，出入金門，討論墳典。如司徒雲麓洪公、別峰印公，自帝師以下，皆尊而愛之。自京而回，主姑蘇萬壽法席。

師精通内義，外博群書，乃取佛祖住世之本末、傳授之源流〔四〕，及夫時君世主之所尊尚、王臣將相之所護持，參異同，考訛正〔五〕，運弘護之心，秉至公之筆，緝而成書，謂之佛祖歷代通載，凡二十有二卷。翰林道園虞公序其首，慨僧史無續而失傳，譏志磐書事之無法，〔二〕蓋深有取於師言也。寶洲上人謂師此述理明事實〔六〕，出入經典，考正宗傳，殊有補於名教，於是即普覺文房采摭内外典籍成編，題曰稽古略，與師並行於世，詳略各得其宜也。

寶洲，名覺岸，吴興吴氏子。從獨孤明禪師落髮受具，與師同參晦機。後開法於松江南禪，講楞嚴，至七徵心，忽淨瓶水騰涌，注於懷。聽衆驚愕，師笑曰：「此偶然耳。」

【校記】

〔一〕風骨秀異　覺岸華亭梅屋常禪師本傳通載序下有「氣宇英爽」。

〔二〕父母　覺岸華亭梅屋常禪師本傳通載序作「母」。

〔三〕癸亥　覺岸華亭梅屋常禪師本傳通載序作「癸亥夏五」。

〔四〕傳授之源流　虞集佛祖歷代通載序作：「説法之因緣，譯經弘教之師，衣法嫡傳之裔，正流旁出，散聖異僧。」

〔五〕參異同考訛正　虞集佛祖歷代通載序作「論駁異同，參考訛正，二十餘年始克成編」。

〔六〕此述理明事實　覺岸華亭梅屋常禪師本傳通載序作「其文博，其理明，叙事且實」。

【箋注】

〔一〕師往參承，於言下有省，俾掌記室　覺岸華亭梅屋常禪師本傳通載序作「禪師往參，承值上堂。佛智舉太原孚上座聞角聲因緣，頌云：『琴生入滄海，太史游名山。從此揚州城外路，令嚴不許早開關。』有省於言下，投丈室呈所解，佛智頷之，遂俾掌記室，囑之曰：『真吾教偉器，外護文苑之奇材也。』」

〔二〕慨僧史無續而失傳，譏志磐書事之無法　虞集佛祖歷代通載序：「記載之書，昔有寶林等傳，世久失傳，而傳燈之録、僧寶之史，僅及禪宗。若夫經論之師，各傳於其教，宰臣外護，因事而見録，豈無遺闕？近世有爲佛祖統紀者，擬諸史記，書事無法，識者病焉。」

明　杲庵莊公傳敬庵

杲庵莊禪師，台州人也。住持徑山，學者雲合。説法酧機，迅若奔雷。有杲庵語録，〔一〕湮没無傳〔二〕。記籍但載其答儒一編，意深而遠，語宏以肆，轟轟然誠宗門之偉人也。

或以儒釋内外之辯問者曰：「昔宋儒晦翁曰：『釋所謂心上做工夫，本不是。』程子曰：『釋氏之學，於「敬以直内」則有之矣，「義以方外」則未之有也。故滯固者入於枯槁，疏通者歸於恣肆。此佛教所以隘也。吾儒則不然，率性而已。斯理也，聖人於易備言之。』二翁之説何如？」

師曰：「不然。教有内外不同，故造理有淺深之異。求之於内，心性是也；求之於外，學解是也。故心通則萬法俱融，着相則目前自昧。嗚呼！外求之失，斯爲甚矣。今儒學之弊，浮華者固以辭章爲事，純實者亦不過以文義爲宗，其實心學則皆罔然也。宋之真儒深知其病，又知吾心工夫爲有本，是當教本抑末，以斥其言語文字之非，可也。而復以心上工夫不是，何自爲矛盾歟？本既不是，何謂却勝儒者乎？此其不能窮心學之理，於吾佛之道深自惑亂，而不能取决也。觀伊川之言亦然。夫既慜吾道爲有内無外矣，果能以道〔二〕爲本，得本何憂於末哉？繼言枯槁恣肆，又慜吾道之隘，是未見其大者矣。既曰『佛有覺之理，爲敬以直内』，復言『要之亦不是』，皆反覆自惑之言耳，豈真知此理者哉？若率性之説，亦不出吾心上工夫。必取證於易，易乃心上之妙理。先儒不明本心之體，遂不明良知、良能之所自出，謂有氣而後有知，乃推性命之源於氣，推性爲氣中之理。以性循理爲道，故隨事隨物以明理。不知天地、人物、形氣皆生於覺性之中，而吾之本心妙明徧照，已在思慮未發之時。若有得於此，即時中之義也。失此不能少存於内，徒追求於事物之末，謂之『義以方外』，豈有是哉？取證於易者，易言至神至聖，皆指不可測、不可知之地，故不疾而速，不行而至。又以無思、無爲無〔三〕感通之本，則易所證固非外矣。夫了悟之地非學解所能到。悟則謂之内，解則謂之外，則内教外教所以不同也。儒者專用力於外，凡知解所不及者，不復窮究。故不知允執厥中之道、天理流行之處皆在思慮不起、物欲淨盡之時，踐履雖專，終不入聖人之域矣。蓋因疑佛氏之迹，爲無父無君。遂不究盡其説，使孔聖之道不明，乃成毁佛之過也。惜哉！」

師將化，忽云〔四〕：「難難。二八嬌娘上高山，老僧扶不得。」言訖而寂。

敬庵莊公，亦台人。自幼智慧不凡，祝髪廣慈庵。輕世薄塵，遍參有悟入〔五〕。永樂間，住徑山，奉詔修大典，寓天界三年。姚廣孝等諸公交章舉住持，固辭，還徑山。其嘉言善行，惜不得盡傳。杲庵嘗云：「敬庵嘗主越中二刹，既來，龍河全室翁以二座處之。退休一室，以風節自持，良可尚也。」一日含笑而化，塔於水嶺小池之上。

【校記】

〔一〕湮没無傳 明宋奎光徑山志卷三第六十代杲庵莊禪師作「行於世」，是。

〔二〕道 明宋奎光徑山志卷三第六十代杲庵莊禪師作「内」。

〔三〕無 明宋奎光徑山志卷三第六十代杲庵莊禪師作「爲」。

〔四〕忽云 明宋奎光徑山志卷三第六十代杲庵莊禪師作「忽於十月二十三日云」。

〔五〕祝髮廣慈庵……遍參有悟入 明宋奎光徑山志卷三第六十三代敬庵莊禪師作：「厭葷穢，輕世薄塵，好浮屠法。出家于廣慈庵，久之遍參方外，了徹宗源。」

【箋注】

〔一〕有杲庵語録 杲庵有語録八卷，今傳世有嘉興藏本，即杲庵莊禪師語録。

天泉淵公傳

祖淵，字天泉，雨庵其號也，廬陵楊氏之子，生有異質。永樂癸未，具戒於青原山。上金陵謁幻居戒公，多所啓發，號入室弟子，嘗對衆稱之。師不以小得自滿，然臂香，篤志求道，至廢寢食者五年。始得微悟，若開雲霧，行虚空，無所留閡。遂振錫觀方，遍禮祖塔，所至叢林畏敬之，聲稱隱然起同輩間。壬寅，還天界，刺血書雜華經。

宣德改元，住山闡教，月山公嘉其行，延置座端，爲龍象表率。尋爲僧録司舉住雪峰。未幾，天童虚席，移師居之。百廢具興，化道大行。甲寅，被召入京，命爲左覺義。時敕建大功德寺成，住持難其人，命師兼之。僧衆聞之，皆樂從，展鉢如雲。上悦，賜田四百餘頃以贍焉。

師念禪、講、教三宗，名不可不正，奏以大功德、大慈恩、大隆善三寺爲之。繇是三宗弟子各有依歸。傳道受業，而綱緒始無紊亂矣。又以天下寺多廢，繇學徒未廣，於嘗度正額外增其數五之一，一時受度者如川匯雲委。其徒之繁昌，廢刹多繇是而興。陞右善世，發上所賜物，建大刹於江寧之鳳翔山，賜額曰「普寧禪寺」。萬善戒壇成，命師爲傳戒宗師。天下學者聞師戒，皆知所守，而行不離道。寺左道北山阻，溝水泥淖，往來者苦之。師同太監興安拓地三百畝，甃石作安和橋，築庵橋側，命僧守之以濟衆。於是寒不病涉，暑則供茗飲，人歸德焉。

師氣宇弘深，制行潔白。蓋湛然淵澄，浩然海蓄。凡諸世緣，無一可以動其意。其爲國家祝釐，則洞洞然盡其誠；爲諸弟子説法，則懇懇然發其趣。蓋忠於事上，勤以接下，一時尊而仰之如泰山北斗云。所度弟子以萬計，嗣興教事及主名山、住大刹者又若干人。

生於洪武己巳二月四日，化於正統己巳三月七日。壽六十一，僧臘四十七。卒之時，沐浴更衣而坐，索筆書偈，曰：「觀世間六十一，一即是三，三即一。團團爍破去來踪，白日虚空轟霹靂。」書畢，瞑目而逝，異香滿室者數日。太上皇聞之，遣太監吴弼賜以白金、香幣、鈔萬緡。又遣禮部主事林璧賜祭，朝之公卿大夫莫不致祭。荼毗於都城之西山，貴賤耄耋送者萬餘人，得舍利盈掬，藏於功德院。靈骨奏還南京普寧，建大窣堵波藏焉。

真澧傳

真澧，字亨渠，別號一江，江右劉氏子，系出唐中山禹錫之裔。父福端，母湯氏，生時感異夢，有天香芝草之瑞。弘治辛酉閏七月誕，甫脱乳，口絶葷羶，合掌籲佛。十餘齡，姚洞寇肆掠民間，母子相失。師被俘，久而得脱，投鎮守黎公爲參隨，守事淳謹，黎公愛重之。及黎公入京，攜以偕。道出彭蠡，瞻匡廬、天池之勝，遂願出家，叩首請命於馬前。黎公故長者，奇賞其志，許自便。師即投廣化寺，禮旺祖庭爲師，落髮受具戒，宿知漸顯。歷游諸席，通圓頓教旨，入耳契心，大爲師友賞識。所至人皈從之，師或説佛法，或示詩辭，隨方振鐸，啓迪弘多。

時京都招提有變，燈燄微熄。師大感惻，力爲撐拄，而事獲寢，不致横流波及，師功居多。孜孜以弘教護法爲心，考見生平，非如此一事一迹而已。歲丁巳，一日忽夢居賢坊水塘之陽有唐復禮法師舊基，見一僧手持書券一紙相授，曰：『師有力，宜興此地。』即隨僧履土窪，步平臺，覩湖水。石壁獅峙象拱，日光山色，輝煌奪目。忽驚醒，遂偕客踪迹之，得廢地，恍然夢境，遂矢葺構之願。檀施雲集雨合，不數年而成。金碧交映，宛如化樂天宫。師踞座演迦陵之音，人踵門服甘露之化。京師佛法號爲中興云。

師韻度清遠，有句云：「樹間風正輭，雲際日方遲。」論者謂有禪意。萬曆壬午坐化，塔於西山雙槐樹。

莽會首傳

慧定，字無盡，別號南泉，潞安郜氏〔一〕子。貌奇偉，兩眸如電。性倜儻，不喜俗務〔二〕。剃髮，理會本分事有省。詣臺山〔三〕，禮大士，遂發願飯僧十萬八千。千日滿願，莖菜粒米，必躬親之，人服其誠篤。師力藝絶人，能兼數十人執作。又言行質直無文，以故競呼爲「莽會首」，聲震叢林。所至人遮留之，答曰：「易處不住，住處不易。」不顧，行至舊路嶺，結茆聚衆以居。

時盜賊蟠聚山半，畫地爲界，號「南北大王溝」。官兵莫敢捕，過客瑟縮，相戒非聚百衆鳴金持械，莫得前者。及師莅止，盜怯師名，而伺之甚密。一日師出，庵破。既歸，殘僧三四人持師泣，幸徙庵避之。師奮曰：「不可。死生有命，賊何爲者？尋且滅之。」言已，賊大至，師手無兵器，乃碎水缸擊賊，無所中。賊知師無兵器，乃敢相近。鎗中師左脇，師手接其鎗，踢賊仆地，刺殺之，賊駭退。方入户檢視傷處，洞三寸許，脂腸俱出。忍痛縛固，持鎗出户，厲聲曰：「正欲捕滅汝輩，今來送死耶？」賊怯不敢前，但持亂石遥擊師，中額顱。會龍泉關兵統鄭某者與師善，意師創盜，潛以兵護之。兵到，盜散去，遍山覓師不得。逮曉，見深澗中僵卧一血人，細視之，師也。鄭號哭曰：「天乎？奈何喪此英雄人耶？」舁歸，捫其胸尚温，喜曰：「是不死，血迷心竅耳。」抉其齒，灌以藥酒，久之乃甦。調治平復〔四〕，即辭鄭去，奮欲擊賊。或難之，師曰：「大丈夫欲除殘暴，建立佛法，即九死，豈敢辭？」結同志得五十二人，俱英奇輕死之輩。諸邊將雅熟師名，至是遍謁之。假兵器，募糧草，投牒帥府，督府期一舉滅盡，咸壯許之。盜渠率百餘曹，師悉知其姓名住處，卒以兵相臨。數日間，無不就擒斬，巢穴遂空，時師二十八歲矣。

從此安立叢林，供十方雲水粥飯，以雜華爲定課，兼行一切佛事。或修淨業，或習禪觀，或閲藏典，歷五十餘年如一日。一日謂衆曰：「時節清平，吾將順化。速請城上宗主師來。」既至，付以住持事。將就化，衆哀號。〔二〕師曰：「無勞悲戀，但念世界空花，苦樂夢幻。即見我已，慎勿作去來想。」衆復哀留繪像，師振威喝曰：「咄，竪子，此金剛不壞之體，堪充汝輩瞻仰，何用此幻妄爲？」遂端坐化去，時萬曆二年正月二十三日也。世壽七十六，僧臘五十。瘞全身山之西峰。越兩月，雷轟瘞處。杭僧止堂者竊窺師相，鬚髮已長寸許，顔色如生。

宗主名某全，與莽師同殲盜賊者也。習講律，庭選爲傳戒宗師，住京師明因寺。既承付託，勵精弘闡，從化者衆。貌狀略與莽師同，亦奇偉丈夫也。

【校記】

〔一〕邰氏　原作「邵氏」，據明馮夢禎快雪堂集卷十二五臺山舊路嶺龍泉寺開山莽會首塔銘改。

〔二〕性倜儻不喜俗務　明馮夢禎快雪堂集卷十二五臺山舊路嶺龍泉寺開山莽會首塔銘作「性俶蕩，不樂俗務」。

〔三〕詣臺山　明馮夢禎快雪堂集卷十二五臺山舊路嶺龍泉寺開山莽會首塔銘作「詣臺山，遍參耆舊」。

〔四〕調治平復　明馮夢禎快雪堂集卷十二五臺山舊路嶺龍泉寺開山莽會首塔銘作「調視百日平復」。

【箋注】

【一】將就化，衆哀號　明馮夢禎快雪堂集卷十二五臺山舊路嶺龍泉寺開山莽會首塔銘：「剃髮沐浴，徧禮聖像，詣龕端坐，大衆悲號，聲振巖谷，謂師曰：『奈何不少住，爲七衆屏翰耶？』」

寬念小師傳

寬念小師，十餘歲祝髮，即有大志。一言一笑不輕發，眉宇清逸端嚴，見者浮氣自斂。京師諸剎凡屬中貴供奉者，即以中貴爲主人，僧反客焉。見中貴則膜拜盡禮，小師所居崇因寺亦然，乃祖若師守禮無失。至小師紹位，則曰：「沙門不拜王者，豈可自袈裟中失律？」見諸中貴，問訊如律。衆稍畔去，香積塵封不問也，而縉紳學士敬而愛之，炷香問者履嘗滿。

年餘病瘵，肌肉落盡而起居自若。時方延淨侶禮懺誦華嚴經，梵音清越入室中。客問曰：「懺宿業耶？延新禧耶？」小師曰：「宿業一定當還，懺之何益？眼前四大如此作苦，延之何貴？生長閻浮，無補於衆生。幻緣將盡，悉衣鉢之餘，燒一炷香，假三寶勝緣，聊報四恩三有耳。行與子辭矣，他時異日，當效奔走。」言訖點首數四。客去，呼湯浴罷，合掌念佛而化，時年十九云。

補續高僧傳卷第十九

吴門華山寺沙門明河撰

感通篇

五代　二蕭師傳

蕭公祖師，蜀人，生於殘唐。師雪峰存和尚，行頭陀行。久之，得悟而發通，於閩服大著神異，閩人莫知其名，因稱「蕭公祖師」。古田有白蛇肆害，師驅之。溪源有毒龍爲雉，師降之。至於封山打洞，無妖不剪，無怪不除。合四境之内，地方千餘里，魔氛不作，月皎清光，人無惡夢。有偈曰：「剃髮還留髮，居塵不染塵。人稱三教主，了義一歸真。」又曰：「一相元無相，如來如不來。道全歸四果，顯法救三災。」觀師偈意，是蓋大菩薩示迹度生，非專羊鹿位中人也。

師至宋嘉熙間始入滅，住世三百餘歲。火化於鳳冠巖，祥光燭天，異香普聞。火盡，鄉民刻木肖師形，盛骨於内，請有司立庵奉之。錫胤弭災，隨禱而應，尤效於雨，虔禮則霈焉，隨踵而至。

又有蕭禪和者，長沙耒陽〔一〕人，生後唐。爲弓手催税，夜宿逋負之家。明日，逋家欲烹鵝以待，鵝覺焉，遂作人語，語雌曰：「我明日當烹，汝善視諸子。」弓手聞之，天未明謂逋家曰：「何以相待？」逋家曰：「烹鵝矣。」曰：「何不生與我？」遂攜鵝而去。因感此出家，遍參知識，修鍊精苦，所至挈鵝以自隨，亦著靈異。

一日遊茶鄉小崗，見老嫗肩水，向求飲，嫗進水，遜詞曰：「水非泉，恐未潔。」禪和憫之，曰：「汝願富貴乎？」嫗曰：「地無泉，歲不熟，食且少，安望富貴？但得水暘，時歲有年，足矣。」禪和即於近山巖下以錫杖鑿石孔七，以碗覆之。俾七日後去碗，當有泉。後果然，蔭注千頃，後人賴之。入宋，于江西慶雲寺立化，鵝亦長號而死〔二〕。

二師同姓，其脱然不可思議處又同，故合傳。

【校記】

〔一〕耒陽　原作「萊陽」，然萊陽地屬山東，並非長沙府内。明孫存、潘鎰、楊林、張治纂嘉靖長沙府志卷六蕭禪和、明徐學謨萬曆湖廣總志卷七十五蕭禪和均言其爲「耒陽縣人」，因據改。

〔二〕長號而死　明孫存、潘鎰、楊林、張治纂嘉靖長沙府志卷六蕭禪和、明徐學謨萬曆湖廣總志卷七十五蕭禪和作「如之」。

南唐　木平傳

木平和尚，不知何許人。游戲江滸，語言無度，蹤迹詭異，人不能測識。李後主尊爲「聖師」。嘗掛木瓶杖頭，一日赴内齋坐，頃忽不見。後主問曰：「和尚何在？」因引瓶自蔽，應〔一〕曰：「某在此澡浴。」後主拜之。木平曰：「陛下見群臣，勿言臣在瓶中浴。」後主笑曰：「和尚見人，亦勿道吾拜汝。」

嘗出入禁中，他日從登百尺樓。後主問其制度佳否，對曰：「尤宜望火。」初不諭其意，後數年，木平卒。淮甸大擾，烽火交馳，後主嘗於是登望以占動静。後主素愛慶王，問木平壽命，曰：「年七十。」是歲病亡，年十七，蓋反語耳。爲建寺宫側居之，奉事隆篤焉。

本名木瓶，後訛爲木平。或云木平山名，師居處也。法眼禪師贈詩云：「木平山裏人，貌古言復少〔二〕。相看陌路同，論心秋月皎。壞衲線非蠶，助歌聲有鳥。城闕今日來，一漚曾已曉。」爲大宗匠所與。木平故箇中人，蓋混迹以警世者也。

【校記】

〔一〕應　明程三省修、李登等纂萬曆上元縣志卷十一木平和尚作「詭」。

〔二〕貌古言復少　宋道元景德傳燈録卷二十袁州木平山善道禪師作「貌古年復少」，是。

言法華傳

言法華者，莫知其所從來。梵相奇古，語言無忌。出没不測，多行市里。褰裳而趨，或舉指畫空，佇立良久。與屠沽者游，飲啖無所擇，道俗共目爲狂僧。時至景德寺七俱胝院，丞相吕許公問佛法大意。答曰：「本來無一物，一味總成真。」僧問：「世有佛否？」對曰：「寺裏文殊。」有問：「師凡耶聖耶？」舉手曰：「我不在此住。」

至和三年，仁宗始不豫。國嗣未立，天下寒心。諫官范鎮首發大義，乞擇宗室之賢者使攝儲貳，以待皇儲〔一〕之生。并州通判司馬光亦以爲言，凡三上疏。上夜焚香默禱曰：「翼日化成殿具齋，虔請法華大士俯臨，無却。」清旦，上道衣凝立以待。俄馳奏，言法華自右掖門徑趨，將至寢殿，侍衛呵止不可。上笑曰：「朕請而來也。」輒升御榻趺坐，受供訖，將去，上曰：「朕以儲嗣未立，大臣咸以爲言。侵尋晚暮，嗣息有無，師其一决之。」師索筆引紙，連書曰「十三、十三」，凡數十行，擲筆無他語，皆莫測其意。其後英宗登極，乃濮安懿王第十三子，方驗前言也。

吕申公蒙正居政府日，焚疏請師齋。翼旦師至，坐堂上，公將出，念當拜不當拜。師大呼曰：「吕老子，快出來。拜亦得，不拜亦得。」吕大驚，遽出拜之。齋畢，問未來休咎。師索筆，書「亳州」〔二〕二字。及後罷相知亳州，始悟。

天衣懷公依景德時，與師遇，拊懷背曰：「臨濟德山去。」懷因奮而游禪，遂大振雲門之道，兒孫珠走而玉躍，師言於是乎驗。慶曆戊子十一月二十三日，將化，謂人曰：「我從無劫來，成就逝多國土。分身揚化，今南歸矣。」言畢右脇而寂。或作壽春許氏子，弱冠遊東都，得度於七俱胝院〔三〕，留講肆之久。一日讀雲門録，忽契悟，遂獲感通焉。

河南志曰：「志言，姓許氏，自壽春來，居東京景德寺。爲人卜休咎，書紙揮翰甚疾，字體遒勁。初不可曉，後多驗。有具齋薦鱠者，則并食之。臨流而吐，化爲小鮮，群泳而去。海客遇風且没，見僧操絙引舶而濟。客至都下，志言謂客曰：『非我，汝奈何？』客猶記其貌，真引舟者也。後卒，仁宗以真身塑像置寺中，榜曰『顯化禪師』。」

【校記】

〔一〕皇儲　宋惠洪禪林僧寶傳卷二十言法華作「皇嗣」。

〔二〕亳州　宋史卷四百六十二志言傳作「潤州」。

〔三〕七俱胝院　原無「七」字，據宋正受嘉泰普燈録卷二十四法華志言大士、宋普濟五燈會元卷二法華志言大士、宋惠洪禪林僧寶傳卷二十言法華、元釋念常佛祖歷代通載卷十八、明瞿汝稷指月録卷二法華志言大士補。

清聳　全了二師傳

清聳，福州人也。初參法眼，眼指雨謂師曰：「滴滴落在上座眼中。」初不喻，後閲華嚴，了悟其旨。因入山求卓庵之地，至四明。登高四望，投以一石：「石所住處，吾其止焉。」遂結庵居之。既而錢忠懿王聞其名，命主靈隱，署「了悟禪師」。「摩訶般若，非取非捨。若人不會，風寒雪下。」師説法也。

一日，王閲華嚴經，知震旦有支提山，爲天冠菩薩住處。乃大集諸山耆德問之，無能知者，唯師道所以然甚詳。王曰：「非師一往不可。」隨遣人偕行，至海濱踪迹聖境，入深山行三日，時有鐘聲、白猿相導而前。師至心頂禮，見幽林中有一大刹，扁金書「古佛大華嚴之境」。既入寺，殿閣崢嶸，衆盈萬指，菩薩千軀，儼然居上，異香襲人，光明射目。師默想運誠，隨喜竟夜。既曙，依然在林莽間，所見乃化刹也。師還報王，即其處建寺。如師所見，鑄天冠千身。航海入山，至中流颶風大作，舟重欲没，相視無策。遂沉像之半於水，既濟，其半沉水者已先至其地矣。其異如此。

全了，永嘉人。遊方至荆州〔一〕，入天竺山〔二〕。遇一異僧，謂了曰：「汝緣在浙東，當得名山居之。爾鄉有諾詎那尊者〔三〕道場，適當興，興宜自爾勉成之，可也。」了詰其處，僧曰：「地以花名，山以鳥名，中有龍湫尊者宴息地也。」了歸而遍訪，至海濱，見山水清奧，愛之，問土人。土人曰：「此芙蓉村雁蕩山也。」了恍然心悟，遂入山結茆要會處，曰「芙蓉庵」，以居之，即今之能仁也。雁山之題，實自了發之。其人放曠不羈，時目爲「了莽蕩」。

【校記】

〔一〕荆州　明湯日昭、王光蘊纂修萬曆温州府志卷一雁蕩山及卷十三全了、永樂樂清縣志卷二及卷八全了均作「荆門」，是。

〔二〕天竺山　明湯日昭、王光蘊纂修萬曆温州府志卷十三、永樂樂清縣志卷八全了作「玉泉山」，是。輿地紀勝卷七十八荆門軍：「玉泉寺　在當陽縣西南二十里，山曰玉泉山。」

〔三〕諾詎那尊者　永樂樂清縣志卷二、卷八全了均作「諾詎羅尊者」，是。

鰕子和尚傳附道嵩

鰕子和尚，名智儼，居華亭静安寺。七月十五日，村郭設盂蘭盆，寺僧赴請殆盡，惟儼在寺。有胥村人嗣來召僧，而無僧可召，欲拉儼往。儼曰：「但歸辦置，吾隨來也。」乘小舠而行，見捕鰕者。儼從買一斗，索水噉之無遺，謂漁者曰：「齋回還汝直。」且叮嚀舟子勿泄。至村，舟子不能忍。齋家聞此，厭薄之，不請上坐，席地一飯而無襯以辱焉。師懽然納受，還見漁者曰：「何饒舌？今日齋無錢，奈何？」漁者曰：「無錢，但還我鰕。」曰：「此易。」復索水飲，隨吐出活鰕盈斗，還之。人以爲異，因呼名「鰕子和尚」。

儼異迹頗多，海濱人皆能言之。及將滅，斂蒲草爲萬餘繩，懸廊廡間，謂人曰：「與諸君作緣事。」遂坐脱。人爭赴施錢，懸繩皆滿，用建佛閣於寺中，至今寺稱「鰕子道場」。

道嵩者，伍姓，温州樂清人。受業於東庵〔一〕，放蕩不羈，人目爲「嵩顛」。偶一水牯鬬於路，人莫敢近。嵩直前，兩持其角，呼其名諭之，牛解而去。嘗有飯僧者欲召嵩，潛書其名，焚之中庭。翼日嵩至，衆咸以其自來。主人言，始異之。後亦坐脱。

【校記】

〔一〕受業於東庵　明湯日昭、王光藴纂修萬曆温州府志卷十三道嵩作「宣和間受業東庵」。

無門開傳

慧開，字無門，杭之良渚人。俗姓梁，母宋氏。禮天龍肱和尚爲受業師，聞月林觀公開法於萬壽，師同石霜印公往謁之。林令看無字話，六年迴無入處。乃奮自剋責，誓云：「若去睡眠，爛却我身。」每至困劇時，廊下行道以首觸露柱。一日在法座邊立，忽聞齋鼓聲有省，成偈云：「青天白日一聲雷，大地群生眼豁開。萬象森羅齊稽首，須彌踍跳舞三臺。」入室通所得，林叱曰：「何得見神見鬼？」師便喝，林亦喝。師又喝，自此機語吻合。

嘉定間，出世住安吉報國，遷隆興〔一〕天寧、黄龍翠巖、蘇之開元靈巖、鎮江焦山、金陵保寧。淳祐間還里，于西湖北山林木幽蔭處，樂而居之。有石自山趾斗折而上，硌砑不合如礪。師之來其下，劃然出泉，色紺而甘洌，澄若重淵。言者謂師自黄龍移是山，蓋龍隨師錫而歸也，遂呼其石處爲「黄龍洞」，〔二〕而峰爲「黄龍峰」。是凡夏雨初霽，有物蜿蜒松上，氣茀茀而黄，其黄龍焉。

時境内大旱，少保孟珙、丞相吴潛、鄭清之奏師道行致泉自涌，龍時現，必能爲蒼生救枯槁也。有旨召入文德殿演法。師升座無所説，唯嘿坐，雨應時大作，遠近普洽。上喜甚，問：「何以致是？」師曰：「寂然不動，感而遂通。」上悦，賜號「佛眼禪師」，被以金縷伽梨，敕祠黄龍，曰靈濟侯。于黄龍峰下建護國仁王寺，撥平江官田三千畝，命師開山。師形體矬小，其赴召也，指日觀衆，而後踰閾施重城於座，級而升焉，朝士多竊笑之。

師誓弘法教，惟自諱報身不偉。洞之顛有玉峰一片，削成插天，瑩如脂肪，高二丈餘。因命工肖己形，長丈許，飛雲隱其足。緣背光燄蔚起，鑿龍首蟠繞，右向虚左，竇可俛入，前施案焉，皆就石勢鏤之，幻若從地涌出，而登坐於空中者。私祝云：「願後有身視此。」師遷化之夕，錢塘孫氏婦夢一僧篝燈，自稱開道人，寄宿。翼日産男子，後爲大禪師，即中峰本公也。師法嗣爲永嘉見和尚，高峰語石屋云「温有瞎驢」是也，亦爲大宗匠，不墜家聲者。

【校記】

〔一〕隆興　原作「龍興」，宋普敬、普通等編無門開和尚語録卷上有隆興府天寧禪寺語録，明文琇增集續傳燈録卷二隆興黄龍無門慧開禪師、明通問編續燈存稿卷二隆興府黄龍無門慧開禪師亦作「隆興」，因據改。

【箋注】

〔一〕言者謂師自黄龍移是山，蓋龍隨師錫而歸也，遂呼其石處爲「黄龍洞」　徐一夔黄龍祠記：「故老相傳，曩夏雨初霽時，嘗有神物蜿蜒卧于松上，其氣茀茀然而黄，蓋黄龍也，故世號『黄龍洞』。」西天目祖山志卷二無門開禪師於此事亦在疑似之間：「忽雷震，劃然出泉，甘洌澄若重淵，遂以『黄龍洞』呼之，豈龍隨錫至耶？」據徐文，則「黄龍洞」之稱顯與禪師無涉，「龍隨錫至」乃附會之語，不足爲憑。

肇公　奘公傳

原肇，通州静海〔一〕潘氏子。母朱氏，邑之利和寺妙觀，其諸父也，攜之出家，事瑜伽教。師六七歲即能詩，脱口可誦，未嘗見其執卷習學。既爲僧，嗜酒肉，無日不醉飽。酣呼叫嘯，嘔噦狼籍，寺衆惡之。後忽顯神異，人莫之測。嘗就江洗酒甕，翻裏作表，甕軟如麪。有時大醉過市，吟云：「麥浪青於水浪，梨花白似梅花。」詠之不已。一賣海螄翁質師曰：「醉和尚只好兩句，下韻來不得也。」師忽以手約其頸，曰：「好送醉僧歸寺，一看江月還家。」〔二〕

殿中塑佛，質而未金，寺主擬募之。師曰：「無事募，我明日爲佛上金，但不欲人見。」衆相顧而笑。次日天未明，宿酲方劇，忽起，排闥入殿，攀座而上，脚踏佛肩，手按佛頭，引項而哇之，其物淋然而下。殿主見之，倉皇報寺主。衆集，開殿門，師歎曰：「來何早也？」遂下行，且罵曰：「賊賊。」自是不復還寺矣。視之哇所及處，皆成真金，止於佛胸而已。衆始知師聖人也。

後見徑山浙翁琰禪師，以師根器警敏，欲大激發，未容其參堂，見即喝出，且問曰：「泗州大聖爲甚麽在揚州出現？」師曰：「今日又在杭州撞着。」翁又喝。久之，大悟，彈指一下，云：「吽吽。」遂入室，掌書記。翁既寂，師因繼席。值歉餘，逋券山積，僧殘屋老。未幾，樓閣矗霄，雲衲踵至，不減翁全盛時。

師自渡江而南，無復故態，實經諸禪老磨琢，故收斂精光，行止謹密，若與前隔世者。其題喝石巖詩云〔二〕：「皓首來迎宴坐師，山靈易地致俱胝。要知弘法回天力，但看精誠裂石時。」蓋託古以自見耳。將寂，囑其徒曰：「爲吾附一穴於東磵，見生死不忘奉師之意。」東磵，翁葬處也。

元奘，永嘉人。爲嘉福院僧，飲酒啖肉，日與兒童嬉戲，市人呼爲「奘顛」。見人即覓酒，努目〔二〕張拳，爲金剛之狀，見者絶倒。雖夜醉〔三〕，至四鼓必起，誦法華經。天明復入酒肆，醉時遺溺滿衣，未嘗浣濯，無穢氣。忽一日，遍辭諸酒徒，刻期趺坐而逝。

【校記】

〔一〕靜海　原作「靖海」，據明文琇增集續傳燈録卷二杭州徑山淮海原肇禪師、明宋奎光徑山志卷二淮海原肇禪師、明通問編續燈存稿卷二杭州徑山淮海原肇禪師改。

〔二〕努目　明湯日昭、王光蘊纂修萬曆温州府志卷十三元奘作「瞑目」。

〔三〕夜醉　明湯日昭、王光蘊纂修萬曆温州府志卷十三元奘作「劇醉」。

【箋注】

【一】好送醉僧歸寺，一看江月還家　明林雲程、沈明臣纂修萬曆通州志卷八元肇所載與此略異：「幼爲人牧牛，嘗信口吟曰：『麥浪青如水浪，梨花白似梅花。不煖不寒天氣，半村半郭人家。』」

【二】其題喝石巖詩云　明釋宗淨集徑山集卷九喝石巖詩與此略異：「皓首來迎宴坐師，山靈易地致俱胝。要知弘法回天力，但看精誠裂石時。一徑蘚苔春寂寞，斷崖文字雨淋漓。徘徊想象登雲處，風撼松杉萬壑悲。」

二顛師傳附瑪瑙顛

濟顛者，名道濟。明顛者，名薛明〔一〕。二師示迹同時而各郡然皆〔二〕以素風顛人因稱「濟顛」、「明顛」。濟顛之顛爲尤甚。飲酒食肉，與市井浮沉。喜打筋斗，不著褌，形媟露。

人姍笑，自視夷然。出家靈隱寺，寺僧無不唾罵〔三〕，逐之，居淨慈寺。爲人誦經下火，得酒食，不待召而赴。吟詩曰：「何須林景勝瀟湘，只願西湖化爲酒。和身卧倒西湖邊，一浪來時吞一口。」息人之諍，救人之死，皆爲之於戲謔談笑間，神出鬼没，人莫能測。年七十三示化。

明顛者，潦倒猖狂，衣不蔽體〔四〕。大雪中，袒膊跣足而行。手弄摩鋏釘，遇瓦礫拾置袖中。人誠語相向，則答以機鋒；或侮之，則酧以狂言。入市，群兒爭挽袖覓錢，或與之一錢兩錢，或不與〔五〕。喧叫語笑，衢路闐塞。人或飯之，不問遠近、識不識，皆凌晨而至。或受䞋，或不受䞋，或反探袖出錢置几上，不謝而去。一時倭奴見之，羅拜云：「曾向海中失風，得此僧幸免於死。」且能詩，或持菖蒲索題。隨口云：「根下塵泥一點無，性便泉石愛清孤。當時不惹湘江恨，葉葉如何有淚珠。」與濟顛實未相識，偶遇於朱涇，目之曰：「咦。」濟顛贈之詩曰：「青箬笠前天地闊，碧蓑衣底水雲寬。不言不語知何事，只把人心不自謾。」二顛俱南宋。

宋亡，又有瑪瑙寺顛僧，豪飲不羈，往往出憤世語。善畫葡萄，枝蔓虬結〔六〕，寫詩文於上，寓意深遠〔七〕。楊總統以名酒啗之，終不濡唇，見輒罵曰：「掘墳賊。」

【校記】

〔一〕薛明　原作「□明」，明顧清正德松江府志卷三十一明顛師、明方岳貢修、陳繼儒纂崇禎松江府志卷四十五明顛師均言其爲「郡南薛塔人也，族姓薛氏」，因據補。

〔二〕然皆　疑爲「皆然」二字誤倒。

〔三〕無不唾罵　明胡宗憲修、薛應旂纂嘉靖浙江通志卷六十八濟顛作「厭之」。

〔四〕潦倒猖狂衣不蔽體　明顧清正德松江府志卷三十一明顛師作：「猖狂若顛，衣不蔽體。人或遺之衣，則轉以施人。」

〔五〕或不與　明顧清正德松江府志卷三十一明顛師作「無緣則不與」。

〔六〕枝蔓虬結　明陳善等修萬曆杭州府志卷九十溫日觀作「枝蔓皆合草書法」。

〔七〕寓意深遠　明陳善等修萬曆杭州府志卷九十溫日觀作「人皆知貴重之，性酷嗜酒」。

通慧傳

通慧，汴人。姓張氏，俗名文。祝髮隸白雲寺，寺主命掌厠。厠有盥盆，有市鮮者沃於盆，慧怒，偶擊之，仆地死。懼，奔華州總持寺。久之，爲寺長老，德行有聲。忽曰：「三十年前一段公案，今日當了。」衆問其故，曰：「日午自見〔一〕。」遂趺坐以待。時張魏公浚提兵至關中，一卒持弓矢入法堂，睜目〔二〕視慧，將射之。慧笑曰：「老僧相候久矣。」卒曰：「一見即欲相害，不知何讎？」慧語以故，卒悟曰：「冤冤相報何時了，劫劫相纏豈偶然？不若與師俱解釋，如今立地往西天。」視之，已立化矣。慧即索筆書偈云：「三十年前飄蕩，作下這般模樣。誰知今日相逢，了却向時魔障〔三〕。」書畢，泊然而化。

【校記】

〔一〕自見　明鄒守愚、李濂纂修嘉靖河南通志卷三十五文通慧作「當自知之」。

〔二〕睜目　明鄒守愚、李濂纂修嘉靖河南通志卷三十五文通慧、明曹金萬曆開封府志卷二十四文通慧作「瞠目」。

〔三〕三十年前飄蕩……了却向時魔障　明鄒守愚、李濂纂修嘉靖河南通志卷三十五文通慧、明李賢明一統志卷二十七文通慧、明曹金萬曆開封府志卷二十四文通慧此偈均作：「三十三年飄蕩，做了幾番模樣。誰知今日相逢，却是在前魔障。」

德聰　法寧二師傳

德聰，姑蘇張潭人，生仰氏。初入杭慈光院〔一〕，領具戒於梵天寺。參游諸方，得心印。太平興國中〔二〕，結廬華亭佘山之東峰。有二虎爲之衛，名「大青」、「小青」，行則隨侍前後。有禪者造焉，見掛一衮梁間，問之，曰：「此佛經也。」問：「嘗讀否？」師曰：

「如人看家書，既知之矣，何再讀爲？」嘗曰：「古人貴行，吾何言哉？」其他問皆默不對。嗣住超果，慶依尊者自杭奉觀音像來。師預知之，曰：「三日内當有主公至。」及期果然。天禧元年七月，趺坐而逝，閲月貌如生。葬佘山峰，後遷於南嶺。

法寧者，先住沂州馬嵴山淨居寺，人稱曰馬嵴禪師。一日航海抵青龍，有章衮母夫人高氏夢天神〔三〕告曰：「古佛至。」翼日如夢候之。師適至，奉迎止錢氏園。其夜地有光，掘之得碑，云「大唐禪寺」，福德橋下又得金剛佛像，於是建寺崇事〔四〕焉。後右丞朱諤迎師主佘山昭慶而卒，塔於方丈東偏。師嗣雪竇明，明嗣長蘆和，和嗣法雲本，雲門裔也。

【校記】

〔一〕慈光院　原作「淨光院」，據明顧清正德松江府志卷十七宋聰道人、卷三十一聰道人，明劉應鈳修、沈堯中纂萬曆嘉興府志卷二十四聰道人改。

〔二〕太平興國中　明顧清正德松江府志卷三十一聰道人作「太平興國三年」。

〔三〕天神　明顧清正德松江府志卷三十一法寧作「天人」。

〔四〕崇事　明顧清正德松江府志卷三十一法寧作「尊奉」。

僧伽傳

僧伽，姓吴氏，名文祐，宋初信豐人，止於縣明覺院。舉止跌宕，人目爲狂。嘗書松柏上曰：「趙家天子趙家王。」言趙氏方興，如松柏之茂也。縣民曾氏老無嗣，知僧伽有異〔一〕，設飯禮之。未及召，黎明排闥入。曾氏膳甚豐，僧伽曰：「當以珠報。」曾果得二子。

學佛者孫德，自汀之南安，謁定應禪師，曰〔二〕：「雩都有人〔三〕，禮我何爲？」孫不悟。曰：「僧伽，吾法子也。」孫告歸，師持一扇付孫曰：「爲寄僧伽。」舟將抵邑，僧伽候之，邀曰：「我師扇安在？」孫以扇〔四〕付之，莫能欺。一日，昏暮詣寺中，闔户趺坐而化，蓋祥符己酉六月日也。

【校記】

〔一〕異　明康河修、董天錫纂嘉靖贛州府志卷十二僧伽作「異術」。

〔二〕曰　明康河修、董天錫纂嘉靖贛州府志卷十二僧伽作「師曰」。

〔三〕有人　明康河修、董天錫纂嘉靖贛州府志卷十二僧伽作「有佛」。

〔四〕扇　明康河修、董天錫纂嘉靖贛州府志卷十二僧伽作「贋扇」。

東松僧傳

東松僧，不知何許人〔一〕。機變莫測，與人語，應答如響。人疑之，後無不驗。岳武穆嘗提兵過，問僧：「何處響涓涓？」僧遽應：「接竹引清泉。」岳云：「春夏嘗如此。」僧應：「秋冬亦自然。」岳心奇之。

先是，僧種芋，爲土墼〔二〕砌壁塗之，不使人知。及岳過，請得犒三軍，僧乃挖壁間芋作羹，以給殆遍〔三〕。岳益奇之。及進岳麪，置醬麪底，待其索而與之，謂曰：「好食，攪動有醬。」語多隱。岳心解之不能，題詩於壁而去〔四〕。後及禍，始悔不從東松僧言。

秦檜以爲僧嘗教岳，使李吉往殺僧。僧先知，題詩云：「急忙收拾破袈裟，鐘鼓樓臺莫管他。袖拂白雲歸古洞，杖挑明月到天涯。可憐松頂新巢鶴，猶憶籬邊舊種花。好把犬猫隨帶去，莫教流落野人家。」以佛像一軸置庵西橋，復題壁云：「李吉從東來，我向西頭走。不是佛力大，幾乎作場醜。」乃遁入山中，距其庵不一二里。吉見詩，尚欲追之。及展佛像，始見爲一，俄乃成千。吉錯愕，不知所爲，讚歎而返。後於遁所坐化，所置佛像橋爲千佛橋。

【校記】

〔一〕不知何許人　明余士奇、謝存仁纂修萬曆祁門縣志卷三宋東松僧作「慧僧也」。

〔二〕土壂　明余士奇、謝存仁纂修萬曆祁門縣志卷三宋東松僧作「土級」。

〔三〕以給殆遍　明余士奇、謝存仁纂修萬曆祁門縣志卷三宋東松僧作「僅給」。

〔四〕題詩於壁而去　明余士奇、謝存仁纂修萬曆祁門縣志卷三宋東松僧作「即從題壁間去」。

照伯傳

照伯，不知何許人，居台州崇教寺塔下。夏坐則向日，冬卧則擁雪。或引紙縱筆疾書，初若狂言，既無不驗〔一〕。宣和己亥正旦，忽持一巨軸與一往還士人，緘縢甚密，已乃行哭於市。其中所言，自方寇猖獗，次及遼亡，迄於高宗南渡〔二〕。按其日時，若合符節。

一日，忽辭寺僧去，或問何往，曰：「不天台，不五臺。不東去，不西來。」沿途誦詠數日，趺坐塔下。視之，死矣。衆欲舁入寺，忽躍起狂走，從寺後登山，緣高如猿猱。衆隨即之，望木杪騰踴者數十，莫知所終。

【校記】

〔一〕或引紙縱筆疾書初若狂言既無不驗　宋陳耆卿纂嘉定赤城志卷三十五照伯作：「或引紙縱筆，濃淡横斜，初若狂言，終無不驗。」

〔二〕迄於高宗南渡　宋陳耆卿纂嘉定赤城志卷三十五照伯作「迄於中興」。

黑漆光菩薩傳

法明，莫詳族氏，示蹟於萊州即墨縣之荆溝村。以試經得度於郡之崇福寺，師以讀誦爲行，於讀誦中惟精法華，心念口演，無非是也，時人稱之爲「明法華」。所至利生拔苦，無不獲濟，人仰之如珠王藥樹焉。每游州邑聚落，間遇孕婦垂産，危難莫測之際，師入其家，爲講藥草喻品，或安樂行品，即獲無恙，舉之如掇。於無子之家講普門品，或普賢勸發品，所求即遂，且具德慧之相。又有木客木筏爲風濤所敗，奔命求援於師。師示以觀世音號，俾其至誠急誦，遂獲安流而達其所，如此非一。人心所向，莫不應之如影響，奉之如神明。

後值歲大旱，禱籲不應，民憂惶無措矣。師命衆聚柴爲棚，曰：「爲諸君捐身以致雨。」衆跪拜哀號。師即登棚，火從頂出，欻然而熾。彈指頃雨至，大霔三日而止。焰在雨中亦不息滅，如日之數。既舋觀之，見師真身危坐灰燼中，曾無少損，黑而有光，奇矣。有司以聞於朝，賜號「黑漆光菩薩」，仍詔漆其身，迎歸京師大慈寺以永瞻奉云。有贊之者曰：「開普濟門，應衆生器。一月衆水，光無不被。覺天之雲，大地甘雨。等慈無緣，均沾苦竅。樹精進幢，火寒冰熱。虛空贊揚，萬象聽説。」

印肅傳

印肅，號普庵，袁州宜春余氏子。生六歲，夢一僧點其心，曰：「他日當自省。」既覺，以臆示其母〔一〕，見當心有一點紅瑩，大如櫻珠。未幾，從壽隆院賢公出家〔二〕。年二十七落髮，具戒〔三〕。師容貌魁奇，智性巧慧。賢器之，勉讀法華〔四〕。師曰：「嘗聞諸佛元旨，必貴了悟，數墨巡行，何益於事？」遂辭師，游湖湘，謁牧庵忠公於大潙，問：「萬法歸一，一歸何處？」忠竪起拂子，師遂有省。尋歸受業院，院有鄰寺慈化者，衆請住持，無嘗住。師布衾紙衣，調粥二時〔五〕。禪寂外唯閱華嚴經論，忽大悟，遍體汗流，喜曰：「我今親契華嚴境界。」述頌曰：「捏不成團撥不開，何須南岳又天台。六根門首無人用，惹得胡僧特地來。」自後發爲語句，動悟幽顯，有不期然而然者。

一日，忽一僧〔六〕冒雪至，師目之，喜曰：「此吾不請友也。」拉與寂坐，交相問答，或笑或喝。僧曰：「師再來人也，不久當大興吾教。」乃指雪書頌而行〔七〕。自是慕向者衆，師隨宜說法，或書偈與之。有病患者，折草爲藥，服之〔八〕即愈。或有疫毒，人迹不相往來者，與之頌，咸得十全。至於祈禳雨暘，伐怪木，毀淫祠，靈響非一。繇是鼎新梵宇。

或問：「師修何行而得此？」師當空一畫，云：「會麽？」云：「不會。」師曰：「止止，不須說。」將化，書偈於壁，集衆垂示曰：「諸佛不出世，亦無有涅槃。入吾室者，必能玄契矣。善自護持，無令退失。」索浴，跏趺而逝，乾道五年七月也。世壽五十五，僧臘二十八。塔全身焉。

【校記】

〔一〕以臆示其母　宋謝諤南泉山慈化寺普庵禪師塔銘作「以意白母」。

〔二〕未幾從壽隆院賢公出家　宋謝諤南泉山慈化寺普庵禪師塔銘作「父母因此許從壽隆院賢和尚出家」。

〔三〕具戒　宋謝諤南泉山慈化寺普庵禪師塔銘作「越明年受戒」。

〔四〕勉讀法華　宋謝諤南泉山慈化寺普庵禪師塔銘作「令誦經」。

〔五〕調粥二時　宋謝諤南泉山慈化寺普庵禪師塔銘作「晨粥暮食」。

〔六〕忽一僧　宋謝諤南泉山慈化寺普庵禪師塔銘作「忽有僧名道存」。

〔七〕乃指雪書頌而行　宋謝諤南泉山慈化寺普庵禪師塔銘下有云：「師乃庵隱南嶺，其號曰普庵，忘懷於世。因四縣巡檢丁君驥與長者劉汝明同請出山，願助營費，重爲慈化，修建佛殿，師辭不獲，竟從請。」

〔八〕服之　宋謝諤南泉山慈化寺普庵禪師塔銘作「與之」。

從登傳

從登，福州懷安周氏子。母夢僧伽願爲己子，十四月乃生。幼穎異，能通經，屬文攻書，善草隸。棄儒爲釋，削染，自號蒲庵。脣舌如風，日集衲子談玄義，接儒生，論經史。初至石門，陳聘君易、蔡郎中樞聞其名，邀與同居，答曰：「吾欲作海口橋以度衆生，未暇居此。」至海數歲，橋成。比還而聘君已亡，遂居石門。

時或言人禍福，事多應。里儒陳文虎未弱冠見之，師謂曰：「子至二十九，當預薦。至四十二，喑呼而止。」其後一如所言。每爲詩文，初不覃思，援筆立就，氣格雄放。陳西軒、林艾軒、劉著作兄弟皆刮目遇之。晚歲歸寓縣西之清源里，盧尉欲試其才。夜遣人遺以菖蒲石，立索詩。師走筆復之曰：「半夜敲門聲剥剥，風攪長空月欲落。九重洋外雷聲號，萬頃浪頭雲色惡。地神失却洞庭山，蒲庵化作蓬萊閣。盧郎寄我意何多，七十二峰添五岳。」盧服其敏慧。歸寂之日火化，烟浮乳崩，皆爲舍利。徒輩立塔於林洋庵。

賴僧傳

僧慧，五六歲時寡言笑，不茹葷。無何，父母相繼殂逝。慧投羅漢寺，師古空長老爲僧，誦金剛經有悟。年二十，辭長老，游方外幾二十餘年。開寶初〔一〕，來滴水巖，闢石掃土居之。日誦經，端坐蒲團，竟夕不寐，遂得通明，言休咎輒應。鄉人有游巖者，慧曰：「好歸，好歸，家中得不醫之疾矣。」及歸，妻尚無恙。及夜，得暴病卒。有失牛者，覓數日無獲，往叩之。慧曰：「在某鄉某山之麓。」求之果得。見捧心者，慧曰：「汝患心痛乎？削蜂窠石，水飲之，即愈矣。」既而果然。年九十餘，將入寂，書偈几上曰：「生也了，死也了，九十三歲磨多少？而今打破太虚空，一輪明月清皎皎。」坐化旬餘，鄉人始知，舁而瘗之，顔色如生，破襖上香氣噴然，乃曰：「賴公，佛也。」像祀之，遇旱禱其像立應。因生于歸化賴家山，故人稱爲「賴僧」云。

【校記】

〔一〕開寶初　明何喬遠閩書卷二十二滴水巖作「開寶二年」。

金　法沖傳

法沖大師，不知何許人，居五臺山，神異莫測。大定中〔一〕，黄冠蕭守真上奏，請與沙門角力，金主許之。師應召入京，止昊天寺。明日於殿庭相試。蕭能飲斗酒自若，謂沖曰：「沙門能飲乎？如弗能，則出吾下矣。」師曰：「吾能一飲十斛，不足爲難。但吾佛有戒，沙門不得飲酒。請加砒霜鴆毒於中，我與若飲，庶不爲犯。若能飲之乎？」蕭曰：「請沙門先之。」師手持毒酒，口誦咒，飲之如吸水，飲畢倒器，相示無遺餘涓滴〔二〕。即滿盛一器與蕭，蕭觳觫不敢受〔三〕。師曰：「汝出吾下矣。」蕭猶大言矜高，師於地畫金剛圈咒之。蕭不覺投入圈中，汗如雨下，醜態狼籍，盡力求出而不能〔四〕。上勸師捨之，師曰：「若非帝前，吾以金剛杵碎爾首〔五〕。」金主大加賞歎，賜儀仗送還山，敕建萬歲寺居之〔六〕。

【校記】

〔一〕大定中　明釋鎮澄清涼山志卷八法沖大師傳作「金大定三年」。

〔二〕師手持毒酒……相示無遺餘涓滴　明釋鎮澄清涼山志卷八法沖大師傳作「沖誦咒飲之」。

〔三〕即滿盛一器與蕭蕭觳觫不敢受　明釋鎮澄清涼山志卷八法沖大師傳作「即命蕭飲，蕭不能飲」。

〔四〕汗如雨下醜態狼籍盡力求出而不能　明釋鎮澄清涼山志卷八法沖大師傳作「汗下如雨，不淨流出」。

〔五〕若非帝前吾以金剛杵碎爾首　明釋鎮澄清涼山志卷八法沖大師傳作「若不是帝前，吾以金剛鎚擊碎爾」。

〔六〕敕建萬歲寺居之　明釋鎮澄清涼山志卷八法沖大師傳作：「敕建萬歲寺，以師居之。無何，即化去焉。」

元　無住傳

無住，不知生緣何所。嘗往來西華縣中，自名無住，人亦呼爲無住。嘗居壽聖寺，瞑目獨坐，旬日不食。書門曰：「來時不知何處來，去時不知何處去。」不復見。

風道人髡髮，行步踉蹌，不知所從來，茫茫烟水歸何處〔一〕。至正間寓提城寺，逢人則指天畫地，言天下當亂。有時倒卧泥潦中如醉人，群兒逐之，大笑或大哭。人問禍福輒奇驗，與之錢不受，與之食則大嚼，數升立盡，或不顧而去。嘗偃卧中庭，夜半雪深三尺，周身無雪，酣睡三日乃起。一日忽遯去，邑人遇之襄陽城中，托致聲住持某公，計之即去之日也。

【校記】

〔一〕茫茫烟水歸何處　疑此句應在「去時不知何處去」後，或因「不知所從來」和「不知何處去」相混，故有此倒文之誤。

志誠傳

志誠，縉山楊氏子。父林，以勇材事太祖，爲都元帥〔一〕。母房氏，生二子，師爲長。有出世志。年十六，父母爲娶婦，不從，强逼之，剪髮而逃。〔二〕入京師，禮七代宗師出家，受大戒。師跪而請名，宗師問：「爾何志？」對曰：「誠而已。」遂以命之，自號寂庵。志業精勤，風神爽朗。顯密要義，游刃若虚。謹持犯之科，弘慈攝之行。

至元丁丑歲，爲大都路禪録。丁亥，主清安寺。明年，得隙地都之靈椿里，建廣化蘭若居之，受徒匡衆，道望益隆。成宗踐位，降璽書，賜號「靜炤妙行大禪師」、諸路頭陀教門都提點。師平生多異迹，通靈感化、驚耳悸目之事，人莫測是凡是聖。嘗靜居，有異氣縷結，作善財合掌形在師上〔二〕。夜寢，人見有白光洞胸，經時不散。有時群雀聚師頭頂上〔三〕，如立朽株。都人鄒氏女爲魑魅所憑且久，師以念珠拂之，立止。嘗有所見宗師遺其徒李純輩四人往江南，踰年不返。師坐見李至，且問其介及宗教事甚悉。有頃李果至，所言無不合。又一日，見許善友從保定來，言寂炤師没，已而果然。若此甚衆。嘗有盜入室，戒勿捕，或横逆相加，置弗較。

大德乙巳秋，將化，手書發菩提心論并金字戒本授弟子法雲，語以宗門事，曰：「吾將行〔四〕矣。」然香易服，右脇果足〔五〕而逝，壽六十五。闍維，得五色舍利三十二粒，塔於清安寺傍。自入道至涅槃，垂五十年。弊衣粗食，持諸部密咒，仡仡朝夕，未嘗以寒暑暫廢。精專之功自能至靈，是亦澄、什之流亞歟？

【校記】

〔一〕以勇材事太祖爲都元帥　元程鉅夫雪樓集卷二十一諸路頭陀教門都提點誠公塔銘作：「以勇材仕金，守居庸關。太祖南伐，以其衆降，命爲都元帥。」

〔二〕嘗靜居……作善財合掌形在師上　元程鉅夫雪樓集卷二十一諸路頭陀教門都提點誠公

塔銘作：「若師平居，晝之所止，常有異氣入室，結如善財像。」

〔三〕有時群雀聚師頭頂上　元程鉅夫雪樓集卷二十一諸路頭陀教門都提點誠公塔銘作「嘗有群雀集項」。

〔四〕行　元程鉅夫雪樓集卷二十一諸路頭陀教門都提點誠公塔銘作「逝」。

〔五〕果足　元程鉅夫雪樓集卷二十一諸路頭陀教門都提點誠公塔銘作「累足」。

【箋注】

【一】年十六，父母爲娶婦，不從，强逼之，剪髮而逃　元程鉅夫雪樓集卷二十一諸路頭陀教門都提點誠公塔銘：「十六，父母命之娶，不娶。誘之以計，不變。詘之以威，又不變。從而逃之外家，父追及之。又逃之公林，栖禪院，從提點塵公剪髮出家，又追及之，終不變。」

明　烏斯法王傳附何清

葛哩麻，烏斯藏人也。道懷沖漠，神用叵測，聲聞於中國。永樂間，我太宗文皇帝遣使西土迎之。至金陵〔一〕，道啓聖衷，誥封「如來大寶法王」、「西天大善自在佛」，領天下釋教。師性耽靜隱，不任囂煩〔二〕。奏辭，游五臺。上眷注殷勤，留之不獲〔三〕。乃賜鑾輿旌幢〔四〕之儀，遣中使衛送於五臺大顯通寺，更敕內監楊昇重修其寺，兼修育王所置佛舍利塔，以飾法王之居。

先是，上與法王幸靈谷寺，爲皇考妣設薦祀法壇，感塔影金光之瑞。及法王入臺山，上眷戀，不能釋然。因思前瑞，再幸靈谷。上嘿有所禱，是日覩瑞相倍前。丁亥四月，上遣使致書於臺山大寶法王大善自在佛，其書略曰：「朕四月十五日與弘濟大師詣靈谷，觀向所見塔影，文彩光明，珍奇妙好，千變萬態，十倍於前。雖極丹青之巧、言論之辯，莫能圖說其萬一云云。此皆如來大寶法王大善自在佛道超無等，德高無比，具足萬行，闡揚六通，化導群品。實釋迦佛再現世間，而乃顯兹靈應，不可思議。朕心歡喜，難以名言，略此相報，如來亮之。」明年辭上，入滅火化。是年，函谷關吏見法王翩翩西逝，貽上所賜玉玦回奏。上驚歎不已〔五〕，敕太監楊昇塑像於顯通法堂，以永瞻奉。

何清，雲南人。持明精進，往見法王。法王與授戒法密書，大著靈德。正統中，奉詔從征麓川，結壇行法，有功。天順六年，詔入對。未幾而化，上遣禮部主事曾卓諭祭。

皇明通紀云：「命西僧尚師哈立麻於靈谷寺啓建法壇，薦祀皇考、皇妣。尚師率天下僧伽舉揚，普度大齋科十有四日，慶雲天花，甘雨甘露，舍利祥光，青鳥白鶴，連日畢集。一夕，檜柏生金色花，徧於都城。金仙羅漢化現雲表，白象青獅，莊嚴妙相，天燈導引，旛蓋旋繞，種種不絶。又聞梵唄空樂自天而降，群臣上表稱賀。學士胡廣等獻聖孝瑞應歌頌。自是，上潛心釋典，作爲佛曲，使宫中歌舞之。」

【校記】

〔一〕至金陵　明釋鎮澄清涼山志卷八大寶法王傳作「師適有五臺之游，應命至金陵」。

〔二〕師性耽靜隱不任囂煩　明釋鎮澄清涼山志卷八大寶法王傳作「師性樂林泉，朝廷之下，恐妨禪業」。

〔三〕不獲　明釋鎮澄清涼山志卷八大寶法王傳作「不已」。

〔四〕旌幢　明釋鎮澄清涼山志卷八大寶法王傳作「旌幢傘蓋」。

〔五〕不已　明釋鎮澄清涼山志卷八大寶法王傳作「追慕」。

鏡中　廣能二師傳

鏡中，雲南曲靖人，蠻族也。正統間，住荒落一古寺。習苦行四十餘年，銕板一蒲團，終夜不寢。一夜，數珠散落，暗中探之，仍集成串，汲汲如救頭然。或問師：「何苦如是？」師曰：「不苦不成真，吾煉睡魔耳。」人因以「真峰長老」稱之。一日，謂其徒曰：

「有客至，須預備齋食。」其夕盜十數人突入，師曰：「虚無恐孤，來意奈何？」遂手爲裝裹，飲食之，盡室以行。盜負所得，竟夜奔趨，自喜離人遠甚。及天明視之，但旋繞兩廊間，尚未出寺門也。盜衆羅拜請死，師慰而遣之。師欲建彌陀大殿，卜地得一龍潭，祝曰：「爾龍須上山，借我此地爲伽藍。」未幾，水遷於山頂。

廣能，貴州人。正統間，卓錫月潭寺，守戒精謹。嘗誦讀華嚴經，得聞持力。有虎突入寺，僧行驚走，師不爲動。虎登堂見師，遂妥尾而去。問曰〔一〕：「師有道乎？」師曰：「華嚴力也。」因戒衆隱其事。歲己巳，苗夷寇興隆，箭入寺門，僧衆逃避〔二〕，請師行。師曰：「吾辛勤結構，安立三寶，誓同存亡〔三〕。」獨守不去。寇既至，欲殺師。師曰：「幸戮吾於外，毋污此佛地。」賊義而釋之，且戒同暴毋毁寺，寺賴以全。寇退，衆問之，曰：「華嚴力也。」

【校記】

〔一〕問曰　明謝東山刪正、張道編集嘉靖貴州通志卷十廣能作「或問曰」，是。

〔二〕箭入寺門僧衆逃避　明謝東山刪正、張道編集嘉靖貴州通志卷十廣能作「且欲劫寺，衆僧皆逃避。」

〔三〕吾辛勤結構安立三寶誓同存亡　明謝東山刪正、張道編集嘉靖貴州通志卷十廣能作「吾辛勤結構此寺，誓與之同存亡」。

馬迹和尚　裘和尚傳

馬迹和尚，福州懷安人，陳氏子。洪武初年，出家結茅，居鼓山之大頂，即屴崱峰也。

裘和尚，台州人，亦國初僧。時往來天台山，人以裘和尚稱之，不知其姓裘也、名裘也。有異迹。嘗攜一小兒出游，途遇虎，妥尾馴伏於側。小兒歸語父母，師摩其首曰：「莫説莫説。」兒遂失音。有施師屨者，亟穿走泥濘中，施者心悔。師還之，視之曾無纖染。一日，訪檀越周氏，遇周婢採桑在野。師遽前擁抱之，引手捋其頸，似解縛狀。婢驚，怒告其主。主責之曰：「出家人何輕薄如此？」師曰：「七日後當自知之。」主訝其語，至日置婢於室，以人守之。夜分守者假寐，醒視婢，已經死矣。問師，師曰：「昔見鬼以十索鎖其頸，吾斷之，未盡耳。」華頂寺設修誦道場，師戒寺主曰：「明日有火殃。」入寺，又〔一〕：「明日火必起。」次日，忽一婦人從轎馬婢僕甚盛，乃預會建齋者。寺衆謂得檀施，心獨喜，謂師曰：「火殃安在？」師曰：「今日齋主是也。汝等惟恐失之，數也，奈何？」忽火從中發，一寺爲墟。師幻迹甚多，山中父老猶能言之。後示化於天台山，化後，語虎小兒始能復言。

馬迹之迹略與師同。凡朔望必還家謁父母，家去鼓山五十里，且石磴崎嶇，鄉人怪其來早。後期先往伺之，固跬步未嘗下山，而仍至家如嘗。福州路總管郭琛異之，舉爲僧判。遂逃去，不知所終。二公示現海濱，與天風海濤同時答響，誠不可思議人也。

【校記】

〔一〕又　疑下脱「曰」字。

不二傳

圓信，京兆之房山人。薙髮白雲山，禮大僧德敬爲師。往來上方、紅螺之間二十餘年。行脚所至，爲武林、淮安、六安、終南，每住輒數載。以嘉靖庚申至太嶽，駐錫虎耳巖，穴而哮者爭避匿去。倚石爲屋，稍稍剪夷其積，圜瓢數十餘，踞石沿澗，出入幽花美箭之中者，纍纍如笠。巖上蓮池二，闊可二丈，旱歲不竭。蓬室三，方廣當身。所得一縷一粲，盡以供十方游衲，行之數年，遂成叢林。傾震旦士女號呼悲啼而至者，不至虎耳巖，猶未躋嶽也。至巖不頭面頂禮〔一〕者，自以爲慳緣，必痛哭去。否則謹伺巖扉外，經數日得一見，則喜過望〔二〕。以故虎耳巖之名遍天下〔三〕。計賢士大夫之轍以日至，尚方之賜、掖庭之供以月至。自嘉、隆以來，耆宿之著聞未有若師者也。然師務爲密行，不以解顯。應機之言，多依孝敬。撫摩呴呴〔四〕，猶乳母之於驕子。金錢涌而至，拒不納。有贈糈者，付當住作供。四十餘年，影不出山。趺坐一龕中，如朽株。雖利根之士，好爲奇談詭學者，睹其顔，莫不肅然增敬。師夏臘最高，逆其生，當在宣、成間。諸徒屬試以臘叩，不答。嘗簡其篋，得舊衲衣，忽云：「此武皇帝七年，王城中施食所得衣也。」叩之，復不答。後終於山，慈聖出藏金爲師治塔焉。

嚴蓬頭者，襄〔五〕人，日誦彌陀佛數萬聲。性高潔，施貲嘗累千金，揮之如塵土，蹤迹甚異。人不得而凡聖之，亦絶世奇人，不二之流也。

明河曰：或云不二姓徐，世爲襄善門。徐生長，不二送出家，挈妻入五臺山修行。不二尋覓父母累年，得於冰雪堆中。見不二，大怒曰：「不肖子，何故遠遠奔來？汝以我爲父母，我已出家；以我爲知識，我未悟道。大丈夫出世，孤峰絶頂，一間草屋，了辦自己不暇，尚當爲生死愛情所使，至於此乎？速去，無落吾事。」不二遂南還，居虎耳巖，爲世大知識。雖不二靈根夙種，固有自來。而開發之助，亦繇父母。團圞一門，又出襄地。或自龐家人再出，不可知也。

【校記】

〔一〕頭面頂禮　明袁宏道袁中郎全集卷十七虎耳巖不二和尚碑記作「面頂禮」。

〔二〕則喜過望　明袁宏道袁中郎全集卷十七虎耳巖不二和尚碑記下有「歸而對妻子言，猶有矜張之色」。

〔三〕以故虎耳巖之名遍天下　明袁宏道袁中郎全集卷十七虎耳巖不二和尚碑記下有云：「好奇者至附益之以古神僧事，家譚户豔，雖齠男稚女靡不道。」

〔四〕煦煦　明袁宏道袁中郎全集卷十七虎耳巖不二和尚碑記作「煦煦」。

〔五〕襄　明吴道邇纂修萬曆襄陽府志卷四十二嚴蓬頭作「襄陽」。

別傳老人傳

慧宗，別傳其字，湖廣雲夢〔一〕汪氏子。生而凝寂，不樂世相。七歲，投白鶴寺〔二〕出家。九歲〔三〕，有王居士者引之入蜀，至重慶綦江石門寺〔四〕受具戒。嘉靖甲午，登峨眉顛，禮佛次，時雲氣乍斂，杲日當空，見金色異人乘小舟〔五〕，歷銅塔崖而没。述於得法師謙公，公曰：「爾大有緣，此菩薩示現也。」自是以荷擔山門爲事矣。居山四十年，自白水至山顛，樓觀像設之屬，無不鼎新充拓，儼如天宫化城〔六〕。

隆慶己巳始出山，游京師，渡南海〔七〕，禮觀音大士。入五臺〔八〕，有終焉之志。師生平嚴持戒律，不喜作紙墨文字，曰：「三藏教典亦是糟粕，更饒舌何爲？」先示寂三日，忽云將西歸。澡浴更衣，結跏澄息，誦佛號不輟。至期，召諸弟子曰：「吾素不留文字，今日不能無言。」因唱偈曰：「生本無所生，死亦何所有。這箇臭皮囊，今朝成腐朽。」弟子鳴鐘，鐘止，忽開目續唱云云，安然而逝。世壽八十一，僧臘七十五。塔在四會亭下。

師生平靈異最多。嘗至新津興化寺錬排，不勝勞苦，白板首求退。遂往富民某氏之門，趺坐七晝夜，乞若干緡齋僧。主人初不樂施，至夜光明徹屋，驚異迹之，光從師坐處起，始皈敬焉。又往漢州金堂縣擊魚募化，其聲所應不定，東擊西聞，西擊東聞。一夕大雨，師不出户，魚聲亦遍田野，村民物色之，師但安坐神祠而已。其渡海也，見白衣大士坐金色蓮花，冉冉雲氣中〔九〕。

弟子鎮滄，未剃髮時從師，荷擔甚疲。師問曰：「耐煩乎？」應曰：「諾。」行一二十里復問，答如前，不少惰。乃於雙飛橋爲滄落髮〔一〇〕，憐其愚，令炷香跪大士前，頂水盂，誦祝聰明咒一百遍歷年，至白水猶如此。一日寺災，滄跪請師休去，師數而罵之。滄於是作入水想，祝空曰：「殿宇既空，願保庫司無恙。」遂歸庫房默坐，頂水宛然，火至自滅。乃知師平生造就弟子，皆此類也。馮司成夢禎謂：「別傳老人踐履純白，以莊嚴道場爲佛事。其向上一著子，雖不聞其曾見何人，嗣何家宗派，要之乘願輪而來，不可以凡情測者也。」

【校記】

〔一〕湖廣雲夢　明馮夢禎快雪堂集卷九別傳老人傳作「湖廣德安府雲夢縣」。

〔二〕白鶴寺　明馮夢禎快雪堂集卷九別傳老人傳作「白鶴寺僧通徹」。

〔三〕九歲　明馮夢禎快雪堂集卷九別傳老人傳作「九歲，師亡」。

〔四〕重慶綦江石門寺　明馮夢禎快雪堂集卷九別傳老人傳作「重慶府綦江縣永興里海印石門寺依僧宗實」。

〔五〕見金色異人乘小舟　明馮夢禎快雪堂集卷九別傳老人傳作「見一異士金色小舟」。

〔六〕儼如天宮化城　明馮夢禎快雪堂集卷九別傳老人傳下有「遠近瞻仰，嘖嘖稱歎。」

〔七〕渡南海　明馮夢禎快雪堂集卷九別傳老人傳作「萬曆甲戌渡海」。

〔八〕入五臺　明馮夢禎快雪堂集卷九別傳老人傳作「戊寅游五臺，再如京師，返五臺」。

〔九〕冉冉雲氣中　明馮夢禎快雪堂集卷九別傳老人傳下有「同舟者五十人，獨師與一成都僧見之」。

〔一〇〕落髮　明馮夢禎快雪堂集卷九別傳老人傳作「祝髮」。

安岳了悟傳附靈源

了悟，號無際，一號齆骨。安岳人，生莫氏。幼傭於大竹雁平里黄友諒家，能辦，異他傭。嘗有人代爲耕牧者，黄異之，妻以義女。相對疊膝，坐如賓客，未嘗小涉温煖。與同作語皆佛法，黄益奇之，因結庵使居，以成其志，如時送飲食衣服無闕。一日，義女私送一緉鞋。師訝曰：「此何來也？」遂引刀碎之，説偈謝主人而去。

削髮於定遠之羅圍寺，師事本真長老。本真爲言幽谷和尚爲當今善知識，即躡蹻往參，獲證心要，因而發通，大著靈異。四方無賢愚咸歸向之。登座説法，天花如雨。嘗經巴之劉何鄉，鄉人禮之。師説偈曰：「天下大旱，此處半收。天下大亂，此處無憂。」所言罔弗獲驗。自是從者日衆，所至騰沸。或以妖妄惑衆拘於按察獄中，晝則端坐，夜則出募錢，修獄壞屋，至今獄無鼠虱蚊蚋。師居安岳四十餘年。

永樂中召詣京師，命爲宗主。〔一〕登壇説戒，賜號「大善知識」。後居南京牛首寺，一日集衆説偈：「我我元無我，光明圓陀陀。蕩蕩任縱横，處處無拘鎖。」端坐而化，〔二〕賜祭給傳，還葬木門，所著語録一卷行世。

師之嗣曰靈源，字不二，鳳陽薛氏子。神采穎秀，謁無際，授以無字話，久之有省。樂廣安山水，結茅，扁曰「雪骨」。方時太宗遣使纂修天下及訪仙釋有顯迹者，有司忽而不録，源作文自上之，中寓規諷。知州朱亨惡其妄，奏之。取至京，下于理，問狀。甫及門，泊然脱化。上聞之，歎曰：「失此僧，朕無緣也。」賜塔北門。

【箋注】

【一】永樂中召詣京師，命爲宗主　據王英無際禪師塔銘：「是時敕建戒壇萬壽禪寺，大會諸山名僧，聖天子遣使馳傳征師，既至，以爲宗師。」又苗衷道林寺碑記：「正統甲子，萬壽戒壇成。以師耆德重望，遣使驛召至京陛見，賜齋一筵，命爲宗師。」則師爲宗師當在正統年間，召見無際的應爲英宗而非成祖。

【二】端坐而化　據苗衷道林寺碑記：「正統甲子，萬壽戒壇成。……示寂于又明年四月朔日。」又王英無際禪師塔銘：「正統丙寅夏四月朔旦示寂，上遣禮部員外郎黄順賜祭，俾其徒清貧等函骨，給官舟歸於蜀。」則其化地當在北京，而非南京牛首寺。

月天傳

月天，未詳何許人，目雙瞽。天順末年，從一行童游方至葉縣平頂山西〔一〕，忽據地坐曰：「此可結庵。」士人異之，共施材爲結一庵居焉。久之，發言輒應，事皆前知〔二〕。遠近施助無虛日，遂營梵刹。興工得古基，蓋前代廢寺也。凡施將至，必預告其徒曰：「某人來施某物。」已而果然。嘗口占詩句，令僧行書之，讀之甚有理致〔三〕。年八十餘，預言化期而終。今縣北黃楝村雲潮寺即月天所建，骨塔在其傍。

【校記】

〔一〕天順末年從一行童游方至葉縣平頂山西　明邵苾修、牛鳳纂嘉靖葉縣志卷二名僧作「成化初，從一行童雲游至平頂山西」。

〔二〕事皆前知　明邵苾修、牛鳳纂嘉靖葉縣志卷二名僧作「若有鬼神默相者，人咸以爲前知」。

〔三〕讀之甚有理致　明邵苾修、牛鳳纂嘉靖葉縣志卷二名僧作「頗有理致。器宇動人，言談聳聽」。

補續高僧傳卷第二十

明吳門華山寺沙門明河撰

遺身篇

宋　喻彌陀傳附淨真

思淨，錢塘喻氏子。好畫阿彌陀佛，臻其妙，楊無爲呼爲「喻彌陀」，世因以稱焉。或者問：「師能畫彌陀，何不參禪？」師答曰：「平生只解念彌陀，不解參禪可奈何？但得五湖風月在〔二〕，太平何用動干戈？」師兒時遊西湖多寶山，輒作念曰：「異時當鐫此石爲佛。」後果爲彌勒像。侍郎薛公問：「彌勒見在天宫説法，鑿石奚爲？」師答曰：「咄哉頑石頭，全憑巧匠修。只今彌勒佛，莫待下生求。」其應對機辯如此。

師平生務實，不事虚飾。嘗就北關僦舍飯僧，不二十年，及三百萬。移「妙行」額，廣所居爲寺，屬離亂，寺獨不焚。師造賊壘，願以一身代一城之命。賊竦然，爲之少戢，全活者衆。紹興七年冬，趺坐而逝。侍郎張無垢九成銘其塔。

其後嘉熙中有曰淨真者，亦捐身益物，有淨師造壘代命之風。真初禮吴松興聖寺若平爲師，遊講肆，得賢首宗旨。至錢塘，適江水大溢。塘崩壞，居民相顧，倉皇無所措手足。真以偈呈安撫趙端明曰：「海沸江河水接連，居民衝蕩益憂煎。投身直入龍宫去，要止驚濤浪拍天。」遂投身於海。三日而返，謂衆曰：「我在龍宫説法，龍神聽受，此塘不復崩矣。」語訖，復入于海。事聞於朝〔二〕，敕賜「護國法師〔三〕」，立祠於會靈祀焉。

【校記】

〔一〕但得五湖風月在　「但得」，宋宗鑑集釋門正統卷七思淨、元熙仲歷朝釋氏資鑑卷九、明吴之鯨武林梵志卷四張九成喻彌陀塔銘、清褚人獲輯撰堅瓠集秘集卷一喻彌陀作「幸有」。

〔二〕事聞於朝　明顧清正德松江府志卷三十一淨真作：「安撫與民感德，具述其事，聞于朝。」

〔三〕護國法師　明顧清正德松江府志卷三十一淨真作「護國真法師」，明如惺大明高僧傳卷一松江興聖寺沙門釋淨真傳作「護國淨真法師」。

化僧傳附吉祥　慈濟

化僧者，初不識其誰何。蒼顱黧面，去來郫、繁間。甚熟市人，蓋多見之而無相問訊者。崇寧五年十二月二日晨從外來，乞食城中，如故嘗洋洋也。眂日欲昃，輒囊其衣若將去者。行次廛東小息，於逆旅馬氏乞漿焉。斂裓趺坐，漿未饋而告寂。玉骨山峙，不杌不倚，人皆聚觀羅拜，迎歸北溪，龕而奉之，至今真身儼然如生。宋楊天惠作文記之曰：「異哉！我昔未之見也。是導師者，不離闤闠〔一〕喧閧而示靜便，不鄙屠沽垢紛而示精潔，不舍生死濁惡而示究竟，不樂相好設飾而示堅固。其音制和軟，類近里社人〔二〕，而莫知其名氏；其膚理〔三〕臞勁，類七十許人，而莫知其壽臘；其衣履簡野，類空林衲子，而莫知其居止。嗚呼！生，吾不知從師遊；没，吾徒知志其迹，是刻舟之説也。雖然，繇吾之説，瞷師之相，起欣慕想，成淨信行，庶其有從入哉！」

又僧曰吉祥，嘗寓東川解魔寺，魁梧多力，一飯五鉢，日夜誦經五函。寺前有池畜魚，祥盡知其數，以名詔之，皆次第出水面。若受祥話言，靡靡而去。

滇有僧曰慈濟，嘗在洱海東北青顛山險石上禮迦葉佛，日課百拜，人名其石名〔四〕「禮拜石」。下臨不測之淵，後即於石立化，今無能躡其石者。示現難思，皆化僧之流亞也。

【校記】

〔一〕闤闠　原作「闤闠」，據宋程遇孫成都文類卷三十九楊天惠北溪院化僧龕記改。

〔二〕里社人　原無「人」字，據宋程遇孫成都文類卷三十九楊天惠北溪院化僧龕記補。

〔三〕膚理　原無「理」字，據宋程遇孫成都文類卷三十九楊天惠北溪院化僧龕記補。

〔四〕名　明劉文徵滇志卷十七慈濟作「爲」。

咸平府大覺寺法慶禪師傳

法慶，嗣佛國白禪師，嘗掌書記。初住泗州普炤，後遷嵩少。汴破被虜，牧牛〔一〕于北方，惟一講僧識之。次居東京，因侍者讀洞山録作愚癡齋，〔二〕者云：「古人甚奇。」師云：「我化後，汝可喚之。若能復來，是有道力也。」後預知時至，乃作頌云：「今年五月初五，四大將離本主。白骨當風颺却，免占檀那地土。」衣物盡付侍者飯僧。始聞初夜鐘聲，坐逝。侍者如約喚之，師睜眼應曰：「爭麽？」者曰：「和尚何裸跣而去？」師曰：「來時何有？」者欲强穿衣，師曰：「休！留與後人。」者曰：「正恁麽時如何？」師曰：「也只恁麽。」復書一偈云：「七十三年如掣電，臨行爲君通一線。鐵牛踍跳過新羅，撞破虛空七八片。」壽七十三，皇統三年五月五日也。

【校記】

〔一〕牧牛　原作「收牛」，據宋正覺頌古、元行秀評唱萬松老人評唱天童覺和尚頌古從容庵録卷六洞山不安、明朱時恩佛祖綱目卷三十七金大覺寺法慶改。

【箋注】

〔一〕因侍者讀洞山録作愚癡齋　洞山設愚癡齋絶弟子執眷念之情，説法度衆生越生死之海。事見宋普濟五燈會元卷十三洞山良价禪師：「乃命剃髮、澡身、披衣，聲鐘辭衆，儼然坐化。時大衆號慟，移晷不止。師忽開目，謂衆曰：『出家人心不附物，是真修行。勞生惜死，哀悲何益？』復令主事辦愚癡齋，衆猶慕戀不已。延七日，食具方備。師亦隨衆齋畢，乃曰：『僧家無事，大率臨行之際，勿須喧動。』遂歸丈室，端坐長往。當咸通十年三月，壽六十三。」

元　覺慶　德林二師傳

覺慶，號壽堂，四明毛氏子。弱歲禮壽梅峰爲落髮。師精戒律，遊戲人間，脱然無礙。

凡可以澤物利人之事，至於甃衢鑿井、施湯茗、行鍼藥，事無鉅細，靡不鼓勇直前。見人行之，如出乎己，助成益力。至正間，至雲間隨喜普炤佛會，忻然欲就會。入滅期以正月二十三日，預作書別四明及杭之麴院道友，附偈曰：「無量劫來元有我，無有有我我亦無。無我無人無覓處，蕩蕩光明耀太虚。」人皆止之，不聽。有陳源堅者迎歸其家。越二日，師曰：「月明〔一〕立到三更後，徹骨寒來有幾人？既云歸去〔二〕，胡顏復留？」言已寂然，探之已逝矣。大衆奔赴，舁於西延恩荼毗，而遍體汗下，復迎歸，是夕紅光燭天。停十日，顏貌如生，鬚髮自長。源堅深信，捨所居爲庵而祠之，加髹漆焉。

德林者，東甌人也。至正間，挂錫上海之柘澤廢寺，饑寒弗嬰其心。歲〔三〕夏五，忽語人曰：「疇能施我一龕，九月一日，焚却此身。」人以爲欺，不之信。至期，空鉢囊易薪櫝自環，趺坐合掌，云「二十七年學無爲，信手拈來獲得渠〔四〕」云云，火從身起，觀者始矍然膜拜，請曰：「活燒人地里不祥。」師火中應曰：「雨過無妨。」

【校記】

〔一〕月明　明顧清正德松江府志卷三十一覺慶、明徐象梅兩浙名賢録外録卷八覺慶作「興來」。

〔二〕既云歸去　明顧清正德松江府志卷三十一覺慶作「吾既云辭世」。

〔三〕歲　明顧清正德松江府志卷三十一德林作「環歲」，是。

〔四〕信手拈來獲得渠　明顧清正德松江府志卷三十一德林下有云：「一具幻身歸四大，這番不受業風吹。」

明　落魄僧 附雪梅

永隆，姑蘇施氏子。在襁褓即不茹葷血，惟佛法是慕。年逾冠，白父母求出家。遂舍入尹山崇福寺，落髮爲僧。受具戒，志力苦澹，耿耿與常人〔一〕殊。偶夜坐，聞空中天神報曰：「此寺創於梁天監，燬於元末，逮今三十年。吾受佛囑，衛此伽藍。師能重建，當陰相之。」師乃感天神之言，遂鳴衆檀，即刺指血書華嚴、法華二大經以立願。書時筆端出舍利，燁然有光，人罔不駭異敬信。師裒資庀材，先創大雄殿。舟往三衢搆大木，過錢塘江，颶風飄筏將入海，舟之衆皆歎泣。師曰：「吾之所爲，皆神所警發。神寧食言者乎〔二〕？」俄頃，風轉回筏，抵江岸。木商黄有亮異之，與同友曰：「奇哉！殿成，當爲造大佛像以報。」以洪武辛未八月，殿乃成。

二十五年壬申，朝廷度僧，師引其徒赴京師試經請牒。時沙彌三千餘人，其中多有不能記經欲冒請者。於是上怒，送錦衣衛，皆籍爲軍。師慈憫無可救，遂詣奉天門，奏聞欲焚身以求免。上允，以二月二十五日敕内臣以武士嚴衛其龕至雨華臺。師出龕，望闕拜辭，入龕索楮書偈曰：「三十三年一幻身，洞然性火見全真。大明佛法興隆日，永祝皇圖億萬春。」又取香一瓣，書「風調雨順」四字，語内臣曰：「煩奏上，遇旱以此香祈雨，必驗。」須臾秉炬自焚，烟燄凌空，異香撲人。群鶴飛翔於龕頂，良久，火餘斂舍利無算。於是，三千餘人悉宥罪，給牒爲僧，皆師賜也。

時大旱，上召僧録司官迎師所遺之香到天禧寺，率衆祈雨，以三日爲期，至夜即降大雨。上喜而謂群臣曰：「此真永隆雨耳。」上親製落魄僧詩以彰之。是年八月，弟子奉骨歸葬於尹山而塔焉。

雪梅，不知何許人，止天禧寺〔三〕。嘗遊雨華臺，性宕不羈，出言無度，解詩清奇，人爭傳誦之。數年後，行歌於市，命童子圍繞踏歌曰：「老雪梅，今日不歸幾時歸？」輒自答曰：「歸。歸。歸。」三答端坐而逝。

【校記】

〔一〕常人　原作「嘗人」，據道衍尹山崇福寺永隆禪師塔銘改。

〔二〕吾之所爲皆神所警發神寧食言者乎　道衍尹山崇福寺永隆禪師塔銘作：「吾之所爲，非出於己，天神來報，故爲爾。吾以天神大權，焉可妄而不陰相乎？」

〔三〕天禧寺　明葛寅亮金陵梵刹志卷三十一雪梅，明李登纂修、盛敏畊、顧起元同纂萬曆江寧縣志卷十雪梅作「長干寺」。

明　祖遇傳

祖遇，不知何許人，自稱慈海舟之徒。自金陵來遠安，縛禪於法琳洞，跏趺而坐，足迹未嘗及山下。又服水齋，不粒食，惟飲水，如此者四十九日，每歲率以爲嘗。成化十五年，提學副使薛綱督學至遠安，至洞見遇癯瘦若有病者，因謂之曰：「巖岡僻寂，非人所居，何乃自苦如此？」遇曰：「不如此，不能成正覺。」又問曰：「人七日不食則死，聞汝水齋四十九日，何術致然耶？」遇曰：「吾知傳吾師之教，無他術也。但先三五日爲饑火所燒，體熱而倦，力不能支。越六七日之後，飲水透徹，覺清爽如嘗。」薛歎慕而去。

十八年，薛再過洞，遇尚無恙，見庵之西檻爲巖之墜石所毁，去禪所僅丈許。薛詰之曰：「汝能先知巖石之墜而不懼乎？」曰：「不知也。」薛曰：「石無慧眼，汝非金身。若一夕再墜，汝其齏粉矣乎？聖賢有戒，知命者不立乎巖牆之下，汝宜識之慎之。」遇微笑而不答。至二十年五月初二夜半，雷雨大作，巖石亂墜，其聲動地，遇壓焉，遂寂。年纔四十，其立志之堅，至死不變如此。

明河曰：無論世出世法，辦志如此，何事不辦？死生浮幻，有道者視之如戲，處之若無。薛告語諄諄，何異對醒人説夢？宜乎遇笑而不答也。

善信　大雲傳

善信，字無疑〔一〕，蘇州嘉定吴氏子也。年二十九，削染爲僧，不識一字，惟事禪那。入玄墓，參萬峰和尚。忽有得，謂衆曰：「我自出家以來，脇不至席，今日始了當矣。」未幾，示微疾，索浴入龕畢，於彈指間欻然火起，自焚其身。是蓋得道急於入滅者也。或贊之以偈曰：「一念纔空萬境忘，更無餘事可商量。翻身永入火光定，驚倒靈山老藥王。出輪迴又入輪迴，究竟何曾有去來。昨夜冰河中發燄〔二〕，虚空燒作一堆灰。」

大雲，襄陽人。初爲北京吉祥寺僧大極之弟，性敏重，通内外學，戒律清苦。嘉靖中，住廣德寺，律身事衆，人無間然。偶二僧相鬨不已，雲作齋，爲之釋憒。因謂曰：「昔吾兄大極在京中，一日，試合掌自誦云：『願生西方淨土中，九品蓮花爲父母。』即坐化。我今爲汝解紛，亦當學吾兄自便耳。」因趺坐，合掌誦前二句，言訖化去。

【校記】

〔一〕字無疑　明顧清正德松江府志卷三十一善信、明方岳貢修、陳繼儒纂崇禎松江府志卷四十五善信作「號無疑」。

〔二〕發燄　明顧清正德松江府志卷三十一善信、明方岳貢修、陳繼儒纂崇禎松江府志卷四十五善信作「火發」。

廣玉　寧義傳

廣玉，字無瑕〔一〕，蜀資中紅蓮池人。在俗爲孟居士，因覩世相無嘗，感焉而出家。一衲入九峰山，山最高處爲雷音寺。玉居寺九年，習枯安靜，霍然有得。萬曆甲申歲，忽告衆曰：「三月七日，貧道與諸君別矣。」自是水漿不入口者二十餘日，而神氣益王。膜拜求法語者，日嘗數百人，悉煦嫗酬答，如輪轉水注，纍纍不絶口，而聞之者無弗感激發心。至期，沐浴升座。忽天晝暝，雷大震，檐瓦欲飛。衆皆慄伏，不敢仰視。少選日霽，師乃慈音慰衆，且云：「吾之遺骸如澄過白蠟，隨汝輩意置之。」言訖而化。初厝骸於桶，三期開之，顏貌如生。彭之士民舉銅萬觔，創塔殿於峰頂，漆而奉之。

寧義，亦資人。初居三堆山，後雲遊遇知識，命事苦行法門。因茹菜啗豆，兀坐精練，人有致譏者，義曰：「我業障深重，非如此不可。」久之有所得。萬曆癸未，積薪自焚，纔舉炬，若朽株斯須而盡。識者謂入火光三昧矣。

【校記】

〔一〕字無瑕　明馮任修、張世雍等纂天啓新修成都府志卷二十九廣玉作「號無瑕」。

夜臺　秋月傳

夜臺者，西蜀人。少習引導辟穀之術，遇大智師於峨眉，薙髮受戒。辭師至終南伏牛，又至五臺，多服水齋。日則靜坐，夜則遊臺，人因呼爲夜臺。五臺方圓五百里，暴風怒號，走大石，吹騾馬，如掃葉。師椶衣椶帽，手握鐵杖，遇風則止，風止則行。有時昏黑，墮入坑谷中，鐵杖垂卷，而師無恙。遇虎即投身，示之曰：「汝噉我，結一小緣。」遇鑛賊，振錫環響，賊遥呼曰「夜臺師」，懾伏不敢動。大雪滿山，衆負鍤迹師雪中，師已僵槁，雪埋腰膝間。衆舁歸，置熱火土銼上，沃以湯。稍久乃甦，復夜行如前矣。師夜中時見燈光野火、猛獸鬼怪，親見文殊，或爲老比丘，或爲美好媍女，抱嬰兒赤裸下體，頃刻不見。如是夜遊二十餘年。

歲癸卯，入京師，慈聖太后賜鉢杖及紫襴袈裟一襲。師先于塔院寺設千盤會，于龍泉寺設龍華會，皆四十九日。又于峨眉、五臺各鑄幽冥鐘一口，重萬三千觔。又于普陀、峨眉請藏經二部。又于九華設水陸道場，其餘錙粟分施靜室及諸貧僧。銖兩尺寸，不入私橐，故久而緇素益信之。

師往反四大名山，精神尫頓。繇蜀至廣陵，忽病作。道人某斷指入糜，冀療師疾。師訶曰：「出世人豈效兒女子所爲？吾期已近矣。」是時疾已瘳，買一巨舫，設水陸像，放燄口不絕。庚戌十月，繇通州渡海。過福山，忻然欲留。先遣散諸弟子，獨留老道人自隨。登舟將行，有新安二賈客懇附舟。師曰：「此有緣人。」許諾。揚帆甚駛，問：「日中乎？」曰：「中矣。」命作飯飯二客，復出襯錢授之。因禮十方諸佛，曰：「我欲歸海。」衆驚曰：「今已在海中，復何歸？」師曰：「我聞解脱菩薩臨命終時，戒其弟子分身爲三：一施鳥獸，一施魚鱉，一施螻蟻。我今亦爾。」衆哀號牽挽，師出一紙授客，即解脱菩薩語也。衆方哀挽不已，師曰：「汝爲我禮佛。」皆拜，師一躍入海。衆欲收帆援師，師端坐水浪上，摇手曰：「帆一下，汝曹皆覆矣。」須臾白黄霧〔一〕擁師而去，時萬曆庚戌十月二十五日也。老道人，歸言之人，華亭陳眉公作文記其事。秋月者，蘇州玄墓山老僧也。精戒律，勤禮誦，以茗飲作佛事。過玄墓者必訪秋月，然非高雅之士，秋月不與之見，見亦不與茗飲。方時禪期、講席四至轟然，師恬如不聞，或勸之一出隨喜，笑而弗答。天啓改元之歲，别山中道侶，朝南海，從蓮華洋。忽起至船頭禮拜，高聲稱佛名。即奮身下水，衆急出扳挽，已無及矣。時風浪大作，師出没浪間，猶合掌稱佛，聲舟漸遠乃失。

系曰：夜臺走四大名山，足迹徧海内。秋月静閉一室，不知户外事；夜臺廣修福業，秋月一事弗爲。二公之平生判然如此，至末後一著子則無少異。蓋夜臺藏静於動，秋月寓動於静，動静二公之迹，脱然生死之際，而無絲毫罣閡者，二公之心實不可得而優劣之也。

【校記】

〔一〕白黄霧　明方岳貢修、陳繼儒纂崇禎松江府志卷四十五夜臺禪師作「白雲黄霧」，是。

補續高僧傳卷第二十一

明吴門華山寺沙門明河撰

讀誦篇

宋　洪準　遇安二師傳

洪準禪師，桂林人。從南禪師遊有年。天資純至，未嘗忤物。聞人之善，如出諸己，喜氣津津生眉宇間。聞人之惡，必合掌扣空，若追悔者。見者莫不笑之，而其真誠如此，終始一如。暮年不領院事，寓迹於寒溪寺，壽已逾八十矣。平生日夕無他營爲，眠食之餘，惟吟梵音讚觀世音而已。臨終時，門人弟子皆赴檀越飯〔一〕，惟一僕夫在，師攜磬坐土地祠前，誦孔雀經一遍告别，即安坐瞑目，三日不傾，鄉民來觀者堵立。師忽開目而笑，使坐於地。有頃，門弟子還，師呼立其右，握手如炊熟，久寂然，視之，去矣。神色不變，頰紅如生，道俗〔二〕塑其像龕之。

前是，有破句讀楞嚴得悟曰遇安者，〔一〕福州人，居瑞鹿上方。道德著聞，頗爲一方宗仰。其死生之際，脱然自在，與師若出一手。一日將示滅，喚弟子蘊仁侍立，停棺於側。説偈曰：「不是嶺頭攜得去，豈從雞足付將來〔三〕？」遂自入棺，安詳整頓，命蘊仁闔釘。經三日，門人起棺，見師右脇而卧。衆哀慟，師遂起，如夢醒狀。命撾鼓，昇堂説法，訶責垂戒曰：「此度更起吾棺，非吾徒也。」言訖，復入棺而化。

【校記】

〔一〕檀越飯　原無「飯」字，宋惠洪林間録卷下延慶洪準禪師作「檀越飯」，明居頂續傳燈録卷十六福州延慶洪準禪師作「檀越供」，因據宋惠洪林間録補。

〔二〕道俗　原作「道路」，據宋惠洪林間録卷下延慶洪準禪師、明朱時恩佛祖綱目卷三十六洪準、明居頂續傳燈録卷十六福州延慶洪準禪師改。

〔三〕不是嶺頭攜得去豈從雞足付將來　宋道元景德傳燈録卷二十六温州瑞鹿寺上方遇安禪師作：「不是嶺頭攜得事，豈從雞足付將來？自古聖賢皆若此，非吾今日爲君裁。」

【箋注】

〔一〕有破句讀楞嚴得悟曰遇安者　據宋普濟五燈會元卷十瑞鹿遇安禪師：「福州人也。得法於天台，又常閲首楞嚴經，到『知見立知，即無明本；知見無見，斯即涅槃』，師乃破句讀曰：『知見立，知即無明本；知見無，見斯即涅槃。』於此有省。有人語師曰：『破句了也。』師曰：『此是我悟處，畢生不易。』時謂之『安楞嚴』。」

道光傳

道光者，蘄州永樂寺書經僧也。數椽山中，與其兄道舒鄰房。晨香夕燈，以禪誦爲佛事。出血和墨，書寫一切經。其衡斜點畫，匀如空中之雨，整如上瀨之魚，皆精進力之所成〔一〕。且爲人純素，忠於事，孝於奉親，爲里閈所敬信、法眷所追崇。從之者皆肅如也。寂音尊者嘗過其庵，信宿彌日，盡獲見其所寫之經，無慮十數種，爲之頂戴歡喜，稱其爲真比丘，爲説以贈之，有云：「觀其施爲，日夕以與佛、菩薩語言酧酢，豈復有世間心耶？華嚴曰：『念念不與世間心合，是大精進。』〔二〕光其以之。」

【校記】

〔一〕皆精進力之所成　宋德洪石門文字禪卷二十五題光上人書法華經下有云：「知見香之所熏，不然何以莊嚴微妙如此之巧耶？光又專精不懈，見一纖毫相之間萬八千土，於剎那入無量處三昧，名報佛恩。然隨筆任運、經行卧起、語默動止，莫非授持此經，故毫相之間、剎那之頃豈有間哉？」

【箋注】

【二】華嚴曰：「念念不與世間心合，是大精進。」此語出宋慧洪造、張商英撰法華經合論卷一：「以知見力震動魔宮，故名『得大勢』；念念不與世間心合，故名『常精進』；虛空可殞，我無疲厭，故名『不休息』。以此三位證成精進也。」則其非出自華嚴可無疑。

元如一庵傳

一庵如公，永嘉人，生玄氏〔一〕。先誕五日，其父夢一異僧持梵筴〔二〕至，問何來。曰：「五雲。」問何姓，曰：「姓殷。」「何名？」亦曰：「姓殷。」且云：「後五日當復來。」視所持梵筴曰：「用是表信。」至期而師誕。

師頭骨嶄聳，目光射人。年十五，事方山長老削髮披緇，背誦楞嚴，至第五卷，得嘔血疾，乃輟誦，疾瘳。一夕，夢所未誦經皆金書大字布列空中，厲聲讀之。既覺猶存，移時始隱。自覺心地清涼，爾後一誦如流，徹後通前，終身不忘矣。復依竺元和尚究問上事，雖提綱握要，然亦不廢此經。晚年居西澗庵，不事匡徒，來者亦不深拒，翛然有政黄牛之風焉。

【校記】

〔一〕玄氏　明王瓚、蔡芳編弘治温州府志卷十四如一庵、明無愠述山庵雜録卷下作「袁氏」，是。

〔二〕梵筴　明湯日昭、王光藴纂修萬曆温州府志卷十三如一庵、明無愠述山庵雜録卷下作「梵經」。

性然傳

性然，字寶燈，東阿楊氏子。世爲田家，生而多病。年十七，棄俗被服受戒。夙具利根，頓發至願修淨業〔一〕，跪誦華嚴經，九年鍵户不出。後忽出遊諸方——伏牛、五臺〔二〕，南涉吴越，西極秦隴，名山勝刹，皆有足迹。行業〔三〕精苦，聲聞益彰。旋里居香山寺，寺業一新。太守殷君三禮時爲諸生，知師最深，奉之彌謹。

師爲精舍，立一小閣，棲止其中。復鍵結脩淨，視昔尤勤。誦佛號，飲食寤寐，未嘗輟聲〔四〕；寒暑昏曉，未嘗就枕。影不出山，迹不入俗，如是者六十餘年。于公慎行嘗叩之曰：「上人口誦彌陀，當生極樂否？」師曰：「孰爲彌陀？孰爲極樂？吾心是也。聲聲相續，念念不忘，自然五蘊空、六根淨而蓮花現矣〔五〕。西方極樂〔六〕固在剎那，豈懸遠哉？」于服其言，謂其有靈竅，非徒事勤苦者，買田一區爲供。

師風骨稜稜，眉角巉嶄。年近期頤，行步距躍。造一坐龕置榻右〔七〕，時時入中，少坐而笑。忽一日告終，命促殷公至，囑後事。乃扶服入龕〔八〕，趺坐而化。生弘治庚申，卒萬曆癸巳，年九十四也。

【校記】

〔一〕修淨業　明于慎行穀城山館文集卷二十五香山寶燈禪師塔銘作「修習禪定」。

〔二〕伏牛五臺　明于慎行穀城山館文集卷二十五香山寶燈禪師塔銘作：「謁禮五臺，受戒伏牛。」

〔三〕行業　明于慎行穀城山館文集卷二十五香山寶燈禪師塔銘作「戒業」。

〔四〕未嘗輟聲　明于慎行穀城山館文集卷二十五香山寶燈禪師塔銘下有「其入正定也」。

〔五〕自然五蘊空六根淨而蓮花現矣　明于慎行穀城山館文集卷二十五香山寶燈禪師塔銘作「自然五蘊皆空、六根俱淨而寶蓮花現矣」。

〔六〕極樂　明于慎行穀城山館文集卷二十五香山寶燈禪師塔銘作「世界」。

〔七〕造一坐龕置榻右　明于慎行穀城山館文集卷二十五香山寶燈禪師塔銘作「造一座棺置

諸榻右」。

〔八〕入龕　明于慎行穀城山館文集卷二十五香山寶燈禪師塔銘作「入棺」。

普明傳

普明，字寂炤，嘉善妙常庵僧也。薙髮受具，日誦法華經不輟。世間萬事，了不經懷。入古杭山中閉門讀誦，誦畢靜坐而已。蛇鼠鳥雀日與明狎，嬉遊於前，偶客至叩門，皆飛走而去。不及去者，輒手取納諸懷，以衣覆之。客去則出，嬉狎如故。

有一病者詣之，手摩其頂〔一〕，夙患頓除，遂委身爲弟子。一日謂弟子曰：「我五月十八日逝矣。」弟子以五月非吉爲對。明曰：「然則八月也。」既訂，即歸嘉善。屆期弟子來視，明方掃地，語之曰：「汝不來，吾幾忘矣。」命聲鐘集衆，書偈曰：「這個老漢，全無思算。禪不會參，經不會看。生平百拙無能，晦迹青松岩畔。靜如磐石泰山，動若雷轟掣電。」擲筆端坐而化。荼毗，火光五色燭天，異香經夕不散。舌本不壞，叩之有聲。化後旬餘，人猶見之古杭。靜極光通，去留自在。是亦持誦有得者也。

補續高僧傳卷第二十一終

【校記】

〔一〕手摩其頂　明劉應鈳修、沈堯中纂萬曆嘉興府志卷二十四闞禪師作「手摩其頂」，明徐象梅兩浙名賢録外録卷八普明作「摩其項」。

補續高僧傳卷第二十二

明吴門華山寺沙門明河撰

興福篇

宋　永公傳

永公者，不知何許人，法雲圓通秀禪師之嗣也。緣契都城，大作佛事，名震四方，賜紫方袍、師號〔一〕。江寧府天禧寺舊葬釋迦真身舍利，後寺廢，至南唐時爲營，宋初營廢。祥符中，僧可政上奏得請復爲寺。政即其光相表見之地建塔，賜號「聖感舍利寶塔」。寺據〔二〕山水形勢，坐乙向辛，以越王臺爲案，塔之後地勢傾下，政失於遷就，不能培築相因，姑以北廊造院爲安僧之地。雖規模僅足，而狹小陋劣，事爽緣違，以故寺不復振。元符二年，知府事温陵吕公升卿曰：「是一大叢林，特主者未得其人耳。」遂請于朝廷，改十方住持。既〔三〕報可，即迎致永公爲開山第一祖。永公入寺，顧瞻歎息曰：「真福地也。所以不振者，正坐不正耳。」乃於塔後築福增疊，凡下而上，積二丈三尺，深入四十尺，横亘二十丈。將建法堂，次第以正其位。已而信士南昌魏德寶同其妻王氏見而喜曰：「如此更易，方見形勝。」顧其妻曰：「此地不植福，更將何之？」乃獨許作堂，且曰：「不計其資，惟成是務。」師即鳩材庀工，未幾堂成，高明靜深，萬象俱發〔四〕，龐麗雄特，爲一方叢林之冠。俯視疇昔，無異發覆破闇，如出雲霄之外。凡甓甃髹繪，總用錢五百萬。永公又建寢堂、方丈，盡所增之勝〔五〕，資藉締搆；又建僧堂、廚庫，移經藏於故院，隨向展演〔六〕，各適其正，煥然一新，真〔七〕一大叢林矣。

異時，德寶再至，踴躍稱贊曰：「非師正眼炤徹，道力超異，則不能有所舉。非我信向經始，則衆緣何從而應？」遂請僧衆轉大藏經，修水陸齋，落成其事。又曰：「叢林既新，將不下五六百衆，其將何以備齋粥？」永公曰：「亦在子耳〔八〕。」德寶曰：「請爲師置田產，買蘆洲，收其所入以繼之〔九〕。」永公曰：「子果有是願，則功德圓滿矣〔一〇〕。」自是衆有恒食，山門賴之。師後不知所終。

明河曰：德寶何人，能倒篋傾囊爲佛事，若拔毛遺唾，脱然如與己無與者。雖則見相與心，然亦永公道德，故有以啓之。運虛空心，爲解脱事，我本無捨，師亦非受，反覺家材沉海者多事也。德寶高風可想而見。而曰永公見圓通，則其天禧一局，乃其逢場作戲，今觀其所爲，不見其所説，孤負永心矣。

【校記】

〔一〕賜紫方袍師號　宋李之儀姑溪居士集前集卷三十七天禧寺新建法堂記作「賜方袍，加號慧嚴」。

〔二〕據　宋李之儀姑溪居士集前集卷三十七天禧寺新建法堂記作「拘」。

〔三〕既　原作「即」，據宋李之儀姑溪居士集前集卷三十七天禧寺新建法堂記改。

〔四〕萬象俱發　原作「萬象俱廢」，據宋李之儀姑溪居士集前集卷三十七天禧寺新建法堂記改。

〔五〕勝　原作「深」，據宋李之儀姑溪居士集前集卷三十七天禧寺新建法堂記改。

〔六〕展演　宋李之儀姑溪居士集前集卷三十七天禧寺新建法堂記作「展衍」。

〔七〕真　宋李之儀姑溪居士集前集卷三十七天禧寺新建法堂記作「直」。

〔八〕亦在子耳　宋李之儀姑溪居士集前集卷三十七天禧寺新建法堂記作：「子于此地信有緣，而我與子殆非今日相遇者。儻如齋粥必繼，則功德圓滿亦在子耳。」

〔九〕買蘆洲收其所入以繼之　宋李之儀姑溪居士集前集卷三十七天禧寺新建法堂記作「買蘆場，收其所入之利以繼之」。

〔一〇〕子果有是願則功德圓滿矣　宋李之儀姑溪居士集前集卷三十七天禧寺新建法堂記作：「『子果有是願，我將爲子記之，以信不朽。』乃遣其徒道之走太平，屬余爲之記。」

昭覺延美　永安德元二師傳

延美，陽安郡平泉杜氏子。出家依彦通律師具戒昭覺——師受業處，後以道行，即補住持，視了覺大師爲五代祖。了覺，號休夢。參石霜、洞山諸老，深得禪旨，即宣宗復教、對御落髮者也，後大闡於昭覺。師爲其遠孫，不惟能紹其宗風，且兼弘於福業。寺之殿宇舊而百間，師廣增至三百間。修唱梵之堂，廣方丈之室，備水陸之儀，及羅漢、六祖、翊善、大悲，各列一堂。又分千部經爲東西龕，又建紀天列宿堂，極壯麗，以至安毳侶、供公庖，厨倉、寮庫、齋廳、浴室等無不備具。寺之舊址頹垣，茂草百年矣。師一旦竪版築以繩之，興百堵，軫舊封，葺牆五百餘間，周匝園圃，而諸鄰敬師之德，相讓惟恐或後。自是朝飯千衆，累茵敷坐，如升虚邑，未有一物爰假外求者。人謂「師開口無機，化不言而鷗狎；虚懷善應，施不求而谷盈」，自大中祥符戊申領住持事，迨三十餘年。食不兼味，衣不重繭，自處淡如也。

師同時有德元者，亦精練行業。大興永安禪院，請欽禪師住持，俾揚宗教〔一〕，與衆共也。誓其徒〔二〕曰：「隆兹寶刹，寔假衆財。宜乎來者，緣合即居。況成壞迭臻，泡幻易滅。有爲皆忘，浮生幾何？假物强名，曷定嘗主？兹後法屬，當泯異心，無狥私，無差別，但以義聚，勿爲爭侵。有渝是盟，必罹陰殛。」翰林學士彭乘贊曰：「禪師一錫周游，半偈明解。鑑忘拂拭，幡任飄颺。踐鹿苑之康莊，出虎溪之軌躅。道存先覺，依歸者裔雲其臻；言會大乘，參訪者甘露攸飫。向匪行業積著、名德溢聞，則曷以當此乎？」

【校記】

〔一〕宗教　宋程遇孫成都文類卷三十六彭乘重修大中永安禪院記作「教法」。

〔二〕誓其徒　宋程遇孫成都文類卷三十六彭乘重修大中永安禪院記作「且誓其徒」，誓言亦與下文略異：「隆茲寶刹，寔假衆財。靡替至誠，致集勝事。宜乎來者，緣合即居。矧以成壞迭臻，泡幻易滅。有爲皆妄，浮生幾何？假物强名，詎定常主？茲後法屬，當泯異心，無徇私，無差别，但以義聚，勿爲爭侵。有渝是盟，必罹陰殛。」

體謙傳

體謙，永嘉人，苦行僧也。外形體，耐饑寒，喜爲難事。入廬山住静，刀耕火種數年。後下山雲游，至筠州，爲衆信擁留，曰：「和尚安往？新街大緣，惟師聖人，金口而木舌，衆生之願也。」師忻然應命曰：「此吾事耳。」自某年始募，至某年工畢，而筠州新街成。運至虛無物之心，行極苦難成之行，德感如呼，緣歸若響，總計募金錢一千萬。召工鑿山陶土，得石與甎若干千萬，砌成大道，北斷於江，其南西繚於闤闠，凡若干萬尺；橫渠暗竇，爲橋以通之，凡若干所。喜捨之士以道計者，自五百尺至百尺，凡若干人；以錢計者，自三十萬至一萬，凡若干人；一萬而下，不可勝計。所得錢，不以纖毫自私，皆寄某氏之帑，朱出墨入，悉某氏主之。麻衣草履，以董重役〔一〕。暮宿甄舍，饑食於施者家。

余襄公南征，見師於馬首，爲記其事曰：「彼上人者，弊衣糲食，苦其行而外其利。又能得開信同心，成此利益。使夫趨官曹、游旅肆者出泥滓、入清淨之境，真奉佛事、勵戒行而好方便者也。誌之無媿詞。」

【校記】

〔一〕重役 宋余靖武溪集卷七筠州新砌街記作「衆役」。

空印軾公傳

軾，字空印，得法於吴江法真，天衣懷四世孫也。說法於廬山之下，學者歸之如雲。溈山密印禪寺，大圓祐祖開法之地，爲南國精藍〔二〕之冠，崇寧三年厄于火，一夕而燼。寺規模宏大，潭帥曾公孝藴謀於衆，以爲非名世大知識、福慧具足者，不能肩此。軾師其人乎！於是盡禮迎致之。師亦慨然以興復爲己任，廣其基構而增修之，使其壯麗稱山雄深。鑄萬斤銅鐘，塗以黄金。立大法寶藏殿，藏諸佛菩薩之言。

又明年，增廣善法堂之後爲雨花堂。含風而虚明，吐月而宏深。自兩廊之左，繞以復屋。立庫院，建堂司，大修僧堂〔二〕，曰：「僧者〔三〕，人天〔四〕之福田，佛祖之因地，人所見者也〔五〕。曠野深山，聖道場地，阿羅漢所住持，人〔六〕所不能見。既以廣延其所見，則所不見者，敢不敬乎？」又刻五百尊者之像，閣而供事之。又明年，得異木於絶壑，大合抱，長倍尋，斷而爲三，刻淨土佛菩薩之像，極其妙麗。建殿〔七〕於天供厨之南，又特建閣於寢室之前，奉安神宗皇帝所賜御書，閣成而東南傾。師默計曰：「增萬牛莫能挽，且天章神翰之所在，山君水王之所宜，謹藏而衛護之。今職弗修，是神羞也。」言卒而風雨挾屋，山嶽撼動。俄而閣正，萬人懽呼。

又明年，重修大三門。太師楚國公爲填其額：「却望形勝，衆峰來朝。」有臺自獻其前，以寶積、靈牙、舍利葬臺之中而建塔其上，千尺九層，蕩摩雲烟。

諸方皆建普同塔，與僧坊相望，遠不過一牛鳴地。獨溈山拘陰陽之説，謂近寺不宜爲葬地。〔一〕自開山迄今三百年，建塔於回心橋之南，其去寺十里，主者以遠故，或不能親臨。師曰：「事無大小，而斷於理，從違不可苟也。僧火化，衆俱臨，先聖令不可違也；禍福之來，以智避就之，不可從也。」遂建普同塔於寺之西而屋其上。又修大圓祖塔而峙立兩亭，以覆古今碑刻。

聖谿莊壟畝爲比鄰所吞，數世且百年，莫敢誰何。師曰：「不直而歸，是陷人入泥犁。」遣掌事執券證諸官，竟還二百畝。有玉泉住持僧死於龍牙山，山中人不容其葬。弟子抱骨石涕，師哀之，使於潙山擇地建塚塔，叢林義之。

師之潛行密用之懿，時時見於與奪，然皆本於仁義，道俗化其德。政和六年，敕補住鎮軍之焦山。師雅意不欲東，解住持事，力辭之，歸庵鸞溪之上。俄詔聽還之潙山，自其始至終而還。八年之間，百廢具興。非乘願力，何以臻此？雪竇、天衣之道，至師大振，叢林歸心焉，興修蓋其游戲也？

【校記】

〔一〕精藍　宋德洪石門文字禪卷二十一潭州大潙山中興記作「精廬」。

〔二〕立庫院建堂司大修僧堂　宋德洪石門文字禪卷二十一潭州大潙山中興記作：「建庫院，所以總庶務也；自祖龕之右翼以修廊，建堂司，所以牧清衆也。又明年重修僧堂，廣博靖深，冬温夏涼。」

〔三〕僧者　原作「增者」，據宋德洪石門文字禪卷二十一潭州大溈山中興記改。

〔四〕人天　宋德洪石門文字禪卷二十一潭州大溈山中興記作「天人」。

〔五〕人所見者也　宋德洪石門文字禪卷二十一潭州大溈山中興記作：「十方如來同一道，故出離生死。」

〔六〕人　宋德洪石門文字禪卷二十一潭州大溈山中興記作「世間麤人」。

〔七〕建殿　原無「建」字，據宋德洪石門文字禪卷二十一潭州大溈山中興記補。

【箋注】

【一】獨溈山拘陰陽之説，謂近寺不宜爲葬地　據宋德洪石門文字禪卷二十一潭州大溈山中興記：「唐元和中，僧曇叙開基，則有緒言曰：『地靈甚，不可葬，葬且致禍。』今三百餘年，僧物故莫可塔。」

嶽麓海禪師傳

智海，吉州太和萬氏子。幼靜專，無適俗韻。出家爲金公弟子，受具游方。依東林、玉磵二公最久，然無所契悟。晚抵仰山，陸沉於衆，佛印元公獨異之。師方鋭於學，喜翰墨。元呵曰：「子本行道，反從事語言筆畫。語言筆畫借工，於道何益？矧未工乎？」師於是棄去。經行湘南諸山，依止大潙十年。真如門風，號稱壁立，學者皆望崖而退。師獨受印可。

及真如赴詔住上都相國寺，師雅志不欲西，首衆衲於衡陽花藥山，分座説法。元符己卯，開法於城東之東明，俄遷湘西之嶽麓，無何，麓厄於火，一夕而燼。道俗驚嗟，以死弔，師笑曰：「夢幻成壞，蓋皆戲劇。然吾恃願力，宮室未終廢也。」於是就林縛屋，單丁而住，雜蒼頭厮養，運瓦礫，收燼餘之材，造牀榻板槅〔二〕，凡叢林器用所宜有者皆備，曰：「棟宇即成，器用未具是吾憂，故先辦之。」聞者竊笑而去，師自若也。未幾月，富者以金帛施，貧者以力施，匠者以巧施。十年之間，廈屋崇成，盤崖萬礎。飛楹層閣，塗金間碧，如化成釋梵龍天之宮。人徒見其經營之功日新，而不知其出於閑暇談笑。

宣和己亥七月九日，以平生道具付侍者，使集衆估唱。黎明，漱盥罷，坐丈室。聞粥鼓，命門弟子因叙出世本末，囑以行道勿懈，説偈爲别。有智暹者進曰：「師獨不能少留乎？」師以手摇去。復周眴左右良久，右脇而逝。閱世六十有二，坐四十二夏。塔於西崦舜塘之陰。

【校記】

〔一〕板槅　宋德洪石門文字禪卷二十九嶽麓海禪師塔銘并序作「板隔」。

明大禪傳

了明，秀州人，妙喜會中龍象，叢林所謂明大禪也。身長八尺，腹大十圍，所至人必聚觀之。始，妙喜謫梅州，州縣防送甚嚴，或以爲禍在不測。師爲荷枷以行，間關辛苦，未曾少怠。既至貶所，衲子追隨問道者，率不下二三百人。妙喜以齋粥不給，且慮禍，嘗勉之令去。師輒不肯，以身任齋粥。每肩栲栳行乞，至晚即數十人爲之荷米麪薪疏食用之屬，成列以歸。衲子雖多，無不具足。如是者十七年如一日。妙喜法嗣之盛，在貶所接者居其半，師之力也。

妙喜被旨復僧衣自便，繼被旨往育王，師嘗在座下。師爲人豪邁，機鋒敏速。妙喜室中不許衲子下喝，師每入室，必振聲一喝而退。妙喜一日榜方丈前云：「下喝者罰一貫錢。」師見之，乃密具千錢於袖中，至室中，先頓於地，高聲一喝便出。如是者數矣。妙喜無如之何，再榜曰：「下喝者罰當日堂供一中。」師見之，即驟步往庫司語曰：「和尚要十兩金。」主事者不疑，即與之。乃遣行者隨往方丈，師袖之以入。復頓於地，高聲一喝，而妙喜大駭。入室罷，徐問知其然，爲之一笑。每語師云：「你這肥漢，如是會禪，驢年也未夢見在。」然念其勤劬之久，舉令出住舒州之投子。

先是，投子諸莊牛遭疾疫，死斃幾盡。比歲不登，師以大願力化二百隻牛以實之，連歲大稔倍嘗，頗有異迹。遷住長蘆，衲子輻湊，叢林改觀。及妙喜住徑山，師來供施。及飯大衆，洎歸長蘆。妙喜送以偈云：「人言棒頭出孝子，我道憐兒不覺醜。長蘆長老恁麽來，妙喜空費一張口。從教四海妄流傳，野干能作師子吼。孰云無物贈君行，喝下鐵圍山倒走。」後奉詔住徑山，道望愈著。

先是，楊和王〔一〕夢一異僧，長大皤腹緩行，言欲化蘇州一莊。覺而異之，未言也。翼日，師忽杖履徒步而至，門者呵不止，以白和王。出見之，遥望師奇偉，與夢中見者無異。遽呼其眷屬出觀之，眷屬並炷香作禮。茶罷，師首言：「大王莊田至多，可施蘇州一莊以爲徑山供佛齋僧無窮之利。」和王未有可否，因令一辦齋〔二〕，師飯罷便出，更無他語。時内外鬨然，傳言和王以蘇州莊施徑山長老，遂達孝宗。會和王入朝，上爲言：「聞卿捨蘇州一莊施徑山，朕當爲蠲免賦税。」和王謝恩歸。次日以書至徑山，請師入城，而二日前，先已遷化矣。自是和王宴居寤寐之際，或少倦交睫，即見師在前，語曰：「六度之大，施度爲先。善始善終，斯爲究竟。」和王即以莊隸徑山。此莊歲出十萬，犁牛舟車，解庫應用，百事具足。師於緇素有大因緣，所在施供雲委，衲子臻萃，佛事殊勝，江浙兩湖皆號之爲布袋和尚再出焉。

【校記】

〔一〕楊和王　原作「陽和王」，據明居頂續傳燈録卷三十二臨安徑山了明禪師、明宋奎光徑山志卷二大禪了明禪師改。

〔二〕一辦齋　明居頂續傳燈録卷三十二臨安徑山了明禪師、明宋奎光徑山志卷二大禪了明禪師無「一」字，是。

元　雪庭裕和尚傳

裕和尚，字好問，〔一〕人以雪庭稱之，生太原文水張氏。九歲日誦千言，漸長遭世變，煢絶無依。道逢老比丘，勸以學佛，曰：「能誦法華經足矣。」師曰：「佛法止是乎？」老比丘異之。與偕謁仙巖古佛曰：「此龍象種，當爲大器。」即爲祝染受具，與雙溪廣公同執事觀方至燕，依萬松老人最久，聲光鬱然起，學者歸之。

世祖居潛邸，命師入少林作資戒會。尋又被太宗詔住和林興國。辛亥，憲宗徵至北庭行在所，累月問道，言簡帝心。洎世祖踐祚，命總教門事，賜號「光宗正法」，爲師建精舍於故里，曰「報恩」。給田産，命僧守之。至元八年春，詔天下釋子大集於京師。師之衆居三之一，濟濟可觀，上喜甚。時少林虚席，萬松海雲爲之請。上目師曰：「師昔主資戒會，於是有緣，煩領衆一行。」屬少林煨燼之餘，師儼臨之。聞而來者如歸，樂而施者如涌。嵩陽諸刹金碧一新，洛陽白馬經筵不輟，皆師力也。師瞑目燕坐，若無與焉。

師襟度夷坦，風神閑散〔一〕。説法三十餘年，如鼓雷霆，揭日月。繼踵前賢，標準後學，綽有古知識之遺風。涸池出泉，古殿生光，屢致祥瑞。師戒人勿言，以某時入滅。仁宗履位之初，贈師司空開府儀同三司，追封晉國公，仍命詞臣撰文表其塔下，詔曰：「皇帝恭惟世祖神武不殺〔二〕，本仁祖義以一天下。朕欲昭我祖德，持盈守成，唯爾克紹乃初祖，永孚於仁，以弘濟我兆民。顧先哲其逝，朕弗克見，于兹邈焉。雖去來夢幻，無得而名，而封贈哀榮，豈不在我？其尊爾官，隆爾爵，以寄予思，以迪後人，以永譽於萬世。」其爲時君追慕永歎之如此。

【校記】

〔一〕襟度夷坦風神閑散　元程鉅夫雪樓集卷八嵩山少林寺裕和尚碑作「剛果强毅，公勤廉明，平居風神閑敞，襟度夷曠」。

〔二〕皇帝恭惟世祖神武不殺　元程鉅夫雪樓集卷八嵩山少林寺裕和尚碑作：「皇帝若曰：洪惟世祖，神武不殺。」

【箋注】

【一】裕和尚，字好問　其名、字典出尚書商書仲虺之誥：「好問則裕，自用則小。」

明　正映傳

正映，號潔庵，撫之金谿洪氏子。幼祝髮，性穎悟。不妄舉動，爲大僧，受具足戒於杭之昭慶寺。時巽中禪師唱道於靈谷，師往參之，光掩一衆，遂契合，付法爲真子。侍立居上首，處之弗疑。洪武中奉詔掌京師天界寺，牀幃不設，寒暑一衲。上聞而嘉之，移命掌泉州開元寺。開元舊名蓮華寺，自唐匡護大師開山以來，代不乏人。近以元末擾害，災火迭興，僧徒屋宇罄殄無遺，有司以聞，故有是命。高皇帝面諭遣之，曰：「著爾去作住持，如今作住持難，過善則受欺侮而不振，過嚴則致毀謗而自隳。爾但清心潔己長久，欽此。自能整頹綱、光祖席耳〔一〕。」師奉旨惟謹，蒞寺宣闡。未幾，玄風大振，首作講堂，額曰「清心潔己」，示不忘也。次作甘露戒壇於潔己堂前，以爲生定起慧，必本於戒，尤爲先務也。二作既集，諸什並舉，皆不煩緣募衆樂助，不數年焕然一新，視昔有加焉。

永樂二年，奉詔主雪峰崇聖寺，以開元績成也。崇聖爲真覺祖師道場，真覺化時留讖云：「石塔卵爆，杉枝拂地，龕竹笋生〔二〕。五百年後，吾當再來。」至師登山，適五百二年，諸讖俱驗，若合符節。况師顔貌又與真覺無異，故人咸以爲祖師再出〔三〕。師益厲精勇道德，在人誠有不言而化。當雪峰頽廢之秋，積糧於廩，伐木於山，陶瓦甓而儲器用。佛殿既落，法堂三門諸什以次而起，皆弘碩壯偉〔四〕，肖像端嚴，金碧輝映〔五〕。瞻禮者歡喜讃歎，觀望者瞠目駭心。正如無邊色相，一彈指頃從地涌出，令人應接不暇。師固視之如無，處之若虚，則其爲人可知矣。

師戒律精嚴，所視惟首。嘗於建陽鳳皇山休夏，值大水，因説戒，全活男女千餘人。游甌寧，建金山庵，致徒衆五百人。既年迫桑榆，師欲歸老靈谷，遂移檄僧録。僧録以聞，許之。其徒遠芷代領雪峰法席，芷號秋崖。師還京，數年而寂，所著有潔庵語録。

【校記】

〔一〕自能整頽綱光祖席耳　明釋元賢輯繼燈録卷一南京靈谷潔庵正映禪師帝諭與此略異，且無此句：「帝曰：『著你去做住持，如今做住持難，善則欺侮你，惡則毀謗你。但清心潔己長久，欽此。』」

〔二〕 龕竹笋生　原無「龕」字，據明胡濙雪峰崇聖禪寺碑記文補。

〔三〕 故人咸以爲祖師再出　原重「爲」字，明胡濙雪峰崇聖禪寺碑記文作「故人咸以師爲再來之真覺也」，因據删。

〔四〕 弘碩壯偉　明胡濙雪峰崇聖禪寺碑記文作「弘碩雄偉，視舊有加」。

〔五〕 輝映　明胡濙雪峰崇聖禪寺碑記文作「輝煥」。

徐和尚傳

徐和尚，名愷，樂清蒲岐人。故嘗漁海上，漁舟時有行剽者，或曰：「愷亦在焉。」聞之怒憤甚，遂祝髮爲僧，因姓徐，人以徐和尚呼之。朝夕禮佛，頷間隱隱起方寸許，如懸珠。言語煦煦，勸人爲善。當是時，山水爲患。開沙角路，平洞橋〔一〕，以殺水勢。又砌鄧公橋，大役既興，費用不貲。衆情惶惶相與謀：「徐和尚有修行，人所信服，得其出一鳴，事集矣。第恐不肯耳。」愷聞曰：「但有利益，無不興崇，庸何傷？」即爲木鐸念佛，行里中數日，人雲赴雨集，富者施財，貧者效力，未閲月而橋成。

鄉民又欲起龍宫，顧山高石遠，轉輸不便。又求徐和尚計之。愷亦不辭，爲之經營。

四顧惟傍有巨巖，師目之而未言。忽有白髮老父前謂曰：「鑿此石，足了一宫。」言畢，于袖出米數升於地，因忽不見，衆異之。愷以米少不足爲飯，姑煎粥，遂人人得飽。即施椎鑿，比宫成而石已盡，試鑿他石，則堅不可破矣。繇是人知徐和尚非嘗人焉。

【校記】

〔一〕平洞橋　明湯日昭、王光藴纂修萬曆温州府志卷十三徐和尚作「平洞橋嶺」，是。

大智禪師傳

真融，楚之麻城人也。幼有慧性，十五爲沙彌，潛心教乘數年。托鉢行游，涉歷名山，所至隨處結緣。嘉靖丁未，抵建康，入牛首山，修苦行。明年入燕京，掛搭崇國寺，諷法華經。越數月，至萬壽山，登壇受戒已。入五臺山，禁步五年，愈益精進。甲寅，往伏牛山龜背石煉磨三年，持行益苦。丁巳，自伏牛還楚，寓會城龍華寺轉經。明年入蜀，住峨眉山頂，禁步一十二年。集衆修安養行，立叢林，建藏閣，名「淨土庵」，接納雲水，孳孳如不及。萬曆二年，出山，隨喜止鎣華山，鎣華與峨眉相拱向。每見朝山人衆，山路八十里，崎嶇巉峻。風雨不時，措足無地。欲爲憩息之所，而難其基。聞山有池，曰「金蓮池」。上平衍可建道場，師大喜，往視果然。遂夷石爲址，伐木爲材。工勤於趨，人樂於助，不一二年成一大刹，名「金蓮庵」。寔峨山之化城，雲水賴之。復修千佛閣，爲金蓮之鎮。既而復念天下三大道場，五臺、峨眉已獲朝參，獨普陀山乃觀世音示化之地，可弗至乎？以萬曆庚辰渡海，抵小白華，感大士示相〔一〕，大慰夙願。自謂與此山有緣，餔糜啜菜，了餘生足矣。乃於寶陀寺之左曰「千步沙」，迤邐而東，沙盡處有山，曰「光熙峰」。師結庵其麓，前爲樓儼然，觀滄海日出。後爲大士精舍，其餘方丈香積，靡不翼翼然飾矣。庵成，命之曰「海潮」。蓋視峨眉、鎏華之勝，不相遠也。

師爲人一味真實，捍忍勤苦，剗滅情識。人無賢愚少長，一以慈眼視之。游泳教海，深入三昧。終不以二門，自居淨業堂。一單終身，不與衆異也。嘗謂人曰：「某甲苦行六十年，豈敢妄有希圖〔二〕？但願與三寶結緣，成人天小果，畢吾志耳。」師住山多神異之迹，痛秘之，人有見者戒勿泄。靜極光通，理固然耳。吾自不惑，焉敢惑人？師之道，岸無涯涘矣。故朝海者見大智禪師，以爲現在肉身大士。叢林相傳以爲口實云。歲庚寅五月〔三〕，坐化於海潮院。

【校記】

〔一〕感大士示相　明古婁羼提居士大智禪師傳作「叩禮金容」。

〔二〕豈敢妄有希圖　明古婁羼提居士大智禪師傳作「豈敢希圖作佛」。

〔三〕歲庚寅五月　原「歲」、「月」之間爲空白，或缺三字。清許琰普陀山志卷七明大智禪師：「庚寅五月三日午時，趺坐而逝，世壽六十九，僧臘五十五，建塔於寺之西崦。」因據補。

【箋注】

〔一〕畢吾志耳　明古婁羼提居士大智禪師傳：「今老矣，將止是山中，衣一衲，飯一盂，待寂於斯焉耳。疇昔之夜，有授夢於融者曰：『旦日有髮僧來，與汝有緣。』寤而異之。今居士儼然惠顧，恰與夢符，是以有請居士其惠我一言。」

真來佛子傳

福登，别號妙峰，山西平陽人。姓續氏，春秋續鞠居之後也。七歲，父母值凶歲死，無斂具，薦蓆而已。師無依倚，爲里中富人牧羊。十二出家〔一〕，十八攜鉢至蒲坂〔二〕。先是，山陰王建文昌閣於郡之東山，延僧朗公居之。師至，日行乞於市，晚投宿於閣中。適王出游見之，問朗。朗告之故，王曰：「當善視此子，他日必成大器。」朗遂留爲弟子。會地大震，師被壓不死，王聞奇之，謂師曰：「子幸免大難〔三〕，何不痛念生死大事乎？」遂入中條山，閉關習華嚴觀，取刺棘貼四壁，不設牀坐。日夜鵠立棘中，如此三年。稍有開發〔四〕，乃作偈一首呈山陰，山陰歎曰：「此子見處早如是，不折之，他日或狂〔五〕。」因取宫人敝屣，割其底，洗淨封寄之，附一偈曰：「這片臭鞋底，封將寄與你〔六〕。並不爲别事，專打作詩嘴。」師見之，即對佛作禮，以線繫於項上〔七〕。自此絶無一言矣。

三年破關往見王，則具大人相。王甚喜，乃曰：「子雖知自己本分事，但未聞佛法，恐墮邪見。」時介休山中有法師講楞嚴，促師往聽，受具戒，作務而聽，年二十七也。時王深敬三寶，居嘗自恨不能瓢笠遠游。一日謂師：「爲僧不游方，如井蛙耳。南方多知識，子宜往參。歸來可當老夫行脚也〔八〕。」師遂行。遍歷叢席，至南京天界，于無極老人座下作淨頭。打掃糞穢，洗滌籌杖，衆怪其處潔淨異嘗。知淨頭有道者，莫知爲誰。憨師時爲副講，偵之累日始得之。與納交，且期同行參訪。不旬日覓之，已潛行矣。

師歸見王，王喜問所參何人。師具述之。師意在居山，復入中條最深處，誅茆弔影，辟穀飲水者三年，大有開悟。王日重三寶，南山建大梵刹成，强出師居之。且欲求北藏經，欲師親往。師住山日久，髮長未剪，乃俗扮入京。藏板貯大内，非奉旨不可得。且久閉不發，師得之如掇焉。時憨師先已至都下，聽忠法師講法。師於馬上識之，下馬相勞苦，笑謂憨曰：「視我何如？」憨曰：「本來面目自在。」〔一一〕因拉憨隨藏出京，曰：「子之宿願耳。」遂入五臺龍翻石，冰雪堆中得老屋數椽，共棲之。

師夜游五頂，遺昏散，日刺舌血，書華嚴經。經完，起無遮大會，結文殊萬聖緣於塔院寺，凡一百二十日。九邊八省緇白赴會者路踵相繼，法筵之盛，前所未有也。兩宫賢師德，温旨屢降，私念大名之下難久居，因入蘆芽結庵，將終身焉。聖母求師，得之，爲建大華嚴寺於蘆芽絶頂，命師居之。更造萬佛鐵塔七成〔九〕，紫柏尊者手書法華經一部，安奉其中。〔一〇〕尋奉慈聖懿旨，送藏雲雞足山。道出峨眉，禮銀色光。密矢銅殿之願，人弗知也。〔一一〕

自滇還山陰，請修萬固寺大殿。殿高十三丈，闊九丈。渭河病涉，行者苦之。大中丞李公請建橋其上，師住二年，修橋十三孔。復受請建宣府大河橋兩重，重三十二孔〔一〇〕。大河自胡地入中國，水勢洶涌，最難爲力。師竟成之，有若神助焉。二橋與殿，所費數百萬金。師寔空手無一文，信施雲集雨合，莫知所從來。福緣成就，殆不可思議也。既還蘆芽，開石窟於寧化所。窟深廣高下，各三丈五尺，鐫華嚴世界十方佛刹，圖萬佛菩薩像，精巧細密，遂成一大道場。瀋藩見而喜曰：「勝因成就，好息心住山矣。」

師白峨眉未了之願，王乃畀萬金於師，取棧道入蜀。適王中丞象乾總制其地，迎師問心要。因笑謂師曰：「三大士兄弟行也。師於普賢如此，不慮觀自在、文殊謂師不平等耶？」師曰：「貧道不過空拳效奔走耳。若如所云，自有公等有力大人在〔一一〕。」王曰唯唯。師一言而三銅殿巋然矣。隨殿各有滲金諸像，峨眉、五臺各一，普陀者不果行，安置南京〔一二〕之華山。兩宮頒旨爲三山護持，復舉七處九會道場於臺山永明寺慶讚之。嗣後建太原之塔，修阜平之橋，又闢茶庵於龍泉關〔一三〕。上親書其額。又修滹沱河大橋，長五里。又修省城大塔寺。尋還臺山，料理所建上下道場，立爲十方叢林，不留法屬一人。

萬曆庚申八月，〔一四〕賜金佛繡冠、千佛磨衲紫衣并「真來佛子」之號。是冬十二月，示微疾。群鳥悲鳴，異光匝地。師乃集衆開示畢，端坐而逝。年七十三，臘五十一。訃聞，兩宮遣中嘗侍致祭，賜葬於永明之西岡，立塔焉。慈宮別賜舉葬之費。

師貌不勝衣，語不出口。始以小王助道，終致聖天子、聖母、諸王爲檀越。凡所營建，應念雲涌。投足所至，遂成寶坊。動費輒累鉅萬，悉聽能事有實行者主之。師蕭遠自如，一衲之外無長物，飄然若浮雲之聚散、孤鶴之往來，苟非深證唯心，遇緣即宗，其能爾耶？侍御蘇雲浦嘗問道於師，深有契於心。乃曰：「人以妙師爲福田善知識，而實不知其超悟處也。」大司馬汪伯玉嘗謂憨師：「方今無可爲公師者，唯妙峰耳。」〔一五〕故憨師傾心服之，嚴事之，亦無兩人也。

【校記】

〔一〕十二出家　明釋德清憨山老人夢游集卷十六敕建五臺山大護國聖光寺妙峰登禪師傳作「年十二投近寺僧出家，不得善視」。

〔二〕十八攜鉢至蒲坂　明釋德清憨山老人夢游集卷十六敕建五臺山大護國聖光寺妙峰登禪師傳作「年十八遂逃，攜一瓢至蒲坂郡東山」。

〔三〕子幸免大難　明釋德清憨山老人夢游集卷十六敕建五臺山大護國聖光寺妙峰登禪師傳作「子臨大難不死，此非尋常」。

〔四〕稍有開發　明釋德清憨山老人夢游集卷十六敕建五臺山大護國聖光寺妙峰登禪師傳作「心有開悟」。

〔五〕此子見處早如是不折之他日或狂　明釋德清憨山老人夢游集卷十六敕建五臺山大護國聖光寺妙峰登禪師傳作「此子見處早如此，不折之，他日必狂」。

〔六〕這片臭鞋底封將寄與你　明釋德清憨山老人夢游集卷十六敕建五臺山大護國聖光寺妙峰登禪師傳作「者片臭鞋底，封將寄與爾」。

〔七〕項上　原作「頂上」，據明釋德清憨山老人夢游集卷十六敕建五臺山大護國聖光寺妙峰登禪師傳改。

〔八〕爲僧不游方……歸來可當老夫行脚也　明釋德清憨山老人夢游集卷十六敕建五臺山大

護國聖光寺妙峯登禪師傳作：「子爲僧，未出山門，如井蛙耳。南方多知識，子當往參。他日歸來，可當老夫行脚也。」

〔九〕更造萬佛鐵塔七成　明釋德清憨山老人夢游集卷十六敕建五臺山大護國聖光寺妙峯登禪師傳作「於山頂造萬佛鐵塔一座，高七級」。疑「成」或爲「層」之訛。

〔一〇〕復受請建宣府大河橋兩重重三十二孔　明釋德清憨山老人夢游集卷十六敕建五臺山大護國聖光寺妙峯登禪師傳作：「居無何，宣府西院議建大河橋，師應命至。度之，水闊沙深，乃建橋二十三孔，亦竟成。」

〔一一〕貧道不過空拳效奔走耳若如所云自有公等有力大人在　明蘇惟霖御賜真正佛子妙峯大師行實碑記作：「貧衲不持一文，祇效奔走。二尊有語，當先宰官。」

〔一二〕南京　明釋德清憨山老人夢游集卷十六敕建五臺山大護國聖光寺妙峯登禪師傳作「南都」。

〔一三〕又闢茶庵於龍泉關　原作「又闢茶藥菴於龍龍關」，明蘇惟霖御賜真正佛子妙峯大師行實碑記作「敕建御茶庵於龍泉關之印鈔石」，明釋德清憨山老人夢游集卷十六敕建五臺山大護國聖光寺妙峯登禪師傳作「又於龍泉關外忍草石建茶庵，敕賜惠濟院，捨藥施茶」。知「茶藥菴」爲「茶庵」之衍，「龍龍」爲「龍泉」之誤，因據删正。

【箋注】

【一】本來面目自在　明釋德清憨山老人夢游集卷十六敕建五臺山大護國聖光寺妙峯登禪師

傳載兩人重逢更爲生動：「師於馬上偶識予於燕市，舍館定，乃物色於西山。一見曰：『識得麼？』予熟視之，見雙瞳炯炯，忽憶爲天界病行者也。曰：『識得。』師曰：『改頭換面也。』予曰：『本來面目自在。』師笑而作禮，齋罷別去。」

【二】紫柏尊者手書法華經一部，安奉其中　明釋德清憨山老人夢游集卷十四徑山達觀可禪師塔銘作：「至曲阿，金沙賀、孫、于、王四氏合族歸禮，師於于園書法華經以報二親，顔書經處曰墨光亭，今在焉。聞妙峰師建鐵塔于蘆芽，乃送經安置塔中。且與計藏事，復之都門，乃訪予於東海，萬曆丙戌秋七月也。」

【三】道出峨眉，禮銀色光。密矢銅殿之願，人弗知也　明蘇惟霖御賜真正佛子妙峰大師行實碑記：「道出峨眉峰，伏謁普賢，悲其大殿屢毀於火，默願新造銅殿，人弗知也。」

【四】萬曆庚申八月　明釋德清憨山老人夢游集卷十六敕建五臺山大護國聖光寺妙峰登禪師傳作：「壬子秋九月，師以疾還山。……臘月十九日卯時，端然而逝。師生於嘉靖庚子，入滅於萬曆壬子。」正可與明蘇惟霖御賜真正佛子妙峰大師行實碑記相印證：「四十年夏月，賜金佛繡冠、千佛磨衲紫衣。十一月，傳加『真正佛子』之號。十二月示微疾。十九日，群鳥悲鳴……端坐而逝。」萬曆壬子即萬曆四十年，時爲公元一六一二年，妙峰獲賜繡冠、封號、逝世均在此年，而明河所言萬曆庚申已在數年之後，故「庚申」或爲「壬子」之誤。

【五】方今無可爲公師者，唯妙峰耳　明釋德清憨山老人夢游集卷十六敕建五臺山大護國聖光寺妙峰登禪師傳作：「『法門寥落，大自可悲。觀公骨氣，異日當爲人天師。幸無浪游。小子視方今無可爲公師者，捨妙峰，公無友矣。』予曰：『夙有盟。』公曰：『果同行，小子當爲津之。』」

無邊傳

無邊，代州曹氏子。穉齡，志慕出家。初叩無相，無相不許，曰：「第能悟道，家何繫汝〔一〕？」乃謁無礙原公落髮，見汾州空安老人，安令參萬法歸一。一日舉波斯匿王觀河語問師，〔二〕師不能酬，懇求指示，安曰：「我不辭向汝説，汝須自悟始得〔二〕。」遂屹立不臥。又入牛山火場，歷謁諸老，罔所入。復歸侍安，力提一字〔三〕，至寢食俱忘。一日掃地次，聞人誦彌陀經，至「其土有佛號阿彌陀，今現在説法」，師忽失聲，見安曰：「我識得一也。」安問：「在何處？」曰：「今現在説法。」安詰之〔四〕，茫然。安遽掌曰：「學語之流。」師退泣曰：「我固分明，奈對境復迷何？」復謁玉峰、寶山二公，後參龍樹楚峰。因聞樵者曰：「人苦不歇心。」師聞脱然，曰：「萬法本閑，惟人自鬧。」呈楚峰一偈，峰可之。自是韜光晦迹，人莫窺其涯涘。久之，徒侶奔湊，爭爲結庵，即今五臺之大博庵是也。

師住山以枯淡自持，食作必與大衆同，有古人風，三十年如一日，遠近爭頌之。萬曆戊子，密藏、幻予二上人入臺卜居，刻方册藏經〔五〕。師聞曰：「僧庵乃十方嘗住，今之人悉私之。吾素以爲恥，今幸際此勝因。吾盡將此庵及所有施之藏公，使方册大藏早行閻浮提一日，是吾法輪一日轉也。」於是悉召山中耆宿爲證，且立約云〔六〕：「徒屬以一盂一筯〔七〕自私者即擯出。」藏公初尚猶豫，未敢承。既見師意懇至，因聽焉。

既而師示疾，又三月而化。其在病苦中，日夕與藏公徵決第一義諦，絶不以病苦少蹙額云。或謂師真有志於破有者，簞食豆羹，人不能無悋色。師舉生平所蓄，一朝而授之人，固已行人所難矣。四大欲離，風火相逼，人所叫號惶怖，不暇爲理時，而師諄諄惟以第一義相決擇，不尤難哉？是能遺身矣。夫惟能遺身，故能遺此庵如敝屣也，不可爲末法之光明幢耶？師非嘗情所測識，具眼者自能別之。

【校記】

〔一〕家何繁汝　明瞿汝稷五臺山大博庵無邊和尚塔銘作「家何繫汝」，是。

〔二〕我不辭向汝説汝須自悟始得　明瞿汝稷五臺山大博庵無邊和尚塔銘作：「我不辭説，何與汝事？汝須自悟。」

〔三〕復歸侍安力提一字　明瞿汝稷五臺山大博庵無邊和尚塔銘作：「俄聞汾州安公有疾，遂復趨侍安公，究萬法歸一語。」

〔四〕安詰之　明瞿汝稷五臺山大博庵無邊和尚塔銘作：「安曰：『一歸何處？』」

〔五〕刻方册藏經　原作「藏方册藏經」，明瞿汝稷五臺山大博庵無邊和尚塔銘云「以刻方册大藏道場卜之於曼殊大士」，因據改。

〔六〕且立約云　明瞿汝稷五臺山大博庵無邊和尚塔銘上有「一日而盡施」。

〔七〕一筯　明瞿汝稷五臺山大博庵無邊和尚塔銘作「一錫」。

【箋注】

【一】一日舉波斯匿王觀河語問師　典出唐般剌蜜帝譯大佛頂如來密因修證了義諸菩薩萬行首楞嚴經卷二：「佛言：『大王，汝見變化遷改不停，悟知汝滅亦於滅時。汝知身中有不滅耶？』波斯匿王合掌白佛：『我實不知。』佛言：『我今示汝不生滅性。大王，汝年幾時見恒河水？』王言：『我生三歲，慈母攜我謁耆婆天，經過此流，爾時即知是恒河水。』佛言：『大王，如汝所説，二十之時衰於十歲，乃至六十。日月歲時，念念遷變。則汝三歲見此河時，至年十三，其水云何？』王言：『如三歲時宛然無異，乃至于今年六十二，亦無有異。』佛言：『汝今自傷髮白面皺，其面必定皺於童年。則汝今時觀此恒河，與昔童時觀河之見有童耄不？』王言：『不也，世尊。』佛言：『大王，汝面雖皺，而此見精性未曾皺，皺者爲變，不皺非變。變者受滅，彼不變者元無生滅。』」

補續高僧傳卷第二十三

明吴門華山寺沙門明河撰

雜科篇

後周　慧瑱傳

慧瑱，上黨開元寺大德也。〔一〕通經奉律，於世漠然。顯德中，世宗行會昌之政，嚴緇度，滅空門。〔二〕瑱抱持經像，徙居巖谷間。盜謀往劫，瑱未之覺也。忽一丈夫乘馬，自山頂下，謂曰：「夜有寇，宜急避。」瑱知其爲神，合掌告曰：「國滅，吾教孤窮，故來投檀越，仰祈庇覆，否則守死而已，更何竄〔二〕？」是夜大雪，賊不得進。及霽，盜復謀往，若有人禦之者，終不得而犯，瑱繇是得全。〔三〕近山之人多供養之，後莫知所終。

【校記】

〔二〕國滅……更何竄　唐道宣續高僧傳卷二十六釋慧瑱傳作：「今佛法毁滅，貧道容身無地，故來依投檀越。今有賊來，正可於此取死，更何逃竄？」

【箋注】

【一】慧瑱，上黨開元寺大德也　唐道宣續高僧傳卷二十六釋慧瑱傳作「住郡内元開府寺」，元曇噩新脩科分六學僧傳卷二十四周慧瑱：「上黨人，住郡之開府，元氏所建寺。」則「開元寺」或爲「元開寺」之倒文，「元開寺」即「元氏開府寺」之省稱。

【二】顯德中，世宗行會昌之政，嚴緇度，滅空門　據唐道宣續高僧傳卷二十六釋慧瑱傳、法苑珠林卷六十五釋慧瑱傳作「會周建德六年，國滅三寶」。又元曇噩新脩科分六學僧傳卷二十四周慧瑱：「建德六年，詔廢教。」則此應爲北國武帝建德年間事，傳中所云「後周」、「顯德」、「世宗」皆誤。

【三】及霽，盜復謀往，若有人禦之者，終不得而犯，瑱繇是得全　據唐道宣續高僧傳卷二十六釋慧瑱傳：「後群賊更往，神遂告山下諸村曰：『賊欲劫瑱師，急往共救。』乃各持器仗入山，路中相遇，拒擊驚散。」

宋　善慧傳

善慧，崞邑霍氏子。兒時聰慧，有神彩，好弄泥土作浮屠，採花獻供爲戲，父見而歎曰：「此兒釋家子〔一〕，吾失望矣。」既長，恐其逸，强婚之。居三載，無觸染也。父母叱之，師歎曰：「生死業輪，欲爲其本。三界勞生，愛爲其根。無始汩没[二]，吾安能復襲斯愆耶？」父母知其志不可奪，聽其出家，禮清涼寺成大德爲師，成曰：「吾家麒麟兒也。」教以經典，過目成誦，孜孜爲學無或怠[三]。久之，成以三門土木事命諸徒。師曰：「幻影浮光，須臾交謝[四]。己躬下事未辦[五]，吾安能爲他閑事長無明耶？幸師置我度外可也[六]。」

乾德[七]間，有司以德行聞，賜號「宣秘大師」，視篆掌教門事。命下不可辭，勉而就職。僧庶懷來，法林穆肅。臨終謂弟子曰：「昔伯夷、叔齊餓死於首陽之墟，非輕生樂死，知義有所重於身也。〔二〕吾二十年來，己事未純，爲僧務累。殉輕而遺重，其德虧矣。爾曹勉之，勿踵吾陋迹也[八]。」言訖而逝。

【校記】

〔二〕此兒釋家子　明釋鎮澄清涼山志卷八善慧大師傳作「此兒如是，若釋家徒」。

〔二〕無始汩没　明釋鎮澄清涼山志卷八善慧大師傳作「輪迴汩没，無始迄今」。

〔三〕孜孜爲學無或怠　明釋鎮澄清涼山志卷八善慧大師傳作「孜孜學業，罔敢或怠」。

〔四〕交謝　明釋鎮澄清涼山志卷八善慧大師傳作「即變」。

〔五〕未辦　明釋鎮澄清涼山志卷八善慧大師傳作「未能愜心」。

〔六〕幸師置我度外可也　明釋鎮澄清涼山志卷八善慧大師傳作「囂囂自適，曾無他欲」。

〔七〕乾德　明釋鎮澄清涼山志卷八善慧大師傳作「天德」。

〔八〕爾曹勉之勿踵吾陋迹也　明釋鎮澄清涼山志卷八善慧大師傳作「爾曹勉旃，勿踵陋迹也」。

【箋注】

【一】昔伯夷、叔齊餓死於首陽之墟，非輕生樂死，知義有所重於身也　明釋鎮澄清涼山志卷八善慧大師傳：「昔伯夷餓死，不食周禄，後世稱聖賢。故知身重乎利，義重乎身，德重乎義，道重乎德。君子所以捨其所輕，全其所重也。」

麻衣和尚傳

麻衣和尚者，不知何許人也。當五季之際，方服而衣麻。往來澤潞關陝間，妙達易道，發河圖之秘，以授華山處士陳摶。摶得之，始著訣以傳种放，放傳李溉，溉傳許堅，堅傳范諤昌，昌傳劉牧，始爲鉤隱圖以述之，實本於師也。稱者謂「師發易妙於二千年之後，殆天授耳」。

錢若水未第時，訪摶於山中。見老僧擁衲附火，若水揖之，僧開目而已。坐久，摶問何如，曰：「無仙骨。」若水退，摶戒之曰：「三日後可復來。」如期而往，摶曰：「始吾見子神觀清粹，謂可以學仙，故請決於老僧。老僧言子無仙骨，但可作貴公卿，急流勇退耳。」問向僧何人，摶曰：「吾師麻衣道者也。」

太祖仕周時嘗訪師，〔一〕問曰：「今上毀佛法，大非社稷靈長之福。」師曰：「三武所以無令終也。」又問：「天下何時定？」師曰：「赤氣已兆，辰申間當有真主出，佛法亦大興。」及受禪，果應所言。開寶四年，親征太原，道繇潞州，遇師之院，躬禱於佛曰：「此行以弔伐爲事，誓不濫殺一人。」蓋不忘龍潛時師所囑也。

【箋注】

〔一〕太祖仕周時嘗訪師　宋志磐佛祖統紀卷四十四與此記載略異：「周世宗之廢佛像也，世宗自持鑿破鎮州大悲像胸。疽發於胸而殂。時太祖、太宗目見之，嘗訪神僧麻衣和上，曰：『今毁佛法，大非社稷之福。』麻衣曰：『豈不聞三武之禍乎？』又問：『天下何時定乎？』曰：『赤氣已兆，辰申間當有真主出興，佛法亦大興矣。』」

惠泉傳

惠泉，彭城人，住南臺閣子院。性孤潔〔一〕，不妄與人交知。名士多就見之，與之語，落落可喜。數親之，則拒而弗應。且義學超洽，能詩，清永有世外趣〔二〕。太平興國末年〔三〕，曹彬緣弭德超之譖出領節制，閉閤謝客。孫何自京師來，久不得見，以詩自詒，云「欲謁元戎無介紹〔四〕，薛能詩版在鵰堂」。異日登南臺，聞泉高概，扣其門。一見如舊相識，館于其廬，饋勞加厚。將歸，贐以裘馬。後二年，何爲進士舉首。同年，路振官彭門，何盛稱泉好義甚篤，不求人知。振下車攜僚客詣焉，其徒曰：「吾師聞公來，已去浙矣〔五〕。」振歎慕，留詩壁間，曰：「漢公嘗説惠泉師，解講楞嚴解賦詩。今日我來師已去，草堂風雨立多時。」若泉之志，可謂善行其所學，無忝吾宗矣。

【校記】

〔一〕孤潔　宋李昭玘樂静集卷五録僧惠泉事迹作「孤狷」。

〔二〕能詩清永有世外趣　宋李昭玘樂静集卷五録僧惠泉事迹作「慕唐人爲詩，得趣清淡」。

〔三〕太平興國末年　宋李昭玘樂静集卷五録僧惠泉事迹作「淳化初」。

〔四〕介紹　宋李昭玘樂静集卷五録僧惠泉事迹作「紹介」。

〔五〕吾師聞公來已去浙矣　宋李昭玘樂靜集卷五録僧惠泉事迹作：「前一日聞公來，已游二浙矣。」

杭州興教小壽禪師傳

小壽禪師，不知何許人、誰氏子也。以同時有永明壽，故稱「小壽」以別之。二壽皆天台韶國師真子。師聞墮薪而悟，作偈曰：「撲落非他物，縱横不是塵。山河及大地，全露法王身。」國師頷之。及開法，衲子爭師尊之。

天禧中，御史中丞王公隨出鎮錢塘，往候師，至湖上，去騶從，獨步登寢室。師方負暄毳衣自若，忽見之，問曰：「官人何姓？」王公曰：「名隨，姓王。」即拜之。師推蒲團藉地坐，語笑終日而去。門人讓之曰：「彼王臣來，奈何不爲禮？此一衆所係，非細事也。」師唯唯。他日，王公復至，衆横撞大鐘，傾寺〔一〕出迎，而師前趨立於松下。王公望見，出輿握其手曰：「何不如前日相見，而遽爲此禮數耶？」師顧左右，且行且言曰：「中丞即得，奈知事嗔何？」其天資粹美如此。

【校記】

〔一〕傾寺　宋惠洪林間録卷上作「萬指」。

惟中　文英傳

惟中，字慧雅，蓬州開元寺僧也。游成都，不復歸其鄉者凡四十年。性孤潔，不妄與人合。精禪律之學，善吟詩，氣格清謹。與可朋相上下，時稱之〔一〕曰「詩伯」。且通儒書，學者從質其義，日滿座下。羸形垢面，破衣敗履，見者莫測其中之所有〔二〕。慶曆五年五月，示寂于大慈甘露道場，年六十〔三〕也。前時盡傾其橐中，得八萬錢，委其所嘗往來者楞嚴道人繼舒曰：「我將去矣，生平之餘止此。爾其爲我命奇工，繪六祖像於爾院之釋迦殿〔四〕，用此被唾罵，我不敢辭。且欲使來者見是相，知是心，以是知見故能祓除諸妄而泯相亡心〔五〕，我爲是功德之意也。」舒諾之，命名手劉允文圖之。〔一〕梓潼文同嘗問道於師，爲記其事。〔二〕

文英者，姓蘇氏，泉州人。往來商成都，富鉅萬。留意禪悦，忽若有悟。盡捐貲，移書别妻子，祝髮於嘉祐院。妻子萬里入蜀訪之。師絶不復見，堅坐一室，歷三日，寂無人聲。

妻子知師志不可奪，棄去，以故聲望愈高。

凡四坐道場，住超悟最久。〔三〕超悟者，大慈三大院之一也，〔四〕實承灰燼之餘。師鳩工庀徒，創建禪宇，凡爲屋千楹，闡龍宫，藏貝葉，規模恢敞，氣象雄特。始成而旁院復火，勢且延及。師亟白府，毀正寺之三門以絶之，請後自建，火乃止，而三門復新。院始無田，師合施者金錢，且請廢寺之産於官，成三百畝以備香積〔六〕。故超悟耽耽爲大叢林，皆師力也。楞嚴道人，名繼舒〔七〕，有高行，賜號「覺濟大師」。與文與可爲方外友，相得甚驩，有詩贈焉覺濟大師，且贊其像，極其稱歎云。

【校記】

〔一〕時稱之　宋文同丹淵集卷二十二成都府楞嚴院畫六祖記作「常呼之」。

〔二〕見者莫測其中之所有　宋文同丹淵集卷二十二成都府楞嚴院畫六祖記作「見者不知其中之所有能如是者」。

〔三〕年六十　原作「年六十九」，然宋文同丹淵集卷二十二成都府楞嚴院畫六祖記作：「俗年六十，示滅於大慈之甘露，慶曆五年乙酉五月九日也。」因據刪。

〔四〕釋迦殿　宋文同丹淵集卷二十二成都府楞嚴院畫六祖記作「毗盧殿」。

〔五〕相亡心　宋文同丹淵集卷二十二成都府楞嚴院畫六祖記作「相忘心」。

〔六〕香積　宋程遇孫成都文類卷四十郭印超悟院記作「桑門之供」。

〔七〕繼舒　原作「繼殊」，前文言「楞嚴道人繼舒」，宋文同丹淵集卷二十一八師經題後、卷二十二成都府楞嚴院畫六祖記均作「楞嚴道人繼舒」，因據改。

【箋注】

【一】舒諸之，命名手劉允文圖之　宋文同丹淵集卷二十二成都府楞嚴院畫六祖記：「道人諸之，會廣漢劉允文有名於時，遂召使圖其事。采飾殊絶，鋪置有序。叩問傳付，密義相屬。一花五葉，先後交照。信法苑之勝緣，而畫評之善品也。」

【二】梓潼文同嘗問道於師，爲記其事　宋文同丹淵集卷二十二成都府楞嚴院畫六祖記：「予舊與惟中討論五經大義，甚重之，畫此時予亦常觀允文下筆。後十七年，予自秘閣校理乞侍親，得相臨邛郡，道人使予記諸石。」

【三】凡四坐道場，住超悟最久　宋程遇孫成都文類卷四十郭印超悟院記：「住超悟二十餘年而没。」

【四】超悟者，大慈三大院之一也　宋程遇孫成都文類卷四十郭印超悟院記：「成都大慈寺曰聖慈，唐至德初所建也。合九十六院，地居衝會，百工列肆，市聲如雷。政和二年冬，火其旁小院十有六。府帥席公旦請于朝，頒緡錢改建超悟、宣梵、嚴淨三刹，使學禪者居超悟，學律者居宣梵，學講者居嚴淨，而超悟則命僧文英主之。」

二寶月大師傳

寶月大師惟簡，字宗古，蘇氏，眉山人，於東坡爲無服兄。九歲出家[一]，十九得度，二十九賜紫，三十六賜號。師清亮敏達，綜練萬事，端身以律物，勞己以裕人。人皆高其才，服其心，凡所欲爲，趨成之。更新其精舍之在成都與郫者，凡一百七十三間，經藏一，盧舍那、阿彌陀、彌勒、大悲像四，塼橋二十七，皆談笑而成，其堅緻可支一世。

師於佛事雖若有爲，譬之農夫畦而種之，待其自成，不數數然也。喜施藥，所活不可勝數。蜀守、制使皆一時名公卿，人人與師善。然師罕見寡言，務自却遠，蓋不可得而親疎焉。少與蜀人張隱君[二]少愚善，老泉深器之，曰：「此子才用不減澄觀，若仕，當有立於世；爲僧，亦無出其右者。」已而果然。

紹聖二年六月九日，始得微疾。即以書告於往來者，敕其子孫皆佛法大事，無一語私其身。至二十二日，集其徒問日早暮及辰，曰：「吾行矣。」遂化，年八十四。是月二十六日，歸骨於城東智福院之壽塔。

又寶月大師修廣，字叔微，姓王氏，杭州錢塘人。九歲出家，十一得度。景祐二年，賜紫。寶元元年，賜號「寶月大師」。〔二〕治平中，州請爲管内僧正。

師爲人樂易慈祥，有智識度量，不見其喜怒。讀五經，知大義，頗喜爲詩。少羸多病，始學爲醫，既成而有疾者多歸之。無貴賤貧富，皆爲之盡其術，未嘗有所厚薄，尤貧者或資之衣食。以其故，自京師至於四方，自公卿至於學士大夫，多知其名。既見，皆樂從之遊，而鄉邑之人，至於羈旅游客，其歸之者無不厭其意。師於接之雖勞，未嘗有懈倦不欲之色；於資之藥物衣食，雖窮無，未嘗有所計惜，其應外者如此。及退而處夫貧富死生之際，又有所不累其心，故至於不能自給，而未嘗動意；至於且死，而未嘗變容改色。熙寧元年十月，感疾，會門人與嘗所往來學佛之人，告以將終，從容就坐而逝。

【校記】

〔一〕九歲出家　宋蘇軾寶月大師塔銘作「九歲，事成都中和勝相院慧悟大師」。

〔二〕張隱君　原無「君」字，據宋蘇軾寶月大師塔銘補。

【箋注】

【一】九歲出家，十一得度。景祐二年，賜紫。寶元元年，賜號「寶月大師」　宋曾鞏寶月大師塔銘作：「九歲出家學佛，居州之明慶院，十一歲落髮爲僧。景祐二年，詔賜紫衣。五年，又賜號『寶月大師』。」則其賜號應在景祐五年。

崇壽傳

大邑縣崇壽禪師，邛州蒲頓人，仇氏子也。自毁齒趣尚便高遠，家嘗作佛事，則汎洒供獻，恭勤精愿，不敕之而自率，嘗恐若不能如法者。父母異之，乃俾隸大邑静林僧籍，以仁普爲師。年十六落髮，二十受具戒，來成都大慈聽講大乘諸經，盡通曉奥義。後七年，還舊居，其所止悉流落不治，但腐椽破壁，欹斜罅漏，陳屋數間而已。師恬然安一榻處其中，無厭色。禪悟之暇，間亦作詩，句度夷淡清粹。與人語和輭，未嘗迕物〔一〕。心無愛惡，色無喜愠，且堅强少疾，狀貌修偉，慈恕温裕。人無少長，咸願見之。見必拜伏欣喜，留連不忍去。

一日，忽召其弟子慕安等前曰：「人既生，理必有死〔二〕。死嘗事，非異事，且吾無死生久矣。汝等當體吾之所以無死生者，慎勿戚戚如衆人，乃不累吾付囑。吾神光一道，留此無數刻。汝當奉吾所戒：惡不宜爲，善不宜失。」語已，攝足趺坐，疊手瞑目而逝。摇挽不動，嶷如塑刻。世壽八十有六，時治平元年十月二十三日也。師之真身不壞，風神凝然，不異平日。徒衆因爲窣堵藏之。

文與可居郡幕，時時相過從。嗣後來權州事，師已化矣。枉道過邑，詣師塔下，旋遶瞻禮，悲悼歎息曰：「師之面目如生，而師之語音〔三〕已不聞矣。」因爲銘其塔。

【校記】

〔一〕迮物　明曹學佺蜀中廣記卷八十五大邑縣崇壽禪師作「輒迮人」。

〔二〕理必有死　明曹學佺蜀中廣記卷八十五大邑縣崇壽禪師作「理當有死」。

〔三〕語音　明曹學佺蜀中廣記卷八十五大邑縣崇壽禪師作「語言」。

可久傳附清順

可久，字逸老，錢塘人。天聖初得度，習教於淨覺，無出世志，喜爲古律詩。所居西湖祥符，蕭然一室，清介守貧，未嘗有憂色。東坡守錢塘，當元夕九曲觀燈，〔一〕去從者，獨行入師室，了無燈火，但聞瞻蔔餘香。歎仰留詩，有「不把琉璃閑炤佛，始知無盡本非燈」之句。〔二〕蒲宗孟集錢塘古今詩，求稿於師。師曰：「隨得隨去，未始留也。」聞者高之。晚年杜門，送客不踰閾。辟穀安坐，觀練熏修，如此十餘年。窗外唯紅蕉數本，翠竹百箇，淡如也。一日謂人曰：「吾死，蕉竹亦死，擇瑛公亦死。」未幾皆驗，人嗟異之。

師友清順，亦錢塘人，字怡然。詩與師齊名，而操行亦同。石林葉夢得曰：「熙寧間有清順、可久二人，其所居皆湖山勝處，而清約介静，不妄與人交。無大故不至城，士大夫多往就見。時有餽之米者，所取不過數升〔一〕，以瓶貯几上，日取二三合食之。雖蔬茹亦不嘗有，故人尤重之。」

【校記】

〔一〕數升　宋葉夢得避暑録話卷下作「數斗」。

【箋注】

【一】東坡守錢塘，當元夕九曲觀燈　蘇軾有祥符寺九曲觀燈紀行：「紗籠擎燭逢門入，銀葉燒香見客邀。金鼎轉丹光吐夜，寶珠穿蟻鬧連宵。波翻焰裏元相激，魚舞湯中不畏焦。明日酒醒空想像，清吟半逐夢魂銷。」

【二】有「不把琉璃閑炤佛，始知無盡本非燈」之句　語出蘇軾上元過祥符僧可久房蕭然無燈火：「門前歌舞鬬分明，一室清風冷欲冰。不把琉璃閑照佛，始知無盡本無燈。」

惟迪禪師傳

惟迪，不知何許人。法傳雲門，啓道明切。嘗答問佛者曰：「日出東方卯，再乞指道。」師曰：「三日後看。」「富嫌千口少，貧恨一身多。」〔一一〕皆師對機語。又作賓主語曰：「賓中賓，日月無故新。賓中主，杖長三五尺。主中賓，問答是何人？主中主，正眼誰敢覷？」説示大略如此。

熙寧中，蜀普通山院僧〔一〕自列於府，願延道行耆老闡揚宗風，追復青州之前躅。知府大資政南陽公是之，命有司精擇其人，以師〔二〕充選。師之來也，都人激踴感勸，繇是大闡道猷。

師平生枯淡自處，前後三坐道場，丈室蕭然，一笠掛壁，行則攜之，怡怡如也。最可異者，所至皆伴古德真身。始居馬溪，則有水觀和尚；次無爲，則有惠寛和尚〔三〕；及住普通，又爲青州和尚。真身皆結膝趺坐，儀相儼然〔四〕。豈人事之適然乎？或有所來也。在王蜀時，有洪杲禪師至，自青州棲於東禪。方是時，二衆錯居，蜀主仰重師德〔五〕，命二宫奚曰道真、道粉者爲之侍使。後有娼道玉，府娼之尤者，聞師説法，言下有省，遂祝髪事師。於是物論喧然〔六〕。蜀主怒，命鞠之。知師純固精確，愈加禮重〔七〕。師因以所居畀貫休，而卜居于府郊之東南普通山〔八〕。後入滅於此，故真身存焉。蜀人號鶺鴒爲連點七，華陽隱士田逍遥訪師山中而見之，問師曰：「如何是連點七？」師曰：「屈指數不及，地上無踪迹。」迪公嘗拈此示衆，或疑迪爲師後身，業理循環，亦不可知也。

【校記】

〔一〕蜀普通山院僧　宋程遇孫成都文類卷三十八侯溥壽量禪院十方住持記作「春院僧仁鑑、

守堅者」。

〔二〕師　宋程遇孫成都文類卷三十八侯溥壽量禪院十方住持記作「無爲山長老惟迪」。

〔三〕惠寬和尚　宋程遇孫成都文類卷三十八侯溥壽量禪院十方住持記作「寬惠和尚」。

〔四〕儼然　宋程遇孫成都文類卷三十八侯溥壽量禪院十方住持記作「莊重」。

〔五〕仰重師德　宋程遇孫成都文類卷三十八侯溥壽量禪院十方住持記作「仰師重德」。

〔六〕於是物論喧然　宋程遇孫成都文類卷三十八侯溥壽量禪院十方住持記作「物論填然，朋詈族噱」。

〔七〕愈加禮重　宋程遇孫成都文類卷三十八侯溥壽量禪院十方住持記作「愈深器之」。

〔八〕而卜居于府郊之東南普通山　宋程遇孫成都文類卷三十八侯溥壽量禪院十方住持記作：「而卜宅於府郊之東南普通山，距府十數里，誅茅夷林，上下棟宇。玉留於城市，今俗所謂大胡坊，青州尼院則其居也。」

【箋注】

【一】富嫌千口少，貧恨一身多　據宋程遇孫成都文類卷三十八侯溥壽量禪院十方住持記：「又僧問：『諸佛未出世時如何？』師曰：『富嫌千口少。』『出世後如何？』師曰：『貧恨一身多。』」

統首。

智林傳

智林，姓阮氏，上世番禺人。既受具，禮慶闍黎〔一〕爲師，傳秘密教，正勤四十年，不虚一日。仁宗樂宗佛事，擇開寶寺西北隅增葺精舍，祓除淨場。親篆殿額，〔二〕像設莊嚴，皆自内出，賜名「寶生院」，屬師住持。〔二〕命主教門事〔二〕，賜號「宣教大師」，天下僧籍爲之統首。

師於陀羅尼門受持精密，國有祈禱，罔不獲應。内繇宮省以至宗室貴戚，莫不厚爲之禮。道俗傾向，搢紳景重。張文定公安道潛心内典，嘗從師問梵學。〔三〕師爲啓發隱奥，科指條暢。張於言下了然，益深敬事。張又問曰：「羂索諸部壇場軌儀，種種莊嚴，不離世諦〔三〕、無上正等諸佛心印，其用如何？」師云：「壇有多名，空智爲上。一念淨圓，同法界性。住無所住，如空無依。彼誠之至者，猶可以動天地而感鬼神。妙湛總持，一相三昧，具足神力，豈思議所及？佛以大事因緣故出現於世，無有二法，惟一乘道。至於隨緣立教，應物利生，百千法門等爲妙用。空智云者，第一義諦也。」張致歎曰：「醍醐甘露，聞所未聞。吾固知師深得般若究竟法空相〔四〕，非但嚴淨毗尼、專精觀行而已。」熙寧四年四月十二日，起居如平嘗。忽作而曰：「吾報盡今夕耶？」暮而歸寂，徒衆葬於開封縣東原。

張公銘其石。

【校記】

〔一〕慶闍黎　宋張安道上都故左街僧録知教門公事宣教大師塔銘并序作「廣慶闍梨」，是。

〔二〕命主教門事　宋張安道上都故左街僧録知教門公事宣教大師塔銘并序作「迨今四朝，歷遷兩街主教門事」。

〔三〕世諦　宋張安道上都故左街僧録知教門公事宣教大師塔銘并序作「四諦」。

〔四〕師深得般若究竟法空相　宋張安道上都故左街僧録知教門公事宣教大師塔銘并序作「師得深般若究竟、諸法空相」。

【箋注】

〔一〕親篆殿額　宋張安道上都故左街僧録知教門公事宣教大師塔銘并序：「神筆親篆『成道釋迦之殿』，飛白『繼昌之閣』，金書『寶生』佛號，而制其像，供具珍華，物皆内出。」

〔二〕屬師住持　宋張安道上都故左街僧録知教門公事宣教大師塔銘并序：「屬上足住持，師主香火焉。」則其時師非主持，乃司香火之事。

〔三〕張文定公安道潛心内典，嘗從師問梵學　宋張安道上都故左街僧録知教門公事宣教大師塔銘并序：「僕早探内典，嘗與師游，間問師：『諸陀羅尼佛秘密藏，華竺異音，類不翻譯，其旨云何？』」

石塔長老傳

石塔戒長老，住揚州石塔院。東坡赴登州，師往迎之。坡曰：「吾欲一見石塔，以行速不及也。」師起立曰：「只這是甎浮圖耶？」坡曰：「有縫奈何？」師曰：「若無縫，爭解容得法界螻蟻？」及坡鎮維揚，師遣侍者投牒解院。坡問：「長老欲何往？」以歸西湖舊隱爲對。坡與僚佐同至石塔，擊鼓集衆，袖中出疏，使晁無咎讀之。其詞曰：「戒公長老〔一〕，開不二門，施無盡藏。念西湖之久别，亦是偶然；爲東坡而少留，無不可者。一時稽首，重聽白椎。渡口船回，依舊雲山之色；秋來雨過，一新鐘鼓之音。」其爲時賢注戀如此。長老必爲時名德，惜不得詳其始末耳。

【校記】

〔一〕戒公長老　宋惠洪冷齋夜話卷七東坡留戒公疏作：「大士何曾出世，誰作金毛之聲；衆生各自開堂，何關石塔之事？去無作相，住亦隨緣。戒公長老……」

志添　元普傳

志添，生泉州陳氏，故通直珹伯兄也。初住南安雲華巖，後游京師，道聲籍甚。元祐元年，詔入内爲遂寧王祝壽〔一〕，賜號「真覺大師」并磨衲衣、緣鈎〔二〕。哲宗親書敕與之，許逐歲度僧，天下名山福地任性居住。〔一〕

初在福禪，次住秀州福巖，著作佐郎黄庭堅嘗贈之詩云：「蒲團木榻付禪翁，茶鼎薰罏與客同。萬户參差寫明月，一家寥落共清風。」〔二〕又贊云：〔三〕「石出山而韻自笙簧〔三〕，松不枯而骨立冰霜。今得雲門掛板〔四〕，打破鬼窟靈牀。其石也，將能萬里出雲雨；其松也，故與三界作陰涼。此似昔人非昔人，山中故友任商量。」侍郎陳軒亦贈之詩云：「車輪馬足走塵烟〔五〕，競看成都萬炬然。獨我踏開亭下雪，伴師同坐一庵禪。」

元普，不知見何人得法。住樂山，名其庵「海湖」，閉門危坐二十年。司諫江公望作歌以招致之，設三問皆不答。公望坐邑治平遠臺，每遥拜其庵，其爲時賢敬重如此。普既去，公望懷之以詩，又作多暇亭記，稱「西蜀隱者」，蓋謂普，普蜀人故也。二公皆爲泉名僧，人至今稱之。

【校記】

〔一〕詔入内爲遂寧王祝壽　明陳懋仁泉南雜志卷上作「奉陳太后懿旨詔入内祝遂寧王壽」。

〔二〕縧鈎　原作「縧錫」，據明陳懋仁泉南雜志卷上、明釋元賢泉州開元寺志卷一釋志添改。

〔三〕笙簧　明陳懋仁泉南雜志卷上作「邱壑」。

〔四〕掛板　明陳懋仁泉南雜志卷上作「柱板」。

〔五〕塵烟　明陳懋仁泉南雜志卷上作「風烟」。

【箋注】

〔一〕哲宗親書敕與之，許逐歲度僧，天下名山福地任性居住　明陳懋仁泉南雜志卷上：「哲宗御書云：『遂寧王、陳美人願福壽延長，施長者真覺當來同感佛果，續賜制劄，逐歲度僧，天下名山福地永遠居住。』」

〔二〕蒲團木榻付禪翁，茶鼎薰鑪與客同。萬户參差寫明月，一家寥落共清風　詩出宋黄庭堅題息軒，但次序有所顛倒：「僧開小檻籠沙界，鬱鬱參天翠竹叢。萬籟參差寫明月，一家寥落共清風。蒲團禪板無人付，茶鼎薰爐與客同。萬水千山尋祖意，歸來笑殺舊時翁。」

〔三〕又贊云　今黄庭堅豫章黄先生文集卷十四南安巖主大嚴禪師真贊與此文字略異：「石出山而韻自丘壑，松不春而骨立冰霜。今得雲門拄杖，打破鬼窟靈牀。其石也，將能萬里出雲雨；其松也，欲與三界作陰涼。此似昔人，非昔人也，山中故友任商量。」據此，似此贊並非爲志添禪師所作。

白雲孔清覺傳

清覺，號本然，洛京登封孔氏子，宣尼五十二世〔一〕孫也。父訢，舉進士，有隱德，母崔氏。師幼而穎悟，習儒業〔二〕。熙寧二年，閱法華經有省，求出家，父母許之。依汝州龍門海慧大師剃染，海慧〔三〕器之，囑其南詢。初參峨眉千歲和尚，蒙指訣。抵舒州浮山，結庵於太守巖，宴坐二十年，似有省發。元祐八年，至杭入靈隱寺，隨衆居止。有汪、羅二行人求師心要，一言而中，千里響應。參叩之士，風雨而至。寺主〔四〕以寺後白雲山庵俾居之闡化。覺自立宗旨，著證宗論、三教編、十地歌，皆依倣佛經而設，二人稱爲白雲宗。〔三〕大觀元年，卓庵湖州千金市。復至烏程菁山，卓錫得泉，結庵而居，名曰「出塵」。徒衆復邀歸正濟寺。正濟，覺舊講華嚴經處也。覺立說專斥禪宗，覺海愚禪師力論其非，坐流恩州。宣和二年，弟子政布等陳狀，被旨放還。次年八月，作偈投太守游公，請以九月二十六日爲別，至期而化。靈骨舍利歸葬餘杭之南山。

白雲之道不淳，譏議歸之，宜矣。至詆與白蓮相混，特以無妻子爲異，則亦太甚。然其持守精謹，於患難生死之際脱然無礙，去常人亦遠，予故取其行已而恨其爲言也。

【校記】

〔一〕五十二世　原作「五十三世」，據元覺岸編釋氏稽古略卷四改。

〔二〕習儒業　元覺岸編釋氏稽古略卷四下有「累請鄉舉」。

〔三〕海慧　原作「海會」，據元覺岸編釋氏稽古略卷四及上文「海慧大師」改。

〔四〕寺主　元覺岸編釋氏稽古略卷四作「靈隱圓明童禪師」。

【箋注】

【一】覺自立宗旨，著證宗論、三教編、十地歌，皆依倣佛經而設　據宋宗鑑集釋門正統卷四斥僞志：「所謂白雲者，大觀間，西京寶應寺僧孔清覺稱魯聖之裔，來居杭之白雲庵。涉獵釋典，立四果十地，以分大、小兩乘，造論數篇傳於流俗。從者尊之曰『白雲和尚』，名其徒曰『白雲菜』，亦曰『十地菜』。然論四果，則昧於開權顯實；論十地，則不知通別圓異。雖欲對破禪宗，奈教觀無歸，反成魔説。」

【二】人稱爲白雲宗　據元覺岸編釋氏稽古略卷四：「靈隱圓明童禪師以寺後白雲山庵居覺，玄化開闡，乃自立宗，以所居庵名爲號，曰白雲宗。」則白雲宗乃覺自稱。

銓公傳

銓公，賜號「文炤大師」，華亭人。體清弱，以閉門習靜爲事。不泛交，惟主簿劉發常詣之。善鼓琴，有美琴曰「響泉」，好風良月則清香撫之，云以供佛。鄰貴慕之，隔垣起亭，宵須以聽〔一〕。知之，徙北牖。發恃師所知，間邀一客同見銓，銓方操絃〔二〕爲泛聲，客遽稱善，銓即止，客不懌而去。銓顧發曰：「何得引俗人入我座耶？」發媿謝。師所居曰「妙音閣」，發爲記，且贈以詩曰：「寶琴何所得？所得甚幽微。聊借絲桐韻，還超智惠機。霜風悲玉軫，江月入珠徽。向此諸緣盡，人間孰是非？」銓、發，皆元祐間人也。

【校記】

〔一〕宵須以聽　原作「宵頃以聽」，據明顧清正德松江府志卷三十一文照大師改。

〔二〕操絃　明顧清正德松江府志卷三十一文照大師作「操縵」。

潛澗闍黎傳

處嚴，字伯威，温州樂清賈氏子。母萬，方娠，一夕夢黑龍自天躍而下，俄化爲道人入其家。及産，有異相。警悟不凡，經史過目輒成誦。少長不茹葷，母强之，卒不從。一日游精舍，歸白其母曰：「兒蔬食，居俗非所宜，願出家學佛。」落髮於明慶院。初習講教義，發明師説，了無疑滯〔一〕。同輩尚編録，務相詰難，師心非之，遂棄教而崇禪。歷訪先輩老宿，叩擊玄旨，多所契會。有以座首命之者，師弗顧而去。〔一〕

師於己事外博學，能詩文，醇重典雅，且工書，有晉宋法。時道潛、思聰二公與東坡游，聲名籍甚。或勸以所作謁縉紳求知己，師笑曰：「古之桑門〔二〕與士大夫游，非求之也，道自合焉爾。」故終身不以一字干謁，識者高之。元祐間還永嘉，寓淨光、大雲、開元諸刹，其徒翕然宗之。扣門請益者，履相躡也。師訓以本業外，復以詩書子史導之。凡經指授者，咸見頭角。元符初，歸故山，誅茆結廬，循除蓄流，自號潛澗。賦詩鼓琴以自娱，有古人林下風。

師有辭辯，長於講釋。鄉里巨室欲屈師講經，莫能致。因具法筵，集廣衆，預設巍座。俟師至，與衆迫之。師匆遽就席，闡揚奥旨，緣飾以文，音吐鴻亮，聽者驚悦。郡守張公平從師受楞嚴大義，初以僧正命師，又命主禪席，皆力辭弗受。每詣府，手提一笠。人〔三〕以師爲府座所尊，因囑以事，師正色峻拒；府政有不便於民者，委曲以告，守改容聽之。瑞安令吕公勤邂逅師，喜甚，與俱還邑。築庵於廳治後園，命師居之，爲留三宿而去。

晚景絶人事，精修淨業，諷誦楞嚴、圓覺、維摩、光明、法華等經，精熟如流。静夜孤坐，焚香暗誦，琅琅之聲出於林表。嘗手書法華、光明二經報母德，又書華嚴經八十卷，首末不懈，字法益工。以政和壬辰正月二十日示寂，年五十四，僧臘三十九。闍維，得舍利數百顆，明瑩如珠。植塔於故廬之後，以遺骨并舍利葬焉。

師於佛學無不通曉，尤深於禪。而接物以教，故以闍黎著名。平生製述甚多，稿隨毁失。圓寂後，弟子收拾遺文，編成二卷，曰潛潤集。人有得其片紙隻字，皆寶藏之，其文翰見重於人如此。王梅溪十朋之母有娠，產之日，夢師來惠以金環。夢覺時，傳師適坐化，翌日梅溪生。人皆謂爲師後身。故其爲師作銘序有云：「師殁之歲，而某始生。」師舊書石橋寺碑，梅溪僉判紹興，道經寺，寺僧先夢迓嚴闍黎。次日梅溪至，僧以夢告〔四〕。有詩云：「人唤我爲嚴首座，前身曾寫石橋碑。」甄龍友和公雙峰詩云：「詩老前身法號嚴。」正用此事。

【校記】

〔一〕疑滯　宋王十朋梅溪王先生文集卷二十潛潤嚴闍梨塔銘作「遺誤」。

〔二〕桑門　宋王十朋梅溪王先生文集卷二十潛潤嚴闍梨塔銘作「桑門上首」。

〔三〕人　原作「又」，據宋王十朋梅溪王先生文集卷二十潛潤嚴闍梨塔銘改。

〔四〕僧以夢告　明湯日昭、王光藴纂修萬曆温州府志卷十三處嚴傳作「僧異之，以夢告」。

【箋注】

【一】師弗顧而去　宋王十朋梅溪王先生文集卷二十潛澗嚴闍梨塔銘作：「師曰：『吾宅心名利外，冀逍遥自適，詎能爲人役耶？』」

參寥子傳附定諸

道潛，字參寥，杭於潛何氏子。幼試法華得度，於書無所弗窺〔一〕。能文章，尤喜爲詩。與秦太虚、蘇長公爲方外交。蘇甚重之，以書告文與可，謂其詩句清絶，與林逋相上下而通了大義，見之令人肅然。蘇謫居齊安，師不遠二千里相訪〔二〕。留期年，移汝海，同游廬山，復歸於潛山中。及蘇守錢塘，卜兆山智果精舍，率賓客十六人，各賦一詩，〔一〕送入院。後南遷，師欲轉海訪之，蘇以書固止之。當路亦捃師詩語，謂有譏刺，得罪返初服。建中靖國初，曾肇在翰院，言其非辜，詔復爲僧〔三〕，賜號「妙總大師」。

崇寧末，歸老於潛山，有參寥子集行世。人謂師之詩雅淡真率，上欲窺陶、白，而下有雁行蘇、黄句。即未脱子瞻烟火，雅不樂與宋人同烟火。如參寥自有爲參寥，非第以子瞻重也。斯言得之。

定諸，晉江人。能詩，調清遠，無塵俗氣。與曾會諸公游，談者謂諸詩與參寥同調。其題畫水幛云：「無波浪處生波浪，愁殺孤飃〔四〕渡海人。」有去華集，大約如此。宋景濂作育王山寺碑，謂：「大覺璉日與九峰韶公、佛國白公、參寥潛公講道一室，扁曰『蒙堂』，叢林取則焉。」可入傳記之。

【校記】

〔一〕幼試法華得度於書無所弗窺　宋潛説友咸淳臨安志卷七十道潛作：「幼不茹葷，以童子誦法華經度爲比邱，於内外典無所不窺。」

〔二〕相訪　宋潛説友咸淳臨安志卷七十道潛作「相從」。

〔三〕爲僧　宋潛説友咸淳臨安志卷七十道潛作「祝髮」。

〔四〕孤飃　原作「孤飄」，據明陳善等修萬曆杭州府志卷九十道潛改。

【箋注】

〔一〕及蘇守錢塘，卜兆山智果精舍，率賓客十六人，各賦一詩　蘇軾所賦詩爲參寥上人初得智果院會者十六人分韻賦詩軾得心字：「漲水返舊壑，飛雲思故岑。念君忘家客，亦有懷歸心。三間得幽寂，數步藏清深。攢金盧橘塢，散火楊梅林。茶筍盡禪味，松杉真法音。雲崖有淺井，玉醴常半尋。遂名參寥泉，可濯幽人襟。相攜橫嶺上，未覺衰年侵。

一眼吞江湖，萬象涵古今。願君更小築，歲晚解我簪。」

惠淵首座傳

惠淵首座，向北人。孤硬自立，參晦堂真淨，實有契悟處，泯泯與衆作息，人無知者。洪州奉新慧安院門臨道左，衲子往還黄龍、泐潭、洞山、黄檗，無不經繇。偶法席久虚，太守移書真淨〔一〕，命擇人主之，頭首、知事、耆宿輩皆憚其行。師聞之，白真淨曰：「惠淵去得否？」淨曰：「汝去得。」遂復書舉師，師得公文即辭去。時湛堂爲座元，問師曰：「公去如何住持？」師曰：「某無福，當與一切人結緣，自負栲栳，打街供衆。」堂曰：「須是老兄始得。」作頌餞之。〔二〕

師住慧安，逐日打供〔三〕。遇暫到，即請歸院中歇泊，曰：「容某歸來修供。」如此三十年，風雨不易。鼎新創佛殿、輪藏、羅漢堂，凡叢林所宜有者，咸修備焉。黄龍死心禪師訪之，師曰：「新長老，汝嘗愛使没意智一著子該抹人，今夜且留此，待與公理會些細大法門。」新憚之，謂侍者曰：「這漢真箇會底，不能與他𠢕牙劈齒得，不若去休。」不宿而行。

師終於慧安。闍維，六根不壞者三，獲舍利無數。異香滿室，累月不絶。奉新兵火，殘破無孑遺，獨慧安諸殿巋然獨存。豈非願力成就，神物護持耶？

【校記】

〔一〕真淨　宋道謙編大慧普覺禪師宗門武庫作「寶峰真淨禪師」。

〔二〕打供　宋道謙編大慧普覺禪師宗門武庫作「打化」。

【箋注】

〔一〕作頌餞之　宋道謙編大慧普覺禪師宗門武庫：「遂作頌餞之曰：『師入新吴，誘攜群有。且收驢脚，先展佛手。指點是非，分張好醜。秉殺活劍，作師子吼。應群生機，解布袋口。擬向東北西南，直教珠回玉走。咸令昧己之流，頓出無明窠臼。阿呵呵，見三下三，三三如九。祖祖相傳，佛佛授手。』」

覺心傳 智永　紹祖〔一〕附

覺心，字虚静，嘉州夾江農家子。甚富，少好游獵。一日〔二〕縱鷹犬、棄妻子，出家學道，周歷雲水，似有得者。性喜畫，善作草蟲，人稱爲「心草蟲」。游中原，作從犢圖詩，名動一時，諸學士大夫翕然宗之。孔南明、崔德符招致臨汝，住葉縣東禪及州之天寧、香山三大刹。後因兵亂還蜀，邵澤民、劉中遠兩侍郎善之，請住毗盧。陳澗上稱之曰：「虚靜師所造者道也，放乎詩，游戲乎畫，如烟雲水月，出没太虚。所謂風行水上，自成文理者耶？」後終於所居。

又有智永、紹祖者，皆以詩畫寓意。永嘗作瀟湘夜雨圖呈邵西山，邵題云：「嘗艤扁舟湘水西，蓬窗剪燭數歸期。偶因勝士揮毫處，却憶當年夜雨時。」既疑之〔三〕，問永曰：「前輩曾有此詩否？」永因誦義山問歸篇，西山矍然，遂爲改之。〔二〕永性孝，宇文季蒙龍圖以永精禪理，善談論，請其住院。永辭曰：「親在，未能也。」於是售己所長爲親養〔四〕。祖詩畫俱倣周忘機，而氣韻殊絶〔五〕。政和間，改僧爲德士，詔下，祖歎曰：「我生不背佛，而從外道耶？」取祠部牒焚之，乃冠巾反俗，齋戒以終身。

【校記】

〔一〕紹祖　原作「祖紹」，宋鄧椿畫繼卷四王逸民：「王逸民，字逸民，永康導江人。初爲僧，名紹祖。」因據乙正。下同。

〔二〕一旦　宋鄧椿畫繼卷五覺心作「一日」。

〔三〕既疑之　宋鄧椿畫繼卷五智永作「既詠詩」。

〔四〕於是售己所長爲親養　宋鄧椿畫繼卷五智永作：「於是售己所長，專以爲養，不免狥豪富廛肆所好。今流布於世者，非其本趣也。」

〔五〕殊絶　宋鄧椿畫繼卷四王逸民作「懸絶也」。

【箋注】

【一】永因誦義山問歸篇，西山矍然，遂爲改之　宋鄧椿畫繼卷五智永：「亟取詩以歸，翌日乃復改與之：『曾擬扁舟湘水西，夜窗聽雨數歸期。歸來偶對高人畫，却憶當年夜雨時。』深恐多犯前人也。」

潛庵源師傳

清源，號潛庵，洪州新建鄧氏子。世力田，幼超卓，短小精悍，去依洪崖法智爲童子。年二十一落髮，受具戒。時武泉嘗、寶峰月、雲居舜道價壓叢林，師游三老間，皆蒙器許，而疑終未決。後親見黄龍南公，凡入室，令坐於傍。與雲庵同造積翠，師爲侍者七年。南公殁，隱蹟西山。西山有慧嚴院僧死，屋無像設，露坐。師見而歎曰：「古人斫山開基，致無爲有，忍懷不舉哉？」乃求居以修完之。不五年而殿閣崇成，百具鼎新，即棄去。游廬山，南康太守徐公聞師名，延居南山清隱寺。寺在大江之北，面揖廬山。

師門風孤峻，學者皆望崖而退，以故單丁住山十有八年。晨香夕燈，升堂説法，如臨千衆，而叢林所服玩者莫不具。時時钁地處置，嘗云：「先師初事棲賢諟、泐潭澄，更二十年。宗門奇奥，經論要妙，莫不貫穿。及因文悦以見慈明，則一字無用。設三關以驗天下禪者，而禪者如葉公畫龍，龍見即怖。衆生爲解礙，菩薩未離覺〔一〕。大智如文殊師利欲問空王佛義，即遭擯出。以其墮艱難，故起現行耳。」

有僧依師住十二年學，令住淨衆寺。辭行，師謂曰：「汝雖在此費歲月，實不識吾家事。倘嗣法，當不以世俗欺誑爲心。」其人乃嗣翠岩機焉。南昌隱君子潘延之與爲方外友，迎師歸西山，而州郡文爭命居天寧。衲子方雲趨座下，一時名士摳衣問道。師以目疾隱居龍興寺房，户外之履亦滿。上藍忠，公法姪也，延師居寺之東堂，事之如其師。師年八十而喪明〔二〕，學者益親附之。有欲板其語要流通，師設拒〔三〕曰：「若吾語深契佛祖，從今百日間復明，則副汝請。」如期果愈。〔二〕

先是〔四〕，覺範洪公證獄太原，拴縛在旅邸，人諱見之。師獨冒雨步至撫慰，爲死訣。明年南歸，復見師，師軒渠笑曰：「吾不意乃復見子。」故覺範序之曰：「嗚呼！佛法寢遠，壞衣瓦器之人亦有侈欲。爲人師者，爭慕華構，便軟煖，公獨舉頹壞而新之；爭欲致弟子，不問智愚，欲出門下，而公獨精粗之；爭欲坐八達衢頭，以自賣其道，而公獨居荒遠，以自珍之；爭好勢利惡醜，而公獨犯衆惡，自信而力行之。每謂弟子曰：『無事外之理，理外之事。』觀其措置，豈其真然之者耶？」師終時幾百歲也。〔三〕

【校記】

〔一〕衆生爲解礙菩薩未離覺　宋德洪石門文字禪卷二十三潛庵禪師序作：「余曰：『每疑三關語垂示平易而人以爲難，何也？』公曰：『衆生爲解礙，菩薩未離覺。』」

〔二〕年八十而喪明　宋釋曉瑩羅湖野録卷三潛庵源禪師作「年逾八十而喪明」，明朱時恩佛祖綱目卷三十七潛庵清源作「年逾八十喪明」。

〔三〕設拒　原作「投拒」，不辭，據宋釋曉瑩羅湖野録卷三潛庵源禪師、明朱時恩佛祖綱目卷三十七潛庵清源改。

〔四〕先是　宋德洪石門文字禪卷二十三潛庵禪師序作「政和四年冬」。

【箋注】

【一】如期果愈　宋德洪石門文字禪卷二十三潛庵禪師序云：「公壽八十四，目盲復明。」

【二】師終時幾百歲也　宋正受嘉泰普燈録卷四南康軍清隱潛庵清源禪師：「建炎三年八月五日，示寂于撫之漳江。壽九十八，臘七十八。」

空禪師傳

崇覺空禪師，姑孰人也。爲人强項，久侍死心。一日辭去，心曰：「汝福鮮，宜自養。」草堂清公偈送之曰：「十年聚首龍峰寺，一悟真空萬境閑。此去隨緣且高隱，莫將名字落人間。」

後受請，出世杭之南蕩，不幾月而一火無遺。因歎息曰：「吾違先師之言，故有今日之患。」有富人發意營建，欲師一至其家以受供〔一〕，師辭曰：「公施財求福，非長老受賜。若教我背衆而食，素不願也。」力行其道，竟不役於土木以終身。師頌野狐話曰：「含血噀人，先污其口。百丈野狐，失頭狂走。驀地唤回，打箇筋斗。」

【校記】

〔一〕有富人發意營建欲師一至其家以受供　宋道行編雪堂行和尚拾遺録作「有富人獨迎空齋，要建三門」。

補續高僧傳卷第二十四

明吳門華山寺沙門明河撰

雜科篇

宋　圓覺演公傳

宗演，河北恩州人，姓崔氏。元豐滿禪師弟子，唱雲門之道者也，法貌脩整，持守嚴密。宣和中，徽宗詔入内庭説法，賜紫方袍。當時有大因緣，前後凡住十三院，度弟子一千二百餘人。

住永福能仁寺時，先是，寺僧有生縛獼猴，以泥裹塑，謂之猴王者。歲月滋久，遂爲居民妖祟。遭之者，初作大寒熱，漸病狂不食，緣籬升木，自投於地，往往致死，小兒被害尤甚。於是祠者益衆〔一〕，祭之不痊，則召巫覡垂夜〔二〕至寺前，鳴金吹角，目曰取攆〔三〕。寺衆亦撞鐘擊鼓，與之相應，言助神。日甚月盛，莫或之改〔四〕。適師移住是寺，聞而歎曰：「汝可謂至苦，其殺汝者既受報，而汝淫及乎人〔五〕，積業轉深，何時可脱？」爲誦大悲咒資度之。是夜，師坐見婦人人身猴足，血污左腋。下旁一小猴，腰間鐵索縶兩手，抱穉女再拜於前，曰：「弟子猴王也，久抱沉冤之痛，賴法力得解脱上升〔六〕，故來致謝。」復乞解小猴索，師從之。且説偈曰：「猴王久受幽沉苦，法力冥資得上天。須信自心原是佛，靈光洞耀没中邊。」聽偈已，再拜而去。明日啓其堂，施鎖三重。蓋頃年曾爲巫者射中左腋，以是嘗深閉，猴負小女如所覯，乃碎之。并部從三十餘軀，亦皆烏鳶鴟梟之類所爲也，投之溪流，其怪遂絶。師後歸雪峰終焉。

【校記】

〔一〕於是祠者益衆　宋洪邁夷堅甲志卷六宗演去猴妖下有「祭血未嘗一日乾也」。

〔二〕垂夜　宋洪邁夷堅甲志卷六宗演去猴妖作「乘夜」。

〔三〕鳴金吹角目曰取攝　宋洪邁夷堅甲志卷六宗演去猴妖作「鳴鑼吹角，目曰取攝」。

〔四〕日甚月盛莫或之改　宋洪邁夷堅甲志卷六宗演去猴妖作「邪習日盛，莫之或改」。

〔五〕平人　宋洪邁夷堅甲志卷六宗演去猴妖作「平人」。

〔六〕賴法力得解脱上升　宋洪邁夷堅甲志卷六宗演去猴妖作「今賴法力，得解脱升天」。

宋　真寶　慶預傳

真寶，五臺山僧也，學道〔一〕，能外死生。靖康之擾，與其徒習武事於山中。欽宗召對便殿，寶感激還山，益聚衆習武〔二〕。州不守，敵衆大至，寶悉力拒之〔三〕。不敵，寺舍焚毁，僧徒逃散。酋下令生致真寶。寶至，抗辭無擾〔四〕。使郡守劉騊誘勸百方，終不顧。且曰：「吾佛制戒，吾既許宋皇帝以死，豈以力屈，食吾言也？但速殺我〔五〕。」遂怡然受戮，北人聞者無不歎異。

慶預，湖南京山胡氏子。問道芙蓉楷公，得要領，住大洪山。靖康盜起，遠近震蕩。預日頤指閑暇，外飭固守，内事靜，專謹禪誦，以定衆志。若是者數年，所活萬餘人，士大夫家賴以生者十七八〔六〕。事稍定，徙水南興國寺。隨守以聞，賜號「慧炤」。紹興中，下匡阜，入八閩〔七〕，愛雪峰深秀，閉關十餘年。將化别衆，書偈曰：「末後一句最難明，轉步回頭千萬程〔八〕。除却我家親的子，更誰敢向裏頭行。」擲筆，含笑而寂。

【校記】

〔一〕學道　元脱脱宋史卷四百五十五真寶傳作「學佛」。

〔二〕習武　元脱脱宋史卷四百五十五真寶傳作「助討」。

〔三〕寶悉力拒之　元脱脱宋史卷四百五十五真寶傳作「晝夜拒之」。

〔四〕無擾　元脱脱宋史卷四百五十五真寶傳作「無撓」。

〔五〕吾佛制戒……但速殺我　元脱脱宋史卷四百五十五真寶傳作：「吾法中有口四之罪，吾既許宋皇帝以死，豈當妄言也？」

〔六〕士大夫家賴以生者十七八　宋榮嶷隨州大洪山第六代住持慧照禪師塔銘作「士大夫之家賴以生者猶七八百數」。

〔七〕八閩　宋榮嶷隨州大洪山第六代住持慧照禪師塔銘作「七閩」。

〔八〕末後一句最難明轉步回頭千萬程　宋榮嶷隨州大洪山第六代住持慧照禪師塔銘作「末後一句最難名，轉步回頭十萬程」。

宋　老牛智融傳

智融，俗姓邢。初名澄，世居京師。以醫入仕，南渡居臨安萬松嶺，號「草庵邢郎中」。官至成和郎，出入禁廷，賞賚殊渥。年五十棄官謝妻子，祝髮入靈隱寺，諸公貴人挽之不可。於以去塵俗弗遠，肆游諸方，徑山、匡廬，經行殆遍。聞雪竇之勝，遂投迹爲終焉計。深坐一室，土木形骸，泊然如偶人。或曳杖以出，有欲相隨，則謝遣之。山中幽僻勝絶之地〔一〕，意行獨坐，或至移晷，人莫窺其際。善畫，而絶不以與人。山深多蛇，忽作二奇鬼於壁，一吹火向空，一蹋蛇而掣其尾，蛇患遂除。而時有火警〔二〕，又於火端作土梟，之聲〔三〕爲之革。嘗畫龍首半體，禱旱輒應，頗近靈怪。師亦不以自矜也。或問畫，次及人物。師曰：「老不復能作，蓋目昏不能下兩筆也。」曰：「兩筆豈非阿堵中耶？」師曰：「此雖古語，近之而非也。吾所云兩筆者，蓋欲作人物，須先畫目之上瞼，此兩筆如人意，則餘皆隨筆而成，精神遂足，所以難也。」或加以勢利，則避之愈深。意苟相契，亦輒與不吝。樓攻媿求之，久不與，催以古風，〔一〕有曰：「古人惜墨如惜金，老融惜墨如惜命。」〔二〕作詩不多語〔四〕，字畫亦無俗韻。初自言：「若得爲僧三十秋，瞑目無言萬事休。」紹熙四年五月卒，壽八十，僧臘如師言。尤好作牛，自號老牛智融云。

明河曰：「旨哉！融牛之論畫也。吾聞庖丁之言，得養生焉。」

【校記】

〔一〕山中幽僻勝絶之地　宋樓鑰攻媿集卷七十九書老牛智融事作「山有千丈巖、妙峰亭、栖靈、隱潭，皆幽僻絶勝之地」。

〔二〕而時有火警　宋樓鑰攻媿集卷七十九書老牛智融事作「而時有火驚，或者病之」。

〔三〕之聲　宋樓鑰攻媿集卷七十九書老牛智融事作「梟聲」。

〔四〕作詩不多語　宋樓鑰攻媿集卷七十九書老牛智融事作「作詩不多，語意清絶」。

【箋注】

〔一〕樓攻媿求之，久不與，僱以古風　宋樓鑰攻媿集卷七十九書老牛智融事：「融得之喜，遂爲余盡紙作歲寒三友，妙絶一時。」

〔二〕古人惜墨如惜金，老融惜墨如惜命　語出宋樓鑰攻媿集卷二僱老融墨戲：「古人惜墨如惜金，老融惜墨如惜命。濡毫洗盡始輕拂，意匠經營極深敻。人非求似韻自足，物已忘形影猶映。地蒸宿霧日未高，雨帶寒烟山欲暝。中含太古不盡意，筆墨超然絶畦逕。畫家安得論三尺，身世生緣俱墮甑。人言可望不可親，夜半叩門寧復聽。三生宿契誰得知，一見未言心已應。巖傾千丈雪散空，上有清池開錦鏡。意行忽發虎溪笑，許作新圖寫幽勝。歸尋一紙五十尺，傅以礬膠如練淨。自知能事難促迫，捲送松窗待清興。筆端膚寸今何如？西抹東塗應略定。何當一日快先覩，洗我昏眸十年病。」

宋　淳藏主傳

景淳藏主，撫州化度受業。久參寶峰祥和尚，傑出參徒。其爲人瀟洒高尚〔一〕，備見於自述山居詩。祥見之，諭淳曰：「此詩不減灌溪，恐世以伎取子，而道不信於人也。」詩凡數十解，今記十章，〔二〕以備傳云：

「拙直自知趨世遠，疎愚贏得住山深。現成活計無他物，只有鱗皴杖一尋。」

「屋架數椽臨水石，門通一徑掛藤蘿。自緣此處宜投老，饒得溪雲早晚過。」

「自笑疎狂同拾得，誰知癡鈍若南泉。幾回食飽游山倦，只麽和衣到處眠。」

「瓦鐺爇處清烟靄，鐵磬敲時曉韻寒。一串數珠麤又重，拈來百八不相謾。」

「一瓢顏子非爲樂，四壁相如未是高。爭似山家真活計，屋頭松韻響秋濤〔二〕。」

「數行大字貝多葉，一炷麤香古柏根。石室靜延春晝永，杜鵑啼破落花村。」

「漁父子歌甘露曲，凝寒山詠法燈詩。深雲勿謂〔三〕無人聽，萬象森羅歷歷知。」

「坐石已知毛骨冷，漱泉嘗覺〔四〕齒牙清。箇中有味忘歸念，身世無餘合此情。」

「幽巖靜坐來馴虎，古澗經行自狎鷗。不是忘機能絕念，大都投老得心休。」

「怕寒懶剃鬔鬆髮，愛煖頻添榾柮柴。栗色伽梨撩亂掛，誰能勞苦强安排？」

其詠閑適情，可謂得之至矣。倘非中有所養，孰能爾耶？惜乎法道不扼，悠悠以終老，卒中祥公之言，虛諸方之望云。

【校記】

〔一〕瀟洒高尚　宋釋曉瑩羅湖野録卷二臨川化度淳藏主作「高尚瀟洒」。

〔二〕響秋濤　宋釋曉瑩羅湖野録卷二臨川化度淳藏主作「瀉秋濤」。

〔三〕勿謂　宋釋曉瑩羅湖野録卷二臨川化度淳藏主作「莫謂」。

〔四〕嘗覺　宋釋曉瑩羅湖野録卷二臨川化度淳藏主作「長覺」。

【箋注】

〔一〕詩凡數十解，今記十章　宋釋曉瑩羅湖野録卷二臨川化度淳藏主作「今記十有二而已」，餘二首爲：「無心閑淡雲歸洞，有影澄清月在潭。此景灼然超物外，本來成現不須參。」「隨身只有過頭杖，飽腹唯憑折脚鐺。幾度遣閑何處好，水聲山色裏游行。」

宋　北磵簡禪師傳

居簡，字敬叟，潼川王氏子。資質穎異，初見佛書，必端坐默觀如宿習。依邑之廣福院圖澄得度，參别峰塗毒於徑山，沉默自究。一日閱萬庵語，有省。遽往育王見佛炤，機相契。自是往來其門十五年。一時社中耆碩，無不忘年與交。走江西，訪諸祖遺蹟。瑩仲温嘗掌大慧之記，庵於羅湖，纂所聞成書，發揮祖道，與師議論，大奇之。以大慧居洋嶼庵竹篦付之師巽焉。

久之，出住台之般若。遷報恩，英衲爭附。鴻儒竹巖錢公、水心葉公，皆折節問道於足下。大參真西山時爲江東部使者，虚東林命之，以疾辭。乃於飛來峰北磵掃一室，居十年，人不敢以字稱，因以「北磵」稱之。起應雪之鐵佛西余〔一〕、常之顯慶碧雲、蘇之慧日、湖之道場，奉旨移淨慈，所至道化大行。

師出佛炤之門，在諸法彦中爲神駒香象，機格超逸，最難攀仰。其頌世尊初生話云：「一聲囥地便吒哩〔二〕，突出如斯大闡提。此土西天起殃害，堂堂洗土不成泥。」又頌楞嚴六解一亡云：「六用無功信不通，一時分付與春風。篆烟一縷閑清晝，百鳥不來花自紅。」闢一室以居，名曰「薙室」，作賦以自見。其略曰：「進則面牆，退則坐井。杜忽不支，壁將就殞〔三〕。豁然而虚，漠然而冏。如蒙之擊，如震而警。如無盡藏，如大圓鏡。前山送青，若壯士之排闥；後山回闖，擬良工之御駿。撫鴻鵠而晚眺，入冥冥而遠引。笑雲烟之輕去，漫悠悠而無定。駐落日于西崦，延初蟾於東嶺。是皆中所得也。」有北磵集十九卷，張公誠子序之曰：「讀其文，宗密未知其伯仲；誦其詩，合參寥、覺範爲一人，不能當也。」北磵於人不苟合，合亦不苟暌，取舍去就之際，潔如也。葉水心詩曰：「簡公詩語特驚人，六反掀騰不動身。説與東家小兒女，塗青染緑未禁春。」師居天台，委羽有二姓爭竹山，竭産不肯已，仙居丞王君懌請於師。師作種竹賦一首示二姓，而訟遂止，其德音感化如此。靈隱虚席，趙節齋奏師補其處。師笑曰：「吾日迫矣。」乃舉天童癡絶沖。淳祐丙午春三月二十八日，索紙書偈，於紙尾復書曰「四月一日珍重」六字。呼諸徒誡之曰：「時不待人，以道自勵〔四〕，吾世緣餘兩日耳。」至期昧爽索浴，浴罷假寐，然視之已逝矣。壽八十三，臘六十二。葬全身於月堂昌禪師塔側，遵治命也。

【校記】

〔一〕西余　原作「西佘」，據宋物初大觀物初賸語卷二十四北磵禪師行狀改。

〔二〕一聲囫地便吒哩　明曹學佺蜀中廣記卷八十九宋淨慈北磵禪師作「一聲哇地便叱哩」。

〔三〕壁將就殞　明曹學佺蜀中廣記卷八十九宋淨慈北磵禪師作「壁忽就殞」。

〔四〕以道自勵　原作「以吾自勵」，據宋物初大觀物初賸語卷二十四北磵禪師行狀改。

鼓山堅、凝二師傳

彌堅，號石室，閩清陳氏子。根性敏利，歷諸藂席，最後見孤峰秀公，函蓋相合，遂傳東山之衣。

正凝，舒州太湖李氏，與堅同門，並得秀公之道，法林倚以爲重。凝儀相豐腴，所至人聚觀之，檀委山積。嘉熙初入閩，閩帥請住鼓嶠，風猷弘振，四衆欽慕若現在如來。信施以巨萬計，悉充常住。三十餘年，布衣紙衾，終其身不一染，捐於世好。則其所存，概可知矣。咸淳中示寂，闍維，數珠不壞，齒牙中舍利如砌〔一〕。

堅則繼凝住持，而清氣逼人。雖福緣少遜於凝，而慧門開受則過之。日衣東山之衣說法，法音遐被，置衣處嘗有光，夜白如晝。有二偷兒入室盜之，爲神所縛，卧地，視不得起〔二〕。堅爲懺謝，始甦而去。

德祐中，朝廷欲南遷。被旨增廣城堞，請堅爲東門提督。乃忻然奔命，曰：「何往而非佛事耶？」手版築六十丈，次年告成，遂示寂焉。囑留衣鎮山門。未幾，二王奔廣。軍次山麓，人情洶洶，咸思劫奪。衣時現異，寺賴以全。噫！傳〔三〕持法人，如來所遺，行如來事。願力弘固，寓之而然。即一色一香，皆能通靈顯妙，況金襴乎？入元，衣尚無恙。至正間〔四〕，忽失所在。

【校記】

〔一〕齒牙中舍利如砌　清元賢、黃任續修鼓山志卷五第五十三代皖山正凝禪師作「獲舍利於牙齒中，十方見者莫不讚歎」。

〔二〕爲神所縛卧地視不得起　清元賢、黄任續修鼓山志卷十二叢談志作「忽雙目陡暗，手足如縛，倒地，口不能言」。

〔三〕傳　疑當作「傳」，形近而訛。

〔四〕至正間　清元賢、黄任續修鼓山志卷十二叢談志作「元末」。

宋　斯受傳

斯受，字用堂，台黄巖楊氏子。年十四，入三童山香積寺，依存方上人爲師受具。游歷諸方，咨叩耆宿，得心學要領。自靈隱病歸三童，日行首楞嚴三昧，於「不離見聞緣，超然入佛地」語致疑，〔一〕力究無入，忽聞舂碓聲，恍然自省〔一〕。偈曰：「六祖當年不誦經，肩柴放下便傳燈。誰知千載今猶在，秋月長廊搗碓聲〔二〕。」自是行業日進〔三〕。善書，以黄金爲泥，書法華、華嚴、楞嚴、圓覺、般若及方等諸經，又於帛上金書法華塔一座〔四〕，極其精妙，當時稱希有。將終，坐牀上誦法華經不輒卷畢而逝。

【校記】

〔一〕忽聞舂碓聲恍然自省　明袁應祺纂修萬曆黄巖縣志卷七斯受傳作「忽長廊舂碓有聲，矍然頓悟」。

〔二〕秋月長廊搗碓聲　明袁應祺纂修萬曆黄巖縣志卷七斯受傳作「秋日長廊搗碓鳴」。

〔三〕自是行業日進　明袁應祺纂修萬曆黄巖縣志卷七斯受傳作「自是不墮見聞，行業日加」。

〔四〕又於帛上金書法華塔一座　明袁應祺纂修萬曆黄巖縣志卷七斯受傳作「又爲塔七層，金書于帛上」。

【箋注】

【一】於「不離見聞緣，超然入佛地」語致疑　語出宋道元景德傳燈録卷五六祖爲智通禪師所誦偈語：「自性具三身，發明成四智。不離見聞緣，超然登佛地。吾今爲汝説，諦信永無迷。莫學馳求者，終日説菩提。」

太瘤傳

太瘤，蜀僧也。居衆時，嘗歎佛法混濫，異見蜂起。乃曰：「我參禪，若得真正知見，當不惜口業。」遂發願禮馬祖塔，長年不輟。忽一日，塔放白光，感而有悟。後所至藂林，勘驗老宿。過雪竇山前云：「這老漢口裏水漉漉地。」雪竇聞其語，意似不平。及來見，雪竇云：「你不肯老僧耶？」師云：「這老漢果然口裹水漉漉地。」摵一坐具便出。直歲不甘，中路令人毆之，損師一足。師曰：「此是雪竇老使之，他日須折一足償我。」後果如其言。

師後至都下，放意市肆中。有官人請歸家供養，師屢告辭。官人確留之，愈加敬禮，每使侍妾饋食其前。一日官人至，師故意挑其妾。官人以此改禮，遂得辭去。不數日，鬧市中端坐而化。師名太因，頸有癭，故人以「太瘤」呼之。

宋　有南傳

有南，閩人。性慧達，以詩自娱，世味淡然。游泉之開元承天，每所過闤闠市易之家，獲息嘗倍，人始異之。至從市者爭徑，惟恐其不至。至則人爭遺之錢，納諸懷袖中，至數百則抛撒於地，兒童競取拾，因大笑爲樂以爲嘗〔一〕。江給事某極重之。一日，忽語其徒曰：「予翌日當與衆别矣。」衆以爲戲言。詰旦，果趺坐，奄然而化。或以告給事，給事來訊之，乃於座上微開目睫，呼江君，授以偈曰：「東省書問頻續，佛日衣鉢相傳。試問來去何事，一輪江月横天〔二〕。」舉手而寂，經十載真身不壞。其徒就身爲塔藏之。

【校記】

〔一〕至數百則拋撒於地兒童競取拾因大笑爲樂以爲嘗　明何喬遠閩書卷一百三十七有南作「至數百則拋與兒童，大笑爲樂」。

〔二〕試問來去何事一輪江月橫天　明何喬遠閩書卷一百三十七有南作「試問來去因緣，亭亭江月橫天」。

宋　自永傳

自永，閩人。結茅麥斜巖，宴坐修靜。忽有龍現木杪，恬然誦經不顧。久之，龍復出山，爪甲著石有聲。永語其徒曰：「龍又至矣。」視之果然。一日荷汲而歸，有虎躡其後，就飲其水。永回顧，徐云：「適從何來，其渴至此？」又嘗夜遇諸偷者於庵外，笑謂曰：「若欲罄我囊橐耶？」得升米傾甕與之，曰：「愧不腆耳。」諸偷謝而去。年八十餘而逝。體不壞，顏色如生。

噫！永其有道者，不然何與物相忘至此。登高不慄，入水不驚。萬變陳乎前而莫動，始可與言生死、出生死。捨此而云學道，不知其可也。故予深以不能詳永爲恨，贅數言以待後賢續之。

宋　法慈

法慈，上虞長慶寺大德也。平日深居簡出，洒掃一室，宴坐其中，庭具花竹，泉石有幽意。士大夫多往游焉。慈頗能棋，又善譚論名理。焚香瀹茗，延納無倦。嘉泰初，忽謝客閉門。雖年高而神觀精爽，略無他故，人初不以爲異。會其童行辭往行在所請給僧牒，慈語之曰：「汝去宜速回。」久之無耗，日以爲問。既還，慈喜曰：「得汝歸甚好。」時方盛暑，即令左右具湯沐。澡畢，易潔衣端坐，將瞑目就寂。其徒亟呼之，云：「和尚幸自得恁好，何不留一頌示後？」曰：「汝不早道，我今寫不得也。汝代筆則可〔一〕。」乃云：「無始劫來不曾生，今日當場又誰滅？又誰滅〔二〕？萬里炎天覓點雪。」語僅脱口而逝。

【校記】

〔一〕汝代筆則可　宋張淏寶慶會稽續志卷六作：「嗣師云：『但説，某當代書。』」

〔二〕今日當場又誰滅又誰滅　宋張淏寶慶會稽續志卷六作：「今日當場又隨滅。又隨滅。」

宋　清音子傳

清音子，不知何許人，自言姓湯〔一〕，名道亨。宋末引一猱自金陵來淞，處茅椒於府城北。猱大如人，能主給使。清音子夜坐有光〔二〕，淞人〔三〕爭飯之，豐薄不謝，第言分定云〔四〕。由是人益異之，施與日多。因搆庵以居，名曰「大古」，以延佇四方雲水之客。嘗赤脚行市中，乞齋糧供衆，復自號赤脚道人。久之，有軍士戲烹其猱食之，清音子嗟歎，即與衆訣别。手書一偈云：「八十一年饒舌，終日化緣不歇。重陽時節歸家，一路清風明月。」遂趺疊而化。

【校記】

〔一〕姓湯　原作「姓楊」，據明顧清正德松江府志卷三十一清音子、明劉應鈳修、沈堯中纂萬曆嘉興府志卷二十四清音子、明羅炌修、黄承昊纂崇禎嘉興縣志卷十六清音子改。

〔二〕夜坐有光　明顧清正德松江府志卷三十一清音子、明劉應鈳修、沈堯中纂萬曆嘉興府志卷二十四清音子、明羅炌修、黄承昊纂崇禎嘉興縣志卷十六清音子作「夜坐時舒光」。

〔三〕淞人　明顧清正德松江府志卷三十一清音子、明劉應鈳修、沈堯中纂萬曆嘉興府志卷二十四清音子、明羅炌修、黄承昊纂崇禎嘉興縣志卷十六清音子作「邦人推異」。

〔四〕云　明顧清正德松江府志卷三十一清音子、明劉應鈳修、沈堯中纂萬曆嘉興府志卷二十四清音子作「去」。

金　大漢僧録

大漢僧録，姓聶氏。身長九尺，膂力絶人。削髮從佛，持律誦經。有解性，發言不測，若深有得於中者。且能誦咒驅邪，又名「破魔和尚」。熙宗聞之，召見賜食，授殿中將軍。固辭曰：「臣願始終事佛，不願爲官，不拜命，爲交城縣僧録，領袖一方。」賜龍鳳山河衣，宫中所製，命僧録披以化人。因又稱「大衣禪伯」，名振一時，服化者衆。後示寂，闍維，有舍利紅光之異。至今交城人能言之，惜無詳可考，致大行寥寥云。

金　洪照傳

洪照，字玄明。其先華州下邽人，世業耕桑。年十八入道，脩頭陀行，夙夜匪懈，研精修多羅教。落髪後，益勵奮求解脱，受大名憑空禪師印可。雲游河内，得古廢寺基，翠壁斜倚，秀木傍欝，清泉流其下。照顧瞻喜曰：「此正道人安隱處。」詢土人，知其爲唐覺林禪刹也。照結草廬，被麤茹糲以居之。久之，四衆嚮應，鳩集興工，開鑿得遺碑銅像及然燈淨盞百餘隻。叢席既成，世宗嘉照行，錫「圓通禪師」之號，賜院額曰「香巖」。

照行高識遠，超穎辯達。自初從道入法藏，依言而探義，因義而明理。運有爲洪濟之慈，入無證真得之妙。弛張用舍，開闔語默。於覺炤中，恒得自在。提振宗風，開覺後學。凡祖師之旨，在章句者，必引而申之。學人或探其涯涘，或接其波瀾，莫不游焉息焉，隨其分量，俱得受用。故一時佛法以照爲司南。

居山三十年，未嘗過櫃門。日所資用，皆宰官居士領施奉給，樂而不厭。雖金帛填委，而囊無一錢。大定二十六年，將逝，沐浴易衣，問時早晚。對曰：「日晡矣。」說偈怡然就寂。春秋七十有二，葬於院西之玉峰。

元　筠高安圓至傳

圓至，字天隱，高安姚氏子。季父勉，父文，叔兄雲，皆中顯科，爲宋名臣。師按窺世相，深有所感悟於中，以咸淳甲戌出家。依仰山慧朗禪師欽公脱髮，時年十九。務靜退，寡交識，怡然以道味自尚。喜爲文章，志弘護，非衒飾知見以自售也，故其文日益進。其曰：「吾聖人自稱文佛，蓋以存其道於無窮〔一〕，非文莫能。曰經曰論，皆是物也。惟震旦諸師欲撫中下之質，乃皆以天縱上智示爲椎朴少文，與愚者同事，乃聖人冥權，非真然也。愚者誘於其迹，直謂聖人道妙可以鄙俚凡近，躐至薄經論爲淺教，斥文字爲異端，豈不惑哉？」其論吾宗文，獨許嵩明教一人。〔一〕其融會超了知見、扶宗匡道之心，居然可思矣。至元元貞間，住建昌能仁寺。説法一稟於欽，不兩年棄去。師行止不恒，所居斯其最久耳。大德二年戊戌，卒於廬山，年四十三。惜無修期以究其道之所歸，化之所及，爲可哀耳。有文集一卷，吳門磧砂魁上人所藏，以示紫陽方虚谷，讀而醉心，叙其首，刻焉。

【校記】

〔一〕無窮　元釋圓至牧潛集卷六雜説贈珏鍾山無「無」字。

【箋注】

〔一〕其論吾宗文，獨許嵩明教一人　元釋圓至牧潛集卷六雜説贈珏鍾山：「吾宗爲文而至者，明教師一人而已。」

得喜　無照　無礙傳

得喜，錢氏子。童丱時依興聖權公薙染。及長，慕〔一〕禪宗。登天目山，叩幻住老人，有契，旋歸里。清信士有以花園地施者，師受而結庵。鑿基得古石刻「錢喜」二字，衆異之〔二〕。庵成〔三〕，禪錫紛委。幻住爲大書「喜見」二字顔其户〔四〕，從是鄉人稱師爲「喜菩薩〔五〕」。

師以學佛須以解脱爲心，慈普爲行。道風所感，一鉢無盡。四事供衆之外，濟益深廣。衣寒藥病，赴者如歸。生而饑者，養之如人父；死而暴者，葬之如人子。一以誠信真實，爲之弗倦也。嘗演法於吴江程林仲家，有神人白帽金甲，合掌聽其後，舉衆見之〔六〕。凡諸大家禳祈，惟師一至爲幸。至順中，移錫盤龍塘，未幾成巨刹〔七〕。化後舍利纍纍，火處穿斸求之皆得。

鑑無照、鑑無礙二公，皆嘗事幻住。無照，南詔人。初習教，辨博英發。每曰：「吾聞中國有禪宗，使審是耶？吾將從其學。使或未當，吾將易其宗旨。」由其國萬里來，一言而悟徹法源。方圖歸以倡道，而殞於中吴，春秋僅三十有七也。幻住祭而哭之以文曰：「謂無照於吾道有所悟兮，真機歷掌，其誰敢欺？謂無照於吾道無所悟兮，大方極目，云胡不迷?笑德山之焚疏鈔兮,何取舍之紛馳?鄙良遂之歸罷講兮,徒此是而彼非。惟吾無照總不然兮,即名言與實相互融交涉而無虧。出入兩宗大匠之門兮,孰不歎美而稱奇?屈指八載之相從兮,靡有間其毫釐。我閱人之既多兮,求如無照者,非惟今少,於古亦稀。我不哀無照之亡兮,哀祖道之既墮〔八〕。而今而後,孰與扶顛而持危?對爐熏於今夕兮,與山川草木同懷絶世之悲。」讀此文酸鼻,苟其人非真有大過人者,不足致老子惜之至是也。然南詔之有禪宗,實自無照始。

無礙,永嘉人。參幻住,久之無省。幻住指見龍淵,一日聞蓮香得入。有偈曰:「箇中消息本尋常,幾度無端謾度量。今日疑團百雜碎,西風一陣白蓮香。」不知其所終。〔一〕

【校記】

〔一〕慕　明顧清正德松江府志卷三十一得喜作「心契」。

〔二〕衆異之　明顧清正德松江府志卷三十一得喜作「猶宿緣符契」。

〔三〕庵成　明顧清正德松江府志卷三十一得喜作「於是編茅未齊」。

〔四〕顔其户　明顧清正德松江府志卷三十一得喜作「扁其庵」。

〔五〕從是鄉人稱師爲喜菩薩　明顧清正德松江府志卷三十一得喜作「達官傲士、父老兒童悉以『喜菩薩』稱之」。

〔六〕有神人白帽金甲合掌聽其後舉衆見之　明顧清正德松江府志卷三十一得喜作「有金甲白帽神人，合掌見其後良久」。

〔七〕未幾成巨刹　明顧清正德松江府志卷三十一得喜作「不三年遂成勝刹」。

〔八〕哀祖道之既寮　「寮」，明慈寂等編天目中峰和尚廣録卷二十六祭玄鑑首座文作「墜」。

【箋注】

【一】不知其所終　明湯日昭、王光藴纂修萬曆温州府志卷十三鑑無礙：「尋歸蕪湖，復移錫瀛洲，建寶林堂。荼毗有舍利子。」

妙恩傳附大圭　契祖　杰道者

妙恩，生倪氏，泉人也。持律精苦，脇不沾席者四十餘年。遍參名宿，旋入雪峰謁湘和尚，蒙印可，聲價日騰起。至元中，僧録鑑義白行省，請合開元百二十院爲一大刹，請師爲第一世。師慧解圓融，不以禪廢教，嘗注釋彌勒上生經以見意焉。武林南山羅漢殿災，師夢五百僧求依止。未幾，傳聞至，乃即夢夜也。因建羅漢殿於寺東廂，如數像之恢焕，一倣武林舊時。是以虚空心，爲福德相，益見其慧門無量也。

其法嗣大圭頌曰〔一〕：「碧眼龐眉解魘人，容求單位笑欣欣。一朝添五百閑漢，大屋潑天開紫雲。」師將示寂，偈曰：「不用剃頭，不須澡浴。一堆紅燄，千足萬足。」〔二〕既火，舍利如雨而下。圭亦有行解，博極儒書，嘗曰：「不讀東魯論，不知西來意。」爲文簡嚴古雅，詩尤有風致。自號夢觀道人〔三〕，著夢觀集及紫雲開士傳，紙貴一時。

契祖，同安張氏生，亦師付法子。使嗣位行湘師事者，善説法要，渾然天成，賜號「佛心正悟禪師」。

有杰道者，清狂無度〔三〕，恒掃除街市，所至相與譁笑之〔四〕。所服衣垢甚，忽取澣之，言：「明日行矣。」至明日，求僧粥不與。杰曰：「求之不再，幸與我。」得粥，還置几上，危坐而化。祖爲舉火，曰：「一生杰斗，打硬參禪。街頭巷尾，掣風掣顛。若無末上，不值半錢〔五〕。杰道者，誰信寒灰有煖烟？」

【校記】

〔一〕其法嗣大圭頌曰：明釋元賢泉州開元寺志藝文志詩題作應夢羅漢，「一朝添五百閑漢」作「明朝添五百閑漢」。

〔二〕自號夢觀道人　明何喬遠閩書卷一百三十七釋大圭作「自號夢觀」，明釋元賢編泉州開元寺志釋大圭作「號夢觀」。

〔三〕清狂無度　明何喬遠閩書卷一百三十七有杰、明釋元賢輯繼燈録卷四泉州開元契祖禪師作「頗清狂，出言無度」。

〔四〕所至相與譁笑之　明何喬遠閩書卷一百三十七有杰作「所至童稚群譁之」，明釋元賢輯繼燈録卷四泉州開元契祖禪師作「所至群稚相與譁笑之」。

〔五〕若無末上不值半錢　明何喬遠閩書卷一百三十七有杰、明釋元賢輯繼燈録卷四泉州開元契祖禪師作「若無末上一解，不值一半文錢」。

【箋注】

【一】不用剃頭，不須澡浴。一堆紅燄，千足萬足　此偈早見於宋道元景德傳燈録卷十六南嶽玄泰上座：「留偈曰：『今年六十五，四大將離主。其道自玄玄，箇中無佛祖。不用剃頭，不須澡浴。一堆猛火，千足萬足。』」亦見於宋正受嘉泰普燈録卷九興國軍智通大死翁景深禪師：「仍説偈曰：『不用剃頭，何須澡浴。一堆紅焰，千足萬足。雖然如是，且道向上還有事也無。』遂斂目而逝。」

元　若芬傳

若芬，字仲石，婺州曹氏子。落髮進具，後歷游講肆，頗得師説。同輩推挽之，欲其弘闡。芬曰：「吾不能也。」芬爲人清退，善文筆，爲上竺書記。讚揚佛事，游戲墨花，極一時之譽。又善畫，往往寫雲山以寓意。有求者，初不甚靳，雖寥寥數筆應之，人寶之如連城。後求者不勝其多，芬笑而謝之，曰：「錢塘八月潮〔一〕，西湖雪後諸峰，極天下偉觀。二三子當面蹉過，却求玩道人數點殘墨，何邪？」自是謝事，歸深山，即古澗蒼壁間結庵，顔曰「玉澗」〔二〕，因以爲號。又建閣對芙蓉峰，自稱芙蓉峰主。嘗自題畫竹曰：「不是老僧親寫，曉來誰報平安？」其意趣可想也。如芬者，尚存本色，非盡爲末技所掩。視今之圓顱習筆墨沾沾自喜者，豈啻天淵哉！

【校記】

〔一〕錢塘八月潮　元夏文彦圖繪寶鑑卷四僧若芬作：「世間宜假不宜真，如錢唐八月潮。」

〔二〕即古澗蒼壁間結庵顔曰玉澗　元夏文彦圖繪寶鑑卷四僧若芬作：「古澗側流蒼壁間占勝作亭，扁曰『玉澗』。」

月江淨公傳

宗淨，字月江，婺人也，正庵聞公法子。頎身偉貌，德本夙植。覺繇性稟，每以佛乘印參儒典，默而能融，辯而不肆。所著詩文，皆有足觀，尤以接物利生爲己任。行持無怠〔一〕，雖小戒律如踐青折萌、盥手泛席之類〔二〕，未嘗放心。翰院侍講王公時彦在秘閣纂修，少師姚公實總其事。二公論及東南名僧，而師居其一。總司聞其賢，舉授徑山住持。一時名公鉅卿皆樂然出疏勸請，嚮振山靈。

師之住是山也，不大設門逕，不廣聚徒衆，抑渾而務實。嘗示人曰：「身是一卷活經，無時不轉；口是兩片死皮，有説便動。真知實謬不在言也。」師之爲文字，用濟佛事，過則揮去，如塵垢粃糠，了無留意。至於整頓山門，事無巨細，宜爲必行，可以立住，皆決於俄頃，無顧慮徬徨之滯，亦法門英傑也。或贊其像曰：「□□神定氣沖，言雄貌偉。擊拂一下，大海絶流。咳唾一聲，須彌粉碎。衲子師模，佛祖骨髓。夫是之謂正庵和尚之的傳，妙喜七葉之華裔也。」後念佛而逝，塔於本山。

【校記】

〔一〕行持無怠　明宋奎光徑山志卷四貝秦送月江淨禪師住持徑山寺作：「師推悟理而信，故于孔氏之學，習而不懈；釋氏之教，行而不怠。」

〔二〕之類　原作「之數」，據明宋奎光徑山志卷四貝秦送月江淨禪師住持徑山寺改。

【箋注】

【一】或贊其像曰　讚文出自明宋奎光徑山志卷九曇讚讚月江和尚：「神定氣沖，言雄貌偉。擊拂一下，大海截流。咳唾一聲，須彌粉碎。衲子師模，佛祖骨髓。文淵閣下，道動天顔；喝石巖前，名尊地位。夫是之謂正庵和尚之的傳，妙喜七葉之華裔也。」

元　慧明傳

慧明，蔚州靈丘人，其母夢異人乘白馬素衣借宿而娠。生異恒童〔一〕，習詩書，傍通百家之言。棄之，謁海雲簡禪師，言下知歸，海雲美之以頌。〔二〕還住靈丘曲迴寺，適西京大華嚴虚席，請海雲。海雲舉師爲代。華嚴前住者失綱，頹圮荒凉，久不成叢林矣。師御下寬明，持身謹肅，道聲高振。凡殿廊方丈，厨庫堂寮，叢席所宜有者，莫不化朽爲新，起廢爲興，即壞爲成。壬子，世祖在潛邸師名德，奉師陞堂説法，錫以徽號。既而遷慶壽，燕京府僚致請及海雲也。世祖與太子屢臨法筵，出内帑作大施會。師倦於化道，告退曲迴，閑庭淨几，翛然静適者數年，而華嚴之命復下矣。

師賦性淳謹，器宇恬愉。臨事不回，與人謙穆。每陞堂演法，萬指圍繞〔三〕。師憑陵數言，使聞者人人得意於言象之外，有古尊宿之風。雖日接貴顯，一之以坦，未嘗枉道以從物。以至元七年二月示微恙，謂門人曰：「日色晚矣。」索筆書一偈，[二]復云：「驀直去。」擲筆而卧，若熟睡然，撼之以逝矣。俗壽七十二，坐夏四十五。茶毗，舍利五色燦然，分葬華嚴、曲迴二刹，表之以石。

【校記】

〔一〕生異恒童　清胡聘之山右石刻叢編卷二十五祥邁華嚴寺明公和尚碑作「載誕之後，果異恒童」。

〔二〕萬指圍繞　清胡聘之山右石刻叢編卷二十五祥邁華嚴寺明公和尚碑作：「莅衆儼然，誘掖後昆，綽有餘裕。」

【箋注】

【一】棄之，謁海雲簡禪師，言下知歸，海雲美之以頌　頌參清胡聘之山右石刻叢編卷二十五祥邁華嚴寺明公和尚碑：「古鑑圓明，洞然瑩徹。魔佛容分，虚空撲裂。大用縱横，雷轟電掣。宛轉無爲，不存軌轍。弄拈日裏浮漚，團撮爐心片雪。倒騎吼月磁牛，驚起追風石鱉。咄，當頭打破絶偏圓，撥轉玄關奚辨别？」

【二】索筆書一偈　偈見清胡聘之山右石刻叢編卷二十五祥邁華嚴寺明公和尚碑：「這箇閑

家破具，知他販了幾度。翻身踢倒乾城，是處清風滿路。」

元　祖瑛〔一〕

祖瑛，號石室，吴江陳氏子。齠年出俗，即策杖游諸方。初從虚谷陵公於仰山，聞徑山晦機道化，亟來投之。一見契合，留掌記室，自是聲聞日新。出世明之隆教、杭之萬壽、明之雪竇、育王。會有恙，天童砥平石問之，答以偈曰：「是身無我病根深，慚愧文殊遠訪臨。自有巖花譚不二，青燈相對笑吟吟。」後造一龕曰「木裰」，日坐其中，不涉世事。至正癸未三月，見一衰婦人叩頭，請師應身爲國王。師曰：「吾不願生天王家。」逾十七日，趺坐而化。

【校記】

〔一〕祖瑛　原作「祖英」，據明淨柱輯五燈會元續略卷二明州育王石室祖瑛禪師、明文琇增集續傳燈録卷四明育王石室祖瑛禪師、明宋奎光徑山志卷三石室祖瑛改，下同。

元　如玉

如玉，自匡廬至徑山雙溪，見陸羽泉上山麓森秀，遂結茅息影，持鉢乞食，隨緣化導，自號雙溪布衲。久之，扶策登凌霄，依麓搆室，三年不下山。一日，遥睇吉祥峰五色瑞雲曰：「此中必有靈氣。」遂尋至峰陰之坡建寺，成叢林焉。後敕賜「大安」。一日，妙嵩禪師戲以詩悼之曰：「繼祖當吾代，生緣行可規。終身嘗在道，識病懶尋醫。貌古筆難寫〔一〕，情高世莫知。慈雲布何處，孤月自相宜。」師讀畢，舉筆答曰：「道契平生更有誰，閑卿〔二〕於我最心知。當初未欲成相别，恐誤同參一首詩。」投筆坐去。六十年後，塔户自啓，真容儼然。

【校記】

〔一〕貌古筆難寫　「寫」，宋正受嘉泰普燈録卷二十四雙溪布衲如禪師作「邈」。

〔二〕閑卿　原作「閒鄉」，據宋正受嘉泰普燈録卷二十四雙溪布衲如禪師、宋普濟五燈會元卷六雙溪布衲如禪師、明瞿汝稷指月録卷七雙溪布衲如禪師改。

元 拗撓傳

拗撓，錢塘人，賣菜傭也。每侵晨擔菜入市。一日往太早，暫歸少憩。覺室中有異，潛壁間聽之，乃妻與人私語。人曰：「彼較我何如？」妻曰：「彼拗撓，爾平穩。」即吟詩曰：「撐竹烏鴉叫，錢塘門未開。『拗撓』纔出去，『平穩』便入來。」遂棄家，往蕭山越王臺栖焉。從此潛心禪悅，深有契證。

後坐脱去，面貌如生。舉身輕輭，每月髮長，姊爲剃之數年。姊曰：「我老矣，此後可無長也。」又數年而以泥塑其身，特露其面。好事者每於春時迎像入城，以種因果，至今絡繹云。

補續高僧傳卷第二十五

明吴門華山寺沙門明河撰

雜科篇

明　玄中猷法師傳

玄中猷法師，别號復闇，杭海昌某氏子。依愚翁長老祝髮，研精教義，更知有宗門向上事。其爲文如春花秋月，艷無待飾，清不加寒。筆花之妙，照映今古。假斯文以闡吾道，或以是譽，師如受唾。

洪武中，主席於錢唐吴山大乘寺，道風大振。永樂庚子，繼主嘉禾東塔寺。寺爲漢朱買臣之故宅，宋孝宗嘗龍游於此，屢經兵燹，殿宇傾廢。若前住山滄海深、雲谷祥諸公皆志於興復，不果。師至，憮然有感。遂罄衣囊鉢底，及鳴合施者簡材鳩工，薙荆榛，畚瓦礫。始是年，訖於宣德戊申冬。殫精十禩，而百什俱起。四方緇素皆視師爲景星慶雲，望而歸之者不可勝計。師煩之，力辭，退居别室。

至正統戊午，杭之南山慧因講寺久虛其席，諸山僉謂慧因冠華嚴之首剎，非碩德不足以當之，唯師其人。辭再四不克。時慧因亦圮，師至，興廢起弊之功，不減在東塔時。況二山俱華嚴講寺，夫華嚴一宗，始於賢首，成於清涼，定於圭峰，皆盛弘於北，傳至晉水，則入杭矣。杭而宗華嚴，大難爲力。師兩興巨剎，一振頹宗。晉水而後，概不多見。孤力獨運，良可嘉偉。筆其略爲傳，以示來者。

南洲溥洽法師傳

師諱溥洽，字南洲，晚號迂叟，又稱一雨翁。姓陸氏，宋寶章閣待制游之後，世居會稽之山陰。祖某，爲〔一〕饒州餘干縣尹。父仁甫，因家焉，母周氏〔二〕。師生於至正丙戌，自幼闓爽穎異。父教之詩書，悟解日益進。未齔，已志慕出世法。有老長戲之曰：「仙人本是山人作。」師應聲對曰：「鳳鳥終非凡鳥爲。」衆驚異之。每入招提瞻佛像，輒敬禮膜拜。父母知不可遏，命於郡之普濟寺禮雪庭祥公爲師。受具，上天竺謁東明日公，一見器重之，命典賓客。其儀矩從容秩然，藂林老宿多推服，以爲難能。而博究教典，雖寒暑夙夜不懈。已而從具庵玘公於普福，講求旨要。凡諸經籍精粗小大之義，靡不貫串，而旁通儒書，間以餘力爲詩文，多有造詣。玘公命首懺事，行三昧法，自是進於止觀明靜之道。洪武辛亥，出世住孤山瑪瑙講寺。又住蘇州北禪，學徒雲集。師爲開演五時八教，如來一代施化之儀。無智愚高下，人人滿所欲而退。一時宗門耆碩如九皋聲公、啓宗佑公咸共嗟賞，謂吴中法席第一。又六年，至杭之下天竺〔三〕。乃循慈雲故事，建金光明護國期懺七晝夜，爲衆講貫無虚日。太祖皇帝〔四〕聞其賢，召爲僧録司右講經。玉音褒諭，有「通東魯書，博西來意」之語。居長干西丈室三年。時夢觀主天禧，其徒由高者夜夢詣師室，及門，有二神人兜鍪金甲，衛護甚嚴，叱止高曰：「寺主在是。」既覺，詣師告所夢，且曰：「公其代吾師乎？」踰月，夢觀卒，有旨命師主天禧〔五〕。

又三年，陞左善世。太宗皇帝舉靖難師〔六〕，道衍公有輔翼居守功。及即位，召衍至自北京，命主教事。師以左善世遜衍，而己居右，上嘉從之。永樂四年，詔修天禧寺浮圖。落成之日，車駕臨幸，命師慶讚，祥光燁煜，萬衆聚觀，天顔愉懌。時有任覺義者，忌師之寵，搆詞間之，左遷右覺義。疏斥，師不辯，自處裕如。既而上察其心，復右善世。仁宗皇帝臨御，以老宿數被召問，禮遇特厚，命居慶壽寺松陰精舍以自佚，而上御便殿，召師入見，慰勞甚至。遂奏乞還南京大報恩寺以終老，從之。賜佛像、經鈔若干緡。給驛舟，命中官護送。既至，明年爲宣德元年七月二十八日，微疾，呼寺之住持惟寔付後事，留偈訣別其徒，云：「清淨自在住〔七〕。」遂化，春秋八十有一，僧臘六十有九。塔全身於鳳嶺，送者萬餘人。訃聞，上遣行人王鱗蒞祭焉。

師歷事列聖，一以至誠，而言動必祗禮度。處物和，馭衆寬〔八〕。解逅逢掖士，喜商論文事。三四十年間，鉅緇老衲有文聲者，惟師與衍公耳。師所著，有金剛注解附録一卷，應制及與名人唱和詩若干卷。國家建法會，一切科儀文字皆師所定，以貽範於後。所度弟子慈霔、圓悟、大霑等若干人，得法弟子圓瀜〔九〕、鴻義、惠朗等若干人。〔一〕宣德元年秋，示寂於南京，弟子奉龕建塔於長干西南鳳嶺之陽，復於塔前搆精廬以居。工部右侍郎廬陵周忱爲之記曰：「公戒行之精，才望之高，既已詳見少傅楊公塔銘矣，今之記似可略也。然予於兹寺之建獨有感焉。昔者孔子没，弟子皆冢於墓，服心喪之禮三年。喪畢，治任將歸，入揖於子貢，相嚮而哭，皆失聲。子貢反，廬於墓上，又三年而後去。蓋師之與弟子，所以傳其道、授其業，有父子之恩焉。後世此道不明，當其師之生存，反其道背之而去者有矣，能服乎心喪之禮者，幾何人哉？心喪之禮且不能服，況望其廬墓至於三年、六年之久者乎？予聞洽公當永樂間，嘗爲同列所間。太宗皇帝欲試其戒行，繫之於錦衣獄〔一〇〕。一時門弟子多雲鳥散去，獨霔公焦心苦骨，從其師於患難，服薪水之勞，未嘗一日去左右。卒使其獲全行業，蒙被國恩，大昌其教於晚節〔一一〕。觀其盡心所事，不以死生窮達而有所改易，此蓋士大夫之所難能，而霆公能之。予於是重有感也，是用書以爲記，使後之觀於此者，或因霆公而有所激勸焉。」

有言：靖難兵起，師爲建文君設藥師燈懺詛長陵。金川門開，又爲建文君削髮。長陵即位，微聞其事，因師十餘年。榮國公疾革，長陵遣人問所欲言，言願釋溥洽。長陵從之，釋其獄，時白髮長數寸，覆額矣。

【校記】

〔一〕爲　明楊士奇東里文集卷二十五僧録司右善世南洲法師塔銘作「仕元爲」。

〔二〕周氏　明楊士奇東里文集卷二十五僧録司右善世南洲法師塔銘作「餘干周氏」。

〔三〕至杭之下天竺　明楊士奇東里文集卷二十五僧録司右善世南洲法師塔銘作「主杭之天竺，蘇之學徒從往者甚衆」。

〔四〕太祖皇帝　原作「太宗皇帝」，據明楊士奇東里文集卷二十五僧録司右善世南洲法師塔銘改。

〔五〕主天禧　明楊士奇東里文集卷二十五僧録司右善世南洲法師塔銘作「兼主天禧」。

〔六〕舉靖難師　明楊士奇東里文集卷二十五僧録司右善世南洲法師塔銘作「舉義旂」。

〔七〕清淨自在住　明楊士奇東里文集卷二十五僧録司右善世南洲法師塔銘作：「清淨自在中，還得如是住。一切大安樂，清淨自在住。」

〔八〕處物和馭衆寬　明楊士奇東里文集卷二十五僧録司右善世南洲法師塔銘作：「處物以

和，馭衆以寬，接引來學，隨材具深淺而開悟之，咸有成而去。」

〔九〕圓瀜　原作「圓澥」，據明楊士奇東里文集卷二十五僧録司右善世南洲法師塔銘改。

〔一〇〕繫之於錦衣獄　明周忱雙崖文集卷一敕賜鳳嶺講寺記作「幽之于禁衛者十有餘載」。

〔一一〕大昌其教於晚節　明周忱雙崖文集卷一敕賜鳳嶺講寺記下有云：「今其師既没，又能惓惓焉以建塔創寺爲己任，至于久而不忘。」

【箋注】

【一】所度弟子慈霆、圓悟、大霑等若干人，得法弟子圓瀜、鴻義、惠朗等若干人　明楊士奇東里文集卷二十五僧録司右善世南洲法師塔銘所載其弟子甚衆：「其所度弟子圓悟、大霑、僧録右覺義慈霆、志了若干人，得法弟子僧録左善世聞晟，右善世圓瀜、鴻義、玄妙廣惠禪師、右善世行杲、左覺義守行、右覺義惠朗、德潤、集慶、雲山、僧綱都副智達、善啓、上天竺住持碧潭等若干人。」

木巖植公傳

木巖植禪師，婺人也。得法於虚谷陵公。三坐道場，皆有語録，王忠文公禕〔一〕爲之序曰：「當宋季年，宗門耆宿相繼淪謝。欽公獨毅然自任以斯道重，得其傳者，是爲虛谷陵公。公遭逢聖時，蒙被帝眷，其道尤爲光顯，而其上首弟子則吾木巖植禪師是已。師之入其室也，非唯參决其心要，而且兼傳其文印，故其爲道無所不同於公焉。初，師出世於寧之西峰，既至〔二〕袁之仰山，而今遷居杭之慧雲。門人集其三會所説、日用動作之語用故事，次第而録之，謂師之道雖不專任乎言語之間，而因其言語之所及，亦可以知其道之所存也。竊觀師之言，機鋒峻峭，誠足以啓學人之略解〔三〕。至其敷演之切、告戒之嚴，則所謂教律者，其道亦不外是焉。夫何近時禪學之弊，其徒唯口耳之是務，襲取昔人之言語，迭相師用，誣己而罔人，脱略方便，顛倒真實，而莫之或省。然則於一大事果何相與乎？學者於師之言語，苟能以筌蹄視之，庶幾目擊而道存矣。陵公與師皆予同里人，予生也後，不及登公之門，而於師幸有游從之雅，姑述淵源之所自，以序其語録焉。」

夫忠文公文章勳業表率一時，爲開國第一流人。即一字一言，將取信天下後世，豈妄許可人者而獨私鄉曲耶？吾是以知木巖之人之德，定大有可觀當于忠文〔四〕。故忠文雖欲避鄉曲不言木庵〔五〕，不可得也。惜其行迹泯没，姑拈序略代小傳，以見木巖云。

【校記】

〔一〕王忠文公禕 「忠文」原誤倒，明史卷二百八十九王禕傳：「正統中，改謚忠文。」下文亦言「忠文公」「忠文」，因據乙正。

〔二〕既至　明王褘王忠文公集卷六木巖禪師語録序作「既主」。

〔三〕略解　明王褘王忠文公集卷六木巖禪師語録序作「領解」，是。

〔四〕定大有可觀當于忠文　疑「當」字衍。

〔五〕木庵　疑爲「木巖」之誤。

曉山亮傳

元亮，字曉山，河南信陽蕭氏子。誕夕室有光如晝。甫長，茹素誦佛，不爲俗營。父攜之宦游棠，遂家焉。棠寶林寺僧至福道高一時，師禮而祝髮。福示以禪要，有省，且指參古渝幽谷禪師。纔入室，契如鍼芥，塵勞迸於一見，疑滯銷於片言。

洪武壬子，歸棠建寶頂，大弘道化。時方選名德高流，有司以師聞。被詔住報恩，遷大慈。宸章屢降，有「幽蘭久隱棠林下，不覺微香泄九天」之句。師力求退院，久之乃賜還山。初，蜀藩請師入内庭説法，贈以金襴衣，錫鉢諸物併上所錫賚，師受之，存爲十方招提，始終不御也。嘗有示徒頌曰：「甕裏何曾走却鱉，蝦跳元來不出斗。出世若無堅固心，六道輪迴空自走。」庚辰十月十三日，忽索浴，更衣危坐。時天淨無雲，日輪亭午。但聞轟雷三陣，圓光現於空際，其數如之。遂化去，荼毗，舍利如注。

德昂傳

德昂，别號伏庵，會稽吴守正子也。元季兵起，守正避地石門鎮，苗兵亂，母禹氏投水死，昂年十二，從守正歸越。未幾，守正亦死於兵。昂無所依，去金華山中，削染爲僧。修攝精厲，居然耆宿，人望而敬之。及干戈甫定，渡錢塘省親墓，宋學士濂序以送之，稱其至孝有儒行。會修元史，昂入京，以母死事告於史氏，遂得列傳。〔一〕歸治母墓，榜其居曰「白雲」，先隴鎮人表爲貞母阡〔二〕，昂後不知所終。

「形非親不生，性非形莫寄。凡見性明心之士，篤報本反始之誠。外此而求，離道逾遠。」〔三〕昂之見性明心，吾不知何如也。只哀哀一念，至懃至懇，亦足爲吾道解嘲。雖大慧禪師爲父母立後，亦不過推廣此心，豈有一毫加於昂哉？

【校記】

〔一〕貞母阡　原作「真母軒」，明徐一夔始豐稿卷七貞母阡記：「貞母阡者，昂上人之母禹氏所葬處也，阡在崇德縣之石門鎮。」因據改。

【箋注】

【一】會修元史，昂入京，以母死事告於史氏，遂得列傳　其母事具元史卷二百一列女傳：「吳守正妻禹氏，名淑靜，字素清，紹興人。至正十六年，從家崇德之石門。淑靜嘗從容謂守正曰：『方今群盜蜂起，萬一不測，妾惟有死而已，不使人污此身也。』是年夏，盜陷崇德，淑靜倉皇擕八歲女登舟以避。有盜數輩奔入其舟，將犯淑靜，淑靜乃抱幼女投河死。」

【二】形非親不生……離道逾遠　語出明宋濂贈清源上人歸泉州覲省序：「大雄氏躬操法印，度彼迷情，翊天彝之正理，與儒道而並用，是故四十二章有最神之訓，大報恩中有孝親之戒。蓋形非親不生，性非形莫寄。凡見性明心之士，篤報本反始之誠，外此而求，離道逾遠。清源上人曩自蚤歲即黜空門，剃落於鳳凰之峰，典藏於雙檮之刹，無微不探，有顯皆窮。繼出世於龍華，俄分座於天界。宜了苦空之相，庶盡有漏之因。蓼莪忽詠，陟屺成思。瞻巖雲之易孤，歎春暉之莫報。癡鈍翁之寄像，終亦何心；陳尊宿之編蒲，願終其志。於是儒門席上之珍，法苑同袍之彥，察其誠慤，各繫聲歌，且徵題於首簡，用攄發其中情。昔者柳州刺史投分濬師，及覲省於淮南，法鄭商之先犒，屬爲文采，烜著叢林。顧予末學，焉敢效顰？然而見善不揚，非君子之操；澆俗弗勵，豈達賢之爲？有若上人歷抵大方，期于深詣，其欲明心見性者歟？雖嘗絕學，不廢明倫，其知反始報本者歟？契經最神之訓，如來孝親之戒，其能服行而弗悖者歟？魯典竺墳，本一塗轍，或者岐而二之，失則甚矣。自慚蹇侳，馳逐章逢，知本迹之不殊，思内外之兩盡。嘉斯篤行，吻合道謨，聿增名教之重，不昧原本之義。表而出之，以爲世觀焉爾。」

天淵濬　季芳聯二公傳

清濬，字天淵，台之黄巖人。具戒游參，見古鼎銘公有所入，命司内記，説法於四明之萬壽。未幾，棄衆歸隱清雷峰中，薦紳先生挽留不可得。宋公濂作文送之，其略曰：「余初未能識天淵，見其所裁輿地圖，縱横僅尺有咫，而山川州郡彪然在列。余固已奇其爲人，而未知其能詩也。已而有傳之者，味沖澹而氣豐腴，得昔人句外之趣，余固已知其能詩，而猶未知其能文也。今年春，偶與天淵會於建業，因相與論文，其辯博而明捷，寶藏啓而琛貝焜煌也，雲漢成章而日星昭焕也。長江萬里，風利水駛，龍驤之舟藉之以馳也。因徵其近製數篇讀之，皆珠圓玉潔而法度謹嚴，余益奇其爲人。傳之禁林，禁林諸公多歎賞之。余竊以爲〔一〕天淵之才，未必下於秘演〔二〕、浩初，其隱伏東海之濱而未能大顯者，以世無儀曹與少師也。人恒言文辭之美者蓋鮮，嗚呼！其果鮮乎哉？方今四海混同〔三〕，文治聿興，將有如二公者出荷斯文之任，倘見天淵所作，必亟稱之。浩初、秘演當不專美於前矣。或者則曰：『天淵，浮圖氏也。浮圖之法，以天地萬物爲幻化，況所謂詩若文乎？』是同然〔四〕矣。一性之中，無一物不該，無一事不統。其大無外，其小無内，誠不可離而爲二。苟如所言，則性外有餘物矣。人以天淵爲象爲龍，此非所以言之也。天淵將東還，士大夫〔五〕多留之，留之不得，咏歌以別之。以予與天淵相知尤深也，請序而送之。」

道聯，字季芳，鄞人也。幼讀儒書，窮理命之學。長依薦嚴義公修沙門行。尋掌〔六〕内記於大天界寺，遂嗣法於淨覺禪師。矩度雍容，進退咸有恒則，蓋温然如玉者也。蘖林之中咸器重之，或挽其爲住持事，則謙然不敢當，且曰：「我心學未能盡明也，三乘十二分之説亦未能盡通也，我歸四明山中，求諸己而已矣。」宋公亦作序送之。

二公皆於道有聞，而退然不居，有高尚之風焉，宜乎見稱於長者也。

【校記】

〔一〕以爲　明宋濂送天淵禪師濬公還四明序作「以謂」。

〔二〕秘演　明宋濂送天淵禪師濬公還四明序作「祕演」，下同。

〔三〕混同　明宋濂送天淵禪師濬公還四明序作「會同」。

〔四〕同然　明宋濂送天淵禪師濬公還四明序作「固然」。

〔五〕士大夫　明宋濂送天淵禪師濬公還四明序作「賢士大夫」。

〔六〕掌　原作「嘗」，據明宋濂送季芳聯上人東還四明序改。

示應傳

示應，寶曇其别號也。其先世自汴入吴，宋丞相王文穆公之後有居吴興者，祖、父皆隱德弗耀，唯信慕出世法，母朱氏奉佛尤謹，一夕夢僧踵門而娠。既而有僧自天目來，知斷崖禪師謝世正夢時也，自是人皆謂師爲斷崖再世。在襁褓中，遇僧輒喜而笑，解禮佛，疊足而坐。所至緇白景從，莫不皆以和尚稱之。雖老師宿德致敬，坦不爲讓。人爭施金帛，得之隨方立僧伽藍造佛像，餘則給施貧乏。

高皇即位，訪求山林遺逸及有道行之士。師被徵，應對稱旨，賜饍慰勞。久之，令居龍河天界寺。洪武十一年，上以峨眉乃普賢應化之地，久乏唱導之師，曰：「無如應者。」召見，慰而遣之。居八年，蜀人咸被其化。時諸藩邸王侯士庶施者日至，乃於絶頂光相寺範銅鑄大士像，構重板屋以覆之。二十四年，分僧清理釋教。上諭僧録司官：「寶曇居蜀，人服其化，就委區理，訖事來朝。」以次年六月復命京師，處置如式，深得上心。天顏大悦，因奏先所居吴門集雲、妙隱、大雲三阿練若同一根蒂，今離而爲三，乞合爲一。上是其言，敕賜「南禪集雲」之額，期十月陛辭而還，而疾作矣。以六月初九日瞑目跏趺而逝。時隆暑，顏色不變，芳香襲人。得壽五十有九，僧臘如之。

上聞，爲之傷悼，尋遣官諭祭，飯僧三千員。荼毗，會者以萬計。其徒分遺骨歸姑蘇、峨眉，各建塔奉之。信士李正因親侍日久，凡出處不約而先至，後事尤盡心焉。師平生不作表襮之行而世共尊之，不爲溢美之言而人益信之。屢營梵刹，不居其功，去之若遺焉，非其了達生死皆如幻夢者，能若是乎？

守仁　德祥二公傳

守仁，字一初，富春妙智寺闍黎也。詩文友德祥，字止庵，仁和人。二公當元末有志於行道，因時危亂，鬱鬱不自得，遂肆力於詩，並有聲於時。一初嘗云：「我輩從事文墨，非以廢道沽名，蓋有不得已也。」止庵云：「詩豈吾事耶？資黼黻焉耳。」觀此可知二公之心矣。

一初詩清簡有遠致，楊廉夫極稱賞之。又善書，筆法遒勁。入我朝，被徵爲僧録右善世。時南粵貢翡翠，一初題詩云：「見説炎州進翠衣，網羅一日遍東西。羽毛亦足爲身累，那得秋林靜處棲〔一〕。」太祖見之，怒曰：「汝不欲仕我，謂我法網密耶？」止庵住徑山唱道，爲禪者所宗，風化翕然，亦以西園詩忤上。〔二〕二公皆以詩賈禍，幾於不免。然止庵律己甚嚴，臨衆有法，氣象巍然。一初日暮無聊，頗涉不羈，不得蒙法門矣，從是見二公之優劣。故止庵得稍酬初志，而一初則終於不振。至止庵就化，倚座示衆，若無經意於死生，脱然無繫，景光尤可想而見也。

明河曰：非莊老不行六朝教也，非詩文不大宋元禪也。去古漸遠，餘波末流，自應至是。然道之真僞，與夫説之是非，吾猶得即其言而觀之。至於今則大不然，椎魯不文之人冒棒喝爲禪，以指經問字爲諱，何暇於詩文？輕浮躁進之士執門户爲教，方入室操戈，是圖何有於莊老？愈趣而愈下。覺六朝宋元間法道雖變古，猶爲可觀。因記二師數語，感時之歎，莫如今也。

【校記】

〔一〕那得秋林靜處棲　「棲」，原作「飛」，據明郎瑛七修類稿卷三十四二僧詩累、明吴之鯨武林梵志卷九守仁禪師、明陳師禪寄筆談卷六、明徐伯齡蟫精雋卷九悼鐵崖改。

【箋注】

【一】止庵住徑山唱道，爲禪者所宗，風化翕然，亦以西園詩忤上　據明郎瑛七修類稿卷三十四二僧詩累：「止庵有夏日西園詩：『新築西園小草堂，熱時無處可乘涼。池塘六月由來淺，林木三年未得長。欲淨身心頻掃地，愛開窗户不燒香。晚風只有溪南柳，又畏蟬聲鬧夕陽。』皆爲太祖見之。……謂德祥曰：『汝詩熱時無處乘涼，以我刑法太嚴耶？』又謂：『六月由淺、三年未長，謂我立國規模小而不能興禮樂耶？頻掃地、不燒香，是言我恐人議而肆殺，却不肯爲善耶？』皆罪之而不善終。」

雪庵和尚傳

雪庵和尚，名暨，不知其姓。當變時文皇入京，和尚方壯年，披剃走西南重慶府之大竹善慶里，山水奇絶，和尚欲止之。其里隱士杜景賢知和尚非嘗人，遂與之游，往來白龍諸山。見山旁松柏灘，灘水清駛，薜篁森蔚，和尚欲寺焉。景賢豪有力，亟爲之寺。和尚率徒數人入居之，昕夕誦易乾卦，山中人固謂佛經。景賢知之，不忍問，懼不能安和尚。和尚亦知景賢意，改誦觀音經，寺因名「觀音寺」。

和尚好讀楚辭，時時買一册，袖之登小舟，急棹進中流〔一〕，朗誦一葉，輒投一葉於水，投已輒哭，哭已又讀，葉盡乃返，衆莫之知。景賢益憐敬之，終不問和尚。和尚好飲不戒，日注酒一壺俟客。客至輒飲，不則拉樵牧豎人飲，半酡呼豎兒和歌，歌竟瞑焉而寐。和尚頎而秀爽，指柔白翦翦，落筆成章，不甚工。然意氣涣發，又能感愴人。或曰和尚爲建文時御史。死之日，其徒問：「師即死，宜銘何許人？」和尚張目曰：「松陽〔二〕。」問姓名不答，有詩若干篇。

當雪庵痛哭時，若遇善知識一點，吾見其涣然冰釋矣。用志不分，乃凝於神。回此以學道，何道之不克？故曰德山、臨濟若不出家學佛，定爲曹孟德、孫仲謀無疑，世出世法一揆。惜哉！雪庵之不遇如臨濟、德山者一點化也。

【校記】

〔一〕急棹進中流　明陳建皇明通紀集要卷十二作「急棹灘中流」。

〔二〕松陽　明陳建皇明通紀集要卷十二作「松楊」。

大善國師傳

實哩沙哩卜得囉，東印土拶葛麻國王之第二子也。父母感奇夢而生，在童真位聰敏不凡，而百無所欲，唯見佛法僧則深起敬信。年十六，請命出家。遣禮孤捺囉納麻曷薩彌爲師，薙落受具。資受學業，習通五明。闔國臣庶以師戒行精嚴、智慧明了，尊稱爲五明板的達。師足迹周遍五天，從化得度者甚衆。凡過道場塔廟，必躬伸盡敬。至地涌塔，修敬卓錫。而禪塔以久圮，勸國王修治。脱管心木，木下紀師名號。衆咸異之。

永樂甲午，入中國，謁文皇帝於奉天殿，應對稱旨，命居海印寺。丁酉，奉命游清涼山。還都，召見武英殿，天語温慰，寵賚隆厚，授僧録闡教，命居能仁寺。歲甲辰，仁宗昭皇帝舉薦揚大典，師掌行，特授師號「圓覺妙應慈慧普濟輔國光範弘教灌頂大善大國師」，賜金印寶冠、供具儀仗。乙巳，宣宗章皇帝舉薦，亦命師掌行。

師平生不矜名，不崇利。外示聲聞，内修大行。遇恩寵而志意愈謙，涉諸緣而戒行彌確。在京師受度弟子數千輩，各隨器宇誘掖之，漸引次升，不立過捺難行蹊徑，使人望崖而不敢前。將化，謂弟子不囉加實哩等曰：「吾自西天行化至此，今化緣已周，行將逝矣。汝等各當善護如來大法，毋少懈怠。」言訖，儼然而寂，實宣德丙午正月十三日也。訃聞，上悼歎之，命有司具葬儀。闍維，收舍利於香山鄉，塔而藏之。遺命分藏清涼山、圓照寺，亦建塔焉。

德琮傳

德琮，姓杜氏，唐拾遺子美之後也。出家嵩山，自食其力，水耕火種，兩股皆有日炙痕。博通内外典，素不出山教化，人罕知之。成祖使中官至汴，廉得其名，還奏於朝。適西番進一僧，至言三教九流無不通徹，堪爲中國王者師。上不悦，曰：「堂堂天朝，豈無一人可當之？」詔徵德琮至，賜金襴袈裟、銀鉢盂。明旦普召衆僧，各坐高几辯對。其僧談吐出入九經，滔滔如注水。琮訥於應對，衆初疑之。有頃，忽問西僧〔一〕：「諦字何義？」西僧應稍遲，琮乃大聲訓解，鳩大藏，探儒書，歷示以字學之義，曰：「此而不知，焉用稱學？」西僧羞恚，頂禮歎服辭去。上喜，召入賜坐，即日授左善世，爲作室雞鳴山，以爲修藏之所。年五十七，説偈示寂。詔起塔於山之陰，賜御祭者三。

【校記】

〔一〕西僧　明徐昌治昭代芳摹卷十三、明陳建皇明通紀集要卷十四、明沈國元皇明從信録卷十四作「胡僧」，下同。

息庵觀公傳

慧觀，别號息庵，胡忠簡公銓之後也。依青原虚白鏡公爲沙彌，青原深山中鄉先生陳宗舜時來寓静，師事之甚謹。旦暮受教，繇是博通文學。既長，剃落游方，從名德啓發，沛然有所悟入。拄杖之迹幾遍寰中，居蜀最久。蜀獻王供養之，嘗曰：「此真道人也。」府寮多老成名士，皆下禮於師。

正統改元初，至北京，尊信者合力建一刹於城之東北隅居之，參謁問道者屨滿户外。一日楊東里造其室，見函香施供相繼踵，因戲之云〔一〕：「如日中一食，樹下一宿何？」師徐曰：「學人假是致其誠，吾不可却。公何異焉？」〔二〕及入視之，蕭然無長物，惟忠簡公及楊忠襄、楊文節、胡剛簡四公遺像在焉。東里又云：「不猶滯於相乎？」師曰：「之數公名德相高，皆山川之毓靈、國家之元氣〔二〕，且胡、楊世好，是四紙吾先人所寶，吾敢忽諸〔三〕？」東里歎曰：「師好賢重德如此，豈尋嘗離倫絶類〔四〕、自詭欺世以爲高者之倫哉？」未幾坐脱去，善信塔而祀之以屋。有語録一帙，東里爲書其首行之。

【校記】

〔一〕因戲之云　原重「之」字，明楊士奇東里續集卷十五息庵禪師語録序作「戲之曰」，因據删。

〔二〕皆山川之毓靈國家之元氣　明楊士奇東里續集卷十五息庵禪師語録序下有「斯文之命脉也」。

〔三〕吾敢忽諸　明楊士奇東里續集卷十五息庵禪師語録序作「吾敢忽忘哉」。

〔四〕離倫絶類　明楊士奇東里續集卷十五息庵禪師語録序作「離倫絶義」。

【箋注】

〔一〕學人假是致其誠，吾不可却。公何異焉　明楊士奇東里續集卷十五息庵禪師語録序記載與此略異：「戲之曰：『象教所云日中一食，樹下一宿，與衣壞色者，彼非耶？』答曰：『學人假是致其誠，吾聖人不云自行束脩，未嘗無誨，吾亦惟其誠耳。公何用觀其外哉？』」

德然傳附道安

德然，號唯庵，華亭張氏子。生具異相，左足下有一痣，口能容拳，舌能舐鼻。七歲誦法華經於杭之天龍寺，慨然有游方之志。初見石屋珙公，後參千巖長禪師，大有契證。珙囑以緣在吴松，〔一〕爲書「松隱」二字與之：「素首座以福薄不可出世爲人，爾其步素公之後塵乎？」遂歸里於城南，結庵以居，揭珙書爲額，足不越閫者數年。嘗劙指血，命高行僧道謙書華嚴經八十一卷。

洪武初，以有道徵，未幾以病還。嘗曰：「學佛法人，無徒恃見地。一知半解，濟得何事？顧力行何如耳。」繇是愈益精勵。間亦爲韻語，不與人倡和，自適而已。有船居詩十首，清絶可誦。又建七級塔，奉藏血書法寶。二十一年四月十四日辭衆，泊然而逝。塔全身於松隱。

庵法子曰道安，矢節礪行，有乃父風，常行般舟三昧。永樂丙申，年七十七化去。遺偈云：「不會掘地討天，也解虛空打楔〔一〕。驚起須彌倒舞，海底蝦蟆吞月。踏翻生死大洋，説甚漚生漚滅〔二〕？」

【校記】

〔一〕打楔　明顧清正德松江府志卷三十一、明方岳貢修、陳繼儒纂崇禎松江府志卷四十五道安、清性統編集續燈正統卷二十七道安禪師作「打橛」。

〔二〕漚生漚滅　明顧清正德松江府志卷三十一道安、明方岳貢修、陳繼儒纂崇禎松江府志卷四十五道安作「漚興漚滅」。

【箋注】

【一】珙囑以緣在吴松　明宋濂松隱庵記：「唯庵然禪師，有道之士也。嘗謁石室珙公于霞霧山，公告之曰：『子去我而求憩息之所，其必松江之華亭乎？華亭民富而趨善，富則樂于施與，趨善則可化以吾佛之道，其必有以處子矣。』」

妙智　明瑄二師傳

妙智，號白猷，浙東楊氏子。孺時，哺以葷腥輒吐，自是素食。楊氏固世信佛乘。一日，隨父誦法華經，至「火宅」求解，父異之。十四出家，依靈鷲寺東林長老。林目其穎秀，欲試之。適月出，林出對曰：「日暝來看天際月，何患無明？」師指佛龕燈，應聲云：「燭殘剔起〔一〕佛前燈，管教續燄。」林喜曰：「此子再來人也，吾所有不足以待之。」因勉令遍參。由是南造雪峰，西抵峨嵋，躡天台雁宕〔二〕，叩參諸識，深得言外之旨。嘗歎曰：「佛法無深淺，但在力行。苟無得掠虛，雖望隆佛祖，於己何益？」後入廬山，於天池舊址葺茅居焉。母陳氏，年七十餘，一日暴卒而甦，語家人曰：「昨至一處，見宫室嚴邃〔三〕，叩其門。門者不許入，指我歸路。」仍與偈云：『八十四年獅子母，偶因風燭悟無常。好個愚溪勤念佛，天風吹送藕花香。』」時師在廬山，自號愚溪云。後母果八十四歲卒。

永樂戊子秋夜，師與靜主數輩向月，忽吟汪鼎新詩「庵無人守庚申夜，池有荷開子午花」。衆問何意，笑而不答〔四〕。浹旬晨起，沐浴端坐〔五〕，謂衆曰：「今日庚午矣〔六〕。」偈曰：「内無内，外無外，七十二年隨方不礙，撇下臭皮袋。」良久曰：「自在〔七〕。」遂寂。

明瑄，蜀江津人。有戒行，性至孝。嘗夜臥心動，曰：「是必吾親之故也。」遂夜馳二百里至家，母果病。刲股以進，母尋愈，感異雲籠室之瑞。里有盜者，夢師領一將軍持斧將斬之，祈哀得免。明日詣師求解，師曰：「吾夢亦然，可速悔改。不然禍及無救。」後盜迷如故。一日暴疾，連呼「瑄師救我救我」，無幾何死矣。師年八十而化，山下人見五色雲中持錫飄然而去。

【校記】

〔一〕剔起　明湯日昭、王光蘊纂修萬曆温州府志卷十三妙智作「摘起」，明朱東光原修、萬民華補遺、清石金和等增補隆慶平陽縣志妙智作「擿趧」。

〔二〕躡天台雁宕　明湯日昭、王光蘊纂修萬曆温州府志卷十三妙智作「北登雁蕩，東入天台」。

〔三〕宮室嚴邃　明湯日昭、王光蘊纂修萬曆温州府志卷十三妙智，明朱東光原修、萬民華補遺、清石金和等增補隆慶平陽縣志妙智作「宮殿森嚴」。

〔四〕衆問何意笑而不答　明湯日昭、王光藴纂修萬曆温州府志卷十三妙智，明朱東光原修、萬民華補遺、清石金和等增補隆慶平陽縣志妙智作：「衆曰：『何也？』智曰：『十日後可見。』」

〔五〕端坐　明湯日昭、王光藴纂修萬曆温州府志卷十三妙智，明朱東光原修、萬民華補遺、清石金和等增補隆慶平陽縣志妙智作「升堂」。

〔六〕今日庚午矣　明湯日昭、王光藴纂修萬曆温州府志卷十三妙智，明朱東光原修、萬民華補遺、清石金和等增補隆慶平陽縣志妙智下有云：「昔從庚午來，今從庚午去。」

〔七〕撇下臭皮袋良久曰自在　明湯日昭、王光藴纂修萬曆温州府志卷十三妙智，明朱東光原修、萬民華補遺、清石金和等增補隆慶平陽縣志妙智所録偈語作：「咦，丢了臭皮袋，我得自在。」

啓東白傳

善啓，字東白，曉庵其號。姓楊氏，蘇之長洲人。楊故簪組累世，家吴之支硎山，值兵，徙北郭。父永年，母陸氏。師甫能言，通佛典，父母異之，命入無量壽院，禮永茂爲落髮師。既長，屏迹龍山，窮日夜力於經史百氏不輟，聲譽隱然起。少師姚公廣孝、善世洽公南洲皆器重之，而典記於洽公者甚久。

永樂元年，主蘇之永定。六年，主松之延慶。逾年，擢本府副都綱，住南禪寺。尋應召纂修永樂大典，預校大藏經，賜金縷袈裟一襲。時三殿災，詔求直言。師上疏陳利病，不報。一時名人如沈民望、王希範、王汝玉、陳嗣初、錢溥、趙宗文，皆與師爲方外交。嘗遇牡丹盛開，邀集題賞。錢塘瞿宗吉雄於詞賦，師與對壘，常用一韻往復百首，詞鋒益鋭，海内傳焉。此師之緒餘也。

正統八年十一月八日卒，距洪武三年十一月十五日，世壽七十五，僧臘六十。即示寂之歲，弟子等奉柩歸葬於舊隱龍山，遵治命也。錢文通公溥銘其塔，叙曰：「夫以交之深者知必至也，言之夥者情必厚也。昔宣德間大理卿胡公槩巡撫東吴，威聲大振，於師獨加敬禮。時溥方冠，欲應鄉舉，謁公，師忽見而喜之。遂入白於公，得預鄉舉。然溥亦始聆論議，察其動止，毅然一儒者。繇是往還款洽。數日不見，必折簡招之，簡類歐語，作字有帖意。見必肅衣，焚香啜茗，坐語移時，去則且談且送〔一〕。或閉户發篋，出古人真蹟，對閲評品〔二〕。詩文皆不務蹈襲以爲奇〔三〕。至論儒釋之辯，曰：『且各爲其教。』又曰：『東魯垂道，西竺見性，皆莫先於厚本。故雖離父母，養生送死，一務〔四〕從厚。』與兄弟極友愛，撫諸姪教養兼至。交四方宿儒名緇必以誠，未嘗見惰容〔五〕。然非其人亦未嘗與交，此韓子謂墨名而儒行者也〔六〕。溥也荷師期待既久〔七〕，倘以餘齒無負於斯世，則亦無負於所知矣。」

何氏叢説云：「錢文通小時即有文譽，郡中有一僧名善啓，號曉庵。有詩名，能書，乃十大高僧之流亞也。永樂中，召至京師修大典，後爲僧官，住南禪。周文襄公爲巡撫，甚重之。每公事稍暇，即往南禪與啓公談語。時錢文通爲秀才，亦與啓公交款。一日學中散堂，過謁〔八〕，啓公以藍衫置欄楯上。繼而文襄適至，屏當不及。文襄問之〔九〕，啓公因稱文通之才，文襄即請相見。索其舊作觀之，大加賞識，遂爲相知。」○何氏言巡撫是周，錢自云是胡，當是兩時，胡前而周後。

【校記】

〔一〕去則且談且送　明錢溥明故曉庵法師塔銘作：「去則且談且送，雖草草，禮亦不廢。」

〔二〕對閱評品　明錢溥明故曉庵法師塔銘下有云：「如論宋仲温、陳文東二先生書，宋筆正鋒，陳或偏鋒，故宋優于陳。」

〔三〕詩文皆不務蹈襲以爲奇　明錢溥明故曉庵法師塔銘作：「吴中稱高楊張徐爲近代四傑，然季迪衆作皆得體，如律倣劉長卿，選兼韋應物，皆人所不到，宜其爲最。文則喜柳宗元，遇有作，必朗誦數篇，得其意趣，然後下筆。而詩則宗季迪也。然皆不務蹈襲以爲奇。」

〔四〕一務　明錢溥明故曉庵法師塔銘作「率」。

〔五〕惰容　明錢溥明故曉庵法師塔銘作「懈體惰容」。

〔六〕然非其人亦未嘗與交此韓子謂墨名而儒行者也　明錢溥明故曉庵法師塔銘作：「然非其人，亦未嘗一與之交，此韓子謂墨名而儒行，王文正謂此失之而彼得焉。宜爲法門之僅有，吾人之願交也。」

〔七〕溥也荷師期待既久　明錢溥明故曉庵法師塔銘作：「而況溥也荷師期待既久，不亦知之至而情之厚哉！」

〔八〕一日學中散堂過謁　明何良俊四友齋叢説卷十六作「一日，學中散堂後，文通過謁」。

〔九〕文襄問之　明何良俊四友齋叢説卷十六作：「文襄問：『是某秀才藍衫？』」

啓原傳

啓原，姓張氏，太初其字，〔一〕日本人也。九歲祝髮，習教乘，精戒律，喜觀中國文字，能指斥利病。又心慕中國名山禪老之盛，觀光之志益決，以吴元年航海而來，足迹幾遍寰宇，叩諸禪，蒙印可。

洪武丙寅，入安固梅公洞，見四山環翠，兩石相沓，中虚若禪龕，相對悵然曰：「禪客相逢只彈指，此心能有幾人知？〔三〕此地可息吾足矣。」是山久爲虎蟒之窟，樵斧不入，荆棘彌天。自師居之，諸孽屏息。山下居民時見峰頂有光，稍來親近。不數年遂成叢席，聞風訪道者嘗數百人。永樂丙戌，立生塔於院南，以爲退修待寂之所，曰：「吾老矣，自爲之，無累後人。」明年三月一日清晨，禮佛畢，入塔端坐。衆奔視，已逝矣。宣德間〔一〕開塔，見頭髮披垂，指甲曲繞，聞風雷震仍閉之。師有語録三卷，會通儒釋，言道無滯也。

【校記】

〔一〕宣德間　明湯日昭、王光藴纂修萬曆温州府志卷十三啓原作「相傳宣德間」。

【箋注】

【一】啓原，姓張氏，太初其字　據明湯日昭、王光藴纂修萬曆温州府志卷十三啓原：「姓張氏，號太初。」又明幻輪編釋鑑稽古略續集卷三太初禪師：「諱啓原，號太初。」則「太初」乃號非字。

【二】禪客相逢只彈指，此心能有幾人知　語出唐末詩僧貫休禪月集卷二十一書石壁禪居屋壁：「赤栴檀塔六七級，白菡萏花三四枝。禪客相逢只彈指，此心能有幾人知？」

復見心傳 如筏

來復，字見心，豫章豐城王氏子。以日南至生，故取易卦語識之。有志行清淨行，欲絶塵獨立，遂歸釋氏。與同袍恭肅翁誓屏諸緣，直明涅槃妙旨。久之，窺見全體無礙，然未以爲至。走雙徑，謁南楚悦禪師，自陳厥故，當機〔一〕交觸，如鶻落兔走，不間一髮。悦深然之，留司内記。越三載，復約標士瞻修西方淨土於吴天平山，刻期破障，比禪觀尤力。

浙省右丞相達公九成慕師精進，起住蘇之虎丘，辭不赴。會兵起，避地會稽山中。師爲慈溪與會稽鄰壤，中有定水院，直東海之濱，幽閴遼夐，可以縛禪，復延師出主之。師爲起其廢，禪門典禮依次舉行。瓶錫翩翩來萃，乞食養之，共激揚第一義諦。尋以干戈載途，不能見母，作室寺東凋，取陳尊宿故事，名爲「蒲庵」，示思親也。自時厥後，鄞人士請師居天寧寺。時寺爲戍軍營，子女猥雜，其褻穢尤甚。師言於帥閫，移其屯，斥群奴，汛掃建治其弊壞，一還舊貫。師望日以重，大夫士交疏勸主杭之靈隱。適有詔徵高行僧，師兩至南京，賜食内廷，慰勞優渥。洎建普薦會〔二〕，師奉敕陞座説法，辭意剴切，聞者咸有警云。

師敏朗淵毅，非惟克修内學，形於詩文，氣魄雄而辭調古，有識之儒多自以爲不及。其推師者，李諭德好文則曰：「任道德爲住持，假文字〔三〕爲游戲。」陳狀元祖仁則曰：「禪源妙悟，教部精探。内充外肆，僧中指南。」至於楚國歐陽文公玄、潞國張公翥，見諸觚翰間者，奬予爲尤至。學士宋公濂至稱其文如木難、珊瑚之貴，公卿大夫交譽其賢。皇上詔侍臣取而覽之，褒美弗置。當今方袍之士與逢掖之流，鮮有過之者焉。洪武二十四年，遂罹於難。噫！是亦數也已！時山西太原捕得胡黨，僧智聰供稱胡惟庸謀舉事時，隨泐季潭、復見心等往來胡府，二公繇是得罪。泐責服役造寺，師遂不免焉。

師在定水時，手度弟子曰如筏者，戒行端謹，通内外典，善書能吟，雅爲緇林白眉。永樂中兩膺召命〔四〕，嘗住奉化之嶽林及撫州之翠雲，有翠雲稿。年八十五，歸永明終焉。

【校記】

〔一〕當機　明宋濂蒲庵禪師畫像贊作「當機鋒」。

〔二〕洎建普薦會　明宋濂蒲庵禪師畫像贊作「洎建大會鍾山」。

〔三〕文字　明宋濂蒲庵禪師畫像贊作「文辭」。

〔四〕兩膺召命　明李逢申、姚宗文纂修天啓慈谿縣志卷十一如筏下有「纂修内典」。

如㫚傳

如㫚，號蓉庵，嘉禾姜氏子。母殷氏，感吉夢而娠。師生而秀異，不樂處俗，依真如衡宗繼公爲師。繼，故義苑白眉。師深造堂奥，徐知文字非究竟法。以景泰庚午至杭，參空谷隆公於修吉山。問露柱因緣，谷良久曰：「此是説不得底，自會去。」久之，谷亡。自惟失怙，始專心淨土法門。自利利人，一歸乎是。以至勸人念佛，數以米一粒一聲，積二百斛，炊飯以供衆，散施佛圖若干萬，如此多歷年所。

師嘗以五燈會元篇帙浩重，未攝略機。遂鋭意抄簡，以爲務使攬要知歸，不在繁文也。書成，目曰禪宗正脉，學者便之。閲覽之次，至杜鴻漸謁無住禪師「庭樹鵶鳴」處，似有省，曰：「果然是説不得底。」

師素有琢磨靜行，無浮濫之習，雖年老而進道益力，不以略有所見，便自休歇。「道無盡，吾不可有盡求也。」晚年罄衣鉢刻緇門警訓，與年相若者共之，意可見矣。後終於本山。

天印持公傳

能持，閩之延平人。出家於天寧光孝寺，習經，目過成誦。天寧非禪者居，所事闒茸，師棄去而游方，殆遍名山。親近諸名宿，後於海舟慈公言下有省。無出世意，尋歸故里，結松關自休，造進日深，人無從津測。後學衆四集，師亦不能終靳其説。小師隨説而録，目曰天印語録。天印，師號也。又有徹空内集、洞雲外集，皆直透玄微，不露蹊徑。人謂師善爲鳴道，師如不聞。

年八十一，集衆告寂曰：「父子上山，各自努力。箇事如何，天雨地濕。」且云：「吾死且無葬。三年後某日，有大星自東過西，葬吾時也。」既寂，徒衆安其蜕草堂竹轎中，矻坐如生人。雖盛夏，蠅蚋不侵，無穢氣。至其時，衆曰：「曩所言幻語也。」言未畢，有星大如斗，從東入西，聲轟然而没。衆大驚，遂葬之，署曰「天印禪師」。

了用　德潮　無礙三師傳

了用，號雪機，姓張，遂寧人。初爲應教，偶出遇天淵和尚，謂之曰：「觀子氣韻堪出家。」師曰：「吾猶爲俗人耶？」淵曰：「行俗事，爲俗人，詎在髮之有無？」遂感悟，棄所業，一衲從淵學禪，久之有得。人欲挽師出世，師摇手曰：「不入這保社。」因結庵而隱，賦詩云〔一〕：「傍樹修庵倚翠岑，烟霞繚繞白雲深。愚癡衹合栖泉壑，潦倒何妨論古今。怪石溪邊塗去迹，浮嵐岩下絶來音。太平世界元無事，空自勞勞向外尋。」七十二歲，卒於山庵。

德潮〔二〕，號普光，姓陳，其先浙人。國初，從父廉宦游，遂家於蜀。師生多異徵，出俗從珠玉山無際禪師游。三年，得際首一肯。乃入永興山，卓庵居静。草衣木食，造詣難量。山高峻，苦無水，師入定，覺石中泠泠聲，隨以杖點之，泉涌出，今耳泉是也。且預知未來事，奇蹟頗多。師固自秘之，人不得而傳。八十九而寂。

無礙，信陽人。有至行，持一鉢入南岳天柱峰獅子崖。崖中僅容木榻，無礙坐木榻，啖野菜，不穀食者七年。邑人聞而造焉，見之，爲之吐舌。乃謀所居，共力新南臺寺以處之。弘治間，太崖李公游衡山，所稱有僧崖居，食生菜，衣百結如粟穗，見人嘿嘿者，即無礙也。野雲孤鶴，飄飄然無與於斯世，一時名公多重之。廖道南、太守喬瑛、御史劉暘〔三〕等諸公皆有詩贈。

脊梁直，脚跟穩，三師高風，居然可想而見也。

【校記】

〔一〕賦詩云　明陳講纂修嘉靖潼川志卷八了用、清丈雪通醉輯錦江禪燈卷二十了用、清黄廷桂等修、張晉生等纂雍正四川通志卷三十八了用傳所載詩與此略異：「傍樹修庵倚翠岑，煙霞繚繞白雲嶔。愚痴自合棲泉壑，潦倒何妨論古今。怪石溪邊塗去迹，浮嵐巖下絶來痕。始因入道藏幽谷，截斷攀援更莫尋。」

〔二〕德潮　明劉芳聲修、田九垓纂萬曆合州志卷八德湖作「德湖」。

〔三〕劉暘　清侯鈐等修、蕭鳳翥等纂道光衡山縣志卷四十八作「劉陽」。

宗林傳附智淳

宗林，字大章，朽庵其號，杭人也。幼孤，母憂其不能自立，捨送普寧庵，事某師爲童子。誦經執務，能得師歡心。及長，精戒行，起息必慎。不妄與人交，交必以道。能詩文，不漫作，作必驚人。性至孝，雖出家，孜孜以母爲念，曰：「戒不忘親也。」自是流譽遂達宸聽。

弘治中，被徵入京，命爲登壇大戒主，爲學佛者師。又敕提督五臺山，校正清涼通傳入藏。正德改元，賜紫衣玉帶、「大宗師」之號，西直門外大香山寺立宗師府居之。雖際榮盛，處之若無，淡如也。有詩云〔一〕：「天命傳來墨未乾，櫛風沐雨上長安。低頭嬾進三公位，洗足羞登萬壽壇。聞戒故多持戒少，承恩雖易報恩難。何如只向山中住？松竹蕭蕭共歲寒。」師倦於津梁，奏乞南還。得請，喜而有詩云：「再拜下丹宸〔二〕，衣香御路新。九門三月雨，千里一歸人。馬踏殘花路，鶯啼細柳春。因思頭白母，心火熱如焚。」二詩可以想見林爲人矣〔三〕。

前是，杭有智淳者，亦以戒行著聲。嘗於靈芝寺説戒，受從頗衆。正統間，被徵爲登壇大宗師。至景泰六年，沐浴坐化。上遣禮部趙勗論祭，碑石現存靈芝寺中。

【校記】

〔一〕有詩云　據明宗林杇庵集詩題爲應召出山途中有感，字句與此略有不同：「新命傳來墨未乾，櫛風沐雨上長安。低頭懶進三公府，洗足羞登萬壽壇。聞戒固多持戒少，承恩雖易報恩難。何如只向山中住？松竹蕭蕭共歲寒。」

〔二〕丹宸　明吴之鯨武林梵志卷二普寧庵作「楓宸」。

〔三〕爲人矣　原「矣」字下及文末「靈芝寺中」下均有「朱勝非」三字，似爲印章，與傳文無涉，因删。

補續高僧傳卷第二十六

明吴門華山寺沙門明河撰

雜科篇

明　德山傳

德山，寧波人。少航海，爲捕者所誣，以盜繫獄者十七年〔一〕。得白，遂爲僧。遇天眼師授法，頗有得。爲雲水游，至毗陵城〔二〕南龍舌尖止焉。日以飯僧修福〔三〕爲事，孳孳無倦，自練甚苦，日惟一飡，唯食糠籺。冬夏唯服獄中衣，破則補綴，不更易也。然精神焕發，機鋒敏捷〔四〕。唐中丞順之重之，交契甚密。每云：「滚湯鍋裏撈明月，百尺竿頭打筋斗〔五〕。」唐稱歎之，嘗範銅爲佛，送普陀山。又於山造無梁殿，未成而化去，弟子龕葬於寺中。因貌奇古，人呼爲「喇麻僧」云。

【校記】

〔一〕十七年　清陳夢雷等編纂古今圖書集成神異典卷一百九十一德山引武進縣志作「十七

日」。

〔二〕毗陵城　明劉廣生修、唐鶴徵纂萬曆重修常州府志卷十五喇麻僧作「武進城」。

〔三〕飯僧修福　明劉廣生修、唐鶴徵纂萬曆重修常州府志卷十五喇麻僧作「齋僧」。

〔四〕敏捷　明劉廣生修、唐鶴徵纂萬曆重修常州府志卷十五喇麻僧作「便捷」。

〔五〕筋斗　明劉廣生修、唐鶴徵纂萬曆重修常州府志卷十五喇麻僧作「筋抖」。

大安傳

大安，襄陽郝氏子也。幼禮古宗禪伯，祝髮於梅林。古宗知其具宿智，遣之就古巖參學。二古同出天奇之門，而巖爲上首，居終南山，龍象景附。師至，一語投機，輒授衣鉢。禪栖廬岳三十年，楚人嚴事之。新都汪公伯玉嘗從師質疑，多有開發。嘗謂：「聞大安和尚所云見性，冥合孔子所謂體仁，非惟世儒未之或知，雖大安亦不自知也。」蓋師嘗與汪論見性也。

某年五月朏示寂。先是，預示〔一〕諸弟子以行期：「若等無以衰麻哭泣爲喪，毋背吾家法。」諸弟子問故，則以一偈示之。既及期，沐浴端坐。諸弟子請遺令，則又以一偈示之。距生丁卯，行年七十有三。弟子就故廬傍築浮屠以藏舍利。

【校記】

〔一〕預示　明汪道昆太函集卷六十廬山大安和尚塔記銘作「吉月豫示」。

大闇禪師傳

大闇者，東和名家子。明達物理，早悟空花。依玉溪和尚祝髮，力究出世之道，禪林講席靡弗參叩，無所入。遂創庵於巖頭，揵關十年，於指胸點額之際，忽然摸著，快癢不可言。直造和之天界岕中和尚處求決擇，相見一笑而已。於是朝參夕見，機緣有契，弦筈相含。既蒙印記，挈杖出閩關，履浙過淮，多逢哲匠。至金臺，憩大寶禪寺，道風翕然。司禮黄、高二公聞師名，袖香見之，言機期合，恨參承之晚，欲聞於上。師固辭乃已。

自是問謁者踵接户外，師隨緣開示，務使人人發心歡喜而去，則吾説爲不徒。日復一日，頗覺煩撓。一日，偶閲歸去來詞，憮然曰：「陶淵明不以五斗米折腰，棄官而去。沙門釋子反以一鉢飯繫足息影地，蒲團大一塊耳，得青山幾何？」以成化戊戌八月，飄然南還。次年，寓金陵報恩，寄書謝二司禮，司禮歎之而已。後邵郡清信士創寺，延師居之，二十餘年清遠之風，從化者衆。於辛酉春二月十七日斂衣而化，其徒淨淵集其機緣語句，爲上下卷梓行。師喜作山居詩，唱道鳴懷，悠然可誦，過金山有句「月現潛龍影，雲籠老鶴聲」，尤見禪意云。

宗道者傳

宗道者，觀城人，人以「悟空〔一〕」呼之。土木形骸，不識一字。僅能口誦金剛、心經，而淳謹敦信其中，莫能測也。事鐵佛元明上人爲弟子，供薪水之役。惟誦金剛、心經，琅琅不輟。二十六七，别元明游方，遍歷晉宋荆楚關陝河洛之間，尋師擇友，汲汲如渴。中止考城，一住十年。

正德辛未，有流寇之變，南北騷然。道者還里，居圓覺寺。既而寓依城北馬氏，又徙張太常南園，不住則已，住必十餘年。始，行人敬之如佛。在張園時年已一百有八歲矣，其健旺異嘗，望之如古松怪石，行止不攜杖，耳目聰明如少壯人。初騃鈍，後頗諳事了了。或譏之居恒無所爲，唯冥然兀坐而已，有叩以所養者，無一言相證，但道不知有人欲事。或譏之曰：「此渴睡僧何足重？」北山野史解嘲曰：「冥然兀坐，不知人欲。此外更有何法門也？」後不知所終。

枯木倚寒巖，三冬無煖氣，信是死漢機軸；若遇明眼，定遭擯出燒庵。大都道在用處，用處在死處。今之學道者曾不求死，何處有活？必至自誑自誤。若遇明眼，又不知作何遣發？然則死漢亦大費一番工夫，但心光不發，受人簡點，須是婆兒始能勘驗爾。我抹殺他不得。

【校記】

〔一〕悟空　據明李先芳修濮州志卷四仙釋傳：「釋悟窮者，名宗，世爲觀城人。」則「悟空」或應爲「悟窮」之誤。

了然關主傳

能弘，號了然關主〔一〕。以生平多病，所至輒掩關，故得是稱，實密藏開公之落髮師也。師雅與紫柏尊者善，開公以師故得事紫柏尊者。萬曆癸未，師掩關東塔，紫柏時栖止焉，相與體究向上事，開發良久。無何，紫柏北行，師命開公追隨焉，囑曰：「善事此翁，倘得囫地一聲，幸相聞，以爲吾門慶。」會楞嚴新復，迎師關於東靜室，〔二〕紫柏故居也。

師體貌清羸，神氣和粹，最喜誘接人。少年研精教義，久之棄去〔二〕，參雲谷和尚，看無字話。間有發明，而不自肯。然從此教義益徹，每拈經論旨趣示人，直截明快，聞者無不擊節。其後理會德山托鉢因緣，〔三〕紫柏示以偈曰：「托鉢因緣不甚難，耳邊密啓即幽關。」〔三〕師疑益甚。至是開公禁足臺山龍翻石，一夕夢五齒落掌上，血迹宛然。閱數日得師書，備相誨切，中及前話通所得〔三〕，且請紫柏印訣。開公以師所見頭過尾不過，不相肯也。報書既達，師遂遷化，開公聞訃於東昌。時紫柏結夏靈巖，夢雙幢一倒於南，一倒於北。次日開公至，以師訃及臺山無邊老宿之訃告。師之化也，合掌呼「達觀師垂光攝我」，至於三四〔四〕，無邊亦然。一念感通，萬里不隔，水月交光，針石相引，寧爲異哉？

師姓某氏，〔四〕嘉興王店人。生嘉靖癸卯，化萬曆戊子。世壽四十六，僧臘三十。晚蒙聖母千佛袈裟之賜，開公奉靈骨塔楞嚴方丈後。

【校記】

〔一〕號了然關主　明道開密藏開禪師遺稿卷下示寂先師楞嚴寺住持了然和尚行狀作「字了然」。

〔二〕棄去　明馮夢禎快雪堂集卷十四楞嚴寺了然關主塔銘作「知非」。

〔三〕中及前話通所得　明馮夢禎快雪堂集卷十四楞嚴寺了然關主塔銘作「中及托鉢因緣，自通所得」。

〔四〕至於三四　原作「至於二四」，明馮夢禎快雪堂集卷十四楞嚴寺了然關主塔銘作「至于三四」，明道開密藏開禪師遺稿卷下示寂先師楞嚴寺住持了然和尚行狀作「如是者三四」，因據改。

【箋注】

【一】會楞嚴新復，迎師關於東靜室　明道開密藏開禪師遺稿卷下示寂先師楞嚴寺住持了然和尚行狀：「乙酉，楞嚴復，郡邑大夫議檄先師住持，請于按院范公、兵道曹公，咸報可，先師强起應命，居無何，復掩關東靜室。」

【二】其後理會德山托鉢因緣　元釋念常佛祖歷代通載卷十七：「雪峰在德山作飯頭。一日飯遲，德山托鉢至法堂上。峰曬飯巾次，見德山，云：『這老漢鐘未鳴，鼓未響，托鉢向什麼處去？』德山便歸方丈。峰舉似師，師云：『大小德山不會末後句。』山聞，差侍者喚師至方丈，問：『汝不肯老僧那？』師密啓其意。德山至來日上堂，與尋常不同。師到僧堂前，撫掌大笑，云：『且喜得老漢會末後句，他後天下人不奈何。雖然如此，也只得三年。』德山果三年後遷化。」

【三】托鉢因緣不甚難，耳邊密啓即幽關　語出明釋真可紫栢尊者别集卷二頌德山托鉢：「托鉢因緣不甚難，耳邊密啓即幽關。相逢就裏知歸處，萬妙千玄片餉間。」

【四】師姓某氏　明馮夢禎快雪堂集卷十四楞嚴寺了然關主塔銘、明道開密藏開禪師遺稿卷下示寂先師楞嚴寺住持了然和尚行狀均言了然乃「嘉興縣王店鎮欣氏子」，因知「某氏」應爲「欣氏」。

逆川禪師傳附慧心

智順，字逆川，永嘉〔一〕陳氏子。其母奉佛甚謹，夢一僧佩圓光，如滿月形，泝〔二〕江流而上，謂：「吾當爲爾子。」寤而有娠。既生，美質夙成，自少不喜畜髮，隨長隨剪。父母了其宿因，聽出家，受具戒於天寧院。誦法華經，能按句以講，深得經旨。既而曰：「學尚多聞，焉了生死？」〔一〕遂更衣入禪。走閩之天寶山，參鍈關樞公，欲依公而住。公叱曰：「丈夫於世，不於大叢林與人相頡頏，局此蠡殼中耶？」拂袖而入，師下，且〔三〕過寮，潸然而泣。公聞之，〔二〕歎曰：「吾知其爲法器，姑相試耳。」乃延入僧堂中。

師壁立萬仞，無所回撓，雖晝夜明暗，亦不能辯。踰月，因如廁旋〔四〕，覩中園匏瓜，觸發妙機，四體輕清。如新浴出室，一一毛孔皆出光明，目前大地倏爾平沉。喜幸之極，亟上方丈求證。適公入府城，師不往見，水濱林下，放曠自如。已而歷抵諸師，皆不合。又謁千巖長禪師，見其所應酬者皆涉理路，飄然東歸。然指作發願文〔五〕，必欲見道乃已。復自念非公不足依，洊走閩中見焉。值公出游，遥見師，喜曰：「吾子今來也。」勉師棄前解，務寔參，厲精五月而大悟。〔三〕公始與印可，令掌藏室，尋命〔六〕分座説法。

及公去世，師嗣主院事。師握祖佛心印，既已升座説法度人，而往往出餘力莊嚴塔廟，使人爲遠罪遷善之歸。浙福二地，師所興建大道場凡十餘處，其餘葺完補舊，蓋不可枚舉。師有才，爲一事則揮金如土，竟不知其所從來。其爲温城淨光塔也，方參政初嘗戍其地〔七〕，欲賦民錢葺之，命師涖其事。師曰：「民力凋弊〔八〕，火燄炎炎而復加薪，吾安忍爲之？必欲見用，官中勿擾吾事，若無所聞之〔九〕可也。」方諾之。師乃定計，城中之户餘二萬，户捐米月一升，月獲米二百石。陶甓掄材，若神運鬼輸，紛然四集。鎮心之木以尺計者，其長一百五十，最難致之，師談笑趣辦。七成既粗完，其下仍築塔殿，宏敞壯麗，九斗之勢益雄。一旦颶風作，其上一成挾之以入海濤，衆咸傷之。師曰：「塔終不可以就乎？」持心益固。遣其徒如閩鑄露盤輪相及燄珠之類，未幾一一就緒，金碧鮮明〔一〇〕，猶天降而地涌。

辨章燕只不花鎮閩，欲閲大藏尊經於家，或以几席什器難具爲辭。師令浮屠一百七十人爲什，分辨於各刹，表以題號，一時畢集。仍畫爲圖，使按圖序次列之，給役於飲饌間者，亦更番而進。每以鐘鼓爲節，後先不紊。辨章悦曰：「使吾師總戎，則無敗北之患矣。」

時東海有警，元帥達忠介公帥師鎮台，遣使聘師入行府。師以達公方有事干戈，絶之弗見。達公慕咏弗置，篆「逆川」二字遺之。師因飯囚，戒其勿萌遁逃心，即重見日月。不久而赦書至，周、吴二囚以師爲神。其後山寇竊發〔一〕，所經之處焚毁欲盡，歸原、報恩二刹以師故獨存。朝廷爲降院額，賜師號「佛性圓辯」及金襴法衣。師曾不以爲悦，悉散其衣盂所畜，退居一室。掘地爲爐，折竹爲箸，意淡如也〔二〕。

後與鍾山之選，大駕臨幸，慰問備至。竣事，還錢塘，清遠渭公方主淨慈，舉師以爲代。淨慈當兵後，凋落殊甚，師召匠計傭，竭其筐篋〔三〕，欲大有設施。而諸僧負官逋者係累滿庭，師爲之出涕，悉代償之。會中朝徵有道浮屠以備顧問，衆咸推師。師至南京，僅四閲月，沐浴書偈而逝。闍維於聚寶山，獲舍利無算。師有五會語及善財五十三參偈，皆傳於世。

慧心者，嘗問道於師，後亦就徵入文淵閣與修大典。殁後荼毗，〔四〕亦得五色舍利無數。心號鑑空，出樂清方氏。

【校記】

〔一〕永嘉　明宋濂佛性圓辯禪師淨慈順公逆川瘞塔碑銘作「温之瑞安」。

〔二〕泝　明宋濂佛性圓辯禪師淨慈順公逆川瘞塔碑銘作「逆」。

〔三〕且　明宋濂佛性圓辯禪師淨慈順公逆川瘞塔碑銘作「旦」。

〔四〕旋　明宋濂佛性圓辯禪師淨慈順公逆川瘞塔碑銘作「便旋」。

〔五〕然指作發願文　明宋濂佛性圓辯禪師淨慈順公逆川瘞塔碑銘下有「細書於紳」。

〔六〕命　明宋濂佛性圓辯禪師淨慈順公逆川瘞塔碑銘作「請」。

〔七〕戍其地　明宋濂佛性圓辯禪師淨慈順公逆川瘞塔碑銘作「戍其城」。

〔八〕民力凋弊　明宋濂佛性圓辯禪師淨慈順公逆川瘞塔碑銘作「民力凋弊久」。

〔九〕聞之　明宋濂佛性圓辯禪師淨慈順公逆川瘞塔碑銘作「聞知」。

〔一〇〕金碧鮮明　明宋濂佛性圓辯禪師淨慈順公逆川瘞塔碑銘作「金鮮碧明」。

〔一一〕其後山寇竊發　明宋濂佛性圓辯禪師淨慈順公逆川瘞塔碑銘下有「二囚實爲渠魁」。

〔一二〕掘地爲爐折竹爲箸意淡如也　明宋濂佛性圓辯禪師淨慈順公逆川瘞塔碑銘作「掘地以爲爐，折竹以爲箸，意澹如也」。

〔一三〕師召匠計傭竭其筐篋　明宋濂佛性圓辯禪師淨慈順公逆川瘞塔碑銘作「師亟還鄉，召匠計傭，竭其筐篋而來」。

【箋注】

【一】學尚多聞，焉了生死　明宋濂佛性圓辯禪師淨慈順公逆川瘞塔碑銘：「復走千佛寺，毒海清法師方開演，長坐御講，請師爲綱維之職，軌範爲之肅然。毒海入寂，師感世相無常，歎曰：『義學雖益多聞，難禦生死，即禦生死，舍自性將奚明哉？』」

【二】公聞之　明宋濂佛性圓辯禪師淨慈順公逆川瘞塔碑銘：「或憫之，慰曰：『善知識門庭高峻，拒之即進之也。』公聞其事。」

【三】勉師棄前解，務寔參，厲精五月而大悟　明宋濂佛性圓辯禪師淨慈順公逆川瘞塔碑銘：「越翼日，師舉所悟求證。公曰：『此第入門耳，最上一乘則邈在萬里之外也。』乃囑之曰：『汝可悉棄前解，專於參提上致力，則將自入閫奥矣。』師從公言。踰五閱月，一日將晚參，擬離禪榻，忽豁然有省，如虚空玲瓏，不可湊泊，厲聲告公曰：『南泉敗闕，今已見矣。』公曰：『不是心，不是佛，不是物，是何物？』師曰：『地上磚鋪，屋上瓦覆。』公曰：『即今南泉在何處？』師曰：『鷂子過新羅。』公曰：『錯。』師亦曰：『錯。』公曰：『錯！錯！』師觸禮一拜而退。公曰：『未然也。』公披大衣，鳴鍾集四衆，再行勘驗。師笑曰：『未吐辭之前，已不相涉，和尚眼目何在，又爲此一場戲劇邪？』公曰：『要使衆皆知之。』遂將宗門諸語一一訊師，師一一具答。公然之，復囑曰：『善自護持，勿輕泄也。』」

【四】歿後荼毗　明湯日昭、王光藴纂修萬曆温州府志卷十三慧心：「（永樂）十六年九月沐浴更衣而化。」

吉祥師傳

吉祥，姓周氏，孝肅皇后弟也。爲兒時，好出游，嘗出不復歸家，家亦不知其所在。后自未入宫，師已與其家不相聞矣。久之，祝髪於大覺寺。然嘗游行市中，夜即來報國寺伽藍殿中宿。后意亦若忘之。忽夜夢伽藍神來，言后弟今在我所。英廟亦同時夢，言相符。詰旦遣小黄門如所夢求之，至寺，見師在伽藍殿中，遂擁以行。引見，問所以出游及爲僧，時帝、后皆泣下，因曰：「何如今日爲皇親耶？」師摇首不願，復還寺。后不能奪〔一〕，厚賜之。

英廟晏駕，后爲太后，出内藏建大慈仁寺居之。孝宗時，太后爲太皇太后，爲立護敕碑，碑載賜田〔二〕無慮數百頃。師以左善世示滅，帝遣官致祭。師住寺衆嘗數百人，禪誦濟濟。迨後慶壽寺燬，僧亦來居於此。新舊衆皆仰食賜田，一時無闕。

言者謂師脱屣皇舅之貴，而樂世外之閑〔三〕。方孝肅在慈宫，二聖隆孝養，恩賜何所不至？而師澹寂自若。英廟以來，外戚恩澤侯者不能數世。師之賜莊猶存，衣食寺中數百人。此有以見一時富貴之不能久，而澹寂者之長存也。

【校記】

〔一〕后不能奪　明歸有光贈大慈仁寺左方丈住持宇上人序作「后不能强」。

〔二〕碑載賜田　明歸有光贈大慈仁寺左方丈住持宇上人序作「碑所載莊田」。

〔三〕世外之閑　明歸有光贈大慈仁寺左方丈住持宇上人序作「世外之教」。

滿起　真參傳

滿起，時稱「白雲上人」，安州牛氏子。落髮於永安寺。正德間，南游伏牛諸山，遇西宗和尚，授以禪旨。隱界嶺禪林，用全護珠之志。又入伏牛之茅坪，方來四集，師捨之，去游五臺。入神京，居天慶寺，中貴姜、賈二君爲供養主。

師嚴戒律，苦修持，喜營福業，印造龍藏十三部，安置名山大刹，其餘飯僧、造像隨緣之舉，繫其小者耳。一日，謂其屬曰：「吾有命債欲還，須靜攝數日。今閉户，非呼唤切勿入。」衆從隙中窺之，見師面裏卧，背上肉紫黑色，墳起甚鉅，經七日始消。師興召衆入，曰：「吾適還命已畢，今無苦矣。」師有衆緣，凡所寓歷，從徒嘗至五百。京城内外爭趨供奉，祇園物色日甚絢灼。因喟然歎曰：「輦轂之下，固宜若此乎？」遂挈鉢返伏牛，謝絶人事，不復出山。嘉靖壬戌九月坐脱。

真參，號無爲，楚之江陵人，姓劉氏。幼聰慧，樂善好施，與物無忤。攻舉子業，蜚聲文林。經史之暇，喜談佛書。後遇老衲，奇之曰：「子真大乘法器，世途軒冕，一夢幻耳。」於是幡然改悟，甫弱冠辭親出家，父母欲奪其志，弗得。乃詣玉泉山，師事無邊長老，祝髮受具，矢心究道，前後凡三然指，誓信不退，久而有入。所至道俗歸之。後游京師，四衆新觀音寺，奉師居之，道聲翕然。

内庭聞之，頒賜齋供無虚日，後以厭煩歸隱伏牛。將化，謂弟子：「塵世真夢境，吾將行矣。汝曹勉力，無於袈裟下墮落也。」言訖而逝。陝西觀察使王元春爲撰其行，立石焉。

忠敬堂傳

法忠，號敬堂，新安曹氏子。齠年喜端坐。年十九，游錢塘靈隱寺，遇雲水僧激發，〔一〕遂落髮受具，依講庠數年。行脚入少林，見大千潤公。走長安，參遍融、笑巖二老，指示心要，稍有啓悟。尋入牛山〔二〕火場，調鍊三業。後歸匡廬，愛仰天坪高勝，單丁居之，手植松十餘萬本。久之，衲子來集，仰天坪遂成叢林。

師爲人夷坦，無緣飾。御衆不立規矩，甘苦必同。雖粒米莖菜，必隨衆乃食。勞務必身先之〔二〕，不開禪講門户，一以真實示人。依之者，無論愚智，浸久嘿化而不自知，故來者如歸家侍父母也。且訓人有方，用人有度。出語慨切痛至，聽者悚然，無不心領而神會。一衆森嚴，儼然一大鑪鞲〔三〕，以身爲教，不用言説，真本色住山人也。劉雲嶠太史訪師，一見心契，乃爲顔其寺曰「雲中」，憨老人爲之記，張洪陽太史書「廬山高」三字贈之，旌其志。

庚申秋，示微疾〔四〕，謂其徒曰：「吾見紅日當空，金蓮遍地。吾其行矣。」言訖寂然而逝。憨老人復爲銘其塔曰：「師住雲中，二十餘年如一日，視十方衲子如一己。精心爲衆，未嘗以無有異志、物我介懷。」數語蓋實録，師當之無媿也。

【校記】

〔一〕牛山　明釋德清憨山老人夢游集卷十五廬山雲中寺敬堂忠公塔銘作「伏牛」。

〔二〕勞務必身先之　明釋德清憨山老人夢游集卷十五廬山雲中寺敬堂忠公塔銘作「凡細務必以身先，至老不倦，隨緣自守」。

〔三〕鑪鞲　明釋德清憨山老人夢游集卷十五廬山雲中寺敬堂忠公塔銘作「爐鞲」。

〔四〕示微疾　明釋德清憨山老人夢游集卷十五廬山雲中寺敬堂忠公塔銘下有「臨終端坐」。

【箋注】

【一】遇雲水僧激發　明釋德清憨山老人夢游集卷十五廬山雲中寺敬堂忠公塔銘：「遇雲水僧大機和尚，即求出家。」

明龍傳

明龍，淮南宿遷姚氏子，俗名東陽。嘗爲其縣諸生，居嘗好修，歷二十年所，不問家人生業，雅從善知識游。隆慶改元，落髮居羊山秀峰庵，〔一〕名德日起。即諸陵中貴人多檀施，師藍縷自如，一衲不啻懸鶉，不襪不襦不履，顧就羊山安七十二衆爲千日期場。師日爲大衆説經，大衆亦樂爲之聽衆也。

時神宗皇帝初即位，行邊使道昆汪公道出諸陵，詣師問道，意獨多之。因問曰：「千日期畢，羊山能作常住〔二〕乎？」師曰：「無常無住。」後旬有五日，太史當謁。立冬〔二〕其日，羊山放光。又越七日，歲將除，師集大衆，語曰：「元年元日吾當行，公等居此，識字者用心念經〔三〕，不識字者用心念佛。務智慧，務普心，即此是佛。公等勉之。」歲除，夜既半，命弟子視中星曰：「夜午乎？」曰：「午矣。」師曰：「未也，日午乃行。」元日，日幾中，羊山放光如嚮者。頃之坐化，蓋日中云。越七日舉焚，日中復放光如嚮者。諸陵中貴人咸在，率大衆羅拜，治浮屠，藏舍利。

【校記】

〔一〕常住　「常」原作「嘗」，據明汪道昆太函集卷六十羊山僧塔記銘改。下「無常」同。

〔二〕立冬　明汪道昆太函集卷六十羊山僧塔記銘作「立春」。

〔三〕識字者用心念經　原作「識字者用心念佛」，明汪道昆太函集卷六十羊山僧塔記銘作「識字者用心念經」，明如惺大明高僧傳卷四北直羊山秀峰庵沙門釋明龍傳作「汝等識字者用耳聞經」，因據改。

【箋注】

〔一〕隆慶改元，落髮居羊山秀峰庵　明汪道昆太函集卷六十羊山僧塔記銘：「隆慶改元，棄家而北，則爲居士身，寓清苑，募建關壯繆祠。越三年，抵銀山法華寺，乃從方僧大光祝髮，法名明龍。尋徙居羊山秀峰庵，名德日起。」

南嶽豆兒佛傳

法祥，字瑞光，越州嵊縣周氏子。有出世志，〔一〕隨季父宦游入京，見笑巖於柳巷。巖觀其根，示以念佛法門，【二】師領之。居頃南還，棄妻子，薙髮，入棲霞謁素庵法師。雖居講肆，而念佛無間。又參遍融，融所示與笑巖同。【三】繇五臺入伏牛，契機於柏松和尚，留住石室中，弔影〔一〕木食者三年。一日趺坐，雪積滿牀〔二〕，火絶衣濕。松往視，擊磬出其定，因示之曰：「輕安小寂，非是歇場。若耽着此境，即墮偏空。且行脚去，逢南即止矣。」【四】遂飄然而行。【五】

遍歷楚蜀之境，鏟落知見，獨存孤明。後遊南嶽，忽憶柏松别時之語，有終焉之志。適僧以側刀峰靜室相讓，自是放下身心，一志念佛。募豆四十八石，一豆一佛，淨念相繼，以至終身，不知其過幾四十八石矣，繇是諸方稱爲「豆兒佛」云。十方衲子爭歸之，側刀峰遂成海内名叢席。居恒誡諸弟子曰：「汝剃除鬚髮，不知有生死事大〔三〕。但倚牆靠壁，業識茫茫，唤作甚麽？豈非吾佛所呵，衲衣在空閑，假名阿練若。不專心淨業〔四〕，大限到來，將何抵對閻老子乎？」聞者無不感泣〔五〕。

師雖絶意人世，而當世諸君子聞其風者，莫不景仰。如方伯劉公、直指史公、學憲伍公、儀部曾公、冏卿蔡公、少保郭公、大行宋公，皆傾心皈向，就師問道，招致之則不往也。郡丞盧公祀廟，點失期者，罰米三十餘石送師。師曰：「老僧豈以一鉢飯斂衆怨耶？」竟不受，聞者歎服。

師接納往來，不擇臧否，一味平等慈悲。荆襄大盜賈二、唐九等七人捕急，投師求活〔六〕。師憐其誠，納之。冠以道巾，令隨衆作務。及捕官至，雖識其爲盜，第見師慈心藹然，又聞念佛感動，乃解腰纏三金，設供〔七〕而去。其盜亦化，爲苦行僧。

師住側刀峰三十餘年，不發化主，不結外援，不設方丈，不用侍者。一龕於佛殿左，危坐念佛其中。不安庫房，笥無長物。滅之日簡之，惟胡椒一瓶、舊布數片而已。嘗以糠餅充飡，或有投之地者。師拾取，煨而啖之。行必荷鋤，見遺穢必以土掩之。將化，命首座領衆念佛，趺坐誡衆曰：「無得虚張捏怪，誑惑世人，獨一味老實念佛。」言訖，合掌而逝，時萬曆庚戌二月六日也。閲世七十有九，僧臘四十有三。停龕七日，顔色不變。弟子奉全身塔於峰之右。

【校記】

〔一〕弔影　明釋德清憨山老人夢游集卷十五南岳山主瑞光祥公銘作「弔影絶迹」。

〔二〕雪積滿牀　原作「雪積滿林」，據明釋德清憨山老人夢游集卷十五南岳山主瑞光祥公銘改。

〔三〕生死事大　明釋德清憨山老人夢游集卷十五南岳山主瑞光祥公銘作「生死大事」，是。

〔四〕不專心淨業　明釋德清憨山老人夢游集卷十五南岳山主瑞光祥公銘作「苟不專心淨

業」。

〔五〕聞者無不感泣　明釋德清憨山老人夢游集卷十五南岳山主瑞光祥公銘作「聞者感泣」。

〔六〕荆襄大盜賈二……投師求活　明釋德清憨山老人夢游集卷十五南岳山主瑞光祥公銘作：「荆襄大盜賈二、唐九等七人被捕急，來歸。發露懺悔，哀乞活命。」

〔七〕設供　明釋德清憨山老人夢游集卷十五南岳山主瑞光祥公銘作「辦齋」。

【箋注】

【一】有出世志　明釋德清憨山老人夢游集卷十五南岳山主瑞光祥公銘：「生而超曠，業儒不第，慨然有出世志。」

【二】巖觀其根，示以念佛法門　明釋德清憨山老人夢游集卷十五南岳山主瑞光祥公銘：「巖示以向上，公曰：『弟子塵勞中人，未敢承當。』巖曰：『即念佛法門最爲捷要。』」

【三】又參遍融，融所示與笑巖同　明釋德清憨山老人夢游集卷十五南岳山主瑞光祥公銘：「一見問曰：『汝作麽生？』公曰：『某甲爲生死出家，一向修念佛法門，不審是第一義諦否？』融曰：『更不容念佛外別求第一義諦。』公領旨作禮。」

【四】松往視……逢南即止矣　明釋德清憨山老人夢游集卷十五南岳山主瑞光祥公銘作：「侍者往見，驚走報松。松往視，見公定。乃擊磬警覺，問曰：『煙寒灰冷，作麽境會？』公曰：『山原是石，冰原是水。雪飛滿崖，不知所以。』松曰：『此是暫息塵勞，得輕安耳。

若耽著此境，即墮偏空。勿滯於此，宜行脚去，逢南即止。』」。

【五】遂飄然而行 明釋德清憨山老人夢游集卷十五南岳山主瑞光祥公銘作：「授以鉢袋，囑曰：『禪和往南走，報道七十九。我也不多時，大家相廝守。』公遂瓢笠徑造峨嵋，禮普賢。」

三藏師傳

本融，陜西鄜縣人。薙染，參懷慶松谷和尚，又參隱庵於大佛山。大千主少林，師預其衆。一鉢隨身，不擾常住。千異之，付以帕，不受。住達磨洞四十餘年。萬曆丁亥，抵京師，住龍華寺，山門風雨炎寒自若。又居積善寺廊房，長老見師勤苦，蚤夜不息，特爲造一龕，請居之。繼開十方院，奉師接雲水凡十有三年。信施雲委，而因果之間，毫無差錯。最後住世刹海，隨緣接衆，持妙法華經爲常課。密行甚至，生平脇不至席，食不過午，不飯於常住。持鉢行乞村市間，如已得食則鉢内向，未得食鉢外向。人以是覘知師食否，而分衛之。每飯食訖，即嚼楊枝，掩關趺坐。或未受齋，亦從汲處乞一杯漱齒，入户坐，必不破午食。檀越或設供施金，必一衆均被乃許，否即堅拒弗受。

人請誦經，師曰：「吾堂中大德不諳諷誦。」有就寺飯僧者，付貲過即日營辦米鹽蔬果，設不移時。作務以身先衆，食飲旨菲，隨其所有，不强爲。生平絶不以修造煩人，曰：「勞生旅泊，住則隨緣，去則忘矣，何事華美以累身心耶？」

慈聖嘗爲諸大僧設齋，每僧襯五金、一疋絹、旃檀滿觔，師堅不肯赴。中貴人不得已，舁至院，師乃與衆同飡。萬曆壬寅初臘，師示微疾。侍御蕭公問之，師豎一指，即日午端坐而逝。茶毗，頂骨如芡實大。烟入地處，掘之皆得舍利。初，張、劉二内監共捨住宅爲世刹海。師住此，食指嘗逾千。當是時，曹郎、郭家珍、王玄謨、蕭丁泰、鮑應鰲、給舍段然俱欽師道風，敬仰尊重。段公嘗詣師，師曰：「居士坐久饑，當煮麪作供。」段曰：「久嚮老師大麪，特來嘗嘗滋味。」師厲聲曰：「麪許你喫，却恐你吞吐不下。」段爲之吐舌。其門風高峻如此。京師人稱師三藏師，多應是其號也。

青牛傳

青牛者，不知何許人。幼祝髮爲僧，居廬山最高處静室中。晝課誦經咒，夜則繞山唱佛號。鶉納百結，屐一緉，重可十觔，以黄蠟白油鍊其齒，如生鐵鑄就。静室寒衲，夜聞屐聲，爭出松汁供之，呼曰「青牛祖師」。山有虎，見其來，伏道傍以竢。如是者五十臘。

壬寅春，胡給舍徽吉以使事道匡廬，愛其眉宇，凡五宿其室。癸卯，袁儀部石公訪之，但見紫松枝爲窠，一水甕一鑪一杖。游客好事者，間施以綿綫米粟，歲僅一二。至則露置地中，出游亦無門可扃，然亦無盜者。客至，不問姓名，不拜不供，了不知人間禮。公奇而叩之，亦無語。公爲施一詩贊歎之。或問師：「夜游遇虎，頗心動否？」曰：「人嘗思害虎，虎無害人意也。」訊其修持，但云念佛。己酉之秋，入長安，神情骨相，無一不生人敬仰者。未幾事聞，慈聖賜號曰「青融」，出金錢香果，供之永安寺中，中貴學佛者將爲請師號、紫衣。師聞而惡之，避匿城東隆安寺。一夕坐化去，慈聖出帑金爲之禮懺，津送焉。

孤月傳

孤月，北人也，未詳邑里姓氏。因參訪，南游入終南山，望山勢逶迤崔巍，意山中必有至人藏修〔一〕，曰：「予得歸依承密諦，幸矣。」遂裹糧行，日行百餘里，所至皆披茅蹂石，足爲之皸。行已十日，遇獵者臂鷹逐犬，一俠少年也。問月何以至此，答曰：「尋師訪道，不遠千里，不識此中有高僧可依否？」獵者曰：「封豕長蛇、熊羆山鬼于焉窟宅〔二〕，更何處覓僧耶？子休矣。前有石洞，白熊踞視眈眈〔三〕，過者虀不虀粉，子無以身試嘗也。」月心弗恐〔四〕，起謝獵者。又行數十里〔五〕，日入細柳矣。見一巖洞，心頗怪之〔六〕。甫窺洞，白熊蹲踞，目光如電，張目視月。月曰：「萬里參尋，冀得人聞道〔七〕。乃今遇子，子能相容乎？不然，亦天也。」不怖而立。熊視良久，掉尾而去〔八〕，月遂入洞宿。越三日，獵者至，驚曰：「子真神人也，而脱熊口。」月曰：「幸免熊口。惟夜有二偉丈夫，黑幘長脛，立予傍，此何妖也？」獵者曰：「巖前古樹二章，曩伐爲薪，毋乃是爲祟乎？」請夷其根，月不忍絶樹生理，止勿夷。是夜，二丈夫不現，月慈悲動草木矣。獵者止月，月復謝去。

至山椒，一僧結草廬栖焉。月色喜，行入草廬。僧瞑目趺坐，五體如山，望之如木雞。啓視其釜，釜皆青苔也。向僧膜拜，三日竟屹然不動。乃從僧腰後扶之，始覺。月曰：「願受教。」僧不應，第曰：「汝於終南無緣。」月苦求教，僧曰：「逢山則止，遇廬則藏〔九〕。」語畢，以杖指歸路示月。月遥見一青鳥翩躚而來，若相導者〔一〇〕。行數日，踰終南而西，忽見城市，乃蜀中也。問蜀人，乃知有廬山，在江西。〔一一〕從荆州棹而南，卓錫五老峰，越四十年而化〔一二〕。

孤月冒險探奇，冀有所見而所見如此，能高抗熊口而無懾怖，下禮定僧而致哀懇，雖所聞未得要領，要亦不失爲有道心人也。所恨定僧姓字不落人間。嗟乎！彼固視人間如幻也，而焉用名？

【校記】

〔一〕藏修　明郭孔建垂楊館集卷九孤月禪師傳作「藏舟處」。

〔二〕熊羆山鬼于焉窟宅　明郭孔建垂楊館集卷九孤月禪師傳作「熊羆、射工、山鬼，實爲窟穴」。

〔三〕前有石洞白熊踞視眈眈　明郭孔建垂楊館集卷九孤月禪師傳作「前有白熊洞，熊踞視眈眈」。

〔四〕月心弗恐　明郭孔建垂楊館集卷九孤月禪師傳作：「師曰：『菩提心堅，無有恐怖。』」

〔五〕行數十里　明郭孔建垂楊館集卷九孤月禪師傳作「去行可百里」。

〔六〕心頗怪之　明郭孔建垂楊館集卷九孤月禪師傳作「師賞其幽奇，心頗快之」。

〔七〕萬里參尋冀得人聞道　明郭孔建垂楊館集卷九孤月禪師傳作「去家萬里，求無上道」。

〔八〕掉尾而去　明郭孔建垂楊館集卷九孤月禪師傳作「掉尾向洞口出」。

〔九〕僧曰逢山則止遇廬則藏　明郭孔建垂楊館集卷九孤月禪師傳作：「僧示之八語曰：『逢山則藏，遇廬則止。』」

〔一〇〕若相導者　明郭孔建垂楊館集卷九孤月禪師傳作「若導師出岫」。

〔一一〕越四十年而化　明郭孔建垂楊館集卷九孤月禪師傳作「越四十年而卒。師北人，不知南有廬山，故問蜀人云云」。

【箋注】

【一】忽見城市……在江西　明郭孔建垂楊館集卷九孤月禪師傳作：「忽見市民州處，問何地？曰：『西蜀。』問：『南閻浮提有廬山乎？』蜀人曰：『入豫章法宮亭，廬可躡也。』師色益喜。」

寶藏禪師傳

能躅，字寶藏，河間獻縣人，姓劉氏。少孤，詣戒壇，從大千震公圓具。有僧自伏牛山來，請戒語及煉魔事，躅躍然即裹足往。遇大川，授以念佛法門。遂立期修般舟三昧，歷七夏。既而過乾河溝，謁通天老人，留度歲。一夜獨立至旦，如彈指頃，聞板聲，心意豁然。成一偈上通天，通天亟止之曰：「毋爲狂魔攝也。」後聞楞嚴，於徵心處有解。復入煉魔場，九旬行坐，間得定相宛然。又走終南山，依孤月禪師四年。偶山行得一小室，因留止。日掘山蔬充腹，極意禪寂。孤月勸令質於遺教，曰：「毋爲三昧酒所醉，此深坑不可墮也。」隨入燕，參龍華通講主、崇壽秀法師，多所開解。乃嘆曰：「孤月爲我何深至也？雖然，耽寂非矣，趨喧寧是哉？古人得旨之後，巖邊樹下，甘澹受辛，安有如今日易蓬户於朱門、守淨檀爲世業者？余有愧道德，未能垂手入廛。蓋頭一把茆，終當廛不到耳。」乃四衆堅請住廣濟寺，不獲已，許之。而繩衲糲餐，視山居不異也。報緣欲謝，先三日集諸方，至日稱佛名三千聲，跏趺而逝。世壽八十四，坐夏七十三。塔於德勝門外觀音庵之後。

天長僧　武林比丘傳

天長僧，少鬻於徽賈，爲塾舍孌兒。性愿慤，事同舍生如其主也。居嘗寂嘿〔一〕，莫測所爲。忽一日心開，言論有異，舍生皆駭之。或叩以經書疑義，隨意解釋，遠出情表。好事者因就之問佛法大旨，所對皆與冥合，實未嘗識一字也。問：「何謂道？」曰：「一心爲道。」問：「何謂心？」曰：「一人爲心。」或聞而徵之，曰：「吾昨所言，止得一橛耳。可再申問。」遂問：「何謂道？」曰：「無心爲道。」問：「何謂心？」曰：「無人爲心。」聞者益溟涬之，皆歎曰：「我輩多時所謂使他肉身菩薩也。」因請爲剃染，辭曰：「吾身有屬，那得自便耶？願給役如故，請以義錢贖之。」曰：「可。」於是率錢歸於主人，乃辭去爲僧。

後不知所終。

武林比丘，未詳所出何地。游武林，嘗混迹市廛，好與文墨士游，飲啖靡擇。人謂之狂易。忽謂所游者曰：「某日吾當行，幸來相送。」至期衆集，比丘出迎客，笑謔如故，曰：「煩諸君雲來，何爲以餞我？」咸曰：「誦佛號可乎？」曰：「勿煩，爾但爲歌一篇好詩。」問：「何詩佳？」曰：「崔題黄鶴樓詩最佳也。」客乃抗聲歌之，比丘拍掌而和，至第三句，拍未合而化。

【校記】

〔一〕居嘗寂嘿　明陶望齡歇庵集卷十紀聞作「居常静默」。

月潭和尚傳

月潭和尚，不知何許人。自言姓楊氏，生於成化甲午，從師圓省祝髮五臺山。嘉靖戊寅，始受具足戒。周行天下殆半，於蜀邛郲山中最久。隆慶辛未，杖錫來江南。至婁東，王鳳洲、麟洲二先生築室以居之，凡七十年。以萬曆丙戌冬告寂，俗壽一百一十三，僧臘九十八。

王銘其塔而叙之曰：「和尚以不欺爲本，以無住爲宗，以彌陀爲父，以釋迦爲師，以淨土爲歸地，以無爲爲法事。不談禪，不豎義，不沾講席。無寒而已，不備三衣；無饑而已，不强中食。既得疾，水飲者五日，絶水者二日。至夜分乃呼浴，浴畢，使僧雛誦無量壽佛經，傾聽既終，奄然而化。」噫！果如所云，雖欲莫謂之高僧，不可得也。故次王語以備傳。

五日頭陀傳附定林

五日頭陀者，爲僧僅五而亡，事迹頗異。南海比丘巢林文公爲之記曰：「頭陀姓徐氏，諱性容，某縣人。生而簡默淳厚，無他行能，每有青山白雲之想〔一〕。家貧無以自給，總角依陸司空爲童子，見沙門輒致敬，司空獨異之，人莫識者。今年春幾月，染嘔血病，口氣嘗〔二〕臭。謝司空，寄迹報本塔院，從諸耆宿修淨業。即孱弱難支，念佛不輟。或謂：『病亟，何自苦如此〔三〕？』曰：『生死事大，無常〔四〕迅速。』而病益沉綿。一日願禮僧伽，求薙度，被袈裟，端坐五晝夜，水漿不入口。有弟侍左右，問欲何食。曰：『欲得果食。』弟以果進。噉青梅四，而謝其弟曰：『吾今日歸矣。爾〔五〕善事二親，若古之某某者。』其婦惑於巫言，曰：『歸太早耶？尚須三日。』曰：『去住繇我，繇巫言乎？婦人安有不祥之言哉？』一日〔六〕，緇素聞頭陀狀，爭先問道，但曰戒殺、專持佛號而已。其口氣所觸，有花草香。言畢入龕，結金剛印，敷坐〔七〕而化。其母摩頂至足，遍身皆冷，獨頂熱，兩足底似水墨雲霞色。司空爲衆倡作禮，一衆皆拜，閉龕至〔八〕某所。先是霪雨爲災，是日雨甚，俄而開霽。將舉火焚，而龕門忽開，頭陀屹然如故，後〔九〕火燄若鎔金而盡，遂塔於小瀛洲。是夜，里中人素持齋者咸夢頭陀，示以戒殺念佛〔一〇〕，如生時語。何其異歟？距生於嘉靖戊午，死於萬曆丁亥，閱世三十年，爲僧僅五日。」

馮司成夢禎贊曰：「金剛般若有云：『以今世人輕賤故，先世罪業即爲消滅〔一一〕。』而況聖賢出没於生死海中，不可以迹計而情量？五日非速，萬劫非長。放刀獻珠，無轉變相。爾等衆生，其亟念佛戒殺，勉遵五日頭陀之教，以相見於極樂之鄉。」

定林者，當時所謂周安者是也。自幼不茹葷血，又不娶。日隨周生〔一二〕赴講學會場，執巾履之任，供茶設饌，時時竊聽，或獨立簷端，或拱身柱側，不欹不倚，不退不倦。周生病故，楊道南，東南名士，終歲讀書破寺中。周安復以事周生者事道南，行止一如周生。時李翰峰、李如真、焦弱侯諸公無不歎羡信愛。

李卓吾入京，二李謂之曰：「周安知學，子欲學，幸無下視周安也。」未幾道南又死。周安因白弱侯：「吾欲爲僧，夫吾迄歲山寺，只多此數莖髮耳，不剃何爲？」弱侯無以應，遂約卓吾、管東溟諸公送周安於雲松禪師處披剃爲弟子，改法名曰「定林」。弱侯又於館側別爲庵院，命卓吾書「定林庵」三字爲匾以奉之。定林庵居未久，即舍去牛首，創大華嚴閣。閣成〔三〕，又舍去之楚天中山。遂化，塔骨於山中。馬伯時隱此山，時特置山居一所，度一僧，使專守其塔。弱侯思定林不已，〔一〕命卓吾作定林庵記，立石以志不忘云。

明河曰：五日頭陀與定林皆以卑賤出家，其一段卓然自立之風，自不落皮相，故致司空膜拜，群公傾倒。道之所在，貴賤可忘耳。今有出家反恃族姓，且昂然視同輩。頭陀、定林見之，不呼奴子幸矣，尚敢望人尊敬哉？罪云拜優波，地爲之震動者，我山摧慢山倒耳。法門下衰，人不尊道至此，不無三歎。

【校記】

〔一〕想　明馮夢禎快雪堂集卷二十九文公五日頭陀記作「思」。

〔二〕嘗　明馮夢禎快雪堂集卷二十九文公五日頭陀記作「常」。

〔三〕病亟何自苦如此　明馮夢禎快雪堂集卷二十九文公五日頭陀記作「病亟矣，胡自苦如此」。

〔四〕無常　原作「無嘗」，據明馮夢禎快雪堂集卷二十九文公五日頭陀記改。

〔五〕爾　明馮夢禎快雪堂集卷二十九文公五日頭陀記作「而」。

〔六〕一日　明馮夢禎快雪堂集卷二十九文公五日頭陀記作「一時」。

〔七〕敷坐　明馮夢禎快雪堂集卷二十九文公五日頭陀記作「趺坐」，是。

〔八〕至　明馮夢禎快雪堂集卷二十九文公五日頭陀記作「迎至」。

〔九〕後　原作「從」，據明馮夢禎快雪堂集卷二十九文公五日頭陀記改。

〔一〇〕念佛　明馮夢禎快雪堂集卷二十九文公五日頭陀記作「專持佛號」。

〔一一〕消滅　明馮夢禎快雪堂集卷二十九跋五日頭陀記後并贊作「消亡」。

〔一二〕周生　明李贄李温陵集卷九定林庵記作「其主周生」。

〔一三〕閣成　明李贄李温陵集卷九定林庵記作「閣甫成」。

【箋注】

【一】弱侯思定林不已　明李贄李温陵集卷九定林庵記：「弱侯曰：『庵存人亡，見庵若見其人矣。其人雖亡，其庵尚存，庵存則人亦存。雖然，人今已亡，庵亦安得獨存？惟有記庶幾可久。』」

玉芝聚公傳

法聚，字月泉〔一〕，嘉禾富氏子。始去俗，從師於海鹽資聖寺，矢志參學。初見吉庵、法舟二宿，未甚啓發。聞王陽明倡良知之指於稽山，同董從吾往謁之，言相契。陽明答以詩，然猶未脱然也。後於夢居禪師一掌下洞徹源底，〔一〕即入武康天池山搆精舍，顔曰「玉芝」，二十餘年説法其中。繇是諸方稱「玉芝和尚」。〔二〕唐一庵、王龍溪諸公嘗往來山中，證會儒釋大同之秘。

師其爲人也，峻潔〔二〕圓轉，舉止瀟然。王公貴人見其人，至不敢屈；庸夫豎子一聞其教，輒興起自愧，反其所爲；曲儒小士多詆釋，遇師與立談，顧趨而事之，捨所學而從彼。其爲文也，無短長易難，皆據案落筆，應手而成。奥旨精辭，一時而徹〔三〕。或以此詆之，謂師苦於文而疎於道，文如此未嘗苦也，疎於道又可信乎？〔三〕

師生於弘治壬子，示寂於嘉靖癸亥，春秋七十有二。立塔藏骨於本山。少司馬蔡公汝楠與師有支、許之契，爲銘曰：「聲之爲詩，齊之爲儒，詩其無上咒耶？儒其無上法耶〔四〕？」

【校記】

〔一〕字月泉　明幻輪編釋鑑稽古略續集卷三玉芝禪師作「號月泉」。

〔二〕峻潔　原作「峻結」，據徐渭玉芝大師法聚傳改。

〔三〕奥旨精辭一時而徹　原作「奥旨猜辭一時而徹」，徐渭玉芝大師法聚傳作「奥旨精辭，一時皆徹」，因據改。

〔四〕儒其無上法耶　蔡汝楠玉芝大師塔銘作「儒其無二法耶」。

【箋注】

【一】後於夢居禪師一掌下洞徹源底　據徐渭玉芝大師法聚傳：「至金陵，參夢居禪師於碧峰寺，問：『如何不落人圈繢？』居與一掌，師大悟。」

【二】繇是諸方稱「玉芝和尚」　明幻輪編釋鑑稽古略續集卷三玉芝禪師所載得名之由與此略異：「結庵荆山，有芝産於座下，人號『玉芝和尚』。」

【三】或以此詆之……疎於道又可信乎　徐渭玉芝大師法聚傳作：「渭數往候之，或連晝夜不去，并得略觀其平生。所著論，多出入聖經，混儒與釋爲一，然好勝者或以此詆之，謂師苦於文而疏於道。夫語道渭則未敢，至於文，蓋嘗一究心焉者。渭觀師之文未嘗苦也，所謂疏於道者，其又可信乎？」

圓魁傳

圓魁，應天溧陽人袁應魁也，有妻子兄弟，田宅頗饒。一日棄之，出游至雁宕靈巖谷，遂投師落髮，更名圓魁。然不甚禮誦解〔一〕，嘗掩室靜坐，手甲長二寸餘，冬夏一衲，無增滅。萬曆丙戌，四明戴祭酒洵至靈巖與語〔二〕，魁默默，似無知者。明忽造戴〔三〕，謀建寺。又明年寺成，且曰：「有佛無經〔四〕，佛法何明？凡愚何覺？吾將造京師，請藏經歸寺〔五〕，以畢吾志。」未行，乃留寓塔亭山，實戴留之也。戴日曉曉佛法，深開示魁，魁唯嘿然而已。魁有日席地仰天，戴曰：「雲行鳥飛，佛體也。」魁笑，從容曰：「自古只有僧爲儒説法，今公反以儒爲僧説法，亦異事。」良久忽起，附戴耳，自指其鼻尖，低聲曰：「我雖不解文義，然嘗炤管主人公〔六〕，時刻不忘者，二十餘年矣。」戴異之，前席欲與深言，竟無語。

次年，始北上至京，憩錫玄真觀，即坐化焉。其化日如嘗時，但獨語曰：「印藏經自有時，今亦已矣。」遂瞑目，猶謂其晏坐，不知已化也。化之日面色微青，明日轉紅潤如生，七日而鬚髮漸長。都人瞻禮紛沓，觀主懼多事，陳於禮部，請從荼毗。宗伯王公具龕，薪火之烟皆西向。時壬辰歲二月二日也，年五十六。遺一偈壽間曰：「自古原無死，無死亦無生。是夢還非夢〔七〕，亘古又亘今。」其徒明海負其骨南歸。戴聞之，歎曰：「退之之大顛，示以形骸可外；子瞻之了元，使知性命所歸。吾是以深信魁之以覺覺吾夢也，又深媿吾之方夢夢未覺也〔八〕。」遂爲銘其塔。

【校記】

〔一〕禮誦解　明朱諫雁山志卷二戴洵遠夢和尚碑文作「禮誦講解」。

〔二〕至靈巖與語　明朱諫雁山志卷二戴洵遠夢和尚碑文作「至靈巖谷與語佛，不甚領悟」。

〔三〕明忽造戴　明朱諫雁山志卷二戴洵遠夢和尚碑文作「明年忽造余廬」。

〔四〕有佛無經　明朱諫雁山志卷二戴洵遠夢和尚碑文作「有寺無經」。

〔五〕請藏經歸寺　明朱諫雁山志卷二戴洵遠夢和尚碑文作「謁名公卿，請印藏經歸寺」。

〔六〕然嘗炤管主人公　明朱諫雁山志卷二戴洵遠夢和尚碑文作「然常常照管主人翁」。

〔七〕是夢還非夢　明朱諫雁山志卷二戴洵遠夢和尚碑文作「作一黄粱夢」。

〔八〕又深媿吾之方夢夢未覺也　明朱諫雁山志卷二戴洵遠夢和尚碑文作「而又深愧吾之方夢方未覺也」。

圓果傳

圓果上人，號香林，京口丁氏子。厭俗出家，勤讀誦，於圓覺「幻滅滅故非幻不滅」處有省。自是參方，機鋒穎捷。年三十四，游武林。日行分衛，夜宿仙林寺檐廡，衣不掩形。時嚴冬，或獻新衣美食，却不御。人奇之，致供日繁。師遁至北高峰絶頂，假一席地，縛草爲團瓢，冥寂其中，不出營食。主僧以時閔而給焉，一坐六載。每風雨晦冥，猛虎毒蛇蹲繞左右，師不爲動。其後冬雪，浹辰平地積至丈許，陟者跬步壓覆，隤然而返。主僧曰：

「果公縱學僵卧袁安，不能作啖氊蘇子。凍餒既久，恐無生理。」俄而城中素心道衆不期而會於靈隱者三十餘曹，相勞苦，各述所夢相同，謂見神人執刀，厲聲告曰：「北高峰古佛困雪中，盍往視之？」陳叙如出一口。曰：「事急矣。」即相率打雪披寒而上，叩團瓢，見師趺坐恬然，無憊容。衆獻供，師作唄受之，相與繞視，不忍捨去。師曰：「諸君休矣。晡時恐爲虎驚，毋過念貧道。」乃送之下山而返。

一日至湖上，偶見一長僧，繇六橋度嶺而北。師覺其有異，尾之至黄龍祠，因忽不見。仰視林樾清楚，愛之，遂憩焉如仙林。時適有樵牧數輩戲拾瓦礫，累塔礬石間，忽罅中閃爍有光，微露石稜，去礫而頂相現，旋得滿月容。游人以畚鍤助之，須臾周身盡露。又得斷碑，讀之始知文公所鏤像也。乃賈泣下拜，曰：「圓果與和尚同出南岳，不意顯示幻身，敢不捐軀爲報？」繇是山靈之一新，清規之再整，師之力也。

汪開府伯玉覲師於黄龍，戲問曰：「公年幾何？」曰：「八十有五。」又問：「到家乎？」曰：「苦海孤航，兩不着岸。」汪聞，聳然增敬。師素貫禪律，凝神冥寂。每清晨背誦金剛經一卷，過午不食，檀施悉營福業，遇遺骼輒收掩之，積如漏澤者數處。凡開示四衆，切近簡要，使聞者生信，恍然自得於語言文字之外也。萬曆元年癸酉四月示寂，年九十矣。塔於石像左脊。

補續高僧傳跋

自佛法東漸，名僧間出。其宗風道行、神足辨才，莫不彪炳一時，輝鑑宇内。若無紀述，曷詔後來？是以代有作者爲之立傳，列以十科，綜其行實。自中唐五季迄宋元，入大明，歷千禩。其間神龍繡虎，闡教揚宗，而傳持法海者，不讓前人。乃徒寄傳聞，闕乎筆載。于是華山河公起而憂之，自墮僧數即以續傳高僧爲任，思欲該悉遺踪，莫如取信於金石。乃不憚千里雲山，單瓢楖栗，每逢殘碑斷碣卧煙委莽者，必躬自刷摸，考核遺事，窮搜幽討。載罹寒暑，沐雨櫛風，顧所不惜。噫！其用心亦苦矣。積有年歲，彙而成帙，因於禪觀之暇，次序編年，臚陳行略，人各爲傳，以紀化事，凡數易稿而成，共得若干人，合爲若干卷，名之曰補續高僧傳。用傳將燼之明鐙，以續未斷之慧命，厥功懋焉。乃功未告成，而化緣已畢。思委托得人，而其難其慎。金河顧命，東日之照，實注於上座扃公。乃出全編，委其卒業。香爐如意之贈，方此更有加焉。

扃公諾此遺言，仔肩鉅任。冀挹檀波，用填願海。不意時值迍邅，兵荒洊至，迄皆未定之驚魂，徒重繭四方，毫無克濟，憂心如焚，懼無以報命。因賫稿至虞山，就汲古主人謀焉。子晉本因深遠，乘願現身，契合夙緣，慨然心許。余時在座，亦隨喜贊成，即付梓人，剋期奏績。是舉也，歷朝龍象，藉以出興，非河公莫傳其神，非扃公孰繼其志，而非子晉疇與告其成耶？是三人也，應響佛事，迭爲主賓，功成鼎足。藏海流通，信足不朽矣。予因是役得預流校訂，遍觀厥成，大喜徧身，莫可云喻。遂于卷末聊識緣起，以記歲月云爾。

重光作噩夏孟佛日，退山弟子馬弘道謹譔。

補續高僧傳跋

補續高僧傳者，道開扃公成其師未成之書也。其師華山河公，號汰如，貫通内外之典，領袖龍象之林。念歷代高僧傳搜討未該，事迹湮没，擔囊負笈，遍游山岳，剔荒碑於薜逕，洗殘碣於松巖。嘉言懿矩，會萃良多，因補前人之所未備，續前人之所未完。紙皮墨骨，未酬宿世之緣；獅吼潮音，驟示雙林之疾。囑付扃公，補綴成編。扃公以鶖子之多聞，兼茂先之博物。既啣師命，遂畢前功。捧瓊函以示余，翻貝葉而眩目。余也踴躍讚歎，得未曾有。亟鳩剞劂之工，遂付棗梨之刻。使涌幢現塔，不墮荒榛；寶炬華燈，長然慧命。石門文字之禪，淨土虚玄之體，相需而著，用垂千古。庶蓮花峰下，師徒之志昭然；教海藏中，今昔之踪宛在。

隱湖毛晉謹識

釋自扃跋

嗟乎！吾先高松弱冠未迨，蚤事參請；知命甫踰，旋示泥洹。屈指流光，僅浮生之三十耳。電光駒隙，壽量幾何？廼講論疏解，著述觀心。繇因地至於果覺，孜孜矻矻，不知作幾許事業，自非願力宏高，載來示現，其孰能與于此？即斯僧傳一書之成也。年未强仕，慨然以僧史有闕爲心。遂南走閩越，北陟燕臺。若鴈宕、石梁、匡廬、衡岳，絶壑窮嵒，荒林廢刹，碑版所在，蒐討忘疲，摹勒抄寫，彙集成編。而後竭思覃精，筆削成傳。

蓋僧史者，左史記事，右史記言，如俗之史書也。凡所集者，不越言之與事。自宋文宣王記室王簡栖所集百卷，又會稽嘉祥攸法師所集梁高僧傳十三卷，唐南山律師所集續高僧傳卅〔一〕卷，又贊寧國師所集有宋高僧傳卅〔二〕卷，降斯已還，宋、明相望，以六百餘禩之遼敻，邈然罕聞。先師之作，其可緩哉？第是書也，無既不既，無成不成，適是而止爲全部矣。補摭捃拾，若有所遺。在先師則曉夜皇皇，尚以未備爲憾焉。師門墻既廣，桃李成蹊，翹楚僧英不無其類。不肖以椎魯無文、確懷固守，當紛紛轉徙之時，予惟脚跟牢跕。故蒙先師嘉愍厥志，别貽青盻。山齋寂闃，手授淨瓶。摩頂至三，記莂亦再。曰轉相傳授，流注不絶。儼如黄梅半夜信衣初付，非任力鬬智所可力攘者也。

其次，不肖住山，則曰「不獨山門有幸，實喜法脉得人」。詩篇志喜，啓札相延。手蹟猶存，墨痕未燥。此闔郡護法所共同心，不能偏廢者也。至若拈花微笑、末後機緣，則簡端六字，擲筆神遊，曰「高僧傳托道開」是也。若不肖果有一念參商，其能蒙始終護念如此乎？孰謂示寂〔三〕之後，異議紛然，變端遽起，所以退讓名山，躬先剞劂，負書行耳，遑及戈矛。扃抱書之白門，饑荒兩值，變亂相仍，海宇更張，人心鼎沸。遂不能卒業殺青，徬徨無措。歸而謀諸隱湖居士，樂成先志，助襄厥功，始克告竣。其艱難困苦之狀，未易以一言遍告也，幸有濟上平章臨安司馬爲之弁序。此二公者，表表人杰〔四〕，殉難捐軀，足徵先師德業所致。黼黻典彝，並垂不朽。

於戲！名山，師一時應迹之區也。使師而有年，今且敷玄竪妙於此，非師之千古也。即予膺先師之命，辛勤拮据，尚居此山，亦未爲報先師也。惟此數編，迺師之千古。今幸不負所囑，得壽諸梓，實所以報先師於千古也。先師以寸管發揚六百年來之碩德耆英，其功於法門不淺。扃以寸心報師三十年來之苦辛，實不敢負遺命而已，敢謂有功于先師哉？至若山之住與不住，命之遵與不遵，予且付之一笑。常寂光中尚肯攢眉蹙頞耶？所願祖祖相傳，燈燈相照，不冷風規，常存模範。師念無違，扃心曷已，他何計哉？因筆偶書，非敢揚飛塵以眯觀者之目也。

彊圉大淵獻之歲重陽日，嗣法弟子自扃〔五〕和南謹跋。

【校記】

〔一〕卅　原爲一字空，據唐道宣續高僧傳實際卷數補。

〔二〕卅　原爲一字空，據宋贊寧宋高僧傳實際卷數補。

〔三〕示寂　原「示」字爲墨釘，據卍續藏經本補。

〔四〕人杰　「人」字原殘，據卍續藏經本補。

〔五〕日嗣法弟子自扃　此七字原爲約七字空，據卍續藏經本補。

附録

汰如法師塔銘

賢首之宗，弘於雪浪，其後爲巢、雨，爲蒼、汰，皆於吳中次補説法，瓶錫所至，在花山、中峰，兩山雲嵐交接，梵唄相聞。四公法門冢嫡，如兩鼻孔同出一氣，但有左右耳。巢、雨遷謝，蒼、汰與余法乳之契益深，而汰復以崇禎十三年十二月四日順世而去。於是蒼雪徹公作爲行略，而請余銘其塔曰：汰如法師明河，號高松道者，揚之通州人，姓陳氏。母夢道人手法華經一卷來乞食而生師。年十餘歲，善病，父母送州之東寺，依一天長老剃度。寺習瑜伽，師究心大乘方等諸經，兼工詞翰。年十九，腰包行脚，偏參諸方。見一雨潤公，如子得母，不復捨離。隨師住鐵山，繼師住中峰，既而説法於杭之皋亭、吳之花山、白門之長干寺，藏海演迤，詞峰迴秀，遮照圓融，道俗交攝，識者以爲真雪浪之玄孫也。從上諸師，未講大鈔，蒼、汰二師有互宣之約。師首唱一期，群鶴繞空，飛鳴圍繞。訂來春爲三期，與蒼踐更。未幾示疾，怡然化去。惟自念言：心不知法，法不知心，誰爲作者？亦誰受者？直知譚倦欲眠，聲息旋微耳。世壽五十三，僧臘三十餘夏。遺言建塔於中峰，所著有華嚴十門眼、法華楞伽圓覺解、續高僧傳若干卷。徹公之論曰：舉世求一悟人不可得，其惟解人乎？悟解之在人，如水之於味，響之於聲，解豈有乎？悟豈無乎？舍甲認乙，遂有多名。迴面一呼，應聲立至。解有先乎？悟有後乎？師嘗云念佛人一意西向，參禪人只顧南詢。置東、北兩方于無用之地。又自言不通禪，不習教，無位于法門，亦不知無位真人爲何義。解乎悟乎？吾安識其庭宇之所際哉？又曰：師事業福緣未能如古人，亦未可與今之不教不禪、欺世盜名者比。嗚呼！知汰者莫如蒼，信法門之益友矣。銘曰：雪浪如龍，蟠拏教宗。支分蜿蜒，化爲高松。孤塔亭亭，坐斷中峰。刹海涉入，帝網重重。然則師之説法固未嘗止，而大鈔之講肆其可以爲未終乎？（録自牧齋初學集卷六十九，清錢謙益著，清錢曾箋注，錢仲聯標校，上海古籍出版社一九八五年版。）

書汰如法師塔銘後

余爲汰如法師塔銘，狥蒼雪徹師之請，據其行狀而作也。後十餘年，汰師高足含光渠師來告我曰：「有人議先師塔銘，寥寥數言不足以稱道德業，願奮筆改定。渠以爲不若仍請于公，取次增潤，不獨于先師有光，亦聊以塞謡諑之口也。」余唯唯曰：「吾文蕪陋多矣，敢不唯命。」繙經少間，取舊稿及新所撰述循覽反覆，啞然而笑曰：「彼何人哉？殆歐陽子論尹師魯墓誌所謂世之無識者也。」

凡誌浮屠師者有三：一曰授受師資，係法脈翳節則書；二曰講演經論，係教海關鍵則書；三曰道場住持，係人天眼目則書。舍是無書焉。余之銘汰師也，先書其行履，次書其講演，後書其歸宿。於蒼師之狀無溢詞焉，用古法也。書行履曰：隨雨師住鐵山，繼師住中峰。既而説法於杭之皋亭、吴之華山、白門之長干寺，軍持杖錫至止略具足矣。必欲補書，曰以何年往某處，以何夢兆住某山。甲乙編次，古無是也。法師應期，必有檀越啓請，四衆圍繞。必欲詳書，曰某宰官致書，某宰官護持，某捐貲供養，某具舟津送。古德住五山十刹，猶唾棄爲掛名官府，如有户籍之民，而今之津津利養者，何也？書講演則莫大乎創講大鈔，與蒼師踐更法席，故次及之。書歸宿則莫要乎臨行怡然，惟自念言，心不知法，法不知心，直如譚倦欲息，聲息旋微，故又次及之。末後引據蒼師之論，謂師事業福德未能如古人，亦未可與今之不教不禪、欺世盜名者比。此蒼師之直言也，亦實語也。所謂古人者，杜順、賢首、清涼之流，謂師不如古人，非抑之也。雖未能如古人，而其戒力見地已迥絶乎世之不教不禪、欺世盜名者，則已横截末流，如鼉獨跳，不可謂非揚之至也。然而師之生平以華嚴爲大宗，以講演大鈔爲弘願，法席有終，此願無已，故余爲之銘也。然則師之説法，固未嘗止，而大鈔之講席，其可以爲未終乎？其所以蕆往願，啓後緣，讚嘆而唱導者，亦可謂深切著明已矣。謂未足稱道德業者，何也？

文不載嗣法弟子，此蒼師之略，非余過也。張説大通碑不載普寂、義福，王維大鑒銘不載南嶽、青原，古人亦有之矣。添亦無害，勉狥而添之可也。其最可嗤者，不言余文之不工，而譏其寥寥數言，無以稱道德業。然則稱道人之德業，必連篇纍牘，更僕羅縷，而後爲愉快勝任乎？黄魯直、陸務觀爲高僧塔銘，多寥寥數言，亦將買菜求益乎？行船之順風，聽衆之擠壓，僧徒老少之寒暄，叢林交單之誣誘，鄙猥瑣碎，咸將一一書之。拈花因緣，出於大梵天王經者，特引爲博聞證據，得毋令善星比丘掩口而笑乎？歐陽公有言：「世之無識者，不考文之重輕，但責言之多少。」夫已氏尚不讀歐文，安責其他？僧家不諳外教，不知古文法，則心欲推崇其師，而妄爲無識者所撼。不直則道不見，故不敢不以正告也。余爲此言，不獨以告汰師之徒，亦欲後之銘浮屠者，知有所謂古法而從事也。丁酉陽月二十六日。（録自牧齋有學集卷五十，清錢謙益著，清錢曾箋注，錢仲聯標校，上海古籍出版社一九九六年版。）

又書汰如塔銘後

崇禎十二年，汰如河法師講大鈔於華山。開講日，天池石鼓有聲，四衆咸有喜色。師蹙然曰：「讖有之：『石鼓鳴，吴中兵。』今江淮多警，豈宜有是？」一期講畢，白鶴數十，飛鳴盤舞，咸以爲講演之瑞。師正色曰：「來鶴之事，道家有之，非吾佛法所重也。」坐上爲之斂容。石鼓主兵，所在多有。吾往習道家科儀，醮壇煉度，結旛召鶴，道流以爲固然，良不足異。師之言信也。余往撰塔銘，據蒼老行狀略書其事。戊戌冬，毛子晉過村莊，備道其親聞于講席者，乃知此。師深心淵識，具正法眼，迥絶于流俗若此。謹書之，以補前志之闕。余嘗有詩贈講師云：「誰拈敲蚤家常話？忽漫天花下講臺。」意亦如此。庚子仲秋二十五日。（録自牧齋有學集卷五十，清錢謙益著，清錢曾箋注，錢仲聯標校，上海古籍出版社一九九六年版。）

汰如法師畫像贊

歸然雪浪，賢首别子。巢雨蒼汰，枝葉演迤。亭亭汰師，山立淵止。大鈔講演，妙辨雲起。石鳴接席，鶴舞承几。四衆驚告，山神有喜。熙怡微笑，曰偶然爾。狂僞猖披，末法波靡。雜華一宗，將墜濛汜。戒立門户，恥樹營壘。以我教行，銷彼角觝。展如之人，爲如來使。我如竺神，願供其齒。（録自牧齋有學集卷四十二，清錢謙益著，清錢曾箋注，錢仲聯標校，上海古籍出版社一九九六年版。）

徵引文獻

巴蜀佛教碑文集成，龍顯昭主編，巴蜀書社二〇〇四年版。

百丈懷海禪師語録，唐百丈懷海著，續藏經，新文豐出版公司一九九三年版，第一一九册。

寶慶會稽續志，宋張淏纂修，宋元方志叢刊，中華書局編輯部編，中華書局一九九〇年版，第七册。

抱甕灌園集，包世軒著，北京燕山出版社二〇一一年版。

北京佛教人物考，包世軒著，金城出版社二〇一四年版。

北京佛教石刻，佟洵主編，孫勐編著，宗教文化出版社二〇一二年版。

北京戒臺寺石刻，張雲濤著，北京燕山出版社二〇〇七年版。

貝瓊集，元貝瓊著，李鳴校點，吉林文史出版社二〇一〇年版。

栟櫚集，宋鄧肅撰，景印文淵閣四庫全書，臺灣商務印書館一九八六年版，第一一三三册。

補續高僧傳，明明河撰，卍新纂大日本續藏經，河村孝照等編集，國書刊行會一九八七年版，第七七册。

補續全蜀藝文志，明杜應芳、胡承詔輯，續修四庫全書，續修四庫全書編纂委員會編，上海古籍出版社二〇〇二年版，第一六七七册。

曹溪一滴，明周理編，明版嘉興大藏經，新文豐出版公司一九八七年版，第二五册。

曾鞏集，宋曾鞏撰，陳杏珍、晁繼周點校，中華書局一九八四年版。

禪寄筆談，明陳師撰，四庫全書存目叢書，四庫全書存目叢書編纂委員會編，齊魯書社一九九五年版，子部第一〇三册。

禪林寶訓，宋淨善重集，大正新脩大藏經，高楠順次郎等編纂，大正一切經刊行會一九三四年版，第四八册。

禪林寶訓音義，明大建較，續藏經，新文豐出版公司一九九三年版，第一一三册。

禪林僧寶傳，宋惠洪著，吕有祥點校，中州古籍出版社二〇一四年版。

禪門諸祖師偈頌，宋釋子昇、釋如祐録，續藏經，新文豐出版公司一九九三年版，第一一六册。

禪月集，五代貫休撰，明毛晉編，禪門逸書初編，明文書局一九八一年版，第二册。

禪宗頌古聯珠通集，宋法應集，元普會續集，卍新纂大日本續藏經，河村孝照等編集，國書刊行會一九七五年版，第六五册。

禪宗頌古聯珠通集，宋法應集，元普會續集，續藏經，新文豐出版公司一九九三年版，第一一五册。

禪宗正脈，明如卺集，續藏經，新文豐出版公司一九九三年版，第一四六册。

朝陽文史，中國人民政治協商會議北京市朝陽區委員會學習文史委員會編，二〇〇六年版，第六輯。

成都文類，宋扈仲榮、程遇孫等編，景印文淵閣四庫全書，臺灣商務印書館一九八六年版，第一三五四册。

成化杭州府志，明陳讓、夏時正纂修，西泠印社出版社二〇一一年版。

成化山西通志，明李侃修、胡謐纂，李裕民、任根珠點校，中華書局一九九八年版。

程鉅夫集，元程鉅夫著，張文澍校點，吉林文史出版社二〇〇九年版。

崇禎嘉興縣志，明羅炌修、黄承昊纂，書目文獻出版社一九九一年版。

崇禎松江府志，明方岳貢修、陳繼儒纂，書目文獻出版社一九九一年版。

垂楊館集，明郭孔建撰，四庫未收書輯刊，四庫未收書輯刊編纂委員會編，北京出版社二〇〇〇年版，第六輯第二九册。

從容録，宋宏智正覺頌古，元萬松行秀評唱，星雲大師監修，佛光大藏經編修委員會主編，佛光出版社一九九四年版。

叢林盛事，宋道融撰，續藏經，新文豐出版公司一九九三年版，第一四八册。

大方廣佛華嚴經，東晉佛馱跋陀羅譯，大正新脩大藏經，高楠順次郎等編纂，大正一切經刊行會一九三四年版，第九册。

大佛頂如來密因修證了義諸菩薩萬行首楞嚴經，唐般刺蜜帝譯，大正新脩大藏經，高楠順次郎等編纂，大正一切經刊行會一九三四年版，第十九册。

大慧普覺禪師語録，宋藴聞編，大正新脩大藏經，高楠順次郎等編纂，大正一切經刊行會一九三四年版，第四七册。

大明高僧傳，明如惺撰，大正新脩大藏經，高楠順次郎等編纂，大正一切經刊行會一九三四年版，第五十册。

戴良集，元戴良著，李軍、施賢明校點，吉林文史出版社二〇〇九年版。

道光衡山縣志，清侯鈐等修、蕭鳳翥等纂，湖南圖書館藏稀見方志叢刊，湖南圖書館編，國家圖書館出版社二〇一四年版，第三十二册。

道鄉集，宋鄒浩撰，景印文淵閣四庫全書，臺灣商務印書館一九八六年版，第一一二一册。

道園學古録，元虞集撰，景印文淵閣四庫全書，臺灣商務印書館一九八六年版，第一二〇七册。

道園學古録，元虞集撰，萬有文庫，王雲五主編，商務印書館一九三七年版。

鄧尉聖恩寺志，明周永年撰，四庫全書存目叢書，四庫全書存目叢書編纂委員會編，齊魯書社一九九六年版，史部第二四四册。

滇志，明劉文徵撰，古永繼點校，王雲、尤中審訂，雲南教育出版社一九九一年版。

東里文集，明楊士奇著，劉伯涵、朱海點校，中華書局一九九八年版。

東里續集，明楊士奇撰，景印文淵閣四庫全書，臺灣商務印書館一九八六年版，第一二三八册。

東坡志林，宋蘇軾著，華東師範大學古籍研究所點校注釋，華東師範大學出版社一九八三年版。

法言義疏，汪榮寶撰，陳仲夫點校，中華書局一九八七年版。

汾陽無德禪師語録，宋楚圓集，大正新脩大藏經，高楠順次郎等編纂，大正一切經刊行會一九三四年版，第四七册。

焚書·續焚書校釋，明李贄撰，陳仁仁校釋，岳麓書社二〇一一年版。

佛説聖佛母小字般若波羅蜜多經，宋天息灾譯，中華大藏經，中華大藏經編輯局編，中華書局一九九三年版，第六三册。

佛祖綱目，明朱時恩著，續藏經，新文豐出版公司一九九三年版，第一四六册。

佛祖歷代通載，元釋念常撰，北京圖書館古籍珍本叢刊，北京圖書館古籍出版編輯組編，書目文獻出版社一九八七年版，第七七册。

佛祖歷代通載，元念常集，大正新脩大藏經，高楠順次郎等編纂，大正一切經刊行會一九三四年版，第四九册。

佛祖統紀校注，宋志磐撰，釋道法校注，上海古籍出版社二〇一二年版。

攻媿集，宋樓鑰著，四部叢刊初編，商務印書館一九三九年版。

姑溪居士集前集，宋李之儀撰、吴芾編，景印文淵閣四庫全書，臺灣商務印書館一九八六年版，第一一二〇册。

古今圖書集成，清陳夢雷、蔣廷錫等編纂，中華書局、巴蜀書社一九八五年版。

古庭禪師語録輯略，明陶珽輯，中國歷代禪師傳記資料彙編，徐自强編，全國圖書館文獻縮微複製中心一九九四年版。

古尊宿語録，宋賾藏主編集，蕭萐父、吕有祥、蔡兆華點校，中華書局一九九四年版。

鼓山志，清元賢、黄任續修，中國佛寺史志彙刊，杜潔祥主編，明文書局一九八〇年版，第一輯第四九、五〇册。

穀城山館文集，明于慎行著，四庫全書存目叢書，四庫全書存目叢書編纂委員會編，齊魯書社一九九七年版，集部第一四七、一四八册。

觀音慈林集，清弘贊輯，卍新纂大日本續藏經，河村孝照等編集，國書刊行會一九八八年版，第八八册。

光緒邢臺縣志，清戚朝卿等纂修，中國方志叢書華北地方，成文出版社一九六九年版，第一八五號。

憨山老人夢游集，明釋德清撰，續修四庫全書，續修四庫全書編纂委員會編，上海古籍出版社二〇〇二年版，第一三七七册。

合併黄離草，明郭正域撰，四庫禁燬書叢刊，四庫禁燬書叢刊編纂委員會編，北京出版社一九九七年版，集部第十四册。

橫川行珙禪師語録，元本光等編，卍新纂大日本續藏經，河村孝照等編集，國書刊行會一九八七年版，第七一册。

弘治徽州府志，明彭澤修、汪舜民纂，天一閣藏明代方志選刊，上海古籍書店一九八二年版，第二一、二二册。

弘治温州府志，明王瓚、蔡芳編，胡珠生校注，上海社會科學院出版社二〇〇六年版。

後漢書，南朝宋范曄撰，唐李賢等注，中華書局一九六五年版。

湖北金石志，清楊守敬著，楊守敬集，謝承仁主編，湖北人民出版社、湖北教育出版社一九九七年版，第五册。

虎丘紹隆禪師語録，嗣端等編，卍新纂大日本續藏經，河村孝照等編集，國書刊行會一九八六年版，第六九册。

畫繼，宋鄧椿著，人民美術出版社一九六四年版。

淮海集箋注，宋秦觀撰，徐培均箋注，上海古籍出版社二〇〇〇年版。

皇家護國神王塔：北京白塔寺，楊曙光著，民族出版社二〇〇七年版。

皇明從信録，明陳建撰，沈國元訂補，續修四庫全書，續修四庫全書編纂委員會編，上海古籍出版社一九九五年版，第三五五册。

皇明名僧輯略，明袾宏輯，卍新纂大日本續藏經，河村孝照等編集，國書刊行會一九八八年版，第八四册。

皇明通紀集要，明陳建撰、江旭奇補，四庫禁燬書叢刊，四庫禁燬書叢刊編纂委員會編，北京出版社一九九八年版，史部第三十四册。

黄溍集，元黄溍著，王頲點校，浙江古籍出版社二〇一三年版。

黄庭堅全集，宋黄庭堅著，劉琳、李勇先、王蓉貴校點，四川大學出版社二〇〇一年版，第二册。

黄庭堅詩集注，宋黄庭堅撰，宋任淵、史容、史季温注，劉尚榮校點，中華書局二〇〇三年版。

繼燈録，明元賢輯，卍新纂大日本續藏經，河村孝照等編集，國書刊行會一九八八年版，第八六册。

嘉定赤城志，宋陳耆卿纂，徐三見點校，中國文史出版社二〇〇四年版。

嘉靖長沙府志，明孫存、潘鎰、楊林、張治纂，稀見中國地方志彙刊，中國科學院圖書館選編，中國書店二〇〇七年版，第三七册。

嘉靖贛州府志，明董天錫纂修，天一閣藏明代方志選刊，上海古籍書店一九八二年版，第三十八册。

嘉靖貴州通志，明謝東山删正、張道編集，張祥光、林建曾、王堯禮點校，貴州人民出版社二〇一九年版。

嘉靖河南通志，明鄒守愚、李濂纂修，河南大學圖書館藏稀見方志叢刊，李景文、郭鴻昌主編，國家圖書館出版社二〇一六年版，第十二册。

嘉靖惠安縣志，明張岳撰，天一閣藏明代方志選刊，上海古籍書店一九八二年版，第三十二册。

嘉靖潼川志，明陳講纂修，中國地方志集成，鳳凰出版社編，鳳凰出版社、上海書店、巴蜀書社二〇一四年版，善本方志輯第二編第六九册。

嘉靖浙江通志，明胡宗憲修、薛應旂纂，天一閣藏明代方志選刊續編，上海書店一九九〇年版，第二四—二六册。

嘉泰普燈録，宋正受撰，秦瑜點校，上海古籍出版社二〇一四年版。

堅瓠集，清褚人獲輯撰，李夢生校點，上海古籍出版社二〇一二年版。

建中靖國續燈録，宋惟白集，中華大藏經，中華大藏經編輯局編，中華書局一九九四年版，第七四册。

金光明經，北涼曇無讖譯，大正新脩大藏經，高楠順次郎等編纂，大正一切經刊行會一九三四年版，第十六册。

金陵梵刹志，明葛寅亮撰，何孝榮點校，濮小南審校，南京出版社二〇一一年版。

金文最，清張金吾編纂，中華書局一九九〇年版。

錦江禪燈，清丈雪通醉編，吴華、楊合林點校，四川大學出版社二〇一九年版。

景德傳燈録，僧道元纂，中華大藏經，中華大藏經編輯局編，中華書局一九九四年版，第七四册。

景德傳燈録，宋道元纂，朱俊紅點校，海南出版社二〇一一年版。

徑山集，明釋宗淨撰，四庫全書存目叢書，四庫全書存目叢書編纂委員會編，齊魯書社一九九六年版，史部第二四三册。

徑山志，明宋奎光撰，中國佛寺史志彙刊，杜潔祥主編，明文書局一九八〇年版，第一輯第三一、三二册。

居士分燈録，明朱時恩輯，卍新纂大日本續藏經，河村孝照等編集，國書刊行會一九八八年版，第八六册。

枯崖漫録，宋圓悟録，卍新纂大日本續藏經，河村孝照等編集，國書刊行會一九八八年版，第八七册。

快雪堂集，明馮夢禎著，明别集叢刊，沈乃文主編，黄山書社二〇一五年版，第四輯第十八册。

冷齋夜話梁溪漫志，宋惠洪、費衮撰，李保民、金圓校點，上海古籍出版社二〇一二年版。

李温陵集，明李贄撰，明别集叢刊，沈乃文主編，黄山書社二〇一五年版，第三輯第四四册。

歷朝釋氏資鑑，元熙仲集，卍新纂大日本續藏經，河村孝照等編集，國書刊行會一九八七年版，第七六册。

聯燈會要，宋悟明集，朱俊紅點校，海南出版社二〇一〇年版。

兩浙名賢録外録，明徐象梅撰，續修四庫全書，續修四庫全書編纂委員會編，上海古籍出版社一九九五年版，第五四二—五四四册。

了菴清欲禪師語録，元一志、元皓等編，卍新纂大日本續藏經，河村孝照等編集，國書刊行會一九八七年版，第七一册。

林間録，宋惠洪著，佛光大藏經編修委員會主編，佛光出版社一九九四年版。

隆慶平陽縣志，明朱東光原修、萬民華補遺，清石金和等增補，成文出版社一九八三年版。

龍雲集，宋劉弇撰，羅良弼編，景印文淵閣四庫全書，臺灣商務印書館一九八六年版，第一一一九册。

欒城集，宋蘇轍著，曾棗莊、馬德富校點，上海古籍出版社一九八七年版。

羅湖野録，宋釋曉瑩撰，叢書集成初編，中華書局一九八五年版。

羅湖野録，宋釋曉瑩撰，中國國家圖書館藏日本寬永十五年刻本。

梅溪王先生文集，宋王十朋撰，四部叢刊初編，上海書店一九八九年版。

夢粱録，宋吴自牧著，黄純艷整理，全宋筆記，朱易安、傅璇琮、周常林主編，大象出版社二〇一七年版，第八編第五册。

密藏開禪師遺稿，明道開著，明版嘉興大藏經，新文豐出版公司一九八七年版，第二三册。

妙法蓮華經，姚秦鳩摩羅什譯，大正新脩大藏經，高楠順次郎等編纂，大正一切經刊行會一九三四年版，第九册。

法華經合論，宋慧洪造，張商英撰，續藏經，新文豐出版公司一九九三年版，第四十七册。

閩書，明何喬遠編撰，厦門大學歷史系古籍整理研究室、古籍整理研究所閩書校點組校點，福建人民出版社一九九四年版。

閩書，明何喬遠編撰，四庫全書存目叢書，四庫全書存目叢書編纂委員會編，齊魯書社一九九六年版，史部第二〇四—二〇七册。

明僧弘秀集，明毛晉輯，李玉栓校點，安徽師範大學出版社二〇一五年版。

明史，清張廷玉等撰，中華書局一九七四年版。

明文衡，明程敏政編，中華傳世文選，任繼愈主編，吉林人民出版社一九九八年版。

明一統志，明李賢撰，景印文淵閣四庫全書，臺灣商務印書館一九八六年版，第四七二—四七三册。

明州阿育王山志，明郭子章撰，四庫全書存目叢書，四庫全書存目叢書編纂委員會編，齊魯書社一九九六年版，史部第二三〇册。

明州天童景德禪寺宏智覺禪師語録，宋正覺説，清淨啓重編，明版嘉興大藏經，新文豐出版公司一九八七年版，第三二册。

牧潛集，元釋圓至撰，景印文淵閣四庫全書，臺灣商務印書館一九八六年版，第一一九八册。

牧齋初學集，清錢謙益著，清錢曾箋注，錢仲聯標校，上海古籍出版社一九八五年版。
牧齋有學集，清錢謙益著，清錢曾箋注，錢仲聯標校，上海古籍出版社一九九六年版。
南屏淨慈寺志，明釋大壑撰，續修四庫全書，續修四庫全書編纂委員會編，上海古籍出版社一九九五年版，第七一九册。
南陽集，宋韓維撰，景印文淵閣四庫全書，臺灣商務印書館一九八六年版，第一一〇一册。
南嶽總勝集，宋陳田夫撰，續修四庫全書，續修四庫全書編纂委員會編，上海古籍出版社一九九五年版，第七二五册。
倪文僖公集，明倪謙撰，清丁丙輯，武林往哲遺著，江蘇廣陵古籍刻印社一九八五年版，第一〇九册。
普陀山志，清許琰撰，續修四庫全書，續修四庫全書編纂委員會編，上海古籍出版社一九九五年版，第七二三册。
七修類稿，明郎瑛撰，上海書店出版社二〇〇一年版。
千手千眼觀世音菩薩廣大圓滿無礙大悲心陀羅尼經，唐伽梵達摩譯，大正新脩大藏經，高楠順次郎等編纂，大正一切經刊行會一九三四年版，第二十册。

乾隆福州府志，清徐景熹修，魯曾煜、施廷樞等纂，中國地方志集成，上海書店出版社編，上海書店出版社二〇一二年版。

欽定清涼山志，故宮珍本叢刊，故宮博物院編，海南出版社二〇〇一年版，第二四八册。

清涼山志，明釋鎮澄著，故宮珍本叢刊，故宮博物院編，海南出版社二〇〇一年版，第二四八册。

清容居士集，元袁桷撰，王頲點校，浙江古籍出版社二〇一五年版，第三册。

瞿冏卿集，明瞿汝稷著，明别集叢刊，沈乃文主編，黄山書社二〇一五年版，第三輯第七六册。

全宋文，曾棗莊、劉琳主編，巴蜀書社一九九一年版，第十九册。

全宋文，曾棗莊、劉琳主編，上海辭書出版社、安徽教育出版社二〇〇六年版，第一〇二、一〇八、一一二〇、一一六〇、二二六六册。

全元文，李修生主編，鳳凰出版社二〇〇四年版，第四四册。

泉南雜志，明陳懋仁撰，叢書集成初編，王雲五主編，商務印書館一九三六年版。

泉州開元寺志，明釋元賢編，中國佛寺史志彙刊，杜潔祥主編，明文書局一九八〇年版，第二輯第八册。

人天眼目，宋智昭集，大正新脩大藏經，高楠順次郎等編纂，大正一切經刊行會一九三四年版，第四八册。

山房雜録，明袾宏著，明版嘉興大藏經，新文豐出版公司一九八七年版，第三三册。

山菴雜録，明無愠述，續藏經，新文豐出版公司一九九三年版，第一四八册。

山右石刻叢編，清胡聘之撰，山西人民出版社一九八八年版。

尚書譯注，李民、王健撰，上海古籍出版社二〇一〇年版。

詩經注析，程俊英、蔣見元著，中華書局一九九一年版。

石林燕語避暑録話，宋葉夢得撰，田松青、徐時儀校點，上海古籍出版社二〇一二年版。

石門文字禪，北宋德洪撰，禪門逸書初編，明文書局一九八一年版，第四册。

石門文字禪，北宋德洪撰，四部叢刊初編，商務印書館一九三六年版。

石屋清珙禪師語録，元至柔等編，續藏經，新文豐出版公司一九九三年版，第一二二册。

世説新語校箋，徐震堮著，中華書局一九八四年版。

釋鑑稽古略續集，明幻輪編，大正新脩大藏經，高楠順次郎等編纂，大正一切經刊行會一九三四年版，第四九册。
釋門正統，宋宗鑑集，續藏經，新文豐出版公司一九九三年版，第一百三十册。
釋氏稽古略釋鑑稽古略續集，元釋覺岸、明幻輪撰，江蘇廣陵古籍刻印社一九九二年版。
釋氏通鑑，宋本覺編集，續藏經，新文豐出版公司一九九三年版，第一三一册。
蜀中廣記，明曹學佺撰，景印文淵閣四庫全書，臺灣商務印書館一九八六年版，第五九一、五九二册。
雙崖文集，明周忱撰，四庫未收書輯刊，四庫未收書輯刊編纂委員會編，北京出版社二〇〇〇年版，第六輯第三十册。
四明尊者教行録，宋宗曉編，大正新脩大藏經，高楠順次郎等編纂，大正一切經刊行會一九三四年版，第四六册。
四友齋叢説，明何良俊撰，李劍雄校點，上海古籍出版社二〇一二年版。
松源崇嶽禪師語録，宋善開、光睦等録，續藏經，新文豐出版公司一九九三年版，第一二一册。

宋高僧傳，宋贊寧撰，范祥雍點校，上海古籍出版社二〇一七年版。
宋濂全集新編本，明宋濂著，浙江古籍出版社二〇一四年版。
宋史，元脱脱等撰，中華書局一九七七年版。
蘇平仲集，明蘇伯衡撰，叢書集成初編，王雲五主編，商務印書館一九三五年版。
蘇軾詩集，清王文誥輯注，孔凡禮點校，中華書局一九八二年版。
蘇軾詩集合注，宋蘇軾著，清馮應榴輯注，黄任軻、朱懷春校點，上海古籍出版社二〇〇一年版。
蘇軾文集，宋蘇軾撰，明茅維編，孔凡禮點校，中華書局一九八六年版。
太函集，明汪道昆著，明别集叢刊，沈乃文主編，黄山書社二〇一六年版，第三輯第三十一册。
潭柘山岫雲寺志，清神穆德撰、釋義菴續，中國佛寺史志彙刊，杜潔祥主編，明文書局一九八〇年版，第一輯第四四册。
天寧法舟濟禪師剩語，明道濟撰，如淵、大芹等編，明版嘉興大藏經，新文豐出版公司一九八七年版，第四十册。
天啓慈谿縣志，明李逢申、姚宗文纂修，慈溪市地方志辦公室整理，浙江古籍出版社二〇一七年版。

天啓新修成都府志，明馮任修、張世雍等纂，中國地方志集成，巴蜀書社一九九二年版。

天聖廣燈録，宋李遵勖編，中華大藏經，中華大藏經編輯局編，中華書局一九九四年版，第七三册。

天真毒峰善禪師要語，明本善記、悟深編，明版嘉興大藏經，新文豐出版公司一九八七年版，第二五册。

圖繪寶鑑，元夏文彦著，商務印書館一九三八年版。

玩齋集，元貢師泰撰，景印文淵閣四庫全書，臺灣商務印書館一九八六年版，第一二一五册。

萬峰和尚語録，明時蔚説，普壽集，明版嘉興大藏經，新文豐出版公司一九八七年版，第四十册。

萬曆杭州府志，明陳善等修，成文出版社有限公司一九八三年版。

萬曆合州志，明劉芳聲修，田九垓纂，稀見中國地方志彙刊，中國科學院圖書館選編，中國書店一九九二年版，第五十册。

萬曆湖廣總志，明徐學謨纂修，四庫全書存目叢書，四庫全書存目叢書編纂委員會編，齊魯書社一九九六年版，史部第一九四、一九五册。

萬曆黄巖縣志，明袁應祺修、牟汝忠等撰，天一閣藏明代方志選刊，上海古籍書店一九八一年版，第十八册。

萬曆嘉興府志，明劉應鈳修、沈堯中等纂，成文出版社一九八三年版。

萬曆嘉興府志，明劉應鈳修、沈堯中纂，嘉興市地方志辦公室編校，上海古籍出版社二〇一三年版。

萬曆江寧縣志，明李登纂修，盛敏畊、顧起元同纂，南京出版社二〇一二年版。

萬曆開封府志，明曹金撰，四庫全書存目叢書補編，四庫全書存目叢書補編編纂委員會編，齊魯書社二〇〇一年版，第七六册。

萬曆濮州志，明李先芳修，中國國家圖書館藏。

萬曆祁門縣志，明余士奇、謝存仁纂修，中國國家圖書館藏。

萬曆泉州府志，明陽思謙、黄鳳翔等纂修，中國地方志集成，鳳凰出版社編，鳳凰出版社、上海書店、巴蜀書社二〇一四年版，第二編第十七、十八、十九册。

萬曆上元縣志，明程三省修、李登等纂，南京出版社二〇一〇年版。

萬曆通州志，明林雲程、沈明臣纂修，天一閣藏明代方志選刊，上海古籍書店一九八一年版，第十册。

萬曆温州府志，明湯日昭、王光藴纂修，四庫全書存目叢書，四庫全書存目叢書編纂委員會編，齊魯書社一九九六年版，史部第二一〇、二一一册。

萬曆襄陽府志，明吴道邇纂修，稀見中國地方志彙刊，中國科學院圖書館選編，中國書店一九九二年版，第三六册。

萬曆重修常州府志，明劉廣生修，唐鶴徵纂，南京圖書館藏稀見方志叢刊，南京圖書館編，國家圖書館出版社二〇一二年版，第五十五册。

萬松老人評唱天童覺和尚頌古從容庵録，宋正覺頌古，元行秀評唱，大正新脩大藏經，高楠順次郎等編纂，大正一切經刊行會一九三四年版，第四八册。

王忠文公集，明王禕著，叢書集成初編，中華書局一九八五年版。

王忠文公集，明王禕著，景印文淵閣四庫全書，臺灣商務印書館一九八六年版，第一二二六册。

危太朴集，元危素撰，元人文集珍本叢刊，新文豐出版公司編輯部編，新文豐出版公司一九八五年版，第七册。

維摩詰所説經，姚秦鳩摩羅什譯，大正新脩大藏經，高楠順次郎等編纂，大正一切經刊行會一九三四年版，第一四册。

渭南文集校注，宋陸游著，馬亞中、涂小馬校注，浙江古籍出版社二〇一五年版，第四册。

文同全集編年校注，宋文同著，胡問濤、羅琴校注，巴蜀書社一九九九年版。

文忠集，宋周必大撰，宋周綸編，景印文淵閣四庫全書，臺灣商務印書館一九八六年版，第一一四七册。

吴都法乘，明周永年編，中國佛寺史志彙刊，杜潔祥主編，丹青圖書公司一九八五年版，第三輯第二八册。

吴都法乘，明周永年編，新文豐出版公司一九八七年版。

無見先覩禪師語録，智度等編，卍新纂大日本續藏經，河村孝照等編集，國書刊行會一九八六年版，第七十册。

無門開和尚語録，宋無門慧開説，普敬、普通等編，卍新纂大日本續藏經，河村孝照等編集，國書刊行會一九八六年版，第六九册。

無準和尚奏對語録，宋了南、了垠編，卍新纂大日本續藏經，河村孝照等編集，國書刊行會一九八六年版，第七十册。
五燈會元，宋普濟著，蘇淵雷點校，中華書局一九八四年版。
五燈會元續略，明淨柱輯，卍新纂大日本續藏經，河村孝照等編集，國書刊行會一九八七年版，第八十册。
五臺山碑刻，山西文華編纂委員會編，秦建新、趙林恩、路寧等點校，三晉出版社二〇一七年版，第一册。
武林梵志，明吴之鯨著，中國佛寺史志彙刊，杜潔祥主編，明文書局一九八〇年版，第一輯第七、八册。
武林西湖高僧事略，宋釋元敬、釋元復撰，魏得良標點，杭州出版社二〇〇六年版。
武溪集，宋余靖撰，北京圖書館古籍珍本叢刊，北京圖書館古籍出版編輯組編，書目文獻出版社一九九八年版，第八五册。
物初賸語，宋物初大觀撰，日本寶永五年活字本，駒澤大學圖書館藏。
西天目祖山志，明釋廣賓纂，清釋際界增訂，中國佛寺史志彙刊，杜潔祥主編，明文書局一九八〇年版，第一輯第三三册。
瞎堂慧遠禪師廣録，宋齊己、如本等編，卍新纂大日本續藏經，河村孝照等編集，國書刊行會一九八六年版，第六九册。

咸淳臨安志，宋潛説友撰，景印文淵閣四庫全書，臺灣商務印書館一九八六年版，第四九〇册。

獻徵録，明焦竑編，上海書店一九八七年版。

笑巖寶祖語録，明曇芝編，明萬曆序刊本，澳大利亞國立大學圖書館藏。

歇庵集，明陶望齡撰，續修四庫全書，續修四庫全書編纂委員會編，上海古籍出版社二〇〇二年版，第一三六五册。

新脩科分六學僧傳，元曇噩述，卍新纂大日本續藏經，河村孝照等編集，國書刊行會一九八七年版，第七七册。

新續高僧傳四集，民國喻謙編辑，藏外佛經，周燮藩主編，方廣錩分卷主編，中國宗教歷史文獻集成編纂委員會編纂，黄山書社二〇〇五年版，第十九册。

朽庵集，明釋宗林撰，明萬曆四十二年序刻本，中國國家圖書館藏。

虚堂和尚語録，宋妙源編，大正新脩大藏經，高楠順次郎等編纂，大正一切經刊行會一九三四年版，第四七册。

徐一夔集，明徐一夔撰，徐永恩點校，浙江古籍出版社二〇一七年版。

續傳燈録，明居頂編，中華大藏經，中華大藏經編輯局編，中華書局一九九四年版，第七四册。

續燈存稿，明通問編定，施沛彙集，卍新纂大日本續藏經，河村孝照等編集，國書刊行會一九八八年版，第八四册。

續燈正統，清性統編集，卍新纂大日本續藏經，河村孝照等編集，國書刊行會一九八八年版，第八四册。

續高僧傳，唐道宣撰，郭紹林點校，中華書局二〇一四年版。

續文獻通考，明王圻纂輯，現代出版社一九八六年版。

續武林西湖高僧事略，明袾宏輯，卍新纂大日本續藏經，河村孝照等編集，國書刊行會一九八七年版，第七七册。

續指月録，清聶先編集，卍新纂大日本續藏經，河村孝照等編集，國書刊行會一九八八年版，第八四册。

雪峰義存禪師語録，明林弘衍編次，卍新纂大日本續藏經，河村孝照等編集，國書刊行會一九八六年版，第六九册。

雪峰志，明徐𤊹撰，中國佛寺史志彙刊，杜潔祥主編，明文書局一九八〇年版，第二輯第七册。

雪樓集，元程鉅夫撰，景印文淵閣四庫全書，臺灣商務印書館一九八六年版，第一二〇二册。

雪堂行和尚拾遺録，宋比丘道行編，星雲大師監修，佛光大藏經編修委員會主編，佛光出版社一九九四年版。

雁山志，明朱諫撰，中國佛寺史志彙刊，杜潔祥主編，明文書局一九八〇年版，第二輯第十册。

養蒙文集，元張伯淳撰，景印文淵閣四庫全書，臺灣商務印書館一九八六年版，第一一九四册。

葉縣志（明嘉靖二十一年），明邵苾修，牛鳳纂，葉縣地方史志辦公室整理，葉縣地方史志辦公室二〇〇〇年版。

夷堅志，宋洪邁撰，叢書集成初編，王雲五主編，商務印書館一九三七年版。

宜春禪宗志，楊憲萍主編，中國文史出版社二〇〇七年版。

蟫精雋，明徐伯齡撰，景印文淵閣四庫全書，臺灣商務印書館一九八六年版，第八六七册。

雍正四川通志，清黄廷桂等修，张晉生等纂，重慶歷代方志集成，重慶市地方志辦公室编，國家圖書館出版社二〇二〇年版，第八六册。

永樂樂清縣志，佚名纂，天一閣藏明代方志選刊，上海古籍書店一九八一年版，第二十册。

輿地紀勝，宋王象之编著，趙一生點校，浙江古籍出版社二〇一二年版，第十册。

元好問全集，元元好問撰，姚奠中主编，山西人民出版社一九九〇年版。

元史，明宋濂等撰，中華書局一九七六年版。

元叟行端禪師語録，元法林、曇噩等编，卍新纂大日本續藏經，河村孝照等编集，國書刊行會一九八七年版，第七一册。

元遺山文集校補，元元好問撰，周烈孫、王斌校注，巴蜀書社二〇一三年版。

袁宏道集箋校，明袁宏道著，錢伯城箋校，上海古籍出版社二〇一八年第三版。

樂靜集，宋李昭玘撰，景印文淵閣四庫全書，臺灣商務印書館一九八六年版，第一一二二册。

雲外録，明大香撰，禪門逸書初编，明文書局一九八一年版，第八册。

雲卧紀譚，宋曉瑩録，卍新纂大日本續藏經，河村孝照等编集，國書刊行會一九八八年版，第八六册。

雲仙雜記，馮贄著，叢書集成初編，中華書局一九八五年版。

筠溪牧潛集，元釋圓至撰，北京圖書館古籍珍本叢刊，北京圖書館古籍出版編輯組編，書目文獻出版社一九八八年版，第九一册。

增集續傳燈録，明文琇集，卍新纂大日本續藏經，河村孝照等編集，國書刊行會一九八八年版，第八三册。

張九成集，宋張九成著，楊新勳整理，浙江古籍出版社二〇一三年版，第四册。

昭代芳摹，明徐昌治撰，四庫禁燬書叢刊，四庫禁燬書叢刊編纂委員會編，北京出版社一九九七年版，史部第四三册。

趙孟頫集，元趙孟頫著，錢偉彊點校，浙江古籍出版社二〇一六年版。

趙孟頫文集，任道斌編校，上海書畫出版社二〇一〇年版。

趙志皋集，明趙志皋著，夏勇點校，浙江古籍出版社二〇一二年版。

震川先生集，明歸有光著，周本淳校點，上海古籍出版社二〇〇七年版，上册。

正德松江府志，明顧清撰，天一閣藏明代方志選刊續編，上海書店一九九〇年版，第五、六册。

正法眼藏，宋大慧宗杲著，董群點校，中州古籍出版社二〇一六年版。

指月録，明瞿汝稷編撰，德賢、侯劍整理，巴蜀書社二〇一二年版，上册。

至大金陵新志，元張鉉撰，景印文淵閣四庫全書，臺灣商務印書館一九八六年版，第四九二册。

中國佛教金石文獻塔銘墓志部宋卷元卷明卷，許明編著，上海書店出版社二〇一八年版。

周海門先生文録，明周汝登撰，四庫全書存目叢書，四庫全書存目叢書編纂委員會編，齊魯書社一九九七年版，集部第一六五册。

周汝登集，明周汝登著，張夢新、張衛中點校，浙江古籍出版社二〇一五年版。

緇門警訓，明如卺續集，大正新脩大藏經，高楠順次郎等編纂，大正一切經刊行會一九三四年版，第四八册。

紫栢尊者別集，明錢謙益纂閱，卍新纂大日本續藏經，河村孝照等編集，國書刊行會一九八七年版，第七三册。

宗門武庫，宋比丘道謙編，星雲大師監修，佛光大藏經編修委員會主編，佛光出版社一九九四年版。

人名索引

凡　例

一　本人名索引收録《補續高僧傳》正文所記載的僧道人物，以及行文中的中外歷史人物和僞書人物。宗教神靈、一般民衆，以及不是爲理解入傳人物的言行操守、文化結構、技能特長而提及的典故人物，《補續高僧傳》序跋、明河“系曰”、箋注中所涉人物，不予收録。

二　人物稱謂據《補續高僧傳》的行文，主詞條以傳記正文中的稱謂爲據，個别選擇書中常用稱謂。傳主在《補續高僧傳》文中的簡稱、别稱、尊稱、職稱、綽號、靈活稱謂、代稱、謚號等，見於本傳和他傳中的均列入主詞條後的圓括號内。僧名一律省略首字“釋”。

三　傳文稱謂簡稱一字，以致含義不明，如皇帝謚號有異代相同或易混者，傳文中僧名簡稱或易亂則於詞條後方括號内注其全名或身份。

四　同名異人者，方括號内注明彼此差别。同名疑即同人，或異名疑即同人，亦按異人處理，不作省併。

五　人名後斜綫前爲卷次，後爲頁碼。當事人本傳或附見，僅列本傳或附見的起始頁碼，傳主在傳内的頁碼不逐一列出，並於字後標以星號（＊），以示區别。傳主若在别的僧人傳記中一頁之中數見，亦僅列一次；若人名在兩頁之間，索引以前一頁爲準；同一傳主見於多處，索引首列其本傳起始頁碼，其餘以卷次先後爲序。

六　人名按音序排列。

A

B

C

D

E

F

G

H

J

K

L

M

N

O

P

Q

R

S

T

W

X

Y

Z